Reforma Trabalhista em Debate

Direito Individual, Coletivo e Processual do Trabalho

Juliane Caravieri Martins
Magno Luiz Barbosa
Zélia Maria Cardoso Montal
Organizadores

Reforma Trabalhista em Debate
Direito Individual, Coletivo e Processual do Trabalho

Alexandre Calixto de Almeida
Dinaura Godinho Pimentel Gomes
Fabio de Medina da Silva Gomes
Gustavo Seferian Scheffer Machado
Iratelma Cristiane Martins Mendes
Ivani Contini Bramante
Josilene Hernandes Ortolan Di Pietro
Juliane Caravieri Martins
Lígia Barros de Freitas
Lucas Ferreira Cabreira
Magno Luiz Barbosa
Marcel Lopes Machado
Marcelo Freire S. Costa
Marcia Leonora Santos Regis Orlandini
Milene Torres Godinho Secomandi
Renata Falson Cavalca
Robson Luiz de França
Ronaldo Lima dos Santos
Rubens Valtecides Alves
Shirlei Silmara de Freitas Mello
Simone Batista
Simone Silva Prudêncio
Tânia Mara Guimarães Pena
Wanise Cabral Silva
Zélia Maria Cardoso Montal

LTr

EDITORA LTDA.

Rua Jaguaribe, 571
CEP 01224-003
São Paulo, SP – Brasil
Fone (11) 2167-1101
www.ltr.com.br
Outubro, 2017

Produção Gráfica e Editoração Eletrônica: LINOTEC
Projeto de Capa: FABIO GIGLIO
Impressão: ORGRAFIC GRÁFICA E EDITORA LTDA

Versão impressa: LTr 5867.1 — ISBN: 978-85-361-9381-6
Versão digital: LTr 9241.3 — ISBN: 978-85-361-9422-6

Dados Internacionais de Catalogação na Publicação (CIP)
(Câmara Brasileira do Livro, SP, Brasil)

Reforma trabalhista em debate : direito individual, coletivo e processual do trabalho / Juliane Caravieri Martins, Magno Luiz Barbosa, Zélia Maria Cardoso Montal, organizadores. – São Paulo : LTr, 2017.

Vários autores.
Bibliografia.

1. Direito do trabalho 2. Direito do trabalho – Brasil 3. Direito processual do trabalho 4. Reforma constitucional – Brasil I. Martins, Juliane Caravieri. II. Barbosa, Magno Luiz. III. Montal, Zélia Maria Cardoso.

17-07476 CDU-34:331.001.73(81)

Índice para catálogo sistemático:
1. Brasil : Reforma trabalhista : Direito do trabalho 34:331.001.73(81)

Sumário

II
DIREITO COLETIVO DO TRABALHO

III
DIREITO PROCESSUAL DO TRABALHO

Nota dos Organizadores

"Não pode haver verdade contra verdade,
assim como não há sol contra sol"
Machado de Assis

Primeiramente, agradecemos a **DEUS**, *inteligência suprema*, por nos ter inspirado e viabilizado a realização deste livro no intuito de refletir e discutir criticamente o momento pelo qual o Brasil passa: a desconstrução dos direitos sociais fundamentais conquistados ao longo dos últimos séculos pelos cidadãos.

Nossos agradecimentos especiais aos coautores que, preocupados e atentos às significativas transformações que impactam o mundo do trabalho em nível nacional e global, colaboraram com suas pesquisas sobre a "reforma" trabalhista que alterou o ordenamento *justrabalhista* brasileiro e carece de análises sérias e fundamentadas.

Nossa imensa gratidão ao **Prof. Dr. Julio Manuel Pires**, Mestre e Doutor em Economia pela Universidade de São Paulo, professor na Faculdade de Economia, Administração e Contabilidade de Ribeirão Preto na Universidade de São Paulo e professor titular do Departamento de Economia e do Programa de Estudos Pós-Graduados em Economia Política na Pontifícia Universidade Católica de São Paulo, pela gentileza em nos honrar com a apresentação da obra.

Agradecemos imensamente à **Prof.ª Dr.ª Patrícia Tuma Martins Bertolin**, Mestra e Doutora em Direito pela Universidade de São Paulo, professora permanente do Programa de Pós-graduação em Direito Político e Econômico da Universidade Presbiteriana Mackenzie que, com grande maestria e sensibilidade, honrou-nos com o prólogo deste livro, trazendo a visão feminina sobre as danosas alterações no Direito do Trabalho oriundas da Lei n. 13.467/2017.

Externamos nossos mais sinceros agradecimentos ao **Prof. Dr. Jorge Luiz Souto Maior**, Mestre e Doutor em Direito pela Universidade de São Paulo, Juiz do Trabalho e professor de Direito do Trabalho na Faculdade de Direito do Largo do São Francisco na Universidade de São Paulo, pois acolheu o presente projeto e prefaciou o nosso livro com perspicazes observações, traçando crítico panorama histórico do cenário político-econômico brasileiro que culminou com a aprovação relâmpago da "reforma" trabalhista.

De fato, o momento histórico que vivenciamos em nosso país inaugura uma etapa de profundo retrocesso aos direitos sociais fundamentais dos trabalhadores em razão da publicação, em 13 de julho de 2017, da Lei n. 13.467, chamada de "reforma" trabalhista, ainda em *vacatio legis*, que alterou vários artigos da Consolidação das Leis do Trabalho, da Lei n. 6.019/1974, da Lei n. 8.036/1990 e da Lei n. 8.212/1991 alardeando que as normas trabalhistas estão obsoletas, devendo ser adequadas às "novas" configurações requisitadas pelo capitalismo global.

Na realidade, tem-se mais uma etapa de longo processo de desmonte da estrutura de bem-estar social e de direitos sociais, inclusive trabalhistas, que vem sendo empreendida em nível mundial, desde meados do século XX, decorrente da globalização neoliberal inserida no capitalismo financeiro global. Nesse diapasão, Oscar Ermida Uriarte[(1)] aponta que os "males do desemprego" não estão na legislação trabalhista, mas sim nos efeitos perversos inerentes ao sistema capitalista:

> [...] O fato é que o verdadeiro problema do emprego não é o Direito do Trabalho nem o sistema de relações de trabalho, cuja incidência no emprego é muito relativa. O verdadeiro problema é um sistema econômico que destrói mais do que gera postos de trabalho. A substituição da mão-de-obra por tecnologia, a

(1) URIARTE, Oscar Ermida. *A flexibilidade*. São Paulo: LTr, 2002. p. 59.

> possibilidade técnica de produzir com menos mão-de-obra, mais a conveniência economicista de manter um desemprego funcional são os reais problemas. E a solução não está no Direito do Trabalho, mas fora, porque o problema em si está fora. A solução não pode ser uma progressiva degradação das condições de trabalho, porque seria suicida e porque, além disso, nenhum empregador contrata trabalhador que não precisa, só porque é mais "barato", e nenhum empregador deixa de contratar trabalhador de que precisa, porque é um pouco mais "caro".

Portanto, a "nova desordem capitalista global" impulsiona a desconstrução dos direitos sociais laborais, pois promove, no mundo do trabalho, a generalização da *flexibilidade laboral* com a crescente *precarização do trabalho humano* e *das condições de trabalho* para que as empresas se mantenham competitivas em nível interno e internacional.

Vislumbra-se que a maioria das alterações realizadas pela Lei n. 13.467/2017 nas normas *juslaborais*, com pontualíssimas exceções, beneficia exclusivamente aos interesses do capital global e não promoverá a geração de empregos como alardeado pelos seus idealizadores. Ao contrário, haverá o aprofundamento das mazelas sociais e das desigualdades no Brasil, pois não é retirando direitos sociais dos cidadãos (educação, saúde, trabalho, previdência social, dentre outros) que o crescimento econômico retornará.

É necessário, primeiramente, que o próprio governo brasileiro faça sua "lição de casa", combatendo a corrupção e o dispêndio de dinheiro público em favores eleitoreiros e em cargos comissionados desnecessários os quais agravam o *déficit* público, pois, somente assim, a economia brasileira poderá retomar os trilhos do desenvolvimento econômico sustentável.

Portanto, esta obra apresenta reflexões críticas sobre as diversas alterações jurídicas empreendidas pela Lei n. 13.467/2017 na seara do Direito Individual do Trabalho, do Direito Coletivo do Trabalho e do Direito Processual do Trabalho, contribuindo para o debate, *que apenas se inicia*, acerca desta temática.

São Paulo/SP e Uberlândia/MG, setembro de 2017.

Apresentação

Este livro foi concebido – como o seu título e subtítulo explicitam de forma precisa – com o intuito de fornecer a seus leitores uma visão crítica da reforma trabalhista recentemente aprovada pelo Congresso Nacional e sancionada pelo presidente da República. Tal perspectiva propõe-se a ser, ao mesmo tempo, abrangente e minuciosa, examinando com rigor e acuidade os inúmeros aspectos dessa reforma. Todos aqueles interessados em compreender profundamente todos os aspectos dessa monumental alteração que estamos presenciando nas relações de trabalho no Brasil têm neste livro um instrumento valiosíssimo. O grupo de intelectuais envolvido nessa iniciativa, especialistas na área de direito do trabalho, caracteriza-se por sua competência, diversidade de instituições em que foram formados e nas quais atuam e firme comprometimento com o interesse maior da sociedade.

Desde que assumiu a presidência da República, em 2016, após o *impeachment* de Dilma Rousseff, Michel Temer vem se empenhando de forma diligente em promover reformas no campo econômico consideradas essenciais pelo pensamento conservador brasileiro. Após a aprovação da PEC 55, que estabeleceu um teto para a ampliação dos gastos públicos, a discussão encaminhou-se para a reforma previdenciária e para a reforma trabalhista. Segundo o entendimento de parcela significativa dos economistas, jornalistas, políticos e empresários, tais reformas afiguram-se como cruciais para que o Brasil saia da crise econômica em que se encontra submergido há alguns anos. A implantação dessas reformas liberais permitiria, segundo essa visão, criar condições para o ajuste das contas públicas e, no caso da reforma trabalhista, remover os óbices que impossibilitam um funcionamento mais auspicioso do mercado de trabalho, contribuindo, decisivamente, para o aumento do número de postos de trabalho em nossa economia.

Tal perspectiva teórica, em muito distanciada da realidade, encontra-se nitidamente alinhada a interesses muito bem identificados, os do grande empresariado urbano e rural, que contemplam na redução do valor da força de trabalho o mecanismo mais imediato e mais fácil de incrementar seus rendimentos e de minorar os efeitos da crise econômica. Há uma concepção de cunho liberal que se encontra por trás desse entendimento sobre o funcionamento do mercado de trabalho no sentido de que o nível de emprego seria determinado, como em todo mercado, pelo equilíbrio entre oferta e demanda nesse mercado, sendo o salário a variável de ajuste fundamental. Em outras palavras, o nível de desemprego seria alto no Brasil por conta dos níveis salariais e dos custos indiretos elevados que incidem sobre a folha de salário. Qualquer comparação internacional com países de nível de desenvolvimento similar ao brasileiro demonstram a total impropriedade de tal afirmativa.

Ademais, tal ponto de vista, *pré-keynesiano*, desconsidera completamente que o fator fundamental a determinar o nível de emprego e renda da economia é a demanda agregada, ou seja, os dispêndios totais realizados com consumo, investimento, gasto do governo e saldo líquido do setor externo (exportações menos importações de bens e serviços). Só obteremos resultados positivos quanto à redução do elevadíssimo nível de desemprego atualmente vivenciado pela economia brasileira quando tivermos, efetivamente, recuperação no tocante a essas variáveis. E, nesse sentido, a redução de salários reais decorrente da implementação da nova legislação trabalhista só vai agravar o problema, ao deprimir o nível de consumo das famílias. Acreditar que haverá uma retomada dos investimentos do setor privado – que poderia compensar a redução da demanda de consumo – em vista de tal cenário é o mesmo que aceitar a validade dos contos da carochinha!

Outra questão irrespondível, que escapa totalmente à capacidade explicativa desse "modelo clássico", é a seguinte: se a legislação então existente era tão arcaica e tão contrária à criação de empregos, como foi possível, há poucos anos, que a economia brasileira apresentasse taxas de desemprego tão reduzidas, muito próximas do nível de pleno emprego?

Os capítulos que se seguem neste livro contrapõem-se à visão dominante e procuram mostrar os inúmeros problemas jurídicos daí decorrentes.

O expressivo número de autores que participam dessa iniciativa (vinte e cinco ao todo) não enseja, como se poderia esperar em trabalho de tal envergadura, um apanhado de artigos sem conexão, pelo contrário. É possível perceber de forma nítida uma linha argumentativa sólida que perpassa todos os capítulos, uma vez que os autores possuem entre si visões afins sobre o tema geral, o que permite a cada um deles dedicar-se de forma específica a seu objeto de análise sem comprometer a unidade do conjunto.

O livro encontra-se estruturado em três partes: *Direito Individual do Trabalho, Direito Coletivo do Trabalho* e *Direito Processual do Trabalho.*

Na primeira parte, sobressai a preocupação com os aspectos mais diretamente relacionados aos problemas engendrados pela reforma trabalhista sobre os direitos do indivíduo como trabalhador. Nesse sentido, a discussão inicia-se com uma análise percuciente de **Dinaura Godinho Pimentel Gomes** sobre o risco de retrocesso inerente à reforma recém-implementada e sua inconstitucionalidade. **Gustavo Seferian Scheffer Machado** propõe, por sua vez, uma interpretação com base na crítica marxista aos novos parâmetros fixados no tocante às indenizações trabalhistas. No terceiro capítulo, **Iratelma Cristiane Martins Mendes** discute uma das "inovações" mais polêmicas da reforma, o contrato intermitente de trabalho, contestando, sobretudo, o pressuposto de equivalência do poder de barganha de empregados e empregadores. Em seguida, **Josilene Hernandes Ortolan Di Pietro** traça um amplo painel a respeito dos impactos da reforma sobre o ambiente de trabalho. O capítulo seis, escrito por **Magno Luiz Barbosa**, averigua de que forma as mudanças ora implementadas remodelam os preceitos concernentes à jornada de trabalho e, dessa forma, afetam os trabalhadores. À primeira vista, poderíamos pensar que a administração pública estaria eximida dos efeitos da reforma trabalhista. No entanto, não é isso que nos revela **Renata Falson Cavalca** no capítulo seis. Logo após, **Robson Luiz França** relaciona e analisa, de forma pertinente, a relação íntima existente entre o processo de reestruturação produtiva e a flexibilização das relações de trabalho. No capítulo oito, por **Rubens Valtecides Alves**, deparamo-nos com uma apreciação crítica qualificada a respeito de como o teletrabalho acaba servindo como objeto privilegiado para justificar a flexibilização da relação de emprego. **Simone Silva Prudêncio**, por sua vez, examina outro aspecto importante e interessante da reforma trabalhista que é seu impacto no Código Penal brasileiro. Encerrando esta primeira parte, **Zélia Maria Cardoso Montal** analisa o que talvez seja uma das mudanças mais desumanas da legislação trabalhista, relacionada à maior permissividade firmada ao trabalho da gestante e da lactante em ambientes insalubres.

Dessa forma, ao final da leitura dessa primeira parte, alcançamos uma visão integral dos principais impactos da reforma trabalhista sobre os direitos individuais dos trabalhadores, evidenciando-se de forma manifesta a deterioração experimentada nesse âmbito.

Todavia, lamentavelmente, o efeito da reforma trabalhista não se circunscreve a essa esfera da vida do trabalhador, estendendo-se também para sua capacidade de negociação coletiva. Esse é o escopo da discussão que compreende a segunda parte do livro. Logo de início, **Ivani Contini Bramante** discute com agudez as novas normas – e suas consequências – relativas à prevalência do negociado sobre o legislado. Outra modificação, o fim da contribuição sindical obrigatória, e de que forma isso irá afetar o arcabouço sindical brasileiro é examinado por **Fabio de Medina da Silva Gomes** e **Wanise Cabral Silva**, no capítulo seguinte. No capítulo treze, contrapondo-se de forma acerba às mudanças implementadas pela reforma trabalhista na negociação coletiva, **Lucas Ferreira Cabreira** demonstra como tais alterações encontram-se identificadas com um passado que se pretendia sepulto e não com a modernidade alardeada pelos seus defensores. No capítulo seguinte, **Marcia Leonora Santos Regis Orlandini** analisa as novas dimensões que se apresentariam ao sindicalismo brasileiro decorrentes da aprovação da Lei n. 13.467/2017. No capítulo quinze, **Marcelo Freire Sampaio Costa** volta a demonstrar o caráter regressivo da nova legislação trabalhista no que diz respeito ao dano moral coletivo nas relações laborais. Finalmente, concluindo esta segunda parte, **Ronaldo Lima dos Santos** retoma a análise da questão sindical, desta vez analisando-a sob o foco da autonomia privada coletiva.

O panorama dos aspectos cruciais da reforma trabalhista recém-aprovada não ficaria completo, contudo, sem que se procedesse a uma abordagem ampla sobre seus impactos sobre o direito processual do trabalho, objeto da terceira parte do livro. A discussão se inicia com o estudo crítico e qualificado de **Juliane Caravieri Martins** a respeito das decorrências deletérias da reforma trabalhista sobre a efetividade social do processo do trabalho. Na mesma linha de argumentação, **Lígia Barros de Freitas** procede a um exame consistente desses mesmos impactos, agora em seu papel de cercear a jurisprudência expedida pelo Tribunal Superior do Trabalho. No capítulo dezenove, **Marcel Lopes Machado** examina a ampliação substancial da possibilidade de perda da pretensão de requerimento de direitos em juízo pela maior exiguidade dos prazos fixados na nova legislação trabalhista, constrangendo o direito do trabalhador. O capítulo escrito por **Milene Torres Godinho Secomandi** e **Simone Batista** visa primordialmente mostrar a inconstitucionalidade dos §§ 2º e 3º do art. 8º da CLT. No capítulo vinte e um, **Shirlei Silmara de Freitas Mello** e **Alexandre Calixto de Almeida** propõem uma perspectiva diversa para o equacionamento dos conflitos no âmbito laboral, apresentando e salientando os resultados profícuos que poderiam ser obtidos mediante a utilização das Leis Sistêmicas de Bert Hellinger. Fechando a discussão, temos a visão crítica e percuciente de **Tânia Mara Guimarães Pena** a respeito das alterações realizadas no art. 793 da CLT a respeito da possibilidade de litigância de má-fé, as quais podem vir a se constituir em fator intimidatório significativo para a recorrência ao Poder Judiciário.

Em vista de conteúdo tão extenso e ao mesmo tempo minucioso, tratando de tema extremamente relevante, com impactos enormes sobre a vida das dezenas de milhões de trabalhadores e trabalhadoras, não há como deixar de parabenizar os organizadores e autores dessa obra. O leitor certamente se sentirá recompensado por ter em mãos obra tão meritória sobre tema candente e atual.

Por fim, quero sublinhar a importância de obras como essa, a qual busca se contrapor às ideias e forças políticas e econômicas dominantes, para que a famosa e espirituosa frase de Anatole France não se consolide, mais uma vez, como um sarcasmo cruel nesse Brasil injusto: "a majestosa igualdade da lei, que proíbe tanto o rico como o pobre de dormir sob as pontes, de mendigar nas ruas e de roubar pão".

JULIO MANUEL PIRES
Professor Doutor da Faculdade de Economia, Administração e Contabilidade de Ribeirão Preto
Universidade de São Paulo
Professor Titular do Programa de Estudos Pós-Graduados em Economia Política
Pontifícia Universidade Católica de São Paulo

Prólogo

O convite de Juliane Caravieri Martins, que cursou o Doutorado no Programa de Pós-Graduação em Direito da Universidade Mackenzie em que leciono, para que eu prologasse esta importante obra coletiva, que organizou juntamente com Magno Luiz Barbosa, também professor da Universidade Federal de Uberlândia, e Zélia Maria Cardoso Montal, professora da Pontifícia Universidade Católica de São Paulo, deixou-me particularmente esperançosa. Não feliz, mas esperançosa, pois como professora de Direito do Trabalho há quase trinta anos, não poderia estar feliz neste momento de destruição da legislação que, mais que garantir direitos aos trabalhadores, significou um verdadeiro patamar civilizatório para as relações de produção no Brasil, ao estabelecer limites claros à exploração da força de trabalho, garantindo, assim, cidadania a milhões de brasileiros e brasileiras.

Tenho acompanhado as tentativas patronais de desconstrução desse freio às iniciativas do poder econômico, desde a minha graduação em Direito, e posso garantir que não foram poucas. Em vários períodos, em especial nos anos de 1990, marcados pelo neoliberalismo, com suas privatizações e propostas de flexibilização do Direito do Trabalho, e mesmo de desregulamentação, a legislação trabalhista esteve ameaçada. Naquele momento, houve, por exemplo, a tentativa de reforma do art. 618 da Consolidação das Leis do Trabalho, a estabelecer a prevalência do negociado sobre o legislado, mas, de algum modo, sempre conseguimos barrar os avanços do capital, pelo menos quando se tratava de desconsiderar a desigualdade entre os "parceiros sociais" e admitir a ampla liberdade de contratar, ferindo aquele rol mínimo de direitos, garantidor de dignidade aos trabalhadores e trabalhadoras.

Depois de quase duas décadas de crescimento econômico do Brasil (acompanhado de desenvolvimento social, demonstrando que a CLT não é, de fato, um óbice à competitividade do País), no ano de 2017 os ataques à legislação do trabalho passaram a ser mais frequentes e mais intensos, e o argumento contrário mostrou estar cada vez mais vivo. Assim, patrocinadas por um governo liberal, as confederações patronais elaboraram emendas (conforme demonstrado pela Organização *The Intercept Brasil* e amplamente noticiado), sem qualquer sistemática, que foram encampadas por parlamentares e aprovadas, como que em um passe de mágica, reunidas sob a denominação genérica de "Reforma da CLT", desconsiderando toda uma história, e deixando os(as) trabalhadores(as) brasileiros(as), atônitos(as) à mercê dos interesses do capital.

Desnecessário aqui elencar alguns aspectos da mencionada Reforma para demonstrar isso, uma vez que o espaço de que disponho é exíguo e esses(as) juristas o fizeram de forma tão competente. Vem daí a minha esperança: contribuímos para formar uma geração de juristas capazes de pensar criticamente o Direito do Trabalho e de resistir em aceitar a volta dos trabalhadores brasileiros às senzalas, como se o País nunca tivesse tido uma das legislações trabalhistas mais avançadas e eficazes do globo. Assim, sabemos que, apesar de tudo, nosso trabalho valeu a pena e não foi em vão.

Patrícia Tuma Martins Bertolin

Doutora em Direito do Trabalho pela USP
Professora do Programa de Pós-Graduação em Direito Político e Econômico da Universidade Presbiteriana Mackenzie

Prefácio

É sempre uma grande honra e um prazer ter a oportunidade de elaborar o prefácio de uma obra. No presente caso, continua, claro, sendo uma honra, ter recebido o convite para elaborar esse prefácio, mas confesso que o momento histórico pelo qual passamos impede que se fale em prazer.

De fato, a sociedade brasileira está vivenciando o ataque final do capital para tentar impor a derrubada da conformação jurídica do Estado Social consagrada na Constituição Federal de 1988.

Não se trata de uma reforma, ou seja, de uma alteração na legislação para tentar melhorá-la e sim de um ataque com o propósito de destruir as bases sociais da Constituição.

Vejamos, a propósito, o histórico da "reforma".

Desde o início de **dezembro de 2014** manifestações se organizavam contra o governo federal e já naquele instante era possível perceber que a tentativa de fragilização do governo – que era como o setor econômico vislumbrava a mobilização – estava ligada ao propósito de direcioná-lo à realização de alterações na legislação social, sobretudo no que se refere à ampliação da terceirização(1).

Foi como decorrência dessa pressão e para tentar sobreviver que o governo, em **30.12.2014**, editou as MPs ns. 664 e 665 e, em **06.07.2015**, a MP n. 680 (Programa de Proteção ao Emprego), valendo lembrar que, bem antes disso, em maio de 2014, já havia dado indicativos nesta direção com a edição do Decreto n. 8.243, que instituiu a Política Nacional de Participação Social – PNPS. Essa normativa previa a criação de um Sistema Único do Trabalho – SUT, pelo qual, de forma bastante sutil, se retomava a ideia, embutida na antiga Emenda n. 3, de março de 2007, de negar o caráter de indisponibilidade da legislação trabalhista(2).

De **março de 2015** em diante, a demanda por um *impeachment* da Presidenta Dilma só aumentou, favorecendo a ampliação da reivindicação patronal. Por outro lado, também aumentava a pressão da classe trabalhadora sobre o governo, cobrando deste o respeito ao compromisso, feito na campanha eleitoral, de que não mexeria em direitos trabalhistas nem que a vaca tossisse.

No curso desse impasse, o PMDB, ainda compondo o governo, em **29.10.2015**, anuncia o seu programa "Uma Ponte para o Futuro", que previa a realização de "reformas estruturais" necessárias para alavancar a economia, falando, inclusive, de alterações nas leis e na Constituição, cujas "disfuncionalidades" deveriam ser corrigidas.

E cumpre observar que, embora fizesse esse indicativo das "reformas", o programa não trazia um projeto completo e claro a respeito, fazendo menção expressa apenas, na área previdenciária, à elevação da idade mínima para a aposentadoria, e, na questão trabalhista, a uma atuação para "permitir que as convenções coletivas prevaleçam sobre as normas legais, salvo quanto aos direitos básicos"(3).

---

(1) SOUTO MAIOR, Jorge Luiz. *Impeachment, corrupção, hipocrisia e terceirização*. Disponível em: <https://blogdaboitempo.com.br/2015/03/13/impeachment-corrupcao-hipocrisia-e-terceirizacao/>.

(2) SOUTO MAIOR, Jorge Luiz. *Participação popular o atentado à classe trabalhadora*. Disponível em: <https://blogdaboitempo.com.br/2014/09/29/sut-participacao-popular-ou-atentado-a-classe-trabalhadora/>.

(3) <http://pmdb.org.br/wp-content/uploads/2015/10/RELEASE-TEMER_A4-28.10.15-Online.pdf>.

Em concreto, o PMDB não tinha um projeto de reforma trabalhista. E muito menos o tinha o Vice-Presidente da República, Michel Temer. O indicativo a respeito foi apenas de ordem política.

De todo modo, esse indicativo foi o impulso que faltava para a abertura do processo de *impeachment*, que aparece, também, como solução do impasse.

Assim, após Eduardo Cunha acolher, em **02.12.2015**, o pedido de *impeachment*, que começa a tramitar na Câmara em **04.12.2015**[(4)], o setor empresarial passou a se manifestar expressamente a favor do afastamento da Presidente, tendo a percepção de que, diante da potencial fragilização das instituições democráticas (o que já vinha se manifestando, vale lembrar, em fórmulas explícitas de Estado de exceção, desde 2013), se teria a oportunidade para concretizar um desejo manifestado desde 1989, qual seja, o destruir o projeto de Estado Social fixado na Constituição de 1988, notadamente nos aspectos da posição de direitos fundamentais que foi conferida aos direitos dos trabalhadores e da relevância dada à Justiça do Trabalho, sobretudo após a EC n. 45/2004, quando sua competência jurisdicional foi ampliada[(5)].

A FIESP e a CIESP só se manifestaram, expressamente, a favor do *impeachment* em **14.12.2015**[(6)]; a CNA, em **06.04.2016**; a CNI e a CNT, em **14.04.2016**, ou seja, três dias antes da votação na Câmara, que se deu em **17.04.2016**. A FEBRABAN não se pronunciou a respeito (o que não significa que estive contra, por certo).

Um dia antes da votação na Câmara, como forma de justificar o *impeachment*, já vislumbrado como essencial para a "recuperação da economia", o Presidente da FIESP, Paulo Skaf, em entrevista concedida ao jornal O Estado de S. Paulo, publicada na edição de **16.04.2016**[(7)], anunciou:

> "Com a retomada da confiança [leia-se: com o impeachment de Dilma e um governo Temer], a economia retomará o crescimento, e não demorará muito. É necessário que se dê um crédito para o presidente que assuma. (...) Não tinha como resolver a economia sem mudar o governo."

E o Presidente da CNA (Confederação Nacional da Agricultura e da Pecuária), João Martins, no mesmo dia, discursando para Deputados da bancada ruralista, disse:

> "A dura realidade é que o atual governo optou pelo caminho errado ao adotar medidas que afetaram a estabilidade da economia e provocaram o crescimento do desemprego (...) o fechamento de 100 mil estabelecimentos comerciais em todo país, gerando 10 milhões de desempregados e com o governo perdendo toda credibilidade junto à população e à comunidade financeira internacional (...). Mudar o país, reconstruir a economia, fazer as reformas estruturais, por exemplo, da previdência social e da legislação trabalhista, são tarefas complexas a serem executadas a partir da aprovação do impeachment."

Um mês depois da posse de Temer nenhuma providência do governo foi tomada no sentido de alguma reforma trabalhista. E o próprio PL n. 4.330/2004 – da terceirização, que era uma grande aposta empresarial e já havia sido aprovado na Câmara em 23.04.2015, encontrava fortes obstáculos desde quando passou a tramitar no Senado, a partir de 28.04.2015, com o número PLC n. 30/2015, tendo como relator, nomeado em 17.08.2015, o Senador Paulo Paim.

Então, em **19.05.2016**, é divulgada a notícia de que alguns integrantes do governo, incluindo Ministros, estavam envolvidos em denúncias da Lava Jato[(8)].

O governo não entendeu o recado e continuou desprezando a reforma trabalhista, vez que, expressamente, dava prioridade à reforma previdenciária, conforme dito pelo Ministro do Trabalho, Ronaldo Nogueira, em **20.05.2016**:

> "O ministério irá ouvir os trabalhadores até porque a reforma trabalhista é num segundo momento. Primeiro o governo está trabalhando para buscar um consenso no que diz respeito a Previdência Social"[(9)].

---

(4) <http://radioagencianacional.ebc.com.br/politica/audio/2015-12/processo-de-impeachment-de-dilma-comeca-tramitar-na-camara>.

(5) E já era possível vislumbrar o quanto os direitos trabalhistas estavam em risco: SOUTO MAIOR, Jorge Luiz. *2015*: velhos ataques e novas resistências. Disponível em: <http://www.jorgesoutomaior.com/blog/2015-velhos-ataques-e-novas-resistencias>.

(6) <http://oglobo.globo.com/brasil/fiesp-ciesp-apoiarao-impeachment-da-presidente-dilma-18293920>. Acesso em: 14 jul. 2016.

(7) <http://politica.estadao.com.br/noticias/geral,esperamos-ajuste-sem-aumento-de-impostos,10000026350>.

(8) <http://www1.folha.uol.com.br/poder/2016/05/1772725-ministros-do-governo-temer-sao-alvo-de-investigacoes-alem-da-lava-jato.shtml>.

(9) <http://g1.globo.com/economia/noticia/2016/05/reforma-trabalhista-e-para-segundo-momento-diz-ministro-do-trabalho.html>.

O Ministro, inclusive, chegou a ser aplaudido por sindicalistas quando comunicou que "nenhuma medida será anunciada sem que antes seja construída uma base consensual com os sindicatos" [10].

Foi assim que, no dia **08.06.2016**, 150 empresários, de diversos setores, dada a oportunidade da crise política, foram até o Planalto encontrar com o Presidente (até então, interino), expressar o seu apoio ao governo e aproveitar para lembrá-lo do compromisso assumido com relação às reformas estruturais na Previdência e na legislação do trabalho[11].

O governo, revelando o pacto feito com esse segmento da sociedade, setor empresarial e grande mídia, reafirmou publicamente o seu propósito de implementar as denominadas "medidas impopulares" para conduzir as tais "reformas estruturais" e, digamos assim, mudou o rumo da prosa.

Os Ministros do governo Temer, então, vieram a público para tornar a vontade empresarial uma voz oficial do Estado.

Em **18.06.2016**, o Ministro do Trabalho passa a falar, então, da necessidade de alterar a legislação do trabalho: "Precisamos ter contrato de trabalho que explicite as regras mais claramente, a respeito dos direitos e garantias do trabalhador"[12].

Já o Ministro da Casa Civil, o mesmo que enunciou o fim da Lava Jato, explicitando que ela devia saber a hora de parar[13], para justificar o fim da CLT, disse, na mesma data, que "... a década de 40, 46, ficou para trás há muito tempo", afirmando que se havia alguma razão para a legislação trabalhista criada por Getúlio Vargas naquela época hoje essas razões não existem mais[14].

E foi além, ao expressar que:

> "...temos que olhar rumo ao amanhã, (ver o que) os países desenvolvidos estão fazendo, e temos que fazer aqui. Essa questão do pactuado versus legislado, com sobreposição do pactuado sobre o legislado, isso é o mundo. Nós não estamos aqui inventando a roda. Isso é no mundo hoje, diante da competitividade que se estabeleceu para se ter emprego. Todo mundo (está) tentando buscar o pleno emprego. Então tem que se facilitar as formas de contratação."

O Presidente da CNI se sentiu tão confortável com a situação política do país, extremamente favorável ao setor econômico, que, em **11.07.2016**, chegou a dizer[15] que para recuperar a competitividade das empresas seria preciso aumentar o limite do trabalho de 44 para 80 horas semanais. Verdade que depois reconsiderou a fala para esclarecer que fazia menção ao limite de 60 horas semanais[16] e não ao de 80.

A grande mídia também procurou fazer a sua parte e, no dia **20.07.2016**, o jornal Folha de S. Paulo deu destaque à notícia (que foi concretamente um ultimato) de que o governo iria enviar ao Congresso Nacional, até o final do ano, três propostas de reformas trabalhistas[17].

O governo soube se valer da situação e, no dia imediatamente anterior à votação do *impeachment* no Senado, ou seja, em **24.08.2016**, chamou empresários para um evento no Palácio do Planalto e, em manifestação pública, fez o quê? Defendeu a reforma trabalhista, o que, claro, muito rapidamente foi repercutido na imprensa[18].

---

(10) <http://g1.globo.com/economia/noticia/2016/05/reforma-trabalhista-e-para-segundo-momento-diz-ministro-do-trabalho.html>.

(11) CARNEIRO, Mariana; WIZIACK, Júlio; CRUZ, Valdo. *Empresários marcam ato de apoio a Temer*. Folha de S. Paulo, 8 de junho de 2016, p. 1 – Mercado.

(12) <http://www.redetv.uol.com.br/jornalismo/marianagodoyentrevista/blog/blog-do-programa/precisamos-readequar-a-legislacao-trabalhista-diz-ministro-do-trabalho>. Acesso em: 18 jun. 2016.

(13) <http://g1.globo.com/bom-dia-brasil/noticia/2016/06/ministro-eliseu-padilha-diz-que-lava-jato-deve-saber-hora-de-parar.html>. Acesso em: 18 jun. 2016.

(14) <http://www.redebrasilatual.com.br/trabalho/2016/06/eliseu-padilha-defende-acabar-com-a-clt-como-solucao-para-a-201ccompetitividade201d-2592.html>. Acesso em: 18 jun. 2016.

(15) <http://g1.globo.com/economia/noticia/2016/07/cni-elogia-meta-fiscal-de-2017-mas-se-diz-contra-aumento-impostos.html>. Acesso em: 11 jul. 2016.

(16) <http://www.jornalopcao.com.br/ultimas-noticias/em-nota-cni-tenta-corrigir-declaracao-de-presidente-sobre-80-horas-semanais-de-trabalho-70242/>. Acesso em: 11 jul. 2016.

(17) <http://www1.folha.uol.com.br/mercado/2016/07/1793537-governo-enviara-ao-congresso-ate-final-do-ano-tres-propostas-trabalhistas.shtml>. Acesso em: 22 jul. 2016.

(18) <http://g1.globo.com/politica/noticia/2016/08/temer-defende-reforma-trabalhista-e-diz-que-e-saida-para-manter-empregos.html>. Acesso em: 27 ago. 2016.

Ocorre que, no dia **08.09.2016**, no processo RE 895.759 (1159), o Ministro Teori Zavascki, em decisão monocrática, seguindo a mesma linha já aberta pela decisão proferida no RE 590.415, de 30 de abril de 2015 (relator Ministro Roberto Barroso), acolheu a validade de norma coletiva que fixava o limite máximo de horas *in itinere*, fazendo, inclusive, uma apologia ao negociado sobre o legislado.

No dia **14.09.2016**, o Supremo, refletindo o momento político, provavelmente pela primeira vez em toda a sua história, designou uma pauta composta integralmente de processos que diziam respeito a questões trabalhistas. E foi uma pauta cuidadosamente escolhida, vez que as questões, todas elas, eram ligadas ao tema da flexibilização. Ou seja, elaborou-se uma pauta com a finalidade de promover uma autêntica "reforma" jurisprudencial trabalhista, passando por cima dos entendimentos, nas mesmas matérias, já expressos pelo TST, como se verificou no conteúdo dos julgamentos proferidos.

No julgamento da ADIN n. 4842 (relator, Ministro Celso de Melo), o STF declarou constitucional o art. 5º da Lei n. 11.901/2009, que fixa em 12 horas a jornada de trabalho dos bombeiros civis, seguida por 36 horas de descanso e com limitação a 36 horas semanais, contrariando a limitação diária estabelecida no art. 7º, XIII, da Constituição Federal.

Na mesma sessão, do dia **14.09.2016**, o Ministro Roberto Barroso, chamando o Ministro Marco Aurélio de Melo ao diálogo disse: "toda tendência do Direito do Trabalho contemporâneo é no sentido da flexibilização das relações e da coletivização das discussões". E o Ministro Marco Aurélio completou: "Fato. Mais dia menos dia nós vamos ter que partir para essa reforma".

Diante dessa manifestação explícita do STF, Temer vê a oportunidade para não levar adiante o incômodo da reforma trabalhista, declarando, no dia seguinte, **15.09.2016**, que não era "idiota" de eliminar direitos trabalhistas e chega a anunciar que deixaria para 2017 a apresentação de alguma alteração trabalhista, mantendo o foco na reforma previdenciária(19).

Em **21.09.2016**, o governo oficializa sua posição no sentido do adiamento, para o 2º semestre de 2017, das discussões em torno da reforma trabalhista. O Ministro do Trabalho afirma: "Estamos apenas em fase de estudos e de debates, porque a questão é complexa e precisa ter a participação de todos os setores envolvidos". E esclarece que antes de discutir mudanças na lei trabalhista, o governo iria focar na recuperação da economia(20).

Mas, ainda que o STF tivesse se apresentado como agente da reforma, isso, por certo, não era de pleno agrado do setor empresarial que inflou a chegada de Temer ao poder, pois assim se manteria sobre o controle do Judiciário a regulação da relação capital-trabalho e o que este setor pretendia era muito mais que isso; era eliminar a intermediação estatal e controlar diretamente a força de trabalho. Além disso, as decisões do STF, embora flexibilizantes, não iam ao ponto pretendido da total derrocada de direitos trabalhistas, chegando mesmo a manterem inabalados os princípios do Direito do Trabalho e a própria autoridade da Justiça do Trabalho.

Apesar de várias decisões do STF favoráveis ao setor econômico, percebeu-se a necessidade de se retomar o tema da reforma trabalhista no âmbito do legislativo.

Então, no dia **10.12.2016**, "vaza" para a grande mídia a informação de que o nome de Temer havia sido citado 43 vezes nas delações da Odebrecht(21).

Em resposta, o que fez o governo? Rapidamente, tratou de retomar o tema da reforma trabalhista.

No dia **17.12.2016**, o Ministro do Trabalho, alterando completamente sua fala anterior, veio a público para dizer que o governo faria uma proposta de reforma trabalhista, não sabendo, no entanto, que reforma seria essa. Apenas disse que poderia haver a adoção do "trabalho intermitente", explicitando, ainda, que não havia consenso a respeito(22).

É evidente, pois, que o governo, como já havia manifestado, não tinha uma proposta concreta de reforma trabalhista, ao menos uma que fosse fruto de estudos, com projeções e expectativas. O que se pretendeu naquele

(19) <http://www1.folha.uol.com.br/mercado/2016/09/1813456-temer-diz-que-nao-e-idiota-de-eliminar-direitos-trabalhistas.shtml>.

(20) <http://g1.globo.com/economia/noticia/2016/09/modernizacao-da-legislacao-trabalhista-fica-para-2017-diz-ministro.html>.

(21) <http://www1.folha.uol.com.br/poder/2016/12/1840250-nome-de-temer-e-citado-43-vezes-em-delacao-de-executivo-da-odebrecht.shtml>.

(22) <http://jconline.ne10.uol.com.br/canal/economia/noticia/2016/12/17/jornada-flexivel-de-trabalho-ainda-nao-e-consenso-afirmaministro-263953.php>.

instante, com aquela informação, foi meramente abafar os efeitos nefastos das últimas notícias. Mas pode-se dizer, também, que o governo foi pressionado para levar adiante a promessa que havia feito de realizar a "impopular" reforma trabalhista.

Foi assim que se organizou, no dia **22.12.2016**, um grande palanque no Palácio do Planalto, com as presenças dos Ministros Gilmar Mendes e Ives Gandra da Silva Martins Filho, para anunciar a apresentação de um projeto de lei qualquer, junto com a informação de que iria liberar, a partir de 1º de fevereiro de 2017, o FGTS inativo.

O governo conseguia, desse modo, alterar a pauta da grande mídia, colocando a notícia da reforma trabalhista nas primeiras páginas, ao mesmo tempo em que acalmava os empresários – e trabalhadores, com a liberação do FGTS –, mantendo ambos em expectativa.

Mas, percebam. O governo não tinha um projeto próprio de reforma trabalhista. O anteprojeto que apresentou ao Congresso Nacional, no dia seguinte, em **23.12.2016** (onde recebeu o número PL n. 6.787/2016), com o apelido de uma minirreforma, foi feito às pressas para abafar a crise política; tinha míseras 9 páginas, incluindo a justificativa, e alterava apenas 7 artigos da CLT, além de propor uma reformulação na Lei n. 6.019/1974 (trabalho temporário).

Em paralelo, como já dito, tramitava, no Senado Federal, o PLC n. 30/2015, que previa a ampliação da terceirização, mas como estava sendo forte a reação social contra o projeto, favorecida pela atuação do relator, Senador Paulo Paim, era preciso fazer algo para que o nó dado à questão da terceirização também fosse desatado.

O impulso para o desenlace se deu com nova notícia acerca da Lava Jato.

No dia **03.03.2017**, foi divulgada a informação de que havida sido aceita naquele dia a "primeira" denúncia da Lava Jato do ano[23].

No mesmo dia, 3 de março de 2017, é divulgada a notícia[24] de que a Câmara pretendia retomar a tramitação do PL n. 4.302/1998, cuidando de trabalho temporário (mesmo já estando referido no PL n. 6.786/2016), mas que também fazia menção, ainda que de forma não muito precisa, à terceirização, com permissivo para a atividade-fim das empresas.

O PL n. 4.302/1998 estava praticamente sem tramitação[25], destacando-se, apenas, um pedido de movimentação, direcionado ao Presidente da Câmara, formulado pela Fecomércio, em 10.01.2017, que foi encaminhado à CCJC, em 25.01.2017, onde deu entrada em 26.01.2017.

No dia **21.03.2017**, a Polícia Federal deflagrou a primeira operação referente aos nomes denunciados pela delação da Odebrecht, envolvendo 4 senadores, em 4 Estados[26] e, no mesmo dia, em 21 de março, todas as "pendências" do PL n. 4.302/1998 foram sanadas e o projeto foi encaminhado a plenário e aprovado em **22.03.2017**.

Nunca se viu um procedimento tão acelerado. O PL foi sancionado por Temer, em **31.03.2017**, transformando-se na Lei n. 13.467/2017, publicada no mesmo dia no Diário Oficial da União.

E a estratégia de vincular a "reforma" trabalhista ao projeto político fez com que, ao contrário do que se anunciava em 10.12.2016, quando foi divulgada a "lista do Fachin", de denunciados da Lava Jato, em **11.04.2017**[27], o nome de Temer não apareceu, e, embora se tivesse um fundamento jurídico para tanto, por este ocupar o cargo da Presidência da República, o fato concreto é que, como já se chegou a expressar[28], algumas "avaliações jurídicas" devem ser feitas de modo a não permitir que se abale a "estabilidade do país". Neste caso, a estabilidade se sustentou, mesmo que sobre areia movediça, para atender ao propósito de levar adiante as reformas trabalhista e previdenciária, que foi o que, contraditoriamente, motivou o abalo da democracia e das instituições do país.

E o interessante é que essas reformas foram conduzidas por vários parlamentares denunciados na "lista do Fachin".

---

(23) <http://exame.abril.com.br/brasil/moro-aceita-primeira-denuncia-da-lava-jato-em-2017/>.

(24) <http://www1.folha.uol.com.br/mercado/2017/03/1863246-camara-reabre-debate-sobre-terceirizacao.shtml?cmpid=softassinanteuol>.

(25) <http://www.camara.gov.br/proposicoesWeb/fichadetramitacao?idProposicao=20794>.

(26) <http://www1.folha.uol.com.br/poder/2017/03/1868327-autorizada-pelo-stf-nova-fase-da-lava-jato-cumpre-mandados-no-nordeste.shtml>.

(27) <http://g1.globo.com/politica/operacao-lava-jato/noticia/a-lista-de-fachin.ghtml>.

(28) O mesmo argumento que já havia sido aventado como fundamento da apreciação do processo de julgamento da chapa Dilma-Temer: <http://veja.abril.com.br/politica/estabilidade-do-pais-influira-em-decisao-sobre-temer-diz-gilmar/>.

Vale verificar que o relatório final do PL n. 6.787/2016, apresentado logo no dia seguinte ao da divulgação da lista do Fachin, ou seja, em **12.04.2017**, não era, inicialmente (em 23.12.2016), um projeto de reforma trabalhista, como acima demonstrado, e, em apenas quatro meses (devendo-se considerar que, de fato, a tramitação tem início em **09.02.2017**, quando é instalada a Comissão Especial da Reforma e eleito como relator o deputado Rogério Marinho, o que resulta em parcos **dois meses de tramitação**) se transformou em um texto com 132 páginas, incluindo o Parecer, propondo a alteração de mais de 200 dispositivos na CLT, dentre artigos e parágrafos, todas no mesmo sentido, o da proteção dos interesses dos grandes conglomerados econômicos.

Em **18.04.2017**, no entanto, o governo perdeu a votação no Congresso para incluir o projeto em regime de urgência[29]. Mas a base aliada do governo não se deu por vencida e, em mais um desrespeito às regras do jogo democrático, colocou-se a matéria novamente em votação no dia seguinte, 19.04.2017, quando, então a urgência foi aprovada[30].

No dia **22.04.2017** veiculou a notícia de que as principais empresas citadas na Lava Jato haviam demitido 600 mil pessoas, nos últimos 3 anos, sem fazer qualquer consideração crítica a respeito, ou seja, naturalizando as dispensas. Sem dizer expressamente, a notícia aponta para a necessidade de uma limitação da Lava Jato, destacando os seus "efeitos colaterais"[31]. Além disso, teve como função difundir a ideia de que as empresas corruptoras devem ser perdoadas porque, além de terem contribuído com as delações, ainda estão sendo vítima dos efeitos econômicos do processo, o que, indiretamente, serve para justificar as contrarreformas trabalhistas, que poderiam auxiliá-las em sua recuperação, favorecendo o governo na difusão de números de aumento do emprego em razão da reforma, ainda que, de fato, se trate de subemprego.

Em **23.04.2017**, o Presidente da Natura veio a público para defender a manutenção de Temer no poder até 2018[32].

Na urgência, em **26.04.2017**, o substitutivo do **PL n. 6.787/2016** foi aprovado na Câmara dos Deputados.

Ocorre que dois depois, em **28.04.2017**, realizou-se aquela que foi considerada a maior greve geral da história do Brasil, que foi chamada por todas as centrais sindicais e que contou com a participação estimada de 35 milhões de pessoas, atingindo todas as regiões do país, tendo sido integrada, também, por vários movimentos sociais e por relevante parcela da juventude organizada.

Como efeito da greve, em **02.05.2017**, o projeto da "reforma" começa a tramitar no Senado Federal, sob o número **PLC n. 38/2017**, mas sem regime de urgência.

Ao mesmo tempo, a tramitação do processo que envolve a "lista do Fachin" tende a se eternizar no STF.

Após a divulgação, em 01.05.2017, de pesquisa feita pelo Datafolha, revelando que 64% dos brasileiros compreendia que a reforma trabalhista privilegia os interesses empresariais[33], e apontando, também, que 71% era contra a reforma previdenciária[34], o jornal Folha de S. Paulo, em editorial do dia **02.05.2017**, intitulado "Dores da Democracia", veio a público defender que os governos não devem atender os desejos da maioria da população se assim exigirem as necessidades econômicas[35].

Talvez para demonstrar que não se suportaria recuo nessa matéria, já que no Senado Federal se vislumbrava uma disputa muito maior do que aquela que ocorreu na Câmara dos Deputados, em **17.05.2017** vaza a notícia sobre gravação da JBS Temer[36].

A cartada, é verdade, foi muito forte e o próprio setor econômico chegou a admitir que o governo, nocauteado pela notícia, não teria como levar adiante as reformas. Mas abria mão do governo e não das "reformas".

---

(29) <https://www.poder360.com.br/congresso/saiba-como-temer-perdeu-a-votacao-sobre-reforma-trabalhista-na-camara/>.

(30) <https://economia.uol.com.br/noticias/redacao/2017/04/19/camara-reverte-derrota-e-aprova-urgencia-para-reforma-trabalhista.htm>.

(31) <http://economia.estadao.com.br/noticias/geral,em-3-anos-principais-empresas-citadas-na-lava-jato-demitiram-quase-600-mil,70001748171>.

(32) <http://www1.folha.uol.com.br/mercado/2017/04/1877775-brasil-ganhara-se-for-possivel-manter-governo-ate-2018-diz-socio-da-natura.shtml>.

(33) <http://www1.folha.uol.com.br/mercado/2017/05/1880028-para-60-dos-brasileiros-novas-leis-trabalhistas-beneficiam-os-patroes.shtml>.

(34) <http://www1.folha.uol.com.br/mercado/2017/05/1880026-71-dos-brasileiros-sao-contra-reforma-da-previdencia-mostra-datafolha.shtml>.

(35) <http://www1.folha.uol.com.br/opiniao/2017/05/1880242-dores-da-democracia.shtml>.

(36) <http://g1.globo.com/jornal-nacional/noticia/2017/05/dono-da-jbs-grava-conversa-com-michel-temer-diz-o-globo.html>. Acesso em: 06 ago. 2017.

Assim, o que pareceria um alento para os trabalhadores, imaginando-se que o abalo político poderia representar uma reviravolta nos ataques aos direitos trabalhistas, acabou se demonstrando uma situação ainda mais trágica, porque o governo e todas as demais forças passaram a atuar na lógica do tudo ou nada, sem se importar com qualquer limite ou aparência, para conseguir a aprovação da reforma trabalhista.

A questão da reforma trabalhista se tornou a tábua de salvação para o governo e uma questão de honra e de afirmação de poder para o setor econômico.

Mais que depressa o governo veio a público para prometer que a "reforma" trabalhista seria aprovada rapidamente[37].

Aproveitando a abertura, o relator da reforma trabalhista na Câmara, deputado Rogério Marinho, no dia 17.05.2017, em audiência pública no Senado Federal, confessou que a "reforma" era fruto de uma "ruptura do processo democrático".

No dia **23.05.2017** já estava pronto o relatório do Senador Ricardo Ferraço, que foi, no mesmo dia, apresentado na Comissão de Assuntos Econômicos do Senado Federal. Em razão de divergência quanto ao procedimento o relatório não chegou a ser lido na CAE, mas foi considerado lido (sem que tenha sido).

No relatório foi reconhecida a existência de deficiências técnicas no Projeto, mas para evitar que fosse aprovado com Emendas para correção dos defeitos, o que determinaria o retorno do projeto à Câmara, o que o parecer recomendou foi que o Presidente da República, em Medidas Provisórias, promovesse as alterações recomendadas no próprio parecer.

Demonstrando que estava mesmo disposto a tudo para levar adiante a reforma, por uma questão mesma de vida ou morte, na tarde do dia **24.05.2017**, Temer edita um Decreto, autorizando o emprego das Forças Armadas para conter uma grande manifestação contra o projeto de lei da "reforma".

Depois, foi o próprio chefe do Executivo em exercício, em mais uma das tantas reuniões que fez com representantes do capital, no dia 24.05.2017, quem garantiu que, crise política à parte, o Congresso continuaria trabalhando para fazer avançar as reformas, com o que, claro, assentiram os empresários[38].

Na sequência, em 30.05.2017, o mesmo senhor, em novo discurso feito para empresários, desta feita no Fórum de Investimentos Brasil 2017, apontando que não há plano "B" para o Brasil no que tange ao cenário político, reiterou que o governo continuaria comprometido com as reformas trabalhista e previdenciária[39].

No mesmo evento, acompanhando o chefe do Executivo, compareceram o Presidente do Senado Federal Eunício de Oliveira e o Presidente da Câmara dos Deputados Rodrigo Maia, sendo que este último, após defender a posição, que pode ser lida como um apelo ou uma proposta de ajuste de interesses, de que o Brasil não precisava de mudança na Presidência da República, deixou bastante claro que a Câmara dos Deputados está comprometida com a agenda do mercado financeiro[40].

Em **06.06.2017**, o parecer elaborado pelo senador Ricardo Ferraço, é aprovado na CAE – Comissão de Assuntos Econômicos.

O governo, com o objetivo claro de ganhar uma sobrevida, anunciou que daria prioridade à aprovação da reforma trabalhista no Senado[41].

Em **20.06.2017**, o governo experimenta uma derrota com a rejeição do parecer na CAS – Comissão de Assuntos Sociais[42].

---

(37) <http://www1.folha.uol.com.br/mercado/2017/05/1888611-reforma-trabalhista-sera-aprovada-no-senado-nesta-semana-diz-ministro.shtml>; <https://www.poder360.com.br/congresso/eunicio-quer-votar-reforma-trabalhista-no-senado-ainda-em-maio/>.

(38) <http://epocanegocios.globo.com/Brasil/noticia/2017/05/temer-avalia-em-reuniao-com-empresarios-que-congresso-continua-trabalhando.html>.

(39) <http://economia.estadao.com.br/noticias/geral,se-de-fato-nos-queremos-futuro-melhor-nao-ha-plano-b-diz-temer,70001818812>.

(40) <http://www.valor.com.br/politica/4985710/agenda-da-camara-e-do-mercado-sustenta-rodrigo-maia>.

(41) <http://noticias.uol.com.br/politica/ultimas-noticias/2017/06/09/temer-prioriza-reforma-trabalhista-antes-de-denuncia-da-pgr-previdencia-fica--para-depois.htm>.

(42) <http://www1.folha.uol.com.br/mercado/2017/06/1894372-governo-sofre-primeira-derrota-na-reforma-trabalhista-no-senado.shtml>.

Nesse meio tempo, em 26.06.2017, o Procurador Rodrigo Janot apresenta denúncia contra Temer no STF(43), o que, por outro lado, aumenta o empenho do governo para a aprovação da "reforma".

No mesmo dia 26.06.2017, o Presidente da Fiesp veio a público para expressar que caberia à instituição se manifestar sobre renúncia e política(44).

Assim, em 28.06.2017, o parecer é aprovado na Comissão de Constituição e Justiça, ficando apto a ser levado a votação no plenário do Senado Federal(45).

Em 29.06.2017, a denúncia contra Temer chega na Câmara dos Deputados(46).

Na corrida contra o tempo, em 04.07.2017, o plenário do Senado aprova o regime de urgência para votação do PLC n. 38/2017(47).

Finalmente, em 11.07.2017, o plenário do Senado aprova, sem modificações, o Projeto de Lei que veio da Câmara, cumprindo consignar que o portal do Senado apresentava pesquisa na qual 172.168 pessoas se posicionaram contra a reforma e somente 16.791 a favor.

Para abafar a reprodução da notícia da aprovação da "reforma" trabalhista e demonstrando a estreita ligação entre os andamentos da Lava Jato, a deposição da Presidenta Dilma e os trâmites da "reforma" trabalhista, no dia 12.07.2017, sai a notícia da condenação do ex-Presidente Lula(48); e o dólar abaixa, demonstrando a enorme satisfação do poder econômico com tudo isso(49).

Em cerimônia no Planalto, no dia 13.07.2017, o governo sanciona o projeto de lei da "reforma" e, finalmente, em 14.07.2017, é publicada a Lei n. 13.467/2017.

Mas, como se vê, trata-se de um documento feito às pressas, sem qualquer discussão mais profunda, séria e honestamente democrática.

Para o setor econômico, de todo modo, representa uma demonstração explícita de poder, e, para o governo, a possibilidade de sobrevida, o que, inclusive, vai se concretizar em 02.08.2017, com a rejeição da denúncia contra Temer, na Câmara dos Deputados, que, no contexto da abertura concedida ao vale-tudo, já que o mercado estava satisfeito, se deu, como se sabe, por meio da imoralidade explícita de concessões econômicas e ameaças de castigos.

Esse relato revela, por si só, o quanto a Lei n. 13.467/2017 é ilegítima e o efeito necessário é que sua aplicação seja rejeitada pelas instituições voltadas à defesa da ordem democrática.

De todo modo, não perde sentido o esforço para demonstração das inconstitucionalidades e impropriedades técnicas da lei, ao que se dedica a presente obra, que, muito oportunamente, é publicada.

Assim, merece aplauso a dedicação dos coordenadores **Juliane Caravieri Martins, Magno Luiz Barbosa e Zélia Maria Cardoso Montal**.

A obra traz textos fundamentais para se implementar uma resistência também necessária, no plano jurídico, aos descalabros dessa "reforma".

Dinaura Godinho Pimentel Gomes lembra-nos a proibição de retrocesso social por reformas trabalhistas; **Gustavo Seferian Scheffer Machado** demonstra as impropriedades da "parametrização das indenizações"; **Iratelma Cristiane Martins** explicita os problemas, para o trabalhador, a respeito da gestão da intermitência do contrato de trabalho; **Josilene Hernandes Ortolan Di Pietro** adverte para impactos da reforma trabalhista no meio ambiente do trabalho; **Magno Luiz Barbosa** analisa os impactos das alterações de jornada para o trabalhador; **Renata Falson Cavalca** fala das questões pertinentes à terceirização na Administração Pública; **Robson Luiz de França** examina o quanto a flexibilização contribui para reestruturação produtiva no mundo do trabalho; **Rubens Valtecides Alves** trata do teletrabalho como mote de flexibilização; **Simone Silva Prudêncio** traz à tona o tema muito pouco

(43) <http://g1.globo.com/politica/noticia/janot-apresenta-ao-supremo-denuncia-contra-temer-por-corrupcao.ghtml>.

(44) <https://www.cartacapital.com.br/politica/nao-cabe-a-fiesp-falar-de-renuncia-diz-skaf-lider-de-atos-anti-dilma>.

(45) <http://g1.globo.com/politica/noticia/ccj-do-senado-aprova-texto-base-da-reforma-trabalhista.ghtml>.

(46) <http://politica.estadao.com.br/noticias/geral,stf-protocola-denuncia-contra-temer-na-camara,70001870446>.

(47) <http://www12.senado.leg.br/noticias/materias/2017/07/04/plenario-aprova-regime-de-urgencia-para-tramitacao-da-reforma-trabalhista>.

(48) <http://g1.globo.com/jornal-nacional/noticia/2017/07/sergio-moro-condena-ex-presidente-lula-9-anos-e-6-meses-de-prisao.html>.

(49) <https://economia.uol.com.br/cotacoes/noticias/redacao/2017/07/12/dolar.htm>.

abordado dos impactos da Reforma Trabalhista no Código Penal; **Zélia Maria Cardoso Montal** enfrenta a questão intrigante do trabalho da gestante e da lactante em ambientes insalubres; **Ivani Contini Bramante** vai ao ponto central das prevalências do negociado sobre o legislado; **Fabio de Medina da Silva Gomes** e **Wanise Cabral Silva** avaliam os efeitos do término da contribuição sindical obrigatória na estrutura sindical; **Lucas Ferreira Cabreira** retoma criticamente a estrutura do capitalismo para uma análise da negociação coletiva prevista na "reforma"; **Márcia Leonora Santos Regis Orlandini** analisa as novas dimensões do sindicalismo brasileiro decorrentes da "reforma"; **Marcelo Freire S. Costa** analisa o impacto da reforma trabalhista no dano moral coletivo nas relações laborais; **Ronaldo Lima dos Santos** examina a autonomia privada coletiva e a questão sindical na reforma trabalhista; **Juliane Caravieri Martins** demonstra o quanto a "reforma" contribui para a (in)efetividade social do Processo do Trabalho; **Lígia Barros de Freitas** passa em revista a jurisprudência do Tribunal Superior do Trabalho; **Marcel Lopes Machado** examina a prescrição intercorrente no processo do trabalho; **Milene Torres Godinho Secomandi** e **Simone Batista** sustentam a (in)constitucionalidade dos §§ 2º e 3º do art. 8º da CLT; **Shirlei Silmara de Freitas Mello** e **Alexandre Calixto de Almeida** defendem a tese da aplicação das Leis Sistêmicas (Hellinger) no Direito Processual do Trabalho e **Tânia Mara Guimarães Pena** enfrenta o problema da responsabilidade por dano processual e a possibilidade de condenação da testemunha por litigância de má-fé no processo trabalhista.

Trata-se, pois, de uma obra importantíssima.

Muito obrigado aos coordenadores e autores tanto pelo convite para participar dessa empreitada, por meio do presente prefácio, quanto pela contribuição inestimável que oferecem ao enfretamento jurídico da "reforma".

São Paulo, 8 de agosto de 2017.

JORGE LUIZ SOUTO MAIOR
Professor Livre Docente de Direito do Trabalho
Faculdade de Direito do Largo São Francisco
Universidade de São Paulo

I

Direito Individual do Trabalho

Defesa e Aprimoramento Progressivo dos Direitos Fundamentais Sociais: Proibição de Retrocesso Social por Meio de Reformas Trabalhistas

Dinaura Godinho Pimentel Gomes

Doutora em Direito do Trabalho e Sindical pela Universidade Degli Studi di Roma – La Sapienza, *com revalidação sucessiva pela Universidade de São Paulo – USP. Pós-doutora em Direito junto à Pontifícia Universidade Católica – PUC-SP. Pós-Graduada em Economia do Trabalho (Curso de Especialização) pela UNICAMP. Membro Titular da Academia Paranaense de Direito do Trabalho. Juíza do Trabalho aposentada (9ª Região). Professora Universitária em Cursos de Pós-Graduação em Direito. Autora de livro e artigos jurídicos.*

NOÇÕES INTRODUTÓRIAS

Neste estudo, busca-se tratar a respeito da garantia de proteção e promoção progressiva dos direitos fundamentais com ênfase aos direitos trabalhistas, sob a proteção do Estado Democrático de Direito. Para tanto, a pesquisa se desenvolve no sentido de demonstrar ser imprescindível salvaguardar a força normativa da Constituição da República Federativa do Brasil, em total sintonia com os Tratados Internacionais de Proteção dos Direitos Humanos.

Com se sabe, a função fundamental do Direito consiste em transformar toda realidade social injusta. Sob esse enfoque, impõe-se tratar do fato da incessante competição do mercado globalizado que vem proporcionando situações notórias de exploração da força de trabalho de pessoas de diversas nacionalidades, em condições análogas à de escravo, em pleno Século XXI. É o que ocorre em diversas regiões do planeta, inclusive no Brasil.

Em outro contexto da falta de empregos, muitas vezes decorrente da adoção de diversos padrões de organização empresarial mais flexível, medidas têm sido tomadas para o aumento de postos de trabalho, porém, sem garantir aos trabalhadores os direitos fundamentais para uma vida digna. Cada vez mais são utilizadas formas também mais flexíveis de contratação de trabalhadores, dentre as quais a terceirização da prestação de serviços relacionada à atividade-meio e à atividade-fim das empresas. Ocorre que, em face desses novos tipos de contratação, como estratégia patronal para diminuição de custos e aumento das margens de lucro, trabalhadores são submetidos à alta rotatividade laboral com aumento das possibilidades de acidentes do trabalho, mediante o pagamento de baixos salários. Tudo isso em situação de desigualdade manifesta perante outros empregados, geradora de insegurança e instabilidade no trabalho.

Com efeito, antes de se introduzir mudanças legislativas imediatistas tendentes a facilitar a flexibilização e a promover a reforma da legislação trabalhista quando considerada vetusta, incumbe ao Estado-nação garantir eficazmente a proteção dos direitos fundamentais dos trabalhadores. Deve agir por si e em parceria com os grupos representativos da sociedade civil, de modo a desenvolver permanentes políticas públicas voltadas ao fomento da economia, para motivar o crescimento econômico do País nos seus diversos setores. Para tanto, dentre outras vertentes, cumpre primordialmente aos poderes constituídos da Nação democrática garantir o acesso à educação de qualidade, condições materiais à continuada qualificação da mão de obra e à capacitação profissional de trabalhadores, em face das inovações tecnológicas lançadas pelas lideranças produtivas globais.

É nesse sentido que serão analisados relevantes aspectos de direito internacional e constitucional, no intuito de se realçar a impossibilidade de reformas trabalhistas tendentes a afastar a eficácia e efetivação de direitos dos trabalhadores duramente conquistados, no âmbito do Estado Democrático de Direito, sob a justificativa de modernização do ordenamento jurídico. Urge, portanto, fazer prosperar os imperativos éticos nas relações políticas, sociais e, principalmente, nas relações de trabalho, para robustecer, cada vez mais, a noção hodierna de dignidade humana. É o que será objeto desta tratativa.

1. A EFETIVIDADE DE NORMAS INTERNACIONAIS DE PROTEÇÃO DOS DIREITOS HUMANOS NO MUNDO DO TRABALHO

Após as atrocidades da era Hitler e mediante a difusão das notícias de horrores do holocausto ao final da Segunda Grande Guerra – período em que perdurou a *negação do valor da pessoa humana, enquanto valor fonte da ordem jurídica* – dá-se início ao movimento internacional de reconstrução dos direitos humanos. Busca-se a conscientização e o consenso de todos para a adoção de paradigmas humanistas tendentes a garantir de forma efetiva, no mundo, o exercício da cidadania mediante a satisfação das condições de subsistência digna e decorosa, a toda e qualquer pessoa humana, sem nenhuma distinção.

A concretização dessas ideias, no âmbito internacional, advém com a Declaração Universal de Direitos Humanos (adotada e proclamada pela Resolução n. 217 A (III) da Assembleia Geral das Nações Unidas, em 10 de dezembro de 1948, assinada pelo Brasil na mesma data). Essa Declaração consagra, portanto, uma ordem de valores consensualmente aceita no plano internacional, a possibilitar a reconstrução da sociedade, no âmbito dos Estados-partes e em prol da defesa de todas as pessoas, sem qualquer distinção, tendo como núcleo central o respeito à dignidade da pessoa humana, tal como vem proclamado em seu art. I: "*Todas as pessoas nascem livres e iguais em dignidade e direitos. São dotadas de razão e consciência e devem agir em relação umas às outras com espírito de fraternidade*".[1]

Considerada como o documento mais importante da história recente dos direitos humanos, a Declaração Universal de Direitos Humanos institucionaliza no âmbito universal o comprometimento com a dignidade humana por meio de um sistema de valores sustentado por consenso geral, como bem explica Norberto Bobbio:

> "*Não sei se se tem consciência de até que ponto a Declaração Universal representa um fato novo na história, na medida em que, pela primeira vez, um sistema de princípios fundamentais da conduta humana foi livre e expressamente aceito, através de seus respectivos governos, pela maioria dos homens que vive na Terra. Com essa declaração, um sistema de valores é – pela primeira vez na história – universal, não em princípio, mas de fato, na medida em que o consenso sobre sua validade e sua capacidade para reger os destinos da comunidade futura de todos os homens foi explicitamente declarado*". [2]

Ao reconhecer o direito ao trabalho como meio indispensável para se obter uma vida digna, por meio de um patamar de direitos fundamentais dos trabalhadores, eis o que proclama a mencionada Declaração Universal de Direitos Humanos em seu art. XXIII:

> "*1. Toda a pessoa tem direito ao trabalho, à livre escolha do trabalho, a condições equitativas e satisfatórias de trabalho e à proteção contra o desemprego.*
>
> *2. Todos têm direito, sem discriminação alguma, a salário igual por trabalho igual.*
>
> *3. Toda pessoa que trabalha tem direito a uma remuneração justa e satisfatória, que lhe assegure, assim como à sua família uma existência compatível com a dignidade humana, e a que se acrescentarão, se necessário, outros meios de proteção social...*". [3]

Nesse mesmo sentido, vem concluída a juridicização da Declaração Universal, por meio do Pacto Internacional de Direitos Civis e Políticos, juntamente com o Pacto Internacional de Direitos Econômicos, Sociais e Culturais, ambos adotados, em 16 de dezembro de 1966, pela Assembleia Geral das Nações Unidas (e ratificados pelo Brasil, em 24 de janeiro de 1992).

O Pacto Internacional de Direitos Econômicos, Sociais e Culturais dispõe, em seu art. 6º, 1, que

> "Os Estados-partes no presente Pacto reconhecem o *direito de toda pessoa de ter a possibilidade de ganhar a vida mediante um trabalho livremente escolhido e aceito e tomarão medidas apropriadas para salvaguardar esse direito*".

---

(1) Declaração Universal dos Direitos Humanos. In: PIOVESAN, Flávia. *Direitos Humanos e o Direito Constitucional Internacional*. São Paulo: Saraiva, 2013. p. 481.

(2) BOBBIO, Norberto. *A Era dos Direitos*. Rio de Janeiro: Campus, 1992. p. 28 e 30.

(3) PIOVESAN, Flávia. Ob. cit.

Além disso, no art. 7º, ao elencar o catálogo dos direitos essenciais dos trabalhadores como direitos humanos, estabelece que os Estados-partes reconhecem o "*direito de toda pessoa de gozar de condições de trabalho justas e favoráveis, assegurando especialmente a todos os trabalhadores uma remuneração que proporcione, no mínimo, uma existência decente para eles e suas famílias*". (4)

Tal reconhecimento se deu não apenas no âmbito global, mas também no âmbito regional, a exemplo do Protocolo Adicional à Convenção Americana sobre Direitos Humanos em Matéria de Direitos Econômicos Sociais e Culturais – "Protocolo de San Salvador". Esse tratado foi assinado em San Salvador, em 17 de novembro de 1988, no 18º período Ordinário de Sessões da Assembleia Geral (ratificado pelo Brasil em 21 de agosto de 1996 e em vigor desde novembro de 1999).

Assim, à luz dos direitos humanos proclamados por normas de proteção internacionais e sob o amparo do Estado Democrático de Direito, tornou-se imperativo assegurar a toda pessoa o acesso ao trabalho decente e ao pleno exercício de sua cidadania, no interesse de salvaguardar a dignidade humana.

Ao Estado Democrático de Direito cumpre então fortalecer o diálogo com a ordem internacional, principalmente no que diz respeito aos direitos sociais, os quais estão condicionados à sua atuação em defesa da prevalência do respeito e promoção da dignidade humana.

A trajetória evolutiva dos direitos humanos direciona-se à realização de valores éticos e morais como fundamentos da ordem jurídica, na esfera global, regional e local, para impedir que o ser humano possa ser tratado como mero objeto. É nesse sentido que a Organização Internacional do Trabalho – OIT – se apresenta, no âmbito internacional, como *a agência das Nações Unidas que tem por missão promover oportunidades para que homens e mulheres possam ter acesso a um trabalho decente e produtivo, em condições de liberdade, equidade, segurança e dignidade*.

Desse modo, vem empreendendo todos os esforços na permanente promoção de suas Normas Internacionais do Trabalho que têm natureza de direitos humanos. Proclama com eficiência a necessidade de imposição da melhoria das condições de trabalho para assegurar e proteger o trabalho decente. Com isso, entre tantas Convenções e Recomendações Internacionais, clama também pela formação de agendas nacionais de combate ao trabalho escravo, ao tráfico de pessoas, ao trabalho infantil, entre outras situações impeditivas de se concretizar, na prática, a dignificação do trabalho humano.

Facilmente se constata que a OIT, desde sua fundação, desenvolve seu notável trabalho de persuadir os Estados-membros no sentido de salvaguardar as conquistas dos trabalhadores compatíveis com a sua dignidade humana, mesmo diante dos efeitos nefastos da contemporânea globalização da economia. No intuito maior de revigorar o conceito de trabalho decente, aprovou, em 19 de junho 1998, a "*Declaração da OIT sobre Princípios e Direitos fundamentais no Trabalho*". (5)

Nesse documento, invoca a fiel observância do respeito aos direitos fundamentais e conclama a todos os Estados-membros (dentre os quais o Brasil) para a tomada de urgentes medidas de combate ao trabalho escravo e infantil, ao respeito do direito à não discriminação e à promoção dos direitos de liberdade sindical e de negociação coletiva. Deixa bem claro que a finalidade concreta dessa Declaração é a de dar pleno conhecimento ao mundo de que os direitos inscritos nos documentos normativos internacionais, efetivamente, são *direitos humanos* e que integram os direitos sociais fundamentais, razão por que não podem ser violentados nem desvirtuados, mas plenamente tutelados pelos Países-membros, pois assumiram o compromisso de assim respeitá-los na Carta de Adesão à OIT.

Ao tratar da renovação do compromisso universal entre Países-membros, a mesma Declaração também realça que o crescimento econômico é essencial, mas insuficiente, para assegurar a equidade, o progresso social e a erradicação da pobreza, o que confirma a necessidade de adoção de políticas sociais sólidas e instituições democráticas voltadas à realização da justiça. Para tanto, ressalta em um de seus considerandos que, "*com o objetivo de manter o vínculo entre progresso social e o crescimento econômico, a garantia dos princípios e direitos fundamentais no trabalho reveste uma importância e um significado especiais ao "assegurar aos próprios interessados a possibilidade de reivindicar livremente e em igualdade de oportunidades uma participação justa nas riquezas a cuja criação têm contribuído, assim como a de desenvolver plenamente seu potencial humano*". (6)

(4) Pacto Internacional dos Direitos Econômicos, Sociais e Culturais. In: PIOVESAN, Flávia, ob. cit. p. 511.

(5) Declaração da OIT sobre os princípios e direitos fundamentais no trabalho. In: Constituição da Organização Internacional do Trabalho (OIT) e seu Anexo (Declaração de Filadélfia). In: SCALÉRCIO, Marcos; MINTO, Tulio Martinez. *Normas da OIT organizadas por temas*. São Paulo: LTr, 2016. p. 414.

(6) *Idem*.

Enfim, para a OIT, trabalho decente deve ser aquele "*trabalho adequadamente remunerado, exercido em condições de liberdade, equidade e segurança, capaz de assegurar uma vida digna*". (7)

Por tudo isso, a vigente Constituição da República Federativa do Brasil, promulgada em 05 de outubro de 1988, como a mais democrática que o Brasil já teve, elege o valor da dignidade humana como um dos fundamentos do regime político democrático que instaurou e institucionalizou (art. 1º, inciso III). Proclama a prevalência dos direitos humanos (art. 4º, inciso II) e a exequibilidade plena dos direitos fundamentais (em seu preâmbulo). Alarga a dimensão desses direitos para alcançar os direitos sociais (arts. 6º, 7º, 8º, 9º, 10 e 11). Em tal dimensão, também preceitua que a livre iniciativa não pode estar dissociada da valorização do trabalho humano, ao qual se reporta, igualmente, como princípio supremo da ordem constitucional e fundamento da ordem econômica (art. 1º inciso IV, c/c art. 170). Amplia as condições de igualdade e de solidariedade, quando realça a necessária observância dos "*ditames da justiça social*".

Para Celso Lafer, o citado art. 4º, inciso II, da Constituição de 1988, que adota o princípio da prevalência dos direitos humanos reflete a "*abertura ao mundo inerente a um regime democrático*", salientando a respeito o seguinte:

> "*O art. 4º da Constituição de 1988 é indicativo desta abertura, pois os princípios nele positivados estão próximos dos que basicamente regem, de acordo com o Direito Internacional Público, ex vi do art. 2º da Carta da ONU, a comunidade internacional [...]. Com efeito, os preceitos do art. 4º referem-se à realidade internacional e não à ordem interna...*".(8)

Em sintonia com as normas internacionais de direitos humanos, mais especificamente aquelas da OIT, o Brasil lançou sua própria Agenda de Trabalho Decente em 2006 (ANTD), centrada nas seguintes prioridades: geração de mais empregos e de melhor qualidade; igualdade de oportunidades e de tratamento; erradicação do trabalho escravo e infantil, principalmente nas suas piores formas; fortalecimento dos atores tripartites e o diálogo social como um instrumento de governabilidade democrática.(9)

A mais recente e importante conquista brasileira foi obtida por meio da Emenda Constitucional n. 81, que entrou em vigor em 05 de junho de 2014, para, finalmente, dar nova redação ao art. 243, da Constituição da República Federativa do Brasil. Autoriza a expropriação de propriedades rurais e urbanas de qualquer região do País, sem qualquer indenização, além da imposição de outras sanções, onde forem localizados também a exploração de trabalho escravo. Tem sido considerada a *Segunda Abolição da Escravidão no Brasil.*(10)

Nesse contexto, considera-se que o Brasil, de forma institucional, vem buscando atuar de forma compatível com os objetivos da OIT, no sentido de combater as formas de trabalho forçado e degradante, análogas à de escravos, que são justamente a antítese do trabalho decente. O resultado obtido dessas situações concretas aponta que o Brasil, aos poucos, vem realizando uma transformação da cultura jurídica em sintonia com as normas de Convenções e estratégias das Declarações da Organização Internacional do Trabalho – OIT, tendentes a garantir um trabalho decente a todos os trabalhadores, sem qualquer discriminação. (11)

Por fim, convém lembrar que, a partir de 2008, a jurisprudência do Supremo Tribunal Federal passou a reconhecer a hierarquia supralegal dos Tratados e Convenções internacionais de proteção dos Direitos Humanos ratificados pelo Brasil, quando da apreciação e julgamento do Recurso Extraordinário n. 466.343-1, da Relatoria do Min. Cezar Peluso.(12)

---

(7) AZEVEDO NETO, Platon Teixeira de. *O trabalho decente como um direito humano*. São Paulo: LTr, 2015. p. 64.

(8) LAFER, Celso. *A Internacionalização dos Direitos Humanos*. Barueri (SP): Manole, 2005. p. 13, 14 e 20.

(9) A OIT no Brasil. Trabalho Decente para uma vida digna. Disponível em: <http://www.justica.sp.gov.br/StaticFiles/SJDC/ArquivosComuns/ProgramasProjetos/NETP/Relat%C3%B3rio.%20OIT%20no%20Brasil.pdf>. Acesso em: 27 jul. 2017.

(10) "Art. 243. As propriedades rurais e urbanas de qualquer região do País onde forem localizadas culturas ilegais de plantas psicotrópicas ou a exploração de trabalho escravo na forma da lei serão expropriadas e destinadas à reforma agrária e a programas de habitação popular, sem qualquer indenização ao proprietário e sem prejuízo de outras sanções previstas em lei, observado, no que couber, o disposto no art. 5º". Essa proposta passou pelo Senado Federal, em 2003, e foi aprovada na Câmara dos Deputados em 2012, mas voltou ao Senado. Disponível em: <http://www.trabalhoescravo.org.br/conteudo/por-que-aprovar-pec-438>. Acesso em: 27 jul. 2017.

(11) "*Além do resgate dos trabalhadores em condições análogas à escravidão, que representaram 13,26% do universo alcançado, as operações coordenadas pelo Ministério do Trabalho e Previdência Social beneficiaram um total de 7.616 trabalhadores. Os auditores fiscais do trabalho, além de afastá-los das graves situações de violação de direitos humanos, os encaminham à formalização dos contratos, à adequação das condições de segurança no trabalho, ao depósito do Fundo de Garantia do Tempo de Serviço, ao acesso ao Seguro-desemprego a que tem direito a vítima resgatada e ao pagamento das verbas trabalhistas devidas pelos empregadores*". Disponível em: <http://trtpr.blogspot.com.br/2016/01/brasil-resgata-mais-de-mil.html>. Acesso em: 27 jul. 2017.

(12) Recurso Extraordinário 466.343-1 São Paulo. Relator: Min. CEZAR PELUSO. Recorrente(s): Banco Bradesco S/A., Recorrido(A/S): Luciano Cardoso Santos. Disponível em: <http://www.stf.jus.br/imprensa/pdf/re466343.pdf>. Acesso em: 27 jul. 2017.

2. REFORMAS TRABALHISTAS E A PROIBIÇÃO DE RETROCESSO SOCIAL

A concretização dos direitos fundamentais proclamados na Constituição da República Federativa do Brasil depende da plena participação dos cidadãos organizados em vários segmentos da sociedade civil, dotados de desenvolvida capacidade e consciência ético-jurídica, para controlar diretamente não só a ação, mas também as omissões do Poder Público, no que concerne aos ditames constitucionais, o que, indubitavelmente, depende da atuação de um Poder Judiciário, operante, firme e corajoso, "*com vontade de Constituição*".(13)

Não se pode falar em democracia sem a realização dos direitos fundamentais sociais. Estes, mesmo não sendo dotados de valor incondicional, absoluto, somente podem estar sujeitos à limitação, desde que seja respeitada a garantia do conteúdo essencial, que serve justamente para proteger os direitos fundamentais tal como uma *muralha* diante do legislador ordinário, que deve respeitar o seu *núcleo essencial*. Resulta daí que todo o juízo se concentra na medida do legislador em si mesma considerada, não no direito protegido, eis que "*o direito começa ali onde acaba a possibilidade de limitá-lo*", em consonância com o princípio da proporcionalidade, conforme ensinamentos de Lorenzo Martín-Retortillo e Ignácio Otto y Pardo. (14)

Nesse sentido, o Pacto Internacional dos Direitos Econômicos, Sociais e Culturais, adotado pela Assembleia Geral das Nações Unidas – ratificado pelo Brasil – em seu art. 2º, salvaguardando o conteúdo essencial dos direitos humanos já reconhecidos, estabelece o seguinte:

> "*Art. 2º – Cada Estado-parte no presente Pacto compromete-se a adotar medidas, tanto por esforço próprio como pela assistência e cooperação internacionais, principalmente nos planos econômico e técnico, até o máximo de seus recursos disponíveis, que visem a assegurar, progressivamente, por todos os meios apropriados, o pleno exercício dos direitos reconhecidos no presente pacto, incluindo, em particular, a adoção de medidas legislativas*".

Justamente para assegurar a observância do catálogo de direitos econômicos, sociais e culturais, previstos como aquele mínimo ético irredutível, em defesa e proteção da dignidade humana, tal previsão, retrotranscrita, estabelece que esses direitos devem ser assegurados de forma progressiva por medidas legislativas. Emerge daí, portanto, o princípio que veda o retrocesso social, como bem explica Flávia Piovesan, lastreando-se também em José Joaquim Gomes Canotilho:

> "*Cabe reafirmar que o Pacto dos Direitos Econômicos, Sociais e Culturais estabelece a obrigação dos Estados em reconhecer e progressivamente implementar os direitos nele enunciados, utilizando o máximo dos recursos disponíveis. Da aplicação progressiva dos direitos econômicos, sociais e culturais resulta a cláusula de proibição de retrocesso social em matéria de direitos sociais [...]. Para J.J. Gomes Canotilho: 'o princípio da proibição do retrocesso social pode formular-se assim: o núcleo essencial dos direitos sociais já realizado e efetivado através de medidas legislativas deve considerar-se constitucionalmente garantido, sendo inconstitucionais quaisquer medidas que, sem a criação de esquemas alternativos ou compensatórios, se traduzam na prática em uma anulação, revogação ou aniquilação pura e simples desse núcleo essencial. A liberdade do legislador tem como limite o núcleo essencial já realizado*".(15)

No âmbito do Estado Democrático de Direito, o direito ao trabalho e os direitos dos trabalhadores devem ser, assim, garantidos como direitos fundamentais sociais, sendo certo que, por meio do trabalho humano, a grande maioria da população ativa encontra meios materiais suficientes para bem usufruir do direito à vida com dignidade e segurança. É o que assegura a Constituição da República Federativa do Brasil, em seus arts. 1º, incisos III e IV, 6º, 7º e 170, ao erigir o trabalho humano como valor social. E é através do trabalho decente que decorre o exercício da cidadania, também como princípio supremo da ordem constitucional (art. 1º, inciso II, da CRFB), a possibilitar a afirmação da identidade de toda e qualquer pessoa, principalmente daquelas desprovidas de poder e riqueza. Portanto, como se vive em uma sociedade de trabalho, este deve ser reconhecido e protegido como o mais relevante meio garantidor de um mínimo de poder social a todos os integrantes da população ativa, como elemento agregado ao alcance de uma existência digna.

Além disso, essa mesma garantia de acesso às condições de trabalho decente também se enquadra como um dos objetivos fundamentais da República Federativa

---

(13) Expressão notável de HESS, Konrad. *A Força Normativa da Constituição*. Tradução de Gilmar Ferreira Mendes. Porto Alegre: Sergio Fabris, 1991. p. 19.

(14) MARTIN RETORTILO, Lorenzo; OTTO Y PARDO, Ignácio. *Derechos Fundamentales y Constitución*. Madrid: Civitas, 1988. p. 131. Tradução livre.

(15) PIOVESAN, Flávia. *Temas de Direitos Humanos*. Saraiva: São Paulo, 2013. p. 157-158.

do Brasil, consistente em "*promover o bem de todos, sem preconceitos de origem, raça, sexo, cor, idade e quaisquer outras formas de discriminação*", nos estritos termos do art. 3º, inciso IV, da mesma Lei Maior. Por isso, não se pode olvidar que o trabalho, direito de todos e dever do Estado, é muito mais que um *fator de produção*, nas palavras de Lafayete Josué Peter:

> *"Diz respeito mesmo à dignidade humana, merecendo, por tal razão, ser adequadamente compendiado. Apesar de a relação laboral ser estruturada sob a forma de um contrato, não deverá ser examinada sob uma ótica estritamente patrimonialista, havendo de ser equitativamente sopesado o aspecto humanitário que caracteriza tal relação. Valorizar o trabalho, então, equivale valorizar a pessoa humana, e o exercício de uma profissão pode e deve conduzir à realização de uma vocação do homem".*(16)

Para tanto, ao Estado, posicionado pela Constituição Federal como protagonista da Ordem Econômica e Financeira, incumbe fomentar a promoção do desenvolvimento econômico, fortalecendo a responsabilidade social das empresas. E, ao agregar, cada vez mais, a livre iniciativa à valorização do trabalho humano, tem como garantir a geração de riquezas ao mesmo tempo em que são mantidos os postos de trabalho, o pagamento de impostos e, principalmente, a crescente melhoria dos direitos trabalhistas conquistados. É esse o caminho a ser trilhado, nos termos dos princípios e regras fundamentais, apesar das nefastas influências advindas da lógica do mercado global.

Em complemento, o processo de concretização da Constituição, enquanto efetividade de seu sistema de direitos fundamentais, depende – e muito – da implementação substancial de igual liberdade, sem retrocessos, mas sempre em busca de maior segurança jurídica, de modo a garantir estabilidade nas relações jurídicas, econômicas e sociais.

Nesse contexto, Ingo Wolfgang Sarlet alerta que "*a problemática da proibição de retrocesso social guarda íntima relação com a noção de segurança jurídica*".(17)

De fato, não há como valorizar o trabalho humano como meio garantidor de uma vida digna se não houver segurança nas relações individuais e coletivas de trabalho. E são os direitos fundamentais sociais que possibilitam aos trabalhadores traçar seus próprios projetos de vida no intuito de alcançar seus objetivos e realizações pessoais, desenvolvendo sua própria personalidade. São os direitos fundamentais sociais que impedem, por outro lado, circunstâncias forjadas no intuito de *coisificar* o trabalhador por ação ou omissão de outrem, como mero instrumento. Portanto, a garantia de condições materiais mínimas, para se ter uma vida digna decorrente do trabalho decente, deve ser jungida à segurança jurídica e social, conforme prestigiosa doutrina:

> *"Assim, a proibição de retrocesso assume feições de verdadeiro princípio fundamental implícito, que tanto pode ser reconduzido ao princípio do Estado de Direito (no âmbito da proteção da confiança e da estabilidade das relações jurídicas inerentes à segurança jurídica) quanto ao princípio do Estado Social, na condição de garantia da manutenção dos graus mínimos de segurança social alcançados, sendo, de resto, corolário da máxima eficácia e efetividade das normas de direitos fundamentais sociais e do direito à segurança jurídica, assim como da própria dignidade da pessoa humana".*(18)

Apenas por meio de uma atuação positiva do Estado – dotada de eficiência, competência, moralidade administrativa e gestão transparente, sinalizando as diretrizes e opções a serem adotadas no âmbito econômico da atividade privada – torna-se possível a adoção de diretrizes e opções que resguardem a justiça social, tanto no âmbito da atividade privada, quanto no âmbito do poder público. Assim, mesmo em períodos de crise econômica, resta à competição mercadológica buscar a baixa de custos e o aumento da produção, para realimentar a dinâmica capitalista, nas leis que regem a própria economia. Vale dizer, sem os reflexos diretos no salário e demais direitos fundamentais do trabalhador, de modo a resguardar a dignidade da pessoa humana e os valores sociais do trabalho. Nesse sentido, deve ser afastada qualquer situação tendente a promover o retrocesso social na dinâmica das relações de trabalho e na proteção dos direitos dos trabalhadores.

No entanto, bem ao contrário dos princípios e regras fundamentais, aliados aos objetivos fundamentais do Estado Democrático de Direito, hodiernamente, a realidade aponta a adoção de novos tipos de contratos

(16) PETTER, Lafayete Josué. *Princípios Constitucionais da Ordem Econômica*. O significado e o alcance do art. 170 da Constituição Federal. 2. ed. São Paulo: Revista dos Tribunais, 2008. p. 168.

(17) SARLET, Ingo Wolfgang. *A eficácia dos direitos fundamentais*: uma teoria geral dos direitos fundamentais na perspectiva constitucional. Porto Alegre: Livraria do Advogado, 2009. p. 433.

(18) *Ibidem*, p. 450.

de trabalho – completamente afastados do conteúdo daquele contrato padrão por prazo indeterminado – para atender à reformulação do processo de produção capitalista em busca do progresso econômico ligado à inovação tecnológica e voltado à conquista de mercados. Isso vem ocorrendo em face da exigência de restruturação da produção de forma mais enxuta, por força da qual o trabalhador passa a ser submetido à realização de inúmeras operações da empresa, passando a ser responsável pela execução de diferentes tarefas ao mesmo tempo. Para tanto, são utilizadas formas mais flexíveis de contratação de trabalhadores, inclusive a título precário, a configurar a característica de subempregos institucionalizados.

Na verdade, são estratégias patronais voltadas à flexibilização das condições de trabalho e dos direitos trabalhistas, como forma de se buscar a pretendida adaptação das normas de proteção dos trabalhadores às imposições do mercado, sob alegação da necessidade de se gerar mais empregos.

Entretanto, a exemplo do que vem ocorrendo em grande parte dos países europeus, nessas duas últimas décadas, os resultados da flexibilização não têm sido positivos nem mesmo para a economia desses países e, principalmente, para os trabalhadores.

A propósito, na Itália, "*a flexibilização do trabalho não trouxe as vantagens esperadas. Ao contrário, contribuiu com o declínio da economia italiana.*

Deixou bem claro uma forte diminuição do nível da demanda agregada causada por uma restrição dramática do consumo, por sua vez causada pela sensível redução da quota salarial decorrente da marcante diminuição do salário indireto, isto é, a despesa pública, em particular nas dimensões sociais, do aumento da desigualdade e da pressão sobre o trabalho e sobre salários causada pela forte flexibilização do trabalho e da consequente criação de postos de trabalho precários ".[(19)]

Como se vê, sob a justificativa de modernização das relações do trabalho e aumento da produtividade das empresas, experiências determinantes do modelo conhecido como *flexicurity* ou *flexissegurança* sequer têm possibilitado o alcance do desenvolvimento econômico em sintonia com as exigências da competição do mercado globalizado. Além disso, provoca forte erosão dos direitos dos trabalhadores, além de deflagrar a deterioração da qualidade de empregos que restam e a acentuada exclusão. Com isso, perduram os bolsões de desempregados que recorrem cada vez mais à informalidade como integrantes de um *exército de reserva de mão de obra.*

Para José Dari Krein, a flexibilização é uma agenda imposta pela lógica das transformações no capitalismo, no contexto da globalização econômica, contrapondo-se a um padrão de proteção social do trabalho vigente. Esclarece ainda o renomado mestre que

> "*a flexibilidade apresenta dois sentidos bem definidos. Primeiro, possibilitar maior liberdade às empresas na determinação das condições de uso, de contratação e de remuneração do trabalho. Em segundo lugar, possibilitar ajustes no volume e no preço da força de trabalho na perspectiva de reduzir seu custo no cenário descrito acima. Essas duas finalidades concretizam-se, por um lado, por meio da supressão de benefícios e de direitos advindos da legislação e/ou de normas coletivas, o que significa a eliminação, a diminuição ou afrouxamento da proteção trabalhista e social vigente em cada país. Por outro lado, pela introdução de novas legislações ou normas coletivas que permitam adaptar os direitos trabalhistas à lógica apontada acima, especialmente em relação a quatro temas bastante comuns em diversas experiências nacionais: remuneração, jornada, formas de contratação e alocação de trabalho*". [(20)]

---

(19) TRIDICO, Pasquale. Riforme del mercato del lavoro, occupazione e produttivita: un confronto tra l'Italia e l'Europa. (LP). Disponível em: <http://host.uniroma 3.it/centri/jeanmonnet/pdf/Contributo%20Tridico%20Sindacalismo%20n.28.pdf.> Acesso em: 27 jul. 2017. "*La flessibilità del lavoro non ha portato i vantaggi sperati, ha invece contribuito al declino dell'economia italiana. L'analisi comparata dei dati rilevanti dell'Italia e dei principali Stati membri dell'Unione europea, come la Francia e la Germania (e, talvolta dell'OCSE), conferma le nostre ipotesi circa la forte correlazione tra tutte le variabili prese in esame e il meccanismo di concatenazione fra loro. E questo indipendentemente dall'attuale crisi, poiche la maggior parte dei dati di seguito riportati si riferiscono al periodo precedente la crisi. Appare chiara una forte diminuzione del livello della domanda aggregata (DA) causata da un restringimento drammatico dei consumi (C) che a sua volta è causato dalla sensibile riduzione della quota salariale (QS), dalla marcata diminuzione del salario indiretto (SI), vale a dire la spesa pubblica (G), in particolare nelle dimensioni sociali (DS), dall'aumento della disuguaglianza (DISUG) e dalla pressione sul lavoro (L) e sui salari (S) causata da una forte flessibilita del lavoro (FL) e dalla conseguente creazione di posti di lavoro precari*". Tradução livre da autora.

Historicamente, na Espanha, por exemplo, os resultados advindos da flexibilização não atenderam às expectativas, sendo certo que o processo de flexiibilização iniciou-se por volta de 1984, quando a taxa de desempregados alcançava o percentual de 10%. Entretanto, "*após uma década de reformas flexibilizadoras, o desemprego, que deveria ter baixado, subiu para cerca de 22%*", como bem enfatizou URIARTE, Oscar Ermida, em sua obra *A Flexibilidade*. São Paulo: LTr, 2002, p. 57.

(20) KREIN, José Dari. *Debates contemporâneos – Economia social e do trabalho*: as relações do trabalho na era do neoliberalismo no Brasil. São Paulo: LTr, 2013. p. 19, 20 e 21.

Nesse contexto, mesmo sob a proteção da vigente Constituição da República Federativa, reconhecida como a mais democrática que o Brasil já teve, têm sido introduzidas reformas trabalhistas sob o argumento da necessária modernização das leis trabalhistas, a exemplo do que vem ocorrendo em outros países, conforme já se mencionou. Assim, foi aprovada a Lei n. 13.467, em 13 de julho de 2017, que introduz reformas em muitos dispositivos da CLT e, também, nas Leis n. 6.019/1974, 8.036/1990 e 8.212/1991. Tem sido divulgado, de forma assaz evasiva, que tais alterações visam a aumentar postos de trabalho com mais segurança para empregados e empregadores.

Bem ao contrário do que se proclamou no âmbito do Congresso Nacional brasileiro, em fundamentada análise, a Associação Nacional dos Procuradores do Trabalho – ANPT, a Associação Nacional dos Magistrados da Justiça do Trabalho – ANAMATRA, a Associação Brasileira dos Advogados Trabalhistas – ABRAT, entre outras associações, salientam enfaticamente, que a pretendida reforma, "*na realidade, aumentará os níveis de desemprego, diminuirá a qualidade dos empregos no mercado brasileiro, reduzirá direitos e fomentará o descumprimento da legislação trabalhista e, por fim, aumentará a insegurança jurídica nas relações trabalhistas*".

Ressaltam as Associações mencionadas a possibilidade de diminuição das condições de trabalho e de vida dos trabalhadores advinda da reforma trabalhista, pois esta "*cria um cardápio de contratos de trabalho e de emprego precários, facilitando a redução da proteção social dos trabalhadores brasileiros e fomentando a mera substituição dos contratos de trabalho a tempo indeterminado (com mais proteção e mais direitos) por contratos fraudulentos, por contratos temporários e por contratos de trabalho em que o empregado pode receber abaixo do salário mínimo mensal*". (21)

Ora, o Estado Democrático de Direito é o modelo que melhor propicia o debate. Mesmo assim, houve a implantação de tais reformas trabalhistas, por leis infraconstitucionais, sem um prévio debate democrático, principalmente porque, em alguns aspectos, visam a enfraquecer direitos, possibilitando a celebração de contratos de trabalho destituídos de segurança jurídica, a regulamentação de subempregos que se afastam por completo daquele contrato típico por prazo indeterminado ou até mesmo por prazo determinado, antes bem delimitado pela Consolidação das Leis do Trabalho.

Entre outras mudanças, a recente reforma trabalhista introduz a possibilidade de acordos diretos entre empregado e empregador, nas seguintes situações: fracionamento de férias em até três períodos (CLT, art. 58-A); banco de horas (CLT, art. 59, § 5º); regime de compensação de horário de 12 horas de trabalho por 36 horas de descanso (CLT, art. 59-A); a coexistência do acordo de compensação de horário com horas extras (CLT, art. 59-B, parágrafo único); a rescisão contratual com a redução das verbas rescisórias (CLT, art. 484-A).

Causa perplexidade a previsão legal desses acordos individuais, de modo a configurar forte retrocesso caracterizado pela adoção de técnica do período de vigência do Estado Liberal originário. Portanto, o legislador afastou-se, totalmente, do princípio da proteção que informa o Direito do Trabalho (aliado ao princípio da indisponibilidade dos direitos trabalhistas), diante da real posição de subordinação jurídica e de desvantagem econômica do trabalhador. Portanto, a manifestação de vontade do trabalhador, nesses acordos, não pode ter eficácia, sendo certo que estes, nesses moldes celebrados, não estarão amparados pelo *ideal de justiça*, imprescindível para o equilíbrio e segurança dessa relação marcada pela desigualdade formal e material, no âmbito do Estado Democrático de Direito. E conforme bem ensina prestimosa doutrina,

> "*não constitui função do direito – em qualquer dos ramos do direito – proteger algum dos sujeitos de dada relação social. Função do direito é regular a relação em busca da realização do ideal de justiça [...]. Não é função do direito do trabalho proteger o empregado. Função do direito do trabalho é regular as relações entre empregado e empregador [...].*
>
> *Para exercer sua função social, ao reconhecer a inicial posição de desvantagem em que se encontra o trabalhador quando celebra um contrato de trabalho subordinativo, o direito do trabalho equilibra as posições econômicas dos respectivos sujeitos por meio da concessão de garantias ao mais fraco, com o intuito não de protegê-lo, mas de realizar o ideal de justiça*". (22)

---

(21) Associação Nacional dos Procuradores do Trabalho – ANPT, Associação Nacional dos Magistrados da Justiça do Trabalho – ANAMATRA, Associação Brasileira dos Advogados Trabalhistas – ABRAT, Sindicato Nacional dos Auditores Fiscais do Trabalho – SINAIT, Associação Latino-americana de Advogados Laboralistas – ALAL, Associação Latino-americana de Juízes do Trabalho – ALJT, Associação Luso-brasileira de Juristas do Trabalho – JUTRA. NOTA TÉCNICA CONJUNTA. PLC 38/2017 – REFORMA TRABALHISTA. Disponível em: <https://www.diap.org.br/images/stories/Nota%20tecnica%20Conjunta%20Reforma%20Trabalhista%20-%20Versao%20final.pdf.>. Acesso em: 27 jul. 2017.

(22) ROMITA, Arion Sayão. *O Princípio da Proteção em Xeque*. São Paulo: LTr, 2003. p. 23-24.

Assim, não se pode pretender a aceitação de reformas trabalhistas que ensejam a realização de acordos individuais entre patrão e empregado, desprovidos de qualquer assistência e participação da entidade sindical dos trabalhadores. Por isso, tais acordos podem fragilizar ainda mais as condições de trabalho e, desse modo, afrontar também os princípios da irrenunciabilidade e o da vedação do retrocesso social. Isto porque provocam verdadeira desconstrução da regulação das relações jurídicas de emprego, garantida e sustentada pela Constituição da República Federativa do Brasil e pelos Tratados Internacionais de Proteção dos Direitos Humanos.

> *"Com efeito, toda estrutura conceitual e normativa do Direito do Trabalho parte de um pressuposto fático: existe uma flagrante diferença socioeconômica e de poder entre os sujeitos envolvidos na relação jurídica de emprego. Regra geral, é o empregado um indivíduo hipossuficiente, ou seja, possui parcos recursos econômicos, e por isso estaria mais fragilizado, em relação ao empregador, podendo facilmente ceder às suas pressões e aceitar as condições de trabalho ilegais, injustas e, em alguns casos, até mesmo aviltantes".*[23]

Desse modo, diante do texto legal das reformas trabalhistas, poderá o trabalhador, por exemplo, aceitar a realização de acordo de compensação de horário de 12 horas de trabalho por 36 horas de descanso (CLT, art. 59-A) ou, até mesmo, a rescisão contratual com a redução das verbas rescisórias (CLT, art. 484-A), apenas pela sua posição fática de submissão ao poder diretivo do empregador, mesmo que lhe seja, respectivamente, desfavorável à sua saúde e prejudicial economicamente. Portanto, não haverá nenhuma garantia de livre manifestação da vontade do empregado, sequer assistido pelo seu sindicato.

Sem dúvida alguma, é a busca pelo método do consenso que predomina nas sociedades políticas democráticas, como fórmula para canalizar as tensões sociais no mundo do trabalho, reconhecendo o saudoso mestre Gino Giugni que a lei, por si só, pela sua rigidez estrutural não tem condições de operar, diante da multiplicidade de situações, por não ser possível ao legislador prever todas as zonas de possível atrito:

> *"... A lei continua a garantir aos trabalhadores algumas tutelas, mas contemporaneamente atribui às partes sociais, através da contratação coletiva, a possibilidade de produzir derrogações quando se constata ser necessário para manter a própria competitividade da empresa em mercados sempre mais concorrentes e defender assim os níveis de ocupação; ou até mesmo a lei se limita a regular uma matéria em linha de princípio, atribuindo ao contrato coletivo a tarefa de integrá-la".* [24]

Para tanto, tornou-se impostergável, no âmbito das relações de trabalho, o correto uso da procedimentalização do direito do trabalho para fortalecer a negociação coletiva. É essa, inegavelmente, a função primordial do sindicato, cuja participação efetiva adquire, nos dias de hoje, nova roupagem e responsabilidade na condução dos interesses de trabalhadores e empregadores.

Assim, a pretensa modernização das relações de trabalho exige, por primeiro, a promoção e garantia da liberdade sindical, de acordo com a Convenção 87, da Organização Internacional do Trabalho, que trata da Liberdade Sindical e Proteção do Direito à Sindicalização, de 1948 – ainda não ratificada, pelo Brasil, porque a Constituição Federal ainda mantém os resquícios do sistema corporativista – para que sejam formados sindicatos autênticos com efetiva representatividade em sua base territorial. Somente assim, poderão advir as possibilidades de debates tendentes à pretendida flexibilização das leis trabalhistas, nos moldes democráticos, em consonância com a valorização do trabalho humano. Jamais poderia ser o contrário.

Ademais, convém ressaltar enfaticamente que a flexibilização está prevista na Constituição da República Federativa do Brasil apenas nas excepcionais situações estabelecidas no art. 7º, incisos VI, XIII e XIV. Por conseguinte, é permitida apenas para possibilitar a alteração de direitos dos trabalhadores que não sejam básicos nem irrenunciáveis, mediante compensação, ou, ainda, em situações especiais e mediante negociação coletiva. E é aplicada, portanto, no sentido de favorecer a adaptação das condições de trabalho – já regulamentadas por lei ou norma coletiva mais favorável – à dinâmica da realidade empresarial, a ensejar a diversificação das mesmas, com observância dos direitos fundamentais que não podem

(23) Nas palavras de ZANGRANDO, Carlos. *Princípios Jurídicos do Direito do Trabalho*. São Paulo: LTr, 2011. p. 246.

(24) GIUGNI, Gino. *Diritto Sindacale*. Bari: Cacucci, 2003, p. 21. "... *La legge continua a garantire ai lavoratori alcune tutele, ma, contemporaneamente, attribuisce alle parti sociali, attraverso la contrattazione colletiva, la possibilità di apportarvi deroghe quando ciò sia ritenuto dalle stesse necessario per consentire alle imprese di mantenere la propria competitività su mercati sempre più concorrenziali e difendere così i livelli occupazionali; ovvero la legge si limita a regolare una materia in linea di principio, attribuendo al contratto colletivo il compito di integrarla*". Tradução livre.

ser eliminados, em sintonia com os princípios e regras constitucionais.

Nesse contexto, não se pode concordar com os termos da mencionada Lei n. 13.467/2017, dentre outras mudanças, ao introduzir também nova redação dada ao art. 443, da CLT, estabelecendo que o contrato de trabalho poderá ter por objeto a prestação de trabalho intermitente, nos seguintes termos:

> *"Art. 443. O contrato individual de trabalho poderá ser acordado tácita ou expressamente, verbalmente ou por escrito, por prazo determinado ou indeterminado, ou para prestação de trabalho intermitente.*
>
> *§ 3º Considera-se como intermitente o contrato de trabalho no qual a prestação de serviços, com subordinação, não é contínua, ocorrendo com alternância de períodos de prestação de serviços e de inatividade, determinados em horas, dias ou meses, independentemente do tipo de atividade do empregado e do empregador, exceto para os aeronautas, regidos por legislação própria."*

Da análise desse texto, emerge a possibilidade de se regularizar a prestação de serviços de garçons e de seguranças particulares, por exemplo. No entanto, essa previsão legal, tal como está redigida, poderá induzir o empregador, em sua atividade econômica de caráter permanente, à plena adoção desse tipo de contrato para todos os empregados. Estes, por sua vez, ficarão totalmente sujeitos às determinações de seu empregador no que tange aos dias do mês e horários de efetiva prestação de serviços, impossibilitados de programar sua vida, porque sequer terão condições de ter uma rotina de trabalho. Desse modo, permanecerão sem nenhuma garantia no que concerne à manutenção de um tempo hábil de serem novamente chamados, pois o texto legal é por demais genérico e, inclusive, admite a realização do contrato até mesmo de forma tácita.

Torna-se fácil deduzir que, nos moldes desse tipo de contrato de trabalho, o empregado ficará submetido inteiramente à vontade do empregador, que, por sua vez, será beneficiado com a redução de custos trabalhistas, em face do simples exercício desse seu direito *potestativo*, mormente diante do disposto no art. 122, do Código Civil[25] (o qual, nos termos da nova redação do § 1º, do art. 8º, da CLT, torna-se fonte subsidiária do direito do trabalho), o que retira do contrato de trabalho sua função social de natureza alimentar.

Bem ao contrário do que consta do texto do mencionado art. 443, nos países onde há previsão desse tipo de contrato de trabalho, são estabelecidas substanciais medidas de cautela para salvaguardar a dignidade do trabalhador, de modo a satisfazer também seus interesses pessoais, não permanecendo inteiramente subordinado à vontade patronal. São estipuladas condições específicas para que o trabalho humano, nessas condições, não volte a ser visto como *utilidade*, conceito esse dominante na época de vigência do liberalismo clássico.

Em Portugal, o Código do Trabalho admite o trabalho intermitente apenas em empresa que exerça atividade com descontinuidade ou intensidade variável. Além disso, impõe a adoção de forma escrita, especificando o conteúdo do correspondente contrato de trabalho, sob pena de o mesmo ser considerado por prazo indeterminado (arts. 158 e 159).

Direcionada à segurança do trabalhador, a norma do art. 159 impõe às partes estabelecer "*a duração da prestação de trabalho, de modo consecutivo ou interpolado, bem como o início e termo de cada período de trabalho, ou a antecedência com que o empregador deve informar o trabalhador do início daquele*". Estabelece também que tal "*prestação de trabalho não pode ser inferior a seis meses a tempo completo, por ano, dos quais pelo menos quatro meses devem ser consecutivos*".[26]

Na Itália, para a estipulação do contrato de trabalho intermitente, a Lei 99, de 2013, em seu art. 35, igualmente impõe a forma escrita, devendo constar no contrato "*numerosos elementos fundamentais,*

> *tais como, a duração, as hipóteses (subjetivas e objetivas) que justificam a contratação, o lugar e a modalidade da disponibilidade eventualmente garantida pelo trabalhador e o relativo aviso prévio da chamada [...], as modalidades de pagamento, as eventuais medidas de segurança conexas à atividade. As partes devem, outrossim, recepcionar as indicações contidas nos contratos coletivos, e o empregador deve informar anualmente as representações sindicais de empresa sobre o andamento do recurso ao trabalho intermitente*". [27]

(25) CC, Art. 122 – *São lícitas, em geral, todas as condições não contrárias à lei, à ordem pública ou aos bons costumes; entre as condições defesas se incluem as que privarem de todo efeito o negócio jurídico, ou o sujeitarem ao puro arbítrio de uma das partes.*

(26) *Código do Trabalho*. Coimbra: Edições Almedina, junho de 2016. p. 84-85.

(27) GHERA, Edoardo; GARILLI, Alessandro; GAROFALO, Domenico. *Diritto del Lavoro*. Turim: G.Giappichelli, 2013, p. 519. "*Per la stipulazione del contratto di lavoro intermitente il legislatore richiede la forma scritta ai fini della prova di numerosi elementi fondamentali, quali la durata, l'ipotesi (soggetiva o oggettiva) che ne consente la stipulazione, il luogo e la modalità della disponibilità eventualmente garantita dal lavoratore ed il relativo preavviso di chiamata [...],*

Cumpre sempre lembrar que o modelo de Estado Democrático de Direito supera o esquema da igualdade formal em busca da igualdade material, como condição de possibilidade para o exercício da democracia. Sob sua égide, portanto, devem ser combatidas as causas da desigualdade que têm sua raiz no desequilíbrio das condições econômicas principalmente no mundo do trabalho. Destarte, não se pode pretender assim a existência de trabalhadores de segunda classe, sob a justificativa de forte crise econômica ou a título de modernização dos processos de reestruturação produtiva.

Sob esse enfoque, uma outra mudança ocorreu com a entrada em vigor da Lei n. 13.429, de 31 de março de 2017, que introduziu novas disposições na Lei n. 6.019/1974, além de modificar algumas existentes. Dependendo da interpretação de seu texto, que não é claro, poderá haver a irrestrita utilização do mecanismo da terceirização, visando a atender apenas aos interesses econômicos de redução de custos de um modo geral, em detrimento de direitos humanos e fundamentais dos trabalhadores.

Assim, a nova lei não somente altera dispositivos da Lei n. 6.019/1974, que dispõe sobre o trabalho temporário, mas agrega outras disposições pertinentes à terceirização de prestação de serviços antes não prevista em lei.

De acordo com o disposto no texto originário da Lei n. 6.019/1974, os serviços temporários estavam previstos tanto para o exercício de atividade-meio quanto para o desempenho de atividade-fim da empresa tomadora de serviços. E, desse modo, não havia disposição legal expressa para tanto, justamente porque o trabalho temporário já estava previsto para a substituição de pessoal regular e permanente ou em face da necessidade de acréscimo extraordinário de serviços, dentro do prazo legal.

Causando certa perplexidade e muitas dívidas, a nova lei mencionada incluiu, no § 3º do art. 9º, que "*o contrato de trabalho temporário pode versar sobre o desenvolvimento de atividades-meio e atividades-fim a serem executadas na empresa tomadora de serviços*". E, no § 1º do art. 10, estabelece que "*o contrato de trabalho temporário, com relação ao mesmo empregador, não poderá exceder ao prazo de cento e oitenta dias, consecutivos ou não*".

Entretanto, na parte em que trata da terceirização de serviços, a nova lei é omissa a esse respeito, sendo certo que não faz qualquer menção a respeito de sua utilização para atividade-meio ou atividade-fim e sequer prevê limitação de prazo.(28) Surgem daí as seguintes dúvidas: poderá haver terceirização de atividades-fim e, em caso positivo, sem limite de prazo? As empresas, de um modo geral, poderão terceirizar suas atividades essenciais visando ao afastamento de suas responsabilidades trabalhistas e fiscais em prejuízo da classe dos trabalhadores? E como fica o exercício da função social da empresa, nos termos do art. 170 da CRFB?

Certamente, a adoção ilimitada desses tipos de contratação afronta completamente o conceito de trabalho decente e produtivo, porque, para o trabalhador, faltarão as necessárias condições de liberdade, equidade e segurança, o que afronta sua dignidade. Ademais, contrasta com os princípios e regras da Constituição da República Federativa do Brasil, ao estabelecer que a Ordem Econômica e Financeira, embora capitalista, deve dar relevância ao trabalho como valor social. E, por consequência, garante a eficácia econômica desde que voltada à realização da justiça social (CRFB, art. 170).

Assim, à luz da mesma Lei Maior, não se poderá expandir a terceirização de forma irrestrita, eis que fere ainda princípio da igualdade insculpido no art. 5º, a impedir que parte de trabalhadores seja submetida à permanente rotatividade de sua força de trabalho, sofrendo forte discriminação pelo tratamento desigual imposto, inclusive pela perda de direitos em decorrência da fragmentação de representações sindicais.

CONCLUSÕES

Cumpre ressaltar sempre mais que a democracia é o modo de convivência que a sociedade brasileira escolheu e deliberou viver, segundo seus princípios. E ela se realiza por meio do Estado Democrático de Direito. Portanto, sob sua égide, a dignidade humana e o trabalho humano devem ser respeitados pois são os fundamentos da República Federativa do Brasil. Além disso, a Ordem Econômica e Financeira tem por fim assegurar a todos existência digna, enquanto o trabalho humano

i tempi e le modalità di pagamento, le eventuale misure di sicurezza connesse all'attività. Le parti devono altresì recepire le indicazione contenute nei contratti colletivi, ed il datore di lavoro deve informare annualmente le rappresentanze sindacali aziendali sull'andamento del ricorso al lavoro intermitente (art.35)". Tradução livre.

(28) Art. 2º A Lei n. 6.019, de 3 de janeiro de 1974, passa a vigorar acrescida dos seguintes arts. 4º-A, 4º-B, 5º-A, 5º-B, 19-A, 19-B e 19-C: "Art. 4º-A. *Empresa prestadora de serviços a terceiros é a pessoa jurídica de direito privado destinada a prestar à contratante serviços determinados e específicos.*

§ 1º A empresa prestadora de serviços contrata, remunera e dirige o trabalho realizado por seus trabalhadores, ou subcontrata outras empresas para realização desses serviços. § 2º Não se configura vínculo empregatício entre os trabalhadores, ou sócios das empresas prestadoras de serviços, qualquer que seja o seu ramo, e a empresa contratante."

é visto como valor fundamental desta (CRFB, arts. 1º, incisos III e IV, e 170). Por conseguinte, toda empresa deve atuar como verdadeira instituição, transformando-se em grupo democrático voltado a propiciar, a todos que dela dependem, oportunidades para o verdadeiro exercício da cidadania com responsabilidade, em busca de um crescimento econômico verdadeiramente humano e justo. E, assim, contribui para a obtenção do almejado desenvolvimento social.

Por sua vez, a relevante função do Estado Democrático de Direito consiste em bem intervir na Ordem Econômica, para inter-relacionar as potencialidades do mercado com as políticas públicas, ordenando os interesses coletivos em prol do respeito aos direitos fundamentais sociais, dentre os quais aqueles dos trabalhadores, para a devida concretização da justiça social. Assim, ao modelar a política econômica, facilitando a expansão de um capitalismo mais inclusivo, o exercício responsável da função estatal tem como realizar um dos mais importantes objetivos fundamentais da República Federativa do Brasil que consiste em "promover o bem de todos", nos termos do art. 3º, inciso IV, da Lei Maior.

Ao Judiciário Trabalhista compete fazer valer os princípios e regras constitucionais que proclamam os valores da liberdade, igualdade e dignidade. Por meio de decisões juridicamente *válidas* e *justas*, vem assegurada a efetivação dos direitos fundamentais dos trabalhadores. E, por decorrência, emergem as possibilidades de serem afastadas disposições legais que afrontam o princípio da proibição de retrocesso social, em sintonia com a prevalência das normas internacionais de proteção dos direitos humanos, mais resguardadas pelo controle difuso de convencionalidade.

Nesse contexto constitucional, não pode prosperar a flexibilização de direitos fundamentais sociais, por reformas de leis infraconstitucionais, que tendem a fragilizar, substancialmente, inclusive sem a previsão de negociação coletiva, as condições de trabalho e de vida de trabalhadores.

Urge levar em conta as conquistas do passado, pois a força de trabalho deve ser vista como extensão da pessoa humana, que, assim, com igual liberdade – e na condição de partícipe não apenas do crescimento econômico, mas do progresso social – exerce sua cidadania em busca do real sentido de sua vida com dignidade.

REFERÊNCIAS BIBLIOGRÁFICAS

AZEVEDO NETO. Platon Teixeira de. *O Trabalho Decente como um Direito Humano*. São Paulo: LTr, 2015.

BOBBIO, Norberto. *A Era dos Direitos*. Rio de Janeiro: Campus, 1992.

CÓDIGO DO TRABALHO. Coimbra: Edições Almedina, junho de 2016.

GHERA, Edoardo; GARILLI, Alessandro; GAROFALO, Domenico. *Diritto del Lavoro*. Turim: G.Giappichelli, 2013.

GIUGNI, Gino. *Diritto Sindacale*. Bari: Cacucci, 2003.

HESSE, Konrad. *A Força Normativa da Constituição*. Tradução de Gilmar Ferreira Mendes. Porto Alegre: Sergio Fabris, 1991.

KREIN, José Dari. *Debates Contemporâneos – Economia Social e do Trabalho*: as relações do trabalho na era do neoliberalismo no Brasil. São Paulo: LTr, 2013. v. 1.

LAFER, Celso. *A Internacionalização dos Direitos Humanos*. Barueri (SP): Manole, 2005.

MARTIN RETORTILO, Lorenzo; OTTO Y PARDO, Ignácio. *Derechos Fundamentales y Constitución*. Madrid: Civitas, 1988.

PETTER, Lafayete Josué. *Princípios Constitucionais da Ordem Econômica*. O significado e o alcance do art. 170 da Constituição Federal. 2. ed. São Paulo: Revista dos Tribunais, 2008.

PIOVESAN, Flávia. *Direitos Humanos e o Direito Constitucional Internacional*. São Paulo: Saraiva, 2013.

______. *Temas de Direitos Humanos*. São Paulo: Saraiva, 2013.

ROMITA, Arion Sayão. *O Princípio da Proteção em Xeque*. São Paulo: LTr, 2003.

SARLET, Ingo Wolfgang. *A Eficácia dos Direitos Fundamentais*: uma teoria geral dos direitos fundamentais na perspectiva constitucional. Porto Alegre: Livraria do Advogado, 2009.

SCALÉRCIO, Marcos; MINTO, Tulio Martinez. *Normas da OIT organizadas por temas*. São Paulo: LTr, 2016.

TRIDICO, Pasquale. *Riforme del mercato del lavoro, occupazione e produttivita*: un confronto tra l'Italia e l'Europa. Disponível em: <http://host.uniroma3.it/centri/jeanmonnet/pdf/Contributo%20Tridico%20Sindacalismo%20n.28.pdf.>. Acesso em: 27 jul. 2017.

URIARTE, Oscar Ermida. *A Flexibilidade*. São Paulo: LTr, 2002.

ZANGRANDO, Carlos. *Princípios Jurídicos do Direito do Trabalho*. São Paulo: LTr, 2011.

Contrarreforma Trabalhista, Dano Extrapatrimonial e Previsibilidade do Negócio Burguês: Uma Abordagem Materialista-Histórica

Gustavo Seferian Scheffer Machado

Professor de Direito e Processo do Trabalho na Universidade Federal de Lavras – UFLA. Bacharel em Direito, Mestre e Doutor em Direito do Trabalho pela FDUSP. Pesquisador do GPTC-USP e coordenador do Núcleo de Estudos Trabalho, História e Direitos Sociais – UFLA.

INTRODUÇÃO

A atual crise global do capital – que eclode na primeira metade da década de 1970 e se acentua a partir de 2008 – faz colocar em escalada uma ofensiva do capital, atentatória a direitos, sem paralelo na história. Esta contrarrevolução burguesa, preventiva e de matiz neoliberal, se afirma internacionalmente sobretudo na forma de corrosão de Direitos Sociais historicamente conquistados pelas classes trabalhadoras. As frentes de expansão da mercantilização da vida e minoração de garantia pelo Estado passam pela saúde, previdência, educação e, como não poderia deixar de ser, a proteção conferida às trabalhadoras e trabalhadores no âmbito das suas relações de trabalho.

No caso particular brasileiro, ainda que jamais tenhamos alcançado um arranjo assemelhado ao de um Estado de Bem-Estar Social, os efeitos desta contrarrevolução se mostram na crescente de ataques verificada após o diluir do ascenso social que resultou na "redemocratização" do país pós-ditadura empresarial-militar e na Constituição de 1988[1], que passam pelos governos neoliberais da década de 1990 com profundos ataques à legislação trabalhista e auto-organização de classe, tendo como lógica o continuísmo precarizante dos mandatos social-liberais do PT. Após o golpe enfrentado em 2016, os ataques aos Direitos Sociais gestados e ensaiados no governo Dilma Roussef se catalisam e assumem voracidade sob a batuta do governo golpista de Michel Temer.

Dentre os mais acentuados revezes experimentados no período – que incluem a aprovação da EC n. 95/2016 e a contrarreforma do ensino médio – encontra-se a aprovação a toque de caixa da contrarreforma trabalhista, cristalizada na Lei n. 13.467/2017, de 13 de julho de 2017. Afora as questões de impacto que foram anunciadas com maior intensidade pela mídia e fracamente permeadas na esfera pública – como a prevalência do negociado frente ao legislado, o fim da contribuição sindical, a permissividade de sujeição de trabalhadoras grávidas a atividades insalubres, a possibilidade de fragmentação de férias, elastecimento de jornadas e "novas" formas atípicas de contratação da força de trabalho –, uma miríade de ataques que sequer foram discutidos com a devida profundidade e vagar que merecem, e que por certo ensejariam o rechaço de amplos setores da população, sobretudo aquelas e aqueles que vivem da venda da sua força de trabalho.

Dentre os infindos ataques direcionados às classes trabalhadoras e colocados às escuras no "debate" público havido no último período, está a perspectiva de tarifação das indenizações por danos extrapatrimoniais, em

(1) SOUTO MAIOR, Jorge Luiz. *História do Direito do Trabalho no Brasil*: curso de direito do trabalho. São Paulo: LTr, 2017. v. I, p. II.

especial, e a regulamentação da matéria em questão, no geral. Para tanto, há toda uma nova redação conferida à CLT, que passa a contar com novo título, o II-A, para tratar do assunto. Com o presente texto, intentamos dar uma contribuição acerca da temática, denotando seu papel estrutural, suas contradições e sua insustentabilidade prática e jurídica.

Não pretendemos aqui expor uma leitura amparada na compreensão clássica da responsabilidade civil, em que pese o trato de alguns aspectos possa demandar o amparo nesse repertório. Nosso intuito com o presente escrito revela-se, em verdade, no expor a intencionalidade burguesa de parametrização das indenizações por danos morais, a partir de leitura amparada na tradição marxista, na teoria do valor marxiana e no imperativo da equivalência que norteia a troca mercantil da sociedade capitalista, bem como enfrentar as diversas vicissitudes e contradições que se denotam do texto do supracitado Título incluído na CLT.

Passemos, pois, à nossa tarefa.

1. PREVISÃO, SEGURANÇA, EQUIVALÊNCIA E REALIZAÇÃO MERCANTIL

Ainda que de forma breve, tentando evitar reducionismos, parece-nos indispensável passar por uma brevíssima exposição acerca do pano de fundo que se erige em nosso palco – o modo de produção capitalista – e algumas poucas categorias que nos servem de fundamento para tal reflexão – referendadas na tradição econômica, histórica e política marxista. Há de se convir, por certo, que uma mais aprofundada investida acerca da teoria do valor marxiana proporcionará uma melhor compreensão à leitora e ao leitor quanto ao conteúdo deste item.

Marx inicia sua mais famosa obra apontando ser a categoria fundamental para compreensão da relação social do capital – aquela que dita o tom do modo de produção capitalista – a mercadoria(2). Dela todas as demais categorias de sua crítica da economia política derivam, dando conta à compreensão do complexo arranjo da sociedade capitalista moderna. Convém ressaltar, porém, que não é só no desdobramento categorial abstrato – do qual se utiliza Marx para exposição de sua teoria econômica mais bem acabada – que a mercadoria assume papel de preponderância. Podemos dizer que a sociedade em que vivemos é regida pelos anseios e necessidades da mercadoria, que, dado seu fetichismo, assume papel de sujeito ativo e reserva às pessoas o papel de suas portadoras e realizadoras. Assim, a busca contínua e sempre ampliada da mercadoria reside na autonomização de seu movimento(3), que coloca nos sujeitos o papel instrumental de espectadores dessa dinâmica, denotando uma das características principais daquilo que Guy Debord chamará de *sociedade do espetáculo*(4).

O capitalismo, enquanto modo de produção, alça-a a elemento constitutivo elementar e central da organização societal, reclamando sua ampliada realização, pela produção e circulação.

Dentre as infindas mercadorias que constituem essa imensa coleção mercantil, há uma que cumpre papel particular na lógica capitalista. É esta a força de trabalho. Apenas pela compra e venda desta mercadoria – única que possui como valor de uso gerar valor – que a produção de mercadorias se realiza, e em que se viabiliza o *telos* maior da exploração pelo capitalista: a extração de mais-valor.

Devemos registrar que a força de trabalho compartilha características com todas as demais mercadorias, como, por exemplo, ser um produto e precisar ser realizada. As mercadorias – a força de trabalho inclusa – necessitam, para que se constituam enquanto tais, passar pelo processo de realização. Ou seja, precisam ser colocadas no moto de circulação e câmbio que lhe conferirá o transpasse do estatuto de simples produto do trabalho – no caso da força de trabalho, o trabalho reprodutivo – para o de mercadoria.

Há, todavia, uma série de contratempos que obstaculizam a realização desta mercadoria por meio do contrato de trabalho, ao menos dentro das expectativas que lança o capitalista no início do processo de trabalho. O tomador da força de trabalho projeta ao trabalhador seu interesse de pagar o mínimo possível para o gozo de seu valor de uso, e jamais anseia pagar quaisquer *quanta*

(2) MARX, Karl. *O Capital*: Livro I: O processo de produção do capital. Tradução de Rubens Enderle. São Paulo: Boitempo, 2013.

(3) *"as relações entre os produtores, nas quais se efetivam aquelas determinações sociais de seu trabalho, assumem a forma de uma relação social entre os produtos do trabalho"* cf. MARX, Karl. *Op. cit.*, p. 147. Em sentido comum, apontará Lukács em *História e Consciência de Classe*: "objetivamente, quando surge um mundo de coisas acabadas e de relações entre coisas (o mundo das mercadorias e de sua circulação no mercado), cujas leis, embora se tornem gradualmente conhecidas pelos homens, mesmo nesse caso se lhes opõem como poderes intransponíveis, que se exercem a partir de si mesmos. [e] subjetivamente, numa economia mercantil desenvolvida, quando a atividade do homem se objetiva em relação a ele, torna-se uma mercadoria que é submetida à objetividade estranha aos homens, de leis sociais naturais, e deve executar seus movimentos de maneira tão independente dos homens como qualquer bem destinado à satisfação de necessidade que se tornou artigo de consumo" (cf. LUKÁCS, Georg. *História e Consciência de Classe*. Tradução de Rodnei Nascimento. São Paulo: Martins Fontes, 2003. p. 199-200).

(4) DEBORD, Guy. *A Sociedade do Espetáculo*. Tradução de Estela dos Santos Abreu. Rio de Janeiro: Contraponto, 2007, *passim*.

sobressalentes, realizando enquanto mercadoria todo produto da exploração desse trabalho. Pretendemos, assim, nesse item, demonstrar que um dos intuitos dos ataques cristalizados nas contrarreformas trabalhistas sinaliza para a perspectiva de aumentar a segurança do capitalista na dinâmica de exploração, minorando seus riscos no bojo do negócio capitalista em ter que pagar mais que o valor da força de trabalho, ou, em última instância, pagar qualquer valor que exceda seu cálculo contingencial inicial.

Destacamos de início que, sob o mesmo primado do fetichismo, o trabalho humano torna-se para o trabalhador "*algo objetivo, independente dele e que o domina por leis próprias, que lhes são estranhas*", mantendo esse processo de reificação do trabalhador um papel de identidade na inversão intuitiva da compreensão de sujeito e objeto[5]. Com o fito de proporcionar sua permutabilidade, estatui-se como uma dessas "leis próprias" a "igualação"[6] formal de todas as mercadorias pelo seu único elemento constitutivo comum: todas elas são fruto de trabalho, e guardam em si monta determinada de trabalho abstrato, independentemente das suas qualidades concretas. É o fundamento de cálculo dessa "*legalidade rigorosa*"[7] que dá o tom da sociedade capitalista moderna, e que a forma jurídica vem a referendar[8].

O trabalho abstrato – essa "*parte da força total disponível na sociedade*" – irá operar como "*denominador comum ao qual os diferentes objetos são reduzidos na relação mercantil, mas torna-se também o princípio real do processo efetivo de produção de mercadorias*"[9], e isso porque essa unidade de medida "*igual, comparável e mensurável com precisão crescente em relação ao tempo de trabalho socialmente necessário*" é que servirá ao trunfo, na perspectiva da afirmação da equivalência, para a consecução da exploração do trabalhador assalariado. E esta equivalência não pode ser subvertida, aos olhos do capitalista, sob pena de colocar em risco a própria lógica de reprodução do capital. Deve este pagar, como ressaltará Marx, apenas "*o valor dos meios de subsistência necessários à manutenção de seu possuidor*"[10]. Assim, "*o período de trabalho socialmente necessário, que forma a base do cálculo racional, deixa de ser considerado como tempo médio e empírico para figurar como uma quantidade de trabalho objetivamente calculável, que se opõe ao trabalhador sob a forma de uma objetividade pronta e estabelecida*"[11], viabilizando também ao tomador da força de trabalho que pague apenas e tão somente o valor daquela mercadoria (e nada mais), prevendo suas margens de extração do mais-valor e de lucro. É dessa forma que "***o caráter mercantil da mercadoria, o modo quantitativo e abstrato da calculabilidade aparecem aqui sob sua forma mais pura***"[12].

Todavia, essa calculabilidade é ameaçada diuturnamente. Seja pela perspectiva da crise sistêmica do modo de produção capitalista, que impede a realização do produto da exploração como mercadorias, seja diante de outros infortúnios que, ao acaso ou estruturalmente, acabam impactando as previsões lançadas pelo capitalista.

Assim, a ideia de racionalização produtiva em todas as frentes – não só na abstrata constituição do valor – se coloca como tarefa primeira nas perspectivas de minoração de riscos ao explorador, sobretudo em um momento de crise, em que os riscos da própria inviabilização da realização do produto enquanto mercadoria se coloca de forma mais evidente.

Passa, assim, pela exclusão do elemento de incerteza da condição subjetiva do trabalhador uma dessas ofensiva racionalizadoras, sobretudo quando consideramos que "*as propriedades e particularidades humanas do trabalhador aparecem cada vez mais como simples fontes do erro*"[13] a essas perspectivas de "*puro cálculo*"[14] e previsão a que faz menção.

---

(5) LUKÁCS, Georg. *Op. cit.*, p. 199.

(6) Esse termo foi inicialmente utilizado pelo economista e jurista soviético Isaak Iliich Rubin em seu *A teoria marxista do valor* (Tradução de José Bonifácio de S. Amaral, São Paulo: Pólis, 1987). Em que pese tenha tido sua obra proscrita por longo período, sendo reabilitado apenas no período soviético pós-estalinista, certo é que Rubin foi não só um dos mais importantes teóricos marxistas no campo da economia do início do século XX, como também um dos poucos destacados pensadores que ainda no primeiro quartel daquele século valorou de forma apropriada o fetichismo da mercadoria como elemento chave para a condução da crítica da economia política e compreensão da sociedade contemporânea.

(7) LUKÁCS, Georg. *Op. cit.*, p. 208.

(8) PACHUKANIS, Evgeni. *A teoria geral do direito e o marxismo e ensaios escolhidos (1921-1929)*. Marcus Orione (Coord.). Tradução de Lucas Simone. São Paulo: Sundermann, 2017.

(9) LUKÁCS, Georg. *Op. cit.*, p. 208.

(10) MARX, Karl. *Op. cit.*, p. 245.

(11) LUKÁCS, Georg. *Op. cit.*, p. 201.

(12) *Ibidem*, p. 211.

(13) *Ibidem*, p. 203.

(14) *Idem*.

Afirmará o húngaro que

> "a essência do cálculo racional se baseia, em última análise, no reconhecimento e na previsão do curso inevitável a ser tomado por determinados fenômenos de acordo com as leis e independentemente do 'arbítrio individual'. O comportamento do homem esgota-se, portanto, no cálculo correto das oportunidades desse curso (cujas 'leis' ele já encontra 'prontas'), na habilidade de evitar os 'acasos' perturbadores por meio da aplicação de dispositivos de proteção e medidas defensivas (que se baseiam igualmente na consciência e na aplicação de 'leis' semelhantes); muitas vezes, chega até mesmo a se deter no cálculo das probabilidades dos possíveis efeitos de tais 'leis', sem sequer tentar intervir no próprio processo pela aplicação de outras 'leis'."[(15)]

E por "leis", aqui, não entendamos qualquer espécie de lei natural ou tendência histórica. Tomemos, sim, como regramentos que conduzem a uma previsibilidade das dinâmicas sociais, um dever-ser que mesmo não positivado deve guardar certo grau de objetividade e observância. E a racionalização da produção cumpre bem essa funcionalidade. Nela,

> "o homem não aparece, nem objetivamente, nem em seu comportamento em relação ao processo de trabalho, como o verdadeiro portador desse processo; em vez disso, ele é incorporado como parte mecanizada num sistema mecânico que já encontra pronto e funcionando de modo totalmente independente dele, e a cujas leis ele deve se submeter."[(16)]

Dentre esses elementos diversos encontra-se a suscetibilidade do trabalhador a acidentes de trabalho, infortúnios que fujam ao controle do empregador mas que seja o tomador da força de trabalho responsabilizado – como o acidente de percurso e atos praticados por terceiros, decorrentes da falibilidade da segurança pública, no local de trabalho – ou outros incidentes praticados pelos próprios empregados – como circunstâncias de assédio moral e sexual. Evitar toda e qualquer espécie de impacto inesperado oriundo dessas circunstâncias pelo tomador da força de trabalho soa de todo salutar.

Ainda que totalizantes e universais, pretensamente absolutas e fechadas, essas leis gerais e "naturais" de calculabilidade jamais poderiam ser passíveis de cognição "*pois o conhecimento completo da totalidade asseguraria ao sujeito desse conhecimento tal monopólio, que acabaria suprimindo a economia política*"[(17)]. Tendem os sistemas de conhecimento a tornarem-se herméticos, fechados em si, e cada vez mais inapreensíveis[(18)], algo conduzido de forma exímia pelo discurso jurídico, ainda que jamais se fechem na completude. O caso da tarifação das indenizações por danos extrapatrimoniais, que mais adiante enfrentaremos, é marcante nesse sentido.

É justamente a empresa capitalista que cristaliza, de forma mais bem aperfeiçoada, esse reclamar de condições. Invocando Max Weber, Lukács apontará ser ela a referência elementar para amparo nos desenhos da administração estatal, do Poder Judiciário e em todos os demais construtos sociais tipicamente capitalistas, que reproduzem suas condições constitutivas essenciais[(19)]. E essa racionalidade calculista é uma das suas marcas de essência:

> "A empresa capitalista moderna baseia-se internamente sobretudo no cálculo. Para existir, ela precisa de uma justiça e de uma administração, cujo funcionamento também possa ser, pelo menos em princípio, calculado racionalmente segundo regras gerais sólidas, tal como se calcula o trabalho previsível efetuado por uma máquina. (...) Pois essas formas modernas de empresa, com seu capital fixo e seus cálculos exatos, são muito sensíveis às irracionalidades do direito e da administração para que se tornem possíveis."[(20)]

Assim, a projeção ao Judiciário de salvaguarda da lógica de previsibilidade e segurança que o negócio encampado pelo capitalista reclama não só soa natural, como indispensável às perspectivas de reprodução sistêmica. Dessa forma, mesmo que pareça existir relativa abertura o direcionar ao Judiciário o estabelecimento da gradação quanto à gravidade de danos extrapatrimoniais causados no ambiente laboral – na forma do art. 223-G, da CLT –, está o órgão jurisdicional estruturalmente empenhado para a consecução da mesma intencionalidade enrijecedora de perspectivas que a empresa.

(15) LUKÁCS, Georg. *Op. cit.*, p. 218-19.

(16) *Ibidem*, p. 203-204.

(17) *Ibidem*, p. 227.

(18) *Ibidem*, p. 229.

(19) *Ibidem*, p. 215-16.

(20) *Idem*.

É com o direito, de modo geral, que a perspectiva da previsibilidade se assenta de forma mais acentuada. Lukács afirmará justamente que essa particularidade da dominação racional "*aparece ainda com mais clareza e simplicidade na jurisprudência devido à sua atitude mais conscientemente reificada*"(21). Logo, o direito então serve, enquanto sistema racional, "*simplesmente para calcular as consequências de uma ação e para impor racionalmente modos de ação derivados de uma classe*"(22).

Trata-se, pois, esta da intenção primeira do capitalista com a instituição do direito, positivadas em instrumentos normativos, bem como de todas as instituições que são funcionalizadas por esse ferramental para atenção à lógica de reprodução do capital.

Podemos dizer que o Direito do Trabalho, como um todo, em sua constituição histórica permeada por contradições, foi não só fruto de lutas classistas que se empenharam no intuito de trazer proteção às trabalhadoras e trabalhadores no bojo da contratação da sua força de trabalho e na negociação coletiva. Foi, também, um meio oportuno colocado pelas classes proprietárias para viabilizar um meio seguro, previsível e ordenado – lastreado pelo ideário da sustentabilidade do modo de produção capitalista e a invocada paz social – para contratação da força de trabalho, que ao mesmo tempo viabilizou que o capitalista soubesse o quanto pagaria pela força de trabalho desde o início do processo de produção, evitando "surpresas" em momentos futuros – até para que, caso voluntariamente deixasse de realizar o pagamento de alguma parcela ao trabalhador, soubesse o quanto e quando viria a pagá-la se cobrado por tanto, favorecendo as perspectivas de estruturação da paga a prazo pela força de trabalho –, garantindo também um patamar de rentabilidade às trabalhadoras e trabalhadores para aquisição de mercadorias, fazendo a roda do capital girar.

É claro que os desenhos da acumulação capitalista se transmutam com o tempo, e não seguem uma padronização anistórica desde a afirmação imemorial do modo de produção. Desta forma, diante das novas morfologias do trabalho(23), a lógica de previsibilidade normativa imposta pelo capital deve passar também por alterações, a chancelar as alterações previamente implementadas na materialidade, que hoje denotam um descompasso entre a expectativa normativa jurídica e a prática social, tornando as práticas precarizadoras "inseguras" ao capitalista individual, que não pode se sujeitar a tal impacto.

Repitamos: pagar mais do que o valor da força de trabalho, ou importe que supere a expectativa inicial que o capitalista tem pela paga do preço da força de trabalho, é sua sentença de morte.

De modo geral, podemos dizer que a contrarreforma trabalhista advinda com a Lei n. 13.467/2017 tem por intuito readequar essa normatividade social, minando a insegurança que pairava sobre as práticas atentatórias às condições mínimas de existência das classes trabalhadoras. E um dos pontos advindos da lei em que isso se mostra de forma mais evidente é, justamente, o já tangenciado tema da tarifação das indenizações por danos extrapatrimoniais, que passam a se escorar em referências mais rígidas do que as já operacionalizadas no Judiciário na contemporaneidade. Nossa reflexão, porém, não pode se esgotar em aspectos teórico-econômicos, e uma investida dogmática e crítica se faz indispensável.

2. AS CONTRADIÇÕES DO TEXTO DA CONTRARREFORMA

É importante ressaltar que, ainda que sejam evidentes as funcionalidades estruturais da tarifação das indenizações por danos extrapatrimoniais, a proposição aprovada e inserida em nossa lei chega às margens do risível. O esforço do legislativo – bem como de todos os demais sujeitos que se colocaram por trás deste projeto – para atenção aos interesses do capitalista individual é repleto de atecnicidades e contradições, que frustra as expectativas de forja de uma nova normatividade que chancele as práticas precarizantes e evite gastos inesperados ao capitalista ao cabo do processo de reprodução do capital. Assim, compete-nos enfrentar o texto do Título II-A "Do dano extrapatrimonial", inserido na CLT pela Lei n. 13.467/2017, debruçando-nos sobre os arts. 223-A a 223-G.

Iniciemos nossa jornada por elementos formais: convém ressaltar, de plano, que o título trata indiscriminadamente de matérias referentes ao Direito Material e Processual do Trabalho, para além de temáticas estranhas, propriamente, ao dano extrapatrimonial. Contraria, pois, o que anuncia.

Que a carência de técnica no trato categorial e na composição textual sejam uma marca da CLT, não é algo que se questione. Todavia, denota-se do texto Consolidado um relativo rigor quanto à alocação topológica das matérias, escandindo as temáticas referentes à relação individual de emprego, estrutura e relações sindicais e

(21) LUKÁCS, Georg. *Op. cit.*, p. 234.

(22) *Ibidem*, p. 237.

(23) ANTUNES, Ricardo. *O caracol e sua concha*: ensaios sobre a nova morfologia do trabalho. São Paulo: Boitempo, 2005.

Direito Processual do Trabalho, isso para além de subdivisões temáticas dada a maior especificidade em cada uma dessas circunscrições.

A gana para aprovação acelerada da matéria, introduzindo-a na contrarreforma recém-aprovada, por certo foi o elemento motivador de parte destes equívocos. Ainda que se denotem questões semelhantes em outras partes da CLT – a exemplo do art. 137, e seus parágrafos –, por certo não se igualam em tamanha confusão que exsurge do Título II-A. Nele se nota, em mistura que não se amalgama, o trato não só do dano extrapatrimonial, mas também imperativos para conduta de magistrados, valor a ser estipulado a título de indenizações por danos extrapatrimoniais e o trato do dano material, entre outros.

Mas certamente não é só. É imperioso enfrentar cada um dos dispositivos.

Logo do art. 223-A, da CLT, faz denotar profunda contradição lógica com o restante do corpo da CLT. Do seu texto pode se verificar que, admissível fosse a contrarreforma, "*aplicam-se à reparação de danos de natureza extrapatrimonial decorrentes da relação de trabalho apenas os dispositivos deste Título*". Vale lembrar: estrutura-se historicamente, na Justiça do Trabalho e na elaboração doutrinária acerca do tema, a necessidade não só do direito comum como fonte subsidiária do Direito do Trabalho, no quanto compatível com os princípios norteadores do Direito do Trabalho – na forma do art. 8º, parágrafo único, da CLT –, bem como a jurisprudência, a analogia, a equidade, os princípios e normas gerais de direito, os costumes e o direito comparado, isso por dicção do *caput* do supracitado artigo.

Assim, ao reclamar uma exclusividade de observância das normas inseridas no Título II-A para o trato do dano extrapatrimonial, atenta frontalmente com a regra geral de subsidiaridade e supressão de lacunas, o que soa de todo absurdo. A autossuficiência do título é, como se verá, inadmissível e logicamente insustentável.

Por sua vez, o art. 223-B dá margens não só à possibilidade de que trabalhadoras e trabalhadores venham a ser reparados por danos extrapatrimoniais que venham a sofrer, como também sejam as pessoas que vivem da venda da sua força de trabalho responsabilizadas por reparações desta natureza. Esta abertura para condenação também de trabalhadoras e trabalhadores exsurge da menção da plausibilidade reparatória de danos causados à "*esfera moral ou existência da pessoa (...) jurídica*". Ora, em sendo o empregado, de acordo com a assente doutrina e diante da simples dicção do art. 3º consolidado, necessariamente pessoa física, por certo a tutela conferida pelo referido artigo se direciona ao empregador e abre flanco para condenação de trabalhadores por dano extrapatrimonial. A ideia soa não só de todo contraditória em razão de a aplicabilidade do dano moral à pessoa jurídica dever, necessariamente, amparar-se em seus efeitos patrimoniais, como também sinaliza possibilidade de afronta à intangibilidade do salário, renda que se destina à reprodução da vida material das trabalhadoras e trabalhadores, não podendo ser colocado em questão.

Se, de um lado, do art. 223-A, da CLT, só se poderia admitir o uso dos artigos constantes no Título ora abordado para o trato da responsabilização por danos extrapatrimoniais, por certo ao articulá-lo com os arts. 223-C e 223-D se denota um trato díspare e avesso ao primado da proteção que dá os contornos do Direito do Trabalho. E diz-se isso em razão da distinção explícita no trato do rol de bens jurídicos tutelados às pessoas físicas e às pessoas jurídicas, que, respectivamente, em regra na relação de emprego se enquadram como empregadas e empregadores.

Nota-se, primeiramente, que no art. 223-C, da CLT, pode se inferir a existência de um rol fechado de bens jurídicos protegidos – isso diante da sentença "são os bens juridicamente tutelados" aqueles ali apontados –, enquanto do art. 223-D consolidado, o rol pareceria aberto – sendo a síntese frasal ali constante a referência de que "são bens" aqueles ali elencados. A questão pode parecer menor, mas não há como cogitar ingenuidade na elaboração da Lei n. 13.467/2017, sendo o sentido conferido profundamente distinto entre as duas construções normativas.

Não fosse bastante a discussão semântica, que por certo atenta com a lógica protetiva do Direito do Trabalho como um todo e reclama sua desconsideração por completo, é de se convir que uma infinidade de bens jurídicos tutelados do trabalhador não são mencionados no art. 223-C, da CLT, que afirma seriam "*a honra, a imagem, a intimidade, a liberdade de ação, a autoestima, a sexualidade, a saúde, o lazer e a integridade física são os bens juridicamente tutelados inerentes à pessoa física*". Pode-se mencionar, por exemplo, que a liberdade sindical, associativa e política, são bens jurídicos que trabalhadoras e trabalhadores buscam, diuturnamente, a tutela junto à Especializada trabalhista e que não se encontram ali expressos.

Assim, ainda que se cogitasse a aplicabilidade do referido artigo, o rol do art. 223-C, da CLT, jamais poderia ser considerado *numerus clausus*.

Alguns problemas podem também ter resultado de uma leitura restritiva do art. 223-E, da CLT. Este dispõe que "*são responsáveis pelo dano extrapatrimonial todos os que tenham colaborado para a ofensa ao bem jurídico tutelado, na proporção da ação ou da omissão*". É de se registrar, fundamentalmente, que a responsabilização do empregador, em todo e qualquer ato que enseje dano extrapatrimonial à trabalhadora e ao trabalhador, é sempre objetiva se este decorrer da relação de trabalho, dando-se em atos praticados dentro ou fora do local de labor, em nada podendo ser alterada tal compreensão a partir do referido artigo. Não há, pois, como modular a responsabilidade do empregador ou projetar única e exclusivamente ao eventual sujeito que deu cabo ao dano, a responsabilização por reparação. Há muito a matéria assim se assenta na doutrina e jurisprudência – não parecendo existir motivação para inflexão em sentido diverso – justamente com o fito de garantir a possibilidade de atenção do crédito do trabalhador pelo dano, o que seria obstaculizado se a responsabilização imediata se voltasse contra trabalhador ou terceiro estranho ao empregador que ensejasse o dano.

O art. 223-F e parágrafos só reafirma o óbvio ululante: que há possibilidade de cumulação de reparação por danos extrapatrimoniais e materiais cumulativamente, sendo que devem estes ser especificamente determinados e discriminados em decisão condenatória, em incursão topologicamente inapropriada ao versar, como ressaltado alhures, de matéria processual e acerca do debate sobre dano material.

Decorre, todavia, do art 223-G a conjugação do maior número de pontos de questionamento e afronta no bojo do Título II-A, da CLT. É daqui não só que despontam os elementos para uma busca da tarifação, mas também de abrandamento na responsabilização por tais danos, isso ao incluir uma miríade de condicionantes a serem analisadas para a aferição de eventual indenização. São os termos do art. 223-G:

> "Art. 223-G. Ao apreciar o pedido, o juízo considerará:
>
> I – a natureza do bem jurídico tutelado;
>
> II – a intensidade do sofrimento ou da humilhação;
>
> III – a possibilidade de superação física ou psicológica;
>
> IV – os reflexos pessoais e sociais da ação ou da omissão;
>
> V – a extensão e a duração dos efeitos da ofensa;
>
> VI – as condições em que ocorreu a ofensa ou o prejuízo moral;
>
> VII – o grau de dolo ou culpa;
>
> VIII – a ocorrência de retratação espontânea;
>
> IX – o esforço efetivo para minimizar a ofensa;
>
> X – o perdão, tácito ou expresso;
>
> XI – a situação social e econômica das partes envolvidas;
>
> XII – o grau de publicidade da ofensa."

Para além de trazer à baila uma série de pontos com obstáculos concretos de cognição – como a "intensidade do sofrimento e humilhação", como se todo dano extrapatrimonial envolvesse as duas questões –, reclama toda uma série de elementos de difícil apreensão por meios de prova e, mais grave, alimenta a possibilidade de abrandamento do intolerável: ora, em que "condições" poderia ser mais tolerável uma prática de assédio moral ao trabalhador? A ocorrência de retratação espontânea em uma situação de assédio sexual minoraria a gravidade do ato? O "perdão, tácito ou expresso", seria possível de se aferir em uma sociedade em que quem vive da venda da sua força de trabalho por certo seguirá se submetendo às situações que lhe trazem o dano em razão de sua dependência estrutural para com o salário?

Por certo, as alíneas trazidas no art. 223-G consolidado, mais turvam do que auxiliam a compreensão da matéria. De toda forma, o ponto de maior impacto que advém de sua redação encontra-se na pretendida tarifação das indenizações por danos extrapatrimoniais. Depois de analisados referidos elementos, inexistente "excludente" ou elemento que abrande a culpa do infrator, este deveria ser condenado a partir de uma parametrização da ofensa que oscilaria de uma gradação que vai de "leve" a "gravíssima", passando pelo grau "médio" e grave". Cada um desses índices levaria à estipulação do importe indenizatório dentro de um referencial, indexado na remuneração do trabalho, variando de: (*i*) até três vezes o último salário do ofendido, se leve; (*ii*) dez vezes o último salário do ofendido, se médio; (*iii*) até vinte vezes o último salário do ofendido, se de natureza grave, e (*iv*) até cinquenta vezes o mesmo referencial remuneratório, se de natureza gravíssima.

Por certo, a lei não traz qualquer definição acerca de quais seriam os casos típicos de enquadramento em cada uma das quatro categorias. É essa, pois, a crítica que se lança a uma perspectiva de tarifação "fechada" das indenizações. Todavia, há tendência que a jurisprudência assente que algumas dadas circunstâncias habitualmente vivenciadas no local de trabalho viriam a se enquadrar em um ou outro estrato de quantificação indenizatória. A "abertura", pois, da tarifação tem dias contados, ao menos nos casos mais frequentes em que o Judiciário trabalhista tem que se debruçar sobre a temática.

Nem se fale aqui dos valores ínfimos que tais parâmetros estabelecem, em nada aptos a inibir condutas atentatórias a direitos de trabalhadoras e trabalhadores. Desde logo, o que se está diante é do estabelecimento de limites absolutos à concessão de indenizações por danos extramateriais (nunca excedentes a 50 vezes o último salário do ofendido, ainda que diante de situações aberrantes como morte no local de trabalho ou de assédio sexual). E, em curto período de tempo, verificar-se-á o estabelecimento de toda uma paremetrização tabelada de condutas e suas correspondentes indenizações ao trabalhador. Tal perspectiva tendencial é extremamente benéfica aos empregadores e traz profundo malefício àquelas e àqueles que vivem da venda da força de trabalho, haja vista a possibilidade de contingenciamento de eventuais indenizações que venha o empregador a pagar, viabilizando a inclusão não mais apenas de riscos na contabilidade empresarial, mas sim de afrontas de direito. Tomemos por exemplo o assentar jurisprudencial de que a restrição ao uso do toalete – prática tão comum em empresas de *telemarketing* e de outros setores produtivos – ensejaria a concessão de indenização de grau médio ao trabalhador (não obstante a aberração de tal conduta). O empregador poderá, assim, praticar tal atrocidade e contabilizar, a título de risco em seus balancetes, eventuais indenizações que porventura venham a lhe ser direcionadas em condenações trabalhistas.

Há, ademais, toda uma crítica à perspectiva de vinculação do valor indenizatório ao salário do trabalhador. É bem verdade que é prática costumeira na advocacia trabalhista firmar pretensões amparadas em múltiplos remuneratórios do trabalhador, sendo o parâmetro fixado por magistrados também assentado em mesma baliza. Por certo, soa um tanto quanto perverso notar que um trabalhador que recebe menos "vale menos" em seu sofrimento. Mas esta é justamente a lógica de equivalência que alicerça a "igualação" não só da paga da força de trabalho, mas no referenciar do sofrimento, da dor, do dano que um trabalhador sofre. Algo que soa profundamente coerente com a teoria pachukaniana.

Aberrante, ainda, é a possibilidade de responsabilizar a trabalhadora e o trabalhador pela paga de indenização ao empregador, em parâmetro também fixado com esteio em seu salário, na forma do parágrafo segundo do mesmo art. 223-G, da CLT. Uma vez mais, se coloca tal perspectiva em afronta à salvaguarda do salário, intangível frente aos interesses do capital.

Por fim, há ainda que se mencionar que se há algum intuito do legislador em inibir a prática ofensiva, passível de ressarcimento por indenização, certamente não deveria ter usado critério tão brando para concessão de indenização em patamares mais altos. É o que se afigura do parágrafo terceiro do artigo em menção, que apenas viabiliza sejam as indenizações dobradas caso o ato ofensivo seja praticado de forma reiterada pelo mesmo agente ofensor, e contra o mesmo ofendido, o que torna praticamente impossível sua concessão.

CONCLUSÃO

Na busca da consecução de uma crítica imanente das normas que hoje se propõem a regulamentar a reparação por danos extrapatrimoniais no Direito do Trabalho – e não uma crítica interna, jurídica, a denotar sua inconstitucionalidade, o que por certo poderia ser feito –, propomos uma aproximação das funcionalidades que estas passam a conferir à lógica reprodutiva do capital. Tudo com esteio na tradição marxista e na sua teoria do valor.

Por certo, nossa crítica em nada caminha no sentido de legitimar ou referendar a contrarreforma, tomando-a como se estática e eterna fosse. Muito pelo contrário: ter como objeto uma das suas alterações denota, por certo, não só o inconformismo quanto ao ponto particular que tangenciamos como para com seu texto na integralidade.

A contrarreforma, como um todo, é insustentável. A insustentabilidade do trato da matéria é apenas sintoma de um registro muito mais amplo, qual seja, o da indispensabilidade de resistência frente à ofensiva burguesa que se coloca frente aos direitos historicamente conquistados pelas classes trabalhadoras.

Nossa síntese, partindo deste aspecto concreto particular, caminha no sentido de apontar que não há nada na contrarreforma que traga, puramente, favor ao interesse das trabalhadoras e trabalhadores. Deve, pois, ser enfrentada a todo custo. Seja em nossos debates técnico-jurídicos, seja no certame que guarda maior efetividade nessa afronta: nas ruas, na radicalidade da luta de classes.

Por certo existe uma infinidade de alternativas para enfrentar essas debilidades. A conduta refratária dos magistrados trabalhistas à aplicação da contrarreforma é apenas um dos caminhos. As ginásticas jurídicas são múltiplas, e, no particular, passam desde as declarações incidentais de inconstitucionalidade à concessão de indenizações adicionais, previstas no Código Civil e aplicáveis por força do art. 8º da CLT.

A palavra de ordem que desponta é, pois, que não deixemos pedra sobre pedra deste ataque legislativo, afirmando que o que hoje aparenta ser certo e eterno, mostra desde logo suas vítreas bases – sociais, jurídicas e políticas.

REFERÊNCIAS BIBLIOGRÁFICAS

ANTUNES, Ricardo. *O caracol e sua concha*: ensaios sobre a nova morfologia do trabalho. São Paulo: Boitempo, 2005.

LUKÁCS, Georg. *História e Consciência de Classe*. Tradução de Rodnei Nascimento. São Paulo: Martins Fontes, 2003.

MARX, Karl. *O Capital*: Livro I: O processo de produção do capital. Tradução de Rubens Enderle. São Paulo: Boitempo, 2013.

PACHUKANIS, Evgeni. *A teoria geral do direito e o marxismo e ensaios escolhidos (1921-1929)*. Marcus Orione (coord.). Tradução de Lucas Simone. São Paulo: Sundermann, 2017.

RUBIN, Isaak Iliich. *A teoria marxista do valor*. Tradução de José Bonifácio de S. Amaral. São Paulo: Pólis, 1987.

SOUTO MAIOR, Jorge Luiz. *História do Direito do Trabalho no Brasil*: curso de direito do trabalho. São Paulo: LTr, 2017. v. I, p. II.

Responsabilidade do Empregado pela Gestão na Intermitência do Contrato de Trabalho. Gestão Negociada ou Impositiva?

Iratelma Cristiane Martins Mendes

Professora Universitária. Advogada. Especialista em Direito do Trabalho – PUC/SP.
Especialista em Direito Público – EPD. Mestre em Direito do Trabalho – PUC/SP.

INTRODUÇÃO

A abordagem do tema é de suma relevância para a nova sistemática do ordenamento jurídico em que colocou-se o empregado como Gestor de sua própria mão de obra.

Significa dizer que, em busca de gerar novos postos de trabalho em decorrência de crise econômica do país, o empregado passou a ter integral responsabilidade sob a "alteridade" de seu contrato de trabalho, ou seja, ele é quem deverá gerir a duração e as possíveis alterações que podem ocorrer durante a relação empregatícia, na condição de contrato intermitente.

Nesse diapasão, é que vamos apontar que há uma transferência ao empregado nos contratos de intermitência dos serviços das atividades empresariais e que de tal fato em nosso país, sempre foi exigida a intervenção de mão de obra por um Órgão Gestor (OGMO – Órgão Gestor de Mão de Obra) e mais adiante foi inserida nova redação na legislação para inserir o Sindicato em algumas áreas produtivas do país.

Vamos refletir, no mesmo sentido, que alguns poderes inerentes ao empregadores também foram transferidos aos empregados, que, pelo nova sistêmica, irão gerir seu contrato de trabalho.

Essa nova modalidade de contrato por intermitência, em larga escala, ou seja, sem uma atividade específica, traz ao empregado a função de gestor de sua própria mão de obra e nesse passo passamos a estudar as interferências e impedimentos para que essa nova modalidade possa ter o condão de diminuir a crise e aumentar postos de trabalho; bem assim, que seja um avanço social no que diz que respeito ao Direito do Trabalho em nosso país.

1. DA ALTERAÇÃO DE DEFINIÇÃO DO CONTRATO DE TRABALHO

Com a chegada da nova Lei n. 13.467 de 14.07.2017, que entrará em vigor em 120 dias da data de sua publicação, a definição de contrato de trabalho passa a ter uma nova caracterização. A regra sempre foi que o contrato de trabalho teria a noção de contrato individual ou contrato de trabalho plúrimo, revestindo a figura do empregado como o sujeito/sujeitos para definição de individualidade ou de contrato plúrimo; o que não se estenderia ao empregador, que sempre manteve a condição única, mesmo em se tratando de grupo econômico, conforme Súmula 129 do C. TST.

Nas lições de Mauricio Godinho Delgado, [(1)]:

> "Contrato individual de trabalho é aquele que tem um único empregado no polo ativo da

(1) DELGADO, Mauricio Godinho. *Curso de Direito do Trabalho*. 16. ed. São Paulo: LTr, 2017. p. 604.

relação jurídica formada, ao passo que contrato de trabalho plúrimo é aquele que tem mais de um ou diversos obreiros no polo ativo dessa mesma relação. A noção de pluralidade constrói-se em função do sujeito operário da relação e não se enfocando o sujeito empresarial. Por essa razão é que se manterá como contrato individual de trabalho (e não plúrimo) aquele pacto formado entre um empregado e diversos entes integrantes de grupo econômico para fins trabalhistas (Súmula 129 do TST.)"

Portanto, partindo da premissa de que o legislador infraconstitucional permitiu a modalidade de contrato intermitência em que é permitida a figura de vários empregadores e em múltiplos contratos de trabalho a serem firmados pelo empregado, a noção de contrato individual ou plúrimo deixa de ter como figura central a pessoa do trabalhador, se estendendo a contrato de trabalho plúrimo para empregados e empregadores.

A nova definição que podemos apresentar na doutrina quanto ao contrato de trabalho: contrato de trabalho é o acordo expresso ou tácito firmado entre um pessoa física *e outras pessoas físicas ou jurídicas ou entidades equiparadas a empregadores*; se caracterizando como contrato individual plúrimo nos polos ativo e passivo, cujo requisitos da subordinação e onerosidade serão distribuídos entre as pessoas físicas e jurídicas ou entidades contratantes nos períodos em que o empregado efetivamente prestar seus serviços. Além dessa nova definição, também se insere na nova modalidade de contrato de trabalho a teoria do tempo efetivo de trabalho, afastando o tempo à disposição.

Alice Monteiro de Barros[(2)]:

"Entre os caracteres do contrato de trabalho apontados pela doutrina, poderão ser arrolados os seguintes: trata-se de um contrato de direito privado, sinalagmático, de execução continuada, consensual, *intuitu personae* em relação ao empregado, oneroso e do tipo subordinativo. Alguns autores acrescentam alteridade entre esses caracteres, o que significa ser o trabalho executado em favor de outrem, que aufere os frutos do trabalho de alguém e, portanto, deverá assumir os riscos do empreendimento."

Não fosse apenas a alteração de contrato plúrimo estendido também aos empregadores, também verificamos que os poderes inerentes ao empregador foram transferidos para o empregado, no que tange à gestão de mão de obra, ou seja, entendemos que a chamada alteridade dos negócios, atualmente, também foi transferida ao empregado; eis que deverá gerir a sua própria prestação de serviços a vários empregadores para manter sua renda mensal em consonância às suas necessidades básicas.

As funções sociais do direito do trabalho, na modalidade de contrato intermitente, foram mitigadas pela Lei n. 13.467/2017, eis que o empregado deverá buscar diversos empregadores para alcançar dignidade de subsistência própria e de sua família, eis que o contrato será regido por horas efetivamente trabalhadas; sendo autorizada ao empregador a contratação pelo tempo efetivo de trabalho afastando a teoria do tempo à disposição, adotada por nosso ordenamento jurídico até o advento de referida lei. O empregado contratado nessa nova modalidade – intermitente – será responsável em firmar contrato com diversos empregadores para auferir mensalmente a integralidade de um salário mínimo ou piso da categoria; bem assim, matérias de segurança e saúde do trabalho (ordem pública) como jornada e férias restarão prejudicadas, pois em sendo diversos empregadores tais institutos serão analisados por cada contrato firmado, não se comunicando entre si. Não podemos olvidar que a primeira função Estatal é a tutelar, ou seja, a proteção, manifestando legislativamente uma atuação conservadora ou mesmo opressora, com fim de equilibrar a relação contratual entre mão de obra e poder econômico.

Feitas essas considerações, passaremos a analisar o novel contrato intermitente, apresentando paralelamente uma análise de atividades econômicas sazonais e responsabilidade de gestão do contrato de trabalho, as quais foram atribuídas ao empregado alterando sensivelmente as relações contratuais do trabalho.

2. DA TRANSFERÊNCIA DE PARCELA DO PODER POTESTATIVO AO EMPREGADO

O art. 2º da CLT traz a definição da empresa: "Considera-se empregador a empresa, individual ou coletiva, que, assumindo os riscos da atividade econômica, admite, assalaria e dirige a prestação pessoal de serviço."

A doutrina nos revela o poder potestativo do empregador, sendo ele: a) Poder de Direção – o empregador define como serão desenvolvidas as atividades do empregado; b) Poder de Organização: o empregador tem todo o direito de organizar seu empreendimento; c) Poder de Controle: direito de fiscalizar e controlar as atividades de seus empregados; d) Poder Disciplinar: o empregado poderá ser advertido (verbalmente ou por escrito) e suspenso, nas lições de Sérgio Pinto Martins.[(3)]

(2) BARROS. Alice Monteiro de; ALENCAR, Jessé Claudio Franco. *Curso de direito do trabalho*. 10. ed. São Paulo: LTr, 2016. p. 158.

(3) MARTINS, Sérgio Pinto. *Direito do Trabalho*. 25. ed. São Paulo: Atlas, 2008. p. 17.

O Ministro Mauricio Godinho Delgado[4], acrescenta em sua obra:

> A característica da assunção dos riscos do empreendimento ou do trabalho consiste na circunstância de impor a ordem justrabalhista à exclusiva responsabilidade do empregador, em contraponto aos interesses obreiros oriundos do contrato pactuado, os ônus decorrentes de sua atividade empresarial ou até mesmo do contrato empregatício celebrado. Por tal característica, em suma, o empregador assume os riscos da empresa, do estabelecimento e do próprio contrato de trabalho e sua execução. A presente característica é também conhecida pela denominação alteridade (alter: outro – i-; dade: qualidade –) isto é, qualidade do outro ou que está no outro.

Um dos traços marcantes na nova modalidade de contrato intermitente é que o trabalhador irá dirigir a prestação de seus serviços, prestando serviços a diversos empregadores, cabendo administrar seu tempo (sua agenda), para atender aos chamados de cada empregador. No mesmo sentido, a alteridade (risco do negócio), também tem uma parcela cabente ao empregado, eis que se não houver necessidade dos seus empregadores chamá-lo semanalmente, mensalmente, o empregado não terá salário; ou seja, assume o risco do negócio em seu tramitar econômico.

Dessa forma, vemos flagrante que os poderes de direção, de controle, organização e alteridade, foram parcialmente delegados ao empregador, que deverá gerir seus contratos plúrimos com empregadores, sob pena de resultar em recebimento salarial mensal irrisório ou inexistente.

Destarte, o princípio da proteção – viga mestra do direito do trabalho – está sendo mitigado, eis que transferida ao empregado parte da responsabilidade inerente ao empregador. Ressalte-se que não houve alteração na definição e responsabilidade da empresa, exceto no que tange a responsabilidade solidária do grupo econômico. Portanto, é violação direta ao art. 7, *caput*, da CRFB, essa transferência de Gestão de Mão de Obra e consecução do contrato de trabalho pelo próprio empregado.

Nesse sentido, trazemos a definição do princípio da proteção[5], nas lições do autor uruguaio Américo Plá Rodriguez:

> O princípio de proteção se refere ao critério fundamental que orienta o Direito do Trabalho, pois este, ao invés de inspirar-se num propósito de igualdade, responde ao objetivo de estabelecer um amparo preferencial a uma das partes: o trabalhador.
>
> (...)
>
> Abandona-se decididamente o princípio da igualdade jurídica. Para compensar a desigualdade econômica que se foi acentuando, cria-se em proveito dos trabalhadores uma série de vantagens que são unilaterais. Os novos privilégios – diz textualmente – permitirão ao trabalhador recuperar, no terreno do direito, o que perdeu no terreno da economia, pois se percebe facilmente que o equilíbrio não é suficiente quando estabelecido unicamente no terreno jurídico.

Extraímos dessas lições que a proteção com matiz constitucional do trabalho, perdeu-se na nova dinâmica infraconstitucional elencada no art. 443 da CLT, pois passa a tratar o empregado com base no princípio da igualdade jurídica sem compensar a igualdade econômica.

Para encerrar essa reflexão citamos Robert Alexy[6], para demonstrar que a técnica de ponderação não foi observada pelo legislador infraconstitucional, há uma arbitrariedade e falta de observância ao direito fundamental mínimo de proteção à parte hipossuficiente da relação contratual do trabalho, vejamos:

> Existem duas operações fundamentais da aplicação do direito: a subsunção e a ponderação. Enquanto a subsunção está relativamente bem investigada, na ponderação, hoje tanto quanto antes, muitas questões estão abertas. Nisso, trata-se de três problemas: o da estrutura, o da racionalidade e o da legitimidade. Entre esses problemas existem conexões estreitas. A legitimidade da ponderação no direito depende de sua racionalidade. Quanto mais racional é a ponderação, tanto mais legítimo é o ponderar. Sobre a racionalidade da ponderação, porém, decide a estrutura dela. Caso sua análise mostre que ponderar não pode ser outra coisa senão decidir arbitrário, então estaria com a racionalidade da ponderação posta em dúvida, especialmente, na jurisprudência constitucional.

(4) *Op. cit.*, p. 461.

(5) RODRIGUEZ, Américo Plá. *Princípios de Direito do Trabalho*. São Paulo: LTr, 1993. p. 83.

(6) ALEXY, Robert. *Constitucionalismo Discursivo*. Tradução de HECK, Luís Afonso. Porto Alegre: Livraria do Advogado, 2007. p. 131.

3. DO PARALELO ENTRE ATIVIDADE ECONÔMICA INTERMITENTE E GESTÃO DE MÃO DE OBRA

Conforme já mencionado, faremos um paralelismo da atividade avulsa para demonstrar alguns aspectos que nos fazem refletir sobre a Gestão de Mão de Obra, essa, atualmente, atribuída ao empregado em contrato intermitente.

Ao longo da história, no Brasil e no mundo, a atividade portuária foi marcada pela transitoriedade e sazonalidade de embarcações e serviços a serem prestados.

Surge então a necessidade de contratação de trabalhadores de forma intermitente e dentro de uma expectativa de atendimento da sazonalidade dos serviços portuários. Porém, trata-se de uma atividade profissional com certa especificidade, ou seja, não conseguem formar vínculo empregatício por se tratar de atividade transitória de movimentação de carga e descarga de mercadorias quanto ao número de embarcações num determinado período.

No Brasil, esses trabalhadores ganham relevância constitucional e são inseridos como trabalhadores avulsos recebendo o manto protetor inerente à função exercida, no art. 7º, XXXIV, da CCRFB, com regulamentação da Lei n. 12.815/2013 (avulso portuário) e Lei n. 12.023/2009 (avulso urbano e rural).

Tomamos por base a figura do trabalhador avulso, cuja sazonalidade das atividades econômicas é múltipla, afigurando ao trabalhador diversos tomadores de serviços; para maior compreensão desse paralelo que nos propomos a apresentar, trazemos as lições dos saudosos Juristas :

Prof. Amauri Mascaro Nascimento[(7)]:

> Avulso é o trabalhador que, sem vínculo empregatício, com a intermediação do próprio sindicato ou de um órgão específico, presta serviços eventuais para terceiros, como o estivador do porto.

Alice Monteiro de Barros[(8)]:

> O termo avulso tem origem no latim "*avulsus*", particípio passado do verbo "*avellere*", cujo significado é arrancar, separa, destacar... A primeira referência a trabalhadores avulsos consta de lei previdenciária 9, Decreto n. 1.577, de 8 de abril de 1937). Trabalhadores avulsos eram, por força dessa lei, os sócios dos sindicatos destacados por estes para prestarem serviços de natureza temporária em trapiches e armazéns.

Note-se que na eventualidade inerente à atividade do avulso tem-se a dificuldade de correlacionar a subordinação e a pessoalidade, ou seja, quando do atraque das embarcações, pouco importa quem fará a descarga ou movimentação das mercadorias. Todavia, a realidade dessa atividade específica revela que pouco importava quem fez os serviços, sendo contratada tão somente a mão de obra e não a figura da pessoa humana do trabalhador.

Referida atividade empresarial conta diuturnamente com a presença de referidos trabalhadores, sendo que estes diariamente repetem suas atividades laborais como meio de sobrevivência, sendo, portanto, uma atividade habitual e necessária para o desenvolvimento das atividades econômicas.

Traço marcante é que não há uma subordinação e pessoalidade vinculadas a um tomador de serviços, pois não há o comprometimento com um tipo único de embarcação, mas sim com a classe trabalhadora, razão pela qual imperiosa a intermediação de mão de obra.

A diversidade de tomadores de serviço, como é o caso do atual contrato intermitente, em que o trabalhador prestará serviços a vários empregadores (tomadores de serviços) para garantir um salário base mensal, se assemelha às condições de tomadores de serviços portuários, conforme se extrai da nova redação dos arts. 443 e 452-A da CLT.

A diferença é que no caso dos trabalhadores avulsos, tratou o legislador infraconstitucional de cuidar da gestão de mão de obra, como dito, não há o traço da subordinação e pessoalidade na prestação de serviços, em que pese a presença habitual dos trabalhadores na região portuária, pautou-se na Convenção n. 137 da OIT, com a exigência de um órgão gestor de mão de obra; vejamos o art. 32, da Lei n. 12.815/2013:

> Os operadores portuários devem constituir em cada porto organizado um órgão gestor de mão de obra do trabalho portuário, destinada:
>
> I – administrar o fornecimento da mão de obra do trabalhador portuário e do trabalhador portuário avulso.
>
> (...)

(7) NASCIMENTO, Amauri Mascaro; NASCIMENTO, Sônia Mascaro. *Iniciação ao Direito do Trabalho*. 40. ed. São Paulo: LTr, 2015.

(8) BARROS, Alice Monteiro. *Curso de Direito do Trabalho*. 3. ed. São Paulo: LTr, 2007. p. 218.

> V – estabelecer o número de vagas e a periodicidade para acesso ao registro do trabalhador portuário avulso.

No mesmo sentido o art. 40, § 2º:

> A contratação de trabalhadores portuários de capatazia, bloco, estiva, conferência de carga, conserto de carga e vigilância de embarcação com vínculo empregatício por prazo indeterminado será feita exclusivamente dentre trabalhadores portuários avulsos registrados.

Mesmo admitindo o trabalho avulso (intermitente), observou o legislador os princípios mínimos destinados à proteção do trabalhador, determinando organização de acesso ao trabalho com estabelecimento de número de vagas e periodicidade, bem assim, que a contratação por prazo indeterminado pelo Operador Portuário, necessariamente deve ser feita dentre um dos trabalhadores avulsos. Isso não consta na nova modalidade de contrato intermitente fixada pelo art. 453-A da CLT.

Art. 1º, da Lei n. 12.023/2009:

> As atividades de movimentação de mercadorias em geral exercidas por trabalhadores avulsos, para os fins desta Lei, são aquelas desenvolvidas em áreas urbanas ou rurais sem vínculo empregatício, **mediante intermediação obrigatória do sindicato da categoria**, por meio de Acordo ou Convenção Coletiva de Trabalho **para execução das atividades**.

Note-se que foi mantida a intermediação de mão de obra pelo sindicato. A diferença entre atividade do trabalhador avulso (portuário, rural e urbano) e trabalhador em contrato intermitente, reside no que concerne ao vínculo de emprego, eis que ao trabalhador avulso somente há o vínculo direto com o Operador Portuário quando da necessidade de contratação por contrato indeterminado, sendo garantido esse posto de trabalho ao avulso. Na modalidade do contrato intermitente o próprio empregado deverá negociar e gerir a disponibilidade para execução das atividades, segundo as necessidades de seus empregadores.

Na atividade dos trabalhadores avulsos, houve a cautela de manter o interesse da classe trabalhadora com intermediação de mão de obra para execução das atividades por meio de um órgão gestor (Sindicato e OGMO), face a sazonalidade da atividade econômica. Porém, o art. 443 da CLT, ao sofrer nova redação não restringiu o tipo da atividade econômica, sendo autorizada sua incidência a quaisquer tipos de empregadores.

Portanto, estamos diante de violação ao princípio da igualdade previsto no art. 5º, *caput*, da CRFB, ao deixar de estabelecer regras mínimas para a existência de intermitência na prestação de serviços e exclusividade quando da contratação sem intermitência e em condições iguais com demais empregados no quadro funcional de um de seus empregadores, conforme art. 7º, XXX e XXXIV, da CRFB.

Nos valemos do Prof. Manoel Gonçalves Ferreira Filho[(9)], que para conduzir o operador do direito em suas primeiras bases acadêmicas, nos propicia um facho de luz constitucional que nos conduz a essa reflexão:

> Declarações de Direitos e Declarações de Direitos e garantias. (...) Que são garantias? É mister antes de mais nada não confundi-las com os remédios, isto é, com medidas ou processos especiais, previstos na Constituição, para defesa de direitos violados. As garantias, ao contrário dos remédios, buscam prevenir, não corrigir. As garantias consistem nas prescrições que vedam determinadas ações do Poder Público que violariam direito reconhecido. São barreiras erigidas para proteção dos direitos consagrados.

No mesmo sentido, Ingo Wolfgand Sarlet[(10)], ao analisar os direitos fundamentais, nos ensina:

> Dentre as inovações, assume destaque a situação topográfica dos direitos fundamentais, positivados no início da Constituição, logo após o preâmbulo e os princípio fundamentais, o que, além de traduzir maior rigor lógico, na medida em que os direitos fundamentais constituem parâmetro hermenêutico e valor superior de toda ordem constitucional e jurídica, também vai ao encontro da melhor tradição do constitucionalismo na esfera de direitos fundamentais.

4. DO CONTRATO INTERMITENTE PREVISTO NO ART. 443 DA CLT

A nova regra de intermitência na prestação de serviços consagrada no atual texto do art. 443, da Lei n. 13.467/2017, não expressa avanço social e não tem em si um eixo de proteção ao direito do trabalho.

---

(9) FILHO, Manoel Gonçalves Ferreira. *Curso de Direito Constitucional*. São Paulo: Saraiva, 1995. p. 251.

(10) SARLET, Ingo Wolfgand. *A eficácia dos Direitos Fundamentais*. 6. ed. Porto Alegre: Livraria do Advogado, 2006. p. 79.

Conforme já tratado aqui, houve uma mudança direta na definição de contrato de trabalho, na qual o contrato plúrimo estendeu-se ao sujeito empregador. No mesmo sentido, vamos verificar que a alteridade também foi transferida (não integralmente), mas significativamente ao empregado; bem assim, afastou expressivos pontos das funções sociais do direito do trabalho.

Em que pese o contrato intermitente, proposto pela nova ordem, haver os requisitos da relação de emprego preconizada no art. 3º da CLT, diferentemente do que ocorre com o trabalhador avulso, "importou" o legislador o requisito da Gestão Mão de Obra, atribuindo ao empregado esse *mister*, ou seja, o próprio trabalhador deverá gerir seus contratos com diversos empregadores, tais como: jornadas, suas férias e negociar diretamente tais condições contratuais do trabalho com seus diversos empregadores, vejamos:

> Nova redação:
>
> O contrato individual de trabalho poderá ser acordado tácita ou expressamente, verbalmente ou por escrito, por prazo determinado ou indeterminado, **ou para prestação de trabalho intermitente.**
>
> (...)
>
> § 3º – Considera-se como intermitente o Contrato de Trabalho no qual a prestação de serviços, com subordinação, não é contínua, ocorrendo com alternância de período de prestação de serviços e de inatividade, determinados em horas, dias ou meses, **independentemente do tipo de atividade do empregado e do empregador**, exceto para os aeronautas, regidos por legislação própria.

Ao contrário do que estudamos sobre a necessidade de intermitência de serviços na atividade econômica que ensejou a proteção aos trabalhadores avulsos, o texto atual do art. 443 da CLT não exige a justificativa de determinada sazonalidade na empresa para a contratação de trabalhadores de forma intermitente.

Ainda, trouxe o legislador nova redação e estruturas contratual para o contrato intermitente, art. 452-A, da CLT:

> O Contrato de Trabalho intermitente deve ser celebrado por escrito e deve conter especificamente o valor da hora de trabalho, que não pode ser inferior ao valor horário do salário mínimo **ou àquele devido aos demais empregados do estabelecimento que exerçam a mesma função em contrato intermitente ou não.**

Note-se que o legislador não fez reserva de contratação do empregado por contrato intermitente para contratação por prazo indeterminado e sem intermitências, como é o caso dos avulsos, conforme já mencionado.

> § 1º – **O empregador convocará, por qualquer meio de comunicação eficaz, para a prestação de serviços,** informando qual será a jornada, com, pelo menos, três dias corridos de antecedência.

O empregado deverá gerir sua agenda mensal para atendimento das convocações de seus diversos empregadores, típico Gestor de sua própria mão de obra e de seus contratos de trabalho. Tal responsabilidade, em nosso sentir, revela-se como atribuição ao empregado do poder de diretivo do contrato de trabalho, ou seja, ele quem deverá ter o poder de gestão e aproximá-lo da necessidade da empresa.

> § 2º Recebida a convocação, **o empregado terá o prazo de um dia útil par responder ao chamado,** presumindo-se, no silêncio, a recusa.

Como no comentário do parágrafo anterior, o empregado terá que gerir o contrato de trabalho, sendo certo que o poder de mando e gestão sempre foi uma atribuição da empresa, advindo do Poder Potestativo que lhe é conferido.

> § 3º A recusa da oferta não descaracteriza a subordinação para fins do contrato de trabalho intermitente.

A recusa na oferta, certamente não poderia afetar a continuidade na prestação de serviços, todavia afeta diretamente o valor mensal pago a título de salário ao empregado por contrato intermitente, o qual terá a responsabilidade de organizar sua agenda e gerir seus rendimentos mensais, desvirtuando da essencialidade do contrato de trabalho e do salário, que possuem matiz constitucional, art. 7º da CRFB.

> § 4º **Aceita a oferta para o comparecimento ao trabalho, a parte que descumprir sem justo motivo, pagará à outra parte, no prazo de trinta dias, multa de 50% (cinquenta por cento) da remuneração que seria devida,** permitida a compensação em igual prazo.

Novamente, estamos diante de uma gestão pessoal de mão de obra, com atribuição ao empregado de organização de seus contratos de trabalho, sob pena de ser apenado com multa pelo descumprimento.

> § 5º O período de inatividade não será considerado tempo à disposição do empregador, **podendo o trabalhador prestar serviços a outros contratantes.**

Terá o empregado diversos empregadores e diversos contratos de trabalho a gerir. Atribuição sempre destinada aos empregadores, originários de seu Poder Potestativo – Direção do Negócio.

Quanto aos parágrafos 6º, 7º 8º e 9º, restou mantido direto às férias + 1/3, 13º salário, repouso semanal remunerado, adicionais legais, FGTS, recolhimento previdenciário.

Nem se argumente que a função social do contrato (art. 421 do Código Civil) está estampada na nova ordem, eis que a nova condição imposta pelo legislador traz a responsabilidade ao empregado em gerir seu próprio contrato, aliás os vários contratos de trabalho, que deverão ser inseridos na vida desse empregado, para que alcance o próprio sustento e de sua família.

Tentemos visualizar um cenário onde o empregado tenha a necessidades de suprir suas necessidades e auferir um média mensal de R$ 2000,00, sendo que ostenta a condição de empregado intermitente. O empregador dirá dentro de sua "sazonalidade" as horas da semana ou do mês em que referido empregado deve comparecer ao posto de trabalho, fazendo-o segundo o art. 452-A, § 1º, da CLT, no prazo de 3 dias.

Referido empregado deverá organizar-se dentro da sistêmica e dinâmica na nova modalidade de contrato intermitente, para que atenda à exigência de cumprimento de horas de trabalho exigidas por um de seus vários contratantes e distribuir sua agenda de horas com demais empregadores, sob pena de pagar 50% da remuneração que seria devida, em caso de não cumprir com o comprometimento de comparecimento ao trabalho, conforme preconiza o § 4º do art. 452-A da CLT. Risco do negócio ao empregado!

No nosso sentir, a gestão de mão de obra passou a ser de responsabilidade do empregado, que deverá, dentro de seus pactos de trabalho com diversos empregadores, gerir a sua jornada e a prestação de serviços, para que alcance um salário base digno de sobrevivência.

O legislador infraconstitucional não fez nenhuma reserva ou exigência para que essa modalidade de contrato intermitente pudesse ser firmada entre as partes, deixando-a como um regra contratual do direito de trabalho em larga escala e sem limitações.

É certo que há um enfretamento atual com a crise econômica no país, por certo, mas essa nova modalidade contratual não tem o condão de minimizá-la. Não será a contratação por intermitência na prestação de serviços, seja por dia, hora, meses, que trará a redução do número de desempregados no país.

Ao contrário, estão sendo transferidas à classe trabalhadora a gestão de mão de obra e a alteridade (risco do negócio) do contrato de trabalho. O trabalhador é quem deverá gerir o contrato de trabalho, aliás diversos contratos de trabalho. Terá que assumir o risco do negócio com o compromisso assumido para comparecimento dentro de sua disponibilidade de agenda (horários convocados por seus empregadores – § 1º, do art. 452-A, da CLT), a fim de alcançar o patamar mínimo preconizado na Constituição Federal, art. 7º, IV, da CRFB, salário mínimo, capaz de atender às suas necessidades vitais básicas e às de sua família; posto que a redação do art. 452-A, *caput* e § 5º, da CLT, assevera que o valor da hora de trabalho não poderá ser inferior ao valor horário do salário mínimo e que o período de inatividade não será considerado tempo à disposição do empregador, podendo prestar serviços a outros contratantes.

Não podemos olvidar que referida norma fere diretamente preceitos de ordem fundamental, posto que o art. 7º constitucional garante proteção ao direito do trabalho, o que não se visualiza nessa nova sistemática contratual prevista nos arts. 443 e 452 da CLT.

A intermitência será gerida pela classe trabalhadora, que deverá negociar com as empresas a forma, dias, horas em que se operará a atividade funcional. Mais alarmante é que o empregado está imbuído de ser o próprio gestor dessa negociação contratual trabalhista, sob pena de sofrer ruptura contratual sem a garantia de obter um novo posto de trabalho.

CONSIDERAÇÕES FINAIS

A gestão de mão de obra pelo empregado, nos contratos intermitentes previstos no art. 443 da CLT fere os princípios constitucionais e princípios do direito do trabalho, detidamente abordados e apontados neste estudo.

A proteção ao trabalhador prevista no art. 7º, CRFB, está sendo mitigada, pois a parcela de poder de direção e gestão do contrato está sendo atribuída ao trabalhador. Foi simplesmente delegada à autonomia da vontade das partes contratantes e acima de tudo elegeu o empregado como gestor de sua mão de obra e consecução do contrato de trabalho.

Como dito alhures, o contrato intermitente não tem o condão de minimizar a crise econômica do país, não gerará novos postos de trabalho.

Essa dinâmica de aproximação das partes para elevar o negociado sobre o legislado, por meio da contratação intermitente, não se revela como um fator de evolução social, ao contrário, flagrante o retrocesso social onde o contrato de trabalho voltou a ser apenas um contrato de prestação de serviços de forma, fomentando igualdade jurídica e não igualdade substancial, como extraído das lições principiológicas de Américo

Plá Rodriguez e demais autores mencionados. Está se afastando garantias mínimas conquistadas ao longo dos séculos.

Portanto, a nova redação do art. 443 e art. 452-A da CLT se revela contrária ao princípio protetivo e demais princípios norteadores do Direito do Trabalho, pois não trouxe limitação, não restringiu a certa modalidade de atividade econômica e certas condições específicas; traz um alargamento do instituto para qualquer atividade empresarial, sem necessidade de fundamento para contratação nessa modalidade, como é o caso de contrato transitório (por obra certa, temporário, como exemplo).

Em sendo assim, entendemos ser inconstitucional por ferir diretamente normas de direito fundamentais, gerando controvérsia de sua validade em nosso ordenamento, pois, como discorrido, a transitoriedade deve ser da atividade econômica e não da atividade funcional do trabalhador.

Atribuir ao empregado a gestão do contrato de trabalho é no mínimo um retrocesso social, pois é cediço o desnível de negociação contratual trabalhista entre empregado e empregador. Sem tentar desmerecer a capacidade de negociação do trabalhador, fato é que a necessidade de sobrevivência impede uma igualdade na estipulação de cláusulas e condições contratuais trabalhistas, por se revestir essencialmente de caráter alimentar.

Reiteramos que a intermitência deve partir das necessidades da atividade econômica, deve ser demonstrada e não ser uma garantia destinada a todas e quaisquer atividades empresariais, que assume o risco do negócio e por conta alheia. Esse requisito não deve ser transferido ao empregado trabalhador, esse não pode ser responsabilizado ou nomeado Gestor de Mão de Obra e ter consigo o risco do negócio. É no mínimo cruel e uma relação contratual desequilibrada. Não podemos concordar com essa atribuição de responsabilidade a um ser humano que dispõe de sua força de trabalho para obter dignidade, mínima, mas uma dignidade que lhe propicie não viver às margens da sociedade.

REFERÊNCIAS BIBLIOGRÁFICAS

ALEXY, Robert. *Constitucionalismo Discursivo*. Tradução de HECK, Luís Afonso. Porto Alegre: Livraria do Advogado, 2007.

BARROS, Alice Monteiro. *Curso de Direito do Trabalho*. 3. ed. São Paulo: LTr, 2007.

______ ALENCAR, Jessé Claudio Franco de. *Curso de Direito do Trabalho*. 10. ed. São Paulo: LTr, 2016.

DELGADO, Mauricio Godinho. *Curso de Direito do Trabalho*. 16. ed. São Paulo: LTr, 2017.

______ DELGADO, Gabriela Neves. *CLT Acadêmica e Profissional*. São Paulo: LTr, 2016.

FERREIRA FILHO, Manoel Gonçalves. *Curso de Direito Constitucional*. São Paulo: Saraiva, 1995.

MARTINS, Sérgio Pinto. *Direito do Trabalho*. 25. ed. São Paulo: Atlas, 2008.

NASCIMENTO, Amauri Mascaro; NASCIMENTO, Sonia Mascaro. *Iniciação ao Direito do Trabalho*. 40. ed. São Paulo: LTr, 2015.

PIOVESAN, Flávia. *Direitos Humanos e o Direito Constitucional Internacional*. 7. ed. São Paulo: Saraiva, 2006.

RODRIGUEZ, Américo Plá. *Principios do Direito do Trabalho*. 3. ed. São Paulo: LTr, 2000.

SARLET, Ingo Wolfgand. *A Eficácia dos Direitos Fundamentais*. 6. ed. Porto Alegre: Livraria do Advogado, 2006.

Reforma Trabalhista e o (Des)Equilíbrio do Meio Ambiente do Trabalho

Josilene Hernandes Ortolan Di Pietro

Professora Adjunta na Universidade Federal de Mato Grosso do Sul (UFMS), Curso de Direito, no Campus de Três Lagoas. Doutora em Direito Político e Econômico pela Universidade Presbiteriana Mackenzie (UPM). Mestre e Graduada em Direito pelo Centro Universitário Eurípides Soares da Rocha (UNIVEM). Email: lene_ortolan@hotmail.com.

INTRODUÇÃO

A tutela das relações laborais foi marcada, em distintos momentos, pelas reinvindicações dos trabalhadores, notadamente com relação ao número elevado de mortes e doenças resultantes do desequilíbrio do meio ambiente do trabalho, isto é, das condições desumanas caracterizadas pelo exercício do labor em locais insalubres, inseguros e sob jornadas excessivas.

É neste ponto que a proteção do meio ambiente laboral visa proporcionar qualidade de vida ao ser humano trabalhador, considerando os riscos inerentes a este espaço, resultantes, muitas vezes, do modelo econômico adotado.

Direito fundamental de todo trabalhador, considerado como o local no qual o trabalhador exerce suas atividades, o meio ambiente do trabalho detém conceito amplo e se refere às condições e adversidades que possam influenciar a saúde e a qualidade de vida do trabalhador.

De acordo com o art. 3º, *c*, da Convenção n. 155 da OIT, o meio ambiente laboral "abrange todos os lugares onde os trabalhadores devem permanecer ou onde têm que comparecer, e que estejam sob o controle, direto ou indireto, do empregador".

No quadro da globalização econômica e de crise econômica, como a vivenciada hodiernamente no Brasil, novos paradigmas são ditados com objetivo de redução dos custos para competir no mercado. Nesta seara, regras mínimas de saúde e segurança no meio ambiente laboral são ignoradas pelo empregador.

Assim, o presente capítulo visa analisar os impactos da reforma trabalhista brasileira, introduzida pela Lei n. 13.467, de 13 de julho de 2017, no direito fundamental ao meio ambiente laboral equilibrado, fazendo-se um recorte no que se refere à alteração das regras de segurança e medicina do trabalho e prorrogação da jornada de trabalho em ambientes insalubres.

1. DIREITOS HUMANOS E A CONSTRUÇÃO DO SISTEMA DE PROTEÇÃO DO DIREITO AO MEIO AMBIENTE DO TRABALHO

Da conjugação das fontes de conquistas dos trabalhadores e do reconhecimento da tutela ambiental tem-se a construção da tutela do meio ambiente laboral. Na trajetória da conquista histórica dos direitos humanos, a preocupação com o espaço em que o trabalhador realiza seu ofício sempre se fez presente. Assim, quando se sistematiza o sistema de proteção do direito ao meio ambiente do trabalho, observa-se que desde o reconhecimento dos direitos de primeira dimensão, ditos direitos civis e políticos, contemplou-se a proteção do *habitat* laboral, como elucida Guilherme Feliciano[1] a partir da classificação desses direitos no âmbito das relações de trabalho:

(1) FELICIANO, Guilherme Guimarães. Tutela Processual dos Direitos Humanos nas Relações de Trabalho. *Revista Eletrônica da Amatra XX*<, Aracaju, n. 15, abril/junho 2008. Disponível em: <http://www.amatra20.org.br/amatrawi/artigos.wsp?tmp_codartigo=344>. Acesso em: 20 jul. 2017. p. 12.

São todos os *direitos civis* da pessoa humana sujeitos à afetação no ambiente de trabalho. Quando se cogita da indenização por danos morais e estéticos causados ao empregado, cuida-se, respectivamente, dos direitos à *honra* e à *imagem*, que são direitos humanos de primeira geração. Da mesma forma, quando o art. 7º, XXII, da CRFB assegura o direito à "redução dos riscos inerentes ao trabalho, por meio de normas de saúde, higiene e segurança", está blindando os direitos à *integridade psicossomática* e à própria *vida* do trabalhador (direitos de primeira geração), à mercê das especificidades de sua condição *"ut singulus"* (i.e., os riscos laborais inerentes).

Porém, as precárias condições laborais, em especial as jornadas exaustivas e a ausência de regras para garantir higidez e segurança no meio ambiente de trabalho, levaram à ocorrência de acidentes de trabalho, que geravam danos físicos e psíquicos ao ser humano trabalhador, capazes de levar a deformidades permanentes e incapacitantes, e até mesmo a morte. Neste cenário emergiram os direitos de segunda dimensão, nos quais estão os direitos sociais, destacando-se dentre eles o direito à limitação da jornada de trabalho.

E, nesta linha, quando se chega aos direitos de terceira dimensão, tem-se, nas palavras de Guilherme Feliciano(2), "por excelência, o direito ao meio ambiente do trabalho são e equilibrado".

A tutela do meio ambiente do trabalho implica o direito do trabalhador à informação sobre a qualidade ambiental e consequente qualidade de vida, em determinado espaço, caracterizando-se, assim, dentre os direitos humanos de quarta dimensão.

Manifesto o fortalecimento da relação homem-labor com o reconhecimento destes direitos. Porém, tais conquistas não se revelaram satisfatórias para resguardar o equilíbrio do ambiente de trabalho, como argumenta Norma Sueli Padilha, destacando ser necessário o fortalecimento de instrumentos juslaborais, necessário para

> abranger toda essa dimensão multifacetada do ambiente artificial onde o ser humano trabalhador está destinado a passar a maior parte de sua vida produtiva – o meio ambiente do trabalho – e, nesse contexto, é imprescindível que se quebre qualquer visão fragmentada e isolada de proteção jurídica do trabalhador, principalmente diante dos riscos tecnológicos acrescidos ao ambiente de trabalho, que exigem a ampliação dos mecanismos criados historicamente pelo sistema trabalhista, ampliando a proteção da sua qualidade de vida no trabalho e pelo trabalho(3).

Fortalecimento este conquistado a partir da ascensão do paradigma ambiental, pelo qual reconheceu-se o proclamou-se o direito ao meio ambiente ecologicamente equilibrado como direito humano(4).O reconhecimento da proteção ambiental também constou do Pacto Internacional sobre os Direitos Civis e Políticos (PIDCP) e do Pacto Internacional dos Direitos Econômicos, Sociais e Culturais (PIDESC), em 1966. Importante registrar que nestes últimos documentos, a tutela ambiental deu-se a partir da previsão das condições adequadas de vida, habitação e da tutela da saúde e higiene no trabalho.

Nesse contexto, emergiu uma nova dimensão do modelo de desenvolvimento empregado, afastando-se de práticas exclusivamente quantitativas – núcleo de até meados do século 20 – e demonstrando a necessidade de se adotar um modelo de desenvolvimento que fosse duradouro, que propiciasse assistir e satisfazer as gerações do presente sem impossibilitar que as gerações vindouras também usufruíssem dos benefícios da exploração dos recursos naturais. Isto é, um modelo de desenvolvimento sustentável, que contempla a solidariedade intergeracional.

Portanto, tutelar o meio ambiente laboral implica fomentar o diálogo das fontes de conquistas dos trabalhadores, advindas das reações às transgressões e desrespeitos vivenciados ao longo da História, com as regras que reconhecem e tutelam o meio ambiente enquanto direito humano.

Pois bem, foi neste dialogar que se justificou a construção do sistema de proteção do direito ao meio ambiente do trabalho equilibrado a partir das conquistas em favor da proteção do trabalhador à luz do sistema internacional de proteção dos direitos humanos, o qual reluziu para o ordenamento jurídico nacional e

(2) FELICIANO, Guilherme Guimarães. *Op. cit.*, 2008. p. 13.

(3) PADILHA, Norma Sueli. Meio ambiente do trabalho: um direito fundamental do trabalhador e a superação da monetização do risco. In: *Revista do Tribunal Superior do Trabalho*. Brasília, v. 79, n. 4, p. 173-174, 2013.

(4) Conforme Princípio 1 da Declaração de Estocolmo.(ORGANIZAÇÃO DAS NAÇÕES UNIDAS. Declaração de Estocolmo sobre o Ambiente Humano, 1972). Disponível em: <http://www.direitoshumanos.usp.br/index.php/Meio-Ambiente/declaracao-de-estocolmo-sobre-o-ambiente-humano.html>. Acesso em: 16 jul. 2017.

implantou uma nova roupagem ao meio ambiente, enquanto direito fundamental constitucionalmente expresso na Constituição Federal de 1988 (CF/88)[(5)].

Este novo modelo resgata a tutela do trabalhador enquanto ser humano e determina a realização de uma reestruturação da atividade econômica para que o processo produtivo tenha como propósito o ajuste do labor ao homem, e não o inverso.

Do que foi exposto, nota-se que a tutela do *habitat* laboral prima por qualidade de vida no trabalho como meio de se assegurar a dignidade humana. E para tanto, as regras de saúde e segurança no trabalho revelam-se imprescindíveis à manutenção do bem-estar e saúde física e psíquica, rompendo as barreiras da mera regulamentação do pacto firmado entre trabalhador e empregador para proteger o ser humano dos riscos a que está exposto no ambiente laboral, de modo que, na visão de Norma Sueli Padilha[(6)]:

> O direito humano fundamental do trabalhador ao meio ambiente do trabalho equilibrado irradia seus efeitos no contrato do trabalho, e como norma de ordem pública, impõe ao empregador o compromisso com a sadia qualidade de vida de todos os trabalhadores no ambiente laboral, e com a sua proteção contra os riscos inerentes à atividade econômica, cabendo-lhe atuar por meio de práticas sustentáveis e de equidade, priorizando práticas de precaução e a promoção do desenvolvimento sustentável em prol dos seus funcionários e da comunidade.

Trata-se, portanto, de direito subjetivo do trabalhador, irrenunciável, indisponível, abarcado pelo princípio da proibição do retrocesso social[(7)]. Ademais, como sustenta Raimundo Simão de Melo[(8)]:

> O meio ambiente do trabalho adequado é um direito fundamental do cidadão trabalhador (*lato sensu*). Não é um mero direito trabalhista vinculado ao contrato de trabalho, pois a proteção daquele é distinta da assegurada ao meio ambiente do trabalho, porquanto esta última busca salvaguardar a saúde e segurança do trabalhador no ambiente em que desenvolve as suas atividades. [...] De conformidade com as normas constitucionais atuais, a proteção do meio ambiente do trabalho está vinculada diretamente à saúde do trabalhador enquanto cidadão, razão por que se trata de um direito de todos, a ser instrumentalizado pelas normas gerais que aludem à proteção dos interesses difusos e coletivos. [...] Portanto, o Direito Ambiental do Trabalho constitui direito difuso fundamental inerente às normas sanitárias e de saúde do trabalhador (CF, art. 196), que, por isso, merece a proteção dos Poderes Públicos e da sociedade organizada, conforme estabelece o art. 225 da Constituição Federal. É difusa a sua natureza, ainda, porque as consequências decorrentes da sua degradação, como, por exemplo, os acidentes de trabalho, embora com repercussão imediata no campo individual, atinge, finalmente, toda a sociedade, que paga a conta final.

Assim, destacam-se a seguir algumas das alterações introduzidas pela reforma trabalhista que impactaram diretamente e refletem negativamente no direito fundamental ao meio ambiente laboral equilibrado, notadamente quanto às mudanças nas regras de saúde e segurança no trabalho e prorrogação da jornada de trabalho.

2. REFORMA DO DIREITO DO TRABALHO E A PRECARIZAÇÃO DAS CONDIÇÕES LABORAIS

A Lei n. 13.467/2017 foi promulgada no dia 13 de julho de 2017 e alterou significativamente direitos

(5) A tutela constitucional do direito fundamental ao meio ambiente do trabalho equilibrado é extraída da conjugação do art. 225 com o art. 200, VIII da CF/88.

(6) PADILHA, Norma Sueli. Meio ambiente do trabalho: um direito fundamental do trabalhador e a superação da monetização do risco. In: *Revista do Tribunal Superior do Trabalho*. Brasília, v. 79, n. 4, p. 178, 2013.

(7) De acordo com Canotilho, a proibição do retrocesso social implica "dizer-se que os direitos sociais e econômicos (ex.: direito dos trabalhadores, direito à assistência, direito à educação) uma vez obtido um determinado grau de realização, passam a constituir, simultaneamente, uma garantia institucional e um direito subjetivo. A "proibição do retrocesso social" nada pode fazer contra as recessões e crises econômicas (reversibilidade fática), mas o princípio em análise limita a reversibilidade dos direitos adquiridos (ex.: segurança social, subsídio de desemprego, prestações de saúde), em clara violação do princípio da proteção da confiança e da segurança dos cidadãos no âmbito econômico, social e cultural, e do núcleo essencial da existência mínima inerente ao respeito pela dignidade da pessoa humana.[...]. As eventuais modificações dessas leis devem observar os princípios do Estado de Direito vinculativos da atividade legislativa e do núcleo essencial dos direitos sociais. (CANOTILHO, José Joaquim Gomes. *Direito Constitucional e Teoria da Constituição*. 7. ed. Coimbra: Livraria Almedina, 2003. p. 338).

(8) MELO, Raimundo Simão de. *Direito ambiental do trabalho e a saúde do trabalhador*: responsabilidades legais, dano material, dano moral, dano estético, indenização pela perda de uma chance, prescrição. 5.ed. São Paulo: LTr, 2013. p. 28-29.

e regras previstos na Consolidação das Leis do Trabalho brasileira (CLT). Com *vacatio legis* de cento e vinte e dias, as novas regras violam princípios e direitos constitucionais assegurados, bem como regras de tutela internacional das relações laborais, ao permitirem uma ampla flexibilização e redução de direitos historicamente conquistados.

Neste ponto, passa-se à análise do que se denominam "retrocessos ambientais laborais" identificados ao longo do novo texto celetista.

2.1. Flexibilização da jornada de trabalho: art. 611-A, incisos "i" e "iii" da CLT

Flexibilizar significa relativizar, tornar "menos rígida" uma regra existente. Não implica reduzir direitos pura e simplesmente. Neste ponto, verifica-se que os dispositivos apontados caracterizam flagrante inconstitucionalidade pois, em essência, permitem que o ser humano trabalhador pratique uma jornada de trabalho incompatível com sua capacidade física e mental, reduzindo direitos conquistados.

As novas regras permitem que sejam negociados coletivamente[9] pelo trabalhador a jornada laboral bem como o período de intervalo intrajornada, aquele destinado à recuperação física e mental para um bom desempenho nas execuções das atividades diárias. Nos dizeres de Jorge Neto e Cavalcante[10]:

> Intervalo intrajornada é o descanso concedido dentro da própria jornada de trabalho. Dentro de cada jornada laboral, o ordenamento determina a concessão do intervalo para repouso ou alimentação. Esse repouso destina-se à recomposição física do trabalhador, por intermédio da alimentação, dentro da jornada diária de trabalho.

Pela regra anterior, o tempo mínimo para realização deste intervalo nas jornadas superiores a seis (06) horas era de uma (01) hora, autorizando-se a redução apenas mediante autorização expressa do Ministério do Trabalho.

Com a reforma, tornou-se possível reduzir este tempo mínimo para apenas trinta (30) minutos, nos termos no art. 611-A, III.

A possibilidade de reduzir este tempo mínimo era objeto de discussão na doutrina e jurisprudência. Todavia, em 2012, o Tribunal Superior do Trabalho (TST) pôs fim à contenda, ratificando o entendimento ao editar a Súmula 437, II, que estabelece:

> É inválida cláusula de acordo ou convenção coletiva de trabalho contemplando a supressão ou redução do intervalo intrajornada porque este constitui medida de higiene, saúde e segurança do trabalho, garantido por norma de ordem pública (art. 71 da CLT e art. 7º, XXII, da CF/1988), infenso à negociação coletiva[11].

A partir da nova regulamentação, o tempo mínimo passa a ser de trinta (30) minutos para jornadas superiores a seis (06) horas, o que aumenta consideravelmente as possibilidades de o trabalhador sofrer acidentes no *habitat* laboral.

Observa-se grande impacto negativo desta nova regra, ante à possibilidade de sobrecarga de atividades, com intervalo reduzido para se recompor mental e fisicamente. Trata-se de evidente violação do direito fundamental ao meio ambiente do trabalho equilibrado.

Nesta seara, o inciso III do art. 611-A revela-se inconstitucional, uma vez que a matéria por ele regulamentada é questão de ordem pública e não permite uma ampla e irrestrita atuação da negociação coletiva em detrimento de direitos ditos fundamentais à qualidade de vida do trabalhador.

Na mesma linha, violando as regras que asseguram o equilíbrio do meio ambiente do trabalho está o novel art. 611-A, I, que permite a prevalência do negociado sobre o legislado quanto à jornada de trabalho, condicionando à observância dos limites constitucionais.

Isso porque, a nova redação do art. 59 da CLT prevê que "A duração diária do trabalho poderá ser acrescida de horas extras, em número não excedente de duas, por acordo individual, convenção coletiva ou acordo coletivo de trabalho". E ainda, nos §§ 5º e 6º estipula-se que "o banco de horas de que trata o § 2º deste artigo poderá ser pactuado por acordo individual escrito, desde que a compensação ocorra no período máximo de seis meses", bem como ser "lícito o regime de compensação de jornada estabelecido por acordo individual, tácito ou escrito, para a compensação no mesmo mês".

Todavia, a nova regra viola os limites constitucionais fixados no inciso XIII do art. 7º da CF/88, que preceitua como direito fundamental do trabalhador a

(9) Acordo ou Convenção Coletiva.

(10) JORGE NETO, Francisco Ferreira; CAVALCANTE, Jouberto de Quadros Pessoa. *Direito do trabalho*. 8. ed. São Paulo: Atlas, 2015. p. 703-704.

(11) BRASIL. Tribunal Superior do Trabalho. Súmula 437. Disponível em: <http://www3.tst.jus.br/jurisprudencia/Sumulas_com_indice/Sumulas_Ind_401_450.html#SUM-437>. Acesso em: 28 jul. 2017.

"duração do trabalho normal não superior a oito horas diárias e quarenta e quatro semanais, facultada a compensação de horários e a redução da jornada, mediante acordo ou convenção coletiva de trabalho".

Em suma: a lei autoriza a adoção do sistema de "banco de horas" com uma jornada superior aos limites constitucionais e autoriza que a opção por esta prática dê-se via acordo tácito.

A crítica que se faz, à luz do tema proposto, é que quanto maior a jornada de trabalho, sobretudo quando incentivada a prática de horas extras com habitualidade, maior a exposição a riscos de infortúnios laborais que estará o trabalhador, promovendo o desequilíbrio do meio ambiente do trabalho, que se torna um *habitat* propenso a ocorrência de danos ambientais laborais.

De fato, como explica Souto Maior[(12)], o que a "reforma" chama de flexibilização

> foi utilizado como um eufemismo para não se perceber a realidade, embutida na fórmula do negociado sobre o legislado, de uma imposição, pela força, aos sindicatos, da aceitação de redução de direitos, mas que não aparece como tal e sim como efeito de uma negociação.

E, "se para 'flexibilizar' é preciso superar a lei", a proposta revela que "o que se pretende é diminuir o alcance das garantias legais em favor dos trabalhadores, pois, como se sabe, para ampliar os direitos, nunca houve impedimento jurídico"[(13)].

Exsurge claro o posicionamento da Procuradoria Geral do Trabalho (MPT) na redação da Nota Técnica n. 08 sobre a reforma trabalhista:

> Quando o art. 7º, XVIII, da Constituição, admite a compensação de jornada por negociação coletiva, faz em caráter excepcional, o que automaticamente afasta o regime de horas extras, previsto no inciso XVI do mesmo dispositivo, somente aplicável à jornada de 8 (oito) horas[(14)].

Neste raciocínio, a nota relaciona a sobreposição de regimes de excedente de jornada de trabalho à violação da limitação razoável da jornada de trabalho, prevista no art. XXIV da Declaração Universal dos Direitos do Homem, de 1948, o qual prescreve que "*todo homem tem direito a repouso e lazer, inclusive a limitação razoável das horas de trabalho e férias remuneradas periódicas*".

Portanto, autorizando a prática de hora extraordinária "**além do acréscimo de jornada previsto em acordo de compensação**" as novas regras violam normas "**constitucionais e internacionais, ainda incorrendo em desvio de finalidade** da negociação coletiva para compensação de jornada"[(15)], promovendo o desequilíbrio do meio ambiente laboral, deixando o trabalhador exposto e vulnerável a danos.

2.2. Patamares (i)negociáveis: normas de saúde, higiene e segurança no trabalho e a regra do parágrafo único do art. 611-B

Com o propósito de assegurar ampla "flexibilização" da jornada laboral por meio dos instrumentos da negociação coletiva, o novo parágrafo único do art. 611-B determina que "regras sobre duração do trabalho e intervalos não são consideradas como normas de saúde, higiene e segurança do trabalho para os fins do disposto neste artigo".

Resta induvidosa a inconstitucionalidade do dispositivo citado, uma vez que normas que limitam a jornada de trabalho são essencialmente normas que tutelam o meio ambiente do trabalho, com o objetivo de atender e fazer cumprir as regras que assegurar saúde, higidez e segurança no espaço em que o trabalhador passa a maior parte de sua vida produtiva, qual seja o *habitat* laboral.

Assim, "**os limites constitucionais e legais de jornada constituem patamares civilizatórios mínimos inegociáveis**", insuscetíveis de redução, "sob pena de afronta à dignidade humana e à valorização mínima destinada pela Constituição ao trabalho (CF/1988, arts. 1º, III e 170, *caput*)[(16)].

Ademais, este foi o entendimento adotado pelo Supremo Tribunal Federal (STF) no julgamento do

(12) SOUTO MAIOR, José Luiz. *A "CLT de Temer" & Cia. Ltda.* Disponível em: <https://www.anamatra.org.br/artigos/25548-a-clt-de-temer-cia-ltda>. Acesso em: 29 jul. 2017.

(13) SOUTO MAIOR, José Luiz. *Op. cit.*, 2017.

(14) PROCURADORIA GERAL DO TRABALHO. MINISTÉRIO PÚBLICO DO TRABALHO. Nota Técnica n. 08, de 26 de julho de 2017, da Secretaria das Relações Institucionais do MPT p. 14-15 (grifo do autor). Disponível em: <http://portal.mpt.mp.br/wps/wcm/connect/portal_mpt/ce4b9848-f7e4-4737-8d81-6b3c6470e4ad/Nota+técnica+nº+8.2017.pdf?MOD=AJPERES>. Acesso em: 20 jul. 2017. Registra-se que esta Nota Técnica foi produzida por um Grupo de Trabalho do MPT para expor seu posicionamento sobre as inconstitucionalidades do então Projeto de Lei n. 38/2017.

(15) *Ibidem*, p. 15-16 (grifo do autor).

(16) PROCURADORIA GERAL DO TRABALHO. *Op. cit.*, 2017, p. 18.

Recurso Extraordinário n. 590.415/ SC, conforme se extrai de trecho do voto do Relator Ministro Roberto Barroso[17]:

> De acordo com o princípio da adequação setorial negociada, as regras autônomas juscoletivas podem prevalecer sobre o padrão geral heterônomo, mesmo que sejam restritivas dos direitos dos trabalhadores, desde que não transacionem setorialmente parcelas justrabalhistas de indisponibilidade absoluta. Embora o critério definidor de quais sejam as parcelas de indisponibilidade absoluta seja vago, **afirma-se que estão protegidos contra a negociação in pejus os direitos que correspondam a um "patamar civilizatório mínimo"**, como a anotação da CTPS, o pagamento do salário mínimo, o repouso semanal remunerado, **as normas de saúde e segurança do trabalho**, dispositivos antidiscriminatórios, a liberdade de trabalho etc.

E ainda, a normativa viola o direito fundamental à redução dos riscos inerentes ao trabalho, efetivada por meio de normas de saúde, higiene e segurança, conforme os ditames do art. 7º, XXII, da CF/88.

A exposição à jornada excedente e a redução dos intervalos intrajornadas levam à maior exposição do trabalhador às intempéries no desempenho do labor.

Ressalta-se que além da inconstitucionalidade supracitada, este dispositivo também viola normas internacionais da temática regulamentada, uma vez que no âmbito das Convenções da Organização Internacional do Trabalho (OIT) há convenção específica, denominada "Convenção Sobre Segurança e Saúde dos Trabalhadores, adotada em 1981, ratificada pelo Brasil.

Trata-se da Convenção da OIT n. 155, adotada em 1981, e ratificada pelo Brasil via Decreto n. 2/1992, tendo sido sancionada pelo Decreto n. 1.254/1994. O documento que conferiu amplo tratamento à tutela do meio ambiente do trabalho, como já sustentado pela autora, em análise dos ensinamentos de Arnaldo Lopes Süssekind:

> Quanto à importância do tratamento conferido pela Convenção à tutela do meio ambiente laboral, Süssekind sustenta que "o direito à segurança e à higiene no trabalho é também, num sentido mais amplo, um direito humano, tal como prevê o Pacto Internacional dos Direitos Econômicos, Sociais e Culturais das Nações Unidas, pois corresponde ao direito à vida e à integridade física das pessoas", enfatizando a ampliação do conceito, uma vez que refletem "no local de trabalho condições adversas do ambiente de trabalho imediato, também os efeitos de inadequados sistemas de produção e, por vezes, de certos sinistros ocorridos em estabelecimentos industriais podem alcançar áreas muito distantes"[18].

Permitir a "livre negociação de tais matérias fere, frontalmente, a Convenção n. 155, ratificada pelo Brasil e que orienta um meio ambiente de trabalho salubre. A violação a tal norma tem reflexos diretos no sistema previdenciário brasileiro", uma vez que este "ficará cada vez mais sobrecarregado em razão de prover os acidentados e os doentes vindos de um mercado de trabalho que não prioriza a saúde e a segurança"[19].

Portanto, o enunciado em comento, ao excluir das normas sobre jornada de trabalho e intervalo intrajornada o caráter de regras que influenciam e afetam normas de saúde e segurança laboral, isto é, regras que tutelam e visam assegurar o direito fundamental ao meio ambiente do trabalho equilibrado, resta clarividente a inconstitucionalidade do dispositivo.

2.3. Art. 611-A, XIII: prorrogação da jornada em meio ambiente laboral insalubre prescindindo de autorização do Ministério do Trabalho e Emprego (MTE)

Na esfera das inconstitucionalidades apresentadas pela reforma, face ao desrespeito do direito fundamental ao meio ambiente do trabalho equilibrado, ressoa a autorização para realizar atividades laborais em caráter de hora extra, em ambientes comprovadamente insalubres, independentemente de prévia autorização das autoridades competentes.

Pela regra anterior, nos termos do art. 60,

> Nas atividades insalubres, assim consideradas as constantes dos quadros mencionados no capítulo

(17) BRASIL. SUPREMO TRIBUNAL FEDERAL. Recurso Extraordinário n. 590.415 – Santa Catarina. Relator Ministro Roberto Barroso. Julgamento em: 30.04.2015. Disponível em: <http://redir.stf.jus.br/paginadorpub/paginador.jsp?docTP=TP&docID=8590961>. Acesso em: 30 jul. 2017, p. 16-17 (grifo nosso).

(18) DI PIETRO, Josilene Hernandes Ortolan. *Mecanismos de implementação do direito ao meio ambiente ecologicamente equilibrado e a responsabilidade sociombiental das empresas*. São Paulo. Tese de Doutorado. Universidade Presbiteriana Mackenzie, 2016. p 51-52.

(19) PORTO, Noemia. *Anamatra aponta diversas violações da reforma trabalhista a convenções internacionais da OIT*. Disponível em: <https://www.anamatra.org.br/imprensa/noticias/25413-anamatra-aponta-diversas-violacoes-da-reforma-trabalhista-em-convencoes-internacionais-da-oit>. Acesso em: 31 jul. 2017.

"Da Segurança e da Medicina do Trabalho", ou que neles venham a ser incluídas por ato do Ministro do Trabalho, Industria e Comercio, quaisquer prorrogações só poderão ser acordadas mediante licença prévia das autoridades competentes em matéria de higiene do trabalho, as quais, para esse efeito, procederão aos necessários exames locais e à verificação dos métodos e processos de trabalho, quer diretamente, quer por intermédio de autoridades sanitárias federais, estaduais e municipais, com quem entrarão em entendimento para tal fim.

Trata-se, portanto, de límpida violação ao direito fundamental à saúde e à segurança do trabalhador.

CONCLUSÕES

A globalização econômica intensificou mudanças tecnológico-científicas iniciadas no século 19, permitindo o surgimento de uma nova sociedade industrial, que apresenta e busca novas tecnologias, muitas vezes em detrimento dos direitos dos trabalhadores, notadamente na proteção da saúde, da segurança e na qualidade de vida do ser humano trabalhador.

A Lei n. 134.667/2017 inova, retrocedendo, em vários pontos, incorrendo em variadas inconstitucionalidades, tendo o presente capítulo analisado os impactos na alteração das regras de segurança e medicina do trabalho e prorrogação da jornada de trabalho em ambientes insalubres.

O que se conclui é que ao invés de investir e adotar práticas de sustentabilidade labor-ambiental, especialmente a adoção de técnicas preventivas, o legislador optou por precarizar as condições das relações laborais.

As novas regras possibilitam a sobrecarga de atividades e exaustão do trabalhador no exercer de sua jornada, o que intensifica a ocorrência de acidentes laborais e doenças ocupacionais.

Devem, então, ser declaradas inconstitucionais, fixando o compromisso estatal para enfrentar infortúnios laborais e doenças ocupacionais. Destarte,

> para que efetivamente o país seja inserido no contexto global com tutelas mínimas ao trabalhador e cumprimento dos objetivos de um mundo do trabalho igual e sem desigualdade, não se pode aceitar discussões sobre percentuais de horas extras ou de adicional de periculosidade ou insalubridade como atividades ordinárias dos trabalhadores. O trabalhador tem que prestar serviços e ser remunerado dignamente pela jornada cumprida e trabalhar em ambientes saudáveis. O regime da extraordinariedade tem que, de fato, representar uma exceção[20].

É dever estatal promover a dignidade no trabalho, uma vez que o princípio da proibição de retrocesso social veda qualquer medida legislativa que não vise à melhora da condição social do ser humano trabalhador. As normas apenas serão constitucionais se promoverem a dignidade humana, cumprindo o patamar mínimo civilizatório.

REFERÊNCIAS BIBLIOGRÁFICAS

BRASIL. Lei n. 13.467/2017. Disponível em: <http://legis.senado.leg.br/legislacao/DetalhaSigen.action?id=17728053>. Acesso em : 04 jul. 2017.

_____. CONSOLIDAÇÃO DAS LEIS DO TRABALHO. Decreto-lei n. 5.452/1943. Disponível em: <http://www.planalto.gov.br/ccivil_03/decreto-lei/del5452.htm>. Acesso em: 04 jul. 2017.

_____. CONSTITUIÇÃO DA REPÚBLICA FEDERATIVA DO BRASIL. Disponível em: <http://legis.senado.leg.br/legislacao/DetalhaSigen.action?id=17728053>. Acesso em: 04 jul. 2017.

_____. TRIBUNAL SUPERIOR DO TRABALHO. Súmula n. 437. Disponível em: <http://www3.tst.jus.br/jurisprudencia/Sumulas_com_indice/Sumulas_Ind_401_450.html#SUM-437>. Acesso em: 28 jul. 2017.

_____. PROCURADORIA GERAL DO TRABALHO. MINISTÉRIO PÚBLICO DO TRABALHO. Nota Técnica n. 08, de 26 de julho de 2017, da Secretaria das Relações Institucionais do MPT.

_____. SUPREMO TRIBUNAL FEDERAL. Recurso Extraordinário n. 590.415 – Santa Catarina. Relator Ministro Roberto Barroso. Julgamento em: 30.04.2015. Disponível em: <http://redir.stf.jus.br/paginadorpub/paginador.jsp?docTP=TP&docID=8590961>. Acesso em: 30 jul. 2017.

CANOTILHO, José Joaquim Gomes. *Direito Constitucional e Teoria da Constituição*. 7. ed. Coimbra: Livraria Almedina, 2003.

DI PIETRO, Josilene Hernandes Ortolan. *Mecanismos de implementação do direito ao meio ambiente ecologicamente equilibrado e a responsabilidade sociombiental das empresas*. São Paulo. Tese de Doutorado. Universidade Presbiteriana Mackenzie, 2016.

FELICIANO, Guilherme Guimarães. Tutela Processual dos Direitos Humanos nas Relações de Trabalho. *Revista Eletrônica da Amatra XX*, Aracaju, n. 15, ABRIL/JUNHO 2008. Dis-

(20) NAHAS, Thereza Christina. A reforma do direito do trabalho no marco de globalização econômica e dos pactos internacionais. *Revista de Direito do Trabalho*, v. 176/2017, p. 55-71, Abr/2017 DTR\2017\774, p. 06.

ponível em: <http://www.amatra20.org.br/amatrawi/artigos.wsp?tmp_codartigo=344>. Acesso em: 20 jul. 2017.

JORGE NETO, Francisco Ferreira; CAVALCANTE, Jouberto de Quadros Pessoa. *Direito do trabalho*. 8. ed. São Paulo: Atlas, 2015.

MELO, Raimundo Simão de. *Direito ambiental do trabalho e a saúde do trabalhador*: responsabilidades legais, dano material, dano moral, dano estético, indenização pela perda de uma chance, prescrição. 5. ed. São Paulo: LTr, 2013.

NAHAS, Thereza Christina. A reforma do direito do trabalho no marco de globalização econômica e dos pactos internacionais – *Revista de Direito do Trabalho*. v. 176/2017. p. 55-71. Abr./2017 DTR\2017\774.

ORGANIZAÇÃO DAS NAÇÕES UNIDAS. Declaração de Estocolmo sobre o Ambiente Humano, 1972. Disponível em: <http://www.direitoshumanos.usp.br/index.php/Meio-Ambiente/declaracao-de-estocolmo-sobre-o-ambiente-humano.html>. Acesso em: 16 jul. 2017.

PADILHA, Norma Sueli. Meio ambiente do trabalho: um direito fundamental do trabalhador e a superação da monetização do risco. In: *Revista do Tribunal Superior do Trabalho*. Brasília, 2013. v. 79, n. 4.

____. Meio Ambiente do Trabalho: um direito fundamental do trabalhador. In: SARLET, Ingo Wolfgang; MELLO FILHO, Luiz Philippe Vieira de; FRAZÃO, Ana de Oliveira [Org.] *Diálogos entre o Direito do Trabalho e o Direito Constitucional*: estudos em homenagem a Rosa Maria Weber. São Paulo: Saraiva, 2014.

PORTO, Noemia. *Anamatra aponta diversas violações da reforma trabalhista a convenções internacionais da OIT*. Disponível em: <https://www.anamatra.org.br/imprensa/noticias/25413-anamatra-aponta-diversas-violacoes-da-reforma-trabalhista-em-convencoes-internacionais-da-oit>. Acesso em: 31 jul. 2017.

ROCHA, Júlio Cesar de Sá da. *Direito ambiental do trabalho*: mudanças de paradigmas na tutela jurídica à saúde do trabalhador. 2. ed. São Paulo: Atlas, 2013.

ROMITA, Arion Sayão. *Flexisegurança:* a reforma do mercado de trabalho. São Paulo: LTr, 2008.

SOUTO MAIOR, José Luiz. *A "CLT de Temer" & Cia. Ltda.* Disponível em: <https://www.anamatra.org.br/artigos/25548-a-clt-de-temer-cia-ltda>. Acesso em: 29 jul. 2017.

STÜRMER, Gilberto. Direitos humanos e meio ambiente do trabalho. In: *Veredas do Direito*. Belo Horizonte, v. 13, n. 25, p. 155-172. Janeiro/Abril de 2016. p. 157. Disponível em: <http://www.domhelder.edu.br/revista/index.php/veredas/article/view/535/479>. Acesso em: 11 ago. 2017.

URIARTE, Oscar Ermida. *A flexibilidade*. São Paulo: LTr, 2002.

ALTERAÇÕES NA DURAÇÃO DO TRABALHO E SEUS REFLEXOS NA RELAÇÃO DE EMPREGO

MAGNO LUIZ BARBOSA

Doutor em Direito das Relações Sociais pela Pontifícia Universidade Católica de São Paulo-PUC/SP; mestre em Direito das Relações Econômico-Empresariais pela Universidade de Franca-UNIFRAN/SP; professor de Direito Material e Processual do Trabalho da Faculdade de Direito Prof. Jacy de Assis, *da Universidade Federal de Uberlândia-UFU; advogado sócio do escritório Barbosa e Araújo Advogados Associados.*

INTRODUÇÃO

Este estudo irá trazer à baila uma reflexão sobre a duração do trabalho como uma conquista universal dos trabalhadores e uma análise crítica à Reforma Trabalhista brasileira de 2017. Para isso, será necessário um estudo dogmático-jurídico, basicamente da lei, da doutrina e da jurisprudência, a fim de alcançarmos as consequências da Reforma Trabalhista que implica novas formas de pensar e agir no mundo do trabalho.

Ao nos determos na essência dessa alteração normativa, perceberemos que a mola propulsora das mudanças está na movimentação do empresariado brasileiro, que alega necessidade de adequação do ordenamento jurídico à realidade laboral.

De fato, não há dúvidas de que as formas de trabalho nos dias atuais passam por consideráveis alterações no Brasil e no mundo, a exemplo do trabalho fora das dependências da empresa, com efeitos tanto para a classe trabalhadora, como para o empregador e para o Estado. Entretanto, mudanças devem acontecer, mas com parcimônia, para que não ocorra o aviltamento da classe trabalhadora.

É imprescindível salientar que nossa pretensão neste estudo é levar à reflexão e de alguma forma colaborar, se não para o entendimento amplo do tema, pelo menos para o aprofundamento do debate sobre a atual situação laboral diante das mudanças conferidas pela Lei n. 13.467 de 13 de julho de 2017, no que tange à duração do trabalho e suas implicações para o trabalhador.

1. A DURAÇÃO DO TRABALHO SOB A ÓTICA TERMINOLÓGICA E OS FUNDAMENTOS BÁSICOS PARA SUA LIMITAÇÃO

Várias foram as lutas dos trabalhadores para alcançar melhores condições de trabalho, dentre elas a limitação do tempo de trabalho. Portanto, há tempos é comum ouvir dizer que a classe trabalhadora[(1)] luta por uma *jornada de trabalho* condizente com a capacidade psicofisiológica do trabalhador. Por isso, em um trabalho que tem por escopo tratar de um assunto tão específico, faz-se primordial esclarecer o significado de *jornada* e o porquê da utilização do termo *duração* do trabalho.

O Moderno Dicionário da Língua Portuguesa Michaelis[(2)] apresenta para *jornada* o significado de *marcha*

(1) Ricardo Antunes define que “Uma noção ampliada de classe trabalhadora inclui, então, todos aqueles e aquelas que vendem sua força de trabalho em troca de salário, incorporando, além do proletariado industrial, dos assalariados do setor de serviços, também o proletariado rural, que vende sua força de trabalho para o capital.” (ANTUNES, Ricardo. *Os sentidos do trabalho*. 5. ed. São Paulo: Boitempo, 2007. p. 103).

(2) MICHAELIS: *Moderno Dicionário da Língua Portuguesa*. São Paulo: Companhia Melhoramentos, 1998.

ou percurso que se faz num dia; a *duração do trabalho diário* ou o *salário relativo ao trabalho de um dia* é acrescentado pelo Dicionário Houaiss(3) da Língua Portuguesa. Assim, é fácil constatar um pleonasmo na expressão *jornada diária*.

Em italiano, *giorno* significa *dia* e *giornata, jornada* ou *trabalho de um dia*. Assim sendo, no lugar do emprego comum da frase *redução da jornada de trabalho* melhor seria *redução da diária de trabalho*. Já, se se deseja maior abrangência, o correto seria usar *redução da duração do trabalho*, que pode se referir ao trabalho diário, semanal, mensal ou anual. Em outras palavras, *duração do trabalho* é o gênero de que *duração diária de trabalho* é espécie, bem como *duração semanal do trabalho* e *duração anual do trabalho*.

Romita dispõe que dizer "jornada semanal não significa coisa alguma. É o mesmo que duração diária semanal (do trabalho). Deve-se dizer: duração semanal (do trabalho) ou carga semanal de trabalho." (4).

Dessa sorte, pode ocorrer a redução da duração semanal do trabalho sem, necessariamente, ocorrer redução diária do trabalho, exceto em um dia da semana. Por exemplo, se o trabalhador trabalha oito horas por dia de segunda a sexta-feira e quatro horas no sábado, perfazendo um total de 44 horas semanais, e houver redução da duração semanal do trabalho de 44 para 40 horas semanais, o trabalhador poderá simplesmente deixar de trabalhar aos sábados, continuando a trabalhar de segunda a sexta-feira oito horas por dia.

Nesse diapasão é importante destacar que a duração do trabalho, quando analisada sob a ótica de suas espécies, tem nuances muito específicas, que culminam em um único objeto, o descanso do trabalhador.

A duração diária do trabalho está relacionada à própria condição física do trabalhador, visto que uma duração diária muito extensa poderá lhe acarretar efeitos nefastos, como, por exemplo, um acidente do trabalho. A duração semanal engloba a questão do repouso semanal, essencial à reposição de suas energias e, por fim, a duração anual do trabalho, que abarca a questão das férias do trabalhador.

Diante disso, foram delineados os fundamentos básicos para a limitação do tempo de trabalho, quais sejam:

1. Psicofisiológico diz respeito aos limites físicos e mentais do trabalhador a um determinado tempo de trabalho. Vale salientar que esses limites variam de acordo com a atividade exercida pelo trabalhador. Além de ser normatizado, é indiscutível que alguns tipos de atividade exigem menor tempo de trabalho que a duração ordinária utilizada na maioria das atividades laborais, como, por exemplo, trabalho em atividades insalubres. Esse fundamento visa essencialmente evitar a fadiga física e mental do trabalhador, com vistas à preservação de sua saúde.
2. Social visa garantir ao trabalhador, além do tempo necessário ao convívio familiar, tempo para convívio em sua comunidade, nas mais diversas atividades, desde religiosas, políticas, culturais até filantrópicas.
3. Econômico com várias conotações, sendo uma delas a empregabilidade, pois duração extensa do trabalho contribui efetivamente para menos contratações. Outra questão é que o trabalhador que labora por excessivo tempo diário corre mais risco de adoecer, impondo prejuízos econômicos ao empregador e ao poder público, por meio do setor previdenciário. Outra situação relevante no que diz respeito a este fundamento é que trabalho de longa duração diária tende a culminar em produção com menor qualidade, o que fatalmente também resultará em prejuízos econômicos.
4. Humano trata-se do fundamento que visa resguardar a dignidade do obreiro, que, quando sujeito à extensa duração do trabalho, além de ter a sua saúde afetada, fica propenso a maiores riscos de acidentes do trabalho, que em muitos casos podem resultar em invalidez ou até mesmo na morte do trabalhador.

Com base nesses fundamentos a evolução quanto à limitação no tempo de trabalho ocorreu paulatinamente no mundo, com a intervenção do Estado, que criou normas para limitar a duração do trabalho, observando condições específicas, como a condição pessoal do trabalhador, a profissão e os riscos a que é exposto.

Nascimento destaca como principal fundamento de sustentação da redução do tempo de trabalho o lazer, que por si só atende a inúmeras necessidades do trabalhador, mas, "no entanto, entenda-se que lazer não é inatividade; ao contrário, é ocupação útil, mas agradável e não imposta."(5).

(3) HOUAISS: *Dicionário Houaiss da Língua Portuguesa*. Rio de Janeiro: Objetiva, 2001.

(4) ROMITA, Arion Sayão. *Direito do Trabalho* – temas em aberto. São Paulo: LTr, 1998. p. 144.

(5) NASCIMENTO, Amauri Mascaro. *Curso de direito do trabalho*. 24. ed. São Paulo: Saraiva, 2009. p. 1138.

2. BREVES CONSIDERAÇÕES SOBRE A CONSTRUÇÃO DOS LIMITES DA DURAÇÃO DO TRABALHO NO CENÁRIO MUNDIAL

No período posterior à Revolução Industrial inglesa, marcado pela extrema exploração do trabalho humano, sem observância da dignidade do trabalhador, uma das principais reivindicações da classe proletária foi a redução do tempo de trabalho.

Em 1802, foram alcançadas as primeiras alterações, a proibição do trabalho noturno para menores e redução para doze horas a duração do trabalho diurno, graças ao movimento denominado *Salvemos os menores – Moral and Health Act,* liderado pelo industrial inglês Robert Peel.

Conforme Süssekind, essa vivência de exploração resultou na união dos trabalhadores e formação dos primeiro sindicatos, para zelar por seus interesses.

> E, a partir de 1830, as *trade-unions*, inspiradas na *Inglaterra* por *Owen,* iniciaram movimento operário objetivando a fixação do *dia de trabalho em oito horas.* Na *França* e na *Alemanha*, por sua vez, o movimento operário organizava-se, advogando a intervenção do Estado nas relações entre patrões e empregados, a fim de impedir a exploração do homem pelo abuso do poder econômico. [(6)]

Contudo, somente a partir de meados do século XIX começa efetivamente a limitação na duração do trabalho, de forma gradual, destacando o pioneirismo inglês, que registra em 1847 a primeira manifestação de limitação do tempo de trabalho para trabalhadores em geral, ao se fixar a duração diária de trabalho em dez horas.

No ano seguinte, a França segue o modelo inglês e também normatiza limitações quanto à duração diária de trabalho, estipulando duração diária de trabalho de dez horas em Paris e onze horas nas províncias.

Esse movimento se alastra e alcança os Estados Unidos da América, onde também a duração diária do trabalho de oito horas ganha força entre os trabalhadores, passando a ser objeto de reivindicação primaz da classe operária, conforme Süssekind (1950, p. 28):

> Em 1866, o Congresso Geral dos Trabalhadores Norte-Americanos, celebrado em Baltimore, aprovou uma resolução no sentido de que "a primeira e grande exigência para libertar o trabalho da escravidão capitalista nos Estados Unidos, era promulgação de uma lei pela qual a jornada normal, em todos os Estados da União Americana, fôsse de *oito horas*". E no mês seguinte o Congresso Operário Internacional de Genebra ressaltava que "a limitação da jornada de trabalho é uma condição prévia sem a qual terão que fracassar todos os outros esforços pela emancipação e que as *oito horas* devem ser o limite legal da jornada.".[(7)]

Diante dessas manifestações, em 1868 os Estados Unidos da América publicaram a sua primeira norma, estabelecendo a duração do trabalho em oito horas diárias, inicialmente no serviço público federal. Na sequência outros países também reduziram a duração diária do trabalho, como a Suíça, em 1877, para onze horas e a Áustria, em 1885, para dez horas.

Já, no século XX, outros países adotaram a duração diária de trabalho de oito horas, a exemplo da Austrália em 1901, sendo que, a partir de 1915, foi se generalizando a jornada de oito horas em grande parte dos países capitalistas.

Com o Tratado de Versailles, e a criação da OIT em 1919, foi promulgada em outubro de 1919 a Convenção n. 1, que dispõe em seu art. 2º:

> Em todos os estabelecimentos industriais, públicos ou particulares, e suas dependências, de qualquer natureza que sejam, e com exclusão daqueles em que se achem apenas empregados membros de uma mesma família, *o período de trabalho do pessoal não poderá exceder oito horas por dia e quarenta e oito por semana* [...][(8)]. (Grifo nosso).

Em 1948 foi adotada e proclamada pela Resolução n. 217 A (III) a Assembleia Geral das Nações Unidas, a Declaração Universal dos Direito Humanos, inspirada em Locke, passando por Rousseau, sob o lema de que "os homens nascem e permanecem livres e iguais em direito", que marca as linhas do regime individualista do trabalho, isto é, "em torno do contrato e na consideração do indivíduo perante os chamados corpos

(6) SÜSSEKIND, Arnaldo *et al. Instituições de direito do trabalho.* 19. ed. São Paulo: LTr, 2000. v. 2, p. 791.

(7) SÜSSEKIND, Arnaldo. *Duração do trabalho e repousos remunerados.* Rio de Janeiro: Freitas Bastos, 1950. p. 28.

(8) OIT-LISBOA. *Convenções OIT por número.* Disponível em: <http://www.ilo.org/public/portugue/region/eurpro/lisbon/html/portugal_convencoes_numero_pt.htm>. Acesso em: 25 jul. 2017.

intermediários e que trouxeram consequências funestas aos trabalhadores a partir de então."[(9)]

Das inúmeras questões relacionadas ao trabalho do homem, a Declaração Universal dos Direitos Humanos garante que "Toda pessoa tem direito a repouso e lazer, inclusive a limitação razoável das horas de trabalho e férias periódicas remuneradas." (Art. XXIV)[(10)].

Hodiernamente, observa-se, em grande parte dos países capitalistas, uma jornada de trabalho fixada em oito horas diárias, como é o caso do Brasil, que, até a Constituição de 1988, adotava jornada semanal de 48 horas, desde então reduzida para 44 horas semanais.

3. BREVES CONSIDERAÇÕES SOBRE A CONSTRUÇÃO DOS LIMITES DA DURAÇÃO DO TRABALHO NO BRASIL

No auge da luta mundial para uma duração razoável do trabalho, o Brasil se manifesta de forma incipiente com o Decreto n. 1.313, de 17 de janeiro de 1891, que limitou a nove horas a duração diária de trabalho de menores do sexo masculino e a sete horas a de menores do sexo feminino; além de não atender adultos, só vigorou no Distrito Federal.

Efetivamente, no Brasil, a legislação trabalhista ganharia força somente a partir da chamada *Era Vargas*[(11)], no que diz respeito à construção dos limites da duração do trabalho, inclusive, o que aconteceu entre os anos de 1932 e 1940. A década de 1930 foi marcada pela intervenção do Estado na política trabalhista, com a promulgação de inúmeros decretos, alguns para categorias específicas, regulando a duração de trabalho.

Em 1932 dois decretos, Decreto n. 21.186 e Decreto n. 21.364, limitavam, respectivamente, a duração do trabalho em oito horas diárias no comércio e na indústria. Já, em 1933 vários outros decretos estipularam a limitação da duração do trabalho em oito horas diárias para outras classes de trabalhadores, como, por exemplo, o Decreto n. 22.979, destinado a empregados em barbearias e estabelecimentos congêneres e o Decreto n. 23.084, para empregados em farmácias.

Há que se destacar que, em 1937, os jornalistas adquiriram direito a uma duração diária de trabalho de cinco horas, por meio do Decreto-lei n. 910/1937. No mesmo ano foi promulgado Decreto-lei n. 2.028, garantindo aos professores o direito de ministrar no máximo seis aulas intercaladas, com vistas à proteção da saúde desse trabalhador.

As Constituições do Brasil, de 1934, 1937, 1946, 1967 já determinavam duração de trabalho não excedente a oito horas diárias. Em 1º de maio de 1943 foi publicado o Decreto-lei n. 5.452, que aprovou a Consolidação das Leis do Trabalho – CLT, firmando, assim, a duração diária do trabalho em oito horas e 44 semanais, para os trabalhadores em geral.

É imprescindível salientar que a CLT dispõe no *caput* do art. 4º que se considera tempo efetivo de serviço o período em que o empregado esteja à disposição do empregador, aguardando ou executando ordens, pois isto abre um enorme leque de discussão sobre o que efetivamente se deve considerar a duração do trabalho, de que a Reforma Trabalhista tratou e será abordado oportunamente no presente estudo.

Em 1988, a Constituição Federal alterou a duração semanal de trabalho, que, até então, era de 48 horas semanais para 44 horas semanais, o que será analisado com maior ênfase mais adiante. Atualmente, ainda existem no Brasil propostas de redução da jornada legal prevista na Carta Magna de 1988, como a PEC n. 231/1995 e a PEC n. 75/2003, para redução da jornada de trabalho semanal de 44 horas para 40 e 36 horas.

Entretanto, a Reforma Trabalhista trouxe um novo modelo, demonstrando que o trabalhador não terá redução da jornada de trabalho, mas, se ocorrer, indubitavelmente, virá acompanhada da redução de salários, conforme veremos mais adiante.

4. AS ALTERAÇÕES APRESENTADAS PELA REFORMA TRABALHISTA QUANTO À DURAÇÃO DO TRABALHO E SUAS CONSEQUÊNCIAS PARA O EMPREGADO

4.1. Tempo na empresa

A CLT dispõe no *caput* do art. 4º que deverá ser considerado "como de serviço efetivo o período em que o empregado esteja à disposição do empregador, aguardando ou executando ordens, salvo disposição especial expressamente consignada".

(9) DONATO, Messias Pereira. Processo e formação histórica do Direito do Trabalho. In: MALLET, Estêvão; ROBORTELLA, Luiz Carlos Amorin (Coords.). *Direito e processo do trabalho* – estudos em homenagem a Octavio Bueno Magano. São Paulo: LTr, 1996. p. 153-158.

(10) ORGANIZAÇÃO DAS NAÇÕES UNIDAS. Assembleia Geral. *Declaração Universal dos Direitos Humanos*. Disponível em: <http://portal.mj.gov.br/sedh/ct/legis_intern/ddh_bib_inter_universal.htm>. Acesso em: 25 jul. 2017.

(11) É chamada *Era Vargas* o período ininterrupto de 15 anos em que Getúlio Vargas governou o Brasil (de 1930 a 1945), época importante na história brasileira, tendo em vista as inúmeras mudanças socioeconômicas promovidas por Vargas no país.

Há que se ressaltar que a Convenção Internacional sobre a duração do trabalho, realizada em 1919 em Washington, nos Estados Unidos da América, não contemplou este princípio; considerou a duração do trabalho apenas o tempo efetivamente trabalhado. Visão duramente criticada por expoentes do Direito do Trabalho, como o mexicano De La Cueva: *"el princípio del trabajo efectivo puede hacer que el trabajador permaneza doce o catorze horas en lá negociación y es manifesto que aun cuando sólo trabaje efectivamente ocho horas, no se alcanzaria, de manera integral, el propósito de la ley."* (12).

Todavia, logo foi consagrado pela maioria das legislações capitalistas que tempo de trabalho deveria ser o tempo à disposição do empregador, independentemente da execução, ou não, de serviços inerentes à relação de emprego.

Com o advento da Lei n. 13.467, de 13 de julho de 2017, foi acrescentado o § 2º no art. 4º, que assim dispõe:

> Art. 4º...
>
> § 2º Por não se considerar tempo à disposição do empregador, não será computado como período extraordinário o que exceder a jornada normal, ainda que ultrapasse o limite de cinco minutos previsto no § 1º do art. 58 desta Consolidação, quando o empregado, por escolha própria, buscar proteção pessoal, em caso de insegurança nas vias públicas ou más condições climáticas, bem como adentrar ou permanecer nas dependências da empresa para exercer atividades particulares, entre outras:
>
> I – práticas religiosas;
>
> II – descanso;
>
> III – lazer;
>
> IV – estudo;
>
> V – alimentação;
>
> VI – atividades de relacionamento social;
>
> VII – higiene pessoal;
>
> VIII – troca de roupa ou uniforme, quando não houver obrigatoriedade de realizar a troca na empresa.

Verifica-se que a criação do § 2º se referiu apenas ao período extraordinário que exceder a jornada normal de trabalho e a situações peculiares, como busca de proteção pessoal nas dependências da empresa em caso de perigo nas vias públicas ou más condições climáticas e atividades particulares, o que parece razoável, tendo em vista as situações que se referem à exclusiva vontade do empregado.

O perigo dessa alteração legislativa é que devido ao poder de direção do empregador, caso o empregado esteja nas dependências da empresa desenvolvendo uma das atividades mencionadas no § 2º do art. 4º e eventualmente seja chamado ao trabalho, dificilmente poderá se escusar de fazê-lo, sendo que o pagamento de horas extraordinárias dificilmente será realizado em situações como estas, devido à confusão entre atividade do empregado e atividade do empregador.

4.2. Horas *in itinere*

Conforme mencionado no tópico anterior, foi consagrado em grande parte dos países capitalistas que tempo de trabalho deveria ser o tempo à disposição do empregador, independentemente da execução de serviços inerentes à relação de emprego.

Diante disso, nasce a discussão sobre o direito às horas *in tinere*, em condições específicas, quando o trabalhador fornecer o transporte para local de difícil acesso ou não servido pelo transporte público.

O direito às horas *in itinere* somente foi consolidado na legislação brasileira pela Lei n. 10.243, de 19 de junho de 2001, que inclui o § 2º do art. 58 da CLT; antes disso, o TST tratou do assunto por meio da Súmula n. 90, publicada originalmente no Diário do Judiciário de 26 de setembro de 1978.

Entretanto, essa discussão surgiu na seara trabalhista na década de 1940, paralelamente à edição da CLT, conforme se percebe em despacho do Ministro do Trabalho da época, Alexandre Marcondes Filho, transcrito por Süssekind:

> Não nos parece que se deva computar no horário de trabalho o tempo gasto pelo empregado para chegar ao local de serviço. O contrato de trabalho pressupõe determinadas condições em que se há de realizar a prestação por parte do empregado. Entre estas, evidentemente, se acha a da apresentação no local do trabalho para a execução do serviço. É uma das obrigações do empregado, desde que o ajuste se caracteriza pela prestação em determinado local. O fato, pois, de o empregador fornecer o transporte para o local de trabalho, por não existir meio público de transporte, não altera a essência das obrigações contratuais decorrentes da relação de emprêgo. E, assim, não pode o empregador ser responsabilizado pelo tempo gasto com aquêle transporte, por êle fornecido gratuitamente, para o efeito de ser computado na duração do trabalho

(12) DE LA CUEVA, Mario. *Derecho mexicano del trabajo*. 12. ed. México: Porrua, 1970. v. 1, p. 606.

dos respectivos empregados. Essa há de ser a regra, confirmada, aliás, por uma única exceção prevista na Consolidação das Leis do Trabalho, ao tratar do trabalho especializado nas minas de subsolo, mandando computar, no art. 294, o tempo despendido pelo empregado da bôca da mina ao local de trabalho e vice-versa para efeito de pagamento de salário. (Proc. MTIC. 218.867; D.O. de 28-11-44.)[13].

Percebe-se, portanto, que muitas vezes o não trabalho pode não significar tempo livre, que deveria ser dedicado ao desenvolvimento humano, exceto se dedicado à leitura, o que muitas vezes se torna impossível, em virtude do cansaço do trabalhador. O tempo de trajeto não permite que o empregado possa executar atividades que de alguma forma contribuam para o seu desenvolvimento e, pior, hodiernamente é um tempo gerador de altos níveis de estresse, se levados em consideração os trajetos nos grandes centros comerciais.

Neste ponto, a Reforma Trabalhista trouxe uma alteração radical, pois diante da nova redação do § 2º do art. 58, extingue-se o direito às horas *in itinere*. Vejamos:

> Art. 58....
>
> § 2º O tempo despendido pelo empregado desde a sua residência até a efetiva ocupação do posto de trabalho e para o seu retorno, caminhando ou por qualquer meio de transporte, inclusive o fornecido pelo empregador, não será computado na jornada de trabalho, por não ser tempo à disposição do empregador.

As alterações não devem ser vistas apenas sob a ótica negativista, pois neste caso por exemplo, vislumbra-se a possibilidade de o empregador poder oferecer transporte ao empregado, sem o risco de responder pelas horas *in itinere*.

Todavia, não há como desconsiderar que a alteração atende prioritariamente aos anseios do empregador, bastando uma análise ao contexto trabalhista atual, no qual se observa um movimento pré-existente, que há tempos vem tentando suprimir as horas *in itinere*, inclusive por meio de normas coletivas, o que refletiu sobremaneira na jurisprudência trabalhista dos últimos anos.

Na realidade o que termos agora é que o empregado continuará com esse tempo, em regra como tempo inútil, com sua jornada de certa forma aumentada, pois além do tempo em efetivo ambiente de trabalho, haverá o tempo extraordinário de deslocamento, em transporte fornecido pelo empregador, sem qualquer contrapartida, que muitas vezes poderá significar outra jornada de trabalho. Demais disso, o empregado fica sujeito ao trajeto definido pelo empregador, que irá buscar e deixar os empregados da forma que melhor lhe convier, o que fatalmente resultará em maior tempo de deslocamento para os empregados que forem embarcados primeiro e desembarcados por último.

4.3. O trabalho em tempo parcial *(part time)*

O trabalho em tempo parcial (*part time*), no âmbito mundial, foi oficializado pela Organização Internacional do Trabalho – OIT, por meio do art. 1º da Convenção n. 175, adotada em junho de 1994, na 81ª Conferência Internacional do Trabalho de Genebra.

A concepção básica do trabalho em tempo parcial é a duração do trabalho menor de determinados empregados, em relação a outros que laboram na chamada "jornada padrão de trabalho" e que estejam na mesma relação de emprego, exercendo a mesma atividade.

O Brasil ainda não ratificou a Convenção n. 175 da OIT, porém adotou em sua legislação o trabalho em tempo parcial, (*part time*), inicialmente por meio da Medida Provisória n. 1.709-1, de 03 de setembro de 1998, reeditada 41 vezes, que hoje vigora sob a égide da Medida Provisória n. 2.164-41, de 24 de agosto de 2001. Indubitavelmente pode ser considerada um exemplo de flexibilização de norma rígida da CLT.

O trabalho em tempo parcial no Brasil está disposto no art. 58-A da Consolidação das Leis do Trabalho e até a Reforma Trabalhista, consistia em contrato de trabalho, cuja carga horária semanal não podia ultrapassar 25 horas.

O regime de tempo parcial vige paralelamente à carga horária da *jornada padrão de trabalho*, trazendo implicações diversas para o trabalhador, que labora em regime de tempo parcial, como, por exemplo, salário proporcionalmente menor ao dos empregados que exerçam as mesmas funções em tempo integral, o que inicialmente trouxe discussão sobre sua legalidade, posteriormente com definição favorável do Tribunal Superior do Trabalho, até que em 2008 publicou a Orientação Jurisprudencial n. 358 da Seção de Dissídios Individuais n. 1, dispondo que "havendo contratação para cumprimento de jornada reduzida, inferior à previsão constitucional de oito horas diárias ou quarenta e quatro semanais, é lícito o pagamento do piso salarial ou do salário mínimo proporcional ao tempo trabalhado.".

(13) SÜSSEKIND, Arnaldo. *Duração do trabalho e repousos remunerados*. Rio de Janeiro: Freitas Bastos, 1950. p. 110.

O instituto das férias também recebeu tratamento diferenciado no regime de trabalho em tempo parcial, pois o princípio da proporcionalidade das férias, para o trabalhador em *jornada padrão de trabalho*, observa as faltas injustificadas do obreiro no período aquisitivo; quando se trata de trabalho em tempo parcial, a regra de faltas é única, sendo que o empregado nesse regime, com mais de sete faltas injustificadas no período aquisitivo, terá seu período de férias reduzido pela metade.

Por outro lado, o período de férias do trabalhador em tempo parcial até a Reforma Trabalhista era computado conforme a sua carga horária semanal, sendo que o período máximo de férias do empregado em tempo parcial seria de 18 dias e o período mínimo de oito dias. Assim, a proporcionalidade das férias no regime de tempo parcial estava relacionada à quantidade de horas laboradas por semana e não ao número de faltas injustificadas do trabalhador, no período aquisitivo das férias.

Ainda em relação às férias, no caso do trabalho em tempo parcial, antes da Reforma Trabalhista, o empregado não poderia converter em abono pecuniário um terço do período de férias a que tivesse direito.

Outra peculiaridade do trabalho em tempo parcial é que a Medida Provisória n. 2.164-41 acrescentou o § 4º ao art. 59 da CLT, em que se previa que os empregados neste regime de trabalho não poderiam prestar horas extras.

A Reforma Trabalhista alterou sobremaneira as condições referentes ao trabalho em tempo parcial, iniciando pela própria duração, que agora ficou limitada a trinta horas semanais, sem possibilidade de horas extras, e vinte e seis horas semanais, com possibilidade de horas extras. Vejamos a nova redação do *caput* do art. 58-A da CLT:

> **Art. 58-A.** Considera-se trabalho em regime de tempo parcial aquele cuja duração não exceda a trinta horas semanais, sem a possibilidade de horas suplementares semanais, ou, ainda, aquele cuja duração não exceda a vinte e seis horas semanais, com a possibilidade de acréscimo de até seis horas suplementares semanais.

Portanto, verifica-se que há agora duas hipóteses de trabalho em tempo parcial, ambas com duração superior à prevista anteriormente, sendo que uma delas trouxe a inovação da possibilidade de horas suplementares.

Quanto às horas suplementares, ficou expresso no § 3º do art. 58-A, que "as horas suplementares à duração do trabalho semanal normal serão pagas com o acréscimo de 50% (cinquenta por cento) sobre o salário-hora normal", o que entra em conflito com a Constituição Federal, pois a Carta Magna no art. 7º, inciso XVI, dispõe que a "remuneração do serviço extraordinário superior, no mínimo, em cinquenta por cento à do normal". Ora se a Constituição prevê o mínimo de cinquenta por cento, o fato de o texto celetista prever taxativamente adicional de cinquenta por cento não será impeditivo para que o empregado em regime de tempo parcial, que faça jus ao adicional de horas extras, possa recebê-lo em percentual superior a cinquenta por cento, caso previsto pela sua categoria de trabalho.

Ainda quanto às horas extras no regime de tempo parcial, o § 5º do novo art. 58-A, prevê que "as horas suplementares da jornada de trabalho normal poderão ser compensadas diretamente até a semana imediatamente posterior à da sua execução, devendo ser feita a sua quitação na folha de pagamento do mês subsequente, caso não sejam compensadas". Até esta Reforma Trabalhista devia-se observar o § 2º do art. 59 da CLT, que prevê a compensação "por força de acordo ou convenção coletiva de trabalho", flexibilizado pelo § 5º do art. 59 da CLT, que dispõe "o banco de horas de que trata o § 2º deste artigo poderá ser pactuado por acordo individual escrito, desde que a compensação ocorra no período máximo de seis meses".

No que tange ao salário reduzido do empregado, em regime de tempo parcial, a Reforma Trabalhista manteve incólume a redação do § 1º do art. 58-A.

Quanto às férias houve uma total alteração na previsão legal, pois o empregado em regime de tempo parcial agora terá direito a férias de até trinta dias, observando o principio da proporcionalidade expresso no art. 130 da CLT; consequentemente, a Lei n. 13.467/2017 revogou o art. 130-A, que tratava das férias do empregado em tempo parcial.

Não resta dúvida de que a possibilidade do trabalho em tempo parcial e suas consequências jurídicas foram uma forma de flexibilizar a duração legal do trabalho para os trabalhadores com carga horária *padrão*.

Destarte, o trabalho em tempo parcial até aqui analisado é uma nova possibilidade de contratação com natureza jurídica especial, visto que tem normas próprias, apesar de sujeito aos princípios que regem o contrato de trabalho de relações de emprego tradicionais.

Diante disso, a condição especial de trabalho em tempo parcial deve ser anotada na CTPS do trabalhador, com observância a todas as normas convencionais ou legais referentes à categoria profissional a que pertença o trabalhador, assim como o cumprimento de todas as exigências referentes à saúde e segurança no trabalho.

4.4. Horas extraordinárias

As *horas extraordinárias*, denominadas ainda horas extras ou *horas suplementares*(14) são as que ultrapassam a duração normal. Na *jornada padrão de trabalho*, horas extraordinárias são as que ultrapassam as oito diárias ou 44 semanais.

A CLT dispõe sobre as horas extraordinárias no art. 59, que sofreu adequações e alterações, com o advento da Lei n. 13.467/2017, como, por exemplo, adequação do *caput* do art. 59, que até esta reforma considerava preceitos básicos para o labor extraordinário não exceder duas horas por dia, previstas em acordo escrito entre empregados e empregadores ou em *contrato coletivo de trabalho*(15).

O termo *contrato coletivo de trabalho* não é mais utilizado na seara trabalhista e por isso a nova redação do art. 59 trocou o referido termo *contrato coletivo de trabalho* por convenção coletiva ou acordo coletivo de trabalho.

Outra adequação do novo texto celetista diz respeito ao § 1º do art. 59 em relação ao texto Constitucional, pois a CLT previa remuneração das horas extraordinárias em pelo menos 20% (vinte por cento) superior à da hora normal, enquanto a Carta Magna prevê pelo menos 50% superior à da hora normal.

Quanto a alterações consideráveis, a primeira já foi mencionada no tópico anterior, referente ao novo § 5º, que trouxe a possibilidade de se pactuar banco de horas por acordo individual escrito, desde que a compensação ocorra no período máximo de seis meses.

Não obstante, no § 6º do art. 59, a referida previsão foi ainda mais ampliada, pois passou a ser possível "o regime de compensação de jornada estabelecido por acordo individual, tácito ou escrito, para a compensação no mesmo mês".

Ainda sobre horas extras, outra novidade é o art. 59-B e parágrafo único, que dispõe:

> Art. 59-B. O não atendimento das exigências legais para compensação de jornada, inclusive quando estabelecida mediante acordo tácito, não implica a repetição do pagamento das horas excedentes à jornada normal diária se não ultrapassada a duração máxima semanal, sendo devido apenas o respectivo adicional.
>
> Parágrafo único. A prestação de horas extras habituais não descaracteriza o acordo de compensação de jornada e o banco de horas.

Quanto ao *caput*, verificamos uma cópia do que está previsto no item III da Súmula n. 85 do Tribunal Superior do Trabalho. Entretanto, há que se ressaltar que a referida súmula não era aplicada ao regime compensatório na modalidade *banco de horas*, tendo em vista que o referido regime devia ser precedido de negociação coletiva. Por isso, foi uma alteração substancial na legislação trabalhista, extremamente favorável ao empregador, pois ainda que o empregador não observe as regras para compensação de jornada, quando for compelido a pagá-las será devido apenas o adicional legal ou convencional.

Quanto ao parágrafo único do art. 59-B, observamos uma gritante desconstrução de direitos básicos trabalhistas, pois as horas extras não podem e não devem ser habituais. Ainda que de forma subliminar, o referido parágrafo aceita as horas extras habituais, ao passo que autoriza que ocorram sem consequências ao empregador quanto ao sistema de compensação de jornada, o que não condiz com o que se espera do Direito do Trabalho.

Há ainda que se destacar o inciso XIII do art. 611-A da CLT, que prevê a possibilidade de constar em acordo ou convenção coletiva, prevalente à lei, a "prorrogação de jornada em ambientes insalubres, sem licença prévia das autoridades competentes do Ministério do Trabalho", o que nos parece um retrocesso, tendo em vista que o Brasil infelizmente ainda carece de uma maturidade sindical, capaz de tratar de assuntos tão importantes e polêmicos, sem a participação de órgãos públicos.

Em momento anterior o tema já havia sido abordado de certa forma na Súmula 349 do Tribunal Superior do Trabalho que previa "a validade de acordo coletivo ou convenção coletiva de compensação de jornada de trabalho em atividade insalubre prescinde da inspeção prévia da autoridade competente em matéria de higiene do trabalho (art. 7º, XIII, da CF/1988; art. 60 da CLT)" que em 2011 foi cancelada pelo Egrégio TST.

Estas alterações dispensaram de forma expressa a obrigatoriedade da previsão coletiva para o acordo de

(14) Termo utilizado no art. 59 da Consolidação das Leis do Trabalho.

(15) Com a reforma de 1967 da CLT, foi alterado o art. 611, quando o contrato coletivo de trabalho passou a ser denominado por convenção coletiva de trabalho, acordo de caráter normativo, pelo qual dois ou mais sindicatos representativos de categorias econômicas e profissionais estipulam condições de trabalho aplicáveis, no âmbito das respectivas representações, além de acrescentar a possibilidade do acordo coletivo de trabalho que faculta aos sindicatos representativos de categorias profissionais pactuarem com uma ou mais empresas da correspondente categoria econômica, condições de trabalho, aplicáveis no âmbito da empresa ou das acordantes respectivas relações de trabalho. Assim, apesar de o termo anterior ainda estar disposto em alguns artigos da CLT, deve ser lido como convenção coletiva de trabalho.

compensação de jornada, o que certamente é um retrocesso e uma demonstração de enfraquecimento dos sindicatos, pois quando do advento do *banco de horas*, Lei n. 9.601/1998, o tema gerou grande celeuma, uma vez que versou sobre a maior flexibilização da CLT até aquele momento, mas ainda havia a necessidade da participação sindical para que o instituto da compensação de jornada fosse aplicado, o que agora não foi de todo suprimido, mas indubitavelmente enfraquecido, em face às alterações mencionadas.

4.5. O trabalho em escalas 12x36

A duração do trabalho foi limitada em oito horas diárias por uma série de fundamentos voltados para oferecer uma condição digna ao trabalhador. Contudo, alguns tipos de atividade laboral já se valem há algum tempo de carga horária diária mais extensa, como no caso dos trabalhos realizados em escalas de 12x36, em que o obreiro trabalha doze horas e folga 36 consecutivas.

No setor privado, os profissionais que mais são requisitados para essa escala de trabalho são vigias, porteiros, profissionais de saúde e empregados de empresas que exploram a atividade de conservação e limpeza.

Inicialmente tem-se que a referida condição de trabalho feria frontalmente o disposto no art. 58 da CLT e no art. 7º, inciso XIII, da Constituição Federal de 1988, pois extrapola em quatro horas o limite diário de duração do trabalho. Ainda que se considere o art. 59 da CLT, que prevê a prorrogação da duração do trabalho em duas horas diárias, que seriam as horas extraordinárias, o trabalho no sistema 12x36 continuaria ferindo a legislação vigente.

O certo é que o ordenamento jurídico brasileiro não previa até o momento a duração diária de trabalho de doze horas. Contudo, o Direito é uma ciência social aplicada, que se molda de acordo com as necessidades da sociedade e, nesse sentido, já se encontra há algum tempo vasta jurisprudência acerca do tema na Corte Superior Trabalhista.

O argumento mais utilizado para aceitação do sistema de trabalho 12x36 é a *compensação de carga horária de trabalho semanal*, prevista na parte final do inciso XIII do art. 7º da CF, que, ao limitar a duração diária de trabalho em oito horas diárias, faculta a compensação de horários e redução da jornada mediante acordo ou convenção coletiva.

Diante disso, esse sistema de trabalho 12x36 é encontrado normalmente nos acordos e convenções coletivas das categorias que se utilizam dessa escala de trabalho.

Não obstante, o Colendo Tribunal Superior do Trabalho admitiu desde 2012 a jornada 12 X 36, por meio da Súmula n. 444, prevendo o seguinte:

> JORNADA DE TRABALHO. NORMA COLETIVA. LEI. ESCALA DE 12 POR 36. VALIDADE. É valida, em caráter excepcional, a jornada de doze horas de trabalho por trinta e seis de descanso, prevista em lei ou ajustada exclusivamente mediante acordo coletivo de trabalho ou convenção coletiva de trabalho, assegurada a remuneração em dobro dos feriados trabalhados. O empregado não tem direito ao pagamento de adicional referente ao labor prestado na décima primeira e décima segunda horas.(16)

Para se entender por que o sistema 12x36 foi aceito pelo Judiciário trabalhista é necessário conhecer o divisor mensal para cálculo de carga horária de trabalho.

Com a promulgação da Carta Magna de 1988, o divisor mensal para cálculo da carga horária de trabalho que, até então, era de 240 passou a ser de 220. Isto porque se considera o número máximo de 44 horas semanais e divide-se pelo número de seis dias úteis para o trabalho; obtém-se resultado de 7.33, que multiplicado por 30 dias é igual a 220.

No sistema 12x36, imagine-se que o mês se inicie na segunda-feira. Nesta primeira semana o empregado irá trabalhar nos dias 1º, 3, 5 e 7, que corresponderia respectivamente à segunda-feira, quarta-feira, sexta-feira e domingo. Portanto, o empregado trabalharia 48 horas na semana, que divididas por seis dias representam oito horas diárias.

Na segunda semana, o empregado irá trabalhar nos dias 9, 11 e 13, respectivamente terça-feira, quinta-feira e sábado, ou seja, nessa semana o empregado trabalha 36 horas, que, divididas por seis dias, serão seis horas diárias.

Destarte, na primeira e terceira semanas do mês o empregado trabalhou uma média de oito horas diárias e na segunda e quarta semanas, o empregado trabalhou em média seis horas diárias. Portanto, deve-se sopesar a média diária de cada semana, que seria respectivamente oito, seis, oito e seis horas, somá-las, resultando vinte e oito, e dividir vinte e oito por quatro semanas, resultando média de sete horas diárias, que multiplicadas por 30 dias é igual a 210; então, o divisor para cálculos das horas no sistema 12x36.

(16) *Livro de Jurisprudências do TST*. Disponível em: <http://www.tst.gov.br/web/guest/livro-de-jurisprudencia>. Acesso em: 26 jul. 2017.

Assim sendo, considerando o mês completo, tem-se que no sistema 12x36, a duração mensal do trabalho é mais benéfica para o trabalhador, embora em algumas semanas extrapole o limite legal de 44 horas.

Outra questão que fundamenta a defesa de que o sistema de trabalho 12x36 seria mais benéfico para o trabalhador é no sentido de que lhe garante maior tempo de descanso, considerado de extrema importância para reposição das suas energias.

Fato é que a Reforma Trabalhista regulou esse sistema, como expresso no art. 59-A:

> **Art. 59-A.** Em exceção ao disposto no art. 59 desta Consolidação, é facultado às partes, mediante acordo individual escrito, convenção coletiva ou acordo coletivo de trabalho, estabelecer horário de trabalho de doze horas seguidas por trinta e seis horas ininterruptas de descanso, observados ou indenizados os intervalos para repouso e alimentação.
>
> **Parágrafo único.** A remuneração mensal pactuada pelo horário previsto no *caput* deste artigo abrange os pagamentos devidos pelo descanso semanal remunerado e pelo descanso em feriados, e serão considerados compensados os feriados e as prorrogações de trabalho noturno, quando houver, de que tratam o art. 70 e o § 5º do art. 73 desta Consolidação.

Novamente se percebe o enfraquecimento das organizações sindicais, pois o que outrora deveria ser precedido de acordo ou convenção coletiva, agora pode ser negociado mediante acordo individual escrito.

Outra questão importante a se observar no que foi aprovado pela nova legislação é que, mesmo ocorrendo labor aos domingos e feriados, o obreiro não terá direito à dobra salarial prevista na Lei n. 605/1949.

Nesse sistema de trabalho há, ainda, a discussão acerca dos intervalos para repouso e alimentação, que jamais podem ser suprimidos, principalmente em jornadas tão extensas.

Outra polêmica no trabalho realizado em escalas de 12x36 versa sobre o trabalho noturno, ou seja, como seriam pagas as horas do trabalho realizado durante todo o horário noturno, considerado entre as 22 horas de um dia e cinco horas do dia seguinte, se o trabalho continuasse no horário diurno?

Um exemplo prático seria o caso do empregado que trabalha das dezoito horas de um dia às seis horas da manhã seguinte. Nesse caso, o TST já definiu que a carga horária, sendo realizada em todo o período considerado noturno e avançando para o período diurno seguinte, o obreiro faz *jus* a que a hora que avançou no horário diurno seja paga com o devido adicional noturno, conforme Orientação Jurisprudencial n. 388:

> OJ-SDI1-388 JORNADA 12x36. JORNADA MISTA QUE COMPREENDA A TOTALIDADE DO PERÍODO NOTURNO. ADICIONAL NOTURNO. DEVIDO. (DEJT divulgado em 09, 10 e 11.06.2010). O empregado submetido à jornada de 12 horas de trabalho por 36 de descanso, que compreenda a totalidade do período noturno, tem direito ao adicional noturno, relativo às horas trabalhadas após as 5 horas da manhã[17].

Por tudo isso, com a permissão legislativa aprovada para o sistema de trabalho 12x36 ora analisado, percebemos tratar-se de um assunto sempre bastante polêmico, pois as consequências deste tipo de jornada obviamente afetam direitos básicos do trabalhador, como o repouso semanal preferencialmente aos domingos, que visam prioritariamente a interação social do trabalhador, o convívio familiar e os momentos de lazer.

Demais disso, esse tipo de jornada pode influenciar na vida escolar do empregado, trazendo consequências nefastas para o trabalhador e para a sociedade em geral. Assim, há que se olhar para a situação com razoabilidade e bom-senso, analisando, caso a caso, quando deve ser adotada essa jornada especial.

4.6. Intervalos intrajornada

No que tange às alterações originadas na Lei n. 13.467/2017, quanto aos intervalos intrajornada, deve-se destacar inicialmente a nova redação do § 4º do art. 71 da CLT, que assim dispõe:

> Art. 71....
>
> [...]
>
> § 4º A não concessão ou a concessão parcial do intervalo intrajornada mínimo, para repouso e alimentação, a empregados urbanos e rurais, implica o pagamento, de natureza indenizatória, apenas do período suprimido, com acréscimo de 50% (cinquenta por cento) sobre o valor da remuneração da hora normal de trabalho.

Verifica-se que a inovação foi que até o advento da Reforma Trabalhista, em caso de supressão total ou parcial do intervalo para repouso e alimentação, o empregador deveria pagar o intervalo integralmente com o devido adicional de horas extras, sendo que agora deverá pagar apenas o período suprimido, com o respectivo adicional.

(17) *Livro de Jurisprudências do TST*. Disponível em: <http://www.tst.gov.br/web/guest/livro-de-jurisprudencia>. Acesso em: 27 jul. 2017.

Portanto, os efeitos desta alteração serão extremamente prejudiciais ao trabalhador, pois em primeiro plano deve ser respeitado o intervalo mínimo para repouso e alimentação, visando ao descanso necessário; isto não ocorrendo, as implicações para o empregador foram indiscutivelmente atenuadas, o que pode incentivar a referida supressão.

Não obstante, há ainda a novidade do inciso III do art. 611-A, que assim dispõe:

> **Art. 611-A.** A convenção coletiva e o acordo coletivo de trabalho têm prevalência sobre a lei quando, entre outros, dispuserem sobre:
>
> [...]
>
> III – intervalo intrajornada, respeitado o limite mínimo de trinta minutos para jornadas superiores a seis horas.

A possibilidade de estipular o intervalo intrajornada em trinta minutos, ainda que por meio de norma coletiva, fere preceitos relacionados à saúde e segurança do trabalhador, pois os períodos de repouso e alimentação reservados aos empregados são resguardados por meio de norma de ordem pública, já consolidada pelo TST, por meio desta Súmula n. 437:

> INTERVALO INTRAJORNADA PARA REPOUSO E ALIMENTAÇÃO. APLICAÇÃO DO Art. 71 DA CLT (conversão das Orientações Jurisprudenciais ns. 307, 342, 354, 380 e 381 da SBDI-1) – Res. 185/2012, DEJT divulgado em 25, 26 e 27.09.2012.
>
> I – Após a edição da Lei n. 8.923/1994, a não-concessão ou a concessão parcial do intervalo intrajornada mínimo, para repouso e alimentação, a empregados urbanos e rurais, implica o pagamento total do período correspondente, e não apenas daquele suprimido, com acréscimo de, no mínimo, 50% sobre o valor da remuneração da hora normal de trabalho (art. 71 da CLT), sem prejuízo do cômputo da efetiva jornada de labor para efeito de remuneração.
>
> II – É inválida cláusula de acordo ou convenção coletiva de trabalho contemplando a supressão ou redução do intervalo intrajornada porque este constitui medida de higiene, saúde e segurança do trabalho, garantido por norma de ordem pública (art. 71 da CLT e art. 7º, XXII, da CF/1988), infenso à negociação coletiva.
>
> III – Possui natureza salarial a parcela prevista no art. 71, § 4º, da CLT, com redação introduzida pela Lei n. 8.923, de 27 de julho de 1994, quando não concedido ou reduzido pelo empregador o intervalo mínimo intrajornada para repouso e alimentação, repercutindo, assim, no cálculo de outras parcelas salariais.
>
> IV – Ultrapassada habitualmente a jornada de seis horas de trabalho, é devido o gozo do intervalo intrajornada mínimo de uma hora, obrigando o empregador a remunerar o período para descanso e alimentação não usufruído como extra, acrescido do respectivo adicional, na forma prevista no art. 71, caput e § 4º da CLT.

Já com vistas a ceifar qualquer discussão que possa advir acerca da previsão legislativa e a jurisprudência do TST, a Lei n. 13.467/2017 trouxe expresso na nova redação dos §§ 2º e 3º do art. 8º da CLT o seguinte:

> **Art. 8º**...§ 2º Súmulas e outros enunciados de jurisprudência editados pelo Tribunal Superior do Trabalho e pelos Tribunais Regionais do Trabalho não poderão restringir direitos legalmente previstos nem criar obrigações que não estejam previstas em lei.
>
> § 3º No exame de convenção coletiva ou acordo coletivo de trabalho, a Justiça do Trabalho analisará exclusivamente a conformidade dos elementos essenciais do negócio jurídico, respeitado o disposto no art. 104 da Lei n. 10.406, de 10 de janeiro de 2002 (Código Civil), e balizará sua atuação pelo princípio da intervenção mínima na autonomia da vontade coletiva.

Com isso, a atuação da Justiça do Trabalho estará extremamente limitada, o que certamente ainda causará celeuma, tendo em vista o tema versar sobre norma cogente, que visa prioritariamente à saúde e segurança do empregado.

4.7. Trabalho intermitente

Outra relevante novidade da Lei n. 13.467/2017 diz respeito ao contrato de trabalho intermitente, com reflexos também na duração do trabalho, pois no § 3º do art. 443 passa a ser prevista a modalidade de trabalho intermitente, que pode ser determinado em horas, dias ou meses, independentemente do tipo de atividade do empregado e do empregador, exceto para os aeronautas, regidos por legislação própria. Vejamos:

> "Art. 443. O contrato individual de trabalho poderá ser acordado tácita ou expressamente, verbalmente ou por escrito, por prazo determinado ou indeterminado, ou para prestação de trabalho intermitente.
>
> [...]
>
> § 3º Considera-se como intermitente o contrato de trabalho no qual a prestação de serviços, com subordinação, não é contínua, ocorrendo com alternância de períodos de prestação de serviços e de inatividade, determinados em horas, dias ou meses, independentemente do tipo de atividade do empregado e do empregador, exceto para os aeronautas, regidos por legislação própria." (NR)

Podemos dizer que, no concernente à duração do trabalho, a novidade prevista neste artigo vai ao encontro de outros dois pontos já abordados no presente estudo, quais sejam as modificações ocorridas no art. 4º da CLT, que alterou a questão do tempo na empresa em período extraordinário, além da jornada normal de trabalho em situações peculiares, em que não é considerado período à disposição do empregador e a questão das mudanças em relação às horas *in itinere,* tratada no § 2º do art. 58 da CLT.

Dos três pontos aqui mencionados, talvez este previsto no art. 443 seja o que venha trazer maior risco às relações de emprego, pois as contratações por horas, dias ou meses podem aviltar as relações de emprego. Em um país com alto índice de desemprego, o risco que se corre é de o empregado se ver obrigado a sujeitar-se a diversas relações de trabalho, na ânsia de alcançar o mínimo para a sua subsistência.

Por isso, ainda que se argumente quanto à maior possibilidade de empregabilidade formal com as atuais alterações, não basta a empregabilidade, sem que sejam garantidos ao empregado direitos básicos, como, por exemplo, o salário mínimo, que nestes casos poderá não ser alcançado, dependendo do número de horas ou dias trabalhados no mês.

CONCLUSÕES

Inegavelmente a CLT carecia de mudanças, visando a sua adequação ao mundo contemporâneo do trabalho, o que de certa forma já vinha ocorrendo, tendo em vista várias alterações pontuais, como advento das horas *in tinere*, trabalho em tempo parcial, banco de horas, trabalho a distância, ocorridas nas últimas duas décadas.

Entretanto, em grande parte as novas concepções advindas com a Lei n. 13.467/2017 não apenas trazem adequações ao contexto laboral brasileiro, mas, também, desconstroem direitos conquistados ao longo do tempo, que visam à segurança, saúde e dignidade do trabalhador, empregado, como, por exemplo, os repousos intrajornadas, as *horas intinere,* a jornada limitada em oito horas diárias e outros abordados neste estudo.

Verifica-se mais uma vez é que neste modelo de capitalismo os detentores do capital não sinalizam, ainda que de forma remota, qualquer disposição para uma nova concepção social, em detrimento de seus anseios, ou seja, as medidas ora tomadas para *modernização* do Direito do Trabalho brasileiro retratam uma realidade que pode ser nefasta aos empregados, tendo em vista o seu patente enfraquecimento jurídico.

O cenário mais realista do capitalismo hodierno no Brasil, considerado selvagem pelo modo com que seduz a sociedade, abaliza que muitas pessoas continuarão comprando, vendendo, roubando, fraudando, se corrompendo, visando à ascensão social e paralelamente, a massa trabalhadora cada vez mais crescente, continuará buscando o mínimo para sua sobrevivência, em um país com altos índices de desemprego. Independentemente de qualquer análise que se faça aos mais profícuos estudos dedicados ao tema que se insurge, não se verifica nas alterações da CLT maior garantia de emprego e dignidade ao trabalhador, pelo contrário, as mudanças ora analisadas remontam a um cenário de insegurança e incertezas ao cidadão brasileiro, que vive do trabalho assalariado.

Parece um caminho sem volta, pois com o discurso da globalização e a necessidade de aumentar a competitividade, mudanças como as que foram abordadas neste estudo tendem a ser cada vez mais presentes na realidade laboral brasileira, visando ao suposto aumento na empregabilidade, o que pode não acontecer.

O fato é que para se alcançar a paz social e a empregabilidade, previstas expressamente em nossa Carta Magna, há que se ponderar com extremo bom-senso até que ponto as mudanças não terão efeito contrário, eventualmente trazendo mais desemprego e consequentemente o caos social.

REFERÊNCIAS BIBLIOGRÁFICAS E WEBOGRÁFICAS

ANTUNES, R. *Os sentidos do trabalho*. 5. ed. São Paulo: Boitempo, 2007.

BARBOSA, M. L. *Redução da duração do trabalho, aspectos sociais, jurídicos, econômicos e possibilidades de empregabilidade sob perspectivas contemporâneas*. São Paulo: LTr, 2014.

BARROS, A. M. *Curso de direito do trabalho*. 5. ed. São Paulo: LTr, 2009.

BRASIL. *Constituição da República Federativa do Brasil de 1988*. Disponível em: <http://www.planalto.gov.br/ccivil_03/constituicao/constituicaocompilado.htm>. Acesso em: 26 jul. 2017.

BRASIL. *Decreto-lei n. 5.452*, de 1º de maio de 1943. Disponível em: <http://www.planalto.gov.br/ccivil_03/decreto-lei/Del5452.htm>. Acesso em: 26 jul. 2017.

BRASIL. *Lei n. 13.467*, de 13 de julho de 2017. Disponível em: <http://www.planalto.gov.br/ccivil_03/_ato2015-2018/2017/lei/L13467.htm>. Acesso em: 26 jul. 2017.

DE LA CUEVA, M. *Derecho mexicano del trabajo*. 12. ed. México: Porrua, 1970.

DONATO, M. P. Processo e formação histórica do Direito do Trabalho. In: MALLET, E.; ROBORTELLA, L. C. A. (Coords.). *Direito e processo do trabalho – estudos em homenagem a Octavio Bueno Magano*. São Paulo: LTr, 1996.

FRAGA, E. *E-mail e celular estendem jornada de trabalho para casa e até as férias*. Jornal Folha de S. Paulo. Mercado, 28 nov. 2011.

GONÇALES, O. U.; MANUS, P. P. T. *Duração do trabalho*. São Paulo: LTr, 1996.

HOUAISS: *Dicionário Houaiss da Língua Portuguesa*. Rio de Janeiro: Objetiva, 2001.

LAFARGUE, P. *O direito à preguiça*. Tradução de J. T. Coelho. 2. ed. São Paulo: Hucitec-Unesp, 2000.

LIVRO DE JURISPRUDÊNCIAS DO TST. Disponível em: <http://www.tst.gov.br/web/guest/livro-de-jurisprudencia>. Acesso em: 27 jul. 2017.

MICHAELIS: *Moderno Dicionário da Língua Portuguesa*. São Paulo: Companhia Melhoramentos, 1998.

NASCIMENTO, A. M. *Curso de direito do trabalho*. 24. ed. São Paulo: Saraiva, 2009.

OLIVEIRA, C. D. D. *(O) Direito do trabalho contemporâneo*. São Paulo: LTr, 2010.

ROMITA, A. S. *Direito do Trabalho – temas em aberto*. São Paulo: LTr, 1998.

SURET-CANALE, J. *O livro negro do capitalismo*. Org. Gilles Perrault; Tradução de Ana Maria Duarte *et al*. 4. ed. Rio de Janeiro: Record, 2005.

SÜSSEKIND, A. *Duração do trabalho e repousos remunerados*. Rio de Janeiro: Freitas Bastos, 1950.

SÜSSEKIND, A. *et al*. *Instituições de direito do trabalho*. 19. ed. São Paulo: LTr, 2000.

Os Novos Contornos da Terceirização na Administração Pública à Luz do Princípio Constitucional do Concurso Público

Renata Falson Cavalca

Doutora em Direito Constitucional pela Pontifícia Universidade Católica de São Paulo – PUC-SP. Mestre em Direito Constitucional pela PUC-SP. Especialista em Direito Público pela Escola Superior do Ministério Público do Estado de São Paulo (ESMP-SP). Ex-Procuradora do Município de São Carlos/SP. Atualmente Assessora Jurídica do Ministério Público do Trabalho/Procuradoria Regional do Trabalho da 15ª Região (Campinas-SP). Ex-Instrutora Interna do Programa de Capacitação, Aperfeiçoamento e Motivação dos Servidores da PRT da 15ª Região. Professora universitária. Membro do Instituto Brasileiro de Direito Constitucional (IBDC) e do Núcleo de Ensino e Pesquisa em Direito Educacional (NEDUC). Coordenadora do Núcleo de Ensino e Pesquisa em Estudos Ambientais Interdisciplinares da PUC-SP. refalson@hotmail.com.

"Vivemos e trabalhamos na sociedade do futuro,
mas continuamos a usar
os instrumentos do passado" [1]

INTRODUÇÃO

Atualmente, enfrentamos uma grande diversidade de desafios; entre eles, é o entendimento e a modelagem de uma nova[2] realidade das relações de trabalho no Brasil e no mundo, a qual implica nada menos que a transformação da própria sociedade[3]. Em sua escala, escopo e complexidade, trata-se de algo diferente de tudo aquilo que já foi experimentado pela classe operária: o surgimento de um mundo em que o paradigma dominante do trabalho pode ser mais uma série de transações entre um trabalhador e uma empresa do que uma relação duradoura.

Nas palavras de Klaus Schwab[4], *"um mundo do 'precariado', uma classe social de trabalhadores que se desloca de tarefa em tarefa para conseguir se sustentar perde seus direitos trabalhistas, ganhos das negociações coletivas e segurança no trabalho"*.

Ainda precisamos compreender de forma mais abrangente a velocidade e a amplitude dessa nova realidade. Na sociedade, há uma mudança de paradigma

---

(1) DE MASI, Domenico. *O Futuro do Trabalho*: fadiga e ócio na sociedade pós-industrial. Tradução de Yadyr A. Figueiredo, 11. ed. Rio de Janeiro: José Olympio, 2014. p. 241.

(2) Essa nova realidade afeta tanto o mercado de trabalho como a força de trabalho. Segundo Michael Osborne, *"as empresas estão trabalhando de forma árdua para melhor definir e simplificar os empregos nos últimos anos como parte de seus esforços para terceirizar"*. OSBORNE, Michael *apud* SCHWAB, Klaus. *A Quarta Revolução Industrial*. Tradução Daniel Moreira Miranda. São Paulo: Edipro, 2016, p. 46. Na visão de Domenico De Masi: *"Não se trata da fase nova de um velho processo; não se trata de uma sociedade industrial um pouco mais complexa, um pouco mais rica, um pouco mais problemática. Com o termo "pós-industrial" indica-se, enfim, em todo o mundo, um modelo inteiramente novo de sociedade, que se move sob o signo da conexão e da reintegração de trabalho e vida, casa e escritório, quantidade e qualidade, ética e negócio, bens e serviços"*. DE MASI, Domenico. *O Futuro do Trabalho*: fadiga e ócio na sociedade pós-industrial. *Op. cit.*, p. 221.

(3) Sobre a "próxima sociedade", *vide* obra de DRUCKER, Peter Ferdinand. *A Administração na Próxima Sociedade*. Tradução de Nivaldo Montingelli Jr. São Paulo: Nobel, 2002, p. 169 e ss. Sobre a sociedade pós-moderna, *vide* obra de DE MASI, Domenico. *O Futuro do Trabalho*: fadiga e ócio na sociedade pós-industrial. *Op. cit.*, p. 220-227.

(4) SCHWAB, Klaus. *A Quarta Revolução Industrial*. *Op. cit.*, p. 54.

em curso no modo como trabalhamos e nos comunicamos, bem como nas maneiras de nos expressarmos e nos informarmos. Igualmente, está em andamento a reformulação de governos e de nossas instituições; o mesmo ocorre, entre muitos outros, com os sistemas de educação, de saúde e de transportes.

As mudanças pelas quais estamos passando – política, econômica[(5)], social e cultural –, são tão profundas que, na perspectiva histórica, nunca houve um momento tão potencialmente promissor ou perigoso.

É que as rupturas trazidas pela terceirização nas relações de trabalho estão redefinindo o funcionamento de empresas[(6)], organizações e instituições. Consequentemente, elas obrigam o Poder Público[(7)], – nos níveis nacional, regionais e locais – a se adaptarem, reinventando-se e encontrando novas formas de colaboração[(8)] com seus cidadãos e com o setor privado.

Com efeito, a terceirização produz resultados inquietantes. Ela altera significativamente os conceitos tradicionais de trabalho e remuneração, possibilitando o surgimento de novos tipos de empregos extremamente flexíveis e inerentemente transitórios (economia sob demanda), o que suscita preocupações importantes no que se refere ao "*reduzido grau de proteção no contexto da economia sob demanda, em que cada trabalhador passa a ser essencialmente um contratado temporário, sem as vantagens da segurança e longevidade empregatícia*", adverte Klaus Schwab[(9)].

Verifica-se, portanto, uma tendência de desresponsabilização da Administração Pública na execução direta de suas atividades.

Nesse contexto, decorridas tantas décadas do início do processo de práticas de terceirização no País, percebe-se que novas reflexões sobre o tema são necessárias, sobretudo em relação a aspectos que ensejam tantas distorções de ordem econômica, social e jurídica, presentes nesta prática.

O estudo em comento tem, portanto, por escopo ensejar a reflexão multifacetada da terceirização no âmbito da Administração Pública à luz do princípio constitucional do concurso público. Sua justificativa decorre do fato de que, dentre as questões que sempre ensejaram debates na seara do Direito do Trabalho, alinha-se a concernente a recursos humanos que instrumentalizam e dão suporte à atuação da Administração Pública.

Assim, necessitando da atuação de pessoas físicas para a consecução de suas finalidades institucionais, o Poder Público precisa de quadro de pessoal que abrange agentes públicos de variadas categorias, aos quais são confiadas funções.

Para tanto, tem sido frequente a utilização da contratação de serviços de terceiros[(10)], sob o regime da Lei n. 8.666, de 21 de junho de 1993, de sorte que a Administração Pública vale-se também da força de trabalho daqueles que as empresas contratadas admitem como empregados seus, e não apenas de seus próprios servidores, via de regra admitidos, como determina a Constituição da República, mediante concurso público.

"*No setor público, contudo, a terceirização ganha alguns contornos diferentes. Em geral, tem servido não tanto*

---

(5) "*Atualmente, a economia sob demanda está alterando de maneira fundamental nossa relação com o trabalho e o tecido social no qual ele está inserido*". SCHWAB, Klaus. *A Quarta Revolução Industrial. Op. cit.*, p. 53.

(6) "*Já nas empresas, as relações de dependência vão cada vez mais variando e se retalhando, as tarefas de execução são cada vez mais delegadas às máquinas, a força de trabalho é cada vez menos constituída de operários e cada vez mais feita de empregados, funcionários, profissionais, dirigentes internos e profissionais externos, contratados por tempo determinado e assim por diante*". DE MASI, Domenico. *O Futuro do Trabalho*: fadiga e ócio na sociedade pós-industrial. *Op. cit.*, p. 329.

(7) "*Cada vez mais os governos serão vistos como centros de serviços públicos, avaliados por suas capacidades de entregar seus serviços expandidos de forma mais eficiente e individualizada*". SCHWAB, Klaus. *A Quarta Revolução Industrial. Op. cit.*, p. 73.

(8) Já prevendo essas mudanças, Drucker observa, com propriedade: "*O desenvolvimento e o crescimento de uma empresa está tendo lugar não dentro dela, mas em parcerias, empreendimentos conjuntos, alianças, participações e acordos com instituições em diferentes setores e com tecnologias diferentes. (...) O mesmo tipo de coisa está acontecendo nos setores não empresariais da economia. (...) A mesma entidade jurídica – por exemplo, uma empresa, uma repartição pública ou uma grande organização sem fins lucrativos – poderá conter várias organizações de pessoal diferentes que se interligam, mas são gerenciadas separadamente e de formas diferentes. (...) É provável que haja grupos periféricos, como as pessoas que trabalham para a organização como funcionários de uma empresa de terceirização, ainda que em tempo integral. Essas pessoas não têm nenhum relacionamento contratual com a empresa para a qual trabalham, a qual por sua vez não tem controle sobre elas. Podem não precisar ser "gerenciadas", mas precisam ser produtivas*". DRUCKER, Peter Ferdinand. *A Administração na Próxima Sociedade. Op. cit.*, p. 197.

(9) SCHWAB, Klaus. *A Quarta Revolução Industrial. Op. cit.*, p. 76.

(10) "*A ideia de terceirização surgiu após a Revolução Industrial. No começo do século XX, os Estados Unidos e a Alemanha despontaram como grandes potências industriais. Os modelos de gerenciamento de produção automobilística foram, por assim dizer, o berço da terceirização. São eles: o fordismo, o volvismo e o toyotismo. No Brasil, a terceirização foi iniciada durante o governo Fernando Collor, mas teve seu ápice nos dois mandatos de Fernando Henrique Cardoso, que buscou introduzir uma reforma que se coadunasse com as posições neoliberais*". ZOCKUN, Carolina Zancaner. *Da Terceirização na Administração Pública*, Coleção Temas de Direito Administrativo 33. São Paulo: Malheiros Editores, 2014. p. 181.

para agilizar os serviços ou baixar salários, mas para burlar a exigência do concurso público", aponta Márcio Túlio Viana[11].

Já em 1931, o economista John Maynard Keynes[12] alertou: "*(...) pois nossa descoberta dos meios de economizar o uso de trabalho ultrapassa o ritmo no qual podemos encontrar novos usos para o trabalho*".

Não obstante, é cediço que o concurso público foi o mecanismo eleito pelo constituinte de 1988 (art. 37, II, da Constituição Federal) para a investidura em cargo ou emprego público, ressalvada as hipóteses que enumera, mecanismo esse que obedece aos princípios da legalidade, impessoalidade, moralidade, publicidade e eficiência, possibilitando a todos os cidadãos, que preencham os requisitos necessários para o cargo, que concorram em condições igualitárias.

A realidade demonstra que, apesar dos parâmetros legais e constitucionais, a possibilidade de terceirização tem sido uma constante nas relações de trabalho, no âmbito da Administração Pública.

Contemporaneamente, a situação foi agravada pela recente reforma trabalhista aprovada por meio da Lei n. 13.467/2017[13], de 13 de julho de 2017, "*a fim de adequar a legislação às novas relações de trabalho*". Especificamente em relação à recente reforma trabalhista, um item revela a despreocupação com a precarização[14] travestida de modernidade: o descaso com o concurso público. É necessário registrar que não se trata de algo novo, o que será analisado mais adiante.

É importante observar que a nova Lei n. 13.429/2017[15], de 31 de março de 2017, produz consequências[16] diversas para empregador e empregados, e atinge de forma diferente o setor público[17] e o privado[18]. Apesar de a terceirização estar disseminada em todos os setores da economia com características e consequências em comum, a forma como ela se desenvolve e como os seus impactos ocorrem em cada setor, tem suas particularidades, motivo pelo qual o presente estudo volta-se especificamente para os impactos da terceirização na Administração Pública, evocando o princípio constitucional do concurso público em consonância com os demais insculpidos no art. 37 da Constituição Federal de 1988.

Ora, ao ampliar a possibilidade de terceirização também no setor público em relação às suas atividades-fim[19], a nova Lei provoca, inevitavelmente, o aumento

(11) VIANA, Márcio Túlio. *Para entender a Terceirização*. 2. ed. São Paulo: LTr, 2017. p. 103-105.

(12) KEYNES, John Maynard. "Economic Possibilities for our Grandchildren", *Essays in Persuasion*, Harcourt Brace, 1931.

(13) Disponível em: <www.planalto.gov.br/ccivil_03/_ato2015-2018/2017/lei/L13457.htm>. Acesso em: 14 jul. 2017.

(14) Sobre o fato de a ampliação da terceirização provocar a precarização das condições de trabalho. Disponível em: <http://economia.uol.com.br/noticias/redacao/2017/03/23/sindicatos-criticam-terceirizacao-e-preveem-rebaixamento-de-salarios.htm>. Acesso em: 02 jun. 2017.

(15) Originada do Projeto de Lei n. 4.302/1998. Disponível em: <www.planalto.gov.br/ccivil_03/_ato2015-2018/2017/lei/L13429.htm>. Acesso em: 14 jul. 2017. O texto libera o trabalho terceirizado em todas as atividades, inclusive em seu negócio principal. Pela nova Lei, o empregador não poderá demitir o trabalhador efetivo e recontratá-lo como terceirizado em menos de 18 meses. Além disso, o terceirizado terá que ter as mesmas condições de trabalho dos efetivos da empresa, como uso de ambulatório, alimentação e segurança. Economistas, juristas, empresários e especialistas divergem sobre os efeitos da nova lei de terceirização.

(16) Por exemplo, segundo a advogada trabalhista e professora da PUC-SP, Fabíola Marques, "*a nova lei da terceirização só é boa para o patrão, que vai terceirizar sempre que isso lhe trouxer uma redução de custos*". De acordo com ela, "*a medida trará economia na folha de pagamento e nos encargos trabalhistas das empresas*". Mas uma consequência direta dessa economia é "*a redução do valor pago ao empregado terceirizado, que terá sua situação precarizada*". Ou seja, se o empresário gasta menos ao terceirizar, o valor pago à companhia contratada – que conta com sua própria hierarquia e também busca o lucro – será menor, e o salário que essa empresa paga a seus funcionários será mais baixo do que o recebido antes. Segundo Marques, outra faceta negativa da terceirização para os trabalhadores é o enfraquecimento dos sindicatos, o que também afetaria negativamente os salários. O projeto de lei não garante a filiação dos terceirizados no sindicato da atividade da empresa, o que pode ser prejudicial. "*Se antes o faxineiro de um banco fazia parte do sindicato dos bancários, que é forte, após a terceirização ele integrará a entidade de classe da empresa terceirizada*", afirma Marques. Os terceirizados podem passar a ser representados por diferentes categorias, e perdem benefícios conquistados pelo setor, como piso salarial maior e plano de saúde, além de ver seu poder de barganha reduzido. Por sua vez, os sindicatos fortes também são prejudicados pela terceirização, uma vez que irão ver o seu número de filiados minguar. Disponível em: <https://brasil.elpais.com/brasil/2015/04/23/politica/1429813406_631060.html>. Acesso em: 29 abr. 2017.

(17) A par das diferenças, defendemos que a pessoa jurídica de direito público está adstrita à legislação e aos princípios do Direito do Trabalho, pois nivela-se a qualquer particular, em direitos e obrigações, despojando-se do *jus imperii* ao celebrar um contrato de emprego, regido pelo regime celetista.

(18) O texto libera o trabalho terceirizado em todas as atividades, inclusive em seu negócio principal. Assim, as empresas particulares podem terceirizar todas as atividades, tanto as atividades-meio (que são aquelas não inerentes ao seu objetivo principal), quanto as atividades-fim, que dizem respeito à sua linha de atuação. Contudo, pela nova Lei, o empregador não poderá demitir o trabalhador efetivo e recontratá-lo como terceirizado em menos de 18 meses. Especialistas afirmam que esse ponto favorece ainda mais a precarização do trabalho, já que incentiva a terceirização de funcionários registrados. Com efeito, o terceirizado terá que ter, em tese, as mesmas condições de trabalho dos efetivos da empresa, como uso de ambulatório, alimentação e segurança.

(19) Uma das principais críticas que se faz é referente à falta de definição do que seja atividade-meio e atividade-fim.

da substituição de servidores concursados[(20)] por terceirizados, bem como insegurança jurídica, o que, por sua vez, gera a tendência de maior rotatividade dos trabalhadores e, consequentemente, aumento de conflitos trabalhistas[(21)].

Imperioso, então, investigar a admissibilidade da contratação de serviços de terceiros, mais especificamente daqueles que em tese deveriam ou poderiam ser prestados por servidores da própria Administração Pública, assim como, em caso positivo, dos limites dessa modalidade de terceirização, sob pena de burla ao princípio da igual acessibilidade de todos aos cargos e empregos públicos.

Defendemos que, sob a ótica da Constituição Federal de 1988, é incabível a extensão da terceirização, sobretudo às atividades-fim da Administração Pública, por constituir um empecilho à isonomia constitucional nas contratações pelo Poder Público, pois ao necessitar de contratação de mão de obra, o gestor público poderá optar pela terceirização, forma mais simples e desprotegida de admissão de pessoal.

Na visão de Delgado[(22)], "*a terceirização deva ser uma modalidade excepcional de contratação de força de trabalho, pois acaba desajustando alguns objetivos tutelados pelo direito do trabalho*".

Trata-se, como se percebe, de um tema inçado de dificuldades, merecedor de uma aprofundada revisão crítica, desafio esse enfrentado no presente estudo, à luz inclusive do princípio jurídico da dignidade da pessoa humana, além dos princípios da isonomia e da eficiência[(23)].

Da conjugação desses fatores, depreende-se o critério decisivo para identificar o que se apresenta vedado, em se tratando de terceirização, sob pena de burla a mandamentos constitucionais, em especial ao princípio do concurso público[(24)], passível de configurar improbidade administrativa[(25)] e ressarcimento por prejuízos aos cofres públicos.

A par disso, o desafio que enfrentamos com a terceirização traz novas formas de contratos sociais e de empregos, adequados à mudança da forma de trabalho e à natureza evolutiva do trabalho. É que a terceirização também enseja o aumento dos níveis de fragmentação, isolamento e exclusão em toda a sociedade, representando, assim, um retrocesso social.

Nesse embate[(26)] de enfrentar a terceirização, cumpre destacar o papel do Direito[(27)] como elemento transformador, que pode e deve interagir com o contexto, construindo, desfazendo ou reconstruindo a realidade, ainda que em pequena medida.

---

(20) "*Está ainda em análise no STF se o Poder Público pode ser considerado responsável subsidiário no caso de as empresas contratadas deixarem de pagar os funcionários terceirizados. O processo, que terá repercussão geral, trata do caso de uma recepcionista que não teve as verbas trabalhistas pagas pela empresa. O julgamento do STF está empatado em cinco a cinco. Caberá ao Ministro, Alexandre de Moraes, decidir a questão*". Disponível em: <http://economia.uol.com.br/noticias/bbc/2017/03/23/mais-empregos-ou-precarizacao-os-possiveis-impactos-da-lei-da-terceirizcao.html>. Acesso em: 24 mar. 2017.

(21) Nesse aspecto, uma das principais questões decorrentes gira em torno do inadimplemento das obrigações trabalhistas pela empresa terceirizada. Enquanto que, no setor privado, o trabalhador aciona o Poder Judiciário contra a empresa terceirizada, mas se for condenada e não tiver condições de pagar, a empresa contratante poderá responder; no setor público, porém, há atualmente discussão (se discute nesse julgamento se a Administração Pública pode ser responsável por dívidas trabalhistas de uma terceirizada contratada por ela) no Excelso Supremo Tribunal Federal acerca da inconstitucionalidade da aplicação da lei, por conta do art. 37, inciso II, da Constituição Federal, que prevê a necessidade de concurso público, o que não acontece por meio da terceirização.

(22) DELGADO, Mauricio Godinho. *Curso de Direito do Trabalho*. 13. ed. São Paulo: LTr, 2014. p. 452.

(23) Disponível em: <http://www.em.com.br/app/noticia/economia/2017/03/03/internas_economia,851556/projeto-da-terceirizacao-geral-ameaca--concursos-publicos-dizem-especialistas.html>. Acesso em: 15 mar. 2017.

(24) Art. 37, II e XXII, art. 93, I, art. 96, I, alínea *e*, art. 127, § 2º, art. 129, § 3º, art. 131, § 2º, art. 132, art. 134, § 1º, art. 205, V, art. 236, todos da Constituição Federal. Conforme se verifica, a Constituição assegura a obrigatoriedade de concurso público para cargos e empregos públicos. Vale dizer que a Súmula n. 363 do C. TST deixa clara a impossibilidade de contratação de servidor público sem prévia aprovação em concurso público. É que o art. 37, § 2º, atribui às <u>contratações sem concurso uma espécie de nulidade jurídica qualificada, cuja consequência é o desfazimento imediato da relação, em função da ascendência do concurso no cenário do direito público brasileiro, cuja prevalência é garantida mesmo diante de interesses de valor social considerável</u>, como aqueles protegidos pelas verbas rescisórias nos contratos por tempo indeterminado, considerados inexigíveis em face da nulidade do pacto celebrado contra a Constituição. Mas, a partir da Súmula n. 331 do C. TST, passou-se a entender que é possível a contratação de trabalhadores terceirizados pela Administração Pública, desde que restrita às atividades-meio. (grifo nosso)

(25) Nos termos do art. 5º, LXXIII, da Constituição Federal.

(26) "*Hoje, (...), seja por obra do legislador, seja por graça do intérprete, tanto o conceito de subordinação como o de salário sofrem tensões de todo tipo – comprimindo-se*". VIANA, Márcio Túlio. *Para entender a Terceirização. Op. cit.*, p. 74. Talvez moldar a terceirização para garantir que ela seja centrada no ser humano – em vez de divisionista e desumana – seja um caminho viável.

(27) "*Por enquanto, o que o Direito tem feito, apesar das resistências, é antes aceitar do que corrigir os movimentos de exclusão-reinclusão. Aos poucos, ele se molda não apenas ao novo modo de produzir, mas ao espírito que o anima. Também ele se sente tentado a flexibilizar e a se concentrar em seu foco, enxugando--se*". VIANA, Márcio Túlio. *Op. cit.*, p. 76.

E o Direito, como refere Márcio Túlio Viana[(28)], "*é também o próprio trabalhador, ou cada um de nós. E hoje ainda mais do que antes, pois outro elemento da pós-modernidade é a nossa sede de igualdade, nossa ânsia em participar de tudo*".

Isto porque a realidade da ruptura e da inevitabilidade do impacto que a terceirização tem sobre os trabalhadores não significa que sejam impotentes perante ela. De fato, a terceirização muda drasticamente a natureza do trabalho em todos os setores e ocupações. Contudo, faz parte de nossa responsabilidade garantir que estabeleçamos um conjunto de valores comuns que norteiem escolhas políticas, bem como realizar as alterações que vão fazer com que a terceirização seja menos gravosa[(29)].

1. CONSIDERAÇÕES GERAIS SOBRE TERCEIRIZAÇÃO

Inicialmente, porém, convém conceituar terceirização[(30)] na Administração Pública.

Como não há um conceito legal de terceirização, uma vez que este é oriundo da Ciência da Administração, cada doutrinador apresenta uma definição diferente para esse fenômeno.

Aliás, como adverte Carolina Zancaner Zockun[(31)], "*terceirização é um neologismo, proveniente da palavra "terceiro", entendido como "intermediário", "interveniente". Não se refere, pois, ao sentido jurídico de "terceiro", ou seja, aquele que é estranho a uma relação jurídica. Ao contrário, aqui o "terceiro" é parte na relação jurídica obrigacional instaurada, na medida em que ele será o prestador do serviço, sendo remunerado pelo tomador do serviço, pela atividade realizada*".

Maria Syvia Zanella Di Pietro[(32)] entende que "*a terceirização constitui uma das formas de privatização (em sentido amplo) de que vem se socorrendo a Administração Pública*".

Para Dinorá Grotti[(33)], "*a terceirização é a contratação, por dada empresa, de serviços de terceiros para a execução de atividades-meio da empresa tomadora. Este fenômeno pode dar-se nas empresas privadas e na Administração Pública*".

Segundo os ensinamentos de Mauricio Godinho Delgado[(34)], a terceirização no direito do trabalho pode ser definida como: "*(...) o fenômeno pelo qual se dissocia a relação econômica de trabalho da relação justrabalhista que lhe seria correspondente. Por tal fenômeno insere-se o trabalhador no processo produtivo do tomador de serviços sem que se estendam a este os laços justrabalhistas, que se preservam fixados com uma entidade interveniente. A terceirização provoca uma relação trilateral em face da contratação de força de trabalho no mercado capitalista: o obreiro, prestador de serviços, que realiza suas atividades materiais e intelectuais junto à empresa tomadora de serviços; a empresa terceirizante, que contrata este obreiro, firmando com ele os vínculos jurídicos trabalhistas pertinentes; a empresa tomadora de serviços, que recebe a prestação de labor, mas não assume a posição clássica de empregadora desse trabalhador envolvido*".

Por sua vez, Carmen Lúcia Antunes Rocha[(35)] lembra que "*a terceirização tem limites claros na Constituição, que seu uso vem carreando burlas e vícios a direitos sociais dos empregados que desenvolvem as tarefas, chegando a aproximar-se dos comportamentos administrativos como uma forma de desencargo da máquina burocrática quanto a tarefas que não lhe compõem os fins de atendimento direto de um interesse público específico*".

Ademais, inegável que a terceirização traz consequências socialmente nefastas, como a precarização das

---

(28) VIANA, Márcio Túlio. *Para entender a Terceirização. Op. cit.*, p. 76.

(29) Ressalte-se, porém, que não se tem a pretensão de esgotar, neste estudo, o assunto em debate, diante de sua amplitude e complexidade.

(30) Destaca-se que a terceirização não consiste num instituto justrabalhista, mas sim num fenômeno econômico típico do final do século XX, destinado a dissociar a relação trabalhista com o tomador da mão de obra. "*Conceito também oriundo da seara privada, embora, por vezes, utilizado na sua acepção ampliada a designar todo e qualquer serviço público delegado pela Administração ao particular – trata-se, na verdade, da locação de mão de obra ou a contratação de pessoal por interposta pessoa*". HELVECIO, Sebastião. "Atividades-meio, Atividades-fim e a Terceirização de Serviços pelo Poder Público". *Revista do Tribunal de Contas do Estado de Minas Gerais*, ano XXVIII, v. 75, n. 2, p. 173, abril/maio/junho 2010.

(31) ZOCKUN, Carolina Zancaner. *Da Terceirização na Administração Pública. Op. cit.*, p. 36-37.

(32) DI PIETRO, Maria Sylvia Zanella. *Parcerias na Administração Pública* – Concessão, Permissão, Franquia, Terceirização, Parceria Público-Privada e Outras Formas. 9. ed. São Paulo: Atlas, 2012. p. 215.

(33) GROTTI, Dinorá Adelaide Musetti. "Parcerias na Administração Pública". *Revista de Direito do Terceiro Setor*/RDTS 11/68, ano 6, Belo Horizonte, Fórum, janeiro-junho, 2012.

(34) DELGADO, Mauricio Godinho. *Curso de Direito do Trabalho. Op. cit.*, p. 417.

(35) ROCHA, Carmen Lúcia Antunes. *Princípios Constitucionais dos Servidores Públicos*. São Paulo: Saraiva, 1999. p. 518.

relações de trabalho, a redução do valor gasto(36) no pagamento de salário, a fragmentação das relações trabalhistas e a utilização abusiva, pois não raro o emprego deste expediente se dá com o único propósito de reduzir o custo da mão de obra, esclarece Ilse Lora(37).

Relevante apontar que a terceirização tem um histórico(38) de ser indiscriminadamente utilizada por alguns empregadores como subterfúgio para driblar a legislação trabalhista.

Retomando, a melhor conceituação encontra-se, porém, em Celso Antônio Bandeira de Mello(39):

> Terceirização significa, pura e simplesmente, passar para particulares tarefas que vinham sendo desempenhadas pelo Estado. Daí, que este rótulo abriga os mais distintos instrumentos jurídicos, já que se pode repassar a particulares atividades públicas por meio de concessão, permissão, delegação, contrato administrativo de obras, de prestação de serviços etc. Com isto, é bem de ver, falar em terceirização não transmite ao interlocutor a mínima ideia sobre aquilo que está de direito a ocorrer. Isto é, não se lhe faculta noção alguma sobre a única coisa que interessa a quem trata com o Direito: a identificação de um regime jurídico incidente sobre a espécie cogitada.

Vale lembrar que o Estado Brasileiro é, por determinação constitucional, um Estado Social(40), nos termos do disposto, dentre outros, nos arts. 1º, III; 3º, III e IV; 5º, LV, LXIX, LXXIII, LXXIV e LXXVI; 6º; 7º, I, II, III, IV, VI, X, XI e XII; 23; e 170, II, III, VII e VIII, todos da Constituição Federal. Precisamente o art. 7º do mesmo texto estabelece as condições para o exercício do direito ao trabalho em uma relação de emprego.

Assim, deve o Estado Brasileiro cumprir seus misteres constitucionais, não podendo se despedir das atividades que lhe são inerentes; e, para isso, necessita de pessoal qualificado para seu desempenho.

Percebe-se, pois, que a tentativa de "enxugamento" estatal a qualquer custo esbarra na necessidade de implementação das atividades administrativas e dos serviços públicos previstos na Constituição Federal de 1988.

De fato, o fenômeno da terceirização tem dois escopos específicos: a redução do custo da mão de obra e a especialização das empresas em atividades que lhes são próprias(41). Ocorre, todavia, que o Estado Social, especialmente preocupado com os direitos trabalhistas, vem sendo erodido pelo fenômeno da terceirização, que, embora possa acarretar uma redução de custos ou a transformação de custos fixos em custos variáveis, gera, inevitavelmente, um declínio(42) na qualidade de vida do trabalhador.

A questão que se coloca, então, é saber qual a razão de a Administração Pública se utilizar desse instituto e, por conseguinte, saber se é possível, e em que medida, a terceirização para suas atividades.

Fato é que a Administração Pública tem se utilizado da terceirização de modo tão intenso, que acaba desvirtuando o sistema preconizado pela Constituição de 1988 – a via do concurso público.

---

(36) Igualmente pertinente indagar aqui se a atual Lei de Terceirização e a emenda constitucional que limita os gastos públicos do governo oferecem riscos ao serviço público e aos concursos. Além disso, a referida lei permite a quarteirização, que é a possibilidade de a empresa terceirizada subcontratar outras empresas para cumprir seus contratos. Disponível em: <http://www2.camara.leg.br/camaranoticias/tv/materias/PARTICIPACAO-POPULAR/530034--TERCEIRIZACAO-E-TETO-DE-GASTOS-VERSUS-CONCURSOS-PUBLICOS.html>. Acesso em: 19 abr. 2017.

(37) LORA, Ilse Marcelina Bernardi. "Direitos Fundamentais e Responsabilidade da Administração Pública na Terceirização de Serviços – Inconstitucionalidade do § 1º do art. 71 da Lei n. 8.666/1993", *Revista LTr* 72/936, n. 08, São Paulo: LTr, agosto/2008.

(38) "*Ao contrário da experiência dos países desenvolvidos, a terceirização no Brasil contém especificidades significativas. Na maior parte das vezes, a terceirização encontra-se associada ao ambiente persistente de semiestagnação da economia nacional, de baixos investimentos, de diminuta incorporação de novas tecnologias, de abertura comercial e financeira e de desregulamentação da competição intercapitalista. Por conta disso, o sentido da terceirização vem se revelando um processo de reestruturação produtiva defensiva, mais caracterizada pela minimização de custos e adoção de estratégias empresariais de resistência (sobrevivência)*". POCHMANN, Marcio. "A superterceirização dos contratos de trabalho". Pesquisa publicada do *site* do SINDEEPRESS – Sindicato dos Empregados em Empresas de Prestação de Serviços a Terceiros. Disponível em: <http://www.sideepress.org.br>. Acesso em: 10 maio 2017.

(39) MELLO, Celso Antônio Bandeira de. *Curso de Direito Administrativo*. 31. ed. São Paulo: Malheiros Editores, 2014. p. 228.

(40) "*O Estado Social de Direito representou, até a presente fase histórica, o modelo mais avançado de progresso, a exibir a própria evolução espiritual da espécie humana. A Constituição Brasileira de 1988 representa perfeitamente este ideário, que, todavia, entre nós, jamais passou do papel para a realidade*". MELLO, Celso Antônio Bandeira de. *Curso de Direito Administrativo*. *Op. cit.*, p. 52-53.

(41) CAFFARO, Leonardo de Mello. "O Pós-Positivismo, o Direito do Trabalho e a Noção de Interesse Público – A Terceirização na Administração Pública e a Súmula n. 331 do TST em questão". *Revista LTr* 74/1.477, n. 12, São Paulo: LTr, dezembro/2010.

(42) Segundo estudo elaborado pelo DIEESE, constatou-se que a piora na qualidade de vida do trabalhador terceirizado é significativa. Departamento Intersindical de Estatísticas e Estudos Socioeconômicos/DIEESE, "*O Processo de Terceirização e seus Efeitos sobre os Trabalhadores no Brasil. Sistema de Acompanhamento de Contratações Coletivas/SACC-DIEESE*". Disponível em: <http://portal.mte.gov.br/data/files/FF8080812BA5F4B7012BAAF91A9E060F/PRod03_2007.pdf>. Acesso em: 13 jul. 2017.

2. A FORMA DE CONTRATAÇÃO DE PESSOAL PELA ADMINISTRAÇÃO PÚBLICA – ASPECTOS CONSTITUCIONAIS

Para chegar a esse ponto de análise será preciso, primeiro, analisar o próprio conteúdo e a extensão do princípio do concurso público para, depois, cotejá-lo com o instituto da terceirização no âmbito da Administração Pública.

O art. 37, I, da Constituição da República reporta-se a três figuras distintas de relacionamento de pessoal, a saber: o *cargo*, o *emprego público* e a *função pública*[(43)].

A Constituição de 1988 instituiu um marco na contratação de pessoal por parte da Administração Pública, na medida em que estabeleceu a necessidade de concurso público para o ingresso em cargo ou emprego público, nos termos do art. 37, II[(44)], do referido texto.

Esta norma moralizadora fez com que, mesmo tendo ocorrido significativo decréscimo de servidores na União em virtude da terceirização, o número de servidores concursados aumentasse em decorrência justamente dessa previsão constitucional, que obriga a realização de concurso público para o preenchimento de cargos ou empregos públicos.

Certo é que o princípio do concurso público visou à extinção das mais variadas formas de apadrinhamento[(45)], pois a Constituição de 1988, ao modificar a sistemática anterior existente, passou a exigir o concurso público também para o ingresso em empregos públicos, e não apenas para cargos de provimento efetivo, conforme previa o art. 97, § 1º, da Constituição de 1967, com redação dada pela Emenda Constitucional n. 1/1969.

Com efeito, antes da Constituição de 1988 os empregos públicos eram providos ao bel-prazer do administrador, o que gerava toda a sorte de favorecimentos, apadrinhamentos e "cabides de emprego".

Ainda, a Constituição de 1988 destrelou o sistema do concurso público da expressão "primeira investidura". Como bem salientou Márcio Cammarosano[(46)], ao comentar o mencionado art. 97, § 1º, da Constituição de 1967:

> Deixa-se de promover concurso público sob a alegação de que há funcionários do quadro que possuem a qualificação pessoal exigida para o exercício dos cargos vagos, e que o seu provimento por aqueles que já são funcionários não caracteriza primeira investidura. É como se o simples fato de ser titular de um cargo público, de provimento efetivo, pudesse, validamente, propiciar a aquisição da titularidade de qualquer outro, ainda que de grupo ocupacional diverso, sem os "riscos" de uma concorrência externa.

Assim, o supracitado art. 97, § 1º, da Constituição de 1967, com a redação dada pela Emenda Constitucional n. 1/1969, permitiu ao legislador ordinário a criação da figura da transposição. Novamente oportuna a lição de Márcio Cammarosano[(47)] para delimitação desse instituto. A transposição ocorre da seguinte forma:

> Por ocasião da realização de concurso, metade dos cargos podem ser reservados para concurso público, e a outra metade para provimento mediante concurso restrito aos que já são titulares de cargo público. Trata-se de um privilégio para quem já é funcionário. Ora, se se pode reservar metade, poderia a lei reservar dois terços, ou três terços. Então teríamos, por exemplo, a seguinte situação: realiza-se concurso

(43) Para uma análise pormenorizada, *vide* obra de ZOCKUN, Carolina Zancaner. *Da Terceirização na Administração Pública. Op. cit.*, p. 110. "*A função administrativa, como exercício de um múnus público, é indelegável. Entretanto, algumas atividades relacionadas à função administrativa podem ser transferidas aos particulares*".

(44) Registre-se que consideramos o inciso II do art. 37 como verdadeiramente um princípio. Não apenas pelo maior grau de abstração, mas por trazer um mandado de otimização ao administrador público. De qualquer forma, quem entenda tratar-se de uma regra não encontrará, por esse motivo, resistência à argumentação aqui desenvolvida. Sobre a distinção entre regras e princípios, *vide* ALEXY, Robert. *Teoria dos Direitos Fundamentais*. São Paulo: Malheiros, 2011. p. 85 e ss.

(45) Interessante a análise da situação fática do processo n. 0011370-49.2016.5.15.0041, sendo irretocável a sentença de origem proferida. No presente caso, "*o administrador público do município reclamado, à época da realização do concurso municipal, fez tábua rasa de tais preceitos constitucionais ao aprovar candidatos com relação de parentesco com o então prefeito municipal, vereadores e integrantes da comissão organizadora do concurso, além de ter havido dispensa de licitação para a realização do certame e incineração de provas, conforme apurado pelo comissão Especial de Investigação, instituída pela Câmara Municipal, e pelo Inquérito Civil Público do Ministério Público Estadual, que expediu recomendação ao município reclamado, cujo trecho segue transcrito: "(...) Seja oficiado ao Prefeito Municipal para que promova as ações e atos necessários ao cumprimento do estabelece o art. 37 da Constituição Federal, a fim de decretar a nulidade do concurso público n. 01/2011". Eivado de ilegalidade o concurso público, todos os atos dele decorrentes nascem também maculados – nomeação e investidura dos servidores nos empregos públicos –, devendo ser extirpados seus efeitos do mundo jurídico, máxime quando se está a tratar de atos emanados de ente público, que deve gizar suas ações na mais estrita legalidade, gozando, por isso, de algumas prerrogativas e deveres, tais como a autotutela e o dever – não prerrogativa – de anular seus próprios atos quando presentes vícios que os tornam ilegais (art. 53, da Lei n. 9.784/1999 e Súmula n. 473, do C. STF)*". Disponível em: <http://portal.trt15.jus.br/>. Acesso em: 25 jul. 2017.

(46) CAMMAROSANO, Márcio. *Provimento de Cargos Públicos no Direito Brasileiro*. São Paulo: RT, 1984. p. 72.

(47) CAMMAROSANO, Márcio. "O Estado Empregador". *In:* MELLO, Celso Antônio Bandeira de (coord.). *Curso de Direito Administrativo*. São Paulo: RT, 1986. p. 58-59.

público apenas para enfermeiro, os enfermeiros cursam faculdade de medicina – serão médicos –, criam-se cargos de médicos, o que é ainda pior, realiza-se transposição e, depois, abre-se novamente concurso para enfermeiros.

Ocorre que, com o advento da Constituição de 1988, essa situação chegou ao fim: em atenção aos princípios da moralidade e da isonomia, passou-se a reputar obrigatória a contratação de pessoal, para cargo ou emprego público, por meio de concurso público, aberto ao público em geral, ressalvadas as hipóteses constitucionalmente previstas[48].

Hely Lopes Meirelles[49] sintetizou o instituto do concurso público nos seguintes termos: "(...) *O concurso é o meio técnico posto à disposição da Administração Pública para obter-se moralidade, eficiência e aperfeiçoamento do serviço público e, ao mesmo tempo, propiciar igual oportunidade a todos os interessados que atendam aos requisitos da lei, fixados de acordo com a natureza e a complexidade do cargo ou emprego, consoante determina o art. 37, II, da CF. Pelo concurso afastam-se, pois, os ineptos e os apaniguados que costumam abarrotar as repartições, num espetáculo degradante de protecionismo e falta de escrúpulos de políticos que se alçam e se mantêm no poder leiloando cargos e empregos públicos*".

O concurso público é, pois, procedimento administrativo que visa ao preenchimento de cargos públicos de natureza efetiva ou empregos públicos, a fim de instrumentalizar o aparato administrativo por meio de recurso humanos, assegurando a efetiva observância do princípio da isonomia[50].

Também propicia a concorrência e a igualdade de oportunidade para aqueles interessados em titularizar cargos públicos ou empregos públicos.

Ademais, como bem salientou Márcio Cammarosano[51], o concurso público "*tem por escopo possibilitar a aquisição, para o serviço público, do melhor servidor, bem como assegurar aos administrados em geral a igual oportunidade de ascenderem aos cargos públicos*".

Assim, o concurso público é imperativo constitucional para que a Administração Pública não apenas ofereça igual oportunidade aos particulares, cumprindo, desta forma, o princípio da isonomia, mas também para que seja "obtido" aquele que melhor satisfaz o interesse público, dentro do universo de interessados[52].

De fato, a aprovação em um concurso público já denota, pelo caráter seletivo, que o particular, afora estar apto para o exercício da função, se encontra, dentro do sistema da meritocracia, dentre os melhores para o desempenho daquela atividade.

A respeito, Romeu Felipe Bacellar Filho[53] sintetizou: "*Se o concurso público não é, segundo pensam alguns, a melhor forma de recrutamento de pessoal para a Administração Pública, representa, seguramente, a melhor opção até agora concebida, possibilitando seu democrático procedimento, a todos que reúnam as condições exigidas, ampla participação na competição*".

Assim, a via do concurso público é o meio que a Constituição da República reputou adequado para o preenchimento de cargos e empregos públicos, salvo os cargos de livre nomeação e exoneração, bem como os do art. 37, IX, da Constituição Federal.

Na lição de Régis Fernandes de Oliveira[54]: "*O concurso público é a única porta democrática para permitir o acesso de todos aos cargos públicos. (...)*".

É importante frisar que o concurso público é instituto garantidor da sociedade, tanto que o Estado não pode abdicar de escolher os melhores candidatos para prestar a atividade para a qual foi aberta a seleção, uma vez que, em última análise, esta atividade, direta ou indiretamente, sempre se volta para a sociedade.

Sabe-se que a situação atual é a de que os concursos públicos se voltaram basicamente para cargos

---

(48) Não se trata, contudo, de princípio absoluto, logicamente. Para o exercício das funções temporárias, em caso de excepcional interesse público (função a ser ocupada por agentes temporários, chamados por parte da doutrina de servidores temporários), a própria Constituição Federal exclui a obrigatoriedade de concurso público. Ainda assim, a legislação infraconstitucional, em respeito ao princípio da moralidade e da impessoalidade (CF, art. 37, *caput*), exige a realização de processo seletivo simplificado. Igualmente, para os cargos em comissão, tem-se a livre nomeação e exoneração, embora estejam constitucionalmente restritos às funções de direção, chefia e assessoramento (CF, art. 37, II e V). Outra exceção ao princípio do concurso público – mas criada por Emenda à Constituição (EC) – diz respeito à contratação de agentes comunitários de saúde e agentes de combate às endemias, cuja contratação se dá mediante a realização de processo seletivo público (CF, art. 198, § 4º, na redação dada pela EC n. 51, de 14 de fevereiro de 2006).

(49) MEIRELLES, Hely Lopes. *Direito Administrativo Brasileiro*. 40. ed. São Paulo: Malheiros Editores, 2014. p. 505.

(50) ZOCKUN, Carolina Zancaner. *Da Terceirização na Administração Pública. Op. cit.*, p. 119.

(51) CAMMAROSANO, Márcio. *Provimento de Cargos Públicos no Direito Brasileiro. Op. cit.*, p. 82.

(52) ZOCKUN, Carolina Zancaner. *Da Terceirização na Administração Pública. Op. cit.*, p. 119.

(53) BACELLAR FILHO, Romeu Felipe. "O Concurso Público e o Processo Administrativo". *In:* MOTTA, Fabrício (Coord.). *Concurso Público e Constituição*. Belo Horizonte: Fórum, 2005. p. 73.

(54) OLIVEIRA, Régis Fernandes de. *Servidores Públicos*. 2. ed. São Paulo: Malheiros Editores, 2008. p. 46.

ou empregos que exigem nível médio ou superior, não subsistindo mais concursos públicos para cargos ou empregos de nível de ensino fundamental, pois estes são preenchidos por terceirizados.

Resta saber se é possível a instrumentalização de recursos humanos por meio da terceirização. Em relação à instrumentalização de recursos humanos, não há previsão constitucional para a terceirização.

Aliás, consoante ensina Carmen Lúcia Antunes Rocha[55], o advento da Constituição de 1988, reclamando o dever de somente adentar no serviço público mediante aprovação prévia em concurso público de provas ou provas e títulos e ampliando tal exigência a todas as entidades que compõem a Administração Pública (direta ou indireta), trouxe, ainda, um elemento adicional, que forma a vedação do uso da figura da terceirização para a contratação de pessoal: o Regime Jurídico Único[56], imposto a todos quantos formem o conjunto dos servidores públicos, obstaculiza a investidura forjada e concluída sob a modalidade de contratação mediante terceiros.

Portanto, o princípio constitucional do concurso público (CF, art. 37, II) atua como forte limitação ao uso da terceirização no âmbito da Administração Pública[57].

A par disso, a maioria da doutrina bem como a jurisprudência admitem a terceirização para as denominadas atividades-meio[58] da Administração, sendo vedada sua utilização para as atividades-fim[59]. O fundamento constitucional para a terceirização das atividades administrativas que envolvam a necessidade de recursos humanos está previsto no art. 37, inciso XXI[60], da Constituição da República.

Outrossim, para os serviços públicos há expressa menção quanto à possibilidade de terceirização, conforme preceitua o art. 175 da CF.

Não obstante, cumpre esclarecer que o disposto no inciso XXI do art. 37 da Constituição Federal não pode contrariar a regra fixada nos incisos I e II do mesmo artigo. Veja-se que não se distinguem, no art. 37, I e II, quais serviços podem ser contratados por interposta pessoa.

Assim, há que existir um discrímen constitucional para que alguns serviços possam ser prestados por empresas terceirizadas e outros somente possam ser exercidos por quem ocupa cargo ou emprego.

Analisando a Constituição de 1988, verifica-se que em momento algum é possível encontrar respaldo para a distinção entre atividade-fim e atividade-meio, especialmente com o propósito de realizar a terceirização. A doutrina e a jurisprudência consagram a diferença, afirmando, sem fundamento constitucional, a viabilidade de se terceirizar tão somente as atividades-meio.

Entretanto, repita-se, o art. 37, I e II, da Constituição Federal não admite essa distinção para fins de realização de concurso público e preenchimento de cargos e empregos públicos. Isto é: a Constituição em momento algum fixa que os cargos e empregos públicos estão vocacionados ao exercício de atividades-fim do Estado. Ao contrário, a Constituição de 1988, ao estabelecer os regimes de pessoal[61] (estatutário, celetista e especial),

---

(55) ROCHA, Carmen Lúcia Antunes. *Princípios Constitucionais dos Servidores Públicos*. *Op. cit.*, p. 520.

(56) A respeito, *vide* obra de DALLARI, Adilson Abreu. *Regime Constitucional dos Servidores Públicos*. 2. ed. São Paulo: RT, 1992. p. 40. A Constituição tratou exaustivamente das possibilidades de instrumentalização estatal por meio de recursos humanos. Assim, houve uma preocupação constitucional intensa em demonstrar quem são as pessoas que podem desempenhar as atividades estatais, estabelecendo os regimes jurídicos a que elas necessariamente estariam atreladas. A questão que se coloca aqui é acerca da possibilidade ou não da utilização do instituto da terceirização para a instrumentalização de recursos humanos, a fim de que estes realizem atividades da Administração.

(57) Defendemos que a obrigação de realizar concurso abrange tanto órgãos e entidades da administração direta, autárquica e fundacional, como também empresas públicas e sociedades de economia mista (mesmo que exploradoras de atividade econômica). Isso porque o texto normativo se refere a cargos, empregos e funções – logo, aplica-se não apenas aos casos de recrutamento de servidores (em sentido estrito), mas também de empregados (celetistas).

(58) Há, ainda, a discussão doutrinária e jurisprudencial acerca da possibilidade ou não de aplicação da terceirização à Administração direta, autárquica e fundacional, bem como para empresas públicas e sociedades de economia mista. A previsão, antes da reforma trabalhista, é ambígua, podendo levar a interpretações distintas: uma, a de que a terceirização é possível mesmo em relação a atividades-fim, ou em que haja pessoalidade e habitualidade no exercício da função, o que seria inconstitucional, à luz do princípio constitucional do concurso público (Constituição Federal – CF, art. 37, II); outra, a interpretação de que só se aplica em caráter excepcional, quando se tratar de atividades-meio, e ainda assim, se cumpridas outras condições.

(59) Entende-se por *atividades-meio* aquelas referentes ao suporte ou apoio necessário para o processo produtivo e por *atividades-fim* aquelas relacionadas com o objetivo final da empresa. Contudo, o critério que aparta as atividades-fim das atividades-meio é extremamente impreciso, gerando, pois, dúvidas de toda a sorte em sua aplicação prática.

(60) Aqui a contratação de serviços é permitida. Deve ser realizada não mediante concurso público, mas por meio de licitação (CF, art. 37, XXI). É, aliás, com base nessa abertura que se justifica a terceirização de serviços no âmbito administrativo.

(61) "*No que tange ao aparato humano, a Constituição estabeleceu os regimes para que possa haver recrutamento de pessoal. Contudo, a Constituição não institui os regimes estatutários, celetista e especial para que estes possam ser livremente substituídos pela terceirização por meio de uma empresa privada. Discricionariedade alguma pode ser tão ampla a ponto de aniquilar o mandamento constitucional*". ZOCKUN, Carolina Zancaner. *Da Terceirização na Administração Pública*. *Op. cit.*, p. 135.

o fez exaustivamente, determinando, pois, que todas as atividades desempenhadas pela Administração sejam feitas por pessoal próprio, ressalvadas as exceções[62] inseridas no próprio texto constitucional.

E se não há esta previsão é porque a Constituição expressamente entendeu que todas as atividades administrativas deveriam ser prestadas por servidores detentores de cargo ou servidores empregados.

É preciso, portanto, ter uma leitura do tema à luz da Constituição, pois que a supremacia constitucional – ainda mais pronunciada quando se trata de tema relacionado à atividade estatal – não tolera que se privilegie a legislação infraconstitucional, em detrimento dos mandamentos da Lei Maior[63].

Logo, a finalidade do art. 37, I e II, é justamente a instrumentalização da Administração Pública por meio de recursos humanos a fim de que esta possa realizar suas atividades cotidianas, permanentes, constantes, para a manutenção da "vida interna" administrativa. O âmbito de aplicação do dispositivo é limitado, e suas balizas são justamente os parâmetros constitucionalmente assegurados da permanência e intimidade.

Sem a instrumentalização por meio de recursos humanos, atividade estatal alguma poderia ser realizada, motivo pelo qual é de suma importância para a sociedade que haja a correta realização desse aparelhamento estatal. Não por outra razão que a Constituição forneceu especial atenção à instrumentalização humana do Estado.

No que tange à instrumentalização de recursos humanos não há previsão constitucional para a terceirização. Ao contrário, o que existe é uma vedação expressa, na medida em que a Constituição delimitou todo o sistema de captação de pessoal para o exercício de suas atividades, sejam técnicas, jurídicas, intelectuais, fiscais, por meio da instituição de regime estatutário, ou materiais subjacentes, por meio da adoção do regime trabalhista. Não há, pois, qualquer distinção quanto aos serviços para fins de necessidade de concurso público.

Portanto, a primeira baliza constitucional é, sem dúvida, o art. 37, I e II, que, ao estabelecer a necessidade de concurso público para os cargos e empregos na Administração Pública, afirma que o aparato administrativo deve ser preenchido por pessoas cujo vínculo com a Administração não seja periódico, eventual, transitório, mas, sim, permanente.

Nos ensinamentos de Sebastião Helvecio[64], "(...) *no âmbito do serviço público, a terceirização, além de não poder ensejar a delegação de atividades típicas, e, por isso, exclusiva do Estado, não pode servir de instrumento à violação do princípio do concurso público (CR/88, art. 37, II)*".

De fato, não há por que estabelecer a obrigatoriedade de concurso público se o trabalhador só será requisitado para um ou outro serviço ou, ainda, por um curto lapso de tempo. A Administração Pública, para sua adequada sobrevivência e correta observância do interesse público, necessita de pessoal permanente, para o melhor desenvolvimento de suas atividades.

O princípio do concurso público não visa a atender a interesse secundário da Administração Pública, mas ao próprio interesse público primário, sendo a sociedade a grande beneficiária da melhor contratação por parte da Administração.

Com efeito, além de prestigiar o princípio da isonomia, assegurando a todos igual oportunidade de ascender a um cargo/emprego público, a Administração Pública também obtém aqueles que estão melhor preparados para o exercício de dada atividade. Frise-se: A Administração não pode abdicar de escolher aqueles que possuem melhor desempenho.

Nesse contexto, há que se mencionar, também, o princípio da eficiência[65], que, em uma análise preliminar, remete-nos diretamente aos conceitos de economia e eficácia da Administração Pública no que concerne às relações com os administrados.

Com efeito, não se pode negar o caráter acessório do princípio da eficiência, que deve estar atrelado

(62) Acerca da possibilidade de se realizar a terceirização de algumas atividades, conforme dicção expressa do art. 37, XXI, sem violação ao mandamento constitucional previsto no art. 37, I e II, *vide* obra de ZOCKUN, Carolina Zancaner. *Da Terceirização na Administração Pública*. Coleção Temas de Direito Administrativo 33. São Paulo: Malheiros Editores, 2014. p. 136-152.

(63) Como bem acentuou o autor: "*Vivemos numa época em que o óbvio parece andar esquecido*". HOMES, Wendell *apud* CAMMAROSANO, Márcio. *Provimento de Cargos Públicos no Direito Brasileiro. Op. cit.*, p. 73.

(64) HELVECIO, Sebastião. "Atividades-meio, Atividades-fim e a Terceirização de Serviços pelo Poder Público". *Revista do Tribunal de Contas do Estado de Minas Gerais*, ano XXVIII, v. 75, n. 2, p. 171-181, abril/maio/junho 2010.

(65) Segundo Paulo Modesto, "*a atuação do Estado de forma a obedecer ao princípio da eficiência deve observar um desempenho dentro dos limites legais, que observe o melhor modo para atingir o fim almejado em termos de celeridade e economia e que efetivamente alcance o resultado previsto*". MODESTO, Paulo. "Notas para um debate sobre o princípio da eficiência", *Revista Trimestral de Direito Público*/RTDP 31/55, São Paulo: Malheiros Editores, 2000. Joel de Menezes Niebuhr, ao analisar o tema, discorre sobre o caráter instrumental do princípio da eficiência: "*Ela não é um fim em si mesmo. Toda a sua ação é voltada e imprescindível à realização dos valores sociais que traduzem o bem comum, prestando serviços vinculados ao interesse público*". NIEBUHR, Joel de Menezes. "Princípio da eficiência: dimensão jurídico-administrativa", *Revista Trimestral de Direito Público*/RTDP 30/138, São Paulo: Malheiros Editores, 2000.

à busca do interesse público. A eficiência não pode ser uma meta em si mesma considerada.

A relevância do princípio da eficiência(66) para o desenvolvimento da matéria aqui tratada reside na relação entre a legalidade e a eficiência. Em outras palavras: poderia esta prevalecer sobre aquela em situações excepcionais?(67)

A nosso ver, a eficiência não pode servir como desculpa à burla da legalidade em qualquer hipótese, especialmente quando se trata de terceirização de atividades internas e permanentes da Administração Pública.

Nesse cenário, como sustentar que se está salvaguardando o interesse público por meio da proposta mais vantajosa se houve a escolha da proposta mais danosa ao valor social do trabalho e à dignidade da pessoa humana justamente pelo Estado, que deveria defender a Constituição, acima de tudo? Como permitir que o trabalhador receba menos e em condições piores do que aquelas que a Constituição lhe garantiu?

Não há, pois, também sob o ângulo do art. 7º da Constituição da República, condições de se sustentar a possibilidade de terceirização na Administração Pública, tendo em vista que os direitos dos trabalhadores devem ser protegidos pelo Estado. Esta proteção, evidentemente, não é apenas no que tange à fiscalização das empresas particulares, mas em especial no cumprimento dos mandamentos constitucionais.

De que adianta exigir que o particular tenha determinada conduta e cumpra os direitos trabalhistas se o Estado se utiliza do subterfúgio denominado "terceirização" para fugir às suas responsabilidades legais? Não é admissível que o Estado, defensor do cidadão, possa adotar uma conduta que viole frontalmente os direitos dos trabalhadores, relegando-os à condição de subemprego.

Na metáfora de Geraldo Ataliba(68), "*ninguém construiria uma fortaleza de pedras, colocando-lhe portas de papelão*".

Como se não bastasse, há outro efeito pouco avaliado, mas nitidamente sinistro, que é o da irresponsabilidade concreta quanto à proteção do meio ambiente de trabalho. Os terceirizados, não se integrando às Comissões Internas de Prevenção de Acidentes/CIPAs e não tendo representação sindical no ambiente de trabalho, subordinam-se a trabalhar em condições que lhe são apresentadas, sem qualquer possibilidade de rejeição institucional. O meio ambiente do trabalho torna-se, pois, um local sem segurança, sem apoio e sem confiança, gerando aumento sensível de doenças profissionais.

Nesse sentido, Márcio Túlio Viana, Gabriela Neves Delgado e Helder Santos Amorim(69) consideram a terceirização, mais do que uma técnica de gerência, uma estratégia de poder:

> (...) a terceirização divide já não apenas trabalho, mas a classe que trabalha, semeando o medo no chão da fábrica e colhendo um novo espécime de trabalhador – mais dócil e solitário, e ao mesmo tempo, sempre móvel e ansioso, modelo ideal para um ritmo de trabalho trepidante, mutante e absorvente, tal como as músicas, as modas e tudo o mais que nos cerca. (...) Assim, enquanto nos preocupamos apenas com a norma, é o próprio sujeito que se flexibiliza. (...) Nesse sentido, talvez se possa dizer que o **direito do trabalho não é apenas um conjunto de normas e institutos – mas é o próprio trabalhador**. E é isso que as transformações de um deles provocam transformações no outro. Esse talvez seja o maior problema da terceirização. **Embora não seja a única, ela é uma espécie de bomba que ajuda a implodir o direito do trabalho**. (grifo nosso)

Ora, os direitos dos trabalhadores são direitos sociais, e estão inseridos no Capítulo II do Título II da Constituição da República, que traz arrolados os direitos e garantias fundamentais.

Para o presente estudo, destaca-se a importância do art. 7º da Constituição Federal, o mais vilipendiado pelo instituto da terceirização.

De nada adiantaria inserir tantos direitos trabalhistas, e aludir em inúmeras passagens à importância de

(66) A respeito, *vide* de forma mais detalhada o artigo de BITTENCOURT, Hélio (e outros). "O Impacto da Terceirização e o Princípio da Eficiência na Prestação de Serviços Públicos". Disponível em: <https://marciarcsousa.jusbrasil.com.br/artigos/437945774/o-impacto-da-terceirizacao-e-o-principio-da-eficiencia-na-prestacao-de-servicos-publicos>. Acesso em: 19 mar. 2017.

(67) Para uma análise minuciosa sobre o tema, *vide* obras de MELLO, Celso Antônio Bandeira de. *Curso de Direito Administrativo*, *Op. cit.*, p. 125. DI PIETRO, Maria Sylvia Zanella. *Parcerias na Administração Pública* – Concessão, Permissão, Franquia, Terceirização, Parceria Público-Privada e Outras Formas, *Op. cit.*, p. 307-308.

(68) ATALIBA, Geraldo. *Apud* ZOCKUN, Carolina Zancaner. *Da Intervenção do Estado no Domínio Social*. São Paulo: Malheiros Editores, 2009. p. 45.

(69) VIANA, Márcio Túlio; DELGADO, Gabriela Neves; AMORIM, Helder Santos. "Terceirização – Aspectos Gerais – A última decisão do STF e a Súmula n. 331 do TST – Novos enfoques", *Revista LTr* 75/284-285, n. 3. São Paulo: LTr, março/2011.

assegurá-los, se eles pudessem ser relegados pela Administração, ou seja, "trocados" pelo instituto da terceirização, que nada mais é que a mercantilização do ser humano.

Trata-se, pois, de resguardar o conteúdo essencial dos direitos trabalhistas, cujo cumprimento se reveste de inequívoco interesse público, por se tratar de normas de direito fundamental.

Não há, assim, eficiência[70] que justifique a adoção de um sistema que iniba os direitos dos trabalhadores no ambiente de trabalho. Conforme expõe Jorge Luiz Souto Maior[71]:

> Aliás, a terceirização no setor público não deixa de ter uma razão parecida com aquela que a motivou no setor privado, de uma certa represália dos empregados contra as posturas reivindicatórias dos trabalhadores. Nesse sentido, acaba sendo muito conveniente para a Administração terceirizar em vez de nomear servidores em caráter efetivo, já que isso lhe permite manter de forma mais cômoda o controle sobre os seus administrados, pois se algum terceirizado "causar problema" basta dar um telefonema à empresa e ela demite o empregado ou, no mínimo, recoloca-o em outra empresa para trabalhar. Eliminam-se "problemas" com passeatas, greves e movimentos sindicais, em virtude de não haver a mínima estabilidade (jurídica e fática) do empregado no serviço público.

"*Inúmeros, portanto, são os pontos negativos da terceirização para o trabalhador e, consequentemente, para toda a sociedade, já que se constata o aumento da rotatividade dos trabalhadores, com graves sequelas sociais, além do incentivo à redução das retribuições trabalhistas, bem como o fomento do subemprego e do mercado informal*", assevera Ronaldo Pamplona Filho[72].

No tocante à especialização das empresas em atividades que lhe são próprias, esta deliberação costuma ser benéfica na iniciativa privada. Contudo, cumpre registrar que o Estado tem por obrigação constitucional a manutenção de sua própria estrutura, para que sua própria sobrevivência não esteja atrelada a terceiros, senão aos seus próprios agentes.

Assim, para que o Estado possa manter uma estrutura adequada, ele próprio deve estar apto à prestação de suas atividades. Por conseguinte, o Estado tem como missão institucional capacitar seus agentes, de modo que eles desempenhem da forma mais adequada possível suas atribuições, refletindo, pois, em uma melhor prestação de serviços à sociedade.

Nesse cenário, não se pode olvidar que com o primado da economia de mercado terceiriza-se em massa, originando, de um lado, empresas competentes com manifesta especialização para concorrer no mercado mas, ao mesmo tempo, fenômenos perversos, como a ação das falsas cooperativas ou dos "laranjas" utilizados como verdadeiros feitores em empresas "de fundo de quintal" apenas para explorar a mão de obra e obter lucro o mais rápido possível, sem qualquer responsabilidade social[73].

A sociedade sofre, então, duplamente: pela situação de abandono dos trabalhadores e pela má qualidade na prestação de um serviço deficiente pela Administração, que não conta com pessoal próprio para a realização de suas atividades internas e permanentes.

A par disso, cumpre considerar que, ao longo destes anos, muitos avanços foram obtidos para os trabalhadores, especialmente com o advento do Estado Social de Direito. Mas há ainda muito a evoluir. Não se deve caminhar no sentido inverso, não se pode permitir retrocessos em áreas sensíveis, nas quais a obtenção dos direitos muito custou à classe proletária.

Transformar um Estado em Estado Social é tarefa dificílima. Para Paulo Bonavides[74], este é o verdadeiro problema do direito constitucional de nossa época: descobrir como juridicizar o Estado Social, como estabelecer e inaugurar novas técnicas ou institutos processuais para garantir os direitos sociais básicos, a fim de torná-los efetivos.

---

(70) STF, Pleno, Recurso Extraordinário (RE) n. 658.026, Relator Ministro Dias Toffoli, DJe de 31.10.2014: "*A imposição constitucional da obrigatoriedade do concurso público é peremptória e tem como objetivo resguardar o cumprimento de princípios constitucionais, dentre eles os da impessoalidade, da igualdade e da eficiência*".

(71) MAIOR, Jorge Luiz Souto. "Terceirização na Administração Pública: uma prática inconstitucional", *Boletim Científico ESMPU* a-4/102, n. 17. Brasília, outubro-dezembro, 2005.

(72) FILHO, Ronaldo Pamplona. "Terceirização e Responsabilidade Patrimonial da Administração Pública", *Fórum de Contratação e Gestão Pública*/FCGP 14, ano 2. Belo Horizonte, fevereiro/2003. Disponível em: <http://www.bidforum.com.br/bid/PDI0006.aspx?pdiCntd=7748>. Acesso em: 08 jun. 2017.

(73) FILHO, Ronaldo Pamplona. "Terceirização e Responsabilidade Patrimonial da Administração Pública", *Fórum de Contratação e Gestão Pública*/FCGP 14, ano 2. Belo Horizonte, fevereiro/2003. Disponível em: <http://www.bidforum.com.br/bid/PDI0006.aspx?pdiCntd=7748>. Acesso em: 08 jun. 2017.

(74) BONAVIDES, Paulo. *Curso de Direito Constitucional*. 29. ed. São Paulo: Malheiros Editores, 2014. p. 381.

Em outras palavras, o Estado Brasileiro, tal como preconizado pela Constituição de 1988, não foi criado para despender menos, mas para despender melhor, tirando o máximo de proveito que o recurso possui, mas com atenção aos valores supremos da dignidade da pessoa humana e da justiça social.

Nessa perspectiva, pode-se afirmar que a concretização dos direitos sociais básicos passa muito longe do instituto da terceirização na Administração Pública, que é, indubitavelmente, um retrocesso para a sociedade brasileira. O que implica dizer que a eficiência administrativa não pode ser realizada com a precarização dos direitos trabalhistas.

Por conseguinte, a terceirização(75) na Administração Pública acaba, pois, por subverter a lógica constitucional de proteção aos trabalhadores, uma vez que constitui burla a mandamentos constitucionais, em especial ao princípio do concurso público.

3. O PRINCÍPIO DO CONCURSO PÚBLICO E A TERCEIRIZAÇÃO À LUZ DA LEI N. 13.429/2017

Segundo o Ministério do Trabalho e Emprego, "*terceirização é a contratação de serviços por meio de empresa, intermediária entre o tomador de serviços e a mão de obra, mediante contrato de prestação de serviços*"(76).

Apesar de ser instituto oriundo do Direito do Trabalho(77), o embasamento para a admissão do uso desse instrumento no âmbito administrativo vem do art. 37, XXI, da CF7. Em nível infraconstitucional, há previsão no Decreto-Lei n. 200, de 25 de fevereiro de 1967, (art. 10, § 7º), bem como em atos infralegais.

Agora, o Presidente da República, Michel Temer, sancionou a Lei n. 13.429(78), de 31 de março de 2017, alterando os dispositivos da Lei n. 6.019, de 03 de janeiro de 1974, que dispõe "*sobre o trabalho temporário nas empresas urbanas e sobre as relações de trabalho na empresa de prestação de serviços a terceiros*", em decorrência da atual reforma trabalhista(79).

Em linhas gerais, pretende dar nova regulamentação legal à matéria, em relação à iniciativa privada. Contudo, também se prevê sua aplicação ao setor público, o que demanda análise mais acurada sobre os limites constitucionais à contratação de serviços terceirizados por órgãos e entidades administrativas.

Isso porque, conforme já decidido pelo Tribunal de Contas da União (TCU): "*Em face da permissão legal à*

---

(75) Diga-se de atividades internas e permanentes.

(76) BRASIL. MINISTÉRIO DO TRABALHO E EMPREGO. Terceirização: trabalho temporário: orientação ao tomador de serviços. Brasília: MTE, SIT, 2001, p. 31. Disponível em: <http://www.google.com.br/url?sa=t&rct=j&q=&esrc=s&source=web&cd=7&ved=0CEAQFjAG&url=http%3A%2F%2Fwww.saudeetrabalho.com.br%2Fdownload%2Fmanualsobreterceirizacao.pdf&ei=en4oVbWoLvWOsQSQi4DIDQ&usg=AFQjCNGuItM5tKQPve1ObDd9U_lEfSrjHw&sig2=MgrbAHyVnilAZeF0hAejw&bvm=bv.90491159,d.cWc>. Acesso em: 10 jun. 2017. No mesmo sentido: PIETRO, Maria Sylvia Zanella Di. *Direito Administrativo*. São Paulo: Atlas, 2009. p. 343.

(77) Nesse ramo do Direito, atualmente, não há ato normativo que regulamente a terceirização de atividades. Dessa maneira, a principal fonte para a interpretação da matéria, mesmo em relação à Administração Pública, é a citada Súmula n. 331 do TST, segundo a qual: "*CONTRATO DE PRESTAÇÃO DE SERVIÇOS. LEGALIDADE. I – A contratação de trabalhadores por empresa interposta é ilegal, formando-se o vínculo diretamente com o tomador dos serviços, salvo no caso de trabalho temporário (Lei n. 6.019, de 03.01.1974). II – A contratação irregular de trabalhador, mediante empresa interposta, não gera vínculo de emprego com os órgãos da Administração Pública direta, indireta ou fundacional (art. 37, II, da CF/1988). III – Não forma vínculo de emprego com o tomador a contratação de serviços de vigilância (Lei n. 7.102, de 20.06.1983) e de conservação e limpeza, bem como a de serviços especializados ligados à atividade-meio do tomador, desde que inexistente a pessoalidade e a subordinação direta. IV – O inadimplemento das obrigações trabalhistas, por parte do empregador, implica a responsabilidade subsidiária do tomador dos serviços quanto àquelas obrigações, desde que haja participado da relação processual e conste também do título executivo judicial. V – Os entes integrantes da Administração Pública direta e indireta respondem subsidiariamente, nas mesmas condições do item IV, caso evidenciada a sua conduta culposa no cumprimento das obrigações da Lei n. 8.666, de 21.06.1993, especialmente na fiscalização do cumprimento das obrigações contratuais e legais da prestadora de serviço como empregadora. A aludida responsabilidade não decorre de mero inadimplemento das obrigações trabalhistas assumidas pela empresa regularmente contratada. VI – A responsabilidade subsidiária do tomador de serviços abrange todas as verbas decorrentes da condenação referentes ao período da prestação laboral*".

(78) Inteiro teor disponível em: <www.planalto.gov.br/ccivil_03/_ato2015-2018/2017/lei/L13429.htm>. Acesso em: 20 jun. 2017.

(79) Um dos principais argumentos a favor da reforma trabalhista proposta pelo governo (2017) é a necessidade de atualizar as leis definidas na Consolidação das Leis do Trabalho (CLT). Assinada pelo presidente Getúlio Vargas em 1943, este principal diploma da legislação trabalhista brasileira é considerado pelos críticos como arcaica e ultrapassada. Porém, desde sua criação, há 74 anos, o texto da CLT sofreu centenas de mudanças – algumas delas bem recentes. "*Foram mais de 500 alterações em mais de 70 anos, desde pequenos ajustes de redações até mudanças estruturais nas leis trabalhistas, afirma Fabiano Zavanella, mestre em direito do trabalho pela PUC-SP. (...) Estudo feito pelo juiz do trabalho e professor de Direito da USP, Jorge Souto Maior, aponta que, dos 921 artigos que constavam da CLT original de 1943, somente 625 diziam respeito aos direitos trabalhistas propriamente ditos. Os demais regulavam o processo do trabalho. Desses 625, apenas 255 não foram alterados ou revogados total ou parcialmente por leis posteriores. Segundo o juiz, grande parte das mudanças aconteceu durante o regime militar para, entre outros motivos, conter a organização sindical que era prevista na CLT original e estava muito fortalecida até a deposição do presidente João Goulart, em 1964. Essas mudanças na CLT também atendiam o modelo econômico neoliberal seguido pelo regime militar*". Disponível em: <https://economia.uol.com/noticias/redacao/2017/05/28/acha-a-clt-ultrapassada-veja-quantas-alteracoes-ela-ja-sofreu-em-74-anos.htm>. Acesso em: 10 jul. 2017.

terceirização no serviço público, faz-se necessário analisar seus limites. A terceirização sem freios configuraria fraude à disciplina constitucional para o provimento de cargos na administração pública mediante seleção por concurso público. (...)"

Já é alvo de bastante polêmica o conteúdo da Lei em si, bem como sua constitucionalidade material, em face do art. 7º da Constituição Federal[(80)]. Esse não será, no entanto, o objeto de nossa pesquisa[(81)].

O tema que buscamos analisar é mais restrito: diz respeito à possibilidade, ou não, de ampliação da terceirização, como pretende a referida Lei, à Administração Pública para a contratação de seu pessoal, sob o prisma jurídico-constitucional do tema, tais como o risco da precarização das relações de trabalho no setor público, ou o risco da terceirização de carreiras típicas de Estado. Responde-se a essa pergunta de forma negativa, pois defendemos que uma interpretação nesse sentido esvaziaria – mesmo quando aplicada somente às empresas públicas e sociedades de economia mista – o conteúdo do princípio constitucional do concurso público (CF, art. 37, II).

De acordo com a teoria do núcleo essencial[(82)], embora nenhum princípio possa ser considerado absoluto, a restrição incidente sobre ele não pode ser de tal monta que termine por esvaziar seu conteúdo. Em outras palavras: a restrição é possível, mas não pode ser tão profunda que torne inócuo o princípio[(83)].

No mesmo sentido, permitir a terceirização das atividades-fim[(84)] de órgãos e entidades da Administração Pública configura uma violação ao núcleo essencial do princípio constitucional do concurso público, pois significaria a redução drástica das vagas em concursos públicos, ou da própria realização dessa espécie de certame. O inciso II do art. 37 passaria, de regra, à exceção.

E mais. Como já dito anteriormente, o cerne, o núcleo essencial do princípio do concurso público é a exigência de isonomia (CF, art. 5º, *caput*). A seleção em caráter impessoal assegura que os candidatos concorram em igualdade de condições, impedindo que preferências pessoais dos gestores públicos e agentes políticos influenciem na seleção de pessoal[(85)]. Não é à toa que alguns mandatários manifestam predileção por cargos em comissão, em detrimento dos servidores titulares de cargos efetivos[(86)]. Nesse sentido, aliás, o concurso realiza os princípios maiores da moralidade administrativa e da impessoalidade (CF, art. 37, *caput*)[(87)].

Considerando a terceirização de atividades-fim inconstitucional (mesmo que em entidade estatal exploradora de atividade econômica), por violação aos citados princípios da moralidade e da impessoalidade, o Superior Tribunal de Justiça[(88)] (STJ) já decidiu constituir inclusive ato de improbidade a terceirização de atividades em banco público, por exemplo.

(80) Disponível em: <http://www.conjur.com.br/2013-ago-21/juizes-trabalho-criticam-projeto-terceirizacao-tramitacongresso>. Acesso em: 14 jul. 2017.

(81) Por questão de espaço e de delimitação do objeto de análise, também não abordaremos pormenorizadamente questões referentes à possibilidade, ou não, de aplicação das disposições constantes da proposição às atividades-fim de órgãos e entidades da Administração Pública.

(82) A teoria citada foi desenvolvida para a aplicação na análise dos limites jurídicos aos direitos fundamentais. A respeito, *vide* obra de TAVARES, André Ramos. *Curso de Direito Constitucional*. São Paulo: Saraiva, 2015. p. 385-386. Todavia, ainda que não se entenda o princípio do concurso público como norma que alberga um direito fundamental dos administrados, consideramos aplicável a análise citada. Assim, a teoria do núcleo essencial pode ser utilizada como ferramenta para se verificar a constitucionalidade da restrição a qualquer princípio. Em defesa desse raciocínio, citamos o fato de a CF albergar a impossibilidade de restrição do núcleo essencial dos princípios qualificados como *cláusulas pétreas* (CF, art. 60, § 4º), ainda que não relacionados exclusivamente aos direitos e garantias individuais.

(83) Segundo Gilmar Ferreira Mendes, tal princípio "destina-se a evitar o esvaziamento do conteúdo do direito fundamental decorrente de restrições descabidas, desmesuradas ou desproporcionais". MENDES, Gilmar Ferreira. *Direitos Fundamentais e Controle de Constitucionalidade*. São Paulo: Saraiva, 2009. p. 43.

(84) Ao passo que admitir a terceirização nas atividades-meio restringe a aplicação do princípio do concurso.

(85) Sustentando que o princípio do concurso público deriva dos princípios (também com *status* constitucional) da igualdade, da moralidade, da meritocracia e da competição. CARVALHO FILHO, José dos Santos. *Manual de Direito Administrativo*. Rio de Janeiro: Lumen Juris, 2006. p. 526.

(86) Não se pode cair, no entanto, na tentação de criticar indevidamente os cargos em comissão. Como já sustentamos em outra oportunidade, é indispensável aos gestores, em geral, e aos titulares de mandato eletivo, em particular, contar com pessoas de sua estrita confiança, em termos profissionais, ou alinhadas à ideologia por eles representada. Além disso, o cargo em comissão permite atrair temporariamente para a Administração pessoas capacitadas da iniciativa privada, que não tenham interesse em se vincular definitivamente ao cargo público. CAVALCANTE FILHO, João Trindade; LAGO, Rodrigo Pires Ferreira. "A vedação ao nepotismo e as nomeações de agentes políticos: uma análise sobre a jurisprudência do STF e a súmula vinculante STF n. 13". *Revista Síntese de Direito Administrativo*, v. 5, n. 58, out. 2010, p. 93-116.

(87) Nesse sentido, cf. STF, Pleno, Recurso Extraordinário (RE) n. 658.026, Relator Ministro Dias Toffoli, DJe de 31.10.2014: "*A imposição constitucional da obrigatoriedade do concurso público é peremptória e tem como objetivo resguardar o cumprimento de princípios constitucionais, dentre eles os da impessoalidade, da igualdade e da eficiência*".

(88) STJ, Primeira Turma, Recurso Especial (REsp) n. 772.241/MG, Relator Ministro Luiz Fux, DJe de 24.06.2009.

Permitir a terceirização de atividades-fim seria substituir o recrutamento via concurso por trabalhadores terceirizados; seria abrir portas para que apadrinhados dos governantes pudessem prestar serviços à Administração Pública, uma vez que a seleção dos trabalhadores terceirizados pela empresa terceirizadora não obedece a qualquer tipo de controle(89).

Aliás, é justamente por isso que o STF possui iterativa jurisprudência no sentido de que, se houver terceirização de atividades durante a vigência do prazo de validade de concurso público para as mesmas funções, surge o direito subjetivo líquido e certo dos aprovados à nomeação(90).

CONSIDERAÇÕES FINAIS

Diante do estudo empreendido e com vistas à efetivação do princípio constitucional do concurso público, cabe, finalmente, apontar as conclusões emergentes, propiciadas pela abordagem temática adotada.

A abrangência da Lei n. 13.429/2017 requer considerações adicionais com o objetivo de se delimitar, a partir da ideia de que ampliar a terceirização à Administração Pública configura violação ao núcleo essencial do princípio constitucional do concurso público, quais são os efetivos contornos da terceirização no âmbito administrativo(91).

A crítica principal está direcionada para a ampliação "desarrazoada" da terceirização para a Administração Pública, pois rompe com o caráter excepcional do regime de intermediação de mão de obra, viola o regime constitucional de emprego socialmente protegido (art. 7º, inciso 1º, da Constituição Federal), burla(92) o princípio constitucional do concurso público, esvazia a eficácia dos direitos fundamentais sociais dos trabalhadores (arts. 1º, 7º a 11, 170, incisos VII e VIII, e 193) e vulnera o cumprimento, pelo Brasil, da Declaração de Filadélfia e das Convenções n. 29 e 155 da Organização Internacional do Trabalho (OIT).

De todo modo, está posta a questão fulcral: "*a mudança neoliberal moveu as decisões da esfera pública ao mercado*", conforme bem apontado por Noam Chomsky(93), o que constitui grave ameaça ao sistema jurídico de proteção social dos trabalhadores, prestigiado pelo Direito do Trabalho.

Com efeito, apesar de a Constituição da República não ter regulamentado especificamente a questão da terceirização, trouxe limites claros a essa relação trilateral. Nas palavras de Mauricio Godinho Delgado(94):

> Os limites(95) da Constituição ao processo terceirizante situam-se no sentido de seu conjunto normativo, quer nos princípios, quer nas regras

(89) KIAN, Tatiana. "Terceirização na Administração Pública", *Revista de Direito Público*. Londrina, v. 1, n. 2, maio/ago. 2006, p. 231. No mesmo sentido: "*Por meio da terceirização, o capital se organiza estrategicamente em todos os vieses da máquina estatal na defesa dos interesses de mercado, em privilégio de camadas empresariais muito restritas da sociedade, acentuando o ambiente propício à promiscuidade entre o público e o privado, e aprofundando o caráter patrimonialista da relação entre os governos e as elites econômicas*". AMORIM, Helder Santos. *A Terceirização no Serviço Público à luz da Nova Hermenêutica Constitucional*. São Paulo: LTr, 2009. p. 76.

(90) Dentre vários precedentes, *vide* STF, 2ª Turma, Agravo Regimental (AgR) no Agravo de Instrumento (AI) n. 776.070, Relator Ministro Gilmar Mendes, DJe de 22.03.2011. *Vide* também interessante processo n. 0010012-30.2016.5.15.0015. A propósito, é a jurisprudência consolidada do Excelso Supremo Tribunal Federal: "*A ocupação precária, por comissão, terceirização, ou contratação temporária, para o exercício das mesmas atribuições do cargo para o qual promovera o concurso público, configura ato administrativo eivado de desvio de finalidade, caracterizando verdadeira burla à exigência constitucional do art. 37, II, da Constituição Federal*". Precedente: AI776.070-AgR, Relator Ministro Gilmar Mendes, Dje 22.03.2011. (STF – 1a Turma – ARE 649046 AgR/MA – Rel. Min. Luiz Fux – DJe de 13.09.2012). Na mesma linha, é o entendimento do C. TST, a seguir colacionado: "*RECURSO DE REVISTA. CONCURSO PÚBLICO – PRETERIÇÃO DE CANDIDATOS APROVADOS EM FAVOR DE EMPREGADOS CONTRATADOS POR MEIO DE EMPRESA INTERPOSTA – DIREITO SUBJETIVO À NOMEAÇÃO – EXISTÊNCIA. Vem sendo sedimentado na jurisprudência o posicionamento de que a expectativa de direito do aprovado em concurso público convola-se em direito líquido e certo quando a Administração, ofendendo princípios a que deve estar submetida, acaba por demonstrar a efetiva existência de vagas e a real necessidade de pessoal para os serviços de que tratou o edital. Esse entendimento encerra, sem dúvida, grande avanço no que diz respeito à proteção do cidadão contra o "administrador amoral ou imoral" que, por exemplo, pretere o concursado em favor de empregado terceirizado para exercício de cargo que não dispensa o concurso público*". (TST – 2ª Turma – Processo TST-RR-10200– 78.2007.5.09.0670 – Rel. Min. Renato de Lacerda Paiva – Julgado em 7 de março de 2012).

(91) O mesmo vale, no âmbito da Administração Pública, para uma atividade, ainda que de natureza nitidamente acessória, que tenha suas atribuições elencadas na lei que instituiu o quadro de pessoal da entidade ou órgão, não pode ser preenchida, licitamente, mediante terceirização.

(92) Afinal, como adverte Luciano Ferraz, "*o grande problema surgido em torno da terceirização, principalmente a partir da vigência da atual Constituição Federal, foi a sua utilização como válvula de escape à realização de concursos públicos, com vista a contornar a regra do art. 37, II, da Constituição*". FERRAZ, Luciano. "Lei de Responsabilidade Fiscal e terceirização de mão de obra no serviço público". *Revista Jurídica Administração Municipal*, ano 6, n. 3, p. 24, março/2001.

(93) CHOMSKY, Noam. "Sistema neoliberal coloca trabalhadores uns contra os outros, diz Noam Chomsky". São Paulo, 04.07.2017. Disponível em: <https://operamundi.uol.com.br>. Acesso em: 04 jul. 2017.

(94) DELGADO, Maurício Godinho. *Curso de Direito do Trabalho*. *Op. cit.*, p. 446.

(95) A falta de limites à terceirização, sob a ótica da Constituição Federal, não é compatível com a ordem jurídica brasileira, pois, por confrontar princípios constitucionais sociais, o crescimento desordenado deste fenômeno configura a nítida degradação do trabalho humano.

assecuratórias da dignidade da pessoa humana (art. 1º, III), da valorização do trabalho e especialmente do emprego (art. 1º, III, combinado com art. 170, *caput*), da busca de construção de uma sociedade livre, justa e solidária (art. 3º, I), do objetivo de erradicar a pobreza e a marginalização e reduzir as desigualdades sociais (art. 3º, III), da busca da promoção do bem de todos, sem preconceitos de origem, raça, sexo, cor, idade e quaisquer outras formas de discriminação (art. 3º, IV).

O C. Tribunal Superior do Trabalho, por meio da Súmula n. 331, estabeleceu limites objetivos ao fenômeno terceirizante, considerando válida a terceirização apenas nas hipóteses previstas nas Leis n. 6.019/1974 e n. 7.102/1983, além dos serviços de conservação, limpeza e vigilância e dos serviços ligados à atividade-meio do tomador, coadunando-se com a regra geral do ordenamento pátrio que impõe a contratação dos trabalhadores em conformidade com as regras da CLT e princípios do Direito do Trabalho.

Porém, tratando-se de terceirização de tarefas típicas da atividade-fim da Administração Pública, os trabalhadores têm seus direitos trabalhistas, garantidos pela Constituição, vilipendiados por uma terceirização flagrantemente ilícita, em completa violação à ordem jurídica protetiva.

Para uma exegese preocupada com o verdadeiro espírito da lei ou mesmo com a intenção do legislador, mister que se percorra outro caminho.

Historicamente, tem-se que o dispositivo legal em estudo veio à lume para evitar a demasiada oneração dos cofres públicos, dada a diuturna inadimplência dos encargos sociais pelas empresas contratadas pelos entes da Administração.

Com efeito, não pode a lei ordinária afrontar os princípios constitucionais insertos na Carta Magna. Procedendo-se a uma interpretação sistemática do nosso ordenamento jurídico nota-se que a República Federativa do Brasil tem como um de seus fundamentos os valores sociais do trabalho, e o trabalho é um dos direitos sociais assegurados (arts. 1º e 6º, da Constituição Federal). De resto, a ordem econômica deve se fundar na valorização do trabalho humano (art. 170) e, principalmente, observar o princípio da busca do pleno emprego (inciso VIII, do mesmo artigo). A menção não é pura e simples a emprego, mas a pleno emprego, que compreende, certamente, o respeito a todos os direitos trabalhistas tão arduamente conquistados ao longo dos séculos. Não pode, pois, o legislador ordinário olvidar os princípios constitucionais, neste caso os relativos aos direitos sociais, tidos pela própria Carta Política como fundamentais, sob pena de ser tisnada de nula a norma que editar.

Isto é: a lógica desse entendimento não é, nem pode ser, alterada por mera modificação em nível infraconstitucional. Não se pode, em suma, ler o inciso II do art. 37 da Carta Magna à luz da Lei; deve-se, ao revés, analisar a Lei à luz do princípio constitucional do concurso público. É preciso, então, utilizar a técnica hermenêutica da interpretação conforme a Constituição[96] para sustentar que as disposições da Lei n. 13.429/2017 sejam lidas à luz da Constituição Federal.

Por conseguinte, pode-se concluir que: ou a Lei n. 13.429/2017 é modificada para se deixar claras as restrições à terceirização na Administração Pública; ou se sustenta a possibilidade de sua leitura à luz da Constituição, de forma a evitar a burla ao princípio do concurso público; ou a referida Lei deve ser declarada inconstitucional[97], na parte em que se choca com o inciso II do art. 37 da Constituição da República[98].

À luz dessas observações, a terceirização[99] deve ser considerada absolutamente excepcional, no âmbito da Administração Pública, e, mesmo assim, abrangendo

(96) COELHO, Inocêncio Mártires. *Interpretação Constitucional*, Porto Alegre: Sergio Antonio Fabris, 2003, p. 107. "*Essa técnica consiste em, quando se trata de norma com mais de um significado, alguns compatíveis com a CF e outros inconstitucionais, afastar os últimos – mantém-se a norma no ordenamento, desde que interpretada em conformidade com o texto constitucional*". "*Com efeito, a técnica da interpretação conforme só é possível quando a norma for polissêmica (isto é, possuir mais de um significado possível) e pelo menos uma dessas interpretações for constitucionalmente adequada. Do contrário, resta a declaração de inconstitucionalidade pura e simples da norma*". BRANCO, Paulo Gustavo Gonet; MENDES, Gilmar Ferreira. *Curso de Direito Constitucional*. São Paulo: Saraiva, 2011. p. 1370.

(97) Defende-se que a Lei em estudo está eivada de vício da inconstitucionalidade.

(98) Em outras palavras, caso se conceba (como sustentamos) que a terceirização vulnera o princípio constitucional do concurso público, torna-se forçoso reconhecer que a referida Lei ou é inconstitucional (por burlar o inciso II do art. 37 da CF), ou deve ser lida de forma a ser compatibilizada com o sistema normativo constitucional.

(99) Em suma, a terceirização só é admitida na Administração Pública, sem violar o núcleo essencial do princípio do concurso público, quando cumpridas cumulativamente as seguintes condições: a) tratar-se de atividade-meio; b) não constante do quadro de cargos, empregos e funções do órgão ou entidade; e c) inexistentes a pessoalidade, a habitualidade e a subordinação direta. DI PIETRO, Maria Sylvia Zanella. *Parcerias na Administração Pública – Concessão, Permissão, Franquia, Terceirização, Parceria Público-Privada e Outras Formas*. *Op. cit.*, p. 345.

tão somente os serviços comuns ligados às suas atividades-meio(100), mas sempre numa leitura constitucional do tema.

Isto porque defendemos que o ordenamento jurídico pátrio adota o entendimento de que as atividades finalísticas da Administração Pública devem ser desempenhadas por servidores do quadro de pessoal do ente. Assim, a contratação de pessoal sem a observância da exigência constitucional do concurso público nesses casos, fere não somente o princípio da isonomia, como afronta também o princípio constitucional da moralidade administrativa, pois a realização de concurso público exige do ente público o respeito aos princípios constitucionais que regem todos os atos administrativos.

Apesar de a terceirização constituir uma velha prática arraigada no seio da Administração Pública em geral, consistente na burla ao princípio do concurso público, a crítica que se faz à possibilidade de ampliação da terceirização às atividades-fim da Administração Pública visa a evitar que a terceirização de mão de obra venha a ser utilizada com o fim de ladear o limite de gasto com pessoal. Tem, ainda, o mérito de erguer um dique à contratação indiscriminada de prestadores de serviço, valorizando o servidor público e o concurso.

Desse modo, a correta interpretação da Lei n. 13.429/2017 visa a coibir a prática corrente nas administrações públicas brasileiras de terceirizar indiscriminadamente suas atividades, imaginando que com isso poderiam se desonerar dos limites estabelecidos para os gastos com pessoal, bem como furtar-se ao cumprimento do rito da exigência do concurso público, exigido pela Constituição da República.

Portanto, primando pelos direitos sociais alcançados ao longo da história, os limites constitucionais à terceirização são essenciais para que o Direito do Trabalho permaneça sólido em sua função civilizatória no caminho da inclusão socioeconômica protegida do trabalhador, valorizando o trabalho e a democratização do poder nas relações empresariais.

A partir das análises ora traçadas, pode-se concluir que ampliar o expectro das terceirizações é temerário, de modo que a referida Lei deve ser lida à luz da Constituição, para se afastar qualquer interpretação(101) que permita a terceirização de atividades-fim, ou de funções constantes de quadro de pessoal dos órgãos e entidades administrativas, ou, ainda, que importem relação de pessoalidade, habitualidade ou subordinação hierárquica.

Sustenta-se que diversos dispositivos da lei(102) em comento afrontam normas constitucionais com um impacto direto na vida dos trabalhadores. Grande contingente, de milhares de postos de emprego direto, pode ser substituído por locação de mão de obra temporária e por empregos terceirizados em atividades finalísticas, com precaríssima proteção social.

Finalmente, corroborando as conclusões já expostas, o pensamento de Márcio Túlio Viana(103) sintetiza:

> Multiplicar o número de terceirizados significa multiplicar as trágicas consequências da terceirização, inclusive, como vimos, para o Direito do Trabalho. Além de ferir a sua essência, ela certamente dificultará sua vocação progressista, se é que não irá invertê-la. Nesse sentido, a terceirização é também um discurso: ela aponta para um novo paradigma, um novo modo de pensar e de fazer as leis, uma nova lógica entre o capital e o trabalho. É um símbolo, e por isso também um aceno, um convite, sinalizando para o desmonte progressivo das conquistas operárias. No mínimo, o trabalho se veria refém por inteiro, ou em muito maior escala, do capital.

---

(100) O que se admite apenas em caráter subsidiário, uma vez que como refere o autor: *"(...), também o Direito do Trabalho deve se preparar para ser flexível, mas não no sentido de se tornar menor, abrindo espaço ao mais forte – e sim no de persegui-lo em suas mutações. Ao mesmo tempo, terá também que ser rígido na defesa de seu princípio mais importante – o da proteção"*. VIANA, Márcio Túlio. *Para Entender a Terceirização. Op. cit.*, p. 111.

(101) Defende-se, assim, a interpretação do texto da Lei à luz da Constituição, para se compatibilizar as disposições (porventura) legais com o princípio do concurso público (CF, art. 37, II). Embora a interpretação conforme a Constituição possa ser controversa – por ser possível defender a inconstitucionalidade pura e simples da atual redação da Lei, deve-se também buscar fugir de uma normatização que seja constitucionalmente inadequada ou, no mínimo, de duvidosa constitucionalidade.

(102) Com o intuito de coibir os efeitos negativos da Lei n. 13.429/2017, o atual procurador-geral da República, Rodrigo Janot, apresentou ao Supremo Tribunal Federal (STF) Ação Direta de Inconstitucionalidade (ADI 5735) contra a Lei n. 13.429/2017. Além de apontar vícios na tramitação do projeto legislativo que resultou na lei, Janot sustenta que o texto aprovado viola diversos dispositivos constitucionais. Disponível em: <www.stf.jus.br/portal/cms/verNoticiaDetalhe.asp?idConteudo=347835&tip=UN>. Acesso em: 10 jul. 2017.

(103) VIANA, Márcio Túlio. *Para Entender a Terceirização, Op. cit.*, p. 111. *"Num contexto assim, de autêntica e generalizada marchandage, qual sentido assumiria o princípio da proteção? E quais outras criaturas estranhas não entrariam depois por aquela porta? Como fazer valer a CLT, se até uma pequena lei, ou uma decisão do STF, for capaz de desafiar e até de ridicularizar a própria essência do Direito do Trabalho? Qual seria a postura dos juízes ao aplicar as antigas normas, se até mesmo o trabalho indigno se naturalizaria, a ponto de ser tornar uma regra jurídica? Em última análise, como evitar novas investidas aviltantes se o Direito do Trabalho estaria todo impregnado e deturpado pela ideia da terceirização?"*. *Marchandage* é uma expressão francesa cunhada no século XIX para nominar situações em que um trabalhador era contratado por intermédio de um mercador de força de trabalho, cujo negócio consistia em lucrar com o trabalho de terceiros que locava.

REFERÊNCIAS BIBLIOGRÁFICAS

ALEXY, Robert. *Teoria dos Direitos Fundamentais*. São Paulo: Malheiros, 2011.

AMORIM, Helder Santos. *A Terceirização no Serviço Público à luz da Nova Hermenêutica Constitucional*. São Paulo: LTr, 2009.

BACELLAR FILHO, Romeu Felipe. "O Concurso Público e o Processo Administrativo". In: MOTTA, Fabrício (coord.). *Concurso Público e Constituição*. Belo Horizonte: Fórum, 2005.

BARROS, Alice Monteiro de. *Curso de Direito do Trabalho*. 9. ed. São Paulo: LTr, 2013.

BONAVIDES, Paulo. *Curso de Direito Constitucional*. 29. ed. São Paulo: Malheiros Editores, 2014.

BRANCO, Paulo Gustavo Gonet; MENDES, Gilmar Ferreira. *Curso de Direito Constitucional*. São Paulo: Saraiva, 2011.

CAFFARO, Leonardo de Mello. "O Pós-Positivismo, o Direito do Trabalho e a Noção de Interesse Público – A Terceirização na Administração Pública e a Súmula n. 331 do TST em questão". *Revista LTr* 74/1.477, n. 12, São Paulo: LTr, dezembro/2010.

CAMMAROSANO, Márcio. *Provimento de Cargos Públicos no Direito Brasileiro*. São Paulo: RT, 1984.

CANOTILHO, J. J. Gomes (coord.). *Direitos Fundamentais Sociais*. 2. ed. São Paulo: Saraiva, 2015.

CARVALHO FILHO, José dos Santos. *Manual de Direito Administrativo*. Rio de Janeiro: Lumen Juris, 2006.

CAVALCANTE FILHO, João Trindade; LAGO, Rodrigo Pires Ferreira. "A vedação ao nepotismo e as nomeações de agentes políticos: uma análise sobre a jurisprudência do STF e a súmula vinculante STF n. 13". *Revista Síntese de Direito Administrativo*, v. 5, n. 58, p. 93-116, out. 2010.

COELHO, Inocêncio Mártires. *Interpretação Constitucional*. Porto Alegre: Sergio Antonio Fabris, 2003.

DALLARI, Adilson Abreu. *Regime Constitucional dos Servidores Públicos*. 2. ed. São Paulo: RT, 1992.

DELGADO, Mauricio Godinho. *Curso de Direito do Trabalho*. São Paulo: LTr, 2014.

DE MASI, Domenico. *O Futuro do Trabalho*: fadiga e ócio na sociedade pós-industrial. Tradução de Yadyr A. Figueiredo. 11. ed. Rio de Janeiro: José Olympio, 2014.

DI PIETRO, Maria Sylvia Zanella. *Parcerias na Administração Pública* – Concessão, Permissão, Franquia, Terceirização, Parceria Público-Privada e Outras Formas. 9. ed. São Paulo: Atlas, 2012.

DRUCKER, Peter Ferdinand. *A Administração na Próxima Sociedade*. Tradução de Nivaldo Montingelli Jr. São Paulo: Nobel, 2002.

FERRAZ, Luciano. "Lei de Responsabilidade Fiscal e terceirização de mão de obra no serviço público". *Revista Jurídica Administração Municipal*, ano 6, n. 3, março/2001.

GROTTI, Dinorá Adelaide Musetti. "Parcerias na Administração Pública". *Revista de Direito do Terceiro Setor*/RDTS 11/68, ano 6. Belo Horizonte: Fórum, janeiro-junho, 2012.

HELVECIO, Sebastião. "Atividades-meio, Atividades-fim e a Terceirização de Serviços pelo Poder Público". *Revista do Tribunal de Contas do Estado de Minas Gerais*, ano XXVIII, v. 75, n. 2, p. 171-181, abril/maio/junho 2010.

HOFFMAN, Fernando. *O Princípio da Proteção ao Trabalhador e a Atualidade Brasileira*. São Paulo: LTr, 2003.

KIAN, Tatiana. "Terceirização na Administração Pública". *Revista de Direito Público*. Londrina, v. 1, n. 2, maio/ago. 2006.

LORA, Ilse Marcelina Bernardi. "Direitos Fundamentais e Responsabilidade da Administração Pública na Terceirização de Serviços – Inconstitucionalidade do § 1º do art. 71 da Lei n. 8.666/1993", *Revista LTr* 72/936, n. 08, São Paulo: LTr, agosto/2008.

MAIOR, Jorge Luiz Souto. "Terceirização na Administração Pública: uma prática inconstitucional", *Boletim Científico ESMPU*, a-4/102, n. 17, Brasília, outubro-dezembro, 2005.

MEIRELLES, Hely Lopes. *Direito Administrativo Brasileiro*. 40. ed. São Paulo: Malheiros Editores, 2014.

MELLO, Celso Antônio Bandeira de. *Curso de Direito Administrativo*. 31. ed. São Paulo: Malheiros Editores, 2014.

MENDES, Gilmar Ferreira. *Direitos Fundamentais e Controle de Constitucionalidade*. São Paulo: Saraiva, 2009.

MODESTO, Paulo. "Notas para um debate sobre o princípio da eficiência". *Revista Trimestral de Direito Público*/RTDP 31/55. São Paulo: Malheiros Editores, 2000.

NIEBUHR, Joel de Menezes. "Princípio da eficiência: dimensão jurídico-administrativa". *Revista Trimestral de Direito Público*/RTDP 30/138. São Paulo: Malheiros Editores, 2000.

PAMPLONA FILHO, Ronaldo. "Terceirização e Responsabilidade Patrimonial da Administração Pública", *Fórum de Contratação e Gestão Pública*/FCGP 14, ano 2, Belo Horizonte, fevereiro/2003.

REDER, Michael. *Globalização e Filosofia*. Tradução de Robison dos Santos. São Paulo: Edições Loyola, 2013.

ROCHA, Carmen Lúcia Antunes. *Princípios Constitucionais dos Servidores Públicos*. São Paulo: Saraiva, 1999.

SCHWAB, Klaus. *A Quarta Revolução Industrial*. Tradução de Daniel Moreira Miranda. São Paulo: Edipro, 2016.

TAVARES, André Ramos. *Curso de Direito Constitucional*. São Paulo: Saraiva, 2015.

VIANA, Márcio Túlio; DELGADO, Gabriela Neves e AMORIM, Helder Santos. "Terceirização – Aspectos Gerais – A última decisão do STF e a Súmula n. 331 do TST – Novos enfoques". *Revista LTr* 75/284-285, n. 3, São Paulo: LTr, março/2011.

______. *Para Entender a Terceirização*. 2. ed. São Paulo: LTr, 2017.

ZANGRANDO, Carlos. *Princípios Jurídicos do Direito do Trabalho*. São Paulo: LTr, 2013.

ZOCKUN, Carolina Zancaner. *Da Intervenção do Estado no Domínio Social*. São Paulo: Malheiros Editores, 2009.

_____. *Da Terceirização na Administração Pública*. Coleção Temas de Direito Administrativo 33. São Paulo: Malheiros Editores, 2014.

Sites Consultados

BITTENCOURT, Hélio (e outros). "O Impacto da Terceirização e o Princípio da Eficiência na Prestação de Serviços Públicos". Disponível em: <https://marciarcsousa.jusbrasil.com.br/artigos/437945774/o-impacto-da-terceirizacao-e-o-principio-da-eficiencia-na-prestacao-de-servicos-publicos>. Acesso em: 19 mar. 2017.

Disponível em: <http://economia.uol.com.br/noticias/bbc/2017/03/23/mais-empregos-ou-precarizacao-os-possiveis-impactos-da-lei-da-terceirizcao.html>. Acesso em: 24 mar. 2017.

Disponível em: <http://www2.camara.leg.br/camaranoticias/tv/materias/PARTICIPACAO-POPULAR/530034-TERCEIRIZACAO-E-TETO-DE-GASTOS-VERSUS-CONCURSOS-PUBLICOS.html>. Acesso em: 19 abr. 2017.

Disponível em: <https://brasil.elpais.com/brasil/2015/04/23/politica/1429813406_631060.html>. Acesso em: 29 abr. 2017.

DARONCHO, Leomar. "Trabalhador Pilhado". Disponível em: <http://www.carosamigos.com.br/index.php/amigos-e-debates/9884-trabalhador-pilhado>. Acesso em: 16 maio 2017.

Disponível em: <http://economia.uol.com.br/noticias/redacao/2017/03/23/sindicatos-criticam-terceirizacao-e-preveem-rebaixamento-de-salarios.htm>. Acesso em: 02 jun. 2017.

"*O Processo de Terceirização e seus Efeitos sobre os Trabalhadores no Brasil. Sistema de Acompanhamento de Contratações Coletivas/SACC-DIEESE*". Disponível em: <http://portal.mte.gov.br/data/files/FF8080812BA5F4B7012BAAF91A9E060F/PRod03_2007.pdf>. Acesso em: 13 jul. 2017.

Disponível em: <http://www.bidforum.com.br/bid/PDI0006.aspx?pdiCntd=7748>. Acesso em: 08 jun. 2017.

Disponível em: <http://www.conjur.com.br/2013-ago-21/juizes-trabalho-criticam-projeto-terceirizacao-tramitacongresso>. Acesso em: 14 jul. 2017.

Disponível em: <http://www.camara.gov.br/proposicoesWeb/prop_mostrarintegra;jsessionid=DD76748FEC8249D6AEFBDB8BCD05.proposicoesWeb1?codteor=246979&filename=PL+4330/2004>. Acesso em: 09 jun. 2017.

Disponível em: <www.stf.jus.br/portal/cms/verNoticiaDetalhe.asp?idConteudo=347835&tip=UN>. Acesso em: 10 jul. 2017.

CHOMSKY, Noam. "Sistema neoliberal coloca trabalhadores uns contra os outros, diz Noam Chomsky". São Paulo, 04.07.2017. Disponível em: <https://operamundi.uol.com.br>. Acesso em: 04 jul. 2017.

STRECK, Lenio Luiz. "No naufrágio jurídico, quem os tubarões comerão primeiro? Há critérios?". *Revista Consultor Jurídico*, 08 de junho de 2017. Disponível em: <www.conjur.com.br/2017-jun-08/senso-incomum-naufragio-juridico-quem-tubaroes-comerao-primeiro-criterios>. Acesso em: 09 jul. 2017.

Disponível em: <https://economia.uol.com/noticias/redacao/2017/05/28/acha-a-clt-ultrapassada-veja-quantas-alteracoes-ela-ja-sofreu-em-74-anos.htm>. Acesso em: 10 jul. 2017.

BRASIL. MINISTÉRIO DO TRABALHO E EMPREGO. Terceirização: trabalho temporário: orientação ao tomador de serviços. Brasília: MTE, SIT, 2001, p. 31. Disponível em: <http://www.google.com.br/url?sa=t&rct=j&q=&esrc=s&source=web&cd=7&ved=0CEAQFjAG&url=http%3A%2F%2Fwww.saudeetrabalho.com.br%2Fdownload%2Fmanualsobreterceirizacao.pdf&ei=en4oVbWoLvWOsQSQi4DIDQ&usg=AFQjCNGuItM5tKQPve1ObDd9U_lEfSrjHw&sig2=MgrbAHyVnilAZeF0hAejw&bvm=bv.90491159,d.cWc>. Acesso em: 10 jun. 2017.

O Processo de Reestruturação Produtiva no Mundo do Trabalho: as Mudanças Científico-Tecnológicas e a Flexibilização nas Relações de Trabalho

Robson Luiz de França

Professor da Faculdade de Educação da Universidade Federal de Uberlândia. Pós-Doutor em Política Educacional pela Universidade Federal da Paraíba (2010) e Universidade da Madeira, Funchal, Portugal. Doutor em Educação na Linha de Politicas Públicas pela Universidade Julio Mesquita Filho – UNESP/ Araraquara (2002). Mestre em Educação pela Universidade Federal de Uberlândia (1997). Bacharel em Direito e Especialista em Direito Educacional (2010). Professor Associado IV e vinculado ao Programa de Pós-Graduação em Educação na Linha de Pesquisa em Trabalho, Sociedade e Educação – TSE. Pesquisador do Grupo de Pesquisa em Trabalho, Educação e Formação Humana. Pesquisador do Centro de Investigação em Educação – CIE da Universidade da Madeira – Funchal em Portugal e desenvolve estudos e pesquisas sobre Trabalho, cidadania e precarização do trabalho. E-mail: rlfranca@ufu.br.

INTRODUÇÃO

A reestruturação produtiva do mundo do trabalho sempre ocorreu a despeito das tecnologias de desenvolvimento do trabalho. Na verdade, a introdução de tecnologias historicamente definidas como inovadoras em cada época foi impulsionada pela necessidade de aumento e incremento na produção. As grandes transformações do mundo do trabalho ocorreram acentuadamente a partir do que se pode considerar a segunda grande crise do capitalismo, ocorrida no final dos anos 1970 do Século XX.

Nesse contexto, foram implementadas mudanças consideradas estruturais no modo de produção que, por sua vez, induziram forçosamente alterações na qualificação dos trabalhadores com vistas a esse "novo" mundo do trabalho, com vistas a uma formação profissional de caráter mais imediato e técnico em um primeiro momento, e já nos anos 1980/1990, a busca por uma formação profissional entendida como mais ampla, polivalente.

Os argumentos oferecidos para essas mudanças direcionam-se à ideia de que havia uma crescente insatisfação dos empregadores e dos trabalhadores quanto aos modelos verticalizados de gestão e de produção, bem como a forma de organização do trabalho: a compartimentalização em uma divisão de tarefas para dois segmentos, ou seja, os que pensam e os que executam (fordista/taylorista).

Nesse sentido é que nos anos 1980 e 1990, no Brasil, foi introduzido o processo de reestruturação produtiva, bem como mudanças nos processos de trabalho. Vale salientar que diversos estudos têm demonstrado o impacto nas relações de trabalho e nas relações do trabalhador, impactos que vão em duas direções. Na primeira, os estudos confluem ao desatacar que o trabalho dividido à maneira taylorista-fordista vai sendo substituído pelo trabalho polivalente, na medida em que o trabalho manual fragmentado é automatizado e novos arranjos organizacionais realizam uma síntese de atividades produtivas e indiretas. Os operários assumem novas funções de supervisão, controle dos equipamentos e da produção, previsão e diagnóstico de falhas, pequenos reparos, controle de qualidade etc. Essas funções diversificadas demandam uma ampliação do conhecimento operário sobre a produção. Na segunda direção, a crescente utilização de tecnologias informatizadas e de novos sistemas de organização do trabalho são recorrentemente associadas a uma tendência para maior intelectualização do trabalho de produção. As velhas qualificações baseadas em habilidades manuais tendem a ser substituídas por capacidades intelectuais. Nos casos em que ocorre forte automação dos processos, tem-se uma "dissipação" do trabalho direto: o trabalhador não mais atua numa relação direta com a matéria, mas supervisionando o processamento desta por meio de máquinas automáticas, interpretando informações simbólicas geradas por essas próprias máquinas. Trata-se de um trabalho mais cognitivo e abstrato conforme Fleury (1993)[(1)], Gitahy e Rabelo (1993)[(2)] dentre outros.

Assim, o produto do trabalho do trabalhador não mais lhe pertence, pois não faz parte deste. O trabalhador desconhece seu trabalho, pois este não faz parte mais de si. No contexto atual, trabalho não é físico, não é mental, não se repete; não é trabalho, é mera produção de mercadoria.

Abaixo, discute-se diretamente o impacto das tecnologias e da reestruturação produtiva no trabalho e para o trabalhador.

1. MUDANÇA CIENTÍFICA E TECNOLÓGICA E O IMPACTO NO TRABALHO DO TRABALHADOR

> "[...] a acumulação capitalista sempre produz, e na proporção da sua energia e de sua extensão, uma população trabalhadora relativamente, isto é, que ultrapassa as necessidades médias da expansão do capital, tornando-se, desse modo, excedente"[(3)].

É possível constatar que o modelo fordista/taylorista funcionou para o capital principalmente nos países considerados subdesenvolvidos ou em desenvolvimento nos anos 1970/1980. E esse era o caso brasileiro. No Brasil houve um alinhamento claro da formação escolar com o viés explícito para a formação de força de trabalho com vistas às demandas do mundo do trabalho para uma indústria predominantemente de base. Nas décadas 1970 e 1980, portanto, a demanda de mão de obra residia em trabalhos basicamente manuais e sem necessidade de grande aporte de conhecimentos mais elaborados. A essa constatação denomina-se de "crise no padrão de uso do trabalho" conforme Gitahy (1993)[(4)], Leite (2005)[(5)] e Carvalho (1987)[(6)].

De acordo com esses autores, a crise no padrão do uso do trabalho teve, dentre outros fatores geradores, as formas autoritárias de gestão do trabalho e, desta feita, para contrapor, foi necessário uma reestruturação produtiva que se apresentasse como alternativa a um modelo de gestão fordista/taylorista.

Para Leite (2003),

> a década de 1970 significou para o país um período de grande expansão industrial, marcado não só por um significativo crescimento da produção e do emprego industrial, como pelo desenvolvimento de uma estrutura industrial integrada que se apoiou no processo de industrialização pesada que se instaurara a partir de 1956.[(7)]

Na mesma linha, Antunes (2002) afirma que:

> esse padrão produtivo estruturou-se com base no trabalho parcelar e fragmentado, na decomposição das tarefas, que reduzia a ação operária a um conjunto repetitivo de atividades [...].
>
> [...] Esse processo produtivo caracterizou-se, portanto, pela mescla da produção em série fordista com o cronômetro taylorista, além da vigência de uma separação nítida entre elaboração e execução. Para o capital, tratava-se de apropriar-se do *savoir-faire* do trabalho, 'suprimindo' a dimensão intelectual do trabalho operário, que era transferida para as esferas da gerência científica. A atividade do trabalho reduzia-se a uma ação mecânica e repetitiva.[(8)]

Ainda de acordo com o autor, a reestruturação produtiva do mundo do trabalho ocorrida no Brasil teve duas características. A primeira considera que, apesar das estratégias adotadas pelas empresas nos períodos de crise do capitalismo, cada um desses momentos/crises foi diferenciado, porém apresentando um elemento em comum: o aspecto limitado e com reação pouco efetiva. Vale salientar ainda que, naturalmente, essa afirmativa

---

(1) FLEURY, M. T. L.. Cultura da qualidade e mudança organizacional. *Revista de Administração de Empresas*. v. 33, n. 2, p. 26-34, mar./abr., 1993.

(2) GITAHY, L; RABELO, F. *Educação e Desenvolvimento Tecnológico*: o caso da indústria de autopeças. Educação Sociedade (Impresso), v. Ano XIV, p. 225-251, 1993.

(3) MARX, K. Manuscritos econômico-filosóficos. Terceiro manuscrito. Tradução de José Carlos Bruni. In: MARX, ______. *Manuscritos econômico--filosóficos e outros textos escolhidos*. Traduções de José Carlos Bruni. 2. ed. São Paulo: Abril Cultural, 2002. p. 87.

(4) GITAHY, L.; LEITE, M. e RABELO, F. Reestruturação Produtiva e a Empresa: programas de qualidade, políticas de gestão de recursos humanos e relações industriais. Projeto Estudo da Competitividade da Indústria Brasileira. Estudo Temático 3. Bloco Temático V: Condicionantes sociais da competitividade, Campinas: 1993.

(5) LEITE, M. Reestruturação produtiva e mercado de trabalho. *Revista Galega de Economia*. São Paulo, v. 14, n. 1-2, p. 1-26, 2005.

(6) CARVALHO, R. Q. *Tecnologia e trabalho industrial*. Porto Alegre: L&PM Editores, 1987.

(7) LEITE, M. *Trabalho e Sociedade*. São Paulo: Fundação Perseu Abramo, 2003. p. 2.

(8) ANTUNES, R. Os sentidos do trabalho: ensaio sobre a afirmação e a negação do trabalho. 2. ed. São Paulo: Boitempo, 2002. p. 37.

não pode ser generalizada, pois em alguns segmentos a capacidade reativa se apresentou mais rápida dado o caráter competitivo dessas empresas, a exemplo do setor automotivo por seu caráter sistêmico.

O segundo aspecto considera que quanto mais aprofundada é a reestruturação produtiva, mais nocivos são seus efeitos sociais[9]. Nessa linha, conforme afirma Abramo (1990)[10], nos anos 1980 e 1990 temos uma retomada na busca pelas mudanças no processo produtivo a partir da difusão dos equipamentos, ou seja: as organizações passam por um processo profundo de organização do trabalho a partir das inovações empresariais.

Desta feita, temos que o padrão de reestruturação a partir da alteração tecnologia nos anos 1980 e início dos anos 1990, no Brasil, na verdade levaram apenas a um lento crescimento econômico e de produtividade. Porém, é importante frisar que essa alteração no padrão tecnológico dos países considerados desenvolvidos (e notadamente os países europeus e Estados Unidos) levou a um considerável crescimento de produtividade e competitividade.

Temos nesse período, portanto, uma profunda crise econômica estrutural no Brasil. Os processos produtivos padronizados e verticalizados, mesmo já esgotados nos países capitalistas centrais, ainda permanecia aqui e, de certa forma, até era estimulado pelas nações desenvolvidas como tentativa de frear o avanço tecnológico e, assim, evitar competitividade.

Contrariamente ao avanço tecnológico no parque industrial produtivo, tínhamos ainda uma forte limitação na formação de mão de obra para o contexto. Conforme já anunciado aqui, a educação escolar era a única via de formação profissional do trabalhador, quando este era escolarizado. E essa formação não atendia à demanda do mercado de trabalho.

Concomitante e apesar de toda a malha de proteção social ao trabalhador por meio das leis protetivas laborativas, temos uma profunda crise nas relações de trabalho, as quais ficaram marcadas nos anos 1980 pelos movimentos grevistas, pela alienação do trabalhador, alta rotatividade nos postos de trabalho e adoecimento acentuado dos trabalhadores, evidenciando-se as doenças ocupacionais.

Como se percebe, as contradições ao avanço tecnológico nos processos produtivos encontraram, em contramão, a ausência de formação do trabalhador, condições precárias de trabalho e adoecimento. Disso resultou o contexto da queda no ritmo da produtividade e da qualidade dos produtos.

Desta feita, o avanço tecnológico no mundo do trabalho pôde, por um lado, desencadear o efeito de desvelar as contradições na vida do trabalhador e das empresas, ou seja, consequências sociais que afetaram os trabalhadores nos processos de trabalho, na qualificação de sua força de trabalho, em suas condições de trabalho e em suas vidas. Por outro lado, postavam-se as limitações das empresas que desejam aumentar sua competividade e produtividade, porém encontraram limitações na formação do trabalhador.

A partir dos anos 1990, vemos no Brasil e em diversos países da América Latina uma busca por mais escolarização, surgindo uma nova classe operária, de elevado nível de formação para o trabalho e de alta qualificação. O conhecimento do indivíduo se torna um fator de maior relevância no momento atual e esse conhecimento é apropriado pelo setor produtivo. A esse respeito, Harvey (1989) afirma que

> todo tipo de trabalho exige concentração, autodisciplina, familiarização com diferentes instrumentos de produção e o conhecimento das potencialidades de várias matérias-primas em termos de transformação em produtos úteis. **Contudo, a produção de mercadorias em condições de trabalho assalariado põe boa parte do conhecimento, das decisões técnicas, bem como do aparelho disciplinador, fora do controle da pessoa que de fato faz o trabalho.**[11]

Nessa nova fase, no Brasil, temos o paradigma toyotista, que se caracterizou pela incorporação do conhecimento dos trabalhadores. Essa foi a expectativa do capital frente aos trabalhadores, que se apresenta como um novo modelo de acumulação flexível, denominado ohnismo.

A "nova" organização do trabalho foi implantada progressivamente na Toyota nas décadas de 1950 a 1970. A algumas adaptações os japoneses tiveram que proceder e, dentre elas consta a relação entre produção e demanda. Surge o imperativo do mercado: a quantidade de bens a serem produzidos é determinada pelo

(9) LEITE, *op. cit.*, p. 70.

(10) ABRAMO, L. Novas tecnologias, difusão setorial, emprego e trabalho no Brasil: um balanço. *BIB– Boletim Informativo e Bibliográfico de Ciências Sociais*. Rio de Janeiro: Vértice/ANPOCS, n. 30, p. 183, 1990.

(11) HARVEY, D. *Condição Pós-Moderna?* Uma pesquisa sobre as origens da mudança cultural. São Paulo: Loyola, 1989. p. 35. Grifos nossos.

mercado. Assim, a indústria só produz o que é vendido, daí a limitação de produtos, bem como sua substituição periódica e a cada vez em um período de tempo mais curto.

A lógica do sistema produtivo toyotista reside, nesses termos, em um ajuste nas ações, de forma que não ocorra desperdício – seja de tempo na produção, seja de estoque desnecessário ou de gerenciamento. Para tanto, era necessária a flexibilização do sistema produtivo e, por sua vez, do processo de trabalho.

Ampliam-se, nesse contexto, as montadoras (unidades produtoras móveis). Há um aprofundamento da sua internacionalização e ajustes das unidades produtivas dos países capitalistas que buscam implementar tais unidades produtivas em países estratégicos. Essas transformações ocorrem no sentido da logística de transporte e produção, bem como considerando o custo total operacional, incluindo-se aí o custo da mão de obra.

Inaugura-se, nesse sentido, a busca pelo trabalhador polivalente, com vários saberes e habilidades, que responde à possibilidade de atuação em diversos segmentos dentro da empresa, bem como à necessidade de operar diversos tipos de máquinas.

Posto esse quadro, conforme afirma Gounet (1999)[(12)], o modelo de acumulação flexível implica a subcontratação de trabalhadores por meio de empresas interpostas para fornecer, por exemplo, as peças automotivas necessárias à produção do veículo. Ao invés de dominar o seguimento total automotivo, produz-se apenas parte dos equipamentos que são utilizados na produção. Assim, "o sistema toyotista é um sistema de organização da produção baseado em uma resposta imediata às variações da demanda e que exige, portanto, uma organização flexível do trabalho (inclusive dos trabalhadores) e integrada"[(13)].

Tem-se, por um lado, um modelo de reestruturação do mundo do trabalho a partir da necessidade de mecanismos que potencialização a acumulação de capital, sob modelo de produção flexibilizado. E tem-se nesse contexto, no Brasil, uma premente necessidade de modernização. A política econômica dessa modernização foi implementada pelo governo Collor (1990-1992), que passou a adotar o projeto neoliberal com medidas de ajustes fiscais determinadas por organismos internacionais (Banco Mundial e Fundo Monetário Internacional-FMI). Inaugura-se, portanto, nesse período, a era da qualidade total, que envolveu os setores produtivos nacionais em um processo de mudança na cultura da qualidade, da produtividade e da competitividade, em claro alinhamento ao que já ocorria em escala global.

Dessa forma, esse início da implementação do toyotismo e dos círculos de qualidade total (CQT) fez emergir a necessidade de as empresas nacionais adotarem novos padrões de gerenciamento e de produção, bem como a adoção de mecanismos de inovação tecnológica voltados ao aumento da produção, da qualidade dos produtos e do aumento da lucratividade. O Brasil faz a clara opção pela terceirização da produção, uma vez que esta se mostra mais adequada às condições estruturais e permite a adoção do modelo japonês, o toyotismo, ao nosso modo.

O processo de terceirização da produção no Brasil se deu, nesse sentido, em duas ordens: 1) transferência de inovações tecnológicas e de políticas de gestão da qualidade visando à busca de produtividade e de qualidade por meio da subcontratação de empresas; e 2) política de redução de custos por meio da redução de empregos e trabalho.

Pela opção que o Brasil adotou ao final dos anos 1980 e meados dos anos 1990 – com a abertura do mercado nacional aos processos de globalização, bem como a adoção da acumulação flexível – as empresas que obtiveram maior crescimento se situaram no setor de serviços e terceirização da produção.

Saliente-se que já a partir de 1994, com a presença do Governo de Fernando Henrique Cardoso, tem-se a mais acirrada redução do Estado com a privatização de diversas empresas públicas nas áreas de telecomunicações, transporte e energia elétrica, estimulando, assim, o capital privado no setor de serviços. Segundo Robles Jr. e Cruz (1997),

> no limiar deste século observa-se a ocorrência quase simultânea de três fenômenos; um deles é a tendência de concentração das atividades econômicas no setor terciário (comércio e prestação de serviços). Cada vez mais esse setor cresce em importância na formação do Produto Nacional Bruto (PNB) dos países, principalmente nos mais desenvolvidos.
>
> O segundo fenômeno é a abertura para o setor privado de serviços estratégicos que tradicionalmente eram tidos como exclusividade de exploração pelos governos. Essa abertura tem

(12) GOUNET, Thomas. *Fordismo e Toyotismo na Civilização do Automóvel*. Tradução de Bernardo Joffily. São Paulo: Boitempo, 1999.

(13) *Idem*, p. 76.

> por finalidade desenvolver tecnológica e economicamente o município, o estado ou o país, através de uma parceria controlada ou monitorada por órgãos estatais. Como exemplo, temos na cidade de São Paulo a privatização do transporte coletivo por ônibus, reservando-se para a prefeitura as atividades de planejamento, gestão e controle do tráfego coletivo sobre rodas no município.
>
> O terceiro fenômeno é marcado pelo processo de privatização dos serviços públicos, tradicionalmente prestado por empresas estatais.(14)

Como se percebe, foi clara a opção brasileira pelo setor de serviços ao invés do setor industrial. O que se confere é que as atividades industriais tiveram, sobremaneira, elevação no custo para produção em razão principalmente da crescente automação e informatização, além das pressões do sindicalismo fortalecido dos anos 1990 em busca da melhoria do ambiente de trabalho. Ainda, tal elevação deveu-se ao alto custo da força de trabalho que se consolidava a partir das medidas protetivas que se ampliariam nas últimas décadas do Século XX.

Destaca-se também que a opção nacional pela terceirização das atividades produtivas permitiu a criação de organizações consideradas "secundárias", porém, estratégicas para diversas empresas ao redor do mundo, o que permitia um aumento de lucro com custos cada vez menores, sem grandes investimentos no setor propriamente produtivo – nesse caso, as indústrias.

Da mesma forma, visando tornar seus processos produtivos mais ágeis e eficientes e com custos mais competitivos, as indústrias subcontratam parte da sua produção para empresas "secundárias", fechando o ciclo da produção.

Naturalmente, há um fator social nesse aumento pelos serviços dos países em desenvolvimento. Com a abertura do mercado interno a produtos internacionais (e consequente busca da população por melhor qualidade de vida) e com a crescente melhoria no nível de renda, as pessoas buscam produtos que se adequem a esse patamar da tão propalada qualidade e, assim, contribuem para os investimentos no setor de serviços ligados ao lazer, entretenimento, turismo, cultura etc.

Vale salientar que uma gama de profissionais se especializarão no setor da prestação de serviços nas áreas jurídicas, de informática, consultorias financeiras, auditorias e contadorias com especialização em fusões e aquisições de empresas etc. Nessa linha é que, segundo Riccio, Robles e Gouveia (1998) tem-se:

> as organizações de serviço diferenciam-se das indústrias em vários aspectos. As empresas de serviços não produzem para estoque, como as indústrias, embora possam ter estoques para serem agregados aos serviços que oferecem. Nas empresas de serviços os produtos são compostos em sua maioria por componentes intangíveis, como no caso de consultorias, ou por composição mista, ou seja, a junção destes com partes tangíveis como os serviços bancários.
>
> Outra característica das empresas de serviços está na relação com o cliente. É ele que determina o sentido, a direção em que os processos ocorrem. Por esta diferença, nota-se que as empresas de serviços têm "**produção de demanda puxada**", ou seja, para atender ao que o cliente necessita. Portanto, essas organizações devem ter uma estrutura que lhes permita atender com a máxima precisão os clientes quando estes as acionam.(15)

Como se percebe dessa análise, a terceirização da produção no Brasil foi o fator de destaque para o início da flexibilização da produção e das relações de trabalho. No aspecto específico da flexibilização do trabalho e das suas relações é que se apresentou a intensificação, pois a relação dual entre homem e máquina passou a ser entre homem e um conjunto de máquinas ou de operações que ocorrem concomitantemente, exigindo mais conhecimento e habilidades do trabalhador.

Nesse sentido, a produção é flexível e o trabalhador também é flexível. O setor produtivo pode terceirizar parte da sua produção por meio de subcontratações e o trabalhador também é subcontratado, de maneira que as relações de emprego tornam-se enfraquecidas e precárias, ocasionando instabilidade e adoecimento.

Em paralelo a esse fenômeno, tem-se a fragmentação e a desestruturação do trabalho, o que acaba gerando tendências imensamente insatisfatórias em termos sociais. Uma delas reside na relação entre o avanço tecnológico e o emprego. Mattoso (1999)(16) indica que a

(14) ROBLES JÚNIOR, Antônio e CRUZ, Denis Rodrigues da. Custos de Serviços Compartilhados. In: CONGRESSO INTERNACIONAL DE COSTOS, 5., Acapulco, Gro. México. *Anais*... Acapulco, jul. 1997. p. 23-4.

(15) RICCIO, E. L.; ROBLES JR., A.; GOUVEIA, J.; AGUIAR, J. F. Sistema de Custos Baseado em Atividades nas Empresas de Serviços. *Revista do Conselho Regional de Contabilidade do Estado de São Paulo*. São Paulo, n. 6, p. 37, nov. 1998. Grifos do autor.

(16) MATTOSO, J. *O Brasil Desempregado*. São Paulo: Fundação Perseu Ramos, 1999.

introdução das inovações em razão do aumento da produtividade buscou, na verdade, reduzir o trabalho, que foi incorporado à produção.

Assim, é preciso considerar que já na segunda década no Século XXI verifica-se nos países capitalistas centrais uma situação caótica no mundo ocidental democrático em função das transformações no processo produtivo. Concomitantemente à globalização da produção, a partir do viés do sistema produtor de mercadorias, os ícones da reestruturação – a concorrência e a produtividade – têm destruído os empregos e precarizado as condições de trabalho, conforme aponta Antunes (2002)[17], formando uma imensa sociedade de excluídos e precarizados que, por sua vez, atinge até os países do Norte.

Constata o autor que o toyotismo, após desestruturar os países do Terceiro Mundo, também atingiu com crise o centro do sistema produtor de mercadorias.

> [...] quanto mais se avança na competitividade inter-capitalista, quanto mais se desenvolve a tecnologia concorrencial, maior é a desmontagem de inúmeros parques industriais que não conseguem acompanhar sua velocidade intensa. Da Rússia à Argentina, da Inglaterra ao México, da Itália a Portugal, passando pelo Brasil, os exemplos são crescentes e acarretam repercussões profundas no enorme contingente de força humana de trabalho presente nestes países.[18]

É nesse sentido que Rifkin (1995)[19], destaca o avanço tecnológico e a automação como transformações mais determinantes da atual era da informação.

O autor considera ainda que as novas descobertas científicas no campo tecnológico têm diminuído a necessidade de mão de obra industrial e, assim, caminha-se para a eliminação do processo de produção a partir do trabalho humano.

Prieb (2000)[20] afirma que as atuais transformações se configuram pela desqualificação e precarização do mundo do trabalho devido à submissão do trabalhador ao trabalho informal, à flexibilização do mercado e aos baixos salários.

2. MUDANÇAS NAS RELAÇÕES DE TRABALHO: FLEXIBILIZAÇÃO E PRECARIZAÇÃO DO TRABALHO

Ocorreram já no início do Século XXI profundas mudanças na economia mundial, alterando-se o padrão de consumo e de riqueza, bem como as economias, com fundamento na reorganização da produção e da revolução tecnológica, o que ocasionou uma redução dramática dos empregos. Esses aspectos determinaram uma revisão do capital e do setor produtivo a respeito do próprio trabalho.

> A maneira como os homens produzem seus meios de existência depende, antes de mais nada, da natureza dos meios de existência já encontrados e que eles precisam reproduzir. Não se deve considerar esse modo de produção sob esse único ponto de vista, ou seja, enquanto reprodução da existência física dos indivíduos. Ao contrário, ele representa, já, um modo determinado da atividade desses indivíduos, uma maneira determinada de manifestar sua vida, um *modo de vida* determinado. A maneira como os indivíduos manifestam sua vida reflete exatamente o que eles são. O que eles são coincide, pois, com sua produção, isto é, tanto com *o que* eles produzem quanto com a maneira *como* produzem. O que os indivíduos são depende, portanto, das condições materiais da sua produção.
>
> Essa produção só aparece com o aumento da população. Esta pressupõe, por sua vez, o intercâmbio dos indivíduos entre si. A forma desse intercâmbio se acha, por sua vez, condicionada pela produção.[21]

Tem sido anunciado por diversos economistas que a relação direta entre riqueza e emprego foi desfeita, não havendo mais ligação entre esses dois fatores.

No Século XX, a ideia era que quanto mais se expandia a riqueza e a produção, mais se ampliavam os postos de trabalho, situação essa que não mais se configura. Observa-se claramente que em nações como Estados Unidos e Japão, países nos quais a atividade empresarial

(17) ANTUNES, R. *Os sentidos do trabalho*: ensaio sobre a afirmação e a negação do trabalho. 2. ed. São Paulo: Boitempo, 2002.

(18) ANTUNES, *op. cit.*, p. 2.

(19) RIFKIN, J. *O fim dos empregos*: o declínio inevitável dos níveis dos empregos e a redução da força global de trabalho. São Paulo: Makron Books, 1995.

(20) PRIEB, S. A. M. A tese do fim da centralidade do trabalho: mitos e realidade. *Economia e Desenvolvimento*, UFSM, n. 12, nov./2000. Disponível em: <http://coralx.ufsm.br/eed/b3_%20ArtigoS%E9rgio.PDF>. Acesso em: 21 jul. 2017.

(21) MARX e ENGELS. *A Ideologia Alemã* (Feuerbach). Tradução de José Carlos Bruni e Marco Aurélio Nogueira. 4. ed. São Paulo: Hucitec, 1984. p. 27-28.

possui resultados positivos no sentido da produção e da competitividade, os postos de trabalho foram reduzidos, emergindo, assim, uma contradição já anunciada e buscada pelo capitalismo da acumulação flexível.

Observa-se também que transformações vicejam tanto na organização do processo de trabalho no contexto do setor produtivo quanto no setor de prestação de serviços, pois

> as empresas estão se despedindo de uma forma de administração denominada "taylorismo" ou "fordismo" para adotarem uma organização do trabalho chamada de "toyotismo", cuja característica é a descentralização da atividade empresarial.(22)

Conforme já discutido anteriormente, no modelo toyotista a organização da produção é realizada a partir das condições do mercado, qual seja, procura e oferta, portanto flexível, o que necessita que a relação de trabalho seja também determinada por essa égide, qual seja, se houver maior demanda por produção contratam-se mais trabalhadores, porém se houver queda da produção ou da demanda demite-se o trabalhador.

Nessa linha, os interesses do capital – e, por sua vez, do trabalho – não seguem na mesma direção, são conflitantes, pois a política salarial sofre influência decisiva no modo de atuar dos agentes econômicos. O avanço tecnológico afeta a relação entre trabalho e capital. Ocorre atualmente um aumento significativo dos custos da admissão e demissão de empregados e ainda se considera que a atividade econômica sofre com instabilidade da política nacional.

Em paralelo, destaca-se a preocupação das empresas com a qualidade e excelência de seus produtos, o que depende principalmente, e ainda, do desempenho dos trabalhadores e dos processos de gestão do trabalho.

É nesse contexto que a pressão por maior e mais diversa qualificação do trabalhador se torna um imperativo determinante nas questões pautadas na política nacional como medida de desenvolvimento social e econômico. Além das habilidades motoras necessárias ao processo produtivo, se requer também um perfil de qualificação escolar superior no sentido de saber pensar e tomar decisões, ou seja, é necessário ser capaz de aprender e saber aprender.

Tantos são os requisitos e tantos são os trabalhadores dispostos a buscar esses requisitos que as organizações têm atualmente um grande contingente de força de trabalho disponível e à mercê do mercado, conforme sua necessidade.

É nessa linha da disponibilidade de mão de obra e força de trabalho que ocorrem os impactos negativos em termos de emprego (desemprego estrutural) e precarização das relações de trabalho.

Em toda a história do mundo do trabalho, e em todas as fases e crises do capitalismo bem como da reestruturação produtiva nunca se teve tanta força de trabalho altamente qualificada e disponível. Segundo Faria e Kremer (2004)(23), bem como Gorender (1997)(24), essa disponibilidade é devida à desindustrialização local, ou seja, descentralização das operações produtivas de uma linha e de um parque industrial e a subcontratação de empresas terceirizadas para complementarem o processo produtivo a partir da seleção de fornecedores que podem se localizar em vários países. Como consequência disso, decorre a diminuição dos postos de trabalho, desemprego estrutural e fragilização do vínculo empregatício por um lado e, por outro, aumento da carga de trabalho sobre aqueles que continuam empregados, bem como aumento das exigências e qualificações requeridas dos trabalhadores a partir da polivalência e trabalho em equipe. Em contrapartida, eleva-se o controle e a vigilância dos membros da equipe.

Nesse contexto, a precarização do trabalho é explicada, em última análise, pela decadência da contratualização formal que atualmente é considerada como modelo arcaico e incompatível com esse mundo pós-moderno em que as relações ditas horizontais entre empregado e empregador devem prevalecer a partir do diálogo.

No entanto, segundo esses autores, o que ocorre de fato é a deterioração da remuneração do emprego formal. O desemprego estrutural, aliado a outras modalidades de desemprego, eleva o *exército industrial de reserva*, aviltando os salários e, além disto, a utilização crescente da terceirização conduz a um padrão salarial inferior ao das empresas centrais.

---

(22) RÜDIGER, Dorothée Susanne. Contrato Coletivo e Flexibilização do Mercado de Trabalho. *Revista Síntese Trabalhista*. Porto Alegre, v. 8, n. 101, p. 147-153, 1997.

(23) FARIA, J. H.; KREMER, A. *Reestruturação produtiva e precarização do trabalho*: o mundo do trabalho em transformação. REAd, Universidade Federal do Rio Grande do Sul – UFRGS – Porto Alegre/RS, 41. ed., v. 10, n. 5, p. 23, set./out. 2004.

(24) GORENDER, J. Globalização, Tecnologia e Relações de Trabalho. USP – *Estudos Avançados*. São Paulo, v. 11, n. 29, 1997. Disponível em: <http://www.scielo.br>. Acesso em: 26 jul. 2017.

Ainda como consequência, segundo Gorender (2008)[(25)], dá-se o surgimento de novas patologias ocupacionais, tais como as ligadas a LER/DORT (Lesões ou doenças osteomusculares) decorrentes da intensificação dos movimentos repetitivos (uso de computadores).

Conforme já afirmado, o crescimento da produção industrial nesse atual contexto, nessa nova fase da reestruturação produtiva, acontece sem a contrapartida do emprego. Ou seja, riqueza sem distribuição de renda por meio de crescimento do emprego.

A lógica capitalista se revela nesse viés, em que o trabalhador é peça que pode ser substituída a qualquer tempo e, nesse momento, poder ser trocado pelas novas tecnologias. Castells (2005), nesta linha afirma que "[...] o processo de transição histórica para uma sociedade informacional e uma economia global é caracterizado pela deterioração das condições de trabalho e de vida para uma quantidade significativa de trabalhadores"[(26)].

Com a redução do emprego formal, a classe que vive do trabalho tende a procurar outras formas de ocupações a fim de garantir sua sobrevivência, seu sustento. Esse trabalhador, quando não perde sua dignidade no sentido de submeter-se a trabalhos precários em condições aviltantes, transfere-se para o setor informal e perde, inclusive, a possibilidade de assegurar direitos sociais tais como aposentadoria, seguro-desemprego e FGTS que poderia conquistar ao longo de sua vida.

Vale dizer que a maioria dos que estão desempregados e que estão inseridos no mercado informal de trabalho tem essa ocupação como provisória, porém sua possibilidade de inserção no sistema formal torna-se cada vez mais distante.

É nesse contexto que o trabalho terceirizado se intensifica e se apresenta como estratégia capitalista para garantir redução de custos, aumentando a competitividade a partir exatamente do aumento exponencial da força de trabalho disponível no mercado. Nesse sentido, Salama (1999) afirma que:

> [...] a terceirização de muitas atividades consideradas insuficientemente rentáveis no interior das empresas permite modificar bastante as condições de trabalho, do emprego, e a organização desse trabalho nas atividades que não são mais responsabilidade direta dessas empresas. A contratação ou recontratação, pelos subcontratadores, dos trabalhadores que antes encontravam emprego nas grandes empresas é feita em condições muito diferentes. A terceirização é, assim, um meio de impor a flexibilidade do trabalho, afetando mais particularmente conforme o caso, os salários, a anualização do tempo de trabalho, a facilidade das demissões, o não reconhecimento da qualificação em favor de uma competência sub-remunerada e a reorganização do trabalho.[(27)]

A terceirização da produção e a terceirização da mão de obra são irmãs. Ambas surgem no contexto da demanda de acumulação flexível e buscam mais do mesmo, ou seja, aumento da lucratividade e da produção por meio de baixo custo e competitividade.

Engendra-se, então, uma demanda de força de trabalho altamente qualificada por meio de políticas educacionais do Estado, que contribui na formação de um formidável contingente de trabalhadores disponíveis os quais, se tiverem sorte, estarão empregados no mercado formal nas empresas terceirizadas ou serão trabalhadores informais.

Quanto ao trabalho informal, este se revela na face mais cruel do capitalismo que é a exploração do trabalho do trabalhador por meio de trabalho precário, isento de direitos trabalhistas, conforme depreende Tavares (2004): "Nenhuma forma de trabalho pode ser mais flexível que o trabalho informal, portanto, na hipótese de persistência do atual padrão reprodutor de acumulação, os empregos informais poderão vir a ser modernos" (TAVARES, 2004, p. 52).

CONSIDERAÇÕES FINAIS

Partindo do pressuposto de que as mudanças no mundo do trabalho ocasionadas pela reestruturação produtiva no contexto das novas organizações e dos novos processos científicos tecnológicos provocaram mudanças profundas nas relações de trabalho e na precarização dos empregos, no assalariamento do trabalhador, na redução drástica dos empregos formais e aumento da informalidade, torna-se possível entender que a subordinação do trabalho e do trabalhador ao capital se materializa, no atual contexto, no aprofundamento da precarização do trabalho e nas relações de trabalho, bem como nas condições de vida da classe trabalhadora.

---

(25) GORENDER, J. Globalização, Tecnologia e Relações de Trabalho. USP – *Estudos Avançados*. São Paulo, v. 11, n. 29, 2008. Disponível em: <http://www.scielo.br>. Acesso em: 26 jul. 2017.

(26) CASTELLS, M. *A Sociedade em Rede*. Tradução de Roneide Venâncio Majer. São Paulo: Paz e Terra, 2005. p. 345.

(27) SALAMA, P. *Pobreza e exploração do trabalho na América Latina*. São Paulo: Boitempo, 1999. p. 77.

O trabalhador é obrigado a submeter sua inteligência e suas capacidades para aumentar a produtividade e não recebe, por outro lado, a contrapartida necessária à sua sobrevivência digna. Esse contexto leva à corrosão da solidariedade de classe, em decorrência da competição do mercado de trabalho.

A análise da reestruturação produtiva no Brasil revela um processo de mudanças que já remonta há muito tempo. Porém, demonstra também a opção por adotar a terceirização da produção como via de regra no contexto da reestruturação, por um lado. Por outro, percebe-se por parte do Estado brasileiro uma aprovação desse modelo de desenvolvimento, mesmo que custe os empregos formais, ocasionando um quadro grave e de difícil reversão com implicações sociais sobre o mercado de trabalho, ampliação da precarização do trabalho, bem como a desestruturação do mercado de trabalho em aspectos inerentes a esse processo.

REFERÊNCIAS BIBLIOGRÁFICAS

ABRAMO, L. Novas tecnologias, difusão setorial, emprego e trabalho no Brasil: um balanço. *BIB– Boletim Informativo e Bibliográfico de Ciências Sociais*, Rio de Janeiro, n. 30, p. 183, 1990. Rio de Janeiro: Vértice/ANPOCS.

ANTUNES, R. *Os sentidos do trabalho: ensaio sobre a afirmação e a negação do trabalho*. 2. ed. São Paulo: Boitempo, 2002.

CARVALHO, R. Q. O Fordismo está vivo no Brasil. *Estudos do CEBRAP*. São Paulo, n. 27, p. 223, jul. 1990.

CARVALHO, R. Q. *Tecnologia e Trabalho Industrial*. Porto Alegre: L&PM Editores, 1987. FLEURY, A. Rotinização do Trabalho: o caso das indústrias mecânicas. In. FLEURY; CORREA, Afonso Carlos; VARGAS, Nilton (orgs). *Organização do Trabalho*. São Paulo: Atlas, 1983.

CARVALHO, R. Q. *Tecnologia e trabalho industrial*. Porto Alegre: L&PM Editores, 1987.

CASTELLS, M. *A Sociedade em Rede*. Tradução de Roneide Venâncio Majer. São Paulo: Paz e Terra, 2005.

CHESNAIS, François. *Mundialização do Capital*. Tradução de Silvana Finzi Foá. São Paulo: Xamã, 1996.

FARIA, J. H.; KREMER, A. *Reestruturação produtiva e precarização do trabalho*: o mundo do trabalho em transformação. REAd, Universidade Federal do Rio Grande do Sul – UFRGS – Porto Alegre/RS, 41. ed., v. 10, n. 5, p. 23, set-out 2004.

FLEURY, M. T. L. Cultura da qualidade e mudança organizacional. *Revista de Administração de Empresas*. v. 33, n. 2, p. 26-34, mar./abr., 1993.

FREDERICO, C. *Consciência operária*. São Paulo: Ática, 1979.

GITAHY, C. M. L. *Ventos ao Mar*: Trabalhadores no Porto, Movimento Operário e Cultura Urbana em Santos, 1889-1914. São Paulo: Unesp, 1992.

GITAHY, L.; LEITE, M. e RABELO, F. *Reestruturação Produtiva e a Empresa: programas de qualidade, políticas de gestão de recursos humanos e relações industriais*. Projeto Estudo da Competitividade da Indústria Brasileira. Estudo Temático 3. Bloco Temático V: Condicionantes sociais da competitividade, Campinas: 1993.

GITAHY, L.; RABELO, F. Educação e desenvolvimento tecnológico: o caso da indústria de autopeças. *Educação e Sociedade* 45, São Paulo, SP, ano XIV, p. 225-251, 1993.

GORENDER, J. Globalização, Tecnologia e Relações de Trabalho. USP – *Estudos Avançados*, São Paulo, v. 11, n. 29, 2008. Disponível em: <http://www.scielo.br>. Acesso em: 26 jul. 2017.

GOUNET, Thomas. *Fordismo e Toyotismo na Civilização do Automóvel*. Tradução de Bernardo Joffily. São Paulo: Boitempo, 1999.

HABERMAS, Jürgen. *A Crise da Legitimação no Capitalismo Tardio*. Tradução de Vamireh Chacon. Rio de Janeiro: Tempo Brasileiro, 1980.

HARVEY, D. *Condição Pós-Moderna?* Uma pesquisa sobre as origens da mudança cultural. São Paulo: Loyola, 1989.

IANNI, Octávio. *A Sociedade Global*. 10. ed. Rio de Janeiro: Civilização Brasileira, 2002.

_____. *Teorias da Globalização*. 11. ed. Rio de Janeiro: Civilização Brasileira, 2003.

ITAHY, L; RABELO, F. Educação e Desenvolvimento Tecnológico: o caso da indústria de autopeças. *Educação Sociedade* (Impresso), Cidade, p. 225-251, 1993.

LEITE, M. Reestruturação produtiva e mercado de trabalho. *Revista Galega de Economia*, São Paulo, v. 14, n. 1-2, p. 1-26, 2005.

_____. *Trabalho e Sociedade*. São Paulo: Fundação Perseu Abramo, 2003.

LIPIETZ, A. *Miragens e Milagres*: problemas de industrialização no terceiro mundo. São Paulo: Nobel, 1994.

MARX e ENGELS. *A Ideologia Alemã* (Feuerbach). Tradução de José Carlos Bruni e Marco Aurélio Nogueira. 4. ed. São Paulo: Hucitec, 1984.

MARX, Karl & ENGELS, Friedrich. *A Ideologia Alemã*. São Paulo: Centauro, 2002.

MARX, K. *O Capital*: crítica da Economia Política. Livro Primeiro o processo de produção do Capital. 26. ed. Tradução de Reginaldo Sant'Anna. Rio de Janeiro: Civilização Brasileira, 2008. l. 1, v. I.

_____. Manuscritos econômico-filosóficos. Terceiro manuscrito. In: MARX, _____. *Manuscritos econômico-filosóficos e outros textos escolhidos*. Traduções de José Carlos Bruni. 2. ed. São Paulo: Abril Cultural, 2002.

_____. *Miséria da filosofia*: resposta à filosofia da miséria, do Sr. Proudhon. Tradução de José Paulo Netto. São Paulo: Expressão Popular, 2009.

_____. *O Capital*. Coleção Os Economistas. Tradução de Regis Barbosa e Flávio R. Kothe. São Paulo: Nova Cultural, 1996. v. I. t. I. Capítulo V.

MATTOSO, J. *O Brasil Desempregado*. São Paulo: Fundação Perseu Ramos, 1999.

MÉZSAROS, I. *Para além do capital*. São Paulo: Boitempo, 2002.

OFFE, Claus. *Capitalismo Desorganizado*: transformações contemporâneas do trabalho e da política. Tradução de Wanda Brant. 2. ed. São Paulo: Brasiliense, 1995.

OFFE, Claus; HINRICHS, Karl. *Economia Social do Mercado de Trabalho*: diferencial primário e secundário de poder. In: OFFE, Claus (Org.). *Trabalho & Sociedade:* problemas estruturais e perspectiva para o futuro da sociedade do trabalho. Tradução de Gustavo Bayer. Rio de Janeiro: Tempo Brasileiro, 1989.

PRIEB, S. A. M. A tese do fim da centralidade do trabalho: mitos e realidade. *Economia e Desenvolvimento*, UFSM, n. 12, nov. 2000. Disponível em: <http://coralx.ufsm.br/eed/b3_%20ArtigoS%E9rgio.PDF>. Acesso em: 21 jul. 2017.

RICCIO, E. L.; ROBLES JR., A.; GOUVEIA, J.; AGUIAR, J. F. Sistema de Custos Baseado em Atividades nas Empresas de Serviços. *Revista do Conselho Regional de Contabilidade do Estado de São Paulo*. São Paulo, n. 6, nov. 1998.

RIFKIN, J. *O fim dos empregos*: o declínio inevitável dos níveis dos empregos e a redução da força global de trabalho. São Paulo: Makron Books, 1995.

ROBLES JÚNIOR, A. CRUZ, D. R. da. Custos de Serviços Compartilhados. In: CONGRESSO INTERNACIONAL DE COSTOS, 5., Acapulco, Gro. México. *Anais*... Acapulco, jul. 1997. p. 23-4.

RÜDIGER, Dorothée Susanne. Contrato Coletivo e Flexibilização do Mercado de Trabalho. *Revista Síntese Trabalhista*, Porto Alegre, v. 08, n. 101, p. 147-153, 1997.

SALAMA, P. *Pobreza e exploração do trabalho na América Latina*. São Paulo: Boitempo, 1999.

TAVARES, M. A. *Os fios (in) visíveis da produção capitalista*: informalidade e precarização do trabalho. São Paulo: Cortez, 2004.

O Teletrabalho como Mote de Flexibilização da Relação Empregatícia Clássica no Brasil

Rubens Valtecides Alves
Professor Titular em Direito do Trabalho da Faculdade de Direito "Prof. Jacy de Assis" da Universidade Federal de Uberlândia.

1. TELETRABALHO NO CONTEXTO DA FLEXIBILIZAÇÃO DA RELAÇÃO DE EMPREGO

Vivemos na era *on line* de tal forma que o acontecer dos fatos é acompanhado simultaneamente pelas pessoas de forma globalizada e agora até no sistema intergaláctico, assim a prestação laboral deixou de ser algo físico num lugar determinado por ajuste jurídico ainda não criado.

A sedimentação do trabalho a distância, prestado em muitas situações via meios de comunicação em muitas das situações não avençadas tornou-se corriqueiro na sociedade hodierna. Mudaram-se os paradigmas contratuais e agora uma das novas modalidades é o teletrabalho, tido como fator de modificação no mundo laboral moderno e mais, de maneira flexibilizante.

Para se falar em flexibilização da relação de emprego em detrimento do teletrabalho é importante frisar, num primeiro plano, o que vem a ser flexibilização do trabalho frente ao vínculo empregatício[(1)] em sua originalidade na Consolidação das Leis do Trabalho (CLT).

Silva (2002, p. 52)[(2)] analisa a flexibilidade em sua etimologia da seguinte forma:

> O verbo português "flexibilizar" provém do latino *flecto, flectis, flectere, flexi, flectum*, que significa curvar, dobrar, fletir. Depois, por complementação semântica, possui ainda vários sentidos conexos ou paralelos, tais como fazer voltar, dirigir o rumo, tornear, mover, comover mudar, modificar. *Flectere arcus* – distender o arco. *Flectere gemina acies* – voltar os dois olhos. *Flecti cursus ou iter* – ter o curso mudado, desviar, afastar, etc. A palavra tem, portanto, dois sentidos. Um, o etimológico, que é o básico: dobrar. O outro, figurado, mudar de curso, de posição, etc. De fato, toda vez que flexibiliza, inclusive no Direito, muda-se de situação.

O jurista relaciona o fator flexibilidade vinculado à relação de trabalho típica, com as novas formas de trabalho geradas por mudanças profundas no mercado de trabalho e na economia moderna, chegando mesmo a falar

(1) Duas obras recentes que tratam dessa temática não podem ser omitidas neste estudo e que servem para parâmetros da nova "Reforma Trabalhista", que vem ocupando permanente espaço na mídia, dos operadores do direito, dos empresários, dos Poderes da República, trabalhadores e organismos internacionais, sendo elas: os anais do Congresso Internacional do Direito do Trabalho: a reforma trabalhista: direito do trabalho ou direito ao trabalho? Coordenado por Ney Prado; São Paulo: LTr, 2000; e a obra de Antônio Álvares da Silva. *Flexibilização das Relações do Trabalho*. São Paulo: LTr, 2002. Reporte-se à nota de rodapé de número 41 para ver a outra obra.

(2) DA SILVA, A. A. *Flexibilização das relações do trabalho*. São Paulo: LTr, 2002. p. 52.

num setor quaternário da produção, fundado em novas técnicas centradas nas tecnologias de ponta, dentre elas da informática, internet e telecomunicações. Tal fato faz com que nessa conjuntura a cada dia o trabalho se desmaterialize e gere uma forma diferente de produção que não se baseia mais num produto como resultado da atividade, mas num processo permanente que possibilita a produtividade em diferentes áreas; dentre suas posições evidencia as seguintes: pense-se no trabalho pela via da informatização, nos grandes processamentos de dados, na alimentação dos grandes sistemas e no fluxo de dados entre computadores que pode ter natureza econômica, social, educativa, cultural, comercial, financeira, administrativa, ou seja, afísica.

Em sua nota de rodapé complementando tal colocação ainda elucida Silva[(3)]:

> O trabalho em domicílio hoje não é apenas 'trabalhar em casa', mas um tipo de trabalho que coloca o empregado em relação direta com o empregador, com o qual se comunica por meios modernos e ao qual envia de imediato o resultado da atividade exercida fora da empresa. O teletrabalho pode assumir hoje dimensão internacional, ou seja, pode alguém trabalhar para uma empresa, com sede internacional, em seu próprio país (SILVA, 2002, p. 52).

Se no mercado de trabalho se buscam alternativas na forma de prestação do labor, a forma de condução do vínculo jurídico na relação laboral também deve mudar, por ser um estado de necessidade, como coloca Pitas (2002, p. 36)[(4)]:Tanto no mundo do Direito, como em todas as dimensões da atividade humana, uma lei é absoluta: a necessidade, por si mesma, cria seus próprios meios.

Diante de tal afirmação podemos deduzir que se o teletrabalho estará sendo realizado fora do controle direto do(a) empregador(a), há necessidade de que tal prestação laboral se conduza diante de novos parâmetros de controle, de forma flexibilizada.

Malhadas (1991, p. 143)[(5)] conceitua, com base no texto constitucional brasileiro, flexibilização com lucidez assim:

> Flexibilização no Direito do Trabalho, significa a possibilidade de as partes – trabalhador e empresa – estabelecerem, diretamente ou através de suas entidades sindicais, a regulamentação de suas relações sem total subordinação ao Estado, procurando regulá-las na forma que melhor atenda aos interesses de cada um, trocando-se recíprocas concessões.

Dizer que a lei por si só basta para tutelar as relações de trabalho ou afirmar de forma ideatória que a abstenção do Estado na edição de normas trabalhistas no Brasil é temerosa, por ser falsa tal hipótese, há outras fontes normativas para tratar da questão, em muitos casos, oriundas do Direito do Trabalho Coletivo que faz surgir outros modelos legais. Esta é a lição de Nascimento (1998, p. 28-36):

> Modelo negociado – funda-se na concepção autotutelar do Direito do Trabalho, que tem como pressupostos a omissão do Estado abstencionista nas relações de trabalho, o que leva os interlocutores sociais a iniciativas espontâneas para encontrar formas de solução das suas disputas trabalhistas.
>
> Modelo legislado – tem como característica o dirigismo do Estado nas relações de trabalho, a amplitude da lei, constitucional e infraconstitucional, e a retratação da negociação coletiva, inibida entre um enorme volume das leis que regulam o contrato individual de trabalho, leis que interferem no procedimento das negociações coletivas e que retiram da autonomia negocial boa parte do conteúdo dos contratos coletivos.
>
> Modelo misto – redesenha-se sob o impacto das inovações da tecnologia, da robotização da produção industrial, do aumento do desemprego e do subemprego no mundo, da crise dos sindicatos, do desenvolvimento de novos processos de produção de bens e prestações de serviços, com reflexos sobre as relações de trabalho e os sistemas criados para uma sociedade industrial que passa por profundas transformações com o crescimento da ideia de economia de mercado. É possível um modelo de Direito do Trabalho intervencionista seletivo não prejudicial à liberdade de iniciativa dos particulares ou gradual[(6)].

---

(3) *Ob. cit.*, p. 193.

(4) *Ob. cit.*, p. 36.

(5) MALHADAS, J. A. *A flexibilidade das convenções de trabalho em face da nova Constituição*. São Paulo: LTr, 1991. p. 143.

(6) NASCIMENTO, A. M. *Teoria geral do direito do trabalho*. São Paulo: LTr, 1998. p. 28-36.

O mestre fala ainda que não podemos desprezar a outra face da moeda ao mencionar flexibilização no direito do trabalho, eis sua ressalva:

A nosso entender, a flexibilização está dogmatizada na Constituição Federal de 1988 (CF/88), no art. 7º, incisos VI e XXVI, que possibilitam uma valorização ampla das negociações coletivas, além do que, no art. 444 da CLT completa o sistema constitucional no espectro deôntico em se tratando de contrato individual de emprego (naquilo que não contrariar as normas imperativas e indisponíveis de ordem publica, bem como as oriundas das negociações coletivas), possibilitando aos pactuantes uma liberdade contratual, que se aplica ao teletrabalho; senão vejamos o dispositivo:

> Art. 444. As relações contratuais de trabalho podem ser objeto de livre estipulação das partes interessadas em tudo quanto não contravenha às disposições de proteção ao trabalho, aos contratos coletivos (atualmente convenções coletivas) que lhes sejam aplicáveis e às decisões das autoridades competentes.

Assim, nada obsta que os contratantes pactuem de que forma se dará a prestação laboral, claro que as garantias mínimas estipuladas em lei devem ser respeitadas, a citar aquelas elencadas no texto da *Norma Ápice* brasileira (Art. 7º da CF/88). É o que se depreende também da colocação de Borba e Almeida (2002, p. 49)(7):

> Definitivamente, o poder do empresário não é ilimitado, senão que como todo direito potestativo está subordinado à existência de outros direitos, dentre os que estão ligados com o contrato de rabalho. Por isso, os direitos personalíssimos do trabalhador não é um poder absoluto, nem pode lesionar a segurança, a liberdade ou a dignidade humana do trabalhador. Em outras palavras, o contrato de trabalho não implica a privação de um direito constitucional.

Restringida às condicionantes de ordem pública que imperam numa das faces do contrato de trabalho (que é a figura intervencionista do Estado neste tipo de relação), o teletrabalho está limitado pelas garantias mínimas impostas, apesar de na atualidade imperar a liberdade de contratação de trabalho, em que, a *prima facie*, o(a) trabalhador(a) pode dispor de seus interesses e vincular-se às regras ditadas pelo(a) empregador(a), logicamente via sindicatos.

Certamente, tal modalidade de flexibilização não tem parâmetros na atualidade, e há necessidade de avançar neste tipo de relação de emprego em sua pragmática para obtê-los e criar um regulamento próprio para sua normatização(8). Diga-se em tempo que a recente modificação na CLT, em seu art. 6º, insere normas sobre trabalho a distância, mas a nosso ver teletrabalho é apenas uma espécie daquele gênero. Eis o texto legal com a seguinte redação a partir de 16 de dezembro de 2011:

Há, de outro lado, restrições à flexibilização. Embora reconhecendo a rigidez de algumas leis trabalhistas, sustentam muitos que o seu abrandamento deve ser acompanhado da adoção de outras medidas de controle como a formalização pela via coletiva e a representação dos trabalhadores na empresa, de acompanhamento, como um eficaz sistema de retreinamento profissional, de apoio, como o seguro-desemprego, e de depuração para evitar que seja mero expediente para reduzir os direitos dos trabalhadores.

Ob. cit., p. 40.

(7) *Ob. cit.*, p. 49.

(8) Ressaltamos que a recente aprovação do que se denomina reforma trabalhista inova ao trazer no seu bojo normas sobre teletrabalho, mas de forma genérica e que demanda ainda maior detalhamento interpretativo, o que faremos em estudo posterior, mas não ficamos impedidos de inserir o texto legal: "Capítulo II-A – Do Teletrabalho

"Art. 75-A – A prestação de serviços pelo empregado em regime de teletrabalho observará o disposto neste Capítulo."

"Art. 75-B – Considera-se teletrabalho a prestação de serviços preponderantemente fora das dependências do empregador, com a utilização de tecnologias de informação e de comunicação que, por sua natureza, não se constituam como trabalho externo.

Parágrafo único – O comparecimento às dependências do empregador para a realização de atividades específicas que exijam a presença do empregado no estabelecimento não descaracteriza o regime de teletrabalho."

"Art. 75-C – A prestação de serviços na modalidade de teletrabalho deverá constar expressamente do contrato individual de trabalho, que especificará as atividades que serão realizadas pelo empregado.

§ 1º – Poderá ser realizada a alteração entre regime presencial e de teletrabalho desde que haja mútuo acordo entre as partes, registrado em aditivo contratual.

§ 2º – Poderá ser realizada a alteração do regime de teletrabalho para o presencial por determinação do empregador, garantido prazo de transição mínimo de quinze dias, com correspondente registro em aditivo contratual."

"Art. 75-D – As disposições relativas à responsabilidade pela aquisição, manutenção ou fornecimento dos equipamentos tecnológicos e da infraestrutura necessária e adequada à prestação do trabalho remoto, bem como ao reembolso de despesas arcadas pelo empregado, serão previstas em contrato escrito.

Parágrafo único – As utilidades mencionadas no «caput» deste artigo não integram a remuneração do empregado."

"Art. 75-E – O empregador deverá instruir os empregados, de maneira expressa e ostensiva, quanto às precauções a tomar a fim de evitar doenças e acidentes de trabalho.

Parágrafo único – O empregado deverá assinar termo de responsabilidade comprometendo-se a seguir as instruções fornecidas pelo empregador."

"Art. 6º Não se distingue entre o trabalho realizado no estabelecimento do empregador, o executado no domicílio do empregado e o realizado a distância, desde que estejam caracterizados os pressupostos da relação de emprego.

Parágrafo único. Os meios telemáticos e informatizados de comando, controle e supervisão se equiparam, para fins de subordinação jurídica, aos meios pessoais e diretos de comando, controle e supervisão do trabalho alheio."

Este não é somente um fenômeno no campo do Direito Laboral, a citar: O novo Código Civil trata os antigos atos de comércio do Código Comercial, como sendo agora atividades genéricas de empresariar, como na lei italiana, o que reflete uma tendência moderna do Direito Civil. O nosso Direito do Trabalho está engessado por muitos dogmas jurídicos e mister se faz modificar tal situação, ou correremos o risco histórico de continuar com tais normas defasadas, deixando de tutelar as relações de trabalho que surgem a todo momento em nossa sociedade.

Daí, a corrente surgida recentemente intitulada com o lema: o negociado sobre o legislado. Ou, em outras palavras, é o fato se sobrepondo às normas obsoletas do nosso ordenamento trabalhista. Tal posição é esclarecida por Nascimento (1998, p. 31)[(9)]:

> Quais são as vantagens do modelo negociado? São de duas principais ordens, que passam a ser expostas. A primeira é de natureza estrutural, na medida em que permite a edificação de um sistema de relações de trabalho fruto da livre concepção dos próprios integrantes deste, com um mínimo de interferência estatal refletindo-se sobre as formas de representação dos grupos e os tipos de instrumentos jurídicos utilizados para compor as suas relações. É um modelo democrático, pluralista, compatível com o Estado de Direito, que nele encontra uma forma adequada de realização. A segunda é de eficácia do sistema, uma vez que o que é consentido conta com a probabilidade de ser cumprido superiormente ao que é imposto de modo heterônomo.

A pergunta que se faz é: teletrabalho flexibiliza a relação empregatícia? No afã de responder tal requerimento devemos relacionar o fator subordinação, elemento-chave em nosso Direito do Trabalho; eis a opinião de Martins (2000, p. 9)[(10)] a respeito:

No "teletrabalho" a subordinação acaba ficando mitigada. Em alguns casos poderá verificar-se muito mais autonomia do que subordinação. São diluídas as ordens de serviço. Um executivo pode não ter a quem dar ordens de serviço, pois não há escritório, trabalho interno etc.

Surge o que a doutrina está denominando de "telesubordinação" ou "parassubordinação" com base na doutrina italiana. Há uma subordinação anômala, pois o empregador passa a controlar o trabalho do(a) empregado(a) indiretamente, remotamente, melhor dizendo.

2. NOVOS PARÂMETROS DA SUBORDINAÇÃO VIA TELETRABALHO

Não podemos desprezar o fato de que a flexibilidade do trabalho está ligada a vários aspectos de novas práticas de trabalho, incluindo a flexibilidade de horas de trabalho, de local da prestação de trabalho fora da empresa ou no local mesmo, e consequentemente de novas cláusulas no contrato de emprego; isto faz com que as políticas ligadas ao mundo do trabalho devam ser revistas. Um dos exemplos mais marcantes em nosso país é o surgimento dos chamados "telecentros", em que o(a)s empregado(a)s comparecem no local do emprego e via telefone num terminal conectado na Internet, trabalha para um(a) empregador(a) onipresente, atendendo ao país como um todo e em determinados casos até no prisma internacional.

E mais, as pessoas podem trabalhar de forma transnacional. Pode tal fato ser constatado com os chamados esquemas para desenvolver os aplicativos a serem usados nos modernos equipamentos de comunicação, que se torna uma forma inquestionável de terceirização sem precedentes.

Questionamos: onde está o(a) empregador(a)? Pois o "telecentro" pode ser uma companhia de propriedade de outra companhia que tenha sua localização em outro país. E mais, esta companhia de "telecentro" pode ser uma prestadora de serviço de uma companhia na condição de terceirizada. Existem casos de "telecentros" em que o(a) empregado(a)s comparecem ao trabalho com total flexibilidade, em muitos casos somente para cumprir uma meta de resultados, que ele(a) mesmo(a) estipula. E assim por diante. Novos tempos no mundo do trabalho.

O teletrabalho chega a possibilitar uma adaptabilidade do(a) empregado(a) ao seu melhor horário para obter o rendimento máximo no trabalho, logicamente

---

(9) *Ob. cit.*, p. 31.

(10) MARTINS, S. P. Trabalho a distância. *Revista Jurídica Trimestral Trabalho & Doutrina*. Saraiva, v. 24, março de 2000, p. 9.

com base em suas características pessoais. Pessoas que produzem melhor na parte da manhã e outras à tarde ou mesmo no período noturno. Fica, assim, uma opção do(a) trabalhador(a) em exercer as atividades no horário que melhor lhe aprouver(11).

Acrescentamos, neste sentido, que o(a)s teletrabalhadores(as) podem flexibilizar seu trabalho de acordo com as necessidades do(a)s clientes do(a) empregador(a) e em determinadas circunstâncias com aval do Estado regulador, por exemplo. Assim, no processo de teletrabalho a organização empresarial deve ser também flexível em suas políticas regulamentais, e porque não as normas trabalhistas(12) acompanharem tais evoluções.

Foi Fetzner (2013)(13) em sua profícua pesquisa, que destacou com propriedade de que forma as alterações no vínculos laborais impactam as sociedade, pois: "mudanças de relações de trabalho devem ser conduzidas com cuidado, após consciencioso estudo das condições implicadas e avaliação de vantagens e desvantagens".

A autora acrescenta a essa rica informação elementos importantes, tais como:

– O local de trabalho não é mais um estabelecimento físico pertencente a um empregador. Às vezes nem sequer existe um local físico envolvido no processo de trabalho, como ocorrem nas organizações localizadas estritamente na Web.

– As horas de trabalho não precisam mais equivaler às horas convencionais, podendo estender-se por diferentes períodos de tempo e obedecerem, desta forma, a necessidade de trabalho ou preferências pessoais específicas.

– Aspectos normalmente controlados pelo empregador, como condições físicas do ambiente, ritmo de trabalho de um empregado, deixam de sê-lo.

– A administração por processo ou por supervisão física ou visual dos trabalhadores dá lugar a um gerenciamento por resultados ou produtos.

– Os sindicatos precisam reestruturar o seu funcionamento e desenvolver um novo modo de relacionamento com seus membros, já que os mesmos não se encontram mais concentrados num mesmo local.

– O ambiente de trabalho e a vida pessoal podem passar a compartilhar os mesmos espaços físicos, mais do que isto, os psicológicos. A fronteira não é mais estabelecida por um deslocamento físico que delimita espaços de vida.

– O contrato de trabalho adquire novas feições. Ele passa a prever, por exemplo, a quem pertence o equipamento usado no trabalho.

Uma questão ainda colocada pela autora concerne ao aspecto de que o teletrabalho deva ser abordado de forma multidisciplinar pelo(a)s envolvido(a)s neste tipo de relação de emprego, além do que o contrato de trabalho envolve vários pressupostos em seu âmago tendo perfil caracterizado por: pessoalidade, onerosidade, continuidade e subordinação. Dissertando sobre esses elementos Souza (1992, p. 40-44)(14) elucida que o fator subordinação constitui ponto basilar do contrato de trabalho, em suas palavras:

> Na subordinação reside o mais importante dos elementos caracterizadores do contrato de trabalho. Isto se explica porque a pessoalidade pode estar presente, necessariamente, em outros contratos como o mandato em que alguém é escolhido pela sua aptidão, pela sua qualidade, pelos seus dotes, para agir em nome do mandante na realização de determinado negócio, na prática de certo ato; também pode ocorrer no contrato de empreitada em que se escolhe alguém justamente porque sabe fazer, segundo preferência de quem escolhe, melhor que outro presente em numerosos outros contratos, inclusive no mandato e na empreitada. A continuidade pode ser encontrada num contrato de locação e na

(11) Esta afirmação está centrada com base nos estudos feitos na Europa pelo "European Commission (DGXIII) ACTS". *Ob. cit.*

(12) Devemos ressaltar que o excesso do uso do teletrabalho pode desencadear o chamado enclausuramento do(a) empregado(a), conforme bem ressaltou FERREIRA, nos seguintes termos reveladores:

"O teletrabalho, assim, é mais do que o resultado de uma inovação técnica ou do que uma mudança nos procedimentos e nos hábitos do trabalhador. Visto de maneira mais detida, ele transforma as relações entre os indivíduos e a organização social. Grande parte das novas relações constituídas contribui de forma efetiva para o incentivo ao enclausuramento do indivíduo em sua residência, limitando, também, o seu deslocamento no espaço."

FERREIRA, A. H. S. *Novas Tecnologias de informação e comunicação e o teletrabalho*: um caso de enclausuramento socioespacial. Disponível em: <http://read.adm.ufrgs.br/read22/artigos/artigo6.pdf>. Acesso em: 29 jul. 2013.

(13) FETZNER, Maria Amélia de Mesquita. A viabilidade do teletrabalho na PROCEMPRA. Disponível em: <http://read.adm.ufrgs.br/read22/artigos/artigo6.pdf>. Acesso em: 29 jul. 2002.

(14) SOUZA, R. A. *Manual de legislação social*. 2. ed. São Paulo: LTr, 1992. p. 40-44.

mesma empreitada, com mais propriedade, se restrita ao labor, isto é, à empreitada de labor.

Com argúcia arremata o autor:

> A subordinação é o traço tipificador por excelência do contrato de trabalho. Ela não se encontra em qualquer outro tipo de contrato uma vez que, no Direito Civil, a igualdade jurídica dos contratantes é imperativa e quando não ocorre, no momento inicial, existem mecanismos que buscam compensar o desequilíbrio original.

O que perquirimos em minhas colocações é identificar como o teletrabalho pode ser vinculado ao fator subordinação, pois o(a) empregado em muitas situações fica livre das peias hierárquicas do(a) empregador(a) em princípio, ou seja, ele(a) está vinculado(a) a resultados para a atividade na qual fora contratado(a) e fazendo com que o empreendimento cresça e frutifique lucros para o(a) empresário(a)[15]. Agora a subordinação está sendo monitorada a distância por critérios baseados em sistemas de comunicação e não em chefias tradicionais. Para nós, há subordinação, mas não hierárquica e sim, compromisso em cumprir as obrigações para as quais fora contratado, receber a paga como tal.

O teletrabalho constitui, assim, uma modalidade de exercer uma atividade pelo(a) empregado(a), para o qual fora contratado e possui aptidão profissional dentro de determinada qualificação técnica, para um(a) empregador(a), estando aquele distante ou não do local da prestação das atividades. O que está em evidência não é onde e como se presta tal trabalho, pois o teletrabalho constitui uma modalidade nova de laborar e que não obsta a caracterização dos estigmas clássicos do contrato de trabalho[16].

O teletrabalho modifica os parâmetros clássicos do contrato de trabalho e, sem medo de cometer uma falha em nossas afirmações, podemos dizer que veio para ficar de forma irreversível, cabendo ao(a)s empregado(a)s e empregadore(a)s buscarem alternativas de fazê-lo operar da melhor forma possível. Esta é também a opinião abalizada de Jamil (2002)[17]:

> Os valores inseridos na relação de emprego são modificados por esta nova forma de trabalhar. A produtividade – às vezes de medição difícil ou impossível – passa a ser o parâmetro central. Novas formas de verificação, de intercâmbio e de relacionamento passam a existir entre a empresa e seu funcionário, entre o cliente e seu prestador de serviço. É interessante ver que sempre temos a promessa de estarmos diante de uma nova empresa, que tem maior agilidade, menos hierarquia e mais flexibilidade, tratando seus empregados com maior confiança. O teletrabalho é uma dura nova prova a estes novos métodos.

Com tudo isso, a flexibilidade propiciada pelo teletrabalho permitirá às empresas planejarem e gerirem os fluxos de trabalho com maior eficiência. Torna-se possível estabelecer com mais facilidade os contratos em regime especial (com horários flexíveis, locais de trabalho diferentes, resultado em metas etc.) que podem libertar as empresas de custos extraordinários. Esta constitui a nova tenência trabalhista, e não estamos sozinhos na afirmação, como depreendemos das palavras lapidares de FINCATO (2016)[18]:

> Diversos setores empresariais já exploram o teletrabalho, sendo favorecidos aqueles em que as categorias profissionais possuam um maior conhecimento informático, bem como manuseio e acesso aos meios de comunicação mais avançados. Nesse sentido, privilegiam-se os setores de tecnologia de ponta, bancário, securitário, altos executivos e, até mesmo, educacional. O teletrabalho atende ao desiderato de flexibilidade do trabalho subordinado e visa atender às necessidades empresariais, contribuindo ainda para que trabalhadores com dificuldades

---

(15) *Ob. cit.*

Não vamos individualizar criticamente as várias teorias citada por Ronaldo Amorim e Souza, sendo elas: empregador quem dirige a prestação pessoal de serviços; da dependência econômica entre empregado e empregador; dependência técnica, dependência social, subordinação jurídica ou hierárquica e claro, demonstrar na medida do possível que mais variantes na relação de emprego do teletrabalho.

(16) Estamos acordes com Reale (2013), quando rebate críticas ao novo Código Civil Brasileiro, que entrou em vigor em 2003, quando fala sobre a Internet, que a nosso ver é o instrumento de trabalho do teletrabalhador em maior escala, assim o jurista se expressa:

"A internet atua apenas como novo meio e instrumento de intercâmbio e acordo de vontades, não interferindo na substância das disposições legais quanto aos direitos e deveres dos contratantes."

REALE, M. *O novo Código Civil e seus críticos*. Disponível em: <http://www.jus.com.br/index.html>. Acesso em: 28 jul. 2013.

(17) *Ob. cit.*

(18) FINCATO, Denise Pires. *Teletrabalho*: uma análise juslaboral. Disponível em: <http://www.amdjus.com.br/doutrina/trabalhista/386.htm>. Acesso em: 20 maio 2016.

específicas (deficiências físicas, maternidade, distância geográfica, etc.) possam prestar os serviços contratados em lugares mais favoráveis para si.

Com a chamada circulação eletrônica de informações e o uso do teletrabalho, surgiram possibilidades de diminuir as burocracias administrativas e reduzir os níveis hierárquicos, agilizando as decisões, consequentemente aumentando a flexibilidade na estrutura das organizações, resultando em ganhos substanciais nos lucros das empresas e a nosso ver na qualidade de vida das pessoas.

O teletrabalho aliviará o impacto de situações adversas que influenciam os resultados da empresa, dentre os quais: superação de transtornos causados por inundações nas grandes cidades, greves em geral, acidentes, doenças causadas em locais de trabalho e, sem dúvidas, num país como nosso, onde as empresas são obrigadas a fornecer ganhos indiretos aos trabalhadores (como ticket-alimentação, vale-refeição, vale-transporte, dentre outros), podem ser minimizados quando não há necessidade de serem fornecidos.

Para as pessoas que telelavoram com o avançar da legislação será perfeitamente possível criar um mecanismo de regulamentação deôntica (reguladores das formas de exercer as atividades) sem obstar, necessariamente à maneira com tais relações estão a proliferar, como de fato já acontece. Novos rumos das relações clássicas de emprego surgem sem precedentes, e devemos voltar nosso olhar jurídico para eles para não ficarmos obsoletos em tempo real.

NOTAS CONCLUSIVAS

O teletrabalho constitui nova modalidade de exercer atividades de emprego ou função, o qual ainda carece de uma dimensão regulamentar, de forma a possibilitar às pessoas envolvidas em tal cenário que atuem de forma livre e sem as amarras deônticas das normas protetivas do nosso clássico direito laboral.

O teletrabalho tem sido analisado como vetor flexibilizador das relações de emprego, sem contudo ditar tais evidências, o que faz com que se busque desdogmatizar os parâmetros estipulados em nossa legislação, tanto em nível constitucional, celetista e também até em nossas normas civilistas, pois de forma sistêmica estão correlatas em tal área.

Poderíamos mencionar tantos pontos evidentes nessa nova modalidade laboral neste estudo, mas o tornaria muito extenso e sem um parâmetro norteador para que se chegasse a uma razoabilidade epistemológica, mas a despersonalização da relação empregatícia, conforme frisamos, fica em constante ressalto, daí a necessidade de rever muitos pontos normativos em voga em nosso país.

REFERÊNCIAS BIBLIOGRÁFICAS

ALVES, R. V. *Teletrabalho*: um conceito complexo no Direito brasileiro. Disponível em: <http://www.teletrabalho.info/paginas/publicacoes/faq.htm>. Acesso em: 25 jul. 2013.

_____. *Topicalização sobre o teletrabalho*: elementos integrativos da natureza jurídica no direito laboral brasileiro. Temas contemporâneos de direito empresarial do trabalho/Magno Luiz Barbosa, Cristiano Gomes de Brito. São Paulo: Editora LTr, 2015.

BARROS, C. M.. *Teletrabalho*. São Paulo: Revista dos Tribunais, 2001.

BARROS JÚNIOR, C. M. *Teletrabalho*. Direito e Internet: relações jurídicas na sociedade informatizada. Coordenadores: Marco Aurélio Grego e Ives Gandra da Silva Martins. São Paulo: Revista dos Tribunais, 2001.

BIBBY, A. Teletrabajo: las tecnologias de la comunicación y la información cambian la geografia del trabajo. *Revista de La OIT*. Editora Oficina International del Trabajo, num. 38, Ginebra, Enero/Febrero 2001.

BONDUKI, M. *Videoconferência gera polêmica*. Disponível em: <http//www.cartamaior.com.br>. Acesso em: 25 set. 2013.

BORBA, K. M. L. e ALMEIDA, A. E. A teleprivacidade. Uma análise da intimidade do treletrabalhador. *Gênesis, Revista de Direito do Trabalho*, n. 109, Curitiba, jan./2002.

DA SILVA, A. A. *Flexibilização das relações do trabalho*. São Paulo: LTr, 2002.

DE MASI, D. *O ócio criativo*. Rio de Janeiro: Sextante, 2000.

FERREIRA FILHO, M. G. *Os princípios programáticos*. São Paulo: LTr, 1992.

KELLY. K. *Para onde nos leva a tecnologia*. Porto Alegre: Bookman, 2012.

GORDON, G.; MELLO, A. *Teletrabalho (telework)*. O trabalho em qualquer lugar e qualquer hora. Disponível em: <http://www.teletrabalho.info/paginas/publicacoes/faq.htm>. Acesso em: 28 jun. 2013.

GRECO, Leonardo. *O processo eletrônico*. Revista dos Tribunais, 2002.

JAVILLIER, Jean-Claude. *Reforma trabalhista:* anais do Congresso Internacional do Direito do Trabalho. A reforma trabalhista: direito do trabalho ou direito ao trabalho? Ney Prado (Coord.). São Paulo: LTr, 2000.

MALHADAS, J. A. *A flexibilidade das convenções de trabalho em face da nova Constituição*. São Paulo: LTr, 1991.

MARTINS, S. P. Trabalho a distância. *Revista Jurídica Trimestral Trabalho & Doutrina*. Saraiva, v. 24, março de 2000.

MASCARO, A. N. *Iniciação ao direito do trabalho*. São Paulo: LTr, 2000.

MENDES, R. *Condiciones del trabajo a domicilio en la industria de calzado de Brasil. Ginebra:* Oficina Internacional del Trabajo, 1990.

PEDREIRA, P. O teletrabalho. *Revista LTr*, v. 64, n. 5, São Paulo: LTr, 2000.

PINTO, A. P. *Trabalho no próximo século*. São Paulo: RDT, 1999.

PITAS, J. Trabalho em domicílio. *Repertório de Jurisprudência*, n. 2. Caderno 2, 2ª quinzena de janeiro de 2002.

PRADO, Ney. *Direito do trabalho ou direito ao trabalho?* São Paulo: LTr, 2000.

SANTOS, M. J. P. *O direito autoral na internet*. Direito e Internet: relações jurídicas na sociedade informatizada. Marco Aurélio Grego; Ives Gandra da Silva Martins (Coords.). São Paulo: Revista dos Tribunais, 2001.

SOUSA, M. J. *Teletrabalho em Portugal*. Portugal: Difusão e Condicionantes, 1999.

SOUZA, R. A. *Manual de legislação social*. 2. ed. São Paulo: LTr, 1992.

TRINDADE, W. L. *Teletrabalho, trabalho a distância*. São Paulo: RDT. v. 6.

Webgráficas

BALBINO, R. O. P. *A Lei n. 12.551/2011 e a nova redação do art. 6º da CLT*. Disponível em: <http://www.trabalhosfeitos.com/ensaios/Novos-Aspectos-De-Lei-12551-2011/579608>. Acesso em: 20 set. 2013.

BELL, C. *O desenvolvimento rural na sociedade da informação*. Disponível em: <http://ec.europa.eu/agriculture/rur/leader2/rural-pt/biblio/is/art07.htm>. Acesso em: 27 jun. 2013.

BIBBY, A. *Where are the jobs going?What's happening to work?* Disponível em: <http://www.andrewbibby.com/telework>. Acesso em: 21 nov. 2013.

FERREIRA, A. H. S. *Novas Tecnologias de informação e comunicação e o teletrabalho*: um caso de enclausuramento socioespacial. Disponível em: <http://read.adm.ufrgs.br/read22/artigos/artigo6.pdf>. Acesso em: 29 jul. 2013.

FETZNER, M. A. M. *A viabilidade do Teletrabalho na PROCEMPRA*. Disponível em: <http://read.adm.ufrgs.br/read22/artigos/artigo6.pdf>. Acesso em: 29 jul. 2013.

FINCATO, Denise Pires. *Teletrabalho: uma análise juslaboral*. Disponível em: <http://www.amdjus.com.br/doutrina/trabalhista/386.htm>. Acesso em: 20 maio 2016.

JAMIL, G. L. *Teletrabalho – Uma força na nova economia*. Disponível em: <http://www.widebiz.com.br/gente/jamil/htm>. Acesso em: 10 jun. 2002.

NASCIMENTO, J. L. *Lisboa – uma cidade que tem de se colocar no mapa do teletrabalho*. Disponível em: <http://janelanaweb.com/reinv/>. Acesso em: 22 jun. 2012.

SERRA, P. *O teletrabalho* – conceito e implicações. Disponível em: <http://bocc.ubi.pt/pag/jpserra_teletrabalho.html>. Acesso em: 09 ago. 2013.

Análise Crítica dos Crimes que Envolvem as Relações de Trabalho no Código Penal Frente à Reforma Trabalhista

Simone Silva Prudêncio

Doutora em Direito pela Pontifícia Universidade Católica de São Paulo, docente adjunta na Faculdade de Direito Professor Jacy de Assis, da Universidade Federal de Uberlândia.
E-mail: simoneprudencio@yahoo.com.br

1. O CÓDIGO PENAL DE 1940 E AS RELAÇÕES DE TRABALHO

No Brasil, no período histórico conhecido como Estado-Novo, as relações de trabalho ganharam maior proteção devido à Constituição de 1937, outorgada pelo Presidente da época, Getúlio Vargas. A famosa Era Vargas trouxe ainda a Consolidação das Leis do Trabalho e a criação do salário mínimo.

Diante daquele cenário político-social, também na esfera criminal houve entendimento de que seria necessário tutelar as relações trabalhistas e, para tanto, no Título IV da Parte Especial, foram tipificados fatos que atentam contra a "organização do trabalho". Contudo, também o art. 149, que trata da "redução à condição análoga à de escravo", se refere às relações de trabalho, mas encontra-se no rol de proteção da liberdade individual.

É interessante observar que os crimes contra a organização do trabalho, em maioria, não tiveram sua redação alterada até hoje, ressalvados o art. 206, que tipifica o "aliciamento para o fim de emigração", em 1993; o art. 203, que trata de "frustração de direito assegurado por lei trabalhista", cuja redação foi alterada em 1998 e igualmente alterado em 1998 o art. 207, que versa sobre "aliciamento de trabalhadores de um local para outro do território nacional".

Outro aspecto relevante reside na intenção da lei, que é a tutela coletiva das relações de trabalho, pois a própria Exposição de Motivos da Parte Especial do Código Penal declara, no item 67, que

> "a proteção jurídica já não é concedida à liberdade do trabalho, propriamente, mas à organização do trabalho, inspirada não somente na defesa e no ajustamento dos direitos e interesses individuais em jogo, mas também, e principalmente, no sentido superior do bem comum de todos. (...) Daí, o novo critério adotado pelo projeto, isto é, a trasladação dos crimes contra o trabalho, do setor de crimes contra a liberdade individual para uma classe autônoma, sob a já referida rubrica. Não foram, porém, trazidos para o campo do ilícito penal todos os fatos contrários à organização do trabalho: são incriminados, de regra, somente aqueles que se fazem acompanhar da violência ou da fraude."

Dessa maneira, o Código Penal de 1940 representou, naquela época, verdadeiro pilar de proteção dos direitos trabalhistas, enaltecidos pela conjuntura política e social, cujo papel simbólico de repressão não poderia ser deixado de lado.

2. DA TUTELA PENAL DAS RELAÇÕES TRABALHISTAS

Com o intuito de apresentar panorama sobre a tutela penal das relações de trabalho, podemos dizer que o Código Penal de 1940, ainda vigente, traz onze crimes contra a Organização do Trabalho, previstos nos arts. 197 a 207. Neles, tanto há punição pela prática de violência ou fraude contra as relações obreiras, quanto pela violação do interesse da coletividade.

As penas privativas de liberdade cominadas variam de mínima de um mês de detenção e máxima de três anos, sendo que apenas um tipo penal comina pena de reclusão. Nos casos em que os crimes são praticados mediante violência, a lei comina penas a ela correspondentes, sem prejuízo da privativa de liberdade fixada.

Todos os crimes são dolosos e as respectivas ações penais são públicas incondicionadas, vale dizer que o Ministério Público pode agir, independentemente da vontade do trabalhador.

A competência para julgar referidos crimes é da Justiça Estadual, em regra, apesar de a Constituição Federal prever, no art. 109, VI, a competência da Justiça Federal. Contudo, a jurisprudência do Superior Tribunal de Justiça já fixou entendimento no sentido de que somente competirá à Justiça Federal julgar ofensa coletiva ao sistema de órgãos e instituições que preservam os direitos trabalhistas e não quando violarem interesses individuais de trabalhadores[(1)].

Numa abordagem mais específica, temos que o art. 197 pune "o atentado contra a liberdade de trabalho", no sentido de que o agente, mediante violência ou grave ameaça, constrange alguém a "exercer ou não exercer arte, ofício, profissão ou indústria, ou a trabalhar ou a não trabalhar durante certo período ou em determinados dias" (inciso I) ou "abrir ou fechar o seu estabelecimento de trabalho, ou a participar de parede ou paralisação de atividade econômica" (inciso II). Tal tipo penal se coaduna com a proteção constitucional veiculada pela Constituição Federal, art. 5º, inciso XIII, que revela ser "livre o exercício de qualquer trabalho, ofício ou profissão, atendidas as qualificações profissionais que a lei estabelecer".

A pena abstrata cominada, de detenção de um mês a um ano, no primeiro caso e, no segundo, de três meses a um ano. Ambas as situações, atualmente, configuram infração de menor potencial ofensivo, o que permite que benefícios como transação penal e suspensão condicional do processo sejam cabíveis, conforme o caso concreto.

A figura delituosa prevista no art. 198 trata do "atentado contra a liberdade de trabalho e boicotagem violenta", que também é praticado mediante violência ou grave ameaça, para constranger alguém "a celebrar contrato de trabalho ou a não fornecer a outrem ou não adquirir de outrem matéria-prima ou produto industrial ou agrícola".

Comenta Rogério Greco[(2)] que a lei penal deixou de prever a conduta de impedir a celebração de contrato de trabalho, mediante violência ou grave ameaça, o que nos parece um contrassenso, afinal, ambas as situações atentam contra a liberdade de celebrar contrato de trabalho.

A conduta denominada "boicotagem violenta" resume a previsão da segunda parte do artigo em análise, que faz com que o sujeito passivo não forneça ou não adquira matéria-prima, produto industrial ou agrícola, cujo intuito é o de impedir alguém de trabalhar, pela falta dos bens retromencionados.

Neste tipo penal também há previsão de pena abstrata de um mês a um ano e, assim, se enquadra nas infrações de menor potencial ofensivo, com possibilidade de haver transação penal ou suspensão condicional do processo, se presentes os requisitos.

Já o art. 199 versa sobre o "atentado contra a liberdade de associação", cujo *modus operandi* é o emprego de violência ou grave ameaça à pessoa para que ela participe ou deixe de participar de sindicato ou associação profissional. A Constituição Federal resguarda o direito à livre associação e participação de sindicato, no seu art. 8º, V.

Na mesma esteira do artigo anterior, a pena abstrata de um mês a um ano de detenção permite o trâmite da ação penal pelo Juizado Especial Criminal, com possibilidade de o acusado se beneficiar da transação penal ou da suspensão condicional do processo.

No art. 200 foi prevista a conduta criminosa de "paralisação do trabalho, seguida de violência ou perturbação da ordem", de maneira que é criminalizada a participação da suspensão ou do abandono coletivo de trabalho – assim considerado o concurso de, pelo menos, três empregados – mediante a prática de violência contra a pessoa ou coisa.

A greve é direito do cidadão, garantido pelo Carta Magna, no art. 9º, e pela Lei n. 7.783/1989, conhecida como Lei de Greve.

A suspensão coletiva do trabalho, também conhecida como *lockout* é realizada pelos empregadores.[(3)] Seja num caso ou no outro, o que se pune é o emprego de violência contra a pessoa ou a coisa e não a participação de trabalhadores ou empregadores de forma pacífica.

(1) RHC 15702/MA, Rel. Min. Paulo Medina; 6ª Turma; DJ 22.11.2004, p. 387.

(2) GRECO, Rogério. *Curso de Direito Penal*. Parte Especial. 5. ed. Niterói, RJ: Impetus, 2008, v. III, p. 394.

(3) TELES, Ney Moura. *Direito Penal*. Parte especial. 2. ed. São Paulo: Atlas, 2006, v. II, p. 487.

A pena cominada, de detenção de um mês a um ano, faz da conduta uma infração de menor potencial ofensivo, com possível transação penal ou suspensão condicional do processo, conforme o caso.

No art. 201, a conduta prevista é a da "paralisação de trabalho de interesse coletivo", mas desta feita, o tipo penal se perfaz com a provocação de interrupção de obra pública ou serviço de interesse coletivo. Aqui deve ser feita a ponderação de que há serviços essenciais que, conforme determinação legal, não podem ser totalmente paralisados. Tais serviços são previstos no art. 10 da Lei de Greve, Lei n. 7.783/1989.

Neste tipo penal, a pena privativa de liberdade cominada é de detenção de seis meses a dois anos. Embora a pena máxima seja mais grave, a conduta é também classificada como sendo de menor potencial ofensivo, de competência do Juizado Especial criminal.

Nos termos do art. 202, a "invasão de estabelecimento industrial, comercial ou agrícola" e a "sabotagem" são puníveis, sendo que o tipo penal pretende proteger o local de trabalho contra possíveis embaraços causados por agentes que querem impedir a produção ou o exercício regular das atividades. Já a "sabotagem" ocasiona dano aos bens do estabelecimento industrial, comercial ou agrícola invadido.

Explica Ricardo Antônio Andreucci[(4)] que o crime de sabotagem se consuma "com a danificação ou disposição do prédio ou das coisas nele existentes, independentemente do efetivo impedimento ou embaraço do curso normal do trabalho".

A pena privativa de liberdade prevista para este crime é mais severa, sendo de reclusão de um a três anos, pois se concretizado o crime, o resultado danoso atingiria trabalhadores, que ficariam com atividades paralisadas e o empregador, pelo prejuízo tanto pelos bens danificados, quanto pela redução da produção ou da atividade laboral. Com tal *quantum* de pena, o único benefício possível seria – se presentes os requisitos – o da suspensão condicional do processo, em função de a pena mínima não ser superior a um ano, com ação penal pelo rito sumário.

Conforme o art. 203, a punição é devida quando ocorre a "frustração de direito assegurado por lei trabalhista", especialmente quando tal situação se dá por meio de fraude ou violência.

Explica Damásio de Jesus que "pouco importa seja o direito trabalhista frustrado renunciável ou irrenunciável.[(5)]

O tipo penal traz, ainda, outras figuras, às quais a pena cominada ao *caput* é equiparada, que incriminam a conduta de "obrigar ou coagir alguém a usar mercadorias de determinado estabelecimento, para impossibilitar o desligamento do serviço em virtude de dívida" e de "impedir alguém de se desligar de serviços de qualquer natureza, mediante coação ou por meio da retenção de seus documentos pessoais ou contratuais."

Embora essas condutas pareçam-nos muito graves em termos de relação de trabalho, do ponto de vista penal mereceu reprimenda de detenção de um a dois anos, o que possibilita benefícios como transação penal e suspensão condicional do processo e, em caso de ação penal, o trâmite pelo rito sumaríssimo.

Há, no entanto, preocupação com a vítima quando for menor de dezoito anos, idosa, gestante, indígena ou portadora de doença física ou mental, demonstrada pelo aumento de um sexto a um terço da pena privativa de liberdade.

Vale ressaltar que essa figura delituosa do *caput* é uma norma penal em branco, o que significa que seu complemento se encontra em outra normatização. No caso, todas as informações necessárias para completar o tipo penal em comento estão na Consolidação das Leis do Trabalho, de sorte que mudanças lá ocorridas refletirão também no alcance da norma penal.

Nas figuras penais equiparadas temos meios sórdidos de evitar o desligamento do trabalhador, que não poderiam deixar de ser considerados na época da edição do Código Penal, visto que tais condutas eram extremamente comuns, tanto pela força econômica dos proprietários de terra, quanto pelas dificuldades de acesso à justiça e à informação naqueles tempos.

A "frustração de lei sobre a nacionalização do trabalho" é outra forma de punição prevista no art. 204. Da mesma maneira do artigo anterior, trata-se de norma penal em branco, pois tudo o que diz respeito à nacionalização do trabalho está abrigado na Consolidação das Leis do Trabalho.

Um exemplo de regra sobre a nacionalização do trabalho é a proporcionalidade em relação ao número de trabalhadores brasileiros em uma empresa, a fim de garantir-lhes reserva de mercado no Brasil.[(6)]

---

(4) ANDREUCCI, Ricardo Antônio. *Manual de Direito Penal*. Parte Especial. 3. ed. São Paulo: Saraiva, 2004, v. 2, p. 157.

(5) JESUS, Damásio Evangelista. *Direito Penal*. Parte Especial. São Paulo: Saraiva, 2002, v. 3, p. 48.

(6) BITENCOURT, Cezar Roberto. *Tratado de Direito Penal*. 3. ed. São Paulo: Saraiva, 2006, v. 3, p. 484.

A pena privativa de liberdade abstrata cominada é de detenção de um mês a um ano, de modo que os benefícios da transação penal e da suspensão condicional do processo são possíveis, além de a ação penal tramitar pelo Juizado Especial Criminal.

Muito interessante é o tipo penal do art. 205, que incrimina o "exercício de atividade com infração de decisão administrativa". Cezar Roberto Bitencourt(7) explica que

> "nossos Códigos Penais do século XIX (1830 e 1890) não cuidaram do crime de exercício de atividade com infração de decisão administrativa. Trata-se de inovação trazida pelo Código Penal de 1940, que o incluiu entre os crimes contra a organização do trabalho."

O mesmo autor esclarece que a referida infração administrativa deve dizer respeito a trabalho, ofício ou profissão(8), não sendo as demais hipóteses cabíveis ao tipo penal.

Assim, infringe a norma aquele que está impedido de exercer determinada atividade por decisão administrativa, ou seja, não possui, momentânea ou permanentemente, mais o direito de exercê-la.

A pena privativa de liberdade, neste caso, é de três meses a dois anos de detenção, sendo que os benefícios aplicáveis são o da transação penal e da suspensão condicional do processo, conforme o caso. Se houver ação penal proposta, esta tramitará pelo rito sumaríssimo, no Juizado Especial Criminal.

No art. 206 pune-se o "aliciamento para o fim de emigração", que consiste na forma de "recrutar trabalhadores, mediante fraude, com o fim de levá-los para território estrangeiro".

Quando os trabalhadores são enganados, com falsas promessas vantajosas de trabalho e partem em busca delas para o território estrangeiro, certamente encontrarão inúmeras dificuldades de sobrevivência e, até mesmo, de retorno para casa.

A punição para este crime é de detenção de um a três anos, de modo que apenas o benefício da suspensão condicional do processo pode ser cabível, se preenchidos os requisitos e a ação penal, se for o caso, tramitará pelo rito sumário, na vara criminal comum.

Por fim, "o aliciamento de trabalhadores de um local para outro do território nacional" é tipo penal alcançado pelo art. 207. Além de levar trabalhadores de uma localidade para outra, dentro do território nacional, a Lei pune, com a mesma pena privativa de liberdade, aquele que "recruta trabalhadores fora da localidade de execução do trabalho, dentro do território nacional, mediante fraude ou cobrança de qualquer quantia do trabalhador".

Nesse caso, é interessante observar que as despesas com o deslocamento dos trabalhadores seriam cobradas deles próprios ou estes iriam para outra localidade do território nacional mediante fraude, que poderia se consubstanciar em falsas promessas de trabalho.

Também está tipificada, no mesmo tipo penal equiparado, a conduta de "não assegurar condições do seu retorno ao local de origem". Tal situação impede os trabalhadores de retornarem a seus locais de origem e os tornam vulneráveis à exploração de mão de obra.

Assim como no art. 203, há aumento de um sexto a um terço da pena privativa de liberdade quando a vítima for menor de dezoito anos, idosa, gestante, indígena ou portadora de doença física ou mental.

Pelo exposto, percebemos que os crimes contra a Organização do Trabalho foram despenalizados, ou seja, passaram a ter sua forma de punição abrandada pelo fato de fazerem parte das infrações penais de menor potencial ofensivo.

3. REFORMA TRABALHISTA PELA LEI N. 13.467/2017

A Reforma Trabalhista foi recentemente consolidada pela Lei n. 13.467/2017, aprovada sob muita polêmica.

Entre as várias alterações realizadas, ocupar-nos-emos daquela que trata da redação dos arts. 611-A e 611-B, sobre Convenções e Acordos Coletivos de Trabalho.

Antes, porém, é interessante mencionar, ainda de que forma breve, que a convenção coletiva de trabalho tem origem na Grã-Bretanha. Segundo narra Arnaldo Süssekind(9), "a partir de 1824, com a revogação da lei sobre delito de coalisão, as *trade unions*, então organizadas pelos trabalhadores, passaram a ajustar com empregadores condições de trabalho a serem respeitadas na relação de emprego."

Conta ainda o mesmo autor que no Brasil, o Decreto Legislativo n. 21.761, assinado por Getúlio Vargas, em 23 de agosto de 1932, foi inspirado na lei francesa, no século XX, sendo certo que a França foi um dos primeiros países a legislar sobre o assunto.(10)

(7) BITENCOURT, Cezar Roberto. *Op. cit.*, p. 487.

(8) BITENCOURT, Cezar Roberto. *Op. cit.*, p. 488.

(9) SÜSSEKIND, Arnaldo. A negociação trabalhista e a Lei. In: *Revista Consulex n. 196*, de 15.03.2005. p. 34-37.

(10) SÜSSEKIND, Arnaldo. *Op cit.*, p. 34-37.

Nossa Constituição Federal de 1988 prevê, no art. 7º, inciso XXVI, "o reconhecimento das convenções e acordos coletivos" como direitos dos trabalhadores urbanos e rurais, além de outros que visem à melhoria de sua condição social.

Com a Reforma Trabalhista, as convenções ou acordos coletivos ganharam maior expressão ainda, pois poderão prevalecer sobre a legislação. A negociação coletiva permite a "flexibilização" das regras trabalhistas.

De modo geral, parece-nos que antes o limite do acordo ou da convenção era a norma trabalhista. Com a Reforma, os limites agora estão alojados no Código Civil, pelas regras contratuais, mesmo que determinados direitos trabalhistas sejam mitigados.

Em outras palavras, operou-se mudança de paradigma: antes protegia-se mais o empregado e agora, protege-se mais o empregador.

Quando o art. 611-B da Consolidação das Leis Trabalhistas, com a nova redação, diz que "constituem objeto ilícito de convenção coletiva ou de acordo coletivo de trabalho, *exclusivamente,* a supressão ou a redução dos seguintes direitos (...)" (grifo nosso), temos que o termo "exclusivamente" quer dizer que se não for esse o único objeto da convenção coletiva ou do acordo, a supressão ou a redução de direitos trabalhistas é possível.

Assim, parece-nos não haver mais direitos trabalhistas irrenunciávies, pois a partir de agora, o acordo ou a convenção devem prevalecer sobre a lei e, nesse caso, a vontade das partes se sobrepõe.

Isso é algo ruim, pois o trabalhador pode aderir a uma convenção coletiva ou acordo coletivo que lhe seja prejudicial, em nome da manutenção do emprego.

4. BANALIZAÇÃO DOS TIPOS PENAIS LIGADOS ÀS RELAÇÕES TRABALHISTAS

Os tipos penais previstos nos arts. 197 a 207 do Código Penal já não encontram mais tanta relevância na proteção da organização do trabalho. Vejamos algumas das razões.

Uma delas é que as relações de trabalho se diversificaram muito, tendo sido ampliadas pelas novas formas de comunicação, vale dizer, se modernizaram. Por isso, vários dos tipos penais não passam de letra morta, pois não mais se coadunam com a realidade dos dias atuais.

Uma segunda razão seria ainda o advento dos benefícios inerentes às infrações de menor potencial ofensivo, que acabam por permitir transação penal ou suspensão condicional do processo, de modo que o papel intimidatório da norma se perdeu no processo de despenalização promovido pela Lei n. 9.099/1995.

Outra observação que não pode deixar de ser aqui apresentada é a de que, no Projeto de Lei n. 236/2012, de origem do Senado, em trâmite, o qual versa sobre o Novo Código Penal, não há mais previsão do rol de crimes contra a organização do trabalho. Essas condutas serão suprimidas daquela legislação, em franca demonstração da irrelevância das figuras delituosas no cenário das relações de trabalho modernas.

CONCLUSÃO

A Reforma Trabalhista trouxe mudanças significativas para as relações entre patrão e empregado, que repercutem, amplamente, nos direitos dos trabalhadores.

O Código Penal vigente prevê rol de crimes contra a organização do trabalho que tiveram imensa importância no século XIX, quando as leis trabalhistas foram criadas e as relações entre patrão e empregado foram reguladas. Naquela época, a inclusão de crimes para a tutela das referidas relações era imperiosa, dado o caráter simbólico do Direito Penal.

Com o advento da Lei n. 9.099/1995, a maioria das figuras típicas passaram a configurar infração de menor potencial ofensivo, de sorte que os institutos despenalizadores trouxeram abrandamento do modo de cumprir as respectivas penas.

Enfim, os padrões atuais de relações de trabalho são mais amplos e diversificados, de sorte que a tutela penal vigente sobre a organização do trabalho se tornou obsoleta.

Ademais, em caso de descumprimento das obrigações trabalhistas, outros ramos do Direito conseguem solucionar os conflitos que venham a surgir, pois cada dia mais a questão passa a ser inerente à seara contratual.

REFERÊNCIAS BIBLIOGRÁFICAS

ANDREUCCI, Ricardo Antônio. *Manual de Direito Penal.* Parte Especial. 3. ed. São Paulo: Saraiva, 2004. v. 2.

BITENCOURT, Cezar Roberto. *Tratado de Direito Penal.* 3. ed. São Paulo: Saraiva, 2006. v. 3.

GRECO, Rogério. *Curso de Direito Penal.* Parte Especial. 5. ed. Niterói, RJ: Impetus, 2008. v. III.

JESUS, Damásio Evangelista. *Direito Penal.* Parte Especial. São Paulo: Saraiva, 2002. v. 3.

SÜSSEKIND, Arnaldo. A negociação trabalhista e a Lei. In: *Revista Consulex n. 196*, de 15 mar. 2005.

TELES, Ney Moura. *Direito Penal.* Parte especial. 2. ed. São Paulo: Atlas, 2006. v. II.

O LABOR DA GESTANTE E DA LACTANTE EM AMBIENTES INSALUBRES: PROIBIÇÃO DE REGRESSIVIDADE DE DIREITOS

ZÉLIA MARIA CARDOSO MONTAL

Doutora em Direito Constitucional pela Pontifícia Universidade Católica de São Paulo (PUC/SP), Mestra em Direito das Relações Sociais pela PUC/SP, Especialista em Direito Civil Constitucional e Direito Constitucional, com capacitação docente, pela Escola Superior de Direito Constitucional, Especialista em Direito Processual Civil, Membro do Ministério Público do Trabalho, Membro do Instituto Brasileiro de Direito Constitucional (IBDC) e professora universitária.

Os direitos do homem são uma conquista dramática e frequentemente trágica da Humanidade, de todos os tempos e latitudes

Elisabeth Badinter(1)

INTRODUÇÃO

No presente estudo pretende-se apontar a regressividade de direitos ocorrida com as recentes alterações levadas a efeito pela Lei n. 13.467/2017 – reforma trabalhista – especialmente quanto aos direitos da mulher trabalhadora, gestante e lactante, no exercício de atividades em condições de insalubridade.

Essas mudanças na legislação trabalhista impactam de forma significativa na evolução que vinha ocorrendo nos direitos da mulher trabalhadora especialmente no período da gestação e da lactação e colidem com o entendimento conferido à proteção à maternidade e ao infante nos documentos internacionais, nas normas constitucionais e infraconstitucionais e na interpretação dos tribunais, sempre no sentido de dar efetividade aos parâmetros constitucionais de proteção aos direitos da mulher durante o estado fisiológico da gravidez e no período de lactação.

Nessa medida, a partir de uma abordagem constitucional quanto ao meio ambiente, o meio ambiente do trabalho, o direito à saúde, as condições de trabalho em ambientes nocivos e o impacto na saúde da gestante e da nutriz, e com o olhar voltado para a irreversibilidade dos direitos sociais, intenta-se demonstrar o desacerto das modificações introduzidas pela Lei n. 13.467/2017.

Nesse cenário, objetiva-se provocar uma reflexão acerca do tema, buscando propiciar um debate mais amplo a partir da perspectiva do retrocesso social constatado, da inconstitucionalidade das alterações, tendo sempre em mente que a legislação ordinária deve ser interpretada em consonância com a Constituição Federal.

Isso porque o texto constitucional coloca em destaque o direito à vida (art. 5º, *caput)*, a dignidade da pessoa humana (art. 1º, III) o direito à saúde, a proteção à maternidade e à infância (art. 6º, CF), o direito ao meio ambiente sadio e equilibrado, neste incluído o meio ambiente do trabalho (arts. 225 e 200, VIII, CF), a

(1) *Apud* A. Reis Monteiro. *O direito à educação*. Lisboa: Livros Horizonte, 1998. p. 27.

preocupação com a mulher trabalhadora no período de gestação e pós-parto (art. 7º, XVIII, XX, XXII, art. 10, II, *b*, ADCT), e o direito da criança ao desenvolvimento sadio (art. 227); cujo escopo maior é impedir retrocesso nessas conquistas e evitar o desmonte dos direitos sociais dos trabalhadores construídos ao longo de séculos.

1. MEIO AMBIENTE E MEIO AMBIENTE DO TRABALHO

A Constituição Federal de 1988 no art. 225[(2)] assegura o direito de todos ao meio ambiente ecologicamente equilibrado e a sadia qualidade de vida, impondo ao Poder Público e à coletividade o dever de defendê-lo e preservá-lo para as presentes e futuras gerações. Como corolário do princípio da indivisibilidade dos direitos fundamentais, o direito ao meio ambiente sadio e ecologicamente equilibrado amplia e intensifica o sentido do direito à vida, à saúde, à dignidade da pessoa humana para alcançar a garantia de uma vida saudável que possibilite o desenvolvimento do ser humano em sua integralidade e em todas as suas potencialidades. Por conseguinte, o meio ambiente foi elevado a direito fundamental pela Carta Constitucional.

A respeito, leciona José Afonso da Silva[(3)]:

> As normas constitucionais assumiram a consciência de que o direito à vida, como matriz de todos os demais direitos fundamentais do homem, é que há de orientar todas as formas de atuação no campo da tutela do meio ambiente. Compreendeu que ele é um valor preponderante, que há de estar acima de quaisquer considerações como as de desenvolvimento, como as de respeito ao direito de propriedade, como as da iniciativa privada.

A Lei n. 6.938/1981[(4)] define meio ambiente como "o conjunto de condições, leis, influências e interações de ordem física, química e biológica, que permite, abriga e rege a vida em todas as suas formas (art. 3º, I)".

Nesse sentir, o direito ambiental deve ser entendido como o conjunto de normas e princípios que buscam regular os efeitos diretos e indiretos da ação humana no meio, com o objetivo de garantir à humanidade, presente e futura, o direito fundamental a um ambiente sadio, buscando assegurar o desenvolvimento sustentável.[(5)]

O meio ambiente do trabalho, parte integrante do meio ambiente, mereceu referência específica na Constituição Federal, conforme art. 200, inciso VII[(6)]; e em diversos dispositivos o Texto Constitucional acentua a necessidade de proteção ao meio ambiente do trabalho saudável que não acarrete danos ou riscos à saúde, objetivando assegurar a integridade física e psíquica dos trabalhadores, em última análise, garantir o direito à vida e a dignidade do trabalhador.

Portanto, o meio ambiente do trabalho pode ser compreendido como o conjunto de condições físicas, biológicas, químicas, ergonômicas que afetam ou possam afetar o trabalhador no seu local de trabalho, como parte integrante mais ampla do meio ambiente[(7)].

Para Celso Antonio Pacheco Fiorillo[(8)], o meio ambiente do trabalho é o local onde as pessoas desempenham suas atividades laborais, cujo equilíbrio está baseado na salubridade do meio e na ausência de agentes que comprometam a incolumidade físico-psíquica dos trabalhadores, independentemente da condição que ostentam.

Tem-se, pois, que o meio ambiente, incluído o do trabalho, é considerado um direito fundamental, e o art. 7º da Carta Constitucional ao eleger os direitos dos trabalhadores urbanos e rurais, contempla no inciso XXII a redução dos riscos inerentes ao trabalho, por meio de normas de saúde, higiene e segurança. Ademais, os valores sociais do trabalho representam pilares da Ordem Econômica (art. 170, CF) e da Ordem Social (art. 193, CF), impondo plena proteção à saúde e à integridade física do trabalhador no meio ambiente onde exerce suas atividades laborais e atribuindo ao Estado, por meio do Sistema Único de Saúde a competência para

(2) "Art. 225. Todos têm direito ao meio ambiente ecologicamente equilibrado, bem de uso comum do povo e essencial à sadia qualidade de vida, impondo-se ao Poder Público e à coletividade o dever de defendê-lo e preservá-lo para as presentes e futuras gerações."

(3) SILVA, José Afonso. *Curso de Direito Constitucional Positivo*. 14. ed. São Paulo: Malheiros, 1997. p. 774.

(4) A Lei n. 6.938/1981 dispõe sobre a Política Nacional do Meio Ambiente, seus fins e mecanismos de formulação e aplicação, e dá outras providências.

(5) Desenvolvimento sustentável é aquele que satisfaz as necessidades do presente sem pôr em risco a capacidade das gerações futuras de terem suas próprias necessidades satisfeitas, conforme definição da Comissão Mundial sobre Meio Ambiente e Desenvolvimento, da ONU. BELTRÃO, Antonio F. G. *Manual de direito ambiental*. São Paulo: Método, 2008.

(6) "Art. 200. Ao Sistema Único de Saúde compete, além de outras atribuições, nos termos da lei: [...] VIII – colaborar na proteção do meio ambiente, nele compreendido o do trabalho".

(7) COUTINHO, Aldacy Rachid. Comentário ao art. 7º, inciso XXII. *In:* CANOTILHO, J.J. Gomes; MENDES, Gilmar; SARLET, Ingo W.; STRECK, Lenio L. (Coords.). *Comentários à Constituição do Brasil*. São Paulo: Saraiva/Almedina, 2013. p. 592-596.

(8) FIORILLO, Celso Antonio Pacheco. *Curso de Direito Ambiental Brasileiro*. 5. ed. Saraiva, 2004. p. 22-23.

executar as ações de vigilância sanitária e epidemiológica, bem como as de saúde do trabalhador (art. 200, inciso II, CF).

2. NORMAS DE SAÚDE, SEGURANÇA E HIGIENE DO TRABALHO, CONDIÇÕES DE TRABALHO, INSALUBRIDADE, ENQUADRAMENTO

A Constituição Federal de 1988, no art. 7º, inciso XXII, colocou em destaque a proteção à saúde do trabalhador ao estabelecer como direito dos trabalhadores urbanos e rurais: "redução dos riscos inerentes ao trabalho, por meio de normas de saúde, higiene e segurança".

No inciso XXIII prevê adicional de remuneração[9] para as atividades penosas, insalubres ou perigosas; além de assegurar no inciso XXVIII o direito a "seguro contra acidentes de trabalho, a cargo do empregador, sem excluir a indenização a que este está obrigado, quando incorrer em dolo ou culpa".

O texto constitucional consagra, ainda, no art. 6º, além do direito ao trabalho, o direito à saúde e o direito à proteção à maternidade e à criança, e estabelece no art. 196 que: "A saúde é direito de todos e dever do Estado, garantido mediante políticas sociais e econômicas que visem à redução do risco de doença e de outros agravos e ao acesso universal e igualitário às ações e serviços para sua promoção, proteção e recuperação".

No plano internacional a OIT, desde a sua criação, em 1919, tem desenvolvido um sistema de normas internacionais com a finalidade de promover oportunidades de trabalho em condições de liberdade, igualdade, segurança e dignidade, com atuação efetiva no que concerne às questões afetas ao campo da Segurança e Medicina do Trabalho por meio de várias Convenções, muitas das quais ratificadas pelo Brasil[10].

Recorde-se que dentre os objetivos da OIT consagrados no Preâmbulo da sua Constituição e na Declaração de Filadélfia referentes aos fins e objetivos da Organização, aparece como de primordial importância o respeito à dignidade humana do trabalhador, e todas as ações desenvolvidas pela OIT estão sempre focadas na realização dessa finalidade o que justifica sua preocupação constante com as questões afetas à segurança e à saúde dos trabalhadores e com aquelas concernentes às condições dignas de trabalho.

Nessa trilha, a Convenção n. 155 da OIT, ratificada pelo Brasil, prevê a implantação pelos Estados-membros de uma política de saúde e segurança do trabalhador ressaltando a importância de preservar o meio ambiente de trabalho adequado que não ofereça riscos ao empregado; a Convenção n. 148 dispõe sobre meio ambiente do trabalho (contaminação do ar, vibrações e ruído), ressaltando que a existência de tais riscos no ambiente de trabalho deve ser comunicada às autoridades competentes que poderão autorizar ou proibir a exposição dos trabalhadores a essas condições adversas e fixar limites de exposição. Além disso, o estado de saúde dos trabalhadores, nesses locais, deverá ser objeto de uma vigilância médica gratuita com intervalos apropriados e exame médico prévio e periódico"[11].

A Consolidação das Leis do Trabalho também procura concretizar o direito à saúde no meio ambiente do trabalho e dedica o Capítulo V do Título II às normas da segurança e da medicina do trabalho (arts. 154 a 201), delineando ali todas as cautelas e medidas que deverão ser adotadas para tornar o meio ambiente do trabalho saudável e equilibrado e que não ofereça riscos para a integridade psicofísica dos trabalhadores; além de outras disposições espraiadas pela CLT que guardam relação com as normas protetivas à saúde do empregado[12].

(9) Embora o texto constitucional traga a previsão de pagamento de adicional de insalubridade para o trabalho executado sob condições insalubres, o que poderia levar ao entendimento pela admissão da monetização do risco, extrai-se do sistema que o objetivo da lei é assegurar não somente a redução máxima dos riscos, mas sobretudo a eliminação dos riscos inerentes ao trabalho.

(10) Convenções n. 115, de 1960; n. 119, de 1963; n. 127, de 1967; n. 136, de 1971; n.139, de 1974; n. 148, de 1972; n. 155, de 1981; n. 161, de 1985; n. 161, de 1986; n. 171, de 1990 – todas no âmbito de sua abrangência buscando promover a melhora contínua da segurança e saúde no trabalho e evitar lesões, doenças e infortúnios ocasionados pelo trabalho mediante o desenvolvimento de políticas de segurança e saúde e medicina do trabalho – todas elas ratificadas pelo Brasil e que, portanto, integram o nosso ordenamento jurídico, com hierarquia constitucional (art. 5º, § 3º, CF); além das Recomendações são apenas algumas das normas oriundas da OIT acerca do tema de segurança, saúde e higiene do trabalho. De lembrança oportuna o Pacto de Direitos Econômicos Sociais e Culturais, de 1966, ratificado pelo Brasil em 1992, que reconhece o direito à segurança e higiene do trabalho dentre os direitos humanos dos trabalhadores (art. 7º, alíneas *b*, *c* e *d*) e nos arts. 6º, 8º e 9º cuida também da responsabilidade dos Estados de garantir e promover o direito de toda pessoa de gozar de condições de trabalho justas e favoráveis e que assegurem justa remuneração, salário equitativo, existência decente ao trabalhador e sua família, entre outros direitos.

(11) BARROS, Alice Monteiro de. *Curso de direito do trabalho*. 10. ed., (atual. José Cláudio Franco de Alencar). São Paulo: LTr, 2016. p. 694-695.

(12) Pode-se mencionar nesse sentido, o art. 4º (limite de jornada e concessão de intervalos); art. 60 (sobre prorrogação de jornada em atividades insalubres); arts. 66, 71 e 72 (fixam períodos de descanso inter e intrajornada); art. 73, § 1º (hora noturna reduzida), arts. 129 ao 141 (sobre o direito às férias); art. 390 e parágrafo único (proteção ao trabalho da mulher); arts. 405 a 409 (normas de proteção ao trabalho do menor); art. 483, alínea *a*.

Tem-se, pois, que a CLT consagra um capítulo próprio às normas de segurança e medicina do trabalho, elaborado consoante uma concepção preventiva. Nos dispositivos referentes ao tema está presente a preocupação com a manutenção da saúde e a prevenção de acidentes[13]. Merecem referência as normas regulamentadoras, aprovadas pela Portaria n. 3.214/1978, que disciplinam os padrões a serem seguidos pelos empregadores e que objetivam a adequação de um meio ambiente do trabalho sadio e equilibrado.

Nessa perspectiva, o art. 189 consolidado define quais são as atividades e operações insalubres, estabelece os limites de tolerância e o tempo de exposição; o art. 190 confere ao Ministério do Trabalho e Emprego a atribuição de aprovar o quadro de atividades e condições insalubres, os critérios de caracterização de insalubridade e os limites de tolerância aos agentes agressivos e o estabelecimento e o art. 195 é taxativo quando afirma que a caracterização e a classificação da insalubridade, segundo as normas do Ministério do Trabalho e Emprego, devem ser feitas mediante perícia a cargo de Médico do Trabalho ou Engenheiro do Trabalho, registrados no MTE.

Assim, como determina todo o arcabouço legislativo protetivo, a insalubridade deve ser constatada por meio de laudo pericial que tem a finalidade de apurar o nível de exposição do empregado aos agentes nocivos, verificando os limites de tolerância ou concentração máxima permitida, fixados não somente em razão da matéria, mas especialmente em razão da intensidade e do tempo de exposição a seus efeitos.

Entretanto, a reforma trabalhista acrescentou ao texto da CLT o art. 611-A que estabelece a prevalência dos instrumentos normativos sobre o texto de lei, inclusive no que concerne ao enquadramento do grau de insalubridade no inciso XII[14], o que poderá trazer prejuízos aos empregados[15] pois, ainda que não se compactue com a monetização do risco, se o trabalho é realizado em condições insalubres em grau máximo, por exemplo, o empregado deve receber o pagamento do adicional respectivo, na sua integralidade, não devendo ficar sujeito à negociação o enquadramento do grau de nocividade.

O exame da legislação conduz à conclusão de que a empresa é responsável pelo meio ambiente de trabalho de seus empregados, sendo sua a obrigação de propiciar que ele seja sadio e seguro e, nesse passo, impondo-lhe a responsabilidade pelos danos causados aos trabalhadores na eventualidade de se descurar dessa obrigação[16].

De fato, o art. 19, § 1º da Lei n. 8.231/1991 estabelece: “A empresa é responsável pela adoção e uso das medidas coletivas e individuais de proteção e segurança e higiene do trabalho”. O § 4º atribui ao Ministério do Trabalho e Previdência Social a obrigação de zelar pelo meio ambiente do trabalho sadio e equilibrado: “O Ministério do Trabalho e Previdência Social fiscalizará e os sindicatos e entidades representativas de classe acompanharão o fiel cumprimento do disposto nos parágrafos anteriores, conforme dispuser o Regulamento”.

A propósito assinala Amauri Mascaro Nascimento[17]:

> As empresas são obrigadas a cumprir as normas legais e administrativas sobre meio ambiente do trabalho (promovendo as medidas necessárias para a proteção à saúde e segurança do trabalhador), fornecer equipamento de proteção individual, agir em caráter preventivo, cuidar para o estado e conservação de suas instalações, da iluminação, do conforto térmico, das instalações elétricas, das máquinas e equipamentos e cuidar especialmente das atividades exercidas em ambientes insalubres ou com risco de explosão ou de lesões, seguindo as normas complementares baixadas pelo Ministério do Trabalho e Emprego.

(13) Veja-se o art. 154 que inaugura o capítulo V: “A observância, em todos os locais de trabalho, do disposto neste Capítulo, não desobriga as empresas do cumprimento de outras disposições que, com relação à matéria, sejam incluídas em códigos de obras ou regulamentos sanitários dos Estados ou Municípios em que se situem os respectivos estabelecimentos, bem como daquelas oriundas de convenções coletivas de trabalho”.

(14) Art. 611-A. A convenção coletiva e o acordo coletivo de trabalho têm prevalência sobre a lei quando, entre outros, dispuserem sobre: [...] XII – enquadramento do grau de insalubridade.

(15) A permissão de reenquadramento do grau de insalubridade por meio de norma coletiva, na forma colocada, possibilita que o empregado exerça suas atividades submetido a condições de trabalho em grau máximo (que hoje receberia um adicional de 40%) e receba adicional de, por exemplo, 10%, adicional previsto na CLT para grau mínimo de insalubridade, fato que afronta o disposto no art. 7º *caput* e inciso XXII, CF. Ademais, há uma dupla penalização para o empregado: trabalho em condições nocivas à sua saúde e recebimento do valor do adicional de insalubridade não necessariamente correspondente à gravidade do risco.

(16) Aqui deve ser lembrado que não somente os danos causados diretamente aos trabalhadores no meio ambiente do trabalho, compreendida nessa responsabilidade a de inserir ou reinserir o trabalhador na própria empresa após o retorno previdenciário, como também os danos causados ao meio ambiente “externo”.

(17) NASCIMENTO, Amauri Mascaro. *Curso de Direito do Trabalho*. 23. ed. São Paulo: Saraiva, 2008. p. 546.

Com efeito, ao contratar o empregado a empresa deve responsabilizar-se pela sua saúde, segurança e bem-estar, oferecendo-lhe um meio ambiente do trabalho que não represente riscos para a sua integridade psicofísica. A negligência na prevenção dos riscos à saúde do trabalhador ou até mesmo a impossibilidade de eliminação das condições inadequadas no meio ambiente do trabalho podem resultar em gravames à saúde dos trabalhadores com a ocorrência de acidentes do trabalho ou a contração de moléstias ocupacionais (do trabalho e profissional)[(18)] e merece atenção especial quando se trata da proteção à saúde da mulher, de forma particular durante o período de gestação e lactação, pelas consequências que podem advir para esta e para a sua prole.

Nada obstante, as modificações perpetradas na legislação trabalhista representam prejuízo significativo para a gestante/nutriz, para o infante e para o próprio Estado, conforme se verá.

3. PROTEÇÃO AO TRABALHO DA MULHER, PROTEÇÃO ESPECIAL À VIDA E À SAÚDE DA EMPREGADA GESTANTE, DO NASCITURO E DO INFANTE

Na percuciente lição de Mario de La Cueva[(19)], a proteção legal conferida à mulher não decorre de incapacidade e muito menos de inferioridade, mas em razão das condições especiais – de ordem biológica, fisiológica e social – a ela inerentes. Nos termos dos ensinamentos do referido jurista:

> *El derecho protector de las mujeres persigue una triple finalidade: Por una parte, la consideración de que la salud de la mujer está ligada al porvenir de la población en forma más íntima de lo que ocurre con el hombre, pues la mujer sana y robusta es la mejor garantia para el hogar y futuro de la raza; de ahí que sea preciso adoptar todas aquellas reglas que tiendan a asegurar su salud y que la protejan contra un trabajo excesivo y contra las posibles intoxicaciones en labores insalubres o peligrosas. Por otra parte, la maternidad exige una protección especial, tanto en el periodo anterior como en el posterior al parto, pues en estas épocas se encuentra la mujer impedida para trabajar.*

De fato, a ordem jurídica confere proteção especial ao trabalho da mulher, especialmente no que concerne à gestação e à maternidade, evitando-se, assim, a discriminação em razão de gênero, havendo proibição do trabalho em determinadas atividades e restrição quanto à prorrogação excessiva da jornada de trabalho.

O art. 5º da Constituição Federal estabelece igualdade entre homens e mulheres (inciso I), e o art. 7º, inciso XX confere proteção do mercado de trabalho da mulher mediante incentivos específicos, nos termos da lei.

Esclarece Maria Garcia[(20)] que [...] dada a conformação física e psíquica feminina – desigualada do homem, por definição, a Constituição atende a essa circunstância para alcançar, ademais, *a situação especial da maternidade*. Assim o faz no art. 6º, incluindo, entre os direitos sociais, "a proteção à maternidade e à infância". E no art. 10, II, *b*, do Ato das Disposições Constitucionais Transitórias consagra norma clara de proteção à maternidade, ao nascituro e ao infante ao prever garantia de emprego às empregadas gestantes desde a confirmação da gravidez até 05 (cinco) meses após o parto. E ainda, no art. 226, o texto constitucional garante à família, "base da sociedade", "especial proteção do Estado".

Indene de dúvidas, pois, que a condição feminina da maternidade biológica tem de ser compreendida em toda a sua extensão, merecendo a proteção e a atenção especial que a legislação lhe dedica tanto nos instrumentos internacionais, quanto na Constituição Federal e legislação infraconstitucional.

A influência da OIT no desenvolvimento da legislação trabalhista brasileira inclusive no capítulo referente à proteção do trabalho da mulher é incontestável[(21)]. De fato, a OIT sempre dispensou preocupação com o tema da proteção do trabalho feminino, de modo especial no período fisiológico da gestação e no período pós-parto, evidenciado pela adoção de convenções, como a Convenção n. 03, de 1919, sobre proteção à maternidade, revisada pela Convenção n. 103 de 1952, ratificada pelo Brasil (vigência 1966), disciplina o amparo à maternidade, estabelecendo licença de 12 semanas, no mínimo; direito a períodos de interrupção do trabalho (um ou vários) durante a jornada de trabalho para amamentação e direito à estabilidade; a Convenção n. 171,

(18) Para maiores detalhes, consulte MONTAL, Zélia Maria Cardoso. A responsabilidade social na inclusão do trabalhador acidentado. *Revista de Direito Constitucional e Internacional*. São Paulo: Revista dos Tribunais, ano 19, v. 76, p. 286-306, 2011.

(19) DE LA CUEVA, Mario. *Derecho mexicano del trabajo*. México: Porrua, 1967. v. I, p. 900.

(20) GARCIA, Maria. Os direitos humanos da criança e a licença-matenidade. A interpretação constitucional é uma questão de linguagem. *Revista de Direito Constitucional e Internacional*. São Paulo: Revista dos Tribunais, ano 20, n. 79, p. 57-71, abr.-jun., 2012.

(21) Veja-se sobre o tema MONTAL, Zélia Maria Cardoso; GAMBA, Juliane Caravieri Martins. Tutela jurídica do trabalho da mulher: principais aspectos da condição feminina no mundo do trabalho. *Revista LTr*, v. 77, p. 1038-1091, 2013.

de 1995, vigência nacional 2004, que proíbe o trabalho noturno para as empregadas durante a gravidez e no estado puerperal, durante 16 semanas, sendo 08 semanas antes do parto.

Além da Convenção n. 111, de 1960, que estabelece a proibição de discriminação em matéria de emprego e ocupação fundada na raça, cor, sexo, religião etc. e determina a adoção de medidas que possibilitem a igualdade de oportunidades e de tratamento para homens e mulheres sem discriminação; a Convenção n. 171, de 1995, que proíbe o trabalho noturno para as empregadas durante o ciclo gravídico-puerperal, durante 16 semanas, sendo 08 semanas antes do parto.

De igual forma, a Constituição Federal de 1988 confere um tratamento diferenciado ao trabalho das mulheres, quer visando à não discriminação no ingresso no mercado de trabalho (art. 7º, incisos XX e XXX), quer outorgando uma proteção especial durante o período de gestação e no pós-parto, como meio de assegurar não somente uma gravidez tranquila como também o desenvolvimento saudável do nascituro e do infante (art. 7º, inciso XVIII e art. 10, II, *b*, ADCT).

Acresça-se que o texto constitucional no Capítulo VII "Da Família, da Criança, do Adolescente, do Jovem e do Idoso" proclama no art. 227[(22)] ser dever da família, da sociedade e do Estado assegurar à criança, ao adolescente e ao jovem, com absoluta prioridade, o direito à vida, à saúde, à alimentação, entre outros direitos, abraçando o princípio da proteção integral à criança e ao adolescente. Aliás, essa preocupação já se fazia sentir nos textos constitucionais anteriores[(23)].

A Consolidação das Leis do Trabalho (CLT) desde a sua promulgação em 1943, consagra um capítulo próprio à proteção ao trabalho da mulher (Capítulo III do Título III). Nesse Capítulo III (arts. 372 a 401) estão previstas normas protetivas sobre duração e condições do trabalho da mulher e normas que visam a promover sua inserção no mercado de trabalho, conferindo-lhe condições especiais tendo em conta suas características peculiares, particularmente as referentes à maternidade, que mereceu uma seção própria (Seção V, arts. 390 a 400).

Nessa perspectiva de proteção o art. 384 da CLT estabelecia: "Em caso de prorrogação do horário normal, será obrigatório um descanso de 15 (quinze) minutos no mínimo, antes do início do período extraordinário do trabalho".

Com a promulgação da Constituição Federal de 1988, que garante igualdade entre homens e mulheres (art. 5º, inciso I), foi questionada a constitucionalidade do aludido artigo, sendo que a interpretação conferida pelo STF direcionou-se no sentido da recepção do dispositivo legal pela CF, ante a existência de elementos que justifiquem o tratamento diferenciado[(24)].

Pois bem, esse artigo, que estava inserido no Capítulo que trata da "Proteção ao Trabalho da Mulher" foi sumariamente revogado pela Lei n. 13.467/2017 (art. 5º, inciso I, alínea *i*) o que representa um enorme retrocesso social, não se olvidando que o dispositivo revogado alberga proteção relacionada à segurança e medicina do trabalho.

Lembre-se, também, que recente alteração consagrada pela Lei n. 13.287/2016, na trilha da linha evolutiva dos direitos sociais da mulher trabalhadora, incluiu o art. 394-A no texto consolidado para dispor: "A empregada **gestante ou lactante** será afastada, **enquanto durar a gestação e a lactação**, de **quaisquer atividades, operações ou locais insalubres**, devendo exercer suas atividades em local salubre" (destacou-se). Assim, os artigos da Consolidação das Leis do Trabalho que tratam dos direitos da mulher foram atualizados para atender aos comandos constitucionais.

Entretanto, em verdadeira ruptura com a normativa internacional e com os mandamentos constitucionais, esses dispositivos sofreram profunda alteração pela Lei n. 13.467/2017, em sentido diametralmente oposto e em evidente violação ao princípio da não regressividade dos direitos sociais trabalhistas.

Nessa conformidade, inconcebível tomar como válida a alteração legislativa que em verdadeiro retrocesso social afronta direitos constitucionalmente consagrados, direito fundamental à vida, à saúde (da gestante, do nascituro e do infante), pois exige o trabalho da mulher,

(22) É dever da família, da sociedade e do Estado assegurar à criança, ao adolescente e ao jovem, com absoluta prioridade, o direito à vida, à saúde, à alimentação, à educação, ao lazer, à profissionalização, à cultura, à dignidade, ao respeito, à liberdade e à convivência familiar e comunitária, além de colocá-los a salvo de toda forma de negligência, discriminação, exploração, violência, crueldade e opressão.

(23) Constituição de 1934, art. 121, § 1º, alínea *h*; Constituição de 1937, art. 137, alínea *l*; Constituição de 1946, art. 157, inciso X; Constituição de 1967, art. 158, inciso XI; Emenda Constitucional 01/1969, art. 158, inciso XI.

(24) Importante mencionar que a referida norma teve sua constitucionalidade questionada perante o STF, RE 658312, o STF decidiu, por maioria, que o art. 384 da CLT foi recepcionado pela Constituição Federal de 1988, o entendimento adotado foi no sentido de que a Constituição de 1988 estabelece a igualdade de gênero e, ao mesmo tempo, admite a possibilidade de tratamento diferenciado, desde que haja elementos legítimos para tal, entre eles as conjunturas sociais.

durante o período gestacional e de amamentação, em ambientes insalubres, ou negando-lhe o direito ao trabalho, na medida em que o empregador desobriga-se de oferecer trabalho em ambientes com condições salubres.

E mais, transfere para o Estado a responsabilidade pelo pagamento dos salários, pois quando a empregada desenvolve atividades em locais insalubres e não for possível que exerça atividade em local salubre da empresa, a hipótese será considerada como gravidez de risco e ficará a empregada em gozo de salário-maternidade (art. 394-A, § 3º), portanto, às expensas do Estado, quando o risco, na verdade, não está na condição da mulher e sim no ambiente de trabalho.

Dessa forma, o empregador além de não ser obrigado a minimizar os riscos ambientais, nem a oferecer local adequado para o trabalho da empregada gestante, ainda é premiado ao transferir para o Estado o ônus pelo pagamento dos "salários" sob forma de salário-maternidade, uma transferência indevida que onera os cofres públicos em benefício do empregador e subverte todo o sistema de responsabilidade social da empresa.

Outro aspecto merecedor de atenção é que o dispositivo limita a proibição do exercício de atividade pela empregada em locais insalubres em grau máximo à empregada gestante (art. 394-A, I), não se estendendo a proibição à empregada lactante, sendo certo que eventual contaminação da mãe fatalmente afetará o filho através do aleitamento.

Confira-se a atual redação do art. 394-A, incisos I e III e § 2º e § 3º, da CLT:

> Art. 394-A. Sem prejuízo de sua remuneração, nesta incluído o valor do adicional de insalubridade, a empregada deverá ser afastada de:
>
> I – atividades consideradas insalubres em grau máximo, enquanto durar a gestação;
>
> II – atividades consideradas insalubres em grau médio ou mínimo, quando apresentar atestado de saúde, emitido por médico de confiança da mulher, que recomende o afastamento durante a gestação;
>
> III – atividades consideradas insalubres em qualquer grau, quando apresentar atestado de saúde, emitido por médico de confiança da mulher, que recomende o afastamento durante a lactação.
>
> § 2º Cabe à empresa pagar o adicional de insalubridade à gestante ou à lactante, efetivando-se a compensação, observado o disposto no art. 248 da Constituição Federal, por ocasião do recolhimento das contribuições incidentes sobre a folha de salários e demais rendimentos pagos ou creditados, a qualquer título, à pessoa física que lhe preste serviço.
>
> § 3º Quando não for possível que a gestante ou a lactante afastada nos termos do **caput** deste artigo exerça suas atividades em local salubre na empresa, a hipótese será considerada como gravidez de risco e ensejará a percepção de salário-maternidade, nos termos da Lei n. 8.213, de 24 de julho de 1991, durante todo o período de afastamento. (NR)

Dessa forma, configura verdadeiro retrocesso social a restrição de direitos imposta pela legislação infraconstitucional em total afronta aos instrumentos internacionais ratificados pelo Brasil – incorporados ao nosso ordenamento jurídico – e em absoluta dissonância com os parâmetros estabelecidos pela nossa Lei Maior.

4. INCONSTITUCIONALIDADE DO TRABALHO DE GESTANTE E LACTANTE EM AMBIENTES INSALUBRES. PROIBIÇÃO DE RETROCESSO SOCIAL

Verifica-se que, na trajetória da evolução dos direitos sociais, tem-se encaminhado sempre no sentido de privilegiar o direito à saúde, a proteção à maternidade e à infância, o direito a condições dignas de trabalho, a um meio ambiente de trabalho sadio e equilibrado, de sorte que o exercício do trabalho não represente um fator desencadeante de agravos à saúde e integridade física e psíquica dos obreiros em geral, com tratamento diferenciado à empregada gestante e à nutriz – dadas a importância e a suscetibilidade da condição da mulher nesses períodos – sendo tendência atual a eliminação dos riscos e não apenas a tentativa de neutralizar os agentes agressivos.

Nada obstante, conforme reflexão de Fábio de Assis F. Fernandes[25] sobre a precarização das relações do trabalho que o legislador infraconstitucional vem tentando implementar [...] "com o avanço da plataforma neoliberal em nosso país, ampliou-se sobremaneira essa orientação precarizante, agora já não mais sob a órbita da tutela sindical, mas sob o influxo direto do legislador infraconstitucional".

É o que se observa nas alterações promovidas no Capítulo II, do Título III, relativo aos direitos da mulher trabalhadora, notadamente quanto à possibilidade de trabalho da gestante e da lactante em ambientes de trabalho insalubres (proibição que acabara de ser

(25) FERNANDES, Fábio de Assis F. Meio ambiente do trabalho e a dignidade do cidadão trabalhador. *In:* PIOVESAN, Flávia; CARVALHO, Luciana. *Direitos humanos e direito do trabalho*. São Paulo: Atlas, 2010.

estabelecida com a inclusão no texto consolidado do art. 394-A da Lei n. 13.287/2016), e quanto à possibilidade de a empregada lactante "negociar" diretamente com o empregador os intervalos para amamentação estabelecidos pelo art. 396 da CLT, tudo isso na contramão da evolução dos direitos sociais, evolução esta que se fazia refletir nas normas internacionais e no ordenamento jurídico pátrio, mais acentuadamente a partir da promulgação da Carta Constitucional de 1988, orientação que vinha sendo seguida pelos Tribunais Trabalhistas e pelo Supremo Tribunal Federal na linha evolutiva e protetiva dos direitos sociais e consoante parâmetros traçados pela Constituição Federal de 1988.

Com efeito, a Constituição Federal no Título II "Dos Direitos e Garantias Fundamentais", dedica o Capítulo II aos Direitos Sociais, e proclama no art. 7º, incisos I a XXXIV, vários direitos dos trabalhadores urbanos e rurais deixando expresso no *caput* "[...] além de outros que visem à melhoria de sua condição social".

Nessa medida, o rol de direitos trabalhistas contemplados no art. 7º não é taxativo, não exaure, portanto, os direitos e garantias conferidos aos trabalhadores, o que se justifica ante a dinamicidade das relações trabalhistas e a compreensão das transformações da sociedade, que evolui buscando sempre o aperfeiçoamento e o avanço das condições sociais.

Ademais, "outros direitos fundamentais são tanto os decorrentes da identificação do trabalhador como pessoa e, assim, colhidas as demais regras e princípios constitucionais a partir do art. 5º da Constituição Federal, quanto os que o legislador infraconstitucional eventualmente dispuser"(26) [...] .

Nesse cenário, a cláusula de abertura contida no *caput do* art. 7º da Constituição Federal, concernente à ampliação dos direitos e melhoria da condição social dos trabalhadores, conduz à compreensão de ser vedado o retrocesso em relação aos direitos sociais trabalhistas já conquistados. O escopo é, pois, preservar as conquistas e promover avanços especialmente quanto à proteção à maternidade e à infância.

Nessa linha, esclarece Ingo Wolfgang Sarlet a propósito do princípio da vedação do retrocesso social que, admitir a ausência de vinculação do legislador "ao núcleo essencial já concretizado na esfera dos direitos sociais e das imposições constitucionais em matéria de justiça social estar-se-ia chancelando uma fraude à Constituição [...]; e prossegue "[...]o legislador não pode simplesmente eliminar as normas (legais) concretizadoras de direitos sociais, pois isto equivaleria a subtrair às normas constitucionais a sua eficácia jurídica(27) [...].

Felipe Derbli(28) compreende a proibição do retrocesso social como um princípio constitucional, com caráter retrospectivo, pois objetiva a preservar as conquistas contra sua supressão ou restrição pelo legislador e pondera que a questão reside, na verdade,

> na possibilidade de reconhecimento de um tal grau de vinculação do legislador aos ditames constitucionais relativos aos direitos sociais que, uma vez **alcançado determinado patamar de concretização de uma norma constitucional definidora de direito social, através de lei, será defeso ao legislador suprimir ou reduzir essa concretização**, sem que, ao menos, crie algum mecanismo equivalente. (destaque nosso)

A Lei n. 13.467/2017 alterou significativamente a legislação trabalhista promovendo modificações prejudiciais no que concerne às condições de trabalho da mulher empregada durante o ciclo gravídico-puerperal, o que afronta, enfatize-se, as normas internacionais ratificadas pelo Brasil, os parâmetros estabelecidos pela Constituição Federal e o princípio da irreversibilidade dos direitos fundamentais.

De fato, a alteração levada a efeito no capítulo referente à proteção da mulher, com destaque para a subtração dos direitos da gestante e lactante, certamente resultará em prejuízos para a saúde de mãe e filho, ao conferir ao empregador o direito de exigir a prestação de trabalho da gestante e lactante em atividades consideradas insalubres, mesmo que a liberação fique condicionada a atestado fornecido por médico de confiança da empregada gestante(29).

Com efeito, a redação do art. 394-A, incisos I, II e III e § 2º e § 3º permite ao empregador exigir a

(26) COUTINHO, Aldacy Rachid. Comentário ao art. 7º, *caput*. *In:* CANOTILHO, J.J. Gomes; MENDES, Gilmar; SARLET, Ingo W.; STRECK, Lenio L. (Coords.). *Comentários à Constituição do Brasil*. São Paulo: Saraiva/Almedina, 2013. p. 548-552.

(27) SARLET, Ingo Wolfgang. *A eficácia dos direitos fundamentais*: uma teoria geral dos direitos fundamentais na perspectiva constitucional. 10. ed. rev. atual e ampl. Porto Alegre: Livraria do Advogado, 2009. p. 444.

(28) DERBLI, Felipe. *O princípio de retrocesso social na Constituição de 1988*. Rio de Janeiro: Renovar, 2007. p. 201-223.

(29) Nesse aspecto, não se pode perder de vista a "potencial possibilidade de pressões externas e inconfessáveis sobre médicos colocados à disposição de gestantes nessa condição, bem como, hipótese factível em se tratando de agentes insalubres, do desenvolvimento de patologias nos nascituros sobre as quais a ciência médica não pode ou não teve condições de atentar no caso concreto diante do agente lesivo". (Nota técnica apresentada pela Associa-

prestação laboral da empregada gestante e da lactante em atividades consideradas insalubres, ainda que sujeitas à liberação de médico de sua confiança. O fato de a possibilidade estar limitada a ambientes de trabalho com insalubridade em grau mínimo e médio (lembrando que a proposta inicial do Executivo abrangia também a insalubridade em grau máximo, retirada na Câmara dos Deputados), não afasta os prejuízos para a saúde da gestante, do nascituro e do infante, colocando em risco a vida e a saúde de mãe e filho, fato que torna inconteste sua inconstitucionalidade, quer por violar direitos fundamentais albergados na Constituição Federal, quer por configurar evidente regressividade de direitos sociais.

A norma do art. 394-A (Lei n. 13.287/2016) determinava o afastamento da empregada gestante e da nutriz de toda e qualquer atividade, operações e locais insalubres durante os períodos de gestação e lactação. Portanto, considerando a natureza da proteção – vida e saúde da mãe e do infante – o recomendável é que a mulher seja afastada de todas as atividades que ofereçam qualquer tipo de riscos, pois, como referido em linhas pretéritas, a permanência da gestante/nutriz em locais e em atividades insalubres representa sérios riscos dada a suscetibilidade cientificamente comprovada durante esses períodos da vida da mulher.

Assim, as alterações feitas na legislação do trabalho são flagrantemente inconstitucionais pois vulneram mandamentos constitucionais que asseguram a inviolabilidade do direito à vida em todos os seus estágios (inclusive a vida intrauterina) e o direito à saúde, distanciando-se de princípios estabelecidos na Constituição Federal, entre eles a dignidade da pessoa humana, a proteção ao mercado de trabalho da mulher, a proteção integral ao nascituro e ao infante, o valor social do trabalho, a função social da propriedade, a redução dos riscos inerentes ao trabalho e o princípio que veda a regressividade dos direitos sociais.

CONSIDERAÇÕES FINAIS

A Constituição brasileira de 1988 contemplou um catálogo de direitos fundamentais elencados no Título II (Dos Direitos e Garantias Fundamentais), dentre outros consagrados ao longo do texto constitucional, com destaque para a proteção ao meio ambiente, neste incluído o meio ambiente do trabalho, para a tutela do trabalho da mulher, a proteção à criança e ao adolescente. Privilegiou-se o tema dos direitos fundamentais, direcionado sobretudo à proteção da dignidade da pessoa humana em todas as suas dimensões, em evidente inovação na ordem constitucional brasileira.

Observa-se que a ordem jurídica tanto no âmbito internacional, quanto interno, confere proteção especial ao trabalho da mulher, especialmente no que concerne à gestação e à maternidade, evitando-se, assim, a discriminação em razão de gênero, havendo proibição do trabalho em determinadas atividades e restrição quanto à prorrogação excessiva da jornada de trabalho.

Entretanto, em verdadeiro desmonte dos direitos sociais duramente conquistados pelos trabalhadores, a denominada reforma trabalhista (Leis ns. 13.429/2017 e 13.467/2017), fez muitas e significativas alterações no texto da Consolidação das Leis do Trabalho, dentre as quais avulta em importância, pelos prejuízos que causam à saúde da mulher trabalhadora durante a gestação, e especialmente à saúde do nascituro e do infante, a possibilidade de trabalho da gestante e da nutriz em ambientes insalubres, a negociação direta com o empregador dos intervalos para amamentação, além da supressão do intervalo em caso de prorrogação da jornada de trabalho da mulher.

Há que se reconhecer, de início, que as modificações perpetradas estão em completa dissonância com os instrumentos internacionais ratificados pelo Brasil, especialmente as Convenções da OIT, com os princípios consagrados pela nova ordem constitucional e em contraste com a interpretação que vinha sendo conferida ao tema dos direitos trabalhistas da mulher, com ênfase na questão da maternidade e proteção ao nascituro e ao infante, pelos tribunais brasileiros, inclusive pelo Supremo Tribunal Federal.

Outrossim, é necessário ter-se a compreensão sobre a temática dos direitos sociais fundamentais em que prevalece o princípio da vedação do retrocesso social (princípio da irreversibilidade de direitos fundamentais), a impedir redução ou supressão dos direitos já concretizados, devendo-se rechaçar medidas legislativas que venham eliminar ou alterar de forma negativa os direitos sociais já conquistados.

Por derradeiro, é imprescindível refletir acerca das alterações legislativas e as consequências para a vida e saúde das empregadas e da sua prole durante o ciclo gravídico-puerperal e período de aleitamento, sendo o mais acertado o afastamento da mulher de toda atividade que ofereça qualquer possibilidade de riscos. Essas

ção Nacional dos Procuradores do Trabalho – ANPT – e outras entidades (ANAMATRA, ABRAT, SINAIT) à CCJC do Senado Federal apontando aspectos de inconstitucionalidade e antijuridicidade do PLC n. 38/2017 (atual Lei n. 13.467/2017). Disponível em: <https://www.anamatra.org.br/files/Nota-tcnica-Conjunta-Reforma-Trabalhista---aspectos-de-constitucionalidade-e-antijuridicidade.pdf>. Acesso em: 03 ago. 2017.

mudanças reclamam uma interpretação que preserve o direito à vida, à saúde e à dignidade da empregada gestante, da nutriz e dos seus filhos, em todos os estágios de sua vida, inclusive a intrauterina, pois que tais direitos decorrem de imperativo constitucional.

REFERÊNCIAS BIBLIOGRÁFICAS

AZEVEDO, Luiz Carlos de. *Estudo histórico sobre a condição jurídica da mulher no direito luso-brasileiro:* desde os anos mil até o terceiro milênio. São Paulo: Revista dos Tribunais; UNIFIEO, 2001.

BARROS, Alice Monteiro de. *Curso de direito do trabalho.* 10. ed. São Paulo: LTr, 2016.

BARROSO, Luís Roberto (Org.). *A nova interpretação constitucional:* ponderação, direitos fundamentais e relações privadas. Rio de Janeiro: Renovar, 2006.

CANOTILHO, José Joaquim Gomes. *Estudos sobre direitos fundamentais.* São Paulo: Revista dos Tribunais, 2008.

CANOTILHO, José Joaquim Gomes; LEITE, José Rubens Morato (Org.). *Direito constitucional ambiental brasileiro.* São Paulo: Saraiva, 2015.

DE LA CUEVA, Mario. *Derecho mexicano del trabajo.* México: Porrua, 1967. v. I.

DELGADO, Mauricio Godinho. *Curso de direito do trabalho.* 12. ed. São Paulo: LTr, 2013.

DERBLI, Felipe. *O princípio da proibição do retrocesso social na Constituição de 1988.* Rio de Janeiro: Renovar, 2007.

FIORILLO, Celso Antonio Pacheco. *Curso de Direito Ambiental Brasileiro.* 5. ed. São Paulo: Saraiva, 2004.

GARCIA, Maria; GAMBA, Juliane Caravieri e MONTAL, Zélia Cardoso. *Biodireito constitucional*: questões atuais. Rio de Janeiro: Elsevier, 2010.

GARCIA, Maria. Os direitos humanos da criança e a licença-matenidade. A interpretação constitucional é uma questão de linguagem. *Revista de Direito Constitucional e Internacional*, ano 20, n. 79, abr.-jun., São Paulo: Revista dos Tribunais, 2012.

GAVIÃO FILHO, Anizio Pires. *Direito fundamental ao ambiente.* Porto Alegre: Livraria do Advogado, 2005.

MAZZUOLI, Valério de Oliveira. Curso de direito internacional público. 2. ed. rev., atual. e ampl., São Paulo: Revista dos Tribunais, 2007.

MONTAL, Zélia Maria Cardoso. A responsabilidade social na inclusão do trabalhador acidentado. *Revista de Direito Constitucional e Internacional.* São Paulo: Revista dos Tribunais, ano 19, v. 76, 2011.

MONTAL, Zélia Maria Cardoso; GAMBA, Juliane Caravieri Martins. Tutela jurídica do trabalho da mulher: principais aspectos da condição feminina no mundo do trabalho. *Revista LTr,* 2013. v. 77.

MORAIS FILHO, Evaristo de; MORAES, Antonio Carlos Flores de. *Introdução ao direito do trabalho.* 11. ed. São Paulo: LTr, 2014.

NASCIMENTO, Amauri Mascaro. *Curso de Direito do Trabalho.* São Paulo: Saraiva, 2008.

OLIVEIRA, Sebastião Geraldo. *Proteção jurídica à saúde do trabalhador.* 5. ed. São Paulo: LTr, 2010.

______. *Indenizações por acidente do trabalho ou doença ocupacional.* 9. ed. São Paulo: LTr, 2016.

PINTO, Antonio Pereira. *Direito do trabalho, direitos humanos sociais e a Constituição Federal.* São Paulo: LTr, 2006.

PIOVESAN, Flávia; CARVALHO, Luciana Paula Vaz de (Coord.). *Direitos humanos e direito do trabalho.* São Paulo: Atlas, 2010.

RAMOS, André de Carvalho. *Teoria geral dos direitos humanos na ordem internacional.* 6. ed. São Paulo: Saraiva, 2016.

ROSSIT, Liliana Allodi. *O meio ambiente de trabalho no direito ambiental brasileiro.* São Paulo: LTr, 2001.

SARLET, Ingo Wolfgang. *A eficácia dos direitos fundamentais:* uma teoria geral dos direitos fundamentais na perspectiva constitucional. 10. ed. rev. atual. e ampl. Porto Alegre: Livraria do Advogado, 2009.

______. Dignidade da pessoa humana e direitos fundamentais na Constituição de 1988. Porto Alegre: Livraria do Advogado, 2006.

SILVA, José Afonso da. *Direito ambiental constitucional.* 8. ed. São Paulo: Malheiros, 2010.

SILVA, Virgílio Afonso da. *Direitos fundamentais:* conteúdo essencial, restrições e eficácia. 2. ed., 2. t. São Paulo: Malheiros Editores, 2011.

SOUZA NETO, Cláudio Pereira de; SARMENTO, Daniel (Coord.). *Direitos sociais:* fundamentos, judicialização e direitos sociais em espécie. Rio de Janeiro: Lumen Juris, 2008.

II

Direito Coletivo do Trabalho

Reforma Trabalhista: Prevalência do Negociado sobre o Legislado

Ivani Contini Bramante

Desembargadora Federal do Trabalho, Tribunal Regional do Trabalho da 2ª Região – São Paulo.

INTRODUÇÃO

Em contraposição ao direito imposto de forma unilateral pelo empregador e objetivando assegurar um direito social produzido pela convergência da vontade dos atores sociais, exsurge um novo contexto: a produção da legislação social, fruto do intervencionismo estatal para frear o mercado agressivo e a exploração do homem pelo homem; a legislação procedimental de correção do abismo entre legalidade e a realidade, na senda assecuratória da liberdade e fortalecimento das associações sindicais e as garantias de direito a negociação e contratação coletiva.

Destarte, a negociação coletiva é um processo de diálogo dos atores sociais (empregadores e empregados) na busca de um consenso na elaboração de normas coletivas de condições de trabalho, para serem aplicadas nas relações individuais de trabalho, cujo conteúdo sinaliza a melhoria da condição social do trabalhador. O processo negocial coletivo possui legitimidade plena na solução de conflitos sociais nas relações de trabalho.

1. A NEGOCIAÇÃO COLETIVA NA CONSTITUIÇÃO FEDERAL

A Constituição Federal, nos arts. 7º e 8º e incisos, introduziu um conjunto de direitos mínimos aos trabalhadores – denominado por Mauricio Godinho Delgado de patamar mínimo civilizatório – que se somam às instituições e institutos do direito coletivo que servem de mecanismos de melhoria da condição social do trabalhador e efetividade dos direitos fundamentais: liberdade de associação sindical, direito a negociação e a contratação coletiva.

Referidos mecanismos vêm vocacionados a maximizar os princípios constitucionais da solução pacífica das controvérsias (preâmbulo da CF/88); da dignidade humana (art. 1º, III); valor social do trabalho (art. 1º, IV); livre iniciativa (art. 1º, IV) e igualdade (art. 5º, *caput*), cujo desiderato é imprimir um caráter progressista do Direito do Trabalho, imantado pela vedação do retrocesso social diante da cláusula assecuratória de *"melhoria da condição social do trabalhador"* (art. 7º *caput*).

A origem do princípio do não retrocesso social é atribuída à doutrina alemã, pelas *Nichtumkehrbarkeitstheorie*(1) ou *Soziales Rückschrittsverbot*(2).

Segundo Sarlet, a gênese filosófica que embasa a proibição do retrocesso é atribuída a Martin Wolff que, ao analisar o art. 153 da Constituição de Weimar, defendia que o conceito de propriedade abrange todos os direitos subjetivos patrimoniais e resulta no conceito

(1) Teoria da irreversibilidade.

(2) Proibição do retrocesso social.

funcionalista da propriedade. Assim, a garantia do direito de propriedade não se encerra nos direitos reais, mas se lhe atribui função conservadora de direitos, de modo a assegurar à pessoa segurança jurídica quanto aos direitos patrimoniais reconhecidos pelos ordenamentos jurídicos e gerar confiança quanto ao conteúdo dos direitos.[(3)]

Em suma, seguindo o pensamento de Wolff, uma vez concedido determinado direito à pessoa, há sua incorporação ao patrimônio jurídico de modo que não há mais possibilidade de se o retirar.

Ao sindicato cabe o dever-poder de defesa dos direitos e interesses coletivos ou individuais da categoria, inclusive em questões judiciais ou administrativas (art. 8º, III). De outro turno, há o dever dos sindicatos de negociar, retratado pela obrigatoriedade da participação dos sindicatos nas negociações coletivas de trabalho (art. 8º, VI); e por isso há o *reconhecimento dos acordos e convenções coletivas de trabalho* (art. 7º, XXVI), fruto exitoso da *livre iniciativa normativa dos atores sociais* (art. 1º, IV). Em complemento, o texto constitucional sinaliza que o conteúdo das negociações coletivas deve primar pela criação de direitos que *"visem à melhoria da condição social do trabalhador"* (art. 7º, *caput*).

Deve-se, portanto, a observância obrigatória aos princípios do Direito Coletivo do Trabalho: 1) *Princípio da Inafastabilidade da Tutela Sindical*: art. 8º, III e IV e releitura do art. 617 da CLT; 2) *Princípio da Boa-fé*: disposição de negociar, análise das propostas, fiel execução do pactuado; 3) *Princípio de Acesso à Informação*: art. 5º, XIV, CF/88: formulação adequada da pauta de reivindicações – permitir a compreensão de suas razões, gerar contrapropostas ou esclarecimentos – prova das condições econômicas da empresa e da necessidade de adequação; 4) *Princípio da Democracia Interna Sindical*: aprovado em assembleia expressiva e livre manifestação de vontade; 5) *Princípio da Razoabilidade*: as reivindicações devem ser justas e razoáveis; 6) *Princípio da Paz Social*: vez que após negociação coletiva, cria-se uma justa expectativa das partes no sentido de que o conflito está pacificado; 7) *Princípio da Proteção*: como garantia da vida, saúde, segurança do trabalho, integridade moral, honra, boa fama, privacidade; 8) *Princípio da Irrenunciabilidade de Direitos*: impossibilidade jurídica de o trabalhador privar-se voluntariamente de vantagens a ele conferidas pela lei trabalhista; 9) *Princípio da Continuidade da Relação de Emprego*: que limita a despedida coletiva e individual e o PDV; e 10) *Princípio da Primazia do Interesse Público*: pois nenhum interesse de classe deverá prevalecer sobre o interesse público.

Em suma, há no sistema constitucional mecanismos de melhoria da condição social do trabalhador e efetividade dos direitos fundamentais decorrentes da autonomia privada coletiva, pelo reconhecimento do Poder Social-Jurídico dos Sindicatos: a) de representação dos interesses da categoria; b) de autorregulamentação dos interesses da categoria e; c) de criação de direitos novos para melhoria da condição social, mediante acordos e convenções coletivas de trabalho.

Entrementes, é necessária uma síntese conciliatória no sopesamento entre os valores da dignidade da pessoa humana, do valor social do trabalho, da livre iniciativa econômica, da livre concorrência e à luz da função socioeconômico-ambiental-tecnológica-consumerista da empresa (art. 5º, XXIII, e 170, *caput* e incisos III, IV, CF/88). E o texto constitucional traz, de um lado, o princípio da melhoria das condições de trabalho ou da negociação *in mellius* (art. 7º, *caput*) e, de outro lado, o princípio da adequação setorial negociada ou negociação de gestão de crise, na intenção de melhorar a produtividade em cotejo com a lucratividade, bem como a relação custo e benefício (art. 7º, VI; XIII; XIV).

2. PREVALÊNCIA DO NEGOCIADO SOBRE O LEGISLADO – REFORMA TRABALHISTA E SEUS ANTECEDENTES

O atual governo havia tomado a decisão política de promover a denominada reforma trabalhista, sob a justificativa de que a legislação precisava ser modernizada, com objetivo de diminuir o custo da produção no país, a burocracia nas relações de trabalho e, principalmente, dar segurança jurídica às negociações entre trabalhadores e empregadores. A intenção era permitir que acordos negociados por empresas e sindicatos prevalecessem sobre a legislação, o que pode resultar, em alguns casos, na redução das garantias legais aos trabalhadores.

Assim, em poucos meses o Projeto de Lei com tão relevante matéria e sem amplos debates jurídicos foi aprovado e se converteu na Lei n. 13.467 de 13 de julho de 2017, com *vacatio legis* de parcos 120 dias para adaptação de todos às novas normas.

O tema é polêmico e sempre enfrentou forte rejeição de entidades ligadas aos trabalhadores.

Os contrários à proposta alegam que é necessário antes um fortalecimento dos sindicatos nos locais de

(3) SARLET, Ingo Wolfgang. O Estado Social de Direito, a proibição de retrocesso e a garantia fundamental da propriedade. *Revista da Faculdade de Direito da UFRGS*. Porto Alegre, n. 17, p. 111-132, 1999.

trabalho para a valorização da negociação, que deve preservar a CLT como parâmetro. Também asseguram que, diversamente do que se fala, a CLT vem sendo atualizada ao longo dos últimos anos, apesar de ter sido criada na década de 40. E, assim como ocorre com a maioria dos países, a legislação trabalhista brasileira tem por objetivo "tutelar o mais fraco".

Vale lembrar que já transitou pelo legislativo o PL n. 5.483/2001 (arquivado em 16.06.2001) com o mesmo objetivo e que alterava a redação do art. 618 da CLT. E sobre tal opinou, à época, o sociólogo e professor José Pastore

> *"O Brasil é um país intrigante. No campo trabalhista, domina a ideia de ampliar e fortalecer a negociação coletiva na solução de divergências entre empregados e empregadores. A Constituição de 1988 valorizou a negociação coletiva. Sindicalistas e empresários desejam a negociação coletiva. Ironicamente, os magistrados da área trabalhista, com honrosas exceções, se colocam como obstáculo à negociação coletiva. Súmulas, orientações jurisprudenciais, instruções normativas e até mesmo sentenças têm anulado o esforço feito pelos sindicatos de trabalhadores e pelos empresários no sentido de encontrar solução para os seus problemas com base no seu entendimento e vontade. Inúmeros exemplos poderiam ser aqui arrolados, mas mencionarei apenas um, por ser dos mais eloquentes")*

A CONFEDERAÇÃO NACIONAL DA INDÚSTRIA afirmou que

> *"Os baixos índices de criação de postos de trabalho preocupam e indicam que, cada dia mais, o embate capital versus trabalho está ultrapassado. Na verdade, o que está em pauta é a questão da inclusão em contraposição à exclusão. Em suma, trata-se de obter o efetivo alinhamento entre os interesses sociais e os econômicos. Para compatibilizar esses dois fatores, nada mais indicado do que negociar, ajustar, adequar. Relações de trabalho condizentes com a realidade e com as necessidades das pessoas e das empresas são cruciais. Para alcançar esse estágio, empregados e empregadores têm, na negociação coletiva, um poderoso instrumento de diálogo e de entendimento. Pela negociação, eles superam conflitos e chegam a termos que equilibram os interesses levados à mesa. Especialmente em momentos de crise, é conversando que se criam condições para que uma empresa atravesse a tormenta, atendendo aos anseios comuns e mantendo o negócio em atividade".*

Também houve uma proposta capitaneada pelo Sindicato dos Metalúrgicos do ABC de um Projeto de Lei para a autorização de Acordo Coletivo com Propósito Específico ou Acordo Coletivo Especial (ACE), com pretensão de ser

> *"o instrumento normativo por meio do qual o sindicato profissional, habilitado pelo Ministério do Trabalho e Emprego e uma empresa do correspondente setor econômico, estipulam condições específicas de trabalho, aplicáveis no âmbito da empresa e às suas respectivas relações de trabalho. Condições específicas de trabalho, aquelas que, em decorrência de especificidades da empresa e da vontade dos trabalhadores, justificam adequações nas relações individuais e coletivas de trabalho e na aplicação da legislação trabalhista, observado o art. 7º da Constituição"* (Art. 2º, II e III).

3. O POSICIONAMENTO DO SUPREMO TRIBUNAL FEDERAL ANTES DA REFORMA TRABALHISTA

O Supremo Tribunal Federal vinha se posicionando no sentido de admitir a prevalência do negociado sobre o legislado e no julgamento do RE 590.415-SC, acórdão publicado em 18.03.2015, decidiu pela validade da quitação geral de todas as parcelas do contrato de trabalho, nos seguintes termos:

> *"DIREITO DO TRABALHO. ACORDO COLETIVO. PLANO DE DISPENSA INCENTIVADA. VALIDADE E EFEITOS. 1. Plano de dispensa incentivada aprovado em acordo coletivo que contou com ampla participação dos empregados. Previsão de vantagens aos trabalhadores, bem como quitação de toda e qualquer parcela decorrente de relação de emprego. Faculdade do empregado de optar ou não pelo plano. 2. Validade da quitação ampla. Não incidência, na hipótese, do art. 477, § 2º da Consolidação das Leis do Trabalho, que restringe a eficácia liberatória da quitação aos valores e às parcelas discriminadas no termo de rescisão exclusivamente. 3. No âmbito do direito coletivo do trabalho não se verifica a mesma situação de assimetria de poder presente nas relações individuais de trabalho. Como consequência, a autonomia coletiva da vontade não se encontra sujeita aos mesmos limites que a autonomia individual. 4. A Constituição de 1988, em seu art. 7º, XXVI, prestigiou a autonomia coletiva da vontade e a autocomposição dos conflitos trabalhistas, acompanhando a tendência mundial ao crescente reconhecimento dos mecanismos de negociação coletiva, retratada na Convenção n. 98/1949 e na Convenção n. 154/1981 da Organização Internacional do Trabalho. O reconhecimento dos acordos e convenções coletivas permite que os trabalhadores contribuam para a formulação das normas que regerão a sua própria vida. 5. Os planos de dispensa incentivada permitem reduzir as repercussões sociais das dispensas, assegurando àqueles que optam por seu desligamento da empresa condições econômicas mais vantajosas do que aquelas que decorreriam do mero desligamento por decisão do empregador. É importante, por isso, assegurar a credibilidade de tais*

planos, a fim de preservar a sua função protetiva e de não desestimular o seu uso. 7. Provimento do recurso extraordinário. Afirmação, em repercussão geral, da seguinte tese: "A transação extrajudicial que importa rescisão do contrato de trabalho, em razão de adesão voluntária do empregado a plano de dispensa incentivada, enseja quitação ampla e irrestrita de todas as parcelas objeto do contrato de emprego, caso essa condição tenha constado expressamente do acordo coletivo que aprovou o plano, bem como dos demais instrumentos celebrados com o empregado". (grifamos) *(RE 590415, Relator(a): Min. ROBERTO BARROSO, Tribunal Pleno, julgado em 30.04.2015, ACÓRDÃO ELETRÔNICO REPERCUSSÃO GERAL – MÉRITO DJe-101 DIVULG 28-05-2015 PUBLIC 29-05-2015)*

O Ministro Teori Zavascki, em decisão monocrática no RE 895.759-PE, publicada em 13.09.2016, confirmou o viés:

> *"(...) 3. No presente caso, a recorrente firmou acordo coletivo de trabalho com o sindicato da categoria à qual pertence a parte recorrida para que fosse suprimido o pagamento das horas in itinere e, em contrapartida, fossem concedidas outras vantagens aos empregados, "tais como 'fornecimento de cesta básica durante a entressafra; seguro de vida e acidentes além do obrigatório e sem custo para o empregado; pagamento do abono anual aos trabalhadores com ganho mensal superior a dois salários-mínimos; pagamento do salário-família além do limite legal; fornecimento de repositor energético; adoção de tabela progressiva de produção além da prevista na Convenção Coletiva" (fl. 7, doc. 29). O Tribunal de origem entendeu, todavia, pela invalidade do acordo coletivo de trabalho, uma vez que o direito às horas in itinere seria indisponível em razão do que dispõe o art. 58, § 2º, da CLT:*
>
> *Art. 58 (...)*
>
> *§ 2º O tempo despendido pelo empregado até o local de trabalho e para o seu retorno, por qualquer meio de transporte, não será computado na jornada de trabalho, salvo quando, tratando-se de local de difícil acesso ou não servido por transporte público, o empregador fornecer a condução.*
>
> *O acórdão recorrido não se encontra em conformidade com a ratio adotada no julgamento do RE 590.415, no qual esta Corte conferiu especial relevância ao princípio da autonomia da vontade no âmbito do direito coletivo do trabalho. Ainda que o acordo coletivo de trabalho tenha afastado direito assegurado aos trabalhadores pela CLT, concedeu-lhe outras vantagens com vistas a compensar essa supressão. Ademais, a validade da votação da Assembleia Geral que deliberou pela celebração do acordo coletivo de trabalho não foi rechaçada nesta demanda, razão pela qual se deve presumir legítima a manifestação de vontade proferida pela entidade sindical.*
>
> *Registre-se que a própria Constituição Federal admite que as normas coletivas de trabalho disponham sobre salário (art. 7º, VI) e jornada de trabalho (art. 7º, XIII e XIV), inclusive reduzindo temporariamente remuneração e fixando jornada diversa da constitucionalmente estabelecida. Não se constata, por outro lado, que o acordo coletivo em questão tenha extrapolado os limites da razoabilidade, uma vez que, embora tenha limitado direito legalmente previsto, concedeu outras vantagens em seu lugar, por meio de manifestação de vontade válida da entidade sindical".*

Também em recentíssima decisão, no julgamento da ADI 4.842, em 19 de setembro de 2016, o STF considerou constitucional a jornada de 12x36 para bombeiro civil. O Plenário do Supremo Tribunal Federal julgou constitucional o dispositivo da Lei n. 11.901/2009, que estipula a jornada de trabalho de bombeiro civil em 12 horas para cada 36 horas de descanso, pois a norma não viola preceitos constitucionais, e não é lesiva à sua saúde ou às regras de medicina e segurança do trabalho, ao revés é mais favorável ao trabalhador porque garante um período de descanso superior ao habitual em razão de sua jornada de trabalho de 12 horas. Ademais, a Constituição Federal (art. 7º, XIII) traz a possibilidade de compensação de horas trabalhadas mediante acordo ou convenção coletiva de trabalho. Nos autos da ADI os próprios sindicatos de profissionais, admitidos como *amicus curiae* se manifestaram no sentido de que o risco não é potencializado e, ao contrário, consideram essa jornada como benéfica aos trabalhadores.

4. A JURISPRUDÊNCIA DO TRIBUNAL SUPERIOR DO TRABALHO ANTES DA REFORMA TRABALHISTA

A Corte Superior Trabalhista é, por vocação, aquela que enfrenta diuturnamente a questão, produzindo uma ampla jurisprudência pertinente, valendo transcrever, por exemplo:

> *AGRAVO DE INSTRUMENTO. RECURSO DE REVISTA INTERPOSTO SOB A ÉGIDE DA LEI N. 13.015/2014 – DESCABIMENTO. 1. HORAS "IN ITINERE". NEGOCIAÇÃO COLETIVA. SUPRESSÃO DE DIREITO. INVALIDADE. Não há dúvidas de que o art. 7º, inciso XXVI, da Constituição Federal chancela a relevância que o Direito do Trabalho empresta à negociação coletiva. Até a edição da Lei n. 10.243/2001, o conceito de horas "in itinere" decorria de construção jurisprudencial, extraída do art. 4º da CLT, não havendo, à época, preceito legal que, expressamente, normatizasse o instituto. Estavam os atores sociais, em tal conjuntura, livres para a negociação coletiva. Modificou-se a situação com o diploma legal referido, quando acresceu ao art. 58 da CLT o § 2º: a matéria alcançou tessitura legal, incluindo-se a remuneração das horas "in itinere"*

entre as garantias mínimas asseguradas aos trabalhadores. Assim, não se poderá ajustar a ausência de remuneração do período de trajeto. Não há como se chancelar a supressão de direito definido em Lei, pela via da negociação coletiva. Além de, em tal caso, estar-se negando a vigência, eficácia e efetividade de norma instituída pelo Poder Legislativo, competente para tanto, ofender-se-ia o limite constitucionalmente oferecido pelo art. 7º, VI, da Carta Magna, que, admitindo a redução de salário, não tolerará a sua supressão. (...) 3. TURNOS ININTERRUPTOS DE REVEZAMENTO. ATIVIDADE EXERCIDA EM MINA DE SUBSOLO. A proibição constante do "caput" do art. 295 da CLT à fixação de jornada além daquela prevista no art. 293 do mesmo texto da CLT, sem prévia licença da autoridade competente em matéria de saúde do trabalho, para o trabalhador em minas de subsolo, traz comando de ordem pública, de índole imperativa, infenso, em primeiro plano, à possibilidade de flexibilização via negociação coletiva, intento que nenhuma norma autoriza, muito menos o art. 7º, XXVI, da Lei Maior. A regra encerra norma de conteúdo imperativo mínimo, amparada pelo princípio protetor, peculiar ao Direito do Trabalho, levando em conta o elevado grau de insalubridade presente na atividade em minas de subsolo. Constitui medida de higiene, saúde e segurança do trabalho. Agravo de instrumento conhecido e desprovido. (AIRR – 988-29.2014.5.03.0064, Relator Ministro: Alberto Luiz Bresciani de Fontan Pereira, Data de Julgamento: 08.06.2016, 3ª Turma, Data de Publicação: DEJT 17.06.2016)

AGRAVO DE INSTRUMENTO DA RECLAMADA. RECURSO DE REVISTA. LEI N. 13.015/2014. TURNOS DE 12 HORAS EM ESCALA DE 4x4 PREVISTA EM NORMA COLETIVA. INVALIDADE. EXTRAPOLAMENTO DA JORNADA SEMANAL. Preenchidos os pressupostos formais previstos no art. 896, § 1º-A, da CLT. Esta Corte tem reconhecido a validade de determinadas jornadas especiais, como exemplo a de 12x36, quando pactuadas por meio de acordo coletivo, com fundamento nos art. 7º, XIII e XXVI, da Constituição Federal. No entanto, é firme o entendimento de que, ao teor do art. 7º, XXII, da Constituição Federal, não é permitida, em negociação coletiva, a restrição de direitos mínimos e irrenunciáveis dos trabalhadores, tais como os que dizem respeito à sua higiene, saúde e segurança. Em face dessa limitação, não podem ser pactuadas por norma coletiva jornadas de trabalho excessivamente longas e extenuantes, que prejudicam a saúde física, psíquica e social do trabalhador. Em regra, o limite máximo além do qual se tem considerado inválida a flexibilização da jornada é o de 44 horas semanais. Assim, no caso dos autos, a jornada de trabalho de 12 horas em turnos ininterruptos de revezamento na escala 4x4 não pode ser validada. Correta, portanto, a decisão recorrida. Agravo de instrumento a que se nega provimento. (AIRR – 137-13.2015.5.18.0201, Relatora Ministra: Kátia Magalhães Arruda, Data de Julgamento: 15.06.2016, 6ª Turma, Data de Publicação: DEJT 17.06.2016)

RECURSO DE REVISTA. TURNO ININTERRUPTO DE REVEZAMENTO. NEGOCIAÇÃO COLETIVA. INVALIDADE. LIMITE DE OITO HORAS EXTRAPOLADO. Nos termos da Súmula n. 423 do TST, a validade da adoção dos turnos ininterruptos de revezamento em jornada superior a seis horas, autorizada em norma coletiva autônoma, condiciona-se à não extrapolação do limite diário de oito horas. Precedentes. Recurso de revista conhecido e provido. (RR – 11416-98.2013.5.03.0163, Relator Ministro: Walmir Oliveira da Costa, Data de Julgamento: 26.08.2015, 1ª Turma, Data de Publicação: DEJT 28.08.2015)

RECURSO DE REVISTA. HORA NOTURNA REDUZIDA. FLEXIBILIZAÇÃO POR MEIO DE NORMA COLETIVA. POSSIBILIDADE. A negociação coletiva é instituto valorizado e protegido pela ordem constitucional (CF, art. 7º, incisos VI, XIII, XIV, XXVI, art. 8º, III). Constitui opção legitimadora do regramento trabalhista. A mesma Constituição que consagra acordos e convenções coletivas de trabalho, fixa direitos mínimos para a classe trabalhadora, exigindo o resguardo da dignidade da pessoa humana e dos valores sociais do trabalho. Assim ocorre com a redução da hora noturna, que visa à proteção da higidez física e mental do trabalhador. Esta Corte, no entanto, em interpretação ao disposto no art. 7º, XXVI, da Constituição da República, tem admitido a flexibilização de direitos legalmente previstos quando, na negociação coletiva, não há a só supressão da garantia, mas se vê, em contrapartida, a concessão de efetivos benefícios aos empregados. A fixação, em instrumento coletivo, de pagamento de adicional noturno superior ao estipulado pela legislação trabalhista (art. 73, –caput-, da CLT), em justificativa para o elastecimento da hora noturna a sessenta minutos, legitima a negociação, razão pela qual deve ser prestigiada. Precedentes. Ressalva de ponto de vista do Relator. Recurso de revista conhecido e provido. (TST – RR: 2371020125090011, Relator: Alberto Luiz Bresciani de Fontan Pereira, Data de Julgamento: 24.09.2014, 3ª Turma, Data de Publicação: DEJT 26.09.2014)

E o Pleno da Corte Superior do Trabalho firmou entendimento, no julgamento do ERR 205900-57.2007.5.09.0325, em 26.09.2016, por maioria, no sentido de que a natureza salarial das chamadas horas *in itinere*, ou de deslocamento, não pode ser afastada por meio de acordo coletivo.

5. NEGOCIAÇÃO COLETIVA. LIMITES CONSTITUCIONAIS. FLEXIBILIZAÇÃO E DESREGULAMENTAÇÃO. ANÁLISE DA LEI N. 13.467/2017

Inicialmente, fundamental destacar que embasa o direito do trabalho o princípio protetivo que se desdobra em três regras basilares, segundo a clássica formulação de Américo Plá Rodriguez, quais sejam: aplicação da norma mais favorável; condição mais benéfica; e *in dubio pro operario*.

Ressalte-se a plena aplicabilidade de tais regras não apenas hermenêuticas mas também vinculantes ao legislador, pois o constituinte originário, no *caput* do art. 7º, determinou que:

> "Art. 7º São direitos dos trabalhadores urbanos e rurais, **além de outros que visem à melhoria de sua condição social**" (grifamos)

Assim, embora no art. 7º tenham sido elencados direitos aos trabalhadores, a única interpretação possível é a de que tais regras podem ser reformadas apenas para melhorar a condição social do trabalhador e jamais para subtrair direitos e conquistas das categorias, salvo quando o próprio constituinte autorizou.

Diante da autonomia privada coletiva (leia-se livre iniciativa normativa) é reconhecido pelo Estado o efeito da negociação que dá prevalência à norma coletiva mais favorável em detrimento da legislação estatal. Parte-se do princípio de que as normas resultantes da negociação coletiva são mais democráticas e têm mais condições de atender especificamente aos reclames de seus destinatários, uma vez que elaboradas por eles próprios.

A negociação coletiva é o processo de diálogo social entre patrões e empregados, na busca de um consenso e da elaboração de normas coletivas para serem aplicadas nas relações individuais de trabalho, podendo ser considerada a melhor e mais legítima forma de solução de conflitos sociais nas relações de trabalho. Privilegia a autonomia privada coletiva e a autorregulamentação dos interesses. É mecanismo de melhoria da condição social do trabalhador e efetividade dos direitos fundamentais, revelando-se eficiente meio de solução pacífica das controvérsias e valorização social do trabalho. E é reconhecida pela Constituição Federal (art. 7º, XXVI).

Existem casos de flexibilização autorizados por meio de negociação coletiva na Constituição Federal, como, por exemplo, a redução de salário (7º, VI), a compensação de jornada (7º, XIII) e a jornada em turno ininterrupto de revezamento (7º, XIV). E há jurisprudência pacificada no TST acerca dessa possibilidade (Súmulas ns. 85, 331, 349, 423, 437, 444 e 449).

A negociação pode produzir a redução de direitos trabalhistas para manter a atividade empresarial e os postos de trabalho. Contudo, existe um patamar de direitos mínimos aos trabalhadores que deve ser resguardado, denominado pelo eminente professor Amaury Mascaro Nascimento de conteúdo imperativo mínimo do contrato de trabalho.

Vale dizer que há temas que não podem ser alcançados por qualquer reforma. A remuneração da hora extra, de 50% acima da hora normal, por exemplo, não poderá ser reduzida porque o percentual está fixado na Constituição; licença-maternidade de 120 dias e o aviso-prévio proporcional ao tempo de serviço, sendo de no mínimo 30 dias também. Para afetar esses direitos é preciso aprovar uma Proposta de Emenda Constitucional (PEC). Outros direitos como seguro-desemprego e salário-família, citados no art. 7º, são considerados previdenciários e não trabalhistas e, por isso, não poderiam entrar nas negociações.

A negociação não significa renúncia de direitos, envolve ganhos e perdas recíprocos e não há negociação sem uma contrapartida, pois deve atender ao comando constitucional da melhoria da condição social. A negociação coletiva possui limites materiais retratados pelas normas de ordem pública absoluta, imantadas pelo princípio da irrenunciabilidade e inalterabilidade lesiva pela vontade das partes. A relação jurídica trabalhista tem proteção por um rol mínimo de direitos e este rol mínimo é protegido e é independente da vontade dos interessados.

Aliás, nos fundamentos do voto defensor da tese da prevalência do negociado no STF (RE 590.415-SC), o relator Min. Roberto Barroso fez consignar que:

> *"por outro lado, ao aderir ao PDI, a reclamante não abriu mão de parcelas indisponíveis, que constituíssem "patamar civilizatório mínimo" do trabalhador. Não se sujeitou a condições aviltantes de trabalho (ao contrário, encerrou a relação de trabalho). Não atentou contra a saúde ou a segurança no trabalho. Não abriu de ter ter a sua CNTP assinada. Apenas transacionou eventuais direitos de caráter patrimonial ainda pendentes, que justamente por serem "eventuais" eram incertos, configurando res dúbia, e optou por receber, em seu lugar, de forma certa e imediata, a importância correspondente a 78 (setenta e oito) vezes o valor da maior remuneração que percebeu no Banco. Teve garantida, ainda, a manutenção do plano de saúde pelo prazo de 1 (um) ano, a contar do seu desligamento. Não há que se falar, portanto, em renúncia a direito indisponível".*

As normas entabuladas entre patrões e empregados podem prevalecer em relação às normas estatais nos seguintes casos: a) quando as normas autônomas implementam um padrão setorial de direitos superior ao padrão geral oriundo da legislação heterônoma aplicável; b) quando as normas autônomas transacionam setorialmente parcelas trabalhistas de indisponibilidade relativa (e não absoluta).

E nunca devem atingir as normas de proteção à vida, saúde, segurança do trabalho, integridade moral e privacidade do trabalhador. Não deve haver retrocesso social.

No entanto, a reforma trabalhista operada pela Lei n. 13.467/2017 alterou todas as bases que fundam o Direito do Trabalho, desfigurando-o.

Dispõe o art. 611-B da CLT que:

> "Art. 611-B. Constituem objeto ilícito de convenção coletiva ou de acordo coletivo de trabalho, exclusivamente, a supressão ou a redução dos seguintes direitos:
>
> I – normas de identificação profissional, inclusive as anotações na Carteira de Trabalho e Previdência Social;
>
> II – seguro-desemprego, em caso de desemprego involuntário;
>
> III – valor dos depósitos mensais e da indenização rescisória do Fundo de Garantia do Tempo de Serviço (FGTS);
>
> IV – salário mínimo;
>
> V – valor nominal do décimo terceiro salário;
>
> VI – remuneração do trabalho noturno superior à do diurno;
>
> VII – proteção do salário na forma da lei, constituindo crime sua retenção dolosa;
>
> VIII – salário-família;
>
> IX – repouso semanal remunerado;
>
> X – remuneração do serviço extraordinário superior, no mínimo, em 50% (cinquenta por cento) à do normal;
>
> XI – número de dias de férias devidas ao empregado;
>
> XII – gozo de férias anuais remuneradas com, pelo menos, um terço a mais do que o salário normal;
>
> XIII – licença-maternidade com a duração mínima de cento e vinte dias;
>
> XIV – licença-paternidade nos termos fixados em lei;
>
> XV – proteção do mercado de trabalho da mulher, mediante incentivos específicos, nos termos da lei;
>
> XVI – aviso-prévio proporcional ao tempo de serviço, sendo no mínimo de trinta dias, nos termos da lei;
>
> XVII – normas de saúde, higiene e segurança do trabalho previstas em lei ou em normas regulamentadoras do Ministério do Trabalho;
>
> XVIII – adicional de remuneração para as atividades penosas, insalubres ou perigosas;
>
> XIX – aposentadoria;
>
> XX – seguro contra acidentes de trabalho, a cargo do empregador;
>
> XXI – ação, quanto aos créditos resultantes das relações de trabalho, com prazo prescricional de cinco anos para os trabalhadores urbanos e rurais, até o limite de dois anos após a extinção do contrato de trabalho;
>
> XXII – proibição de qualquer discriminação no tocante a salário e critérios de admissão do trabalhador com deficiência;
>
> XXIII – proibição de trabalho noturno, perigoso ou insalubre a menores de dezoito anos e de qualquer trabalho a menores de dezesseis anos, salvo na condição de aprendiz, a partir de quatorze anos;
>
> XXIV – medidas de proteção legal de crianças e adolescentes;
>
> XXV – igualdade de direitos entre o trabalhador com vínculo empregatício permanente e o trabalhador avulso;
>
> XXVI – liberdade de associação profissional ou sindical do trabalhador, inclusive o direito de não sofrer, sem sua expressa e prévia anuência, qualquer cobrança ou desconto salarial estabelecidos em convenção coletiva ou acordo coletivo de trabalho;
>
> XXVII – direito de greve, competindo aos trabalhadores decidir sobre a oportunidade de exercê-lo e sobre os interesses que devam por meio dele defender;
>
> XXVIII – definição legal sobre os serviços ou atividades essenciais e disposições legais sobre o atendimento das necessidades inadiáveis da comunidade em caso de greve;
>
> XXIX – tributos e outros créditos de terceiros;
>
> XXX – as disposições previstas nos arts. 373-A, 390, 392, 392-A, 394, 394-A, 395, 396 e 400 desta Consolidação.
>
> Parágrafo único. Regras sobre duração do trabalho e intervalos não são consideradas como normas de saúde, higiene e segurança do trabalho para os fins do disposto neste artigo."

Tal dispositivo é absolutamente inútil, pois a única regra protetiva ao trabalhador, criada pelo legislador da reforma, nada mais fez do que reproduzir a Constituição Federal, o que, ressalte-se, jamais poderia ter sido alterado, eis que tais regras constitucionais integram o rol das cláusulas pétreas e, assim, inalteráveis.

No entanto observe-se que no *caput* do art. 611-B, da CLT, utilizou a palavra "exclusivamente", para fixar como *numerus clausus* as hipóteses de proteção ao trabalhador, o que não foi feito no art. 611-A que arrola as hipóteses de licitude no estabelecimento de normas coletivas.

Determinou o legislador no art. 611-A, da CLT que:

> "Art. 611-A. A convenção coletiva e o acordo coletivo de trabalho têm prevalência sobre a lei quando, entre outros, dispuserem sobre:

I – pacto quanto à jornada de trabalho, observados os limites constitucionais;

II – banco de horas anual;

III – intervalo intrajornada, respeitado o limite mínimo de trinta minutos para jornadas superiores a seis horas;

IV – adesão ao Programa Seguro-Emprego (PSE), de que trata a Lei n. 13.189, de 19 de novembro de 2015;

V – plano de cargos, salários e funções compatíveis com a condição pessoal do empregado, bem como identificação dos cargos que se enquadram como funções de confiança;

VI – regulamento empresarial;

VII – representante dos trabalhadores no local de trabalho;

VIII – teletrabalho, regime de sobreaviso, e trabalho intermitente;

IX – remuneração por produtividade, incluídas as gorjetas percebidas pelo empregado, e remuneração por desempenho individual;

X – modalidade de registro de jornada de trabalho;

XI – troca do dia de feriado;

XII – enquadramento do grau de insalubridade;

XIII – prorrogação de jornada em ambientes insalubres, sem licença prévia das autoridades competentes do Ministério do Trabalho;

XIV – prêmios de incentivo em bens ou serviços, eventualmente concedidos em programas de incentivo;

XV – participação nos lucros ou resultados da empresa.

§ 1º No exame da convenção coletiva ou do acordo coletivo de trabalho, a Justiça do Trabalho observará o disposto no § 3º do art. 8º desta Consolidação.

§ 2º A inexistência de expressa indicação de contrapartidas recíprocas em convenção coletiva ou acordo coletivo de trabalho não ensejará sua nulidade por não caracterizar um vício do negócio jurídico.

§ 3º Se for pactuada cláusula que reduza o salário ou a jornada, a convenção coletiva ou o acordo coletivo de trabalho deverão prever a proteção dos empregados contra dispensa imotivada durante o prazo de vigência do instrumento coletivo.

§ 4º Na hipótese de procedência de ação anulatória de cláusula de convenção coletiva ou de acordo coletivo de trabalho, quando houver a cláusula compensatória, esta deverá ser igualmente anulada, sem repetição do indébito.

§ 5º Os sindicatos subscritores de convenção coletiva ou de acordo coletivo de trabalho deverão participar, como litisconsortes necessários, em ação individual ou coletiva, que tenha como objeto a anulação de cláusulas desses instrumentos."

No *caput* já se pode observar que o legislador acabou com a denominada hierarquia flexível das normas trabalhistas, tutelada pelo próprio constituinte na parte final do *caput* do art. 7º da Constituição Federal, ao determinar que a liberdade das partes preponderará sobre a lei, tendo como limite, apenas, o rol de direitos já fixados pelo constituinte.

Pela hierarquia flexível das normas no Direito do Trabalho, segundo Amaury Mascaro Nascimento,

> *"Havendo duas ou mais normas jurídicas trabalhistas sobre a mesma matéria, será hierarquicamente superior, e portanto aplicável ao caso concreto, a que oferecer maiores vantagens ao trabalhador, dando-lhe condições mais favoráveis, salvo no caso de leis proibitivas do Estado."*(4)

E conclui que:

> *"Assim, na pirâmide normativa da hierarquia das normas jurídicas trabalhistas, o vértice aponta para a norma que assegurar a melhor condição para o trabalhador, segundo uma dinâmica que não coincide com a distribuição estática de leis em graus de hierarquia, do direito comum."*(5)

Com a reforma, o negociado passou a preponderar inclusive contra a vontade do Estado, podendo a representação das categorias fixar normas em detrimento da proteção legislativa ao trabalhador.

Tal condição, por si só, já demonstra a clara inconstitucionalidade da norma, devendo, para a preservar, fixar interpretação conforme para limitar as alterações contratuais decorrentes de norma coletiva àquelas que implementem condição de melhoria do trabalho e não que restrinja direitos adquiridos pelos trabalhadores.

Segunda clássica lição de Mauricio Godinho Delgado,

> "Em que medida as normas juscoletivas podem se contrapor às normas jusindividuais imperativas estatais existentes? Desse dilema é que trata o que denominamos princípio da adequação setorial negociada – configurado, por essa razão, como o princípio de Direito Coletivo que mais de perto atua e influencia a dinâmica específica ao Direito Individual do Trabalho.

(4) *Curso de Direito do Trabalho*. 16. ed. São Paulo: Saraiva, p. 243.

(5) *Op. cit.* p. 248.

> Pelo princípio da adequação setorial negociada as normas autônomas juscoletivas construídas para incidirem sobre uma certa comunidade econômico-profissional podem prevalecer sobre o padrão geral heterônomo justrabalhista desde que respeitados certos critérios objetivamente fixados. São dois esses critérios autorizativos: a) quando as normas autônomas juscoletivas implementam um padrão setorial de direitos superior ao padrão geral oriundo da legislação heterônoma aplicável; b) quando as normas autônomas juscoletivas transacionam setorialmente parcelas justrabalhistas de indisponibilidade apenas relativa (e não de indisponibilidade absoluta)."(6)

O princípio da adequação setorial negociada decorre logicamente da determinação do constituinte no art. 7º que, ao fixar o rol mínimo de direitos dos trabalhadores acrescenta "além de outros que visem à melhoria de sua condição social".

Tal preceito vincula, obviamente, não apenas os legisladores, mas todos aqueles que possam criar normas trabalhistas e que devem se pautar pela vontade do constituinte, bem como ao aplicador das regras, que ao interpretá-las, deve se pautar pelo critério estabelecido na Constituição Federal.

Dos incisos do art. 611-A, da CLT, ressaltamos os abaixo elencados que padecem de grave vício e que não podem ser aplicados.

> "III – intervalo intrajornada, respeitado o limite mínimo de trinta minutos para jornadas superiores a seis horas;
>
> XII – enquadramento do grau de insalubridade;
>
> XIII – prorrogação de jornada em ambientes insalubres, sem licença prévia das autoridades competentes do Ministério do Trabalho."

O intervalo intrajornada possui nítida natureza de norma de ordem pública, eis que objetiva a tutela de segurança e medicina do trabalho, razão pela qual não pode ser alterada pela vontade das partes, conforme *ratio decidendi* que embasa a Súmula n. 437, do C. TST.

O enquadramento do grau de insalubridade depende da observância das regras estatais, diante do prejuízo à saúde do empregado que pode causar a exposição ao agente insalubre e, por se tratar de norma para tutelar a saúde do empregado, não pode ser mitigada pela vontade das partes.

Considerando o maior risco do labor prestado em condições insalubres, apenas pode ser autorizada a extrapolação da jornada pelo próprio órgão que estabeleceu e a quem incumbe a fiscalização do cumprimento do sistema jurídico positivo, pelo que não se pode admitir a prorrogação da jornada em condição insalubre sem prévia autorização do Poder Público.

Nos termos do § 2º, "a inexistência de expressa indicação de contrapartidas recíprocas em convenção coletiva ou acordo coletivo de trabalho não ensejará sua nulidade por não caracterizar um vício do negócio jurídico".

Como já afirmado acima, funda a negociação a existência de contrapartida, essência de qualquer acordo e sem o qual há efetiva renúncia, não admitida pelo Direito do Trabalho.

A citada norma, portanto, ofende de forma clara a Constituição Federal e os princípios que regem o Direito do Trabalho, pois autoriza de forma expressa a renúncia a direitos trabalhistas e, principalmente, a direitos absolutamente irrenunciáveis diante de sua natureza de ordem pública, o que não se admite no sistema jurídico, pois, como ensina Mauricio Godinho Delgado

> "*não prevalece a negociação se concernente a direitos revestidos de indisponibilidade absoluta (e não indisponibilidade relativa)*. Tais parcelas são aquelas imantadas por uma tutela de interesse público, por constituírem um *patamar civilizatório mínimo* que a sociedade democrática não concebe ver reduzido em qualquer segmento econômico-profissional, sob pena de se afrontarem a própria dignidade da pessoa humana e a valorização mínima deferível ao trabalho (arts. 19, III, e 170, *caput*, CF/88). Expressam, ilustrativamente essas parcelas de indisponibilidade absoluta a anotação de CTPS, o pagamento do salário mínimo, as normas de saúde e segurança do trabalho."(7)

Finalmente, ressalte-se que o § 2º, do art. 611-B, da CLT prevê que:

> "§ 2º A inexistência de expressa indicação de contrapartidas recíprocas em convenção coletiva ou acordo coletivo de trabalho não ensejará sua nulidade por não caracterizar um vício do negócio jurídico.

(6) *Curso de Direito do Trabalho*. 12. ed. São Paulo: LTr, 2013. p. 1358.

(7) *Curso de Direito do Trabalho*. 12. ed. São Paulo: LTr, 2013. p. 112.

Resta claro, pelo texto da lei, que a reciprocidade inerente a qualquer negociação deve ser respeitada, apenas não sendo necessária sua indicação de forma expressa.

Assim, a existência de concessão recíproca constitui requisito que deve ser extraído do conteúdo da norma, eis que faz parte de sua essência material em razão do princípio da unidade que deve embasar a hermenêutica do sistema.

Qualquer interpretação diversa e que resulte em efetiva renúncia de direitos deve ser repelida, eis que contrária à Constituição Federal, uma vez que nos termos do art. 7º, *caput*, apenas podem ser editadas normas que visem à melhoria da condição de trabalho e de acordo com o art. 8º, III, incumbe ao sindicato "...a defesa dos direitos e interesses coletivos ou individuais da categoria", sendo vedado, portanto, ao órgão de classe, a renúncia aos interesses de seus representados.

Em suma, a única interpretação do art. 611-A, § 2º, da CLT que se mostra conforme a Constituição Federal, precipuamente aos arts. 7º, *caput* e 8º, III, consiste na possibilidade de negociação quanto aos direitos previstos em seu inciso, desde que respeitada a contrapartida ínsita à negociação, que deve restar clara dos termos do Acordo ou Convenção Coletiva de Trabalho, embora não haja obrigatoriedade das partes em indicar de forma objetiva e formal quais são as contrapartidas que poderão ser hauridas do conglobamento das normas coletivas.

Ressalte-se, ainda, que a contrapartida não necessita ser, obrigatoriamente, quanto a direito de mesma natureza. Nada impede, portanto, negociem as partes a concessão de majoração de adicional de horas extras, com manutenção ou redução de outro direito, como por exemplo diminuição do valor nominal de vale-refeição e ou redução salarial com garantia de empregabilidade. No entanto, em qualquer hipótese, dever-se-á observar a intangibilidade estabelecida pelo núcleo duro do art. 7º da Constituição Federal.

CONCLUSÃO

A flexibilização, sem dúvida, produz a redução de direitos trabalhistas. Contudo, a flexibilização não deve ser a desregulamentação do Direito do Trabalho. A relação jurídica tem proteção por um rol mínimo de direitos.

O rol mínimo é protegido e o é independentemente da vontade dos interessados e não se confundem cada um dos direitos (art. 7º da CF).

Com a flexibilização, o constituinte tem como escopo a tutela de emprego. A rigidez excessiva resulta em sacrifício do emprego e da produção, com prejuízo da classe trabalhadora e da sociedade.

O emprego é o principal bem jurídico da relação. O salário, limitação da jornada e outros assumem diante do emprego um papel secundário, pois não subsistem isoladamente.

Para a coletividade de trabalhadores, mais vale um emprego com menor salário do que sem emprego e sem trabalho. Não há incoerência na Constituição: o trabalho e a sobrevivência do trabalhador e sua família são protegidos por um mínimo de direitos denominado piso, que não pode ser flexibilizado, nem mesmo por negociação coletiva.

As garantias, direitos e princípios constitucionais são inderrogáveis. Desta feita, são vedadas quaisquer ofensas à Constituição, exemplificativamente: liberdades individuais, coletivas ou direitos indisponíveis; liberdade de trabalho; discriminação (art. 3º, CF/88); contratação de menores de 16 anos, salvo aprendiz; abolição de direitos da gestante, (art. 1º, ADCT); limitação de acesso ao Judiciário (art. 5º), restrições ao direto à vida, saúde, liberdade, segurança, propriedade do trabalhador (art. 5º, *caput* e incisos) e direitos da personalidade, tais como intimidade, privacidade, honra, (art. 5º) etc.

Pode-se concluir, em suma, da análise da reforma, que suas disposições não observaram em sua totalidade o disposto na parte final do *caput* do art. 7º da Constituição Federal, pois autoriza a mitigação de direitos trabalhistas, salvo aqueles já protegidos pelo próprio constituinte originário.

Ademais, para que se possa reputar constitucional a reforma, deve-se dar interpretação conforme ao art. 611-B, da CLT, para que seja interpretado em consonância com os arts. 7º, *caput* e 8º, III, da Constituição Federal devendo, para a validade da norma, observar os princípios da adequação setorial negociada e do patamar civilizatório inerentes a todo o sistema legislativo trabalhista, sob pena de, assim não se entendendo, ofender o proibição do retrocesso social.

Segundo Sarlet, tal tem sido o entendimento do Tribunal Constitucional Alemão:

> "O Tribunal Constitucional Federal da Alemanha, em recente julgado, reiterou o seu já consagrado entendimento sufragando a ideia de que a segurança jurídica constitui um dos elementos nucleares do princípio do Estado de Direito, no sentido de que o particular encontra-se protegido contra leis retroativas que afetem os seus

direitos adquiridos, evitando assim que venha a ter frustrada a sua confiança na ordem jurídica, já que segurança jurídica significa, em primeira linha, proteção de confiança, que, por sua vez, possui hierarquia constitucional."[8]

O Conselho Constitucional Francês aplica a teoria inclusive em relação aos direitos de liberdade não sendo possível a revogação ou alteração de uma lei que tutele liberdades individuais, sem a substituição por outra equivalente.

Neste sentido, Joël Andriantsimbazovina afirma que:

> "Le Conseil constitutionnel considère le législateur ne saurait modifier ou abroger des dispositions législatives touchant une liberté comme la liberté de communication qu'en vue d'en rendre l'exercice plus effectif. Il ne s'agit pas à proprement parler d'une obligation positive mais c'est une forme d'action positive en faveur d'une protection de la liberté. Ce souci de faire prévaloir certaines libertés se traduit aussi dans la création de la catégorie des objectifs de valeur constitutionnelle sans que celle-ci ne crée une véritable obligation à la charge du législateur. Significative à cet égard est la consécration comme objectif de valeur constitutionnelle de la possibilité pour toute personne de disposer d'un logement décent"[9]

Em Portugal, o maior defensor da proibição do retrocesso social é o consagrado constitucionalista Joaquim José Gomes Canotilho que ensina

> "O princípio da proibição do retrocesso social pode formular-se assim: o núcleo essencial dos direitos sociais já realizado e efectivado através de medidas legislativas ('lei de segurança social', 'lei do subsídio de desemprego', 'lei do serviço de saúde') deve considerar-se constitucionalmente garantido, sendo inconstitucionais quaisquer medidas que, sem a criação de outros esquemas alternativos ou compensatórios, se traduzam na prática de uma 'anulação', 'revogação', ou 'aniquilação' pura e simples desse núcleo essencial. A liberdade de conformação do legislador e inerente auto-reversibilidade têm como o núcleo essencial já realizado"[10].

Assim, a proibição do retrocesso consiste na vedação de medidas que gerem a retroação dos direitos incorporados ao patrimônio jurídico da pessoa, sendo que tal teoria não apenas limita a atividade do legislador e do administrador, mas também do juiz, como intérprete e aplicador da norma e cuja atividade deve reforçar e garantir a máxima efetividade da Constituição e o maior exemplo de sua incorporação ao ordenamento jurídico brasileiro consiste justamente no art. 7º, *caput*, da Constituição Federal. Portanto, toda a reforma trabalhista, para que seja considerada constitucionalmente válida, deverá se subordinar ao crivo da vedação do retrocesso social.

---

(8) SARLET, Ingo Wolfgang. Proibição de retrocesso, dignidade da pessoa humana e direitos sociais: manifestação de um constitucionalismo dirigente possível. In: BONAVIDES, Paulo; LIMA, Francisco Gérson Marques de; BEDÊ, Fayga Silveira (Coord.). *Constituição & Democracia: estudos em homenagem ao Professor J. J. Canotilho*. São Paulo: Saraiva, 2006. p. 12

(9) Disponível em: <http://www.conseil-constitutionnel.fr/conseil-constitutionnel/francais/nouveaux-cahiers-du-conseil/cahier-n-32/la-conception-des-libertes-par-le-conseil-constitutionnel-et-par-la-cour-europeenne-des-droits-de-l-homme.99053.html#NOPAC1100170016>. Acesso em: 06 dez. 2016.

(10) *Direito Constitucional e Teoria da Constituição*. 3. ed. Coimbra: Almedina, 1999. p. 327.

Contribuição Sindical: O Calcanhar de Aquiles da Receita Sindical

Wanise Cabral Silva

Doutora em Direito. Professora da Faculdade de Direito da Universidade Federal Fluminense (UFF).

Fabio de Medina da Silva Gomes

Mestre em Direito. Doutorando pelo Programa de Pós-Graduação em Antropologia da Universidade Federal Fluminense. Professor substituto de Direito do Trabalho da Faculdade de Direito da Universidade Federal do Rio de Janeiro (UFRJ). Pesquisador do Instituto Nacional de Ciência e Tecnologia – Instituto de Estudos Comparados em Administração Institucional de Conflitos (INCT-InEAC).

INTRODUÇÃO

Este artigo está no contexto dos debates sobre a denominada Reforma Trabalhista, lei n. 13.467, recentemente publicada. Esta "Reforma" não teve como objetivo mudar a estrutura sindical brasileira. Conforme se observa no Dossiê do Centro de Estudos Sindicais e Economia do Trabalho (CESIT), do Instituto de Economia da Universidade de Campinas (UNICAMP), "os verdadeiros problemas sindicais brasileiros não são enfrentados"(1). A lei

> não contempla questões fundamentais que contribuam para o fortalecimento e para a constituição de entidades sindicais representativas e com capacidade de efetivamente organizar os trabalhadores na defesa dos interesses da categoria e da classe trabalhadora.(2)

Prossegue o referido dossiê apontando outras questões. Menciona que a reforma introduz medidas que visam enfraquecer a atuação sindical. Quais sejam, "o aprofundamento da fragmentação das bases de representação sindical"; "a prevalência do negociado sobre o legislado e a inversão da hierarquia dos instrumentos normativos"; "a possibilidade da negociação individual de aspectos importantes da relação de trabalho"; "a eliminação da ultratividade dos acordos e da cláusula mais favorável"; "a representação dos trabalhadores no local de trabalho independentemente dos sindicatos"; "a redução dos recursos financeiros aos sindicatos".

Pretendemos tratar especificamente do ponto relativo às receitas sindicais, mais especificamente da contribuição sindical. Para isso, faremos uma breve retrospectiva histórica acerca do instituto e de suas contradições, desde a sua criação até o presente momento.

1. O CORPORATIVISMO NA CONSTITUIÇÃO FEDERAL DE 1988

Antes de adentrarmos, propriamente, no tema da contribuição sindical, antigo "imposto sindical", abordaremos sobre o desenho institucional do edifício corporativo, que abrange não apenas a Justiça do Trabalho, mas também a estrutura sindical, construídas durante a Era Vargas. Se a base de sustentação do Governo Vargas foi o ideário corporativo, este tinha, no plano jurídico, dois pilares principais, quais sejam: o sindicato único e a Justiça do Trabalho. Neste sentido, a Constituição

(1) *Dossiê Reforma Trabalhista* (em construção). Campinas: CESIT, UNICAMP, Junho de 2017. Disponível em: <http://www.cesit.net.br/dossie-reforma-trabalhista/>. Acesso em: 24 jul. 2017. p. 57.

(2) *Idem*.

Federal de 1988 foi criticada por manter o corporativismo deste período, tendo em vista que, quanto a estes pontos, manteve a estrutura idealizada naquele contexto histórico.

Diante da recente extinção da natureza impositiva da "contribuição sindical", vamos analisar as polêmicas deste instituto desde a sua criação até a publicação de Lei n. 13.467 de 13 de julho de 2017, conhecida como Reforma Trabalhista; tratando, brevemente, sobre as demais receitas sindicais.

RECEITAS DO SINDICATO

Vamos arrolar, brevemente, as outras receitas sindicais, são elas: a contribuição confederativa (art. 8º, IV, CF), a contribuição assistencial (art. 513, *e*, da CLT) e a mensalidade dos sócios do sindicato (art. 548, *b*, da CLT).

A contribuição confederativa, criada pela Constituição Federal de 1988, deve ser votada em assembleia da categoria e é descontada em folha de pagamento, se destinando ao custeio do sistema confederativo. Conforme a Súmula Vinculante n. 40 do STF, publicada em 20 de março de 2015: "a contribuição confederativa de que trata o art. 8º, IV, da Constituição Federal, só é exigível dos filiados ao sindicato respectivo".

A contribuição assistencial, também denominada de taxa assistencial, consiste em um pagamento feito pela pessoa pertencente à categoria profissional (trabalhador) ao respectivo sindicato, em virtude de este ter participado das negociações coletivas, tendo, assim, incorrido em custo para tal, ou para pagar despesas assistenciais realizadas pelo sindicato. A contribuição assistencial é determinada por sentenças normativas, acordos e convenções coletivas que não tem natureza tributária pois não é destinada ao Estado, e, nem é exercida atividade administrativa plenamente vinculada, de acordo com o art. 3º do Código Tributário Nacional. Recentemente, o STF reafirmou: "entendimento no sentido da inconstitucionalidade da contribuição assistencial imposta por acordo, convenção coletiva de trabalho ou sentença normativa a empregados não sindicalizados.(3)"

A mensalidade dos sócios do sindicato (art. 548, *b*, da CLT), como indica o próprio nome da contribuição, só é paga pelos associados do sindicato, pois somente estes se beneficiam dos serviços prestados pela entidade. Considerando-se que as obrigatoriedades das referidas contribuições só atingem os trabalhadores sindicalizados, o problema ficava restrito à contribuição sindical, antigo "imposto sindical", tendo em vista que este obrigava a todos, sindicalizados ou não.

2. CONTRIBUIÇÃO SINDICAL (IMPOSTO SINDICAL): O CALCANHAR DE AQUILES DOS SINDICATOS DOS TRABALHADORES

Hoje, a contribuição sindical não tem mais natureza jurídica de imposto, e será facultativa a partir da vigência da referida reforma. Antes dela, apesar da mesma denominação, a contribuição tinha natureza impositiva, e era, quase, um corolário da unicidade sindical. Por que, "quase"? Além de não poder escolher a qual sindicato se filiar, o trabalhador, ainda, era obrigado a contribuir, compulsoriamente, com esta representação, por meio da qual tinha descontado um dia de trabalho por ano de seu salário, pelo simples fato de pertencer a uma categoria econômica ou profissional.

A Constituição de 1988 garante a liberdade no âmbito individual, não sendo o trabalhador obrigado a se filiar ao sindicato da categoria, conforme a diretriz estabelecida na Convenção n. 87 da OIT: "ninguém será obrigado a filiar-se ou a manter-se filiado a sindicato". No entanto, quando mantinha a obrigatoriedade da contribuição sindical, limitava a liberdade de escolha deste trabalhador.

A Constituição Federal de 1988, apesar da reforma, manteve a mesma redação quanto à contribuição sindical, no inciso IV do art. 8º:

> a Assembleia Geral fixará a contribuição que, em se tratando de categoria profissional, será descontada em folha, para custeio do sistema confederativo da representação sindical respectiva, independentemente da contribuição prevista em lei.

Esta contribuição "prevista em lei" estava regulamentada na antiga redação do art. 579 da CLT:

> A contribuição sindical é devida por todos aqueles que participarem de uma determinada categoria econômica ou profissional, ou de uma profissão liberal, em favor do sindicato representativo da mesma categoria ou profissão, ou, inexistindo este, na conformidade do disposto no art. 591.

Cuidava-se do antigo "imposto sindical" e equivalia a um dia de trabalho, para os empregados (art. 580, I, CLT).

(3) Disponível em: <http://g1.globo.com/politica/noticia/rodrigo-maia-diz-que-camara-nao-aceitara-mudanca-na-reforma-trabalhista.ghtml>. Acesso em: 24 jul. 2017.

Depois da reforma trabalhista, o art. 591 da CLT passou a ter o seguinte texto:

> O desconto da contribuição sindical está condicionado à autorização prévia e expressa dos que participarem de uma determinada categoria econômica ou profissional, ou de uma profissão liberal, em favor do sindicato representativo da mesma categoria ou profissão ou, inexistindo este, na conformidade do disposto no art. 591 desta Consolidação.

Não trataremos de discutir a legalidade da exclusão da obrigatoriedade dessa contribuição. E nem se questiona a constitucionalidade da mudança da natureza jurídica desse instituto, uma vez que, a partir da reforma, não tem mais caráter de tributo, passando a ser voluntária. Cuidaremos de fazer uma breve retrospectiva histórica das razões dessa mudança somente nesse momento, considerando que o próprio movimento sindical já vinha discutindo esse assunto há algumas décadas.

A Constituição Federal de 1988 recepcionou o dispositivo sobre a contribuição sindical em conformidade com a CLT, ou seja, com caráter tributário. Se essa natureza impositiva era polêmica contrariando a ampla liberdade sindical prevista na Convenção n. 87 da OIT, o nosso objetivo é verificar os porquês. Assim, perguntamos: por que, a despeito do discurso proferido pelo próprio movimento sindical, principalmente a partir do denominado novo sindicalismo, no sentido de se eliminar a obrigatoriedade da "contribuição" (contradição em si) esta se mantinha? Por que foi tão difícil mudar? E, ainda, os sindicatos precisavam e ainda precisam deste tipo de contribuição para sobreviver?

É afirmação corrente que os sindicatos, na sua maioria, dependem do "imposto sindical" e que este constitui sua principal fonte de receita. Mais ainda, sem esta "contribuição" muitos deles simplesmente deixariam de existir. Neste sentido, estes sindicatos, muitos desprovidos de efetiva representatividade, são acusados de serem "parasitas" do sistema criado na Era Vargas. Diante disto, vamos começar pela seguinte indagação: os sindicatos precisam do "imposto sindical" para sobreviver?

A corrente majoritária afirma que sim, desta forma a extinção deste implicaria na morte daqueles. Adalberto Moreira Cardoso, apesar de estar em minoria, não se intimida e é categórico ao afirmar que: "o imposto sindical não é a principal fonte de renda dos sindicatos". E vai além, para ele: "os sindicatos não contam (ouso dizer, nunca contaram) com burocracias especializadas; a prestação de serviços não é atividade central nem sequer importante para a maioria dos sindicatos brasileiros". Desta forma, constata que estas afirmações constituem um mito, pois se foram verdadeiras no passado, hoje, diante da posse de dados "irrefutáveis", não há como sustentar tais "verdades". Neste sentido, conclui que: "o sindicalismo brasileiro se está modernizando apesar da CLT, contra ela e extravasando-a inteiramente"(4). Polêmicas à parte quanto à dependência, ou não, dos sindicatos em relação ao "imposto sindical", não resta dúvida quanto à "fragmentação" da representação sindical no Brasil.

Pulverização, fragmentação, sim, esta é uma realidade no direito sindical brasileiro. Mas existe de fato alguma relação entre o número de sindicatos e o "imposto sindical"? Se esta "contribuição" obrigatória não existisse haveria tantos sindicatos no Brasil? Voltamos à antiga questão. Na linha da negativa, Cardoso é da opinião de que o aumento do número de sindicatos está ligado ao que denominou de "ebulição social" dos trabalhadores. Assim, concluiu que foi a organização dos trabalhadores, por meio das greves, diante das crises econômicas, a responsável pelo aumento do número da criação de novos sindicatos no país.

Considerando a "ebulição social" e a sua relação com o aumento do número de sindicatos, Adalberto Moreira Cardoso contraria a tese de que o aumento do número de sindicatos no Brasil se devia à obrigatoriedade da contribuição sindical. E vai além ao afirmar que: "para metade dos sindicatos brasileiros existentes em 1992, o imposto não era uma fonte de renda insubstituível".(5)

Não obstante a polêmica quanto à dependência dos sindicatos em relação ao "imposto sindical", dividia-se a doutrina em duas correntes, quais sejam: a majoritária que defendia a ideia de sujeição dos sindicatos à contribuição obrigatória, e, por outro lado, a minoritária, que afirmava o contrário. Sem dúvida o "imposto" era arbitrário, não há como negá-lo, e tanto uma corrente quanto a outra defendiam a sua extinção. Esta tese também era defendida pelo próprio movimento sindical, principalmente pela CUT, desde a sua fundação. No entanto, apesar do consenso quanto ao fim do imposto este continuou a existir, até a presente reforma. E ao trabalhador não restava opção a não ser "contribuir", tendo em vista o seu caráter obrigatório. Assim, só nos resta indagar os motivos da sua manutenção durante esse período.

---

(4) CARDOSO, Adalberto Moreira. *Sindicatos, Trabalhadores e a Coqueluche Neoliberal*: A Era Vargas acabou? Rio de Janeiro: Fundação Getúlio Vargas, 1999. p. 44.

(5) COMIN. *Op. cit.*, p. 42.

3. SINDICATO ÚNICO: AS CONTRADIÇÕES NA CONSTRUÇÃO E OS CONFLITOS NO EXERCÍCIO DA ESTRUTURA SINDICAL BRASILEIRA

Inicialmente cabe lembrar que a unidade decorre da livre vontade associativa, enquanto a unicidade decorre da imposição da lei. O que temos hoje no Brasil é uma estrutura sindical baseada na unicidade e não na unidade; modelo que guarda resquícios daquele idealizado durante o governo de Getúlio Vargas. Esse ponto não sofreu alterações pela chamada Reforma Trabalhista. O inciso II, do art. 8º da Constituição Federal de 1988, é criticado justamente por manter a unicidade. Desde "O Problema do Sindicato Único no Brasil", Evaristo de Moraes Filho já advogava em prol do sindicato único. Neste sentido, Gláucia Villas Bôas nota que Evaristo considerava que: "quanto menos fragmentação houvesse nas associações maior força teriam os sindicatos, em um país onde os laços por interesse eram tão enfraquecidos"[(6)]. Porém, ele defendia que esta associação deveria ser livre e não imposta pelo Estado por meio da lei.

No entanto, mais de setenta anos depois da promulgação da CLT, o ordenamento jurídico pátrio insistiu em manter a unicidade sindical. Nem a Constituição de 1988 e nem a chamada Reforma Trabalhista alteraram esse ponto.

A contribuição sindical deixou, como vimos, de ser obrigatória. Destacamos, porém, que historicamente, esta discussão sobre o fim tanto da unicidade quanto do "imposto sindical" foi retomada em 2003. Momento em que houve grande entusiasmo na contenda destes temas. Nesse sentido, Ângela de Castro Gomes, em ensaio elaborado em julho de 2003, acreditava que o debate pudesse "ser facilitado por um governo do Partido dos Trabalhadores". Porém, destacava que mesmo assim "ele não será menos difícil. Até porque promete tocar em pontos duros de uma tradição de organização do trabalho no Brasil" e dentre estes, "o problema do sindicato único".

Quanto ao fim do imposto e da unidade, Ângela destacava, ainda, reportagem do Jornal do Brasil, de 19.04.2003:

> A reforma trabalhista ainda não entrou na pauta do governo mas já dá o que falar. Após chamar o modelo sindical brasileiro de fascista, o presidente do Tribunal Superior do Trabalho (TST), Francisco Fausto, declarou apoio à proposta do deputado federal e ex-presidente da CUT, Vicente Paulo da Silva (PT-SP), o Vicentinho. A ideia do deputado é extinguir o imposto sindical obrigatório e substituir a unicidade sindical (um só sindicato por base territorial para cada categoria profissional) pela liberdade de organização dos trabalhadores a partir do local de trabalho. [...] Segundo o presidente do TST, a legislação vigente incentiva a criação de sindicatos sem representatividade, que passam a existir apenas pelo interesse escuso de receberem o repasse do imposto sindical. Para Fausto, os trabalhadores precisam ser livres para organizarem e pagarem a contribuição do sindicato que verdadeiramente os representa.[(7)]

No entanto, apesar do entusiasmo inicial, o debate acabou enfraquecido e o fim do imposto e da unicidade ficaram apenas no plano das ideias. Apesar da bandeira levantada pela CUT, desde a sua criação, quanto ao fim do imposto sindical, este continuava a ser cobrado compulsoriamente do trabalhador independentemente de sua filiação ao sindicato da categoria. Assim, a liberdade sindical ficava restrita ao aspecto negativo, qual seja ao direito de não se filiar ou permanecer filiado. Porém, diante da resistência às mudanças, esta estrutura insistia em permanecer de pé, mesmo após o movimento do "novo sindicalismo", e mesmo após ao longo do debate que ultrapassou o governo Fernando Henrique Cardoso (1995-2002), e alcançando o governo Lula.

4. IMPOSTO SINDICAL, MILITANTES E IDEOLOGIA: DISCURSO X PRÁTICA

Vimos que, a despeito da polêmica sobre a dependência dos sindicatos em relação ao "imposto" sindical, parece que todos concordavam com a sua extinção. "Morte ao imposto sindical", seria a bandeira levantada pelo próprio movimento sindical, ideia defendida principalmente a partir do final da década de 1970, com o "novo sindicalismo".[(8)]

(6) VILLAS BÔAS, Gláucia. O Insolidarismo Revisitado em o Problema do Sindicato Único no Brasil. In: PESSANHA, Elina; VILLAS BÔAS, Gláucia e MOREL, Regina Lúcia (orgs.). *Evaristo de Moraes Filho, um Intelectual Humanista.* Rio de Janeiro: TopBooks, 2005. p. 81.

(7) *Ibidem*, p. 197.

(8) O movimento denominado de "novo sindicalismo" tem origem no final da década de 70, e surge em um contexto histórico marcado por uma conjuntura específica de fatos, quais sejam: crise do modelo econômico da ditadura, transição lenta e gradual para a volta dos civis ao poder, com uma forte tensão contrária com o crescimento da ação organizada dos trabalhadores, com abalos que começaram em 1978 com as greves do ABC. Para estes, um

Diante deste impasse, seríamos forçados a concluir que existe uma separação entre o discurso e a prática? Neste sentido, questionamos: por que foi tão difícil mudar? Como responder a tais questões? Talvez um bom caminho seja verificar o perfil ideológico do próprio movimento sindical, trabalho feito por Leôncio Martins Rodrigues em 1988.[9] Assim, acreditamos que o conhecimento da organização sindical "por dentro", tendo como ponto de partida o movimento denominado de "novo sindicalismo", possa indicar algumas pistas para a solução destes problemas.

Leôncio Martins Rodrigues realizou, entre os dias 07 e 11 de setembro de 1988, estudo sobre o Terceiro Congresso Nacional da Central Única dos Trabalhadores, o III CONCUT, ocorrido na cidade de Belo Horizonte. Seu objetivo principal neste trabalho foi oferecer um perfil dos militantes da entidade e das correntes ideológicas representadas no seu interior, sendo este um momento oportuno, pois participaram deste Congresso mais de seis mil delegados, representando cerca de mil e cem entidades urbanas e rurais de todo o país. Embora não pretendesse tratar sobre a história da entidade, o autor apresenta dados sobre o passado da CUT.[10] E, ainda, das correntes ideológicas que participaram de sua formação, das divergências com os sindicalistas que, posteriormente, iriam formar a CGT (Central Geral dos Trabalhadores) e das disputas que, desde o início, no interior da CUT, separaram, de um lado, os dirigentes sindicais da tendência Articulação, corrente majoritária e, de outro, os militantes das "oposições sindicais" e dos pequenos grupos marxistas e trostzkistas.

Leôncio Martins Rodrigues observou que desde a sua criação a CUT já trazia em sua bandeira as seguintes metas: a autonomia e a liberdade sindical, a organização por ramo de atividade produtiva e a organização por local de trabalho. O Programa de Lutas de 1983 já trazia alguns pontos que deveriam aparecer nos posteriores congressos da CUT. As demandas de caráter trabalhista eram as seguintes: salário-desemprego, redução da jornada de trabalho para quarenta horas sem redução salarial, direito de sindicalização dos funcionários públicos, estabilidade no emprego, eliminação das horas extras, criação de comissões de trabalhadores nos locais de trabalho etc. Em agosto de 1984, a CUT efetuou seu primeiro congresso no qual foi aprovado um estatuto "definitivo" em substituição ao provisório, elaborado em 1983. Avaliando o andamento do Plano de Lutas aprovado no I CONCLAT, o I CONCUT entendeu que aquele não havia sido cumprido. A "prova" do não cumprimento do Plano estaria na não realização da greve geral.

Apesar das críticas, nota-se que contrariamente o mesmo documento aprovado no I CONCUT entendia que o Plano de Lutas estaria "além das reais capacidades de luta da CUT. A direção não poderia fazer milagres". Por outro lado, verifica-se que mesmo com esta constatação o congresso aprovou novo Plano de Lutas bastante semelhante ao anterior. No entanto, observa-se que a maior parte dos itens constantes no referido "Plano de Lutas" tinha mais o caráter de bandeiras de agitação e propaganda do que um plano de lutas a ser efetivamente levado à prática. Neste sentido, qualifica-se o Plano da CUT de "ambicioso" e destacava a diferença entre a prática cotidiana dos sindicatos e o clima dos congressos, em que predominava um confronto ideológico. Desta forma, notava que a definição da ação futura passava pelo político e pelo ideológico, em que as lideranças mais intelectualizadas alimentavam a ilusão de que a aprovação de suas teses significava a sua realização.[11]

Assim, notamos que em detrimento do discurso quanto ao fim do "imposto" sindical, bandeira levantada pela própria CUT, desde a sua criação, esta se restringia

"novo sindicalismo" dependeria da ruptura com a antiga estrutura sindical, que atrelava os sindicatos ao Estado e dificultava uma mobilização consciente dos trabalhadores. Dentro deste movimento, desponta a figura de Luís Inácio "Lula" da Silva, presidente do Sindicato dos Metalúrgicos de São Bernardo, que em pouco tempo tornou-se nacionalmente conhecido e passou a ser apontado como a mais importante liderança sindical. Lula, em seus discursos, afirmava que a estrutura sindical brasileira era "totalmente inadequada". Por isso, defendia o fim da contribuição sindical, que atrelava o sindicato ao Estado, e a reformulação da legislação e da estrutura sindical, pois, segundo ele "o sindicato ideal é aquele que surge espontaneamente, que existe porque o trabalhador exige que ele exista". Cf. MATTOS, Marcelo Badaró. *O Sindicalismo Brasileiro após 1930*. Rio de Janeiro: Jorge Zahar Editor, 2003.

(9) RODRIGUES, Leôncio Martins. *CUT*: os militantes e a ideologia. Rio de Janeiro: Paz e Terra, 1990.

(10) RODRIGUES. *Op. cit.*, p. 5, observa inicialmente que: o reaparecimento do movimento sindical, em fins da década de 70, quando se iniciou o processo de abertura política, permitiu que várias tendências do movimento sindical procurassem unir esforços no sentido da criação de organismos centrais de representação dos trabalhadores. Com tal propósito uma primeira Conferência Nacional da Classe Trabalhadora (CONCLAT) foi realizada nos dias 21, 22 e 23 de agosto de 1981, em São Paulo. Por outro lado observa que sem diminuir a importância do verdadeiro processo de renovação e de impulso militante da nova geração de sindicalistas, não se pode deixar de notar que, em larga medida, o novo ativismo sindical pode contar com a estrutura do sindicalismo oficial, de onde saiu uma nova safra de sindicalistas. Foi a partir da estrutura corporativa, ocupada por novas lideranças, que o sindicalismo brasileiro ganhou impulso. O bloco que viria a formar a CUT convocou para agosto de 1983 a realização do I CONCLAT que decidiu pela criação de uma Central Única dos Trabalhadores. Posteriormente, em março de 1986, os opositores da CUT decidiram pela criação da Central Geral dos Trabalhadores – CGT.

(11) RODRIGUES. *Op. cit.*, p. 10-11.

ao plano da retórica, limitava-se, desta maneira, mais ao mundo das ideias. Diante deste distanciamento entre teoria e prática, perguntamos quais seriam as razões para tal separação? Ou, ainda, por que, as teses defendidas pelo próprio movimento sindical não alcançavam eficácia? Leôncio Martins Rodrigues aponta como indícios para a solução destas questões, as seguintes teses: o "vício" na origem do "novo sindicalismo", e, ainda, a heterogeneidade da composição do corpo sindical.

Quanto à origem, nota que o movimento denominado de "novo sindicalismo" nasceu a partir da velha estrutura sindical montada durante a Era Vargas. Neste sentido observa que muitos elementos distanciavam as correntes de oposição no interior da CUT do sindicalismo revolucionário do passado. O primeiro, e mais importante de todos, residia no fato de que os sindicatos que integram a CUT faziam parte da estrutura sindical oficial. Como tal sofreriam restrições e se beneficiariam de vantagens garantidas pela legislação. Mesmo as tendências consideradas mais aguerridas atuam por meio dos sindicatos oficiais.

5. O GOLPE DE 2016

O conturbado processo de *impeachment* da presidenta Dilma Rousseff, escolhida por mais de 54 milhões de eleitores, tem sido questionado por boa parte da população brasileira. Quase que imediatamente – após essa ruptura que se deu no dia 17 de abril de 2016, em decisão tomada pelo plenário da Câmara dos Deputados, vários intelectuais renomados organizaram o livro "A Resistência ao Golpe de 2016", com o objetivo de denunciar e registrar historicamente mais esse lamentável golpe à democracia brasileira.

Nesse livro, Magda Barros Biavaschi explica que, mesmo antes do golpe, em outubro de 2015, o PMDB lançava uma agenda de política econômica chamada de "Ponte para o Futuro". As propostas versavam sobre a ampliação das possibilidades de terceirização, o negociado sobre o legislado, entre outras. Essas ideias inspiraram a atual reforma trabalhista. Estas se afirmam como um retorno da pauta neoliberal na América Latina. Se na década de 1970, se utilizou de golpes militares para implementar a agenda neoliberal, atualmente, este ideário se vale de nova configuração com grande participação não apenas do Parlamento, mas também do Poder Judiciário e da grande mídia; para redução dos direitos sociais. Como diz a autora, "o que está em pauta, além da soberania do País, é o redesenho da tela de proteção social conquistada a ferro e fogo neste país de mil e tantas misérias".[12]

A reforma veio reavivar antigas polêmicas referentes à obrigatoriedade da Contribuição Sindical. As Centrais Sindicais não se expressaram uniformemente. Contudo, é importante frisar que essa reforma trabalhista foi imposta pelo governo, sem qualquer tipo de diálogo com a classe trabalhadora e o movimento sindical. Diga-se de passagem, da mesma forma que se pretende fazer com a reforma da Previdência.

CONCLUSÃO

A Lei n. 13.467 de 2017 tem pontos tão polêmicos que o próprio governo que a homologou apresentou proposta de Medida Provisória com objetivo de retirar da lei vários pontos absurdos, como a autorização de gestantes e lactantes para trabalhar em locais insalubres. Essa minuta[13] ainda está em discussão e foi proposta pelo líder do governo no Senado, Romero Jucá. Diante dessa proposta, Rodrigo Maia, presidente da Câmara dos Deputados, parece estar vacilante, mas já chegou que não aceitará alterações na reforma trabalhista[14]. Diante da imposição dessa pauta econômica, é duvidoso que os parlamentares queiram retroceder no retrocesso.

Como vimos, a reforma trabalhista faz parte de um projeto maior de volta ao neoliberalismo. Este projeto retoma a agenda encaminhada ao Parlamento no período do Governo de Fernando Henrique Cardoso,[15] Projeto que foi arquivado pelo presidente Lula em 2003. Trata-se, assim, de uma ponte para o passado, com grandes riscos de voltarmos para a lógica da livre negociação e da ilusão da igualdade das partes presente no direito civil. Negar que o trabalhador está em desvantagem frente ao poder econômico é negar a própria história. É negar que o direito do trabalho se tornou ramo independente do direito civil a fim de evitar os abusos dos que detêm os meios de produção. Negar esse conflito de classes é abrir caminho rumo ao Século XIX.

(12) BIAVASCHI, Magda Barros. O *impeachment* e os direitos sociais do trabalhador: caminhos de uma ordem mais desigual. *In:* PRONER, Carol *et all.* (org.). *A Resistência ao Golpe de 2016.* Bauru: Canal 6, 2016. p. 267-269.

(13) Disponível em: <http://www.valor.com.br/politica/5037574/governo-divulga-minuta-de-mp-com-mudancas-na-reforma-trabalhista>. Acesso em: 24 jul. 2017.

(14) Disponível em: <http://g1.globo.com/politica/noticia/rodrigo-maia-diz-que-camara-nao-aceitara-mudanca-na-reforma-trabalhista.ghtml>. Acesso em: 24 jul. 2017.

(15) *Idem.*

REFERÊNCIAS BIBLIOGRÁFICAS

Dossiê Reforma Trabalhista (em contrução). Campinas: CESIT, UNICAMP, Junho de 2017. Disponível em: <http://www.cesit.net.br/dossie-reforma-trabalhista/>. Acesso em: 24 jul. 2017.

BIAVASCHI, Magda Barros. O *impeachment* e os direitos sociais do trabalhador: caminhos de uma ordem mais desigual. In: PRONER, Carol *et all.* (org.). *A Resistência ao Golpe de 2016*. Bauru: Canal 6, 2016.

CARDOSO, Adalberto Moreira. *Sindicatos, Trabalhadores e a Coqueluche Neoliberal*: A Era Vargas acabou? Rio de Janeiro: Fundação Getúlio Vargas, 1999.

MATTOS, Marcelo Badaró. *O Sindicalismo Brasileiro após 1930*. Rio de Janeiro: Jorge Zahar Editor, 2003.

RODRIGUES, Leôncio Martins. *CUT*: os militantes e a ideologia. Rio de Janeiro: Paz e Terra, 1990.

VILLAS BÔAS, Gláucia. O Insolidarismo Revisitado em o Problema do Sindicato Único no Brasil. In: PESSANHA, Elina; VILLAS BÔAS, Gláucia e MOREL, Regina Lúcia (orgs.). *Evaristo de Moraes Filho, um intelectual humanista*. Rio de Janeiro: TopBooks, 2005.

RODRIGUES, Leôncio Martins. *CUT*: os militantes e a ideologia. Rio de Janeiro: Paz e Terra, 1990.

Regras Novas, Velho Capitalismo: Uma Crítica à Negociação Coletiva na Reforma Trabalhista

Lucas Ferreira Cabreira

Professor Substituto da Faculdade de Direito da Universidade Federal de Juiz de Fora (UFJF). Advogado. Mestre em Direito do Trabalho e da Seguridade Social pela Universidade de São Paulo (USP). E-mail: lucascabreira@usp.br.

INTRODUÇÃO

O deputado Rogério Marinho compareceu em 17 de abril de 2017 ao programa "Roda Viva" da TV Cultura para falar da "reforma" trabalhista que se encontrava em processo legislativo. Relator do projeto que veio a se concretizar como Lei n. 13.467/2017, após defender no programa o então PL n. 6.787/2016 como algo necessário ao país, afirmando que a CLT não tinha a "modernidade adequada" e o "espírito do tempo para agasalhar as novas relações de trabalho", o congressista foi questionado acerca de quais arts. de 1943 estavam sendo modificados. Como resposta, assim se pronunciou:

> Eu quando lhe escuto falar, me lembro muito daquela alegoria da caverna de Platão... Do cidadão que passou a vida inteira dentro duma caverna e não conheceu um outro mundo. Quando ela (*sic*) saiu da caverna, ele viu um mundo diferente. E quando voltou para falar com seus pares ele foi ridicularizado, porque nenhum deles acreditava que era possível uma visão diferente de mundo. O mundo mudou. Mas mudou radicalmente.[(1)]

"O mundo mudou", normalmente sem se aprofundar exatamente no que mudou, é um dos principais argumentos levantados em favor da "reforma" trabalhista. Outro ponto corriqueiramente acentuado é uma suposta autonomia de negociação que a nova lei trabalhista possibilitará. Com a palavra agora, o senador Cristovam Buarque:[(2)]

> Eu sempre lutei contra a abolição das amarras que, por exemplo, prendiam os escravos. E hoje eu vejo gente dizendo que o trabalhador não é capaz de saber se é melhor para ele meia hora de almoço com meia hora no final do dia livre, ou ter uma hora inteira. Isso é o que os escravocratas diziam. Eles diziam "os escravos não são capazes de serem livres porque não estão preparados". Nossos trabalhadores estão preparados para negociar sim com seus patrões hoje. Por isso eu sou favorável à reforma trabalhista. [...] O pessoal fala que vai ter trabalho intermitente. Acabou o tempo do trabalho permanente porque nem as profissões são permanentes; elas são móveis.

(1) RODA VIVA, 2017b.

(2) RODA VIVA, 2017a.

O argumento que nunca se levanta, contudo, consiste no fato de que estas justificativas, na verdade, encobrem sua intenção (consciente ou não, mas presente) de possibilitar que o capital se mova com mais liberdade. E isso, de moderno não tem nada. A título de exemplo, n'O Capital é exposta a oposição entre as "necessidades" econômicas dos capitalistas da fabricação de seda na Inglaterra do século XIX, ou seja, as peculiaridades que a atividade lhes exigia para que o negócio fosse lucrativo à época, e a legislação fabril que limitava o trabalho infantil. Perante a Lei de 1833[3], bradaram os industriais que se fossem "privados da liberdade de explorar crianças de qualquer idade por 10 horas diárias, isso paralisaria suas fábricas [...] Argumentavam que lhes seria impossível comprar um número suficiente de crianças maiores de 13 anos"[4]. Alguns anos mais tarde, após a aprovação de outras leis fabris, ficou ainda mais evidente a "necessidade" de flexibilização da legislação defendida pelos capitalistas:

> Se a lei de 1844 lhes "roubara" a "liberdade" de fazer crianças de 11 anos trabalharem por mais do que 6 horas e meia, ela lhes garantira, em contrapartida, o privilégio de explorar crianças de 11 a 13 anos por 10 horas diárias, cassando a obrigatoriedade escolar prescrita para todas as outras crianças de fábricas. Dessa vez, o pretexto foi de que **"a delicadeza do tecido requeria uma leveza de toque que só poderia ser garantida por meio de uma admissão prematura nessas fábricas"**".[5]

Diante desta "exigência específica" deste ramo industrial, que a legislação fabril "travava", Marx[6] observou suas óbvias consequências:

> Pela delicadeza de seus dedos, crianças foram completamente sacrificadas, como o gado no sul da Rússia é sacrificado por sua pele e seu sebo. Finalmente, em 1850, o privilégio concedido em 1844 foi limitado aos departamentos de torcedura e enrolamento da seda, mas aqui, a título de compensação da "liberdade" roubada ao capital, o tempo de trabalho das crianças de 11 a 13 anos de idade foi elevado de 10 para 10 horas e meia. Pretexto: "Nas fábricas de seda, o trabalho é mais leve que nas outras fábricas e de modo algum é tão prejudicial à saúde". Mais tarde, uma investigação médica oficial demonstrou que, ao contrário, "a taxa média de mortalidade nos distritos produtores de seda é excepcionalmente alta".

Não bastassem apontamentos como este, Marx também analisou o exercício da autonomia de trabalhar dos operários. Em uma inspeção na cidade de Dewsbury em 1836, foi informado pelas autoridades da coroa inglesa aos magistrados locais que jovens de 12 a 15 anos haviam sido forçados a trabalhar das 6 da manhã de sexta até 4 da manhã com uma hora de almoço e uma hora de sono à meia noite. Os salários eram extremamente baixos, e a sobrevivência dependia do labor até os limites máximos do corpo. Seus patrões, em resposta, pugnaram pela autonomia da vontade dos seus trabalhadores:

> E essas crianças tiveram de executar o incessante trabalho de 30 horas no "shoddyhole", que é o nome dado a esse buraco, onde restos de algodão são triturados e um mar de poeira, dejetos etc. obriga até mesmo o trabalhador adulto a manter sempre amarrado um lenço sobre a boca, a fim de proteger seus pulmões! Os **senhores acusados asseguraram** – em vez de jurar, pois, como quacres, eles eram religiosos demais para prestar um juramento – que, **com toda sua compaixão, eles teriam permitido que as pobres crianças dormissem por 4 horas, mas as obstinadas crianças não quiseram de modo algum ir para a cama!**[7]

A partir destes exemplos, é possível se ter uma ideia a respeito dos interesses de quem, de fato, está se atendendo quando se flexibilizam direitos em nome do atendimento a "necessidades da atividade", de "autonomia da negociação", enfim, de uma modernização que se quer "fora da caverna".

Trabalho "autônomo" com habitualidade e exclusividade (art. 442-B), contratos intermitentes cuja contraprestação só será paga nos períodos efetivamente trabalhados (art. 452-A), variações de contratos a

---

(3) Resumidamente, essa norma jurídica previa: jornada de 15 horas (das 5:30 às 20:30) de trabalho par maiores de 18 anos; 12 horas para 13 a 18 anos; 8h para 9 a 13 anos. Trabalho noturno somente para maiores de 18 anos; mínimo de 1h e meia de intervalo para refeições.

(4) MARX, 2013. p. 458-459.

(5) *Ibid.*, p. 459, grifou-se.

(6) *Ibid.*, grifou-se.

(7) *Ibid.*, p. 1219, grifou-se.

tempo parcial (art. 58-A), terceirização expressamente autorizada a qualquer atividade da empresa (art. 4º-A da Lei n. 6.019/1974), aumento do limite da jornada diária para 12 horas com possibilidade de supressão de intervalo intrajornada (art. 59-A), possibilidade de sindicatos negociarem direitos abaixo do que prevê a legislação (art. 611-A) por um lado, e nenhuma palavra sobre proteção contra demissão arbitrária, sobre garantias ao direito de greve ou mesmo proteção ao emprego para os – agora regulamentados – representantes trabalhadores (art. 510-B), por outro. Todos estes artigos, incorporados à legislação trabalhista pela "reforma".

Não é necessário (ou não deveria ser) ler Marx para compreender que, por mais convincentes que sejam as motivações, diminuir direitos de trabalhadores para adequá-los às necessidades do mercado significa diminuir custos com o trabalhador, ou seja, tirar das mãos de um para dar para outras. Os apologetas do capital, em seu árduo trabalho de defender seus patrocinadores – reitere-se, conscientes ou não da tarefa que desempenham –, empenham-se de todas as maneiras para defender como imodificáveis, inevitáveis e até desejáveis as leis do mercado. A saída é sempre única, totalitária. Qualquer resistência à lei da oferta e procura, à extração de mais-valor, etc. deve ser caluniada e rechaçada.

Assim, fala-se de "modernização", de "adequações a condições específicas". Essa cantilena serve sempre para subsunção da vida humana às condições que existem *de facto* nas empresas, e a demanda é sempre adaptar a lei a essas condições – e mudanças no sentido contrário, quando muito, são tratadas como de segunda categoria. Apresentadas estas perspectivas iniciais, o presente artigo buscará demonstrar dois pontos: que esses argumentos não são novos, logo, não "modernizam" a CLT; e em que sentido se alega isso, ou seja, por que não são novos e de onde vêm.

1. A NEGOCIAÇÃO COLETIVA E A LEI N. 13.467/2017

Não se nega que o direito do trabalho se configura, por um lado, como espécie de freio institucional, gerado historicamente como pacto conciliatório entre classes para manutenção da ordem necessária à produção capitalista e circulação mercantil. Enquanto ramo jurídico que estabelece, com maior ou menor proteção ao trabalhador, as regras gerais que definem, na prática, os valores individuais e coletivos da força de trabalho transformada em mercadoria, o direito do trabalho não escapa de seu caráter burguês.

Já se tratou alhures[(8)] acerca do papel geral que esse ramo jurídico desempenha na dinâmica da luta de classes, nos países periféricos ou centrais. Os acidentes de trabalho – e os constantes protestos e greves deles decorrentes – consistiram em um fator essencial para que nascesse, no contexto europeu do final do século XIX, uma racionalidade diferente dentro do direito que possibilitou ao ramo juslaboral atingir o patamar de ramo autônomo. Conforme Souto Maior[(9)] "a necessidade de se estabelecer obrigações jurídicas pertinentes à sua prevenção e reparação foi, assim, um dos principais impulsos para a evolução do direito, transformando-o em Direito Social". Na Europa, durante o século XIX, nos debates jurídicos houve uma significativa resistência por parte dos juristas conservadores, principalmente em assimilar a reparação civil em acidentes de trabalho como juridicamente possível. Entretanto, a situação fática reclamava uma renovação do tratamento legal, o que fez com que surgissem, inicialmente na França, em 1882, discussões sobre a teoria do risco profissional. Por meio dessa teoria, os empregadores seriam responsabilizados por acidentes de trabalho sem que se averiguasse culpabilidade, fundamentando-se num princípio de solidariedade.

No Brasil, o governo instalado em 1930, com a preocupação de desenvolver uma economia industrial urbana no país, passou a acolher as constantes e crescentes reivindicações dos trabalhadores e transformá-las em leis com intuito de consolidar uma democracia burguesa, necessária ao desenvolvimento pretendido. Em sua mensagem à Constituinte, em 15 de novembro de 1933, pronunciou-se Vargas[(10)] neste sentido:

> Considerando em seu conjunto e alcance o programa desenvolvido pelo Governo Provisório, em matéria de trabalho e organização social, orienta-se num sentido construtor e fugindo a experiências perigosas. Resultaria absurdo concluir que o inspira a intenção de hostilizar as atividades do capital, que, pelo contrário, precisa ser atraído e garantido pelo poder público. O melhor meio de garanti-lo está, justamente, em transformar o proletariado em força orgânica, capaz de cooperar com o Estado e não deixar, pelo abandono da Lei, entregue à ação

(8) CABREIRA, 2016; especialmente item "1.2.1. Trabalho capturado: contrato de trabalho e empresa capitalista".

(9) 2011, p. 344.

(10) 1938, p. 148.

dissolvente de elementos perturbadores. Faz-se mister, aos que desfrutam o benefício da riqueza e do conforto, reconhecerem também que a essas prerrogativas correspondem deveres, convencendo-se de que todos quantos cooperam, com o seu trabalho, para semelhante resultado, possuem, igualmente, respeitáveis direitos.

Uma visão materialista histórico-dialética da realidade, contudo, não pode compreender a história unilateralmente. Se por um lado o direito do trabalho não se desvencilha de seu caráter em essência burguês, por outro, e aqui é o que se quer enfatizar, a legislação trabalhista não é, exclusivamente, um pacto conciliatório. Em primeiro lugar, configura-se como uma série de direitos arrancados dos capitalistas mediante lutas protagonizadas pela classe trabalhadora[11]. As garantias juslaborais não são, e nunca foram, benevolência da classe burguesa ou do Estado, assim como a própria nova racionalidade que originou o direito do trabalho[12].

Isto evidencia que há um quinhão da luta de classes que se desenvolve pela via jurídica. A instância jurídica não se configura como local privilegiado do embate entre classes, mas em seu interior ela também possui dinamismo. Em razão disso, apesar de não se abandonar a perspectiva de que o direito, enquanto forma jurídica, limita-se ao "estreito horizonte jurídico burguês"[13], reconhece-se que a instância jurídica não é um objeto unidimensional, está inserida no contexto da produção capitalista e, nesta exata medida, não pode ser desprezada no âmbito tático. Em palavras mais claras: embora não se nutram ilusões com relação a nenhum papel emancipatório do direito, capaz de transcender os limites da forma burguesa, a (não tão) velada supressão de direitos que a Lei n. 13.467/2017 promove é um grande retrocesso no âmbito da luta de classes, em especial pela instituição do negociado sobre o legislado do art. 611-A.

A negociação coletiva está presente na CLT desde o seu início. Ao longo dos anos e, sobretudo, ao sabor das idas e vindas democráticas que o país sofreu, este sistema sofreu alterações, tais quais a criação da figura dos acordos coletivos em 1967 e da possibilidade de redução salarial por norma coletiva instituída pela Constituição Federal de 1988. Todavia, o princípio que sempre vigorou na esfera das normas coletivas consistia na impossibilidade de redução de direitos. Como afirmou Carrion[14], à luz do texto celetista anterior à "reforma", "o sindicato não teria poderes para, em convenção ou acordo coletivos, pactuar a renúncia de direitos individuais dos empregados, pois no âmbito das negociações coletivas não se ventilam direitos individuais". A regra era sempre a pactuação de condições mais favoráveis, tendo a CLT como padrão civilizatório mínimo para a exploração do trabalho.

Neste esteio, na presente seção serão apontados dois aspectos do avanço do capital sobre o trabalho operados por intermédio da Lei n. 13.467/2017, com foco nas mudanças na negociação coletiva promovidas pela "reforma". O primeiro aspecto, tratado no item 2.1, será a flexibilização da intervenção do Estado na determinação do preço da força de trabalho, possibilitando ao mercado – por meio da prevalência do negociado sobre o legislado – um poder maior sobre a determinação geral dos preços da força de trabalho. Como se trata de identificar os impactos da nova regulamentação que a Lei deu à negociação coletiva, não serão abordados todos os mecanismos de rebaixamento geral da remuneração dos trabalhadores e suas consequências sociais[15]. O

(11) Para uma análise mais aprofundada acerca das mobilizações operárias e o avanço da legislação trabalhista, da República Velha ao final do Estado Novo, sobretudo com relação à criação das primeiras caixas de aposentadorias, a regulação do trabalho do menor, das férias, jornada de trabalho, negociação coletiva e salário mínimo, *vide* MARTINS, 1989, parte 1, capítulo I.

(12) Aqui não se utiliza "legislação trabalhista" como sinônimo de "direito do trabalho". A primeira diz respeito especificamente às leis que regulam as relações de trabalho, o que remonta inclusive aos períodos históricos das primeiras leis fabris dentro ainda da lógica jurídica civilista. Já a concepção de direito do trabalho pressupõe a existência de um ramo jurídico autônomo, provido de uma racionalidade própria historicamente nascida das lutas operárias, cuja elaboração só foi possível a partir da existência de um certo corpo de leis trabalhistas vigente.

(13) MARX, 2012, p. 32.

(14) 2015, p. 572.

(15) De maneira direta em alguns casos, como a conversão de verbas salariais em indenizatórias. O § 2º do art. 457 expressamente dispõe que ajudas de custo, auxílio-alimentação (pago em espécie), diárias para viagem (independentemente do valor), prêmios e abonos "não integram a remuneração do empregado, não se incorporam ao contrato de trabalho e não constituem base de incidência de qualquer encargo trabalhista e previdenciário". Ademais, com a previsão de acordo individual tácito de banco de horas pelo § 6º do art. 59, da não repetição "do pagamento das horas excedentes à jornada normal diária se não ultrapassada a duração máxima semanal" nos casos de "não atendimento das exigências legais para compensação de jornada" do art. 59-B, e de a impossibilidade expressa da prestação de horas extras habitualmente desnaturar o acordo de compensação de jornada, combinados com a liberação da jornada 12x36 do art. 59-A, praticamente acabaram com a possibilidade fática de o empregado receber horas extras. Há ainda a inédita possibilidade de cobrar do empregado a "aquisição, manutenção ou fornecimento" de "equipamentos tecnológicos" e "infraestrutura necessária" em casos de trabalho remoto.

segundo, que será abordado no item 2.2, corresponde ao enfraquecimento dos mecanismos de ação coletiva da classe trabalhadora, por meio de um reforço da ideia de "sujeito de direito" que, ao fim e ao cabo, pulverizam a classe em sujeitos individuais soltos em uma cooperação do trabalho comandada pelo capital.

1.1. O processo de extração de mais-valor, o direito, e a tendência ao rebaixamento do preço da força de trabalho

No processo de produção que inicialmente é movido no sentido da criação de objetos úteis, a venda torna-se o escopo central de sua elaboração, ou seja, produz-se com o intuito de vender posteriormente. O dinheiro, empregado na circulação com o fim específico de gerar mais dinheiro, é o ponto de partida do capital. A circulação mercantil caracteriza-se pelo processo M-D-M (vender para comprar); entretanto, colocando-se o dinheiro em um processo específico torna-se capital, expresso de maneira simplificada por Marx pela fórmula D-M-D (comprar mercadorias para vender). No comércio, se trocam mercadorias diferentes; o dinheiro, todavia, distingue-se pela grandeza (quantidade). Por isso, por meio desta fórmula, se tem que o capital se consolida como processo de valorização do valor no qual o dinheiro que se aplicou inicialmente na produção dará, na circulação, mais dinheiro que será apropriado pelo capitalista.

> A forma completa desse processo é, portanto, D-M-D', onde D' = D + D, isto é, à quantia de dinheiro inicialmente adiantada mais um incremento. Esse incremento, ou excedente sobre o valor original, chamo de mais-valor (*surplus value*). O valor originalmente adiantado não se limita, assim, a conservar-se na circulação, mas nela modifica sua grandeza de valor, acrescenta a essa grandeza um mais-valor ou se valoriza. E esse movimento o transforma em capital.[16]

A circulação em si não gera valor, pois a mera troca não acrescenta valor. Para que o dinheiro transformado em capital se valorize, é preciso que o verdadeiro elemento cristalizador de valor – o trabalho – atue no âmbito da produção. Entretanto, sem adentrar nos meandros teóricos da extração do mais-valor, duas condições essenciais para a existência desse processo interessam aqui: as condições objetivas de produção (ordem estabelecida para as trocas, tecnologia disponível, etc.), e as mercadorias necessárias à produção disponíveis no comércio, seja instrumentos de trabalho, matérias-primas em geral, e, sobretudo, trabalhadores livres para venderem suas forças de trabalho para os capitalistas. Para que, no processo de produção, o dinheiro adiantado renda mais dinheiro no final das trocas mercantis, é necessário que os produtos do trabalho adquiridos sejam processados com vista a se formar um novo produto, esse sim, com um novo valor acrescido.

O processo é relativamente simples, sob o aspecto do cálculo burguês: o processo de trabalho não é mais do que a utilização de mercadorias compradas. Ao consumir a força de trabalho, que no capitalismo é convertida em artigo de comércio, o capitalista que a adquiriu tem sobre ela a titularidade jurídica, é dela proprietário, e com isso tem sob seu controle a execução das tarefas. Por conseguinte, o capitalista detém também o produto final, na mesma medida que "o produto do processo de fermentação [das garrafas de vinho] em sua adega"[17].

Ao contrário da levedura, porém, o trabalho humano empregado na criação de mercadorias só se insere na produção quando também conformado em forma-mercadoria livremente vendida e comprada, oportunidade na qual se possibilita ao capitalista a apropriação de seu valor de uso e, na condição de proprietário, aplicar a força de trabalho em suas atividades. Enquanto mercadoria, unifica-se a dupla face do trabalho, uma que agrega valor na formação do produto (trabalho socialmente necessário), e outra que adiciona valor a ser apropriado pelo capitalista (mais-trabalho), sob a forma única de trabalho indiferenciado, geral. Enquanto mercadoria força de trabalho, trabalho socialmente necessário e mais-trabalho são artificialmente aglutinados e ocultados, aparecendo nas relações de circulação – assim como o valor de troca da mercadoria, e não as relações sociais por trás dela – como uma mercadoria sendo vendida por seu preço.

Por conseguinte, assim como todas as mercadorias são submetidas ao regime da equivalência pelo dinheiro, forma social representativa do verdadeiro valor

---

Mas também de maneira indireta, como a criação da figura do "trabalhador autônomo" (que não tem os mesmos direitos de um empregado, conforme art. 442-B) e do contrato de trabalho intermitente, por meio do qual não se prende o trabalhador gratuitamente ao empregador (quando está "de sobreaviso") e não lhe assegura o recebimento do salário mínimo.

Para um panorama mais completo deste e outras áreas da reforma, *vide* DOSSIÊ, 2017.

(16) MARX, 2013, p. 294.

(17) MARX, 2013, p. 337.

(o trabalho social nele objetivado), a conformação de todo e qualquer trabalho humano como mercadoria reduz o produtor a categoria de mero portador de trabalho indiferenciado. Consequentemente, no mundo da circulação mercantil, o trabalhador somente existe como representação dessa mercadoria. Por conta disso, Marx[18] observou que uma mercadoria não parece se tornar dinheiro porque todas as outras mercadorias representam nela seus valores, "mas, ao contrário, estas é que parecem expressar nela seus valores pelo fato de ela ser dinheiro. O movimento mediador desaparece em seu próprio resultado e não deixa qualquer rastro".

Neste sentido, a forma-salário configura-se no equivalente universal que faz a intermediação entre as relações dos trabalhos privados e o trabalho total: as relações sociais assumem a forma de relação entre coisas. O fetiche da mercadoria, portanto, estende seu mistério à força de trabalho e seus vendedores e, diminuindo os trabalhadores à mercadoria que vendem, coloca-os perante o capital sob esta forma fetichizada.

Embora o método de exposição privilegie um olhar individual sobre as relações que permeiam o processo de extração de mais-valor, sobretudo por meio dos exemplos que comumente se voltam para relações individuais entre o operário e o capitalista, não se pode perder de vista que este processo é social, e só se opera – e só pode ser entendido – sob um prisma de classe. Por um lado, posto que o trabalho socialmente necessário é dado pelas capacidades produtivas em geral, ou seja, o limiar entre o trabalho pago e não pago não se restringe aos meios de produção de uma fábrica somente. Por outro, em razão da forma-salário ser uma parte do produto continuamente reproduzido pelo produtor, e o dinheiro, forma transformada do produto do trabalho, sua desmistificação só aparece quando consideradas as relações de troca sob aspecto de classes.

> A ilusão gerada pela forma-dinheiro desaparece de imediato assim que consideramos não o capitalista e o trabalhador individuais, mas a classe capitalista e a classe trabalhadora. **A classe capitalista entrega constantemente à classe trabalhadora, sob a forma-dinheiro, títulos sobre parte do produto produzido por esta última e apropriado pela primeira.** De modo igualmente constante, o trabalhador devolve esses títulos à classe capitalista e, assim, dela obtém a parte de seu próprio produto que cabe a ele próprio. A forma-mercadoria do produto e a forma-dinheiro da mercadoria disfarçam a transação.[19]

A compreensão desses fenômenos é de extrema importância para se entender o direito na sociedade capitalista. O momento da circulação é fundamental para que as mercadorias sejam intercambiadas umas pelas outras, afinal, é somente neste momento que o valor pode se realizar como tal. Além disso, como salientado de antemão, para que a força de trabalho seja utilizada na produção para valorização do valor é necessário que haja livre oferta dessa mercadoria na praça. Historicamente, esse "mercado de trabalho livre" só foi alcançado mediante um longo processo de brutal coerção[20]. Em termos de economia política, que interessa para o presente raciocínio, é necessário que haja instrumentos que garantam a realização das transações comerciais de maneira eficiente, bem como assegurem a livre compra e venda no âmbito da circulação. Atento a isso, ainda no capítulo sobre a mercadoria n'O Capital, Marx[21] observou a relevância do papel dos contratos nesse processo:

> As mercadorias não podem ir por si mesmas ao mercado e trocar-se umas pelas outras. Temos, portanto, de nos voltar para seus guardiões, os possuidores de mercadorias. Elas são coisas e, por isso, não podem impor resistência ao homem. Se não se mostram solícitas, ele pode recorrer à violência; em outras palavras, pode tomá-las à força. Para relacionar essas coisas umas com as outras como mercadorias, seus guardiões têm de estabelecer relações uns com os outros como pessoas cuja vontade reside nessas coisas e agir de modo tal que um só pode se apropriar da mercadoria alheia e alienar a sua própria mercadoria em concordância com a vontade do outro, portanto, por meio de um ato de vontade comum a ambos. Eles têm, portanto, de se reconhecer mutuamente como proprietários privados. Essa relação jurídica, cuja forma é o contrato, seja ela legalmente desenvolvida ou não, é uma relação volitiva, na qual se reflete a relação econômica. O conteúdo dessa relação jurídica ou volitiva é dado pela própria relação econômica. Aqui, as pessoas existem umas para

(18) *Ibid.*, p. 228.

(19) *Ibid.*, p. 782, grifou-se.

(20) A este respeito, *vide* MARX, 2013, especificamente capítulo 24 "A assim chamada acumulação primitiva", itens 2 e 3; bem como HOBSBAWN, 1979.

(21) MARX, 2013. p. 219.

as outras apenas como representantes da mercadoria e, por conseguinte, como possuidoras de mercadorias. Na sequência de nosso desenvolvimento, veremos que as máscaras econômicas das pessoas não passam de personificações das relações econômicas, como suporte [Träger] das quais elas se defrontam umas com as outras.

O contrato numa sociedade capitalista corresponde à figura da própria troca mercantil, a qual se desprende e se eleva do plano concreto como "máscara" fictícia de relações "personificadas". Com os contratos não se operam imediatamente as trocas de mercadoria por dinheiro, o que ocorre é uma transação idealizada: passa-se uma coisa a alguém sob promessa de pagamento futuro. Vendedor torna-se devedor da mercadoria; comprador, por seu turno, credor dela. Separados abstratamente o momento da compra do momento da entrega efetiva, as mercadorias passam a circular mais dinamicamente, e se tornam valor de uso nas mãos dos possuidores antes mesmo de se metamorfosearem em forma-dinheiro nas mãos do vendedor.

Além de otimizar as trocas na sociedade, o contrato ainda cria um sistema de equilíbrio entre os proprietários que transacionam. Embora o fetiche que encobre a mercadoria crie a ilusão de autossuficiência, é indispensável que seus guardiões a ponham em marcha. Eles têm que se relacionar de uma maneira determinada, ou seja, como "pessoas cuja vontade reside nessas coisas", respeitando-se as vontades dos outros proprietários e se reconhecendo mutuamente como tais. A vontade dos indivíduos que o contrato admite e protege reflete uma área bem específica do querer: aquela atinente às relações econômicas. Os seres humanos desaparecem. Assim como o valor aparenta ser algo intrínseco a mercadoria, as partes num contrato não são mais que guardiões de coisas. Em síntese, Marx deixa claro que o momento fundamental da realização jurídica coincide com o processo de trocas de mercadoria, e o direito existe enquanto mecanismo que auxilia em seu funcionamento.

Embora o mais-valor seja extraído na produção, é na circulação que a força de trabalho é comprada e que o lucro volta ao bolso do empresariado, pois o processo de produção é um processo global de valorização do capital. Portanto, a liberdade jurídica assegurada aos contratantes pelo direito não é concreta, mas insulada no momento – abstrato – da compra e venda e somente na medida dessa troca, ou seja, liberdade garantida somente enquanto movimentar mercadorias. Em primeiro lugar, essa igualdade burguesa que permeia as relações jurídicas, que engloba o trabalhador tão somente na condição de portador de força de trabalho, Marx denominou "direito da desigualdade". Como a forma-salário é determinada pelo princípio da equivalência, afirma que o "igual direito é ainda, de acordo com esse princípio, o direito burguês", e complementa:

> esse igual direito continua marcado por uma limitação burguesa [...] ele é, como todo direito, um direito da desigualdade. O direito, por sua natureza, só pode consistir na aplicação de um padrão igual de medida; mas os indivíduos desiguais (e eles não seriam indivíduos diferentes se não fossem desiguais) só podem ser medidos segundo um padrão igual de medida quando observados do mesmo ponto de vista, quando tomados apenas por um aspecto determinado, por exemplo, quando, no caso em questão, são considerados apenas como trabalhadores e neles não se vê nada além disso, todos os outros aspectos são desconsiderados.[22]

Dessa maneira, por meio desse "padrão de igual medida" a classe trabalhadora é igualada no mundo jurídico: todos são tomados somente pela sua comum capacidade de trabalhar. A força de trabalho é vendida por meio de contratos na medida de sua mera aparência de valor, quanto como o fetiche que atinge a mercadoria. A questão que se coloca para se pensar os efeitos da "reforma" trabalhista é o fato de que é por meio do contrato de trabalho que se determina o preço da força de trabalho. Como se demonstrou, ao ser transformada em mercadoria, no cálculo burguês a quantia dispendida com trabalho é colocada na planilha contábil como qualquer outra despesa. Entretanto, o preço da força de trabalho é uma abstração; na prática, a remuneração corresponde ao sustento do trabalhador, e os gastos relativos à manutenção de condições de trabalho adequadas não corresponde à manutenção de sua saúde. Pessoas não são chapéus, em sentido oposto ao raciocínio de Ricardo[23]. Instituir o negociado sobre o legislado configura-se, em suma, como a instituição de um mecanismo de maior fluidez na determinação da quantia que se pagará pela força de trabalho.

Com o art. 611-A, muda-se drasticamente a lógica da negociação coletiva: de um padrão de direitos "em cascata" (negociação voltada sempre à formulação de

(22) *Id.*, 2012. p. 30-31.

(23) Ao comentar algumas colocações de David Ricardo em "Miséria da Filosofia", observou Marx (2007, p. 49) que: "[...] a linguagem de Ricardo é o que há de mais cínico. Pôr na mesma linha os custos de fabricação de chapéus e os custos de manutenção do homem significa transformar o homem em chapéu".

condições mais favoráveis), para o padrão puramente mercantil, ou seja, criou-se um "atalho jurídico" para diminuição de direitos por vias transversas ao processo legislativo. Isto porque, apesar das restrições do art. 611-B, o *caput* do artigo antecessor prevê que além dos quinze itens elencados em seus incisos, convenção coletiva e o acordo coletivo de trabalho terão prevalência sobre a lei quando versarem também sobre outros temas. A regra, portanto, passa a ser: com exceção do que expressamente se proíbe, permite-se agora pactuar redução de quaisquer outros direitos. Mas a quem isso interessa?

A flexibilização de direitos por meio de negociação coletiva submete os custos que representam esses direitos ao crivo das oscilações mercantis. Com essa nova forma de negociação, a lógica do "patamar mínimo de sociabilidade" que representa o direito laboral regrediu à lógica do mero cálculo econômico da força de trabalho, enquanto um custo qualquer tal qual uma máquina, um insumo... ou chapéus. É a um retrocesso social no sentido da liberdade de mercado que imperava na época do início da revolução industrial: promove-se uma menor rigidez jurídica para o rebaixamento do preço da força de trabalho pelo mercado. Redução dos custos com trabalho, maior possibilidade de extração de mais-valor. Sob um discurso de modernização e liberdade, revigora-se a velha formula D-M-D'.

1.2. Dividir para reinar: sujeito de direito e pulverização da classe

Embora Marx reconhecesse que o capital, a mercadoria, etc., existissem em sociedades anteriores ao modo de produção capitalista, eram senão formas ainda imperfeitas, isto é, não haviam alcançado o grau de generalização que alcançariam sob o capitalismo. O que significa não um determinismo ou evolucionismo, mas um reconhecimento de que a história, que não é linear, combinou os elementos sociais que configuram as categorias econômicas, da maneira como presenciamos hoje, com a generalização das trocas. Marx, exemplificando com a forma-valor, identifica na economia clássica essa insuficiência quanto à historicidade das formas econômicas:

> Justamente em seus melhores representantes, como A. Smith e Ricardo, ela [a Economia Política] trata a forma de valor como algo totalmente indiferente ou exterior à natureza do próprio valor. A razão disso não está apenas em que a análise da grandeza do valor absorve inteiramente sua atenção. Ela é mais profunda. A forma de valor do produto do trabalho é a forma mais abstrata mas também mais geral do modo burguês de produção, que assim se caracteriza como um tipo particular de produção social e, ao mesmo tempo, um tipo histórico. Se tal forma é tomada pela forma natural eterna da produção social, também se perde de vista necessariamente a especificidade da forma de valor, e assim também da forma-mercadoria e, num estágio mais desenvolvido, da forma-dinheiro, da forma-capital etc.[24]

Neste mesmo compasso, Evgenii Pachukanis observou esse movimento no direito. Assim como a análise da mercadoria consiste em investigar a forma social que ela historicamente assume, entendeu o autor que o direito se configura como hodiernamente se conhece somente quando assume também uma forma social, historicamente determinada: a forma jurídica. Por conseguinte, identificar o direito como forma jurídica significa então enxergar que sua origem está, tal qual a forma mercadoria, nas relações de troca que se hegemonizaram no capitalismo, ou seja, possui uma característica eminentemente relacional. Assim como a forma mercadoria "esconde" as relações sociais que produzem o valor, são as relações de troca que originam as relações jurídicas e, consequentemente, os instrumentos jurídicos que vestem esses vínculos. Somente "a sociedade burguesa capitalista criou todas as condições necessárias para que o momento jurídico seja plenamente determinado nas relações sociais"[25].

Sendo assim, é preciso compreender a especificidade dessas relações que sustentam a forma jurídica. Ao dizer que as relações jurídicas são produto de uma relação social, Pachukanis segue na trilha de Marx sobre as categorias econômicas, pois esta visão "é, também, totalmente aplicável às categorias jurídicas. Em sua universalidade aparente elas exprimem um aspecto determinado da existência de um sujeito histórico determinado: a produção mercantil da sociedade burguesa"[26]. O direito "garante a relação, preserva-a, mas não a cria de forma nenhuma"[27], ou seja, a norma jurídica é um momento

(24) MARX, 2013. p. 1133.

(25) PACHUKANIS, 1989. p. 23.

(26) *Ibid*., p. 38.

(27) *Ibid*., p. 59.

abstrato e posterior, porque "é necessário que a relação econômica de troca exista para que a relação jurídica contratual de compra e venda possa nascer"(28).

Entretanto, o momento essencial do capital é a produção. É ali que trabalho socialmente necessário e mais-trabalho fundem-se na jornada de trabalho, consistindo no momento em que o mais-valor é produzido para, posteriormente, com a alienação dos produtos do trabalho, ser realizado. Assim, embora a circulação seja o local onde as relações jurídicas tenham sua origem, não é o momento fundamental. Por isso, a determinação do direito pela produção se dá "em última instância", pois a esfera da produção determina o direito por intermédio das figuras da circulação mercantil. Capital e mercadoria existiam anteriormente ao capitalismo, entretanto, quando a mercadoria se tornou a característica prevalente e determinante, subsumindo o próprio homem (que se torna força de trabalho), atingiu-se a sociedade capitalista. Em outras palavras, o direito necessita, para existir, de uma circulação mercantil que só o modo de produção capitalista conseguiu edificar, estando o direito, assim, sobredeterminado pela produção, eis que esta é a determinação primeira.

> O direito é imediatamente determinado pelo processo de troca mercantil, mas considerando que a esfera da circulação é estruturada segundo as exigências das relações de produção capitalistas, o direito também experimenta essa mesma determinação, mas de modo "mediado", "em última instância". Ou seja, a existência da forma jurídica depende do surgimento de uma esfera de circulação que só o modo de produção capitalista pode construir(29).

Seguindo o raciocínio pachukaniano, se as relações mercantis, no âmbito do capitalismo, são as células fundamentais para a compreensão do fenômeno jurídico, "Toda relação jurídica é uma relação entre sujeitos. O sujeito é o átomo da teoria jurídica, seu elemento mais simples, indecomponível"(30). Da mesma maneira que Marx identificou o cerne do direito nas relações dos guardiões de mercadorias, o pensador bolchevique observa que o sujeito de direito é a expressão geral da liberdade de disposição de bens, ou seja, a moldagem do homem à sua vontade que somente reside nas coisas.

A vontade do sujeito de direito não ultrapassa a medida da propriedade, pois ela reside sempre na relação do homem com a coisa no contexto de relações entre sujeitos de direito. Trata-se exatamente da propriedade de mercadorias, sob império da vontade que deve prevalecer na esfera da circulação. Assim, ao lado da norma que, como o contrato, configura-se no instrumento jurídico para que essas vontades tomem corpo, essa específica vontade é a substância da relação jurídica. Por isso, reconhece a natureza "dúplice do direito, sua divisão em norma de um lado e faculdade jurídica de outro, entretanto, possui uma significação tão importante quanto o desdobramento da mercadoria em valor de troca e valor de uso"(31). A livre circulação de mercadorias, o que inclui a força de trabalho, é fundamental para o capitalismo. Por isso, quanto menos entraves para a liberdade de comércio, e quanto mais divididos os trabalhadores em consumidores e vendedores de trabalho individualizados na grande cooperação da divisão do trabalho, melhor o capitalismo funcionará. Como observou o jurista russo, "a propriedade somente se torna fundamento da forma jurídica enquanto livre disposição de bens no mercado. A categoria sujeito serve, então, precisamente, como expressão geral desta liberdade"(32).

Diante disso, pode-se observar como consequência o reconhecimento de que a figura do sujeito de direitos só é tolerada se, e na medida em que, não oferecer perigo à livre circulação de mercadorias, caso contrário, não terá amparo pelo direito. A mercadoria que retifica relações aparentemente encontra sua antítese no sujeito de direito, que "personifica" as relações dominadas por coisas.

Já se demonstrou que, apesar de o capitalista individual adquirir individualmente a força de trabalho, o processo de extração de mais-valor é um processo social. Apresentou-se também, a partir de Pachukanis, que o direito é fruto da consolidação das relações de troca capitalistas (forma jurídica), e que o sujeito de direito, nesta lógica, é o átomo da teoria jurídica, ou seja, o elemento último, indecomponível. As demonstrações de extração de mais-valor feitas com base em jornadas de trabalho individuais servem apenas para fins didáticos, pois "a lei geral da valorização só se realiza plenamente para o produtor individual quando ele produz como capitalista, emprega muitos trabalhadores simultaneamente e,

(28) *Ibid.*, p. 63.

(29) NAVES, 2008. p. 76-77.

(30) PACHUKANIS, *op. cit.*, p. 81

(31) *Ibid.*, p. 22.

(32) *Ibid.*, p. 82.

desse modo, põe em movimento, desde o início, o trabalho social médio"(33). O clássico exemplo da manufatura de alfinetes de Smith(34) outrora localizara a eficiência da produção na divisão do trabalho, e não na quantidade de trabalhadores, exclusivamente.

A cooperação, conforme a simples definição marxiana, consiste na "forma de trabalho dentro da qual muitos indivíduos trabalham de modo planejado uns ao lado dos outros e em conjunto, no mesmo processo de produção ou em processos de produção diferentes porém conexos"(35). Se o processo de trabalho é complexo, e a extração de mais-valor é um processo social, o processo de trabalho também é social, pois baseado em um cooperativo "trabalhador coletivo", socialmente concebido. Ocorre que a classe trabalhadora só adentra o organismo cooperado pela via individual e na condição de força de trabalho. Isso porque o fato de um capitalista individual contratar um ou vários trabalhadores não altera a condição de vendedor(es) de força de trabalho, pois é o capitalista que os encaixa na cooperação. Embora a autovalorização do capital só ocorra quando esse "trabalhador coletivo" é posto em funcionamento, não é o trabalho combinado que é remunerado, mas o individualmente comprado. Em decorrência dessa individualização do trabalhador coletivo, Marx afirma que a conexão dos trabalhos sob o comando do capital é totalmente estranha aos trabalhadores assalariados, aparecendo "idealmente, como plano preconcebido e, praticamente, como autoridade do capitalista, como o poder de uma vontade alheia que submete seu agir ao seu próprio objetivo"(36). Esse processo tem início com a subsunção formal dos trabalhadores, completando-se com a subsunção real a partir da indústria moderna.

Quando os trabalhadores se relacionam somente com o capital deixam de pertencer a si mesmos e transformam-se em força produtiva do capital, se tornando verdadeiro modo de existência específica do capital. Neste sentido, o comando do capital é imposto ao trabalhador coletivo por meio de sua parcialização e autonomização; e, apesar de qualitativamente diferentes, essa parcialização e autonomização é imposta ao trabalhador coletivo nestes dois níveis da divisão do trabalho, exercida, ora sob autoridade do capitalista, ora sob autoridade da concorrência. Essa divisão do trabalho não se restringe ao período histórico inicial do predomínio das manufaturas, mas representa a articulação entre os dois níveis de comando: a despótica estrutura interna da empresa capitalista e a livre concorrência necessária à troca mercantil. Eis a maneira como, estruturalmente, o capital exerce seu comando sobre o processo de trabalho.

Nesta perspectiva, é possível observar que a negociação coletiva, como colocada pela "reforma", representa um significativo impulso no sentido da individualização dos trabalhadores perante o capital, um reforço da já imposta lógica jurídica do 'sujeito de direito" em oposição ao modelo de classe. Em primeiro lugar, pela própria dicção do art. 611-A da CLT. Cada sindicato poderá reduzir os direitos de sua categoria, o que de plano significa um enfraquecimento de liames classistas. Solta-se cada categoria no mar da competitividade capitalista; cada uma por si no jogo da negociação coletiva. Contudo, a pulverização da classe ainda encontra três catalizadores.

O primeiro deles é o art. 620 da CLT, que inverteu a hierarquia das normas coletivas. A regra anterior era o clássico princípio da norma mais favorável, ou seja, a convenção coletiva prevaleceria sobre os acordos coletivos sempre que fossem mais benéficos. Com a nova redação, o princípio da especificidade foi introduzido sem concessões ao afirmar que os acordos prevaleceram sempre sobre as convenções. É um passo a mais na parcialização e autonomização da classe trabalhadora, pois transfere-se o centro de gravidade da legislação trabalhista (que, como já apresentado, são, ao mesmo tempo, sustento ao trabalhador e custo da força de trabalho ao capitalista) para a negociação particular, e ainda se privilegia a negociação individual com empresas àquelas feitas entre sindicatos de categorias.

O segundo mecanismo é a exceção à hipossuficiência jurídica e possibilidade de negociação individual trazida pelo parágrafo único do art. 444, da CLT. Aqui se abrem duas absurdas possibilidades, inéditas no ordenamento jurídico trabalhista: empregados que perceberem salário igual ou superior a R$ 11.062,62 (atualmente) e tiverem curso superior não serão considerados mais hipossuficientes, mas em pé de igualdade jurídica com seus empregadores. Além disso, poderão convencionar individualmente com os empregadores, e os acordos terão o mesmo peso jurídico da negociação coletiva. Por um lado, o *caput* do art. 444 impõe limites à negociação entre as partes: "em tudo quanto não contravenha às disposições de proteção ao trabalho, aos contratos

(33) MARX, 2013. p. 494.
(34) 1996, p. 65-66.
(35) MARX, 2013. p. 498.
(36) *Ibid.*, p. 505.

coletivos que lhes sejam aplicáveis e às decisões das autoridades competentes"[(37)]. Por outro, a perda do parâmetro legal não só se configura no passo último do isolamento do trabalhador perante as empresas, como amplia significativamente, mesmo com as restrições do *caput*, as possibilidades de estipulação de piores condições de trabalho.

Por fim, o último elemento nesse processo de reforço do sujeito de direito individual, e consequente pulverização da classe trabalhadora, estão nos arts. 510-A, 510-B e 510-C da CLT. Com intuito de regulamentar o art. 11 da Constituição Federal, aqui cria-se um mecanismo de concorrência com os sindicatos na representação de seus trabalhadores. Ao estabelecer no § 2º do art. 510-B que a comissão se organizará "de forma independente", e a vedação da interferência da empresa e do sindicato da categoria no processo eleitoral prevista no § 1º do art. 510-C, deixam claro a necessária desvinculação do sindicato. Além disso, esses representantes possuem garantia de emprego existente somente no mundo jurídico, pois tudo o que se entender como "motivo disciplinar, técnico, econômico ou financeiro" poderá justificar a demissão.

2. O FORNO, A BIGORNA E O MARTELO

O processo de valorização do capital ocorre na medida da exploração do trabalho, de modo que o impulso dos capitalistas, enquanto capital personificado, consiste em aproveitar ao máximo a força de trabalho comprada ao aplicá-la na produção. Afinal, como Marx demonstrou, o capital "tem um único impulso vital, o impulso de se autovalorizar, de criar mais-valor, de absorver, com sua parte constante, que são os meios de produção, a maior quantidade possível de mais-trabalho. [O capitalista] busca tirar o maior proveito possível do valor de uso de sua mercadoria" (MARX, 2013, p. 392). Com intuito de extrair mais-valor, o capitalista emprega técnicas de intensificação do ritmo de trabalho e aumento da jornada, e os custos humanos desses processos são relegados a uma posição secundária.

Desta feita, ao passo que "Apropriar-se de trabalho 24 horas por dia é, assim, o impulso imanente da produção capitalista"[(38)], por outro lado, a mercadoria força de trabalho não se separa do corpo de seu vendedor e, por óbvio, apresenta limites físicos e morais ao consumo pelo capitalista. Por isso, Marx observou que as leis sobre a jornada de trabalho promulgadas na Inglaterra, desde Eduardo III até meados do século XVIII, aumentavam compulsoriamente as horas de trabalho, e só foram modificadas a partir da consolidação histórica do trabalhador "livre", este imprescindível para a consolidação do modelo industrial. A tolerância do capital a limites institucionais está condicionada à manutenção da ordem capitalista, ou seja, enquanto os limites forem necessários para a estabilidade das trocas mercantis, são mantidos. Para além disso, a tolerância deixa de existir e as investidas contra as proteções do trabalho se põem em marcha. O fato é que o capital

> não tem, por isso, a mínima consideração pela saúde e duração da vida do trabalhador, a menos que seja forçado pela sociedade a ter essa consideração. Às queixas sobre a degradação física e mental, a morte prematura, a tortura do sobretrabalho, ele responde: deveria esse martírio nos martirizar, ele que aumenta nosso gozo (o lucro)? De modo geral, no entanto, isso tampouco depende da boa ou má vontade do capitalista individual. A livre-concorrência impõe ao capitalista individual, como leis eternas inexoráveis, as leis imanentes da produção capitalista.[(39)]

Este é, exatamente, o processo social que se vive atualmente, levado a cabo pela Lei n. 13.467/2017. Observa-se não uma modernização, mas velhas práticas do processo social de apropriação de mais-valor, que remonta ainda ao século XIX, sobrepondo "entraves" sociais (que o direito do trabalho lhes opunha). Ademais, verificou-se não um distanciamento do Estado na tutela dos conflitos laborais, mas um reforço da atuação estatal em prol das reclamadas. Por fim, constata-se uma "reforma" que se justificou como representativa da vontade da sociedade brasileira sem apresentar uma manifestação de trabalhadores sequer que as reivindicasse[(40)]. **A negociação coletiva na "reforma" trabalhista, portanto, representa novas medidas do velho capitalismo**: eliminação de barreiras ao mercado para determinação do

(37) BRASIL, 2017.

(38) MARX, 2013, p. 419.

(39) *Ibid.*, p. 432.

(40) Aliás, somente a título de complemento, a "The Intercept – Brasil" analisou as 850 emendas do PL da "reforma" trabalhista protocoladas até o fim de março de 2017. Verificando-se os metadados dos arquivos PDF com o conteúdo da emenda e sua justificativa técnica foi possível identificar os autores originais dos arquivos, com a identificação, inclusive, "do dono do computador onde ele foi redigido". Pede-se *venia* para, em longa citação, apresentar-se os intrigantes resultados obtidos: "Dessas propostas de "aperfeiçoamento", 292 (34,3%) foram integralmente redigidas em computadores de representantes da Confederação Nacional do Transporte (CNT), da Confederação Nacional das Instituições Financeiras (CNF), da Confederação

preço da força de trabalho, conjugado com uma maior extração de mais-valor; e pulverização da classe, eliminando laços de solidariedade de classe para reinserir, individualmente como sujeitos de direito, os trabalhadores na cadeia da divisão do trabalho comandada socialmente pelo capital.

Quando os defensores da "reforma" falam em liberdade de negociação, utilizam o termo liberdade de maneira genérica, justamente porque defendem com este artifício retórico uma liberdade específica. Como se apresentou acima, a prevalência do negociado sobre o legislado, e a maior autonomia dos sujeitos das relações de trabalho para individualmente negociarem com pequenas empresas e grandes corporações apresenta o sentido único de reprodução do capital. Essa liberdade (e nenhuma outra) é a liberdade necessária, pois no processo de transformação de dinheiro em capital

> o possuidor de dinheiro tem, portanto, de encontrar no mercado de mercadorias o trabalhador livre, e **livre em dois sentidos**: de ser uma pessoa livre, que **dispõe de sua força de trabalho como sua mercadoria**, e de, por outro lado, ser **alguém que não tem outra mercadoria para vender, livre e solto**, carecendo absolutamente de todas as coisas necessárias à realização de sua força de trabalho".[41]

Assim, o trabalhador, como o ferro bruto em uma forja, ascendido pelo forno da "reforma" trabalhista tornou-se maleável o suficiente para que, deitado agora na bigorna do Estado que assegura as mudanças institucionais, possa ser malhado e moldado pelas constantes marteladas do ferreiro capital. Em tempos de democracia burguesa em que se fala de escola "sem partido", grupos de pesquisa na universidade são investigados por órgãos públicos por pesquisarem marxismo[42], e que corporações literalmente redigem as leis do trabalho com apoio de um governo com menor apoio popular desde a redemocratização (a ponto de contratar puxador de palmas para eventos oficiais)[43], a resistência na academia (e fora dela) é imprescindível.

Em um aspecto o senhor Rodrigo Marinho parece ter sido extremamente feliz: a reforma reflete, de forma hialina, a modernização "adequada" ao "espírito do tempo" atual: reflete a sociedade do capital que cansou de tolerar quaisquer flores imaginárias (que ainda consolavam mulheres e homens) nos férreos grilhões que, insistentemente, não são lançados fora.

REFERÊNCIAS BIBLIOGRÁFICAS

BRASIL. Decreto-Lei n. 5.452, de 1º de maio de 1943. Texto compilado. 2017. Aprova a Consolidação das Leis do Trabalho. *Portal da Legislação*. Disponível em: <http://www.planalto.gov.br>. Acesso em: jul. 2017.

CABREIRA, Lucas Ferreira. *Controle Operário e Forma Jurídica: estudo sobre a luta pela estatização sob controle dos trabalhadores na fábrica Flaskô.* (Dissertação de mestrado) Universidade de São Paulo – Faculdade de Direito. São Paulo, 2016.

CARRION, Valentin. *Comentário à Consolidação das Leis Trabalhistas: legislação complementar, jurisprudência.* 40. ed. revisada e atualizada por Eduardo Carrion. São Paulo: Saraiva, 2015.

Com popularidade em baixa, Temer pede puxador de palmas. *O Estado De São Paulo.* 28 jul. 2017. Disponível em: <http://politica.estadao.com.br/noticias/geral,com-popularidade-em-baixa-temer-pede-puxador-de-palmas,70001909895>. Acesso em: jul. 2017.

DOSSIÊ Reforma Trabalhista (em construção). GT Reforma Trabalhista CESIT/IE/UNICAMP. Campinas, 2017. Disponível em: <>. Acesso em: jun. de 2017.

HOBSBAWN, Eric. *As Origens da Revolução Industrial.* Coleção Bases. São Paulo: Global Editora, 1979.

MAGALHÃES, Alline; COSTA, Breno; LAMBRANDO, Lúcio; CHAVES, Reinaldo. Lobistas de Bancos, Indústrias e Trans-

Nacional da Indústria (CNI) e da Associação Nacional do Transporte de Cargas e Logística (NTC&Logística). O deputado Rogério Marinho (PSDB-RN), relator da reforma na comissão especial formada em fevereiro para discutir a proposta do governo, decidiu incorporar 52,4% dessas emendas, total ou parcialmente, ao projeto substitutivo. Elas foram apresentadas por deputados do PMDB, PSDB, PP, PTB, SD, PSD, PR e PPS – todos da base do governo de Michel Temer. Reforçando o artificialismo das emendas, metade desses parlamentares que assinaram embaixo dos textos escritos por assessores das entidades sequer integrava a comissão especial, nem mesmo como suplente. [...] Há os casos que seriam naturais na atividade parlamentar, em que assessores do gabinete do deputado ou mesmo consultores legislativos da Câmara são os "donos" do arquivo. Mas em 113 deles o autor era um funcionário de uma das quatro entidades empresariais citadas na reportagem. Esses mesmos textos e justificativas foram clonados, inclusive mantendo eventuais erros de português, por outros parlamentares (veja aqui um exemplo, envolvendo os deputados Rômulo Gouveia (PSD-PB) e Major Olímpio (SD-SP). Em alguns casos, o dispositivo a ser modificado na CLT era alterado, mas a justificativa permanecia exatamente a mesma. Na maioria das reproduções, o autor constava como "P_4189", indicando o terminal de algum servidor do Congresso. Ou seja, um terminal específico serviu como "copiadora" de emendas originalmente redigidas pelas associações e que acabaram sendo apresentadas por diferentes deputados" (MAGALHÃES *et. ali.*, 2017).

(41) *Ibid.*, p. 314, grifou-se.

(42) MARQUES, 2017.

(43) COM POPULARIDADE EM BAIXA, TEMER PEDE PUXADOR DE PALMAS, 2017.

portes Estão Por Trás das Emendas da Reforma Trabalhista. *The Intercept Brasil*. 26 abr. 2017. Disponível em: <https://theintercept.com/2017/04/26/lobistas-de-bancos-industrias--e-transportes-quem-esta-por-tras-das-emendas-da-reforma--trabalhista/>. Acesso em: jul. 2017.

MAIOR, Jorge Luiz Souto. *Curso de Direito do Trabalho*: teoria geral do direito do trabalho. São Paulo: LTr, 2011. v. I.

MARQUES, Francisco. Grupo de Estudos e Pesquisa sobre Marx, da FaE-UFMG, denunciado no MPF por "pregação política". *Esquerda On-Line*. 2 ago. 2017. Disponível em: <http://www.esquerdadiario.com.br/Grupo-de-Estudos-e-Pesquisa--sobre-Marx-da-FaE-UFMG-denunciado-no-MPF-por-pregacao-politica>. Acesso em: ago. 2017.

MARTINS, Heloísa Helena Teixeira de Souza. *O Estado e a Burocratização do Sindicato no Brasil*. 2. ed. São Paulo: Hucitec, 1989.

MARX, Karl. *A Miséria da Filosofia*. São Paulo: Escala, 2007.

_____. *Crítica do Programa de Gotha*. São Paulo: Boitempo, 2012.

_____. *O Capital: crítica da economia política (e-book)*. Livro I – O processo de produção do capital. Tradução de Rubens Enrelde. São Paulo: Boitempo, 2013.

NAVES, Marcio Bilharinho. *Marxismo e Direito*: um estudo sobre Pachukanis. São Paulo: Boitempo, 2008.

PACHUKANIS, Evgenii Bronislavovitch. *A Teoria Geral do Direito e o Marxismo*. Tradução de Paulo Bessa. Rio de Janeiro: Renovar, 1989.

RODA VIVA | Cristovam Buarque | 10.07.2017. Acesso em: jul. 2017. 2017a. Disponível em: <https://www.youtube.com/watch?v=v2LOY2w9smc>.

RODA VIVA | Rogério Marinho | 17.04.2017. Acesso em: jul. 2017. 2017b. Disponível em: <https://www.youtube.com/watch?v=eSE9wTnDJjA>.

SMITH, Adam. *A Riqueza das Nações*: investigação sobre sua natureza e suas causas. Coleção Os Economistas. São Paulo: Nova Cultural, 1996. v. I.

VARGAS, Getúlio. *A Nova Política do Brasil*. Rio de Janeiro: José Olympio, 1938. v. III.

As Novas Dimensões do Sindicalismo Brasileiro: Comentários à Lei n. 13.467/2017

Marcia Leonora Santos Regis Orlandini

Professora adjunta da Faculdade de Direito Prof. Jacy de Assis da Universidade Federal de Uberlândia, graduada em Direito pela Universidade Federal de Minas Gerais, mestre em Direito das Relações Sociais pela PUC/SP, doutoranda em Direito Internacional do Trabalho pela Universidad de Valencia, analista judiciário do TRT da 3ª Região. marcialeonora@hotmail.com

A justiça é o pão do povo.
Às vezes bastante, às vezes pouca.
Às vezes de gosto bom, às vezes de gosto ruim.
Quando o pão é pouco, há fome.
Quando o pão é ruim, há descontentamento.

Bertold Brecht

INTRODUÇÃO

As relações de trabalho e emprego estão em constante transformação. Em que pesem argumentos favoráveis ou desfavoráveis ao texto da recente lei, que promove importantes alterações na legislação trabalhista brasileira, os impactos imediatos repercutirão nos contratos de trabalho e emprego, na economia, nas empresas e nos processos judiciais, pois ao normatizar o Direito material individual e coletivo, bem como o Direito Processual do Trabalho, alteram-se as relações jurídico-contratuais existentes e as que virão a se estabelecer.

Somadas a esse processo de mudanças, ainda persistem graves e justas críticas ao conteúdo da nova Lei n. 13.467/2017[(1)], principalmente quanto ao flagrante retrocesso dos direitos trabalhistas conquistados e garantidos aos trabalhadores, que asseguravam o necessário equilíbrio aos contratos de trabalho, firmados por partes desiguais, em face da hipossuficiência de uma delas, na busca da sinalagma.

Por sua vez, vislumbra-se outra realidade na atuação e representação sindical, com prerrogativas que requerem adaptação às atualidades da negociação coletiva, tanto no segmento profissional quanto no econômico, que buscam o ideal da segurança jurídica em seus negócios, assim como a obtenção de benefícios e imediatas facilidades nas contratações de trabalhadores, empregados ou não.

Sinteticamente, o Direito do Trabalho é criação fundamental do Estado, cuja finalidade é a de proteger

(1) Lei n. 13.467, de 13 de julho de 2017. Altera a Consolidação das Leis do Trabalho (CLT), aprovada pelo Decreto-Lei n. 5.452, de 1º de maio de 1943, e as Leis ns. 6.019, de 3 de janeiro de 1974, 8.036, de 11 de maio de 1990, e 8.212, de 24 de julho de 1991, a fim de adequar a legislação às novas relações de trabalho.

os trabalhadores, individualmente considerados, com o benefício de uma legislação protetiva e a função de tutelar as relações de trabalho, atribuindo segurança às novas formas de contratação.

A proteção do trabalho como um todo, na perspectiva da dignificação humana, também equilibra as relações contratuais que se estabelecem, relacionadas diretamente às necessidades das partes envolvidas, em seus interesses particulares e nos vínculos profissionais ou econômicos de grupos e suas organizações representativas, integrando segmentos diferenciados, margeando sempre entre o individual e o coletivo[2].

Apoiada em setores específicos da sociedade, tais segmentos estão estruturados a partir de relações socio-jurídicas distintas; no primeiro caso, a relação de emprego, envolvendo as figuras clássicas de empregador e empregado[3] e, no segundo, as relações laborais coletivas, envolvendo os seres coletivos trabalhistas. Estes são, de um lado, o empregador, tanto individualmente quanto pelas suas entidades representativas e, de outro, os trabalhadores, seus entes representativos, ainda que estruturados no sistema confederativo.

Assim, a construção normativa do Direito Individual do Trabalho alicerça-se na constatação fática da diferenciação social, econômica e política básica entre os dois sujeitos da relação jurídica central desse ramo jurídico específico, envolvidos na relação de emprego[4], a ser protegida.

1. A ESTRUTURAÇÃO HISTÓRICA DOS SINDICATOS NO BRASIL

A análise da relação entre o Estado e os sindicatos no Brasil parte do marco temporal do início do século XX, apontando fatos essenciais, assinalados sempre pela implementação de ideias liberais e atuação do Estado que, diante da organização e ascensão da classe trabalhadora, preocupa-se com as formas de controle e enfrentamento, pelo uso da força, da repressão e da regulamentação, por meio de legislação sindical proibitiva e controladora.

Não se pode negar que no Estado liberal brasileiro existiam liberdades, defendidas prioritariamente pelos integrantes das elites, que ocupavam os principais e melhores postos de trabalho, distintos dos demais trabalhadores e cidadãos de classes sociais consideradas inferiores. Isto porque, considerando-se a transição entre as bandeiras do federalismo, a autonomia constitucional dos Estados, o sistema presidencialista no contraponto do parlamentarismo da fase monárquica, a inclusão de novos grupos formados, não necessariamente por integrantes das classes mais populares que ocupavam postos de trabalho com menos significância, mas pelos socialmente destacados, que visavam a uma condição de emprego e renda assegurada pelo Estado[5].

O grande marco histórico do sindicalismo brasileiro passa pela transição do Estado Liberal para o Estado Corporativo, desde a chamada *Revolução de 30*, sob o governo do presidente Getúlio Vargas. Em referido marco temporal, constata-se a imposição de territorialidade diferenciada daquela até então vigente, promovendo um enfraquecimento na organização externa dos sindicatos pela sistêmica dinâmica da interferência sempre relacionada à proximidade dos grandes centros industriais e comerciais brasileiros[6].

Nesse sentido o Estado Corporativo tal como se constitui no Brasil impõe-se por meio de políticas, legislação e repressão dirigida às entidades sindicais mais representativas, via diretrizes organizacionais obrigatórias, que objetivavam o controle das ações sindicais[7]. Este comportamento institucional, impulsionado pelo processo de industrialização do país, possibilitou a organização dos trabalhadores, alheios a qualquer legislação proibitiva, em face da precária situação social que vivenciavam, entregues às condições laborais inferiores e às realidades sociais, como desemprego, inflação e baixos salários.

Assim, considerando a divergência histórica sobre os fundamentos da legislação trabalhista brasileira, entre os que defendem como resultado de lutas sociais dos trabalhadores e os que alegam mera outorga do poder estatal com a finalidade de controle da classe trabalhadora[8], instituiu-se o sindicalismo estatal, ou o regime corporativo de organização sindical. Não se pode negar que o conteúdo da CLT (Decreto-lei n. 5.452/1943)

(2) NASCIMENTO, Amauri Mascaro. *Compêndio de Direito Sindical*. 6. ed. São Paulo: LTr, 2011. p. 197.

(3) MAGANO, Octávio Bueno. *Direito Coletivo do Trabalho*. 3. ed. São Paulo: LTr, 1993. p. 259.

(4) WOLKMER, Antônio Carlos. *Pluralismo jurídico*: fundamentos de uma nova cultura no direito. 3. ed. São Paulo: Alfa Ômega, 2001, p. XVI (Introdução).

(5) PARANHOS, Adalberto. *O roubo da fala* – origens da ideologia do trabalhismo no Brasil. São Paulo: Boitempo, 1999.

(6) MISAILIDIS, Mirta Lerena de. *Os desafios do sindicalismo brasileiro diante das atuais tendências*. São Paulo: LTr, 2001. p. 53.

(7) VIANNA, Luis Werneck. *Liberalismo e sindicato no Brasil*. Rio de Janeiro: Paz e Terra, 1978. p. 70.

(8) Assim como a inspiração em disposições, como da *Carta del Lavoro* italiana, com princípios da doutrina fascista europeia.

sempre mostrou relevante nível de detalhamento, ao tratar dos direitos sociais, que visou proteger.

Referidos direitos concedidos pelo Estado Novo asseguraram relativa pacificação das relações contratuais ante a atuação tipicamente preventiva. O Brasil era um país eminentemente agrícola, setor industrial ainda incipiente, em ascensão, um conjunto de trabalhadores descentralizado territorialmente, o que justificou, certamente, a legislação trabalhista implementada por Decreto-lei.

Diante das várias teorias apresentadas, aquela que defende a necessidade de incentivo à indústria brasileira prevalece, quando assegura que a reconstrução do Estado brasileiro não poderia destoar de todos os movimentos locais e internacionais, absolutamente necessária ao enfrentamento da nova realidade econômica e dos reflexos da tardia industrialização.

Como hoje, foi necessária a ruptura com os paradigmas de atuação até então em curso e já em decadência, inclusive em países capitalistas. O discurso do antiliberalismo ajustou-se de modo preciso aos projetos de crescimento e desenvolvimento, iniciando-se a superação da perspectiva liberal do Estado, permitindo uma trajetória para as diretivas de cunho social.

2. O COMPLEXO MODELO SINDICAL NA CONSTITUIÇÃO FEDERAL DE 1988

Sem embargo, o Direito do Trabalho brasileiro integra a complexa realidade apontada, permitindo a compreensão das relações de trabalho conjugadas entre o liberalismo e o bem-estar social. As necessidades econômicas de reformulação do trabalho desde o ponto de vista capitalista, sempre delimitaram o avanço das incontáveis e gradativas conquistas dos trabalhadores durante todos os anos de construção do novo direito.

Reforça-se, portanto, o modelo contratual implantado no Brasil desde a promulgação da Constituição Federal de 1988, quando foram assegurados importantes direitos sociais, construídos baseados em conquistas históricas dos trabalhadores e nos compromissos assumidos perante organismos internacionais. Observe-se que referidas garantias não se estenderam ou refletiram no garantido ao Direito Coletivo do Trabalho, justamente por não afiançarem o direito à pluralidade e à plena liberdade da organização sindical[9].

Quanto ao sindicalismo, o art. 8º da Constituição Federal de 1988 dispõe:

> Art. 8º. É livre a associação profissional ou sindical, observado o seguinte:
>
> I – a lei não poderá exigir autorização do Estado para a fundação de sindicato, ressalvado o registro no órgão competente, vedadas ao Poder Público a interferência e a intervenção na organização sindical;
>
> II – é vedada a criação de mais de uma organização sindical, em qualquer grau, representativa de categoria profissional ou econômica, na mesma base territorial, que será definida pelos trabalhadores ou empregadores interessados, não podendo ser inferior à área de um Município;
>
> III – ao sindicato cabe a defesa dos direitos e interesses coletivos ou individuais da categoria, inclusive em questões judiciais ou administrativas;
>
> IV – a assembleia geral fixará a contribuição que, em se tratando de categoria profissional, será descontada em folha, para custeio do sistema confederativo da representação sindical respectiva, independentemente da contribuição prevista em lei;
>
> V – ninguém será obrigado a filiar-se ou a manter-se filiado a sindicato; [...].

Tem-se que, enquanto o inciso I desvincula o sindicato do Estado, impedindo a sua intervenção e interferência na criação e no desenvolvimento de suas atividades, o inciso II mantém o sistema de unicidade sindical. Por sua vez, o inciso IV garante a arrecadação de contribuições para o custeio do sistema confederativo, mantendo a contribuição sindical compulsória, chamada *imposto sindical*, assegurada igualmente pela Consolidação das Leis do Trabalho; além do conceito de categoria estruturado na concepção da atividade principal desenvolvida pelo empregador e base territorial.

Dessa forma, referidos dispositivos constitucionais impedem a aplicação da Convenção n. 87 da OIT e, por consequência, a plenitude do exercício da liberdade sindical, ao não permitir a pluralidade sindical, mantendo a concepção de limites territoriais, assim como o conceito de categoria, determinado pela atividade preponderante do empregador.

Impulsionando as mudanças e o abandono do modelo corporativista, foram proibidas práticas de interferência e intervenção estatal sobre os sindicatos, banindo a necessidade da autorização para a existência formal e a outorga de Carta Sindical, modelos para os estatutos sociais, dentre outras. No entanto, foram mantidos o monopólio da representação sindical, a contribuição sindical compulsória e o poder normativo da Justiça do

(9) VIANA, Marcio Túlio. A reforma sindical: entre o bem e o mal. Análise dos pontos críticos do último anteprojeto de lei. *Revista Anamatra*. Brasília, 2004.

Trabalho. Este modelo constitucional exigiu a convivência dos princípios da liberdade de organização e de associação sindical com a unicidade sindical e, mesmo dispensando a prévia autorização estatal para constituição e funcionamento dos sindicatos, determinava-se o registro no órgão competente, nos termos previstos no art. 8º, inciso I da Constituição Federal de 1988[10].

Ademais, o sistema de relações sindicais brasileiro ainda mantém indiretamente o controle estatal, embora se considere a consagração constitucional do princípio da autonomia, como consequência do modelo sincrético e híbrido. Veja-se que toda a estrutura sindical brasileira moldada na reforma trabalhista tem como escopo a desconstrução da legislação trabalhista, por meio de tentativas de flexibilizar os direitos no plano individual, permitindo terceirização de serviços, contratação de pessoas jurídicas e trabalho intermitente.

Relegados a outro plano, longe de importantes discussões, mantiveram-se os debates sobre o fim da unicidade sindical e um modelo democrático para se implantar a cobrança de contribuições para custeio do sistema confederativo.

É verdade que a estrutura geral, ante a finalidade precípua de mitigar os conflitos das relações de trabalho, transformou as entidades sindicais profissionais em partícipes colaborativas do aumento da produtividade e na lucratividade das empresas, em um crescente afastamento de suas atividades, obrigações e finalidades institucionais.

Consoante ao já explicitado, os dilemas atuais que assolam as entidades sindicais profissionais mesclam a possibilidade de fragmentação como decorrência de sua transformação em instrumento acessório da atividade empresarial, quando lhes são atribuídas incumbências associadas à própria gestão da empresa. Cada vez mais deixam o plano de controle estatal e passam para o plano de controle empresarial, mais nocivo ainda, afastando-se do incremento de suas próprias bandeiras, como o fim da unicidade e da contribuição sindical compulsória. Assim, encontra-se o sindicato contemporâneo, acomodado entre o exercício de suas funções sindicais e o limite das garantias de ser único, financiado compulsoriamente e pouco representativo.

3. OS LIMITES DO PRINCÍPIO DA PROTEÇÃO DIANTE DA AUTONOMIA DA VONTADE NA FORMAÇÃO DO CONTRATO DE TRABALHO

Concebendo-se que o notável progresso nos campos econômico e tecnológico não se verificou no campo social, quando os ideais de liberdade e igualdade transformaram o contrato em instrumento de controle institucionalizado, a construção da autonomia da vontade para constituir relações contratuais passou a coexistir com a necessidade de controle do exercício dessa liberdade, quando o Estado intervém nas relações entre os particulares, por meio das regras da relação de trabalho, especificando o conteúdo dos pactos laborais, impondo limites.

A legislação trabalhista brasileira encontra-se regulamentada por normas de ordem pública, com a presença do Estado, limitando a autonomia da vontade, objetivando ao equilíbrio da desigual relação estabelecida entre as partes e incrementada pelas transformações nos campos científico, tecnológico, econômico, cultural e social, que lhe impuseram novas realidades. Nesse sentido, os impactos do processo de globalização que consagra o conhecimento como novo fator de produtividade e qualidade, instiga a procura por novas tecnologias, que podem afetar os mercados e os contratos de trabalho futuros.

O Direito do Trabalho, forçosamente, se aproxima dos tradicionais contratos de trabalho firmados entre empregados e empregadores, enquanto limita a autonomia da vontade em sua formação. Por sua vez, tutela os direitos fundamentais, protegendo-os contra os excessos de jornadas de trabalho, ausência de períodos de descanso, baixos salários, acidentes de trabalho, inobservância das medidas de segurança e saúde no trabalho para também tutelar conflitos, envolvendo concorrência desleal, confidencialidade, propriedade intelectual, prêmios, incentivos, parcerias e tantos outros assuntos contemporâneos.

Na efervescência da busca por soluções para os novos conflitos, começaram a surgir novas elaborações, e ressurgir antigas, por parte de empresários, políticos, doutrinadores e até de representação de trabalhadores, em uma pauta que inclui a preservação de valores fundamentais do ordenamento jurídico-trabalhista, compatibilizados com os interesses de gestão dos empregadores, agora positivados pela recente Lei n.13.467/2017, cabendo-nos apenas conhecer os seus limites.

Nesta pauta estão as reivindicações de segmentos empresariais representativos, que buscam regulamentar assuntos relacionados aos acordos informais que comumente são entabulados entre empregados e empregadores e todos os demais temas que definitivamente podem ser objeto de negociação individual e coletiva, sem que se procedam, a rigor, alterações por meio de emenda constitucional. É o que se passa a analisar.

(10) VIANNA, Oliveira. *Problemas de Direito Sindical*. Rio de Janeiro: Max Limonad, 1943.

4. A LEI N. 13.467/2017 E AS GARANTIAS INSTITUCIONAIS DO ESTADO SOCIAL BRASILEIRO

A reforma trabalhista reduziu várias garantias institucionais do Estado social, ampliando as responsabilidades de empregados, empregadores e das entidades sindicais nas relações de trabalho, validando a negociação contratual individual, realizada diretamente entre empregadores e trabalhadores. Esta nova realidade aponta para a aplicação plena da autonomia da vontade, como princípio basilar do Estado Democrático de Direito, relacionando-a à liberdade individual, diante do Estado, e à possibilidade de autorregulamentação dos interesses privados, além da elaboração de termos próprios, observados os limites da legalidade.

Em linhas gerais, desde as suas origens, o Direito reconhece o direito de expressão da vontade aos particulares, que podem regulamentar as suas relações no livre exercício da *autonomia privada*, em um sistema de descentralização normativa e de plena capacidade de emitirem regras de conduta concorrentes com as normas estatais. Por sua vez, estas são classificadas pela doutrina como autonomia pública, atividade típica do Estado e das pessoas jurídicas de direito público na emissão de regras para a autorregulação financeira, administrativa ou patrimonial, no interesse indivisível da comunidade e a autonomia privada, individual ou coletiva, como a capacidade de regulamentação dos interesses por particulares, a partir da declaração autônoma da vontade[11].

No Direito do Trabalho o equilíbrio das relações de trabalho manifesta-se pela capacidade dos sujeitos do contrato de trabalho de determinarem, de forma livre, os termos e as condições da prestação de serviços, sempre protegidos pelos limites da lei. Já autonomia privada coletiva reporta-se à composição de interesses por meio dos acordos, convenções ou contratos coletivos firmados, com normas que irão reger as relações individuais dos membros do grupo representado, inclusive quanto à liberdade sindical e exercício do direito de greve.

A partir da vigência da lei sancionada, os brasileiros não estão mais obrigados a contribuir compulsoriamente para a manutenção de um sindicato, seja econômico ou profissional, mesmo porque estes monopolizam a representação coletiva, como assegurado pela redação do art. 8º, inciso II, do texto constitucional transcrito, passando a depender de autorização expressa para o desconto em folha de pagamento.

Discute-se, assim, se a falta de participação política dos trabalhadores e empregadores brasileiros levaria ao enfraquecimento sistemático das entidades sindicais que privados da arrecadação compulsória comprometeriam a sua sobrevivência, deixando de existir formalmente. A concepção da acomodação das entidades sindicais em uma estrutura organizada e segura que, por si só, garanta a sua existência, se contrapõe ao trabalho e motivação de sua própria existência.

Partindo da manifestação de cada categoria, as entidades sindicais passarão a investir na defesa de seus interesses específicos de representação, posto que a manutenção financeira dependerá exclusivamente da autorização de cada integrante da categoria para o pagamento de mensalidades, quando espontaneamente sindicalizado e pelas contribuições decididas nas assembleias, distanciando-se da tranquilidade da representação sem contrapartida.

5. O FORTALECIMENTO DAS ENTIDADES SINDICAIS FRENTE À RECUPERAÇÃO DA ESSÊNCIA DE SUAS ATIVIDADES. O FUTURO DA LIBERDADE E AUTONOMIA SINDICAL

Embora não ocorra no sentido do futuro da atuação sindical, vislumbra-se uma forte tendência de crescimento frente à nova legislação trabalhista. Isto porque a necessidade de revisar as práticas de atuação sindical possibilitará o fortalecimento das entidades quando dependerão de objetivos, mesmo afastando-se do sindicalismo de resultados.

É imperioso que sindicatos de trabalhadores e empregadores demonstrem o esforço de trabalho representativo, implementando as negociações coletivas com a qualidade impulsionada pelas demandas colhidas nas assembleias sindicais e pela participação da categoria, como elemento de fortalecimento da organização, mesmo sem a competição livre ou a possibilidade de liberdade sindical, eis que mantido o sistema de unicidade.

Nunca houve a garantia de sobrevivência dessas entidades financiadas pela obrigatoriedade da contribuição sindical, pois sempre coube à categoria a decisão acerca da sua existência, prevista regimentalmente pelos estatutos sociais anteriormente aprovados.

Não se pode negar a confortável posição das entidades sindicais no monopólio concedido pela Constituição Federal de 1988 e sob a tutela jurisdicional na extensão das reivindicações obtidas por outras categorias, por

(11) DELGADO, Mauricio Godinho. Direitos fundamentais na relação de trabalho. In: SILVA, Alessandro *et al.* (Coord.). *Direitos humanos*: essência do Direito do Trabalho. São Paulo: LTr, 2007. p. 86.

meio de precedentes normativos em dissídios coletivos, além da ultratividade das cláusulas de convenções e acordos coletivos. Doravante recupera-se a necessária mobilização das categorias, organizadas ou não, que cada vez mais se afastarão da estrutura tutelar concebida em contexto histórico absolutamente distinto[12].

Nesse sentido, reconhecer aos particulares a possibilidade de regulação das relações de trabalho até então desconhecida, coloca em evidência a supremacia do negociado sobre o legislado, por entidades sindicais ainda arraigadas a um modelo corporativista sem consagrar a efetiva e necessária liberdade sindical. Isto porque a Lei n. 13.467/2017, que alterou os arts. 545, 578, 579, 582, impõe nova dinâmica às atribuições e competências sindicais, sem conceder as necessárias liberdade e autonomia.

Ficou detalhado, no texto da lei nova sancionada, que os empregadores ficam obrigados a descontar da folha de pagamento dos seus empregados, desde que por eles devidamente autorizados, as contribuições devidas ao sindicato, quando por este notificados, assim como aquelas igualmente devidas pelos participantes das categorias econômicas ou profissionais ou das profissões liberais, representadas pelas referidas entidades, que deverão ser pagas, recolhidas e aplicadas, conforme estabelecido pela lei[13].

A liberdade sindical deve ser ponderada nos contextos temporal, econômico e político, o que implica no rompimento de condicionantes impostos pelas ideologias tradicionais que afetam a credibilidade dos integrantes das categorias em suas representações, indo muito além da vontade necessária para o enfrentamento de interesses maiores que o condicionamento ao individualismo moderno no ápice do processo de recuperação da capacidade de raciocinar coletivamente e para o bem comum.

Por sua vez, o art. 611-A acrescido ao conjunto da CLT, trata dos direitos que podem ser objeto de negociação coletiva e assevera que os instrumentos normativos resultantes serão sempre prevalentes sobre o todo legislado[14], sem deixar de sempre exigir a presença dos

---

(12) De se observar que o Brasil é signatário do Pacto Internacional sobre Direitos Econômicos, Sociais e Culturais e do Protocolo da Liberdade Sindical, adotando dispositivos semelhantes àqueles contidos na Convenção n. 87 da OIT. Convenção esta que no ano anterior foi incluída no rol de Direitos Fundamentais contidos na Declaração da Organização Internacional do Trabalho (OIT) sobre os princípios e direitos fundamentais no trabalho e seu seguimento, na 86ª Sessão, realizada em Genebra em junho de 1998, onde consta expressamente que:

"A Conferência Internacional do Trabalho,

1. Lembra:

a) que ao incorporar-se livremente à OIT, todos os Membros aceitaram os princípios e direitos enunciados em sua Constituição e na Declaração de Filadélfia, e se comprometeram a esforçar-se para atingir os objetivos gerais da Organização com o melhor de seus recursos e de acordo com suas condições específicas;

b) que esses princípios e direitos se expressam e desenvolvem na forma de direitos e obrigações específicos em Convenções reconhecidas como fundamentais dentro e fora da organização.

2. Declara [...]

b) a eliminação de todas as formas de trabalho forçado ou obrigatório;

c) a efetiva abolição do trabalho infantil; e

d) a eliminação da discriminação em matéria de emprego e ocupação."

(13) Art. 545. Os empregadores ficam obrigados a descontar da folha de pagamento dos seus empregados, desde que por eles devidamente autorizados, as contribuições devidas ao sindicato, quando por este notificados. (NR)

Art. 578. As contribuições devidas aos sindicatos pelos participantes das categorias econômicas ou profissionais ou das profissões liberais representadas pelas referidas entidades serão, sob a denominação de contribuição sindical, pagas, recolhidas e aplicadas na forma estabelecida neste Capítulo, desde que prévia e expressamente autorizadas. (NR)

Art. 579. O desconto da contribuição sindical está condicionado à autorização prévia e expressa dos que participarem de uma determinada categoria econômica ou profissional, ou de uma profissão liberal, em favor do sindicato representativo da mesma categoria ou profissão ou, inexistindo este, na conformidade do disposto no art. 591 desta Consolidação. (NR)

Art. 582. Os empregadores são obrigados a descontar da folha de pagamento de seus empregados relativa ao mês de março de cada ano a contribuição sindical dos empregados que autorizaram prévia e expressamente o seu recolhimento aos respectivos sindicatos. (NR)

Art. 583. O recolhimento da contribuição sindical referente aos empregados e trabalhadores avulsos será efetuado no mês de abril de cada ano, e o relativo aos agentes ou trabalhadores autônomos e profissionais liberais realizar-se-á no mês de fevereiro, observada a exigência de autorização prévia e expressa prevista no art. 579 desta Consolidação. (NR)

Art. 587. Os empregadores que optarem pelo recolhimento da contribuição sindical deverão fazê-lo no mês de janeiro de cada ano, ou, para os que venham a se estabelecer após o referido mês, na ocasião em que requererem às repartições o registro ou a licença para o exercício da respectiva atividade. (NR)

Art. 602. Os empregados que não estiverem trabalhando no mês destinado ao desconto da contribuição sindical e que venham a autorizar prévia e expressamente o recolhimento serão descontados no primeiro mês subsequente ao do reinício do trabalho. (NR)

(14) § 3º Se for pactuada cláusula que reduza o salário ou a jornada, a convenção coletiva ou o acordo coletivo de trabalho deverão prever a proteção dos empregados contra dispensa imotivada durante o prazo de vigência do instrumento coletivo.

sindicatos como agentes responsáveis e necessários na negociação coletiva que versem sobre temas de redução de salário e de jornada e a dispensa imotivada e sua presença obrigatória na condição de litisconsorte necessário nas ações anulatórias dos instrumentos que firmou.

Referidos direitos foram descritos de modo taxativo. E observados os limites constitucionais, são eles: a jornada de trabalho, o banco de horas anual, o intervalo intrajornada, respeitado o limite mínimo de trinta minutos para jornadas superiores a seis horas, a adesão ao Programa Seguro-Emprego (PSE), de que trata a Lei n. 13.189, de 19 de novembro de 2015, o plano de cargos, salários e funções compatíveis com a condição pessoal do empregado, bem como identificação dos cargos que se enquadram como funções de confiança, o regulamento empresarial, o representante dos trabalhadores no local de trabalho, o teletrabalho, o regime de sobreaviso e trabalho intermitente, a remuneração por produtividade, incluídas as gorjetas percebidas pelo empregado, a remuneração por desempenho individual, a modalidade de registro de jornada de trabalho, a troca do dia de feriado, o enquadramento do grau de insalubridade, a prorrogação de jornada em ambientes insalubres, sem licença prévia das autoridades competentes do Ministério do Trabalho, os prêmios de incentivo em bens ou serviços, eventualmente concedidos em programas de incentivo e a participação nos lucros ou resultados da empresa.

Veja-se que as negociações coletivas poderão versar sobre os temas ressaltados no texto da nova lei, priorizando-se a validade de referidos instrumentos normativos, independentemente de sua natureza de ordem pública, inclusive prevalecendo sobre as determinações da legislação específica.

Nas situações em que for necessária a submissão de referidos instrumentos, a apreciação judicial deverá limitar-se à análise exclusiva da conformidade dos elementos essenciais do negócio jurídico, respeitado o disposto no art. 104 da Lei n. 10.406, de 10 de janeiro de 2002 (Código Civil), balizando a atuação pelo princípio da intervenção mínima na autonomia da vontade, nos termos dispostos no § 3º do art. 8º da CLT[15].

Portanto, a avaliação de validade do negócio jurídico e suas consequências mantém-se preservada em sua essência, pois o significado da aplicação do princípio da intervenção mínima na autonomia da vontade requer a aplicação do pressuposto da igualdade das partes na negociação coletiva.

6. O ATIVISMO JUDICIAL FRENTE À LIBERDADE E AUTONOMIA SINDICAL E AO PRINCÍPIO DA PROTEÇÃO

O ativismo judicial, como fenômeno presente no Estado Democrático de Direito, encontra-se limitado pelo texto da reforma que introduziu o art. 8º, § 3º, da CLT, mesmo considerando-o necessário na proteção efetiva dos direitos fundamentais, em uma atitude próativa do Poder Judiciário, consagrada pela Constituição Federal de 1988, com inspiração na busca do Judiciário no intuito de suprir as falhas na efetividade de direitos, que devem ser garantidos por outras esferas do poder.

Assim, afirmando-se que o ativismo judicial presta-se ao controle dos abusos praticados pelos demais poderes, aliado à possibilidade de suprir a morosidade no estabelecimento de leis garantidoras dos direitos fundamentais, em verdadeira normatização de princípios constitucionais, ocorre a consequente interferência em assuntos do âmbito de atuação do Executivo e do Legislativo.

Com esse panorama, direitos, como o de greve dos servidores civis, terceirização de serviços, reintegração de pessoas vítimas de discriminação, banco de horas, validade de cláusulas de instrumentos normativos, dentre outros, foram solucionados por meio de súmulas e precedentes normativos, vistos como ponto negativo da prestação jurisdicional sugerindo flagrante politização ou excessiva interferência do Judiciário nas relações privadas[16].

O Direito aproxima-se da ética e da moral, aplicando-se a lei no caso concreto, com supedâneo da Constituição Federal. A prestação jurisdicional não poderá ultrapassar as suas prerrogativas exatamente por ser técnica, pautada no ordenamento jurídico vigente, visando

§ 4º Na hipótese de procedência de ação anulatória de cláusula de convenção coletiva ou de acordo coletivo de trabalho, quando houver a cláusula compensatória, esta deverá ser igualmente anulada, sem repetição do indébito.

§ 5º Os sindicatos subscritores de convenção coletiva ou de acordo coletivo de trabalho deverão participar, como litisconsortes necessários, em ação individual ou coletiva, que tenha como objeto a anulação de cláusulas desses instrumentos.

(15) Art. 8º, § 3º No exame de convenção coletiva ou acordo coletivo de trabalho, a Justiça do Trabalho analisará exclusivamente a conformidade dos elementos essenciais do negócio jurídico, respeitado o disposto no art. 104 da Lei n. 10.406, de 10 de janeiro de 2002 (Código Civil), e balizará sua atuação pelo princípio da intervenção mínima na autonomia da vontade coletiva. (NR)

(16) CAPPELLETI, Mauro. Formações sociais e interesses coletivos diante da justiça civil. *Revista de Processo*. São Paulo: Revista dos Tribunais, v. 2, n. 5, p. 128-159, jan./mar. 1977.

obviamente à aplicação do direito, dentro da melhor técnica hermenêutica[17].

Registre-se, de início, que ante às disposições contidas na Constituição Federal de 1988, vários direitos ficaram sujeitos à autorização de alteração, mediante negociação coletiva, determinando o respeito aos acordos e convenções coletivas de trabalho, nos termos expressos no art. 7º, incisos XIV e XXVI.

Por outro lado, entender de forma diversa é o mesmo que negar validade ao que foi livremente pactuado entre as partes, em afronta ao art. 7º, incisos XIII e XXVI e art. 8º, inciso III, da Constituição da República, que impõem o respeito às convenções e aos acordos coletivos de trabalho.

Os instrumentos normativos devem ser aplicados de modo integral, não só na parte benéfica aos empregados, ainda que se pondere o valor de cada um dos direitos fundamentais protegidos, desde o ponto de vista das normas de ordem pública. Para tanto, constou do novo texto legal a integral validade da negociação coletiva dos direitos trabalhistas, ainda que não se encontre a contrapartida anteriormente exigida pela jurisprudência de nossos Tribunais do Trabalho, como medida necessária e compensatória[18].

CONCLUSÃO

Como se vê, inicia-se uma nova fase no sindicalismo brasileiro, forçosamente por preceitos legais trazidos pela reforma trabalhista que se projetarão nas relações individuais e coletivas de trabalho. O movimento sindical deverá se estruturar em torno da construção de novas diretrizes e formas de ação, estabelecendo a hegemonia da representação dos trabalhadores até o pleno amadurecimento para a liberdade e pluralidade sindical.

Conforme estabelecido, os sistemas corporativos adotam a representação de interesses e a representação política, também presentes na organização sindical articulada em um modelo formal, como condição essencial para a subsistência completa deste regime. Assim, os sistemas de representação sindical são aqueles em que prevalecem unidades constituídas, obedecendo a um padrão legal apriorístico, dividindo-se a sociedade em grupos profissionais ou econômicos homogêneos e acomodados em seu sistema confederativo.

Conclui-se que a crise de legitimidade das entidades sindicais cedeu espaço para que os trabalhadores e empregadores assumissem o papel de menosprezo por suas atividades, não apenas dos pleitos substanciais dos trabalhadores, mas da própria conformação da organização sindical moldada no decorrer das décadas.

É certo que desde a metade do século XX já se ensaiava a constituição de mecanismos de representação não formal dos trabalhadores, exatamente a partir da identificação de sinais de esgotamento da estrutura impressa no regime corporativo. Para tanto e sem sinais do aclamado pluralismo sindical, a reforma trabalhista estimula a fragmentação da negociação coletiva, ao favorecer as negociações por empresa fora da representação classista, ao estabelecer o sistema de representação no local de trabalho, independentemente do sindicato, por meio de comissão, que formalmente funcionará como o protótipo da concepção do sindicato por empresa, com superposição de atribuições no âmbito de atuação de cada um.

Esse modelo, indiscutivelmente, alterará a dinâmica da representação e da negociação coletiva, implantando de forma sistemática e definitiva os novos traços para a atuação sindical mais abrangente e eficaz, lidando de forma positiva com os verdadeiros entraves: o financiamento de suas atividades a partir do fim da contribuição compulsória, a unicidade de atuação a partir da oficialização das comissões e a valorização da negociação coletiva a partir da premissa de que o negociado prevalece sobre o legislado. Assim, a negociação coletiva dentro do sistema de relações de trabalho poderá balizar as diferenças sociais, promovendo a conciliação da situação de conflito, por meio da composição entre as partes e, por consequência, fortalecer positivamente as representações sindicais.

REFERÊNCIAS BIBLIOGRÁFICAS

BARROSO, Luís Roberto. *Curso de direito constitucional contemporâneo*: os conceitos fundamentais e a construção do novo modelo. São Paulo: Saraiva, 2009.

BERNARDES, Hugo Gueiros. *Direito do Trabalho*. São Paulo: LTr, 1989.

CAMPANHOLE, Adriano. *Entidades sindicais*. 8. ed. São Paulo: Atlas, 1993.

CAPPELLETI, Mauro. Formações sociais e interesses coletivos diante da justiça civil. *Revista de Processo*. São Paulo: Revista dos Tribunais, v. 2, n. 5, p. 128-159, jan./mar. 1977.

(17) BARROSO, Luís Roberto. *Curso de direito constitucional contemporâneo*: os conceitos fundamentais e a construção do novo modelo. São Paulo: Saraiva, 2009.

(18) § 2º A inexistência de expressa indicação de contrapartidas recíprocas em convenção coletiva ou acordo coletivo de trabalho não ensejará sua nulidade por não caracterizar um vício do negócio jurídico.

CARDONE, Marly A. & CESARINO JÚNIOR, A. F. *Direito Social*. 2. ed. São Paulo: LTr, 1993. v. 1.

CARRION, Valentin. *Comentários à Consolidação das Leis do Trabalho*. 22. ed. São Paulo: Saraiva, 1997.

CARVALHO, Francisco Edvar. *Trabalho portuário avulso antes e depois da Lei de Modernização dos Portos*. 1. ed. São Paulo: LTr, 2005.

CATHARINO, José Martins. *Compêndio de Direito do Trabalho*. São Paulo: Saraiva, 1981.

CUNHA, Maria Inês M. S. A. da. *Direito do Trabalho*. 2. ed. São Paulo: Saraiva, 1997.

DELGADO, Mauricio Godinho. *Curso de Direito do Trabalho*. 5. ed. São Paulo: LTr, 2006.

_____. Direitos fundamentais na relação de trabalho. In: SILVA, Alessandro *et al* (Coord.). *Direitos humanos*: essência do direito do trabalho. São Paulo: LTr, 2007.

GIGLIO, Wagner. *Justa Causa*. 3. ed. São Paulo: LTr, 1992.

GOMES, Orlando & GOTTSCHALK, Elson. *Curso de Direito do Trabalho*. 16. ed. São Paulo: Forense, 2002.

MAGANO, Octávio Bueno. *Direito coletivo do trabalho*. 3. ed. São Paulo: LTr, 1993.

_____. *ABC do Direito do Trabalho*. São Paulo: RT, 1998.

MARTINS, Sergio Pinto. *Direito do Trabalho*. 15. ed. São Paulo: Atlas, 2002.

MARTINS FILHO, Ives Gandra da Silva. *Manual esquemático de Direito e Processo do Trabalho*. 9. ed. São Paulo: Saraiva, 2001.

MISAILIDIS, Mirta Lerena de. *Os desafios do sindicalismo brasileiro diante das atuais tendências*. São Paulo: LTr, 2001.

NASCIMENTO, Amauri Mascaro. *Compêndio de Direito Sindical*. 6. ed. São Paulo: LTr, 2011.

PARANHOS, Adalberto. *O roubo da fala* – origens da ideologia do trabalhismo no Brasil. São Paulo: Boitempo, 1999.

VIANNA, Luis Werneck. *Liberalismo e sindicato no Brasil*. Rio de Janeiro: Paz e Terra, 1978.

VIANA, Márcio Túlio. *A reforma sindical*: entre o bem e o mal. Análise dos pontos críticos do último anteprojeto de lei. Revista Anamatra, 2004.

VIANNA, Oliveira. *Problemas de Direito Sindical*. Rio de Janeiro: Max Limonad, 1943.

WOLKMER, Antônio Carlos. *Pluralismo jurídico*: fundamentos de uma nova cultura no direito. 3. ed. São Paulo: Alfa Ômega, 2001.

Primeiras Impressões sobre o Impacto da Reforma Trabalhista no Instituto do Dano Moral Coletivo nas Relações Laborais

Marcelo Freire Sampaio Costa

Doutor em Direito pela PUC/SP. Mestre em Direito pela UFPA. Especialista em Direito Material e Processual do Trabalho pela UNAMA/PA. Professor-convidado de Pós-Graduação em diversas instituições (PUC-SP, MACKENZIE-SP, CESUPA-PA, UNAMA-PA). Membro do Ministério Público do Trabalho, lotado na 2ª Região. Membro da comissão do 20º concurso público para Procurador do Trabalho.

1. À GUISA DE INTROITO

O presente estudo nasceu de honroso convite formulado pelos ilustres professores da Universidade Federal de Uberlândia, Juliane Caravieri Martins e Magno Luiz Barbosa, e da professora Zélia Cardoso Montal, do núcleo da COGEAE da Pontifícia Universidade Católica de São Paulo, para participar de obra coletiva sobre a chamada reforma trabalhista engendrada na Lei n. 13.467/2017, recentemente editada, e ainda em período de vacância.

A importância desse estudo mostra-se inquestionável por diversas razões. Uma delas certamente refere-se às enormes modificações trazidas ao direito material e processual do trabalho, inclusive com forte impacto também na principiologia dessas disciplinas, construída vagarosamente ao longo das últimas décadas pela legislação, jurisprudência e doutrina.

E essa lenta e necessária construção temporal, como se fora um alimento que necessita cozinhar durante muitas horas para se transformar numa bela refeição, foi bruscamente interrompida por uma modificação legislativa que possui diversos pecados, desde a falta de legitimidade democrática do atual governo, passando pela crise estrutural (em todos os setores, principalmente, no campo da ética...) desse país, correria do processo legislativo, chegando nas erronias do próprio texto legal, atropelando a necessária discussão democrática que mereceria ter enfrentado esse projeto de lei.

Resta neste momento discutir e enfrentar, agora no campo jurídico, os impactos, as tantas idiossincrasias e (quem sabe...) até eventuais acertos perpetradas pela lei de regência da chamada reforma trabalhista.

O objetivo aqui circunscrito será a contraposição dessa reforma com o instituto do dano moral coletivo, começando pela delimitação do que a Lei n. 13.467/2017 denominou como dano extrapatrimonial (Título II-A, a partir do art. 223-A até 223-G), para depois avançar especificamente no instituto objeto deste estudo.

Antes, porém, necessário registrar que o art. 223 foi acrescido de diversas letras, o que possibilitaria desenvolver outros tantos aspectos dessa modalidade de dano, contudo o recorte aqui é bem definido: o impacto dessa dita reforma no instituto do dano extrapatrimonial ou moral coletivo.

2. DA CORRETA DELIMITAÇÃO LEGAL DO DANO EXTRAPATRIMONIAL, INOBSTANTE A EQUIVOCADA TENTATIVA DE LIMITAÇÃO

Um dos únicos acertos desse título talvez seja a correta construção de um título chamado dano extrapatrimonial, que ora passa a merecer atenção.

Conforme já desenvolvido em outro estudo[(1)], a doutrina e a legislação têm preferido majoritariamente a nomenclatura dano moral. Vejamos: art. 5º, inciso V, CF/88: "...além de indenização por dano material, moral ..."; art. 5º, inciso X, CF/88: "...assegurado o direito a indenização pelo dano material ou moral ...; art. 186, CC/2002: "...ainda que exclusivamente moral ...".

Inobstante a chancela da nomenclatura "dano moral" por grande parte da doutrina, jurisprudência e legislação pátria, há muitas críticas também em larga escala. Essa modalidade de dano, de há muito, não está restrita à esfera da dor e do sofrimento, elementos de índole notadamente subjetiva, jungidos ao campo dos sentimentos e considerados como verdadeiros consectários do chamado dano moral. Tais elementos sensitivos retratam meramente possível consequência desse dano. Além disso, se forem unicamente considerados, também afastariam a hipótese de reparação da pessoa jurídica. Aliás, a incidência desta modalidade de dano passou a ter previsão expressa no texto consolidado (art. 223-G, parágrafo segundo).

Há outra corrente afirmando a adequação da expressão dano extrapatrimonial (a mesma acolhida pela reforma), justamente em razão da concepção equivocada e restritiva atinente aos elementos de índole subjetiva citados anteriormente que o termo dano moral evocaria. Portanto, nem sempre o dano extrapatrimonial significaria a ocorrência de um dano moral em sentido estrito. Daí porque o dano extrapatrimonial seria, então, "o gênero do qual o dano moral é espécie"[(2)].

Há outra corrente minoritária, por sua vez, defendendo que o termo tecnicamente correto, porque melhor exprimiria o conceito jurídico do instituto, seria dano pessoal ou dano à personalidade, tomando o termo pessoa em toda sua ampla dimensão, compreendendo a integridade psicofísica, a intelectual, a afetiva, a moral e a social[(3)].

De fato, por rigor conceitual, a expressão dano extrapatrimonial tem preferência em relação ao dano moral, porque reflete, na presente quadra da história, a vinculação do dano extrapatrimonial à violação de um bem jurídico de natureza extrapatrimonial – a dignidade da pessoa humana, considerando a premência da necessidade de proteção do homem, de acordo com o modelo constitucional pátrio.

Esse correto conceito de dano extrapatrimonial da reforma, no entanto, colide frontalmente com a outra parte da redação do art. 223-A que pretende limitar "apenas" aos dispositivos do texto celetista a reparação dos danos de natureza extrapatrimonial.

Ora, o próprio conceito de dano extrapatrimonial possui intrínseco liame com a proteção do princípio constitucional da dignidade da pessoa humana, daí a tentativa vã (e até infantil) de delimitar ao texto celetista a construção da reparação do dano extrapatrimonial decorrente das relações laborais.

Pode-se conceituar singelamente, obedecendo o pequeno espaço aqui proposto, que o dano extrapatrimonial consubstancia-se, em poucas palavras, em "violação do direito à dignidade"[(4)] decorrente da transgressão de interesses/direitos jurídicos extrapatrimoniais de índole individual ou coletiva. "A reparação do dano moral (ou extrapatrimonial) transforma-se, então, na contrapartida do princípio da dignidade: é o reverso da medalha."[(5)]

E ainda. Não se pode afastar a vinculação, também intrínseca, do dano extrapatrimonial aos direitos de personalidade previstos no Código Civil.

Também é pueril a pretensão da reforma de distanciar a sempre necessária interpretação sistemática, perpassada por um responsável diálogo das fontes do direito, pois até o jejuno das letras jurídicas sabe que para a correta e justa resolução de qualquer conflito se reclama a exegese da totalidade dos princípios, regras e valores componentes desse ordenamento jurídico. O direito "não pode ser interpretado em tiras, aos pedaços"[(6)].

Em suma, ou se confere interpretação conforme à Constituição para simplesmente ser afastado o trecho celetista "apenas os dispositivos deste Título", pois é ínsito à ciência do direito a chamada interpretação sistemática, ou tal dispositivo deverá receber a pecha da inconstitucionalidade.

Antes de ingressar no instituto do dano extrapatrimonial ou moral (aqui tais nomenclaturas serão usadas

(1) Cf. COSTA, Marcelo Freire Sampaio. *Dano moral coletivo nas relações laborais*. De acordo com o Novo Código de Processo Civil. São Paulo: LTr, 2017.

(2) SEVERO, Sérgio. *Os danos extrapatrimoniais*. São Paulo: Saraiva, 1996. p. 37.

(3) Cf. OLIVEIRA, Paulo Eduardo Vieira de. *Dano pessoal no direito do trabalho*. São Paulo: LTr, 2002.

(4) Cf. OLIVEIRA, Paulo Eduardo Vieira de. *Op. cit.*

(5) MORAES, Maria Celina Bodin de. *Danos à pessoa humana:* uma leitura civil-constitucional dos danos morais. Rio de Janeiro: Renovar, 2003. p. 132.

(6) GRAU, Eros Roberto. *Ensaio e discurso sobre a interpretação/aplicação do direito*. 2. ed. São Paulo: Malheiros, 2003. p. 122. Sobre esse assunto, *vide* também, com mais profundidade, FREITAS, Juarez. *A interpretação sistemática do direito*. 5. ed. São Paulo: Malheiros, 2010.

como se fossem sinônimas) coletivo, vale a pena desenvolver a chamada quantificação fixa e matemática dessa modalidade de dano.

3. DA QUANTIFICAÇÃO OU TARIFAÇÃO E OS PARÂMETROS PARA TANTO

O pensamento da Antiguidade Clássica impunha graus de quantificação à dignidade da pessoa[7] humana, levando-se em consideração, dentre outros aspectos, a posição social que o indivíduo ocupava. Aumentava-se o teor de dignidade à medida que houvesse crescimento na escala social, como se fosse possível admitir pessoas mais ou menos dignas, a depender tão somente da capacidade econômica de cada um.

A antiga Lei de Imprensa (Lei n. 5.250/1967), editada em plena ditadura militar, já previa a responsabilidade civil tarifada do "jornalista profissional", tendo como parâmetro de quantificação do dano extrapatrimonial os "salários mínimos da região" (art. 51).

Como se pode perceber, tal questão da possível tarifação na quantificação do chamado dano extrapatrimonial sempre esteve em discussão pelos operadores do direito e legisladores, considerando fortes críticas há muito tempo lançadas sobre os possíveis excessos na fixação dessa modalidade de dano. A expressão "indústria da multa na justiça" em algum momento foi fixada fortemente no imaginário da sociedade brasileira.

A partir desse cenário, na tentativa de construir parâmetro objetivo à quantificação do dano moral, agora qualificado como extrapatrimonial, a lei da reforma fixou que, "se julgar procedente o pedido, o juiz fixará a indenização", de acordo com os seguintes parâmetros (art. 223-G, § 1º):

> I – ofensa de natureza leve, até três vezes o último salário contratual do ofendido;
>
> II – ofensa de natureza média, até cinco vezes o último salário contratual do ofendido;
>
> III – ofensa de natureza grave, até vinte vezes o último salário contratual do ofendido;
>
> IV – ofensa de natureza gravíssima, até cinquenta vezes o último salário contratual do ofendido.

Além disso, o texto legal entabulou que para as hipóteses de o dano extrapatrimonial ter como "ofendida" a pessoa jurídica, a indenização será fixada com observância dos mesmos parâmetros já transcritos, contudo levando em consideração o salário do "ofensor".

Esses parâmetros de quantificação podem ser qualificados como mais um dos grandes equívocos dessa legislação.

Claro que não se pode estabelecer como critério único de quantificação dessa modalidade de dano o salário contratual do ofendido quando houver, por exemplo, afronta uniforme atingindo grande número de empregados com salários diferentes. Basta imaginar prática de assédio moral organizacional alcançando quantidade expressiva de trabalhadores, com padrões salariais dos mais diversos. Será que o parâmetro salarial do "ofendido" será o único aspecto apto a influenciar a quantificação do dano extrapatrimonial? Resposta óbvia. Claro que não!

Não se pode regredir à Antiguidade Clássica, como já citado no início deste item, que calibrava o grau da dignidade da pessoa humana de acordo com a posição social por ela ocupada.

Vincular a quantificação do dano extrapatrimonial ao salário do ofendido é exatamente isso: aufere mais quem tem maior salário (ou tem grau maior de dignidade quem tem maior salário)!

Aliás, o Código de Hamurabi, assim chamado em homenagem ao famoso rei babilônico, fazia algo semelhante. Vejam-se os julgamentos ns. 196 a 214, que compunham tal diploma, citados no livro do escritor, afamado mundialmente, Yuval Noah Harari[8]:

> 196. Se um homem superior arrancar o olho de outro homem superior, deverá ter seu olho arrancado.
>
> 197. Se ele quebrar o osso de outro homem superior, deverá ter seu osso quebrado.
>
> 198. Se ele arrancar o olho de um homem comum, ou quebrar o osso de um homem comum, deverá pagar 60 siclos de prata.
>
> 199. Se ele arrancar o olho do escravo de um homem superior, ou quebrar o osso do escravo de um homem superior, deverá pagar metade do valor do escravo (em prata).
>
> 209. Se um homem superior bater em uma mulher superior e a fizer abortar, deverá pagar 10 siclos de prata pelo feto.
>
> 210. Se essa mulher morrer, a filha dele deverá ser morta.
>
> 211. Se ele bater em uma mulher comum e a fizer abortar, deverá pagar 5 siclos de prata.
>
> 212. Se essa mulher morrer, ele deverá pagar 30 siclos de prata.

(7) No mesmo sentido, *vide* RABENHORST, Eduardo Ramalho. *Dignidade e moralidade democrática*. Brasília: Brasília Jurídica, 2001. p. 16.

(8) *Uma breve história da humanidade*. Sapiens. 23. ed. Porto Alegre: RS. L&PM, 2017. p. 114-115.

213. Se ele bater em uma escrava e a fizer abortar, deverá pagar 2 siclos de prata.

214. Se essa escrava morrer, ele deverá pagar 20 siclos de prata.

Pois foi exatamente essa "moderna" ideia que a reforma trouxe de volta.

As categorias das "mulheres superiores", 'homens superiores", "mulheres comuns", "homens comuns", "crianças" e "escravos", cuja indenização variava pela "posição social" que cada uma dessas categorias ocupava, agora foi trocada pela quantificação da indenização de acordo com o salário do "ofendido". Realmente, são muitos séculos de retrocesso!

O critério da quantificação até então vigente sopesava as circunstâncias do caso concreto e deveria ser pautado pelos princípios constitucionais da razoabilidade e proporcionalidade, inclusive com a possibilidade de os excessos serem reduzidos em grau de recurso de revista pelo Tribunal Superior do Trabalho. Vejamos, dentre tantos, julgado espelhando bem essa ideia:

> DANO MORAL COLETIVO. TRABALHO ANÁLOGO AO DE ESCRAVO. TRABALHO INFANTIL. DANOS CAUSADOS AOS INTERESSES DIFUSOS E COLETIVOS. INDENIZAÇÃO. VALOR DA CONDENAÇÃO. CRITÉRIO DE FIXAÇÃO. QUANTIFICAÇÃO. RAZOABILIDADE E PROPORCIONALIDADE. O direito à indenização por danos morais atrela-se ao prudente critério do juiz, que, sopesando as circunstâncias que envolvem o caso concreto, e pautando-se pelos princípios da razoabilidade e da proporcionalidade, fixa o valor da indenização. Dessa forma, deve-se levar em consideração o caráter pedagógico da medida, a fim de inibir a reiterada prática de condutas do empregador que venham a causar dor e sofrimento ao empregado, circunstâncias configuradoras de dano moral. No caso concreto, a prova não deixa dúvidas sobre existência de trabalho degradante e ofensivo à dignidade do trabalhador, ou seja, análogo ao de escravo, a existência do repudiado trabalho infantil, além de inúmeros outros desrespeitos aos direitos dos trabalhadores. Diante desse contexto, o Regional, ao reduzir o valor da indenização por danos morais coletivos de R$ 200.000,00 para R$ 50.000,00, fixou essa verba em montante extremamente reduzido, incompatível com a gravidade dos ilícitos praticados e com a capacidade econômica do empregador, em flagrante inobservância dos princípios da proporcionalidade e razoabilidade, razão pela qual se impõe a sua reforma para restabelecer o valor fixado na r. sentença, evitando-se, assim, a ineficácia pedagógica da condenação[9].

Certamente não se irá nesta ocasião negar os eventuais excessos cometidos nessa seara pela jurisdição; exageros, aliás, que eram mais corriqueiros no início desse movimento condenatório em danos extrapatrimoniais. Contudo, a solução legislada para afastar tais erronias foi a pior possível. Significou séculos de retrocesso ...

Os próximos itens serão para posicionar o instituto do dano extrapatrimonial ou moral coletivo e a chamada reforma trabalhista. Começando por estabelecer algumas características desse instituto.

4. DO TRIPÉ JUSTIFICADOR DO DANO MORAL COLETIVO

Antes de serem apresentadas algumas características e a delimitação conceitual do dano moral coletivo, pode-se afirmar, seguramente, que o instituto em estudo se encontra integralmente consolidado nos tribunais laborais pátrios, principalmente no Tribunal Superior do Trabalho, há algum tempo.

Nesse tribunal, por exemplo, o primeiro julgado tratando dessa questão é de meados de 2006[10]. Desde então, há algumas centenas de precedentes deitando condenações em danos morais coletivos.

Voltando às características, consoante já sustentado em outras ocasiões[11], defende-se a existência de três vetores (**tripé justificador**) que fundamentam o reconhecimento da ocorrência de danos excedentes da esfera da individualidade. São eles: a) dimensão ou projeção coletiva do princípio da dignidade da pessoa humana; b) ampliação do conceito de dano moral coletivo envolvendo não apenas a dor psíquica; c) coletivação dos direitos ou interesses por intermédio do reconhecimento legislativo dos direitos coletivos em sentido lato.

(9) RR-8600-37.2005.5.18.0251. Tribunal Superior do Trabalho. 5. t. Rel. Min. Emmanoel Pereira. DEJT 01.04.2014.

(10) Eis a ementa: "RECURSO DE REVISTA INTERPOSTO PELO MINISTÉRIO PÚBLICO DO TRABALHO DA 3ª REGIÃO. DANO MORAL COLETIVO. REPARAÇÃO. POSSIBILIDADE. AÇÃO CIVIL PÚBLICA VISANDO OBRIGAÇÃO NEGATIVA. ATO ATENTATÓRIO À DIGNIDADE DA JUSTIÇA. RESCISÃO DE CONTRATO ATRAVÉS DE ACORDOS HOMOLOGADOS NA JUSTIÇA. LIDE SIMULADA. Resta delineado nos autos que a postura da empresa, em proceder ao desligamento dos empregados com mais de um ano de serviço, através de acordos homologados na justiça, atenta contra a dignidade da justiça..., verifica-se *lesão à ordem jurídica*, ...". Tribunal Superior do Trabalho. 6. t. RR 1156/2004. Rel. Min. Aloysio Corrêa da Veiga, DEJT 01.11.2006.

(11) Cf. COSTA, Marcelo Freire Sampaio. *Op. cit.*

Importante trabalhar esses vetores insuladamente, para depois se apresentar o conceito de dano extrapatrimonial ou moral coletivo. Veja-se:

4.1. Da projeção coletiva da dignidade da pessoa humana

O dano moral ou extrapatrimonial representa a violação do direito da dignidade da pessoa humana(12). Este princípio tem a aptidão para alcançar, além do secular reconhecimento de uma dimensão ontológica construída a partir da noção kantiana de autonomia da vontade do ser humano, novéis esferas de proteção ou projeção dessa dignidade positivada constitucionalmente como fundamento da República e do Estado Democrático de Direito (art. 1º, III).

E é justamente essa expansão protetiva que justifica a defendida projeção comunitária ou social do princípio da dignidade da pessoa humana. Representa a existência de um dever geral de respeito no âmbito da comunidade dos seres humanos(13). A proteção da dignidade implica, no viés singular ou coletivo, uma obrigação geral de respeito ao ser humano.

Quando a doutrina(14) e a jurisprudência vinculam (e isso vem ocorrendo rotineiramente) o dano moral coletivo a uma "injusta lesão da esfera moral de uma dada comunidade"(15), ou a violação de "um determinado círculo de valores coletivos"(16), desencadeadores de um sentimento de repulsa e indignação, significa dizer, com mais acerto conceitual, ter restado violada a citada obrigação geral de respeito pela pessoa humana. Isto retrata, simplesmente, a violação da projeção coletiva da dignidade da pessoa humana. Os citados sentimentos de repulsa e indignação representam apenas e tão somente consequência dessa citada violação. A reparação coletiva convolou-se, por consequência, no "reverso da medalha"(17) do princípio da dignidade da pessoa humana em sua projeção coletiva.

Aliás, o Tribunal Superior do Trabalho, na citada primeira decisão sobre esse assunto, ratificou posicionamento similar ao ora apresentado, porque reconheceu ter havido "lesão à ordem jurídica"(18) em razão da homologação de acordos na jurisdição, nitidamente prejudiciais aos direitos indisponíveis dos trabalhadores.

O sentimento de repulsa e desapreço social exsurgido por intermédio da ocorrência do dano moral coletivo mostra-se, como mencionado anteriormente, mera e possível consequência da citada violação do dever geral de respeito geral pela pessoa humana, individual ou coletivamente considerada.

4.2. Da ampliação do conceito envolvendo não apenas a dor psíquica

Não se mostra correta a concepção vinculativa da ocorrência do dano moral ou extrapatrimonial à esfera subjetiva da dor, sofrimento e emoção, pois tais aspectos são eventuais e possíveis consequências(19) da violação à citada projeção coletiva da dignidade da pessoa humana. Por conseguinte, deve ser excluída a ideia, "tão difundida quanto errônea, de que o dano moral é a dor sofrida pela pessoa"(20). A dor, de fato, "é apenas a (possível) consequência da lesão à esfera extrapatrimonial"(21) de uma dada pessoa.

A proteção jurídica hodierna busca alcançar todo e qualquer dano extrapatrimonial, não ficando inclusive limitada ao rol de direitos insertos no inciso X da Carta Maior brasileira (intimidade, vida privada, honra e imagem), pois tal enumeração "é meramente exemplicativa"(22).

Ademais, se a concepção de dano extrapatrimonial estivesse apenas e tão somente vinculada à ideia de dor

(12) Neste sentido, dentre tantos, FILHO, Sérgio Cavalieri. *Programa de responsabilidade civil*. 7. ed. São Paulo: Altas, 2007. p. 131.

(13) Cf. SARLET, Ingo Wolfgang. *Dignidade da pessoa humana e direitos fundamentais*. 3. ed., rev., atual., ampl. Porto Alegre: Livraria do Advogado, 2004. p. 52.

(14) Cf. rol de conceitos apresentados em COSTA, Marcelo Freire Sampaio. *Op. cit.*, p. 66-71.

(15) BITTAR FILHO, Carlos Alberto. Dano moral coletivo no atual contexto jurídico brasileiro. *Revista Direito do Consumidor*. São Paulo: Revista dos Tribunais, n. 12, p. 54, out./dez. 1994.

(16) COMPIANI, María Fabiana. *Los daños morales colectivos y su resarcimiento dinerario*. Buenos Aires: LL Buenos Aires, 1997. p. 192.

(17) MORAES, Maria Celina Bodin de. *Op. cit.*, p. 132.

(18) Tribunal Superior do Trabalho. 6. t. RR 1156/2004. Rel. Min. Aloysio Corrêa da Veiga, DEJT 01.11.2006.

(19) "Dor, vexame, sofrimento e humilhação são consequência, e não causa. Assim como a febre é o efeito de uma agressão orgânica, dor, vexame e sofrimento só poderão ser considerados dano moral quando tiverem por causa uma agressão à dignidade de alguém". FILHO, Sérgio Cavalieri. *Op. cit.*, p. 80.

(20) GAGLIANO, Pablo Stolze; FILHO, Rodolfo Pamplona. *Novo curso de direito civil*. Responsabilidade civil. 4. ed. São Paulo: Saraiva, 2006. p. 82, v. 3.

(21) *Idem*.

(22) PEREIRA, Caio Mario da Silva. *Responsabilidade Civil*. 7. ed. Rio de Janeiro: Forense, 1996. p. 58.

e sofrimento, não se poderia aceitar a incidência dessa modalidade de dano à pessoa jurídica (violação objetiva do direito ao nome, consideração e reputação social), como acontece em nossa realidade pátria jurisprudencial (*vide* Súmula n. 227 do Superior Tribunal de Justiça) e agora legal (art. 223-G, § 1º, da Lei n. 13.467/2017).

Aliás, o entendimento sumular do tribunal mencionado quanto ao reconhecimento do dano moral atingir também pessoas jurídicas, constituiu "o primeiro passo para que se aceitasse a reparabilidade do dano moral em face de uma coletividade"(23).

A propósito, assim como a dor, sofrimento ou outro equivalente psíquico mostra-se eventual decorrência do dano moral individual, os sentimentos de repulsa e indignação social também se apresentam como mera e possível decorrência do dano extrapatrimonial ou moral coletivo.

4.3. Da coletivação dos direitos por intermédio do reconhecimento dos direitos coletivos em sentido lato

De há muito existe a chancela legal dos interesses excedentes dos limites da individualidade. Basta recordar a conhecida Lei da Ação Popular que já na década de sessenta admitia (art. 1º) a possibilidade da proteção do patrimônio público, ou seja, interesses que obviamente superavam e superam os limites da individualidade. O ápice desse desenvolvimento legal pode ser considerado a definição das três modalidades de interesses coletivos em sentido lato (difusos, coletivos em sentido estrito e individuais homogêneos) no art. 81 da Lei n. 8.078/1990(24), mais conhecido como Código de Defesa do Consumidor, cujo objetivo é a tutela de conflitos ínsitos de sociedades de relações massificadas.

Aliás, registre-se que após a edição da Lei n. 7.347/1985, lei da Ação Civil Pública, e do citado CDC, institui-se no direito brasileiro um sistema "completo e eficaz para proteção dos direitos difusos, coletivos e individuais homogêneos"(25), superando inclusive deficiências encontradas em modelos similares de países europeus (dito desenvolvidos), tais como França, Portugal, Itália, Espanha, dentre outros(26).

A compreensão do dano moral coletivo está imbricada necessariamente "aos direitos metaindividuais e aos respectivos instrumentos de tutela"(27), sendo também necessário redimensionar os modelos teóricos clássicos do direito a essas novas categorias exsurgidas há algumas décadas no cenário pátrio.

Aliás, A jurisprudência do Tribunal Superior do Trabalho também vem vinculando, acertadamente, o dano moral coletivo com a violação de direitos transindividuais. Vejamos:

> Para que haja a configuração do dano moral coletivo, o ilícito e seus efeitos devem ser de tal monta que a repulsa social seja imediata e extrapole aquela relativa ao descumprimento individual de determinadas normas de conduta trabalhista. A indenização pelo dano moral coletivo está prevista no art. 1º, da Lei n. 7.347/1985. Com efeito, os danos decorrentes do descumprimento reiterado de normas referentes à jornada de trabalho extrapolam a esfera individual e atentam também contra direitos transindividuais de natureza coletiva, definidos no art. 81, parágrafo único, do CDC(28).

Após a apresentação desse tripé justificador, já se mostra possível conceituar o instituto do dano extrapatrimonial ou moral coletivo decorrente das relações laborais.

5. DO CONCEITO DE DANO EXTRAPATRIMONIAL OU MORAL COLETIVO

Vale ressaltar novamente que o instituto em voga deve ser afirmado a partir de um fato objetivo: a grave e intolerável violação da ordem jurídica laboral. E a partir de um ato ilícito que atinge a projeção coletiva da dignidade da pessoa humana.

Considerando o princípio da dignidade da pessoa humana como o centro axiológico do ordenamento

---

(23) RAMOS, André de Carvalho. A ação civil pública e o dano moral coletivo. *Revista de Direito do Consumidor*. São Paulo: Revista dos Tribunais, n. 25, p. 82, jan./mar. 1998.

(24) São assim dispostos: "I – interesses ou direitos difusos, assim entendidos, para efeitos deste Código, os transindividuais, de natureza indivisível, de que sejam titulares pessoas indeterminadas e ligadas por circunstâncias de fato; II – interesses ou direitos coletivos, assim entendidos, para efeitos deste Código, os transindividuais de natureza indivisível de que seja titular grupo, categoria ou classe de pessoas ligadas entre si ou com a parte contrária por uma relação jurídica base; III – interesses ou direitos individuais homogêneos, assim entendidos os decorrentes de origem comum".

(25) MARINONI, Luiz Guilherme. *Técnica processual e tutela de direitos*. São Paulo: Revista dos Tribunais, 2004. p. 102.

(26) Cf. CAPPELLETTI, Mauro. O acesso dos consumidores à justiça. *Revista de Processo* – REPRO. São Paulo, n. 62, p. 205-220, abr./jun. 1991.

(27) BESSA, Leonardo Roscoe. Dano moral coletivo. *Revista de Direito do Consumidor*. São Paulo: Revista dos Tribunais, n. 59, p. 79, jul./set. 2006.

(28) RR-124300-33.2007.5.03.0017. Tribunal Superior do Trabalho. 6. t. Rel. Ministra Kátia Magalhães Arruda. DEJT 07.08.2015.

jurídico, além de possuir dimensão unitária e social, instituindo verdadeira cláusula de tutela e dever geral de respeito à personalidade humana[29], tem-se como consequência que toda violação da projeção coletiva desse princípio constitucional será um fato objetivo (violação da ordem jurídica), consubstanciado na violação desses interesses/direitos extrapatrimoniais coletivos imantados pela relevância social (difusos e coletivos em sentido estrito e individuais homogêneos), e, portanto, não adstritos a pessoas singulares. A reparação coletiva, como dito, convolou-se no "reverso da medalha"[30] do princípio da dignidade da pessoa humana em sua projeção coletiva.

Apresentadas tais considerações, possível conceituar o dano extrapatrimonial ou moral coletivo como a violação da projeção coletiva da dignidade da pessoa humana, consubstanciada em direitos extrapatrimoniais relevantemente coletivos, abrangendo as modalidades difusos, coletivos em sentido estrito e individuais homogêneos, cuja consequência será a intolerável violação da ordem jurídica.

Caminhando para a última parte deste estudo, serão apresentados três aspectos da reforma laboral que certamente criarão pesados óbices à jurisprudência laboral e anos de retrocesso quanto ao reconhecimento, até o presente momento consolidado, do dano moral coletivo decorrente das relações laborais.

6. DO RETROCESSO DA REFORMA LABORAL QUANTO AO INSTITUTO EM EXAME

Há três aspectos na reforma laboral que dificultarão a tendência jurisprudencial laboral de reconhecimento do dano moral coletivo decursivo das relações laborais, senão vejamos:

6.1. Da pretensão de exclusividade de aplicação do texto celetista à sistemática de reparação de danos de natureza extrapatrimonial

Para começar, vale deixar registrado que o suporte legal do dano moral coletivo pode ser construído levando-se em consideração duas linhas distintas de argumentação. A primeira refere-se à previsão normativa de interesses cujos limites sobejam a individualidade, bem como a consequente configuração de dano extrapatrimonial decorrente da violação de tais interesses. A segunda trata diretamente da previsão legal da reparação do dano moral. Vejamos.

Quanto à primeira linha argumentativa, ressalte-se, mais uma vez, que a Lei n. 7.347/1985, lei de regência da ação civil pública, não foi a primeira a apresentar disciplina voltada à defesa de interesses transindividuais, pois o ordenamento jurídico desde a edição da Lei n. 4.717/1965, Lei da Ação Popular, reconheceu a tutela difusa do patrimônio público, portanto, também acolheu expressamente a existência de interesses jurídicos extrapatrimoniais distintos da projeção interna da dor (concepção clássica e reducionista do dano extrapatrimonial). A tutela jurisdicional coletiva, contudo, ganhou "sistematização"[31] somente após a vigência da Lei da Ação Civil Pública.

A citada Lei da ACP previu expressamente a existência de direitos que ultrapassam a singularidade, e, ao mesmo tempo, estabeleceu a possibilidade de esses direitos de natureza extrapatrimonial serem objeto de indenização.

Posteriormente, veio a Carta Magna de 1988 chancelando (o já iniciado pela Lei da ACP) a reunião das linhas de argumentação que no início do presente foram apresentadas como distintas, porque, além de, em diversos dispositivos legais, reconhecer a existência de interesses transindividuais e de mecanismos de proteção a tais interesses[32], albergou a ampla possibilidade de reparação do dano moral (art. 5º, V e X)[33], tornando-se "princípio de natureza cogente, obrigatório para o legislador e para o juiz"[34].

A Lei n. 8.078/1990, Código de Defesa do Consumidor, conceituou os direitos difusos e coletivos em sentido estrito (art. 81, parágrafo único, I, II) e criou uma nova modalidade, os individuais homogêneos (art. 81, parágrafo único, inciso III: interesses ou direitos individuais homogêneos, assim entendidos os decorrentes de origem comum), bem como amalgamou verdadeira

(29) MORAES, Maria Celina Bodin de. *Op. cit.*, p. 131. (Os grifos não estão no original.)

(30) *Idem.*

(31) VIGLIAR, José Marcelo Menezes. *Tutela jurisdicional coletiva.* 3. ed. São Paulo: Atlas, 2001. p. 57.

(32) Como exemplos: arts. 5º (incisos XXI, LXX, XXXV, LXXIII), 6º, 7º, 8º, inciso III, 127, 129, inciso III e § 1º, 194, 196, 225, 216, 220, 225, 227.

(33) Art. 5º, V – "é assegurado o direito de resposta, proporcional ao agravo, além da indenização por dano material, moral ou à imagem"; X – "são invioláveis a intimidade, a vida privada, a honra e a imagem das pessoas, assegurado o direito à indenização pelo dano material ou moral decorrente de sua violação".

(34) PEREIRA, Caio Mario da Silva. *Op. cit.*, p. 58.

"simbiose"(35) de um método integrado de acesso coletivo à justiça (jurisdição coletiva), composto por dispositivos da Carta Maior (art. 5º, XXXV, 127, 129, III, dentre outros), da Lei da Ação Civil Pública e da parte processual do CDC (art. 21 da Lei da ACP(36)).

Não se pode esquecer das leis de regência dos Ministérios Públicos Estaduais, Lei n. 8.625/1993 que afirma a ação civil pública voltada à proteção, prevenção e reparação de danos de interesses difusos, coletivos e individuais indisponíveis e homogêneos (art. 25), além da Lei Complementar n. 75/1993 (lei orgânica do Ministério Público da União), que em seu art. 6º prevê a proteção desses mesmos direitos coletivos em sentido amplo.

Há outros diplomas legais especiais que tratam da tutela coletiva, tais como o Estatuto da Criança e do Adolescente (arts. 208-224), a Lei n. 7.913/89, a Lei n. 8.884/94 (Lei Antitruste) e, mais recentemente, a Lei n. 10.741/2003, que disciplina a proteção integral do idoso.

Como salientado anteriormente, equivocadamente a reforma trabalhista pretendeu a aplicação exclusiva do Texto Celetista à reparação de danos de natureza extrapatrimonial, negando a contínua aproximação histórica que esses diplomas vêm alcançado.

Ora, considerando a verdadeira simbiose dos citados textos normativos, cujo movimento restou deflagrado há muitas décadas, com esteio no reconhecimento constitucional de direitos que ultrapassam a esfera da individualidade, bem como na chancela, também constitucional, da ampla possibilidade de reparação do dano de natureza extrapatrimonial (art. 5º, V e X), não se pode reconhecer como correta tal pretensão de imposição de aplicação exclusiva celetista para o instituto do dano extrapatrimonial coletivo. Como já citado várias vezes, temos aí a consagração de anos de retrocesso...

6.2. Possíveis titulares determinados aos danos de natureza extrapatrimonial

A condenação em dinheiro pertinente ao dano moral ou extrapatrimonial coletivo decorrente das relações laborais não possui, por razões óbvias, titular determinado, pois tal condenação pretende albergar coletividade, mais ou menos extensa e não identificável a princípio singularmente, de trabalhadores.

Nesse eito, o disposto no art. 223-B do texto da reforma, na medida em que exige "titulares exclusivos do direito à reparação", enterraria o instituto do dano moral coletivo nas relações de trabalho, principalmente porque foi também consagrada a já mencionada pueril e equivocada exigência da aplicação exclusiva do universo legal do texto celetista reformado.

Acontece que, como dito, há diversos outros dispositivos legais, não revogados, seja tácita, seja explicitamente, que ainda sustentam a vigência do instituto em exame.

Especificamente sobre a destinação da reparação, diz o art. 13 da Lei n. 7.347/1985:

> Havendo condenação em dinheiro, a indenização pelo dano causado reverterá a um fundo gerido por um Conselho Federal ou por Conselhos Estaduais de que participarão necessariamente o Ministério Público e representantes da comunidade, sendo seus recursos destinados à reconstituição dos bens lesados.

Tal fundo mencionado no dispositivo legal citado encontra-se regulamentado por intermédio do Decreto n. 1.306/1994 e pela Lei n. 9.008/1995, sendo denominado Fundo de Defesa de Direitos Difusos, tendo por finalidade a reparação dos danos perpetrados ao "meio ambiente, ao consumidor, a bens e direitos de valor artístico, estético, histórico, turístico, paisagístico, por infração à ordem econômica e a outros interesses difusos e coletivos" (art. 1º).

No âmbito trabalhista os valores referentes à condenação pecuniária vêm sendo destinados com frequência, "conforme entendimento assentado em doutrina e jurisprudência"(37), ao Fundo de Amparo ao Trabalhador, FAT, criado pela Lei n. 7.998/1990, tendo por finalidade, dentre outras, custear Programa de Seguro-Desemprego e o financiamento de programas de desenvolvimento econômico (art. 10).

Vale destacar que o FAT não se enquadra nas exigências dispostas no citado art. 13 do diploma de regência de ação pública, porquanto não é gerido por Conselho Federal ou Estadual, nem muito menos tem participação dos Ministérios Públicos em sua gestão, daí a afirmação anterior de construção jurisprudencial e doutrinária

(35) CARDOSO, Fábio Leal. Competência na ação coletiva trabalhista: ação coletiva na visão de juízes e procuradores do trabalho. In: RIBEIRO JÚNIOR; CORDEIRO; FAVA; CAIXETA (Orgs.). *Ação coletiva na visão de juízes e procuradores do trabalho*. São Paulo: LTr, 2006. p. 50.

(36) Art. 21: "Aplicam-se à defesa dos direitos e interesses difusos, coletivos e individuais, no que for cabível, os dispositivos do Título III da Lei que instituiu o Código de Defesa do Consumidor".

(37) MELO, Raimundo Simão de. Ação coletiva de tutela do meio ambiente do trabalho. In: RIBEIRO JÚNIOR; CORDEIRO; FAVA; CAIXETA (Orgs.). *Ação coletiva na visão dos juizes e procuradores do trabalho*. São Paulo: LTr, 2006. p. 186.

visando à adequação desse fundo como entidade receptora de condenações em ações coletivas na seara jurisdicional laboral.

Em razão dessa ausência de enquadramento do FAT com o regramento legal citado, vem se fortalecendo resistência doutrinária quanto ao aparelhamento econômico desse fundo, tanto na seara do processo civil, quanto em relação ao processo laboral.

Esses fundos receptores de pecúnia são classificados pela doutrina como "fundos fluidos", assemelhado ao *fluid recovery* do direito estadunidense, isto é, alude-se à possibilidade de eles serem utilizados "com certa flexibilidade, para uma reconstituição que não precisa e às vezes nem mesmo pode ser exatamente a reparação do mesmo bem lesado"(38), contudo, sobrevindo condenação em pecúnia, o dinheiro obtido deverá ser "usado em uma finalidade compatível com a causa"(39), o que não impede de serem adotadas práticas (muito pelo contrário, merecem o devido estímulo) eficazes e inteligentes, distintas da condenação pecuniária destinada aos citados fundos.

É exatamente o que se pode denominar de prevalência do redirecionamento ou direcionamento social da condenação, que significa a aproximação da ideia de tutela ressarcitória na forma específica, isto é, tal ressarcimento sendo efetivado não apenas pelo equivalente monetário, mas igualmente com a entrega de uma coisa ou com a prestação de uma atividade que "resulte adequada, em vista da situação concreta, para eliminar (ou minorar) as consequências danosas do fato lesivo"(40).

Esse ressarcimento na forma específica, em vista da situação concreta, pode ser exemplificado como a determinação, na decisão condenatória, de cursos voltados à formação de dirigentes visando à adoção de práticas empresariais voltadas à prevenção do assédio moral organizacional em ação coletiva em que restou reconhecida tal prática, ou a condenação para a realização de cursos técnicos voltados a incrementar a formação da classe trabalhadora, em vista de acidente fatal ocorrido justamente por falta de instrução técnica de empregado.

A prática do direcionamento social vem ocorrendo com cada vez mais frequência em ações civis públicas e termos de ajustamento e compromisso de conduta entabulados pelo Ministério Público do Trabalho.

Em outras palavras significa a premência da proteção ou impacto social da aplicação de uma verdadeira política pública dirigida ao meio social laboral vilipendiado, em detrimento de um mero aparelhamento de um fundo legal receptor de condenações.

Portanto, e voltando à adequação do instituto em exame com a reforma da legislação laboral, não se pode olvidar da construção legislativa, doutrinária e jurisprudencial envolvendo o fortalecimento do instituto em exame, levando apenas em consideração a cavilosa redação de dois dispositivos legais insertos justamente para também minar sub-repticiamente a existência do instituto em exame.

6.3. Parâmetro para a quantificação da indenização fundada no "salário contratual do ofendido"

O terceiro parâmetro é praticamente um desdobramento dos argumentos já construídos anteriormente, na medida em que a interpretação insulada do texto celetista a respeito da vinculação da quantificação do dano extrapatrimonial ao "salário contratual do ofendido" também inviabiliza o instituto em exame.

Óbvio que, conforme se pretendeu apresentar até aqui sobre o instituto do dano moral coletivo, e considerando a perspectiva de a indenização dessa modalidade de dano ser voltada a uma tentativa prevalente de recomposição social, não se compatibiliza tal modalidade de restituição com o instituto em exame.

Claro que isso nem de longe poderá afastar o cabimento desse instituto no âmbito das relações laborais, considerando tudo o já defendido neste ensaio, e, principalmente, não se olvidando que a reparação do dano extrapatrimonial ou moral coletivo nas relações de trabalho se trata de verdadeiro direito fundamental social, vinculado ao princípio constitucional da dignidade da pessoa humana, imune, portanto, às pretensões nefastas da reforma laboral.

CONCLUSÃO. PREVALÊNCIA DA PRESERVAÇÃO DOS PRINCÍPIOS CONSTITUCIONAIS E MANUTENÇÃO DO INSTITUTO DO DANO MORAL COLETIVO

Como se pretendeu demonstrar ao longo deste breve estudo, o dano moral ou extrapatrimonial, à luz dos paradigmas principiológicos densificados pela Carta Maior de 1988, consubstancia-se na violação do direito fundamental da dignidade da pessoa humana(41), vertente individual ou coletiva.

---

(38) MAZZILLI, Hugo Nigro. *A defesa dos interesses difusos em juízo*. São Paulo: Saraiva, 1999. p. 271.

(39) *Ibidem*, p. 272.

(40) MARINONI, Luiz Guilherme; ARENHART, Sérgio Cruz; MITIDIERO, Daniel. *Op. cit.*, p. 493.

(41) Neste sentido, dentre tantos, CAVALIERI FILHO, Sérgio. *Op. cit.*, p. 131.

Assim, o dano moral, portanto, representa a injusta violação de "uma situação jurídica subjetiva"(42), extrapatrimonial, densificada por intermédio do princípio fundante e reitor do ordenamento jurídico brasileiro, qual seja a dignidade da pessoa humana, que, por sua vez, instrumentaliza cláusula geral de tutela da personalidade humana.

Portanto, quando se fala de dano moral, seja individual ou coletivo, está necessariamente sendo afirmada a violação de direito fundamental voltado à proteção de um valor de respeito à existência humana, indispensável à realização pessoal e à busca da felicidade comum a todos.

Tudo isto significa dizer que as pretensões engendradas pela reforma trabalhista, ainda que sub-repticiamente, visando à eliminação dessa modalidade de reparação da realidade jurisprudencial dos tribunais pátrios, não conseguirá deitar raízes, porquanto se está diante de um instituto vocacionado à proteção dos direitos fundamentais sociais de um universo de trabalhadores, mais ou menos extenso – dependendo da violação perpetrada.

REFERÊNCIAS BIBLIOGRÁFICAS

BESSA, Leonardo Roscoe. Dano moral coletivo. *Revista de Direito do Consumidor*. São Paulo: Revista dos Tribunais, n. 59, p. 79, jul./set. 2006.

BITTAR FILHO, Carlos Alberto. Dano moral coletivo no atual contexto jurídico brasileiro. *Revista Direito do Consumidor*. São Paulo: Revista dos Tribunais, n. 12, p. 54, out./dez. 1994.

CAPPELLETTI, Mauro. O acesso dos consumidores à justiça. *Revista de Processo* – REPRO. São Paulo, n. 62, p. 205-220, abr./jun. 1991.

CARDOSO, Fábio Leal. Competência na ação coletiva trabalhista: ação coletiva na visão de juízes e procuradores do trabalho. In: RIBEIRO JÚNIOR; CORDEIRO; FAVA; CAIXETA (Orgs.). *Ação coletiva na visão de juízes e procuradores do trabalho*. São Paulo: LTr, 2006.

COMPIANI, María Fabiana. *Los daños morales colectivos y su resarcimiento dinerario*. Buenos Aires: LL Buenos Aires, 1997.

COSTA, Marcelo Freire Sampaio. *Dano moral coletivo nas relações laborais*. De acordo com o Novo Código de Processo Civil. São Paulo: LTr, 2017.

FILHO, Sérgio Cavalieri. *Programa de responsabilidade civil*. 7. ed. São Paulo: Atlas, 2007.

GAGLIANO, Pablo Stolze; FILHO, Rodolfo Pamplona. *Novo curso de direito civil*. Responsabilidade civil. 4. ed. São Paulo: Saraiva, 2006. v. 3.

FREITAS, Juarez. *A interpretação sistemática do direito*. 5. ed. São Paulo: Malheiros, 2010.

GRAU, Eros Roberto. *Ensaio e discurso sobre a interpretação/aplicação do direito*. 2. ed. São Paulo: Malheiros Editores, 2003.

HARARI, Yuval Noah. *Uma breve história da humanidade*. Sapiens. 23. ed. Porto Alegre: RS. L&PM, 2017.

MARINONI, Luiz Guilherme. *Técnica processual e tutela de direitos*. São Paulo: Revista dos Tribunais, 2004.

MAZZILLI, Hugo Nigro. *A defesa dos interesses difusos em juízo*. São Paulo: Saraiva, 1999.

MELO, Raimundo Simão de. Ação coletiva de tutela do meio ambiente do trabalho. In: RIBEIRO JÚNIOR; CORDEIRO; FAVA; CAIXETA (Orgs.). *Ação coletiva na visão dos juízes e procuradores do trabalho*. São Paulo: LTr, 2006.

MORAES, Maria Celina Bodin de. *Danos à pessoa humana* uma leitura civil-constitucional dos danos morais. Rio de Janeiro: Renovar, 2003.

OLIVEIRA, Paulo Eduardo Vieira de. *Dano pessoal no direito do trabalho*. São Paulo: LTr, 2002.

PEREIRA, Caio Mario da Silva. *Responsabilidade Civil*. 7. ed. Rio de Janeiro: Forense, 1996.

RABENHORST, Eduardo Ramalho. *Dignidade e moralidade democrática*. Brasília: Brasília Jurídica, 2001.

RAMOS, André de Carvalho. A ação civil pública e o dano moral coletivo. *Revista de Direito do Consumidor*. São Paulo: Revista dos Tribunais, n. 25, p. 82, jan./mar. 1998.

SARLET, Ingo Wolfgang. *Dignidade da pessoa humana e direitos fundamentais*. 3. ed., rev., atual., ampl. Porto Alegre: Livraria do Advogado, 2004.

SEVERO, Sérgio. *Os danos extrapatrimoniais*. São Paulo: Saraiva, 1996.

VIGLIAR, José Marcelo Menezes. *Tutela jurisdicional coletiva*. 3. ed. São Paulo: Atlas, 2001.

(42) MORAES, Maria Celina Bodin de. *Op. cit.*, p. 131.

Autonomia Privada Coletiva – Negociação Coletiva, Acordos e Convenções Coletivas – Na Lei n. 13.467/2017

Ronaldo Lima dos Santos

Professor Doutor da Faculdade de Direito da Universidade de São Paulo – USP. Procurador do Ministério Público do Trabalho em São Paulo – PRT/2ª Região. Mestre e Doutor em Direito pela Faculdade de Direito da Universidade de São Paulo – USP.

INTRODUÇÃO

O contexto social, político e econômico do país, no qual foi editada a Lei n. 13.467, de 13 de julho de 2017, demonstra claramente como a legislação está enraizada no contexto social, em sua concepção mais ampla, como demonstra a origem da denominada "reforma trabalhista".

Trata-se de um corpo normativo originário direta e literalmente das mãos do empresariado nacional, como revela estudo do CESIT – Centro de Estudos Sindicais e Economia do Trabalho da Unicamp –, intitulado "Dossiê da Reforma Trabalhista"(1), pelo qual se demonstra que o texto da "reforma" tem origem em argumentos e textos institucionais da Confederação Nacional da Indústria – como o documento intitulado "101 Propostas para Modernização Trabalhista" (2012); a " Agenda Legislativa da Indústria" (2014), "Caminhos da Modernização Trabalhista (2016) –, bem como da Confederação Nacional da Agricultura –, e da Confederação Nacional da Agricultura e da Pecuária "Proposta da Bancada de Empregadores" (2016), "Balanço 2016 e Perspectivas 2017".

Ainda, de acordo com o estudo do CESIT, estas propostas forma incorporadas pelo denominado programa do PMDB intitulado "Uma ponte para o futuro" e passara a compor o prometo de "reforma trabalhista" durante a sua tramitação na Câmara dos Deputados.

As alterações efetuadas na Consolidação das Leis de Trabalho não podem sequer ser denominadas de "reforma trabalhista", no sentido técnico do termo, uma vez que não se tratou de uma alteração normativa sistematizada, dialogada e amadurecida pelo corpo social, mas de um mero conjunto de alterações legislativas representativas dos interesses de determinados setores da classe empresarial.

Neste contexto, pelo presente trabalho, pretendemos colaborar para a discussão em torno das relações de trabalho no Brasil, mas especificamente sobre o tema da questão sindical e da autonomia privada coletiva no âmbito das alterações legislativas perpetradas pela Lei n. 13.467/2017, comumente denominada de "reforma trabalhista".

Vale ressaltar que se trata de um trabalho elaborado após a recente promulgação da Lei n. 13.467/2017, razão pela qual muitas das questões e suas análises aqui formuladas poderão ser desenvolvidas e aprimoradas *a posteriori*, tanto no campo infranconstitucional quanto no âmbito das inconstitucionalidades.

(1) Disponível em: <http://www.cesit.net.br/wp-content/uploads/2017/06/Dossie_FINAL.pdf>. Acesso em: 31 jul. 2017.

1. A ORGANIZAÇÃO SINDICAL NO BRASIL

A organização sindical brasileira desenvolveu-se historicamente inspirada no sindicalismo de Estado italiano do período fascista, cujas características corporativistas ainda se encontram presentes na atual estrutura sindical delineada pela Constituição Federal de 1988, não obstante referido regime tenha sido extirpado do ordenamento jurídico italiano com a redemocratização do período pós-guerra e com a Constituição italiana de 1948.

A Carta Constitucional brasileira de 1937, outorgada durante a Era Vargas, inspirou-se na Declaração III da *Carta Del Lavoro*, cuja cópia, quase que literal encontra-se no art. 138 da Carta Constitucional do Estado Novo.

Carta Del Lavoro **Declaração III**	**Constituição Federal de 1937 Art. 138**
"A organização sindical ou profissional é livre. Mas só o sindicato legalmente reconhecido submetido ao controle do Estado tem o direito de representar legalmente toda a categoria de empregadores ou de trabalhadores para a qual é constituído; de defender os interesses dessa categoria perante o Estado e as outras associações profissionais; de celebrar contratos coletivos de trabalho obrigatórios para todos os integrantes da categoria, impor-lhes contribuições e exercer, relativamente a eles, funções delegadas do Poder Público."	*"A associação profissional ou sindical é livre. Somente, porém, o sindicato regularmente reconhecido pelo Estado tem o direito de representação legal dos que participem da categoria de produção para que foi constituído, e de defender-lhes os direitos perante o Estado e as outras associações profissionais, estipular contratos coletivos de trabalho obrigatórios para todos os associados, impor-lhes contribuições e exercer, em relação a eles, funções delegadas de poder público."*

Ascendia ao âmbito constitucional sob a égide do Estado Novo presidido por Getúlio Vargas a doutrina do corporativismo sindical inspirada no modelo do fascismo italiano consagrado na *Carta Del Lavoro* de 1927, a qual teve início normativo no âmbito infraconstitucional antes mesmo da Carta de 1937, com o advento do Decreto n. 19.770, de 19.03.1931, que havia regulamentado minuciosamente a organização sindical; complementada pelo Decreto n. 24.694, de 12.07.1934, ambos consagradores de uma política intervencionista e corporativista em relação ao sindicalismo.

Embora possa ser compreendido em diversas fases(2), o período getulista se caracterizou, desde o seu início, pela centralização do poder, preocupação com a questão social e os direitos dos trabalhadores e pelo nacionalismo. A centralização política fez-se sentir na esfera sindical por meio de uma legislação intervencionista que se iniciou precocemente ainda durante o governo provisório, inspirada na *Carta Del Lavoro*, do fascismo italiano, e seguiu-se por todo o regime, marcando não somente o Direito Sindical deste período, mas estruturando as linhas mestras da nossa estrutura sindical, presentes até os dias atuais e na Carta Constitucional de 1988.

Além da implementação de uma legislação minuciosa em matéria sindical, a qual consolidava a intervenção estatal e as linhas mestras do corporativismo, outro marco importante para as relações coletivas de trabalho foi a criação do Ministério do Trabalho, Indústria e Comércio, em 26 de novembro de 1930, cuja primeira pasta foi ocupada por Lindolfo Collor, o qual contou com a colaboração dos renomados juristas trabalhistas Joaquim Pimenta e Evaristo de Moraes.

Consolidava-se a fase corporativista e intervencionista. O Estado, para manter maior controle sobre o movimento operário, regulou minuciosamente a atividade sindical, idealizando um sistema sindical burocratizado, piramidal e atrelado ao Ministério do Trabalho, recém-criado. A legislação do trabalho passou a ser um instrumento de sustentação do regime autoritário que se seguiu, atribuindo aos sindicatos uma função de colaboração com o Estado, típica dos regimes corporativistas europeus.

Hiato na história sindical brasileira, a Constituição de 1934 sofreu ressonância da Constituição de *Weimar* e, entre outros direitos trabalhistas, assegurou a liberdade de associação (art. 113) e a pluralidade sindical (art. 120). Porém, logo foi sucedida pela Carta Política de 1937.

A Carta de 1937 extinguiu o modelo pluralista da Constituição de 1934 e acentuou o intervencionismo

(2) A "Era Vargas" teve início com a ascensão ao poder de Getúlio Vargas, chefe político da "Revolução de 1930", dando nascimento a uma nova fase da história brasileira, que se estendeu até 1945. A "Era Vargas" pode ser dividida em três grandes etapas: governo provisório (1930-1934); governo constitucional (1934-1937) e governo ditatorial (1937-1945). "Perdurante esse período, a sociedade brasileira sofreu grandes transformações: a população urbana cresceu em relação à sociedade rural; a indústria aumentou seu espaço na economia nacional; a burguesia empresarial das cidades aumentou o seu poder sobre as tradicionais oligarquias agrárias, a classe média e o proletariado desenvolveram-se e conquistaram um amplo espaço na vida política e econômica do país". (COTRIM, Gilberto. *História global*: Brasil e geral. 5. ed. São Paulo: Saraiva, 1999. p. 413)

estatal nos sindicatos, centralizado no Conselho de Economia Nacional. Alçou o conceito de representatividade da categoria ao âmbito constitucional (art. 138). Previu a liberdade sindical, mas condicionou a representação legal da categoria apenas à associação sindical reconhecida pelo Estado (art. 138). Atribuiu aos sindicatos o poder de celebrar contratos coletivos de trabalho e de impor contribuições aos membros das categorias representadas (art. 137, *a* e art. 138).

A Carta Política de 1937 também atribuiu aos sindicatos o exercício de funções delegadas do poder público, colocando-os "sob a assistência e a proteção do Estado" (art. 140). Considerou a greve e o *lockout* "recursos antissociais, nocivos ao trabalho e ao capital e incompatíveis com os superiores interesses da produção nacional" (art. 139). Também instituiu a Justiça do Trabalho para dirimir os conflitos oriundos de relações entre empregadores e empregados, com expressa previsão de que não faria parte do Poder Judiciário, ao dispor que a referida Justiça seria "regulada em lei e à qual não se aplicam as disposições desta Constituição relativas à competência, ao recrutamento e às prerrogativas da justiça comum".

O Decreto n. 1.402, de 05.07.1939, fortaleceu a política intervencionista e consagrou as linhas mestras do corporativismo na estrutura sindical brasileira: regulamentou a unicidade sindical compulsória, com excessiva intervenção estatal na organização e estrutura das entidades sindicais, com a possibilidade de cassação da carta de reconhecimento sindical; possibilitou a formação de associações, sendo que a investidura sindical passou a ser conferida pelo Ministério do Trabalho à associação mais representativa; proibiu a greve e instituiu o enquadramento sindical e a divisão por categorias econômicas e profissionais.[3]

O Decreto-lei n. 2.377, de 08.07.1940, criou o imposto sindical, cujas receitas seriam partilhadas entre as entidades sindicais reconhecidas e o Ministério do Trabalho.[4] No esteio da política intervencionista, proliferaram as medidas legislativas em matéria sindical. Em 1943, foi promulgada a Consolidação das Leis do Trabalho, Decreto n. 5.452, de 1º de maio, que praticamente manteve o sistema sindical com os componentes corporativistas e intervencionistas: associação profissional prévia, imposto sindical, paralelismo sindical, enquadramento sindical, padronização de estatutos e balanços dos sindicatos, unicidade sindical etc.

Fruto da redemocratização do país, a Constituição de 1946, votada em Assembleia Nacional Constituinte, reconheceu o direito de greve (já instituído no Decreto-lei n. 9.070, de 13.03.1946, de controvertida constitucionalidade, à época) e estabeleceu a liberdade sindical, porém nos termos regulamentados em lei: "*Art. 159. É livre a associação profissional ou sindical, sendo reguladas por lei a forma de sua constituição, a sua representação legal nas convenções coletivas de trabalho e o exercício de funções delegadas pelo poder público*". Embora possível a elaboração de lei ordinária instituidora da pluralidade sindical, a Consolidação das Leis do Trabalho, vigente desde 1943, foi tida como recepcionada pela nova Carta, pois o Supremo Tribunal Federal, em julgamento de mandado de segurança impetrado por um sindicato de bancários, proclamou a compatibilidade dos dispositivos da CLT com a nova ordem constitucional.[5] Com a recepção do estatuto celetista, manteve-se a organização sindical corporativista implementada durante a Era Vargas.

A Carta de 1967, em seu art. 166, repetiu o art. 159 da Constituição anterior. Acrescentou, no entanto, dois parágrafos para garantir entre as funções delegadas das entidades sindicais o direito de arrecadar contribuições para o custeio das suas atividades e instituir o voto obrigatório nas eleições sindicais. Assegurou o direito de greve (art. 165, XXI), excetuando os serviços públicos e atividades essenciais definidos em lei (art. 162). A Emenda Constitucional n. 1/69 manteve integralmente as disposições da CF/67.

Durante o regime militar, o Estado procurou impor aos sindicatos uma postura assistencialista em detrimento da reivindicatória. Essa característica é facilmente notada no Decreto n. 67.227/1970, que previu uma série de posturas assistenciais aos sindicatos para a promoção social do trabalhador — assistência médico-hospitalar, odontológica, creches, cooperativas de consumo, colônias de férias etc., com a respectiva participação dos sindicatos em órgãos públicos e privados para cumprimento desses desideratos.

A Constituição de 1988 mesclou alguns elementos de autonomia e liberdade sindicais com outros de heteronomia e intervencionismo ao estear o modelo sindical do seguinte modo: a) apesar de dispor que é livre a associação em sindicatos, manteve o monopólio de representação e a unicidade sindical (não permissão de mais de um sindicato da mesma categoria profissional ou econômica na mesma base territorial); b) adotou a liberdade

(3) AROUCA, José Carlos. *Repensando o sindicato*. São Paulo: LTr, 1998. p. 570-581.

(4) MARTINS, Milton. *Sindicalismo e relações trabalhistas*. São Paulo: LTr, 1995. p. 82.

(5) GOMES NETO, Indalécio. Características do sindicalismo brasileiro. *Revista LTr*, ano 58, n. 3, p. 267-270, mar. 1994.

de autodefinição das bases e de fixação da base territorial pelos sindicatos, mas condicionou que esta não seja inferior à área de um município (inviabiliza-se a criação de sindicatos por empresa ou estabelecimento); c) manteve, por vias indiretas, a contribuição sindical compulsória, e criou a contribuição confederativa; d) aboliu o estágio preliminar de sindicatos sob a forma de associações e a necessidade de reconhecimento pelo Ministério do Trabalho; e) garantiu a livre criação de sindicatos sem a necessidade de autorização do Estado e a liberdade de administração com vedação da interferência do Poder Público; f) manteve a organização sindical piramidal, com sindicatos, federações e confederações; g) previu a liberdade individual de filiação e de desfiliação; h) concedeu aos aposentados o direito de votar e serem votados nas eleições sindicais; i) consagrou o direito de negociação coletiva, com o reconhecimento dos acordos e convenções coletivas; j) dispôs sobre o direito de greve; l) conferiu estabilidade aos dirigentes sindicais; m) consagrou o direito de representação dos trabalhadores.

Como se observa, desde os primórdios do desenvolvimento sindical no país, o Brasil adotou um sistema heterônomo de regulamentação da atividade sindical, caracterizado por uma forte intervenção sindical, no campo legislativo, por meio de uma legislação prescritiva da atividade sindical (trata da organização sindical, greve, negociação coletiva, unicidade sindical).

A Constituição Federal de 1988 conservou os principais traços estruturais da organização sindical corporativista instituída durante o Estado Novo e inspirada no regime fascista italiano.

A Lei n. 13.467/2017, a chamada "reforma trabalhista" alterou a Consolidação das Leis do Trabalho em aspectos pertinentes ao sindicalismo, como a facultatividade da contribuição sindical, outrora compulsória, a regulamentação da relação entre negociado e legislado e entre os acordos e as convenções coletivas de trabalho, entre outras alterações, algumas das quais serão analisadas a seguir.

2. PRINCIPAIS ALTERAÇÕES DA LEI N. 13.467/2017 E A QUESTÃO SINDICAL

2.1. Autonomia privada coletiva (acordos e convenções coletivas) e princípio da intervenção mínima (art. 8º, § 3º, da CLT)

Pela Lei n. 13.467/2017, foi alterado o art. 8º da CLT, com a inserção do seguinte parágrafo:

> "§ 3º No exame de convenção coletiva ou acordo coletivo de trabalho, a Justiça do Trabalho analisará exclusivamente a conformidade dos elementos essenciais do negócio jurídico, respeitado o disposto no art. 104 da Lei n. 10.406, de 10 de janeiro de 2002 (Código Civil), e balizará sua atuação pelo princípio da intervenção mínima na autonomia da vontade coletiva."

Antes de adentrarmos ao mérito da norma, vale assinalar que, durante longo período histórico, a autonomia privada individual foi um dos símbolos da doutrina do liberalismo econômico, que se centrava na igualdade jurídico-formal dos contratantes.

Como assevera *Walküre Lopes Ribeiro da Silva*, *"o iluminismo forneceu as bases filosóficas para a Revolução Francesa. Com a vitória desta e sua repercussão em todo o mundo, o contrato tornou-se o instrumento tendencionalmente exclusivo de regulação das relações jurídicas. Afirmou-se a concepção de contrato como acordo ou encontro de vontades entre indivíduos livres e iguais"*[(6)].

O Direito Positivo, no entanto, como forma de proteção da parte hipossuficiente, passou a intervir nas relações materialmente desiguais com a elaboração de normas cogentes ou de ordem pública, para, por intermédio da limitação da autonomia privada individual, resguardar a integridade jurídica da parte considerada mais vulnerável que, impossibilitada de discutir em situação de igualdade o conteúdo da relação contratual, via-se obrigada a aceitar condições jurídicas que lhe eram impróprias.

Entretanto, diante da insuficiência e da falta de efetividade dessa legislação intervencionista estatal para a garantia da esfera individual, incrementou-se a noção da autonomia privada coletiva como instrumento de igualização de relações jurídicas inicialmente desiguais em diversos setores do Direito Privado, sendo o Direito do Trabalho o berço, por excelência, da autonomia privada coletiva.

A autonomia privada coletiva é o poder jurídico reconhecido a determinados grupos sociais de criar normas jurídicas para a tutela de interesses de uma coletividade, comunidade ou classe de pessoas globalmente consideradas. Insere-se num contexto em que se verifica a disparidade de poder contratual entre categorias socioeconômicas contrapostas. Sua concepção baseia-se na percepção social da existência de uma lacuna entre a norma geral e a particular, entre a abstração das normas gerais estatais e a excessiva concretude e singularidade

(6) SILVA, Walküre Lopes Ribeiro da. Autonomia privada coletiva e o direito do trabalho. *Revista de Direito do Trabalho*. São Paulo, jan./mar. 200, p. 31.

das situações particulares (hiperespecíficas), cujo preenchimento dá-se pela esfera contratual coletiva.

Nas relações de trabalho, a autonomia privada coletiva não surgiu como antítese do princípio protetor; ela objetiva exatamente uma maior efetivação desse princípio, ante as mudanças fáticas que apontam para a necessidade de incrementar outros instrumentos de tutela dos interesses dos trabalhadores, diante da insuficiência, historicamente demonstrada, do ordenamento jurídico estatal para essa missão.

Em todo o Direito do Trabalho, há um ponto de partida e um ponto de chegada; o primeiro é representado pela união dos trabalhadores; o segundo pela melhoria das suas condições. Direito Individual e Direito Coletivo constituem apenas diferentes caminhos para se percorrer o mesmo itinerário. Ambos constituem modalidades de um mesmo fenômeno, pois o princípio da proteção constitui o critério fundamental que orienta o Direito do Trabalho.(7)

O procedimento da autonomia privada coletiva é a negociação coletiva. Seu produto jurídico são os acordos e convenções coletivas, também denominados genericamente de normas coletivas, instrumentos normativos, normas convencionais.

Quanto à sua natureza jurídica, prevalece na doutrina e na jurisprudência o entendimento segundo o qual as normas coletivas possuem natureza mista (híbrida). São adeptos desta corrente a maioria absoluta dos juslaboralistas (*Kaskel-Dersch*, *Nipperdey*, *Nikish*, *Krotoschin*, *Paul Durand*, *Jaussaud*, *Rivero*, *Savatier*, *Octavio Bueno Magano*, *Carlos Moreira de Luca*, *Mozart Victor Russomano*).

Essa doutrina constitui um *tertium genus* entre as correntes contratualistas e regulamentares. Seus adeptos consideram a convenção coletiva como um instituto híbrido: quanto à formação, identifica-se com um contrato; por seu conteúdo, equivale a uma norma jurídica.

A teoria mista é praticamente resumida na clássica e célebre definição de *Francesco Carnelluti*, segundo a qual *"O contrato coletivo é um hibrido, que tem corpo de contrato e alma de lei; mediante o mecanismo contratual desempenha uma força, que transcende o direito subjetivo, e desencadeia um movimento, que vai além da relação jurídica entre as partes"*. Possui corpo de contrato, porque se aperfeiçoa como uma acordo de declaração de vontades; tem alma de lei, porque, em seu conteúdo, regula relações jurídicas em princípio abstratas, que se concretizam *ad futurum* com a sua aplicação.

A natureza contratual dos acordos e convenções coletivas é representada pela cláusulas de envoltura, que dizem respeito aos pressupostos de validade e de existência da norma convencional, e pelas cláusulas obrigacionais, pelas quais são fixados direitos e obrigações para os sujeitos pactuantes. Já o aspecto normativo destas normas coletivas é consubstanciado nas denominadas cláusulas normativas, consistente no conjunto de disposições que regulamentam as relações individuais de trabalho.

Assim, evidentemente que os acordos e convenções coletivas não se equiparam aos negócios jurídicos individuais, pois possuem nítido caráter normativo. Deste modo, a limitação imposta no § 3º do art. 8º da CLT, com a redação dada pela Lei n. 14.367/2017, só pode se referir às cláusulas de envoltura e algumas cláusulas obrigacionais, jamais às cláusulas normativas. A estas, o § 3º do art. 8º da CLT prevê expressamente a possibilidade de intervenção e apreciação jurisdicional, desde que observado o princípio da intervenção mínima na autonomia privada coletiva.

De fato, em se tratando de acordos e convenções coletivas, a autonomia privada coletiva é primordialmente manifestada por meio das cláusulas normativas, não pelas cláusulas de envoltura ou cláusulas obrigacionais. Desse modo, ao se referir ao princípio da intervenção mínima na autonomia privada coletiva, o legislador permitiu a apreciação do conteúdo normativo pelo Judiciário trabalhista, desde que observado referido princípio.

Do mesmo modo, ao dispor no § 1º do art. 611-A, *in verbis*, "§ 1º No exame da convenção coletiva ou do acordo coletivo de trabalho, a Justiça do Trabalho observará o disposto no § 3º do art. 8º desta Consolidação", o legislador apenas remete o julgador ao princípio da intervenção mínima no que se refere às cláusulas normativas, não significando, em nenhuma hipótese, proibição de apreciação do conteúdo normativo.

Deste modo, não se pode confundir o princípio da intervenção mínima na autonomia privada coletiva com limitação à análise da conformidade dos elementos essenciais do negócio jurídico à luz do art. 104 do Código Civil. Esta remissão refere-se às denominadas cláusulas de envoltura e cláusulas obrigacionais. No que pertine às cláusulas normativas, a Justiça do Trabalho poderá adentrar ao mérito das referidas cláusulas, em quaisquer dos seus aspectos, respeitado o princípio da intervenção mínima na autonomia privada coletiva.

(7) PLÁ RODRIGUEZ, Américo. *Princípios de direito do trabalho*. Tradução de Wagner D. Giglio. São Paulo: LTr, 1997. p. 25-28.

2.2. Prevalência do negociado sobre o legislado

A relação entre a convenção coletiva e a legislação estatal depende das características de cada ordenamento jurídico, sendo influenciada por diversos fatores como a formação histórica do ordenamento, os aspectos históricos, culturais, sociais e econômicos da nação, as raízes históricas e ideológicas da formação do movimento sindical, o tipo de modelo sindical adotado, o grau de autonomia e liberdade dos sindicatos, o nível de intervencionismo estatal na sociedade, as características da democracia e o grau de participação popular.

No Brasil, os acordos e convenções coletivas do trabalho estão submetidos ao princípio da progressividade dos direitos sociais, esculpido no art. 7º, *caput*, da Constituição Federal de 1988. Deste modo, por imperativo constitucional, a autonomia privada coletiva está adstrita à sua função social, constituindo um verdadeiro direito função, o qual só deve ser exercido para a tutela da coletividade representada.

Deste modo, a autonomia privada coletiva, no ordenamento jurídico brasileiro, constitui um direito-função, que tem objetivo previamente estatuído na Carta Constitucional: a melhoria das condições de vida dos trabalhadores. Qualquer norma infraconstitucional que disponha sobre a autonomia privada coletiva deve ser interpretada conforme a Constituição ou declarada inconstitucional.

Neste diapasão, a Lei n. 13.467/2017 inseriu o art. 611-A na CLT com vistas a regulamentar a hierarquia entre as normas coletivas e a legislação estatal, dispondo, *ipsis litteris*:

> "Art. 611-A. A convenção coletiva e o acordo coletivo de trabalho têm prevalência sobre a lei quando, entre outros, dispuserem sobre:
>
> I – pacto quanto à jornada de trabalho, observados os limites constitucionais;
>
> II – banco de horas anual;
>
> III – intervalo intrajornada, respeitado o limite mínimo de trinta minutos para jornadas superiores a seis horas;
>
> IV – adesão ao Programa Seguro-Emprego (PSE), de que trata a Lei n. 13.189, de 19 de novembro de 2015;
>
> V – plano de cargos, salários e funções compatíveis com a condição pessoal do empregado, bem como identificação dos cargos que se enquadram como funções de confiança;
>
> VI – regulamento empresarial;
>
> VII – representante dos trabalhadores no local de trabalho;
>
> VIII – teletrabalho, regime de sobreaviso, e trabalho intermitente;
>
> IX – remuneração por produtividade, incluídas as gorjetas percebidas pelo empregado, e remuneração por desempenho individual;
>
> X – modalidade de registro de jornada de trabalho;
>
> XI – troca do dia de feriado;
>
> XII – enquadramento do grau de insalubridade;
>
> XIII – prorrogação de jornada em ambientes insalubres, sem licença prévia das autoridades competentes do Ministério do Trabalho;
>
> XIV – prêmios de incentivo em bens ou serviços, eventualmente concedidos em programas de incentivo;
>
> XV – participação nos lucros ou resultados da empresa."

O próprio legislador considerou que as alterações das matérias enunciadas no art. 611-A da CLT só teriam prevalência sobre a respectiva lei se delas adviessem vantagens aos trabalhadores, ainda que a referida vantagem não estivesse prevista expressamente no instrumento coletivo, como se infere do § 2º do art. 611-A, *in verbis*: "*§ 2º A inexistência de expressa indicação de contrapartidas recíprocas em convenção coletiva ou acordo coletivo de trabalho não ensejará sua nulidade por não caracterizar um vício do negócio jurídico.*"

Deste modo, consoante o art. 611-A da CLT, os acordos e convenções coletivas só possuem prevalência sobre a lei quando dispuserem de modo mais favorável ao trabalhador, por meio de contrapartidas recíprocas, ainda que estas não estejam previstas expressamente no instrumento normativo. Não se deve confundir inexistência de contrapartida expressa com a ausência da própria contrapartida. Em ambas as situações, deve haver uma condição mais favorável aos trabalhadores para a validade da alteração; a facultatividade diz respeito apenas à previsão expressa no próprio instrumento normativo da contrapartida ou não.

O § 3º do art. 611-A da CLT, também com redação conferida pela Lei n. 13.467/2017, não somente corrobora a adoção do princípio da progressividade dos direitos sociais trabalhistas pelo legislador infraconstitucional, como determinada que a favorabilidade da alteração esteja expressamente prevista no instrumento normativo, como se observa do seu teor: "§ 3º *Se for pactuada cláusula que reduza o salário ou a jornada, a convenção coletiva ou o acordo coletivo de trabalho deverão prever a proteção dos empregados contra dispensa imotivada durante o prazo de vigência do instrumento coletivo.*"

2.3. Matérias não suprimíveis ou redutíveis por meio de acordos e convenções coletivas

Os direitos sociais fundamentais constituem cláusulas pétreas de nosso ordenamento jurídico, os quais não podem ser abolidos pelo poder constituinte derivado, consoante o art. 60 da Constituição Federal de 1988, o qual veda expressamente qualquer tentativa de emenda constitucional com vistas à supressão dos direitos e garantidas fundamentais (art. 60, IV, CF/88).

Assim, se ao poder constituinte derivado é vedada qualquer tentativa de supressão, total ou parcial (redução) de direitos e garantias fundamentais, por meio de emenda constitucional, evidentemente que a todas as demais normas do ordenamento jurídico pátrio (leis complementares, leis ordinárias, leis delegadas, medidas provisórias, decretos legislativos, resoluções e outras) que se situam em grau hierárquico inferior, devem preservar integralmente os direitos e garantias fundamentais.

Deste modo, a norma do art. 611-B(8), na atual redação conferida pela Lei n. 13.467/2017 constituiu um preceito teratológico ao considerar-se a teoria geral do direito e o constitucionalismo moderno, uma vez que, por meio dela pretende-se uma subversão na hierarquia normativa em relação à Constituição Federal, como se a lei infranconstitucional pudesse determinar a natureza das normas constitucionais e dos direitos constitucionalmente protegidos.

De fato, o art. 611-B da CLT é inócuo, uma vez que referidos direitos não podem ser suprimidos ou reduzidos sequer por emenda constitucional, quanto mais por normas infraconstitucionais ou acordos e convenções coletivas, diante da égide do art. 60 da CF/88 que cristaliza referidos direitos e garantias sociais como cláusulas pétreas, bem como pela observância do princípio constitucional da progressividade dos direitos humanos sociais, consagrado no art. 7º, *caput*, da CF/88.

Na realidade, pretendeu-se, por meio da inserção dos arts. 611-A e 611-B na CLT, classificar os direitos e garantias sociais previstos nos arts. 6º, 7º, 8º e 9º da CF/88, em direitos sociais disponíveis e indisponíveis, como se a legislação infraconstitucional tivesse o condão de discriminar direitos fundamentais de mesma natureza, grau e intensidade constitucional.

Pretende-se pela via oblíquia do art. 611-B legitimar a inconstitucionalidade do art. 611-A, pois a menção expressa do legislador à ilicitude de supressão ou redução exclusiva dos direitos elencados no art. 611-B não possui o condão de legitimar a pretensão de supressão, redução ou alteração *in pejus* dos direitos mencionados no art. 611-A da CLT, uma vez que possuem a mesma natureza, cogência e indisponibilidade conferidas pelo legislador constituinte originário, estando sob o manto da petrealidade constitucional (art. 60, IV, CF/88) e submetidos ao princípio constitucional da progressividade dos direitos humanos sociais (art. 7º, *caput*, CF/88).

2.4. Prevalência do acordo coletivo sobre a convenção coletiva

A legislação brasileira consagrou a utilização de duas denominações para designar as espécies de normas coletivas elaboradas pelos atores sociais: acordo coletivo de trabalho e convenção coletiva de trabalho.

Essa distinção é típica e exclusiva do direito brasileiro. No direito comparado, a regra é a utilização de uma mesma denominação para as normas coletivas, sendo que a sua diferenciação dá-se pelos sujeitos pactuantes, conteúdo ou o papel reservado a cada norma no ordenamento jurídico.

Na França, Bélgica e Luxemburgo, a denominação mais adotada é convenção coletiva de trabalho. Na Itália, geralmente, é utilizado contrato coletivo, mas também encontramos *"concordato di tarifa"* (*Messineo*), *"regolamento corporativo"* (*Costamagna*) e *"trattado intersindicale"*. Na Alemanha, a denominação habitual é *"tarifvertrag"* (contrato de salários); mas também é usada *"betriebsvereibarung"* (contrato de estabelecimento). Os países anglo-saxônicos comumente empregam a expressão *"collective bargaining"*. Em Portugal, emprega-se a expressão contrato coletivo. Na Espanha, utiliza-se contrato coletivo. A Recomendação n. 91 da Organização Internacional do Trabalho (de 1951), sobre os contratos coletivos, adota tanto a expressão convenção coletiva de trabalho quanto contrato coletivo de trabalho para designar o mesmo fenômeno.

No ordenamento jurídico brasileiro, não há uma diferença essencial entre o acordo e a convenção coletiva. Eles diferem-se apenas quanto aos sujeitos pactuantes e em relação à sua abrangência. Quanto aos sujeitos, a convenção coletiva possui natureza eminentemente intersindical, porque celebrada com a presença

---

(8) "Art. 611-B. Constituem objeto ilícito de convenção coletiva ou de acordo coletivo de trabalho, exclusivamente, a supressão ou a redução dos seguintes direitos: I – normas de identificação profissional, inclusive as anotações na Carteira de Trabalho e Previdência Social; II – seguro-desemprego, em caso de desemprego involuntário; III – valor dos depósitos mensais e da indenização rescisória do Fundo de Garantia do Tempo de Serviço (FGTS); IV – salário mínimo; V – valor nominal do décimo terceiro salário; VI – remuneração do trabalho noturno superior à do diurno; VII – proteção do salário na forma da lei, constituindo crime sua retenção dolosa; VIII – salário-família; IX – repouso semanal remunerado; X – remuneração do serviço extraordinário superior, no mínimo, em 50% (cinquenta por cento) à do normal; XI – número de dias de férias devidas ao empregado; XII – gozo de férias anuais remuneradas com, pelo menos, um terço a mais do que o salário normal; XIII – licença-maternidade com a duração mínima de cento e vinte dias;

de sindicatos em ambos os polos, isto é, sindicato profissional e sindicato da categoria econômica; o acordo coletivo, por sua vez, caracteriza-se pela presença de um sindicato profissional de um lado e, de outro, pela existência de uma ou mais empresas que atuam diretamente no próprio nome, sem a necessidade da presença do sindicato patronal.

Em relação à abrangência, a convenção coletiva abrange todos os membros (trabalhadores e empregadores) das categorias representadas pelos sindicatos convenentes, já o acordo coletivo se restringe aos trabalhadores da(s) empresa(s) pactuante(s), ou conforme delimitado no instrumento pelas partes, podendo corresponder a um setor ou a um estabelecimento da empresa.

Os acordos e as convenções coletivas de trabalho figuram no mesmo grau na pirâmide hierárquica normativa, não havendo correlação lógica de superioridade e inferioridade entre eles. Ambos os convênios retiram seu fundamento de validade da própria Constituição Federal de 1988, inclusive dos mesmos dispositivos constitucionais (art. 7º, incisos VI, XIII, XIV XXVI). Não existe, *a priori*, hierarquia normativa entre acordos e convenções coletivas de trabalho, pois nenhuma dessas normas retira seu fundamento de validade da outra.

Em sua antiga redação, o art. 620 da CLT sobre a aplicação da norma mais favorável para solucionar o conflito entre convenção e acordo coletivo, ao prescrever que *"As condições estabelecidas em Convenção, quando mais favoráveis, prevalecerão sobre as estipuladas em Acordo"*.

A Lei n. 13.467/2017 alterou o art. 620 da CLT para dispor, *in verbis*: *"As condições estabelecidas em acordo coletivo de trabalho sempre prevalecerão sobre as estipuladas em convenção coletiva de trabalho"*.

A tendência moderna é a conjugação do princípio da norma mais favorável com as circunstâncias específicas solucionadas por normas coletivas de menor abrangência. Por esse prisma, o princípio da norma mais favorável, geralmente aplicado no cotejamento da convenção com o acordo coletivo, não deve ser aplicado *in abstracto*, mas considerando-se as condições fático-jurídicas que levaram à elaboração de cada norma e as implicações da aplicação de cada uma delas no caso concreto.

Desse modo, um acordo coletivo que, em princípio, apresenta-se menos favorável para os trabalhadores de determinada empresa em comparação com a convenção coletiva da categoria, pode apresentar-se mais idôneo para reger as peculiaridades da realidade da coletividade de trabalhadores para a qual foi elaborada. Um acordo nesse sentido pode tornar-se mediata e efetivamente mais favorável para a coletividade de trabalhadores, obstando os prejuízos que poderiam advir de uma convenção coletiva que se apresentaria imediata e nominalmente mais vantajosa.

Por esse critério, aplica-se a norma mais favorável, salvo se a norma mais específica reger uma situação peculiar de determinada coletividade de trabalhadores, que viriam a ser prejudicados pela aplicação de uma norma geral. Em síntese, a vantagem deve ser aferida concretamente em se tratando de conflito entre acordo e convenção coletiva.

Deste modo, a disposição do art. 620 da CLT, com a redação conferida pela Lei n. 13.467/2017, deve ser interpretada à luz dos princípios da norma mais favorável e da primazia da realidade, de forma que o acordo coletivo somente prevalece sobre uma convenção coletiva quando concretamente mais favorável aos trabalhadores. A norma não estipula uma hierarquia normativa, mas, no máximo, cria uma presunção favorável ao acordo, a qual pode ser elidida por verdade dos fatos.

2.5. Negociação individual com eficácia de norma coletiva?

Um dos princípios norteadores do Direito do Trabalho é o princípio da irrenunciabilidade dos direitos

XIV – licença-paternidade nos termos fixados em lei; XV – proteção do mercado de trabalho da mulher, mediante incentivos específicos, nos termos da lei; XVI – aviso prévio proporcional ao tempo de serviço, sendo no mínimo de trinta dias, nos termos da lei; XVII – normas de saúde, higiene e segurança do trabalho previstas em lei ou em normas regulamentadoras do Ministério do Trabalho; XVIII – adicional de remuneração para as atividades penosas, insalubres ou perigosas; XIX – aposentadoria; XX – seguro contra acidentes de trabalho, a cargo do empregador; XXI – ação, quanto aos créditos resultantes das relações de trabalho, com prazo prescricional de cinco anos para os trabalhadores urbanos e rurais, até o limite de dois anos após a extinção do contrato de trabalho; XXII – proibição de qualquer discriminação no tocante a salário e critérios de admissão do trabalhador com deficiência; XXIII – proibição de trabalho noturno, perigoso ou insalubre a menores de dezoito anos e de qualquer trabalho a menores de dezesseis anos, salvo na condição de aprendiz, a partir de quatorze anos; XXIV – medidas de proteção legal de crianças e adolescentes; XXV – igualdade de direitos entre o trabalhador com vínculo empregatício permanente e o trabalhador avulso; XXVI – liberdade de associação profissional ou sindical do trabalhador, inclusive o direito de não sofrer, sem sua expressa e prévia anuência, qualquer cobrança ou desconto salarial estabelecidos em convenção coletiva ou acordo coletivo de trabalho; XXVII – direito de greve, competindo aos trabalhadores decidir sobre a oportunidade de exercê-lo e sobre os interesses que devam por meio dele defender; XXVIII – definição legal sobre os serviços ou atividades essenciais e disposições legais sobre o atendimento das necessidades inadiáveis da comunidade em caso de greve; XXIX – tributos e outros créditos de terceiros; XXX – as disposições previstas nos arts. 373-A, 390, 392, 392-A, 394, 394-A, 395, 396 e 400 desta Consolidação. *Parágrafo único.* Regras sobre duração do trabalho e intervalos não são consideradas como normas de saúde, higiene e segurança do trabalho para os fins do disposto neste artigo."

trabalhistas. Trata-se de princípio nuclear do Direito do Trabalho, sendo um dos vértices do caráter tuitivo da legislação trabalhista, limitador da autonomia vontade nas relações individuais de trabalho.

De fato, ao absorver os dogmas liberais da igualdade formal e da liberdade contratual sujeita à lei da oferta e da procura, a legislação civil mostrou-se incongruente para a regulamentação de uma nova categoria de relação jurídica advinda com o novo modo de produção capitalista – o trabalho subordinado, pessoal, habitual e assalariado –, marcada por sua natureza assimétrica e autocrática; o que suscitou a formação de novas categorias dogmáticas para a regulamentação dos conflitos entre trabalhadores e empregadores, cujo centro de gravidade consiste na própria canalização para o âmbito das relações de trabalho do desigual conflito de classes emergente na sociedade capitalista.

Nasce, neste contexto, não somente um corpo legislativo regulamentador dos conflitos individuais e coletivos do trabalho, mas também um sistema de regulamentação com um claro objetivo tuitivo e promocional de um dos polos da relação de trabalho: a figura do empregado; sendo que um dos veículos principais para essa proteção consistiu exatamente na relativização dos dogmas da autonomia da vontade e da igualdade formal entre as partes, consagrando-se os direitos sociais fundamentais dos trabalhadores, com vistas a impedir a sua coisificação e preservar a sua condição humana numa relação jurídico-material na qual a sua pessoa ocupa uma posição central.

A limitação da autonomia da vontade é consagrada pelo princípio da irrenunciabilidade dos direitos trabalhistas e da inalterabilidade das condições de trabalho. Princípios supralegais, informadores da legislação trabalhista, mas também cristalizados em diversos dispositivos legais, como os arts. 9º, 444 e 468 da CLT. Seu objetivo é tutelar a parte hipossuficiente da relação de emprego – o empregado –, em virtude do seu estado de subordinação jurídica ao empregador e, consequentemente, de vulnerabilidade.

A Lei n. 13.467/2017 inseriu um parágrafo único ao art. 444 da CLT, *in verbis*:

> Art. 444 – As relações contratuais de trabalho podem ser objeto de livre estipulação das partes interessadas em tudo quanto não contravenha às disposições de proteção ao trabalho, aos contratos coletivos que lhes sejam aplicáveis e às decisões das autoridades competentes.
>
> Parágrafo único. A livre estipulação a que se refere o *caput* deste artigo aplica-se às hipóteses previstas no art. 611-A desta Consolidação, com a mesma eficácia legal e preponderância sobre os instrumentos coletivos, no caso de empregado portador de diploma de nível superior e que perceba salário mensal igual ou superior a duas vezes o limite máximo dos benefícios do Regime Geral de Previdência Social." (NR)

O parágrafo único do art. 444 da CLT, inserido pela Lei n. 13.467/2017, é a síntese da diretriz da "reforma trabalhista": a supremacia do econômico sobre o social; a desconsideração da pessoa humana do trabalhador pelo mecanismo da monetização, como se o fato de o trabalhador ter curso superior e perceber salário mensal igual ou superior a duas vezes o limite máximo perdesse seu estado de subordinação jurídica perante o empregador. Desde muito se consagrou o entendimento de que a subordinação do contrato de trabalho, denominada de "dependência" no art. 3º, *caput*, da CLT, não é técnica, nem hierárquica e muito menos econômica, e sim jurídica. Deste modo, é irrelevante o grau de qualificação do trabalhador ou o valor dos seus rendimentos.

Assim, o parágrafo único do art. 444 da CLT, com redação dada pela Lei n. 13.467/2017, é manifestamente inconstitucional, pois, além de conferir um tratamento discriminatório entre trabalhadores que estão em um mesmo estado de subordinação, nega o caráter humano destes mesmos trabalhadores, violando flagrantemente o princípio da dignidade da pessoa humana, esculpido no art. 1º, III, da CF/88 e os princípios da igualdade e da prevalência dos direitos humanos, também cristalizados em diversos dispositivos constitucionais.

REFERÊNCIAS BIBLIOGRÁFICAS

AROUCA, José Carlos. *Repensando o sindicato*. São Paulo: LTr, 1998.

COTRIM, Gilberto. *História global: Brasil e geral*. 5. ed. São Paulo: Saraiva, 1999.

GOMES NETO, Indalécio. Características do sindicalismo brasileiro. *Revista LTr*, ano 58, n. 3, p. 267-270, mar. 1994.

MARTINS, Milton. *Sindicalismo e relações trabalhistas*. São Paulo: LTr, 1995.

PLÁ RODRIGUEZ, Américo. *Princípios de direito do trabalho*. Tradução de Wagner D. Giglio. São Paulo: LTr, 1997.

SANTOS, Ronaldo Lima dos. *Teoria das normas coletivas*. 3. ed. São Paulo: LTr, 2014.

______. *Sindicatos e ações coletivas*: acesso à justiça, jurisdição coletiva e tutela dos direitos difusos, coletivos e individuais homogêneos. 4. ed. São Paulo: LTr, 2014.

SILVA, Walküre Lopes Ribeiro da. Autonomia privada coletiva e o direito do trabalho. *Revista de Direito do Trabalho*, São Paulo, p. 27-39, jan./mar. 2000.

III

Direito Processual do Trabalho

CONTRIBUIÇÕES DA REFORMA TRABALHISTA PARA A (IN)EFETIVIDADE SOCIAL DO PROCESSO DO TRABALHO

JULIANE CARAVIERI MARTINS

Professora Adjunta da Faculdade de Direito da Universidade Federal de Uberlândia (UFU), Coordenadora/ Editora da Revista da Faculdade de Direito (UFU), Doutora em Direito Político e Econômico pela Universidade Presbiteriana Mackenzie, Doutora em Ciências da Integração da América Latina pela Universidade de São Paulo (PROLAM/USP) e Mestra em Direito Constitucional pela Pontifícia Universidade Católica de São Paulo (PUC/SP). E-mail: jcaravieri@ufu.br

[...] os valores democráticos e os princípios de segurança jurídica e social, dos quais pende a conservação do Estado de Direito, só hão de encontrar seu significado profundo numa democracia participativa em que a legitimidade viva, ao revés da legalidade morta, tenha prevalência.

Paulo Bonavides(1)

INTRODUÇÃO

Em 1º de maio de 1943, no Estádio de São Januário no Rio de Janeiro, a Consolidação das Leis do Trabalho (CLT) foi aprovada pelo Decreto-lei n. 5.452 e assinada por Getúlio Vargas, sendo aplicada, naquele momento, apenas aos trabalhadores urbanos. Porém, a fase de institucionalização do Direito do Trabalho no Brasil teve início tempos antes, mais especificamente em 1930 com a ascensão de Vargas ao poder e desenvolveu-se até 1945.

De 1930 a 1945, os direitos sociais, incluindo os trabalhistas, seguem na "dianteira", nas assertivas de José Murilo de Carvalho(2), havendo a expedição de diversos decretos e medidas por Getúlio Vargas para a instituição e ampliação dos direitos sociais e laborais como, por exemplo, a ampliação das Caixas de Aposentadoria e Pensão, excluindo os trabalhadores autônomos e domésticos, e a criação da Justiça do Trabalho em 1939(3). Neste momento histórico, houve, de um lado, a repressão do governo getulista aos movimentos sindicais com o controle do Estado sobre a estrutura sindical e, de outro lado, a concessão de diversos benefícios e direitos individuais aos trabalhadores, o que se refletiu no texto da CLT. Porém, é nítido que a norma consolidada "[...] amparada no vigor da interpretação constitucional, mantém força e compromisso social, assumindo novos

(1) BONAVIDES, Paulo. *Teoria constitucional da democracia participativa.* 3. ed. São Paulo: Malheiros, 2008. p. 313.

(2) CARVALHO, José Murilo de. *Cidadania no Brasil*: o longo caminho. 3. ed. Rio de Janeiro: Civilização Brasileira, 2002.

(3) O Decreto n. 22.132/1932 criou as Juntas de Conciliação e Julgamento para conciliar os dissídios individuais entre trabalhadores e empregadores e o Decreto n. 21.364/1932 criou as Comissões Mistas de Conciliação para dirimir os conflitos coletivos de trabalho, ambas pertencentes ao Poder Executivo (Ministério do Trabalho, Comércio e Indústria), não possuindo autonomia administrativa e jurisdicional. Entretanto, o Decreto n. 1.237/1939 elevou a Justiça do Trabalho a órgão autônomo, entrando em funcionamento efetivo em 1º de maio de 1941 no país. O Decreto-lei n. 9.777/1946 organizou a Justiça do Trabalho como órgão do Poder Judiciário e a Constituição de 1946 elevou-a ao patamar constitucional como pertencente ao Poder Judiciário da União.

traçados, ângulos e projetos de renovação e de proteção ao trabalho regulado, em respeito aos padrões sociais historicamente maturados no período de redemocratização brasileiro"[(4)].

Recentemente, foi aprovada a Lei n. 13.467, de 13 de julho de 2017, chamada de *reforma trabalhista*, que alterou vários artigos da Consolidação das Leis do Trabalho, da Lei n. 6.019/1974, da Lei n. 8.036/1990 e da Lei n. 8.212/1991 sob o discurso falacioso de que as normas trabalhistas estão obsoletas, devendo ser modernizadas e adequadas às novas relações de trabalho impostas pelo sistema capitalista. Oriunda do PLC n. 38/2017, tais alterações impactarão no Direito Material do Trabalho (individual e coletivo) e no Direito Processual do Trabalho esgarçando o sistema juslaboral de proteção ao trabalhador num momento em que, no Brasil, há mais de quatorze milhões de desempregados[(5)]: o chamado *exército de reserva*[(6)].

A reforma se direcionou em torno de ***três eixos básicos***: a prevalência dos acordos e convenções coletivas de trabalho sobre a legislação positivada; o término da obrigatoriedade da contribuição sindical e o princípio da *intervenção mínima do Poder Judiciário* nas negociações trabalhistas (§ 3º do art. 8º da CLT), impactando na prestação da tutela jurisdicional laboral. Em linhas gerais, as alterações legislativas objetivaram a desconstrução dos direitos sociais trabalhistas conquistados pelo cidadão trabalhador nos últimos séculos, sobretudo após a criação da Organização Internacional do Trabalho (OIT), do despontar do Constitucionalismo Social e do processo de "reconstrução" dos direitos humanos no pós-1945.

Assim, o presente estudo analisou criticamente a reforma trabalhista, enfocando algumas das modificações realizadas no Direito Processual do Trabalho, a saber: gratuidade dos atos processuais, honorários periciais, incidente de desconsideração da personalidade jurídica, limitação da execução de ofício e atualização dos créditos trabalhistas pela taxa referencial (TR), estando dividido em três partes. Primeiramente, buscou-se compreender os direitos sociais laborais na Constituição de 1988. Posteriormente, analisou-se o comprometimento da efetividade social do processo do trabalho pela reforma trabalhista ao se limitar o exercício do direito de acesso à tutela jurídica justa e efetiva pelos cidadãos trabalhadores, violando princípios basilares do Direito Processual do Trabalho. Por fim, foram tecidas as considerações finais.

Como metodologia científica, a pesquisa utilizou os métodos dialético (contraposição entre tese e antítese) e histórico-sociológico (investigação de fatos, processos e instituições ao longo do tempo). Quanto à técnica de pesquisa, utilizou-se a bibliográfica.

Portanto, sem exaurir os questionamentos em relação ao tema ora debatido, o estudo objetivou contribuir para as discussões atualíssimas sobre a reforma trabalhista que alterou a configuração jurídica das relações de trabalho no Brasil as quais impactarão nos próximos anos na ocupação da mão de obra.

1. OS DIREITOS SOCIAIS TRABALHISTAS NA CONSTITUIÇÃO DE 1988

O trabalho do homem não se confunde com a atividade exercida pelos animais de modo instintivo para sobreviver, pois ao final do processo do labor, surge um resultado que já estava arquitetado idealmente na mente humana. O trabalhador não transforma apenas o material que atua, mas imprime neste material aquela ideia inicial que tinha concebido mentalmente[(7)]. O trabalho humano é consciente e proposital enquanto a atividade exercida pelos animais possui cunho meramente instintivo. Logo, segundo Harry Braverman[(8)], "o trabalho que ultrapassa a mera atividade instintiva é assim a força que criou a espécie humana e a força pela qual a humanidade criou o mundo como conhecemos".

Nesse sentido, a Constituição de 1988, chamada de Constituição Cidadã, reconheceu a essencialidade do trabalho como instrumento de afirmação da dignidade do trabalhador, seja no âmbito de sua individualidade como ser humano, seja em seu contexto familiar e social. A valorização do trabalho encontra-se enfatizada tanto no art. 1º, incisos III e IV da Constituição, marcando o anúncio dos princípios fundamentais da República Federativa do Brasil, quanto consolidada no *Título II – Dos Direitos e Garantias Fundamentais*, pois o trabalho se

(4) DELGADO, Gabriela Neves. A CLT aos 70 anos: rumo a um direito do trabalho constitucionalizado. *Revista do TST*, Brasília, v. 79, n. 2, p. 292. abr./jun. 2013.

(5) Segundo informações divulgadas pelo Instituto Brasileiro de Geografia e Estatística (IBGE) na *PNAD Contínua*, havia 14,2 milhões de pessoas desocupadas no primeiro trimestre de 2017. Disponível em: <http://www.ibge.gov.br/home/>. Acesso em: 26 maio 2017.

(6) Conceito desenvolvido por Karl Marx na sua crítica ao sistema capitalista.

(7) BRAVERMAN, Harry. *Trabalho e capital monopolista*: a degradação do trabalho no século XX. 2. ed. Tradução de Nathanael C. Caixeiro. Rio de Janeiro: Zahar Editores, 1980. p. 49-50.

(8) BRAVERMAN, Harry. *Trabalho e capital monopolista, op. cit.*, p. 53.

mostra como o bem jurídico necessário para a existência digna dos trabalhadores.

No Brasil, compete privativamente à União legislar sobre Direito do Trabalho e Direito Processual, incluído o Direito Processual do Trabalho (art. 22, I, CF). Entretanto, há competência concorrente entre a União, os Estados, o Distrito Federal e os Municípios (art. 24, CF) para legislar sobre a proteção do meio ambiente e o controle de poluição (VI), responsabilidade por dano ao meio ambiente (VIII), proteção e defesa da saúde (XII), incluindo o *meio ambiente do trabalho sadio e equilibrado* entre os direitos sociais fundamentais do trabalhador (art. 7º, XXII e XXIII, art. 225, *caput* c/c art. 200, VIII, CF).

A Constituição – ancorada nos princípios da dignidade humana e da cidadania – trouxe extenso catálogo de direitos fundamentais arrolados no *Título II – Dos Direitos e Garantias Fundamentais*, dentre outros dispersos ao longo do texto constitucional, incluindo não somente os *direitos civis e políticos* (primeira dimensão), mas também os *direitos sociais, econômicos e culturais* (segunda dimensão), privilegiando o tema dos direitos fundamentais. Segundo Norberto Bobbio(9), "enquanto os direitos individuais se inspiram no valor primário da liberdade, os direitos sociais se inspiram no valor primário da igualdade. São direitos que tendem, senão a eliminar, a corrigir desigualdades que nascem das condições de partida, econômicas e sociais, mas também, em parte, das condições naturais de inferioridade física [...]".

Independentemente de sua categoria, os direitos sociais buscam a implementação da justiça social mediante o fomento integral da pessoa humana e o respeito à sua dignidade, almejando a concretização dos princípios constitucionais da isonomia e de não discriminação. Enfim, os direitos sociais fundamentais são, conforme preceitua Gregorio Peces-Barba Martínez(10), "[...] *derechos de la persona concreta y situada, donde, por razones culturales, sociales, físicas o psíquicas, personas o colectivos se encuentran en desigualdade de condiciones sobre otras. Son los derechos de la mujer, de los niños, de los ancianos, de los minusválidos, de los consumidores*".

Ingo Wolfgang Sarlet(11) aponta que os direitos sociais fundamentais não formam conjunto homogêneo, logo, não podem ser definidos apenas como *direitos a prestações estatais*, pois:

> [...] não exercem a função precípua de direitos a prestações, podendo ser, na verdade, reconduzidos ao grupo dos direitos de defesa, como ocorre com o direito de greve (art. 9º, da CF), a liberdade de associação sindical (art. 8º, da CF), e as proibições contra discriminações nas relações trabalhistas consagradas no art. 7º, incs. XXXI e XXXII, de nossa Lei Fundamental. [...].

Portanto, os direitos sociais possuiriam, de acordo com Ingo Wolfgang Sarlet(12), duas categorias básicas:

> a) **direitos sociais de defesa**, de cunho negativo, seriam dirigidos a uma conduta omissiva por parte do seu destinatário – Estado ou particular –, assumindo a característica de "liberdades sociais", possuindo *status negativus socialis* ou *status socialis libertatis* e b) **direitos sociais a prestações**, de cunho positivo, requerem uma prestação ou fazer do Estado ou particular, possuindo *status positivus libertatis* ou *status positivus socialis*.

Independentemente de sua categoria, os direitos sociais se enquadram na categoria de direitos fundamentais, pois a fundamentalidade decorre da sua essência ancorada na dignidade da pessoa humana. Assim, tais direitos são compreendidos como indispensáveis e necessários para assegurar a todas as pessoas uma existência digna, livre e igual, minimizando as desigualdades sociais, reforçando o vínculo da cidadania, pois cidadão é "aquele que detém direitos civis (liberdades individuais) e políticos (participação política), mas também direitos sociais (trabalho, educação, habitação, saúde e prestações sociais em tempo de vulnerabilidade). O vínculo da cidadania, sob esse ponto de vista, materializa-se em duplo sentido"(13).

Neste contexto, quando se analisam os direitos sociais trabalhistas, questiona-se: *serão todos os direitos sociais individuais e coletivos dos trabalhadores considerados direitos fundamentais?*

---

(9) BOBBIO, Norberto. *Teoria geral da política.* São Paulo: Campus Elsevier, 2000. p. 508.

(10) MARTÍNEZ, Gregorio Peces-Barba. *Derechos sociales y positivismo jurídico*: escritos de filosofía jurídica y política. Cuadernos Bartolome de Las Casas n. 11. Madrid: Dykinson, 1999. p. 65.

(11) SARLET, Ingo Wofgang. Os direitos fundamentais sociais na Constituição de 1988. *Revista Diálogo Jurídico*, a. I, v. I, n. 1, Salvador, abril de 2001. p. 18-19.

(12) SARLET, Ingo Wofgang. Os direitos fundamentais sociais na Constituição de 1988. *op. cit.*, p. 18-19.

(13) MARTÍNEZ, Gregorio Peces-Barba. *Derechos sociales y positivismo jurídico. op. cit.*, p. 65, tradução nossa.

Essa questão do enquadramento dos direitos sociais na categoria de fundamentais (o conteúdo desses direitos) é debatida pela doutrina contemporânea (Lorenzo Martín-Retortillo Baquer e Ignacio de Otto y Pardo[14], José Joaquim Gomes Canotilho[15], Ingo Wolfgang Sarlet[16], Arion Sayão Romita[17] etc.), sendo tema controverso. Assim, Lorenzo Martín-Retortillo Baquer[18] questiona quais seriam os direitos fundamentais:

> [...] *Se daria casi por sabido, pero si uno pregunta con énfasis, '?quales son los derechos fundamentales?", lo cierto resulta ser que no ha habido respuestas terminantes y unívocas. Acaso la respuesta suela venir por la vía siguiente: 'Derechos fundamentales son los que la Constitución reconoce'. Pero ante tal afirmación, tras un momento de incertitumbre, viene inmediatamente el interrogante siguiente: '?Y cuáles son los derechos fundamentales que la Constitución reconoce? Aquí sí que parece suma la perplejidad.*
>
> *Porque, por de pronto, el texto constitucional está lleno de graduaciones, de revelies, de énfasis marcados. El jurista conocedor de su oficio que lee el texto de la Constitución observa que la sucesión de palabras es una sucesión de altibajos. E no especialista hablará sí, sin más complicaciones, del catálogo de derechos fundamentales y celebrará la amplitud, a que antes se hacía referencia, lo mismo que destacará, tal vez la incorporación de los derechos económicos y sociales. Como si todo fuera liso y uniforme. Pero ese talante no nos sirve por simplista, por inexacto. Porque la respuesta constitucional ha sido, como destacaba antes, muy compleja, cuajada de escalonamientos, valoraciones y graduaciones, expresados con frecuencia por referencias indirectas que no se aprecian a simple vista. No hay un tratamiento global y unitario sino, por el contrario, una pluralidad de respuestas que van a exigir luego precisiones sin fin.*

Para a aferição da fundamentalidade dos direitos sociais, incluindo nesta categoria os direitos trabalhistas individuais e coletivos, adotou-se o critério proposto por Maria Garcia[19] que se reportou ao questionamento de Lorenzo Martín-Retortillo Baquer (*¿Quales son los derechos fundamentales?*):

> [...] referindo não ter havido respostas terminantes e unívocas, algumas mesmo redundando na mesma resposta: "Direitos fundamentais são os que a Constituição reconhece". Contudo, a questão permanece: "E quais são os direitos fundamentais que a Constituição reconhece?" Aqui ocorrerá suma perplexidade, porquanto – explicita – o texto constitucional contém graduações, relevos, ênfases determinadas: "O jurista conhecedor de seu ofício que lê o texto da Constituição observa que a sucessão de palavras é uma sucessão de altos e baixos. O não especialista dirá, sim, sem mais complicações, do catálogo de direitos fundamentais e celebrará a amplitude e mesmo destacará, talvez, a incorporação dos direitos econômicos e sociais. Como se tudo fosse plano e uniforme. Mas isto não satisfaz, por simplista e inexato. Porquanto a resposta constitucional tem sido, como destacado, muito complexa, plena de escalonamentos, valorações e graduações, expressos frequentemente por referências imediatas indiretas que não se apreendem à simples vista. Não há um tratamento global e unitário senão, pelo contrário, uma pluralidade de respostas que irão exigir, de imediato, precisões sem fim.

Mais à frente no ensaio, prossegue a autora[20]:

> O art. 5º, *caput*, da Constituição especifica cinco *direitos fundamentais básicos*: vida, liberdade, igualdade, segurança e propriedade, que constituem o fundamento de todos os demais direitos consagrados, quer pelos incisos do art. 5º, quer pelos dispositivos sequenciais, do mesmo Título II, bem como de toda a Constituição – dado que órgãos, bens, direitos, deveres, instituições

(14) BAQUER, Lorenzo Martín-Retortillo e OTTO Y PARDO, Ignacio de. *Derechos fundamentales y Constitución*. Madrid: Editorial Civitas, 1988.

(15) CANOTILHO, José Joaquim Gomes. *Direito constitucional e teoria da Constituição*. 6. ed. Coimbra: Livraria Almedina, 2002.

(16) SARLET, Ingo Wolfgang. A eficácia dos direitos fundamentais. 9. ed. rev. atual. e ampl. Porto Alegre: Livraria do Advogado, 2008 e Os direitos fundamentais sociais na Constituição de 1988, *Revista Diálogo Jurídico*, a. I, v. I, n. 1, Salvador, abril de 2001. p. 01-46.

(17) ROMITA, Arion Sayão. *Direitos fundamentais nas relações de trabalho*. 2. ed. rev. e aum. São Paulo: LTr, 2007.

(18) BAQUER, Lorenzo Martín-Retortillo e OTTO Y PARDO, Ignacio de. *Derechos fundamentales y Constitución*, *op. cit.*, p. 65-66.

(19) GARCIA, Maria. Mas, quais são os direitos fundamentais? *Revista de Direito Constitucional e Internacional*, Revista dos Tribunais, a. 10, n. 39, abr./jun. 2002, São Paulo, p. 117-118.

(20) GARCIA, Maria. Mas, quais são os direitos fundamentais?, *op. cit.*, p. 122-123, grifo do autor.

> refluem, todos, para um destinatário único, o ser humano.
>
> Tais direitos fundamentais básicos assim o são, e devem ser, pelos fundamentos do Estado brasileiro, mediante um pacto fundamental firmado a partir de um enfoque do Direito Ocidental, conforme Jorge Miranda, compondo a família constitucional ocidental – portanto, por uma exigência de necessidade.
>
> Dentre todos os demais direitos e garantias consagrados pela Constituição – e, ainda, os direitos não expressos mas previstos pela abrangência do § 2º do art. 5º[21], quais deles seriam também *direitos fundamentais*?
>
> Todos os direitos e garantias diretamente vinculados a um dos cinco direitos fundamentais básicos constantes do art. 5º, *caput*. Os demais compõem apenas o quadro dos direitos constitucionais. [...]

Logo, serão considerados fundamentais todos os direitos sociais trabalhistas (individuais e coletivos) vinculados *diretamente a um dos cinco direitos fundamentais básicos*: **vida, liberdade, igualdade, segurança** e **propriedade**, adotando-se o critério proposto por Maria Garcia[22].

Quando se analisa a Constituição de 1988, os direitos sociais trabalhistas individuais e coletivos encontram-se previstos nos arts. 7º a 11 e, enquanto desdobramentos do direito fundamental ao trabalho digno, estando também diretamente relacionados à vida, à liberdade, à igualdade, à segurança e à propriedade delineados no art. 5º, *caput*, da Constituição. Desse modo, tais direitos integram a categoria jurídica dos direitos fundamentais.

Portanto, a compreensão da fundamentalidade dos direitos sociais laborais é primordial para a efetiva tutela a tais direitos que extrapolam a característica de normas puramente programáticas para adquirir a condição de "direitos públicos subjetivos" capazes de viabilizar o acesso à maior justiça social.

2. A REFORMA TRABALHISTA E O COMPROMETIMENTO DA EFETIVIDADE SOCIAL DO PROCESSO DO TRABALHO

Não pode exercer um direito quem não dispõe dos meios necessários

José de Alencar

A reforma trabalhista está inserida no bojo de ações e políticas neoliberais adotadas pelo governo federal no Brasil ao buscar a concessão de vantagens exclusivas ao capital no contexto da reestruturação empresarial[23] empreendida no último século em nível mundial. Tais alterações implicam em efeitos perversos para o mundo do trabalho e as relações laborais porque promovem a diminuição de postos de emprego formalizados para a adoção de outras modalidades de trabalho mais precárias e flexíveis sem o correspondente aumento da ocupação da mão de obra.

Muitos críticos desta reforma trabalhista detêm-se apenas nas alterações realizadas para o Direito Material do Trabalho, seja individual ou coletivo, não aprofundando o debate sobre as perversas mudanças legislativas que também impactarão no ***Processo do Trabalho***, enquanto instrumental viabilizador dos direitos sociais constitucionalmente resguardados aos trabalhadores os quais foram descumpridos durante a execução do contrato de trabalho.

É imperiosa a discussão das principais alterações que impactarão no Direito Processual do Trabalho as quais se espelham na *intervenção mínima do Poder Judiciário nas negociações trabalhistas* (art. 8º, § 3º da CLT), promovendo o cerceamento do direito fundamental de acesso à tutela jurídica justa e comprometendo a efetividade social do processo do trabalho. São nítidos os *tempos líquidos e a época das incertezas* apontadas por Zygmunt Bauman[24]:

> [...] *La exposición de los individuos a los caprichos del mercado laboral y de bienes suscita y promueve la división y no la unidad; premia las*

(21) "Os direitos e garantias expressos nesta Constituição não excluem outros decorrentes do regime e dos princípios por ela adotados, ou dos tratados internacionais em que a República Federativa do Brasil seja parte" (nota da autora).

(22) GARCIA, Maria. *Mas, quais são os direitos fundamentais?*, *op. cit.*, p. 122-123.

(23) Segundo Márcio Pochmann, "as principais características do processo de reestruturação capitalista [...] estão diretamente relacionadas aos ganhos de produtividade e de competitividade e à redução do emprego. De um lado, postos tradicionais são eliminados por força dos investimentos em novas tecnologias, na racionalização das técnicas de produção e em novas formas de gestão dos recursos humanos. [...] Os empregos que permanecem ou são criados também acabam afetados com a incessante busca por maior produtividade e competitividade e mais qualidade dos produtos. [...]" (POCHMANN, Márcio. *O trabalho sob fogo cruzado*: exclusão, desemprego e precarização no final do século. São Paulo: Contexto, 1999. p. 35-37).

(24) BAUMAN, Zygmunt. *Tiempos líquidos*: vivir en una época de incertitumbre. 1. reimpr., traducción de Carmen Corral. Buenos Aires: Tusquets Editores, 2009. p. 09.

actitudes competitivas, al tiempo que degrada la colaboración y el trabajo en equipo al rango de estratagemas temporales que deben abandonarse o eliminar-se una vez que se hayan agotado sus beneficios. La "sociedad" se ve y se trata como una "red", en vez de como una "estructura" (menos aún como una "totalidad" sólida): se percibe y se trata como una matriz de conexiones y desconexiones aleatoriais y de un número esencialmente infinito de permutaciones posibles.

A Constituição destacou, no seu Preâmbulo, a Justiça como um dos valores supremos de uma sociedade fraterna, pluralista e sem preconceitos, fundada no comprometimento com a solução pacífica dos conflitos, salvaguardando o exercício dos direitos individuais e coletivos e suas garantias. O acesso à ordem jurídica justa e à tutela jurídica efetiva (art. 5º, XXXV e LXXIV, CF) são garantias da cidadania, enquanto fundamento do Estado Democrático de Direito (art. 1º, II, CF). Logo, segundo Alf Ross, "como princípio do direito, a justiça delimita e harmoniza os desejos, pretensões e interesses conflitantes na vida social da comunidade"[(25)].

Entretanto, muitos órgãos do Poder Judiciário ainda estão distantes do cotidiano do *homem comum* e de seus anseios, pois não acompanharam os ditames impostos pela Constituição nas últimas décadas. Diferentemente, a Justiça do Trabalho caminhou à luz das diretrizes da Constituição de 1988, pois se pauta na busca da justiça social e na prestação da tutela jurisdicional às pessoas marginalizadas pelo capitalismo global[(26)].

Houve alterações de cunho constitucional que impactaram no acesso à justiça no Poder Judiciário trabalhista com reflexos para o processo do trabalho enquanto instrumental viabilizador desse acesso. Destaca-se a Emenda Constitucional n. 24/1999, que extinguiu a participação classista em todas as instâncias da Justiça Laboral que passou a ser monocrática com a presença apenas do juiz togado, incluindo os Tribunais Regionais do Trabalho e o Tribunal Superior do Trabalho, bem como transformou as Juntas de Conciliação e Julgamento em Varas do Trabalho (art. 111 e seguintes da Constituição).

Por sua vez, a Emenda Constitucional n. 45/2004, conhecida como Reforma do Judiciário, prestigiou a Justiça do Trabalho com o alargamento de sua competência material (art. 114, CF), pois da análise e julgamento de litígios que envolvessem a relação de emprego e outras controvérsias decorrentes da relação de trabalho *apenas quando autorizada por lei*, passou a ser competente para apreciar os litígios que envolvessem a relação de trabalho que é conceito mais amplo do que relação de emprego, pois, além desta, abrange outras formas de trabalho remuneradas com graus variados de subordinação e informalidade[(27)].

A Justiça do Trabalho obteve também competência no âmbito da fiscalização do trabalho para analisar as penalidades administrativas impostas aos empregadores, em especial envolvendo o meio ambiente do trabalho, no âmbito da responsabilidade civil decorrente de acidentes do trabalho ou doenças ocupacionais, nos casos de ações possessórias envolvendo o exercício do direito de greve etc., enfim, ampliaram-se as lides sob a competência do Poder Judiciário trabalhista. Tais alterações constitucionais impactaram no processo do trabalho que objetiva a efetivação dos direitos sociais constitucionalmente assegurados aos trabalhadores, buscando atender aos anseios por uma tutela jurídica mais justa e efetiva.

O Direito Processual do Trabalho, apesar de ser autônomo em relação ao Direito Material do Trabalho e ao Direito Processual Civil, atualmente está mais próximo deste último, sobretudo com a edição do novo Código de Processo Civil (Lei n. 13.105/2015), bem como está ancorado nos *princípios*[(28)] *constitucionais do processo*, a

(25) ROSS, Alf. *Direito e justiça*, tradução e notas de Edson Bini. São Paulo: Edipro, 2008. p. 313.

(26) De acordo com Mauricio Godinho Delgado e Gabriela Neves Delgado, "a História da Justiça do Trabalho destaca-se como enigmática evolução no sentido afirmativo de instituição direcionada à justiça social na estrutura da sociedade civil e Estado brasileiros. Iniciando-se, aparentemente, como um experimento datado integrante das políticas sociais elaboradas nas décadas de 1930 a 1945, afirmou sua identidade e seu papel social, econômico e jurídico no período democrático subsequente (1945-1964), preservando-se e se impondo também na regressão autoritária de 1964 a 1985. Com a democratização do país em 1985 e subsequente promulgação da Constituição da República de 1988, encontrou seu inteiro papel como a Justiça Social da República brasileira, contribuindo, decisivamente, para a realização da essencial função de desmercantilizar o trabalho humano no moinho incessante da economia e da sociedade" (DELGADO, Mauricio Godinho e DELGADO, Gabriela Neves. Justiça do trabalho: 70 anos de justiça social. *Revista do TST*, Brasília, v. 77, n. 2, abr./jun. 2011. p. 116).

(27) Maiores detalhes em GAMBA, Juliane Caravieri Martins. As distinções entre a relação de trabalho e a relação de consumo no âmbito da nova competência material da justiça do trabalho. *Revista Semina de Ciências Sociais e Humanas*, v. 27, 2006. p. 149-168.

(28) De acordo com Celso Antônio Bandeira de Mello, "princípio é, por definição, mandamento nuclear de um sistema, verdadeiro alicerce dele, disposição fundamental que se irradia sobre diferentes normas compondo-lhes o espírito e servindo de critério para sua exata compreensão e inteligência, exatamente por definir a lógica e a racionalidade do sistema normativo, no que lhe confere a tônica e lhe dá sentido harmônico. [...] Violar um princípio

saber: devido processo legal (art. 5º, LIV, CF); contraditório e ampla defesa (art. 5º, LV, CF); inafastabilidade da prestação jurisdicional ou acesso à justiça (art. 5º, XXXV, CF); vedação da prova ilícita (art. 5º, LVI, CF); publicidade dos atos processuais (art. 5º, LX, CF); juiz natural e vedação aos tribunais de exceção (art. 5º, XXXVII e LIII, CF); duplo grau de jurisdição (art. 5º, inciso LV, *in fine*, CF); duração razoável do processo (art. 5º, LXXVIII, CF), motivação das decisões judiciais (art. 93, IX, CF) etc.(29)

Em face da crescente judicialização dos direitos impulsionada pela Constituição, é imperioso garantir aos cidadãos trabalhadores o acesso à tutela jurídica justa e efetiva (art. 5º, XXXV e LXXIV, CF), seja no caso de ameaça ou já de efetiva lesão a direito, como integrante do plexo de direitos e garantias fundamentais, consoante preleciona Carlos Henrique Bezerra Leite(30):

> O problema do acesso à justiça ganhou nova dimensão a partir da Constituição Federal de 1988 que, inovando substancialmente em relação à Carta que lhe antecedeu, catalogou os princípios da inafastabilidade do controle jurisdicional e do devido processo legal no rol dos direitos e garantais fundamentais, especificamente no capítulo concernente aos direitos e deveres individuais e coletivos.
>
> Amplia-se, então, no plano mais elevado do nosso ordenamento, o conceito jurídico de acesso ao Poder Judiciário, não somente para a tutela jurisdicional na hipótese de lesão, mas, também, na de ameaça a direito.
>
> E mais, a expressão "direito", embora esteja gramaticalmente empregada no singular, comporta interpretação extensiva e sistemática, isto é, abarca tanto os "direitos" como os "interesses", quer sejam "individuais", quer sejam "coletivos" *lato sensu*.
>
> Não é incorreto afirmar, pois, que esses dois princípios constitucionais – indeclinabilidade da jurisdição (CF, art. 5º, XXXV) e devido processo legal (CF, art. 5º, LIV e LV) – servem de aporte à temática do efetivo acesso, tanto individual quanto coletivo, ao Poder Judiciário brasileiro.

Nesse sentido, Rodrigo Giostri da Cunha(31) também dispõe:

> Isso exige que o sistema judicial de proteção aos direitos apenas, formalmente, à disposição dos indivíduos mas, principalmente, que ele seja realmente capaz de, pronta e integralmente, restabelecer esses direitos quando violados (ou protegê-los quando ameaçados): acessar uma Justiça que não estabelece o direito material (ou o faz apenas parcialmente), significa, em termos práticos, o mesmo que não acessá-la, e isso é claramente inconstitucional. Fundamental, assim, que o sistema estatal de solução de controvérsias seja eficiente – sob pena de o próprio ordenamento substancial ter sua eficácia comprometida e, com isso, perder sua razão de ser [...] É por conta disso que hoje se reconhece, sem controvérsia, o caráter fundamental do direito de acesso à justiça, já que, sem ele, todos os direitos do indivíduo (inclusive, aqueles que também possuem caráter fundamental) são esvaziados.

Além dos princípios constitucionais do processo, o Direito Processual do Trabalho se embasa, ainda, em princípios peculiares, sendo pertinentes ao presente estudo os seguintes:

> **a) Princípio da proteção processual:** "[...] o Processo do Trabalho tem característica protetiva ao litigante mais fraco, que é o trabalhador, mas sob o aspecto da relação jurídica processual (instrumental) a fim de assegurar-lhe algumas prerrogativas processuais para compensar eventuais entraves que enfrenta ao procurar a Justiça do Trabalho, devido à sua hipossuficiência econômica e, muitas vezes, à dificuldade em provar

---

é muito mais grave que transgredir uma norma. A desatenção ao princípio implica ofensa não apenas a um específico mandamento obrigatório mas a todo o sistema de comandos. É a mais grave forma de ilegalidade ou inconstitucionalidade, conforme o escalão do princípio atingido, porque representa insurgência contra todo o sistema, subversão de seus valores fundamentais, contumélia irremissível a seu arcabouço lógico e corrosão de sua estrutura mestra. Isto porque, com ofendê-lo, abatem-se as vigas que o sustêm e alui-se toda a estrutura neles esforçada" (MELLO, Celso Antônio Bandeira de. *Elementos de direito administrativo*. 2. ed., rev., ampl. e atual. 2. tir. São Paulo: Revista dos Tribunais, 1991. p. 299-300).

(29) Maiores detalhes em GAMBA, Juliane Caravieri Martins e MONTAL, Zélia Maria Cardoso. Princípios constitucionais do direito do trabalho: relevância e aplicabilidade, rediscutindo paradigmas. *Revista Trabalhista da ANAMATRA*. São Paulo: LTr, v. 41, 2012. p. 62-79.

(30) LEITE, Carlos Henrique Bezerra. *Curso de direito processual do trabalho*. 15. ed. São Paulo: Saraiva, 2017. p. 85.

(31) CUNHA, Rodrigo Giostri da. *O processo do trabalho como instrumento de efetivação dos direitos sociais trabalhistas*: contribuições para o aprimoramento da prestação jurisdicional trabalhista. Dissertação de Mestrado, Faculdade de Direito, Universidade de São Paulo, São Paulo, 2008. p. 32-33.

suas alegações, pois, via de regra, os documentos da relação de emprego ficam na posse do empregador. De outro lado, o processo do trabalho deve observar os princípios constitucionais do processo que asseguram equilíbrio aos litigantes. Por isso, denominamos esta intensidade protetiva do processo do trabalho de princípio de *proteção temperada ao trabalhador*. Modernamente, poderíamos chamar esse protecionismo do processo trabalhista de princípio da *igualdade substancial nas partes* no processo trabalhista, que tem esteio constitucional (art. 5º, *caput* e inciso XXXV, da CF), pois o Juiz do Trabalho deve tratar igualmente os iguais e desigualmente os desiguais. A correção do desequilíbrio é eminentemente processual e deve ser efetivada pelo julgador, considerando não só as regras do procedimento, mas também os princípios constitucionais e infraconstitucionais do processo do trabalho, as circunstâncias do caso concreto e o devido processo legal justo e efetivo"[32];

b) Princípio da finalidade social do processo: "a diferença básica entre o princípio da proteção processual e o princípio da finalidade social é que, no primeiro, a própria lei confere a desigualdade no plano processual; no segundo, permite-se que o juiz tenha uma atuação mais ativa, na medida em que auxilia o trabalhador, em busca de uma solução justa, até chegar o momento de proferir a sentença. Parece-nos, contudo, que os dois princípios – proteção e finalidade social – se harmonizam e, pelo menos em nosso ordenamento jurídico, permitem que o juiz, na aplicação da lei, possa corrigir uma injustiça da própria lei [...]"[33]. Esse princípio permite que o Juiz, na análise do caso concreto e na aplicação da lei, tenha maior liberdade de atuação, julgando da forma mais justa possível, atendendo aos fins sociais a que lei se destina (art. 5º da LINDB);

c) Princípio da efetividade social: "[...] 'entende-se por princípio da efetividade social o conjunto de concepções, políticas, conceitos, ideias e mecanismos necessários que devem inspirar a concretização ou materialização da prestação jurisdicional, evitando-se preventivamente a lesão ao ordenamento jurídico que se avizinha, ou restabelecendo-se, tempestivamente e com maior fidelidade possível, o direito que foi violado'[34]"[35]. A doutrina vem defendendo que o princípio da efetividade social seria um desdobramento do princípio da finalidade social do processo;

d) Princípio da indisponibilidade: este princípio processual se assemelha ao da irrenunciabilidade de direitos existente no Direito Material do Trabalho. "Justifica-se a peculiaridade do princípio da indisponibilidade nos sítios do processo do trabalho, pela considerável gama de normas de ordem pública do direito material do trabalho, o que implica a existência de um interesse social que transcende a vontade dos sujeitos do processo na efetivação dos direitos sociais trabalhistas e influencia a própria gênese da prestação jurisdicional especializada. Numa palavra, o processo do trabalho tem uma função precípua: a efetiva realização dos direitos sociais indisponíveis dos trabalhadores"[36].

Nesse contexto, é primordial a compreensão dos princípios constitucionais e peculiares do Direito Processual do Trabalho, com ênfase nos *princípios da proteção processual e da efetividade social*, porque é mais grave violar o princípio do que transgredir a regra.

Então, na seara do Direito Processual do Trabalho e à luz dos seus princípios norteadores, serão verificadas as alterações realizadas na norma celetista no art. 790, §§ 3º e 4º; art. 790-B; art. 855-A; art. 878 e art. 879, § 7º que evidenciarão, em seu conjunto, o comprometimento da efetividade social do processo do trabalho na materialização da tutela jurisdicional individual e coletiva.

2.1. Art. 790, §§ 3º e 4º: Gratuidade dos Atos Processuais

A gratuidade dos atos processuais inclui o direito do requerente ao não pagamento de taxas judiciárias,

(32) SCHIAVI, Mauro. *Manual de direito processual do trabalho*. 12. ed. de acordo com novo CPC. São Paulo: LTr, 2017. p. 125-126.

(33) LEITE, Carlos Henrique Bezerra. *Curso de direito processual do trabalho*. 15. ed. São Paulo: Saraiva, 2017. p. 112.

(34) BARBOSA, André Monteiro; RAMOS, Brasilino Santos; AMARAL, Jouber S.S; MORAIS, Juliana Rodrigues de. Princípio da efetividade social. In: EÇA, Vitor Salino de Moura; MAGALHÃES, Aline Carneiro (Coords.). *Atuação principiológica no processo do trabalho*: estudos em homenagem ao professor Carlos Henrique Bezerra Leite. Belo Horizonte: RTM, 2012. p. 344 [nota do autor].

(35) LEITE, Carlos Henrique Bezerra Leite. *Curso de direito processual do trabalho*. *Op. cit.*, p. 114.

(36) LEITE, Carlos Henrique Bezerra Leite. *Curso de direito processual do trabalho*. *Op. cit.*, p. 116.

custas processuais, emolumentos, honorários periciais, despesas com editais etc. (art. 98, § 1º, CPC). No processo do trabalho, o pedido de gratuidade dos atos processuais se embasa normalmente em declaração do trabalhador de que não está em condições de pagar as custas processuais sem o prejuízo de seu próprio sustento, com fulcro no art. 5º, inciso LXXIV da Constituição. Esta declaração encontra fundamento ainda na Lei n. 7.115/1983 que dispõe no art. 1º sobre a veracidade de declaração assinada pelo postulante e no art. 99, § 3º do CPC que trata da hipossuficiência presumida de pessoa natural cuja aplicação subsidiária se verifica no processo trabalhista (art. 769, CLT).

Há possibilidade, ainda, de a assistência judiciária gratuita ser prestada pelo sindicato da categoria profissional a que pertencer o trabalhador nos moldes do art. 14, § 1º da Lei n. 5.584/1970, ou seja, ao trabalhador que perceber *salário igual ou inferior ao dobro do mínimo legal*, ficando *assegurado igual benefício ao trabalhador de maior salário*, uma vez provado que sua situação econômica não lhe permite demandar sem prejuízo do seu próprio sustento ou da sua família.

Este benefício normalmente é requerido e concedido ao trabalhador desempregado, na qualidade de reclamante, por declaração pessoal ou de seu advogado, podendo ser requerido em qualquer fase do processo, nos termos do art. 99, *caput*, CPC e da Orientação Jurisprudencial n. 269, SDI-1 do Tribunal Superior do Trabalho[37].

Entretanto, já é admitido pela jurisprudência trabalhista, o pedido de gratuidade dos atos processuais no caso de empregadores pessoas físicas (empregador doméstico, pequenos empreiteiros etc.) e pessoas jurídicas, com ou sem fins lucrativos, desde que demonstrem a insuficiência de recursos em respeito ao direito de acesso à justiça. A Súmula n. 481[38] do Superior Tribunal de Justiça já previa esta possibilidade, juntamente com o art. 98, CPC que estabelece a concessão de gratuidade às pessoas jurídicas com insuficiência de recursos, sendo defendida sua aplicação supletiva no processo do trabalho (art. 769, CLT e art. 15, CPC) por alguns doutrinadores[39].

Ainda que o empregador consiga a gratuidade dos atos processuais, este benefício não alcança o depósito recursal cuja natureza jurídica é de garantia da execução e do juízo a fim de que os créditos alimentares do reclamante sejam devidamente pagos. Logo, o depósito recursal representa a mera antecipação da condenação, pois, garantido o juízo e atingido o limite previsto em lei, nenhum outro valor deverá ser depositado (§ 6º do art. 899, CLT).

Acerca da gratuidade dos atos processuais, foi alterada a redação do § 3º e incluído o § 4º no art. 790 da CLT:

> Art. 790
>
> **§ 3º É facultado aos juízes, órgãos julgadores e presidentes dos tribunais do trabalho de qualquer instância conceder, a requerimento ou de ofício, o benefício da justiça gratuita, inclusive quanto a traslados e instrumentos, àqueles que perceberem salário igual ou inferior a 40% (quarenta por cento) do limite máximo dos benefícios do Regime Geral de Previdência Social.**
>
> **§ 4º O benefício da justiça gratuita será concedido à parte que comprovar insuficiência de recursos para o pagamento das custas do processo.**

O limite fixado para a concessão da gratuidade dos atos processuais passou a ser quarenta por cento do teto máximo dos benefícios do Regime Geral de Previdência Social[40], sendo até maior ao patamar anteriormente previsto (salário igual ou inferior ao dobro do mínimo). Porém, a redação anterior do § 3º do art. 790 da CLT exigia apenas a declaração do reclamante acerca da sua necessidade a qual se presumia verdadeira (presunção *iuris tantum*) porque foi assinada pelo postulante ou seu advogado (Lei n. 7.115/1983 e art. 99, § 3º, CPC).

Porém, o § 4º incluído no art. 790 da CLT pela reforma, passou a exigir a **<u>comprovação da hipossuficiência pelo trabalhador</u>**, ou seja, muito mais rígido do que a simples declaração, caminhando em sentido oposto ao previsto na lei processual comum que, no caso de pessoa natural, estabeleceu a hipossuficiência presumida no art. 99, § 3º do CPC cuja aplicação era subsidiária no processo do trabalho (art. 15, CPC e art. 769, CLT). O art. 790, § 4º da norma celetista dificultou sobremaneira ao trabalhador o pleno exercício do seu

(37) **OJ n. 269, SDI-1, TST:** *Justiça Gratuita. Requerimento de Isenção de Despesas Processuais. Momento Oportuno.* O benefício da justiça gratuita pode ser requerido em qualquer tempo ou grau de jurisdição, desde que, na fase recursal, seja o requerimento formulado no prazo alusivo ao recurso.

(38) **Súmula n. 481, STJ**: Faz *jus* ao benefício da justiça gratuita a pessoa jurídica com ou sem fins lucrativos que demonstrar sua impossibilidade de arcar com os encargos processuais.

(39) SCHIAVI, Mauro. *Manual de direito processual do trabalho. op. cit.*, p. 401.

(40) Atualmente este valor seria de R$ 2.212,53 (dois mil e duzentos e doze reais e cinquenta e três centavos), pois a partir de 1º de janeiro de 2017, o teto dos benefícios previdenciários passou a ser de R$ 5.531,31 (cinco mil e quinhentos e trinta e um reais e trinta e um centavos), segundo a Portaria n. 08, de 13 de janeiro de 2017, do Ministério da Fazenda.

direito fundamental de acesso à tutela jurisdicional justa (art. 5º, XXXV e LXXIV, CF) e a efetivação dos direitos sociais trabalhistas resguardados na Constituição, bem como violou o princípio da proteção processual, mandamento nuclear no Direito Processual do Trabalho.

2.2. Art. 790-B: Honorários Periciais

O art. 225, *caput* da Constituição ao afirmar que o meio ambiente é um direito de todos[41], procurou alcançar todas as pessoas que residem no território brasileiro, sem distinção de sexo, idade, etnia, nacionalidade etc., em respeito aos princípios da isonomia e de proibição de discriminação. Os valores sociais do trabalho representam pilares da Ordem Econômica (art. 170, CF) e da Ordem Social (art. 193, CF), impondo plena proteção à saúde e à integridade físico-psíquica do trabalhador no meio ambiente onde exerce suas atividades laborativas.

A saúde também foi categoricamente reconhecida como direito fundamental, estando discriminada no rol dos direitos sociais do art. 6º e no art. 196 da Constituição na condição de garantia de todas as pessoas, inclusive dos trabalhadores, sendo decorrente do próprio direito à vida. Portanto, a saúde impõe o dever ao Estado e à sociedade em realizar ações e políticas tendentes a proteger e garantir a saúde e a integridade físico-psíquica das pessoas trabalhadoras no meio ambiente aonde prestam seus serviços.

Logo, o *meio ambiente do trabalho equilibrado e hígido* é direito fundamental do cidadão trabalhador (art. 7º, XXII, no art. 225, *caput* c/c o art. 200, VIII, CF), nos estritos termos impostos pelas normas constitucionais pátrias e normas internacionais de direitos humanos.

Caso o trabalhador atue em ambientes insalubres ou perigosos, basicamente aqueles locais onde se fazem presentes os *riscos ergonômicos, físicos, químicos, biológicos e de acidentes*, é imperiosa a caracterização e a classificação da insalubridade e da periculosidade mediante perícia técnica a cargo de médico do trabalho ou engenheiro do trabalho. Se durante a execução do contrato de trabalho não houver o pagamento, a arguição em juízo da insalubridade e da periculosidade no ambiente de trabalho deve ser comprovada por perícia técnica (art. 195, § 2º, CLT), havendo dispensa desta no caso de ser impossível a sua realização pelo fechamento da empresa (Orientação Jurisprudencial n. 278 da SDI-1 do TST[42]).

Ademais, é imprescindível a realização da perícia médica se, no exercício da atividade laborativa, o empregado que sofrer *acidente de trabalho*[43] ou for acometido por *doença profissional*[44] *ou do trabalho*[45] – as quais se equiparam ao acidente de trabalho (art. 20 da Lei n. 8.213/1991) –, no intuito de se estabelecer o nexo causal entre a redução da capacidade laborativa e a atividade exercida pelo trabalhador, bem como os limites para a reparação civil dos danos sofridos, a qual deve ser analisada no contexto da proteção jurídica ao meio ambiente do trabalho[46].

Portanto, a produção da prova pericial (ambiental ou médica) é de suma importância no processo do trabalho, sendo requerida, na sua grande maioria, pelos empregados na qualidade de reclamantes que objetivam comprovar as desconformidades ocorridas no meio ambiente de trabalho.

No caso da produção da prova pericial, a redação anterior do art. 790-B da CLT determinava que a

(41) A expressão 'todos' compreende os brasileiros e estrangeiros residentes no país, ou seja, a coletividade de pessoas indeterminadas e ligadas por circunstância de fato.

(42) **OJ n. 278 do TST:** Adicional de Insalubridade. Perícia. Local de Trabalho Desativado. A realização de perícia é obrigatória para a verificação de insalubridade. Quando não for possível sua realização, como em caso de fechamento da empresa, poderá o julgador utilizar-se de outros meios de prova.

(43) Segundo do art. 19 da Lei n. 8.213/1991, o *acidente típico do trabalho* é aquele que no: "[...] exercício do trabalho a serviço de empresa ou de empregador doméstico ou pelo exercício do trabalho dos segurados referidos no inciso VII do art. 11 desta Lei, [provoca] lesão corporal ou perturbação funcional que cause a morte ou a perda ou redução, permanente ou temporária, da capacidade para o trabalho". No intuito de amparar o trabalhador doente, o art. 21, inciso IV, alínea "d", da Lei n. 8.21319/91 equipara a acidente do trabalho os acidentes de trajeto, também chamados de acidentes *in itinere*.

(44) Doença profissional é "aquela peculiar a determinada atividade ou profissão, também chamada de doença profissional típica, tecnopatia ou ergopatia. O exercício de determinada profissão pode produzir ou desencadear certas patologias, sendo que, nessa hipótese, o nexo causal da doença com a atividade é presumido. É o caso, por exemplo, do empregado de uma mineradora que trabalha exposto ao pó de sílica e contrai silicose (OLIVEIRA, Sebastião Geraldo de. *Indenizações por acidente do trabalho ou doença ocupacional*. São Paulo: LTr, 2007. p. 47).

(45) A doença do trabalho, também chamada mesopatia ou doença profissional atípica, "apesar de ter origem na atividade do trabalhador, não está vinculada necessariamente a esta ou aquela profissão. Seu aparecimento decorre da forma em que o trabalho é prestado ou das condições específicas do ambiente de trabalho. O grupo atual das LER/DORT é um exemplo oportuno das doenças do trabalho, já que podem ser adquiridas ou desencadeadas em qualquer atividade, sem vinculação direta a determinada profissão" (OLIVEIRA, Sebastião Geraldo de. *Indenizações por acidente do trabalho ou doença ocupacional, op. cit.*, p. 47).

(46) Maiores detalhes em GAMBA, Juliane Caravieri Martins. Responsabilidade civil objetiva do empregador pelos danos à saúde do trabalhador: visão constitucional do meio ambiente do trabalho. *Revista de Direito Constitucional e Internacional*. São Paulo: Revista dos Tribunais, v. 18, 2010. p. 127-164.

responsabilidade pelo pagamento dos honorários periciais seria da parte sucumbente na pretensão objeto da perícia. Caso a sucumbência fosse parcial, normalmente era atribuída à empresa reclamada a responsabilidade pelo pagamento dos honorários periciais[47].

Em razão dos princípios da proteção processual e da finalidade social do processo, não se exigia o depósito prévio dos honorários periciais no processo do trabalho quando a lide fosse decorrente da relação de emprego, consoante entendimento da jurisprudência trabalhista[48].

A Lei n. 13.467/2017 alterou o *caput* do art. 790-B e inclui os §§ 1º a 4º, a saber:

> Art. 790-B. A responsabilidade pelo pagamento dos honorários periciais é da parte sucumbente na pretensão objeto da perícia, **ainda que beneficiária da justiça gratuita.**
>
> § 1º Ao fixar o valor dos honorários periciais, o juízo deverá respeitar o limite máximo estabelecido pelo Conselho Superior da Justiça do Trabalho.
>
> § 2º O juízo poderá deferir parcelamento dos honorários periciais.
>
> § 3º O juízo não poderá exigir adiantamento de valores para realização de perícias.
>
> § 4º **Somente no caso em que o beneficiário da justiça gratuita não tenha obtido em juízo créditos capazes de suportar a despesa referida no *caput*, ainda que em outro processo, a União responderá pelo encargo.**

A modificação da parte final do *caput* do art. 790-B da CLT passando a exigir o pagamento dos honorários periciais da parte sucumbente na pretensão objeto da perícia <u>mesmo na condição de ser beneficiária da gratuidade dos atos processuais</u> viola frontalmente o princípio constitucional da inafastabilidade da prestação jurisdicional que também se transmuta no direito fundamental à tutela jurisdicional justa e efetiva (art. 5º, XXXV e LXXIV, CF) da pessoa humana trabalhadora.

Associado à parte final do *caput* do referido artigo, o § 4º autoriza a utilização de créditos, <u>frise-se de natureza alimentar</u>, obtidos pelo trabalhador na ação em curso ou noutro processo para o pagamento dos honorários periciais, verdadeiro confisco dos créditos trabalhistas. Tal dispositivo chancela o cerceamento de direito do empregado reclamante ao resguardo do seu direito fundamental ao meio ambiente do trabalho saudável e hígido, afrontando nitidamente o devido processo legal constitucional (art. 5º LIV, CF) e os princípios peculiares do Direito Processual do Trabalho, em especial o da proteção processual, o da finalidade social do processo, o da busca da verdade real e o da indisponibilidade.

Não se deve olvidar que o objetivo primordial da produção da prova pericial, seja ambiental ou médica, é a comprovação das desconformidades ocorridas no meio ambiente de trabalho as quais atingem frontalmente a integridade físico-psíquica dos trabalhadores. Portanto, esta alteração proposta pela reforma trabalhista mostra-se inconstitucional ao violar direitos fundamentais dos trabalhadores garantidos pela Constituição, em especial o direito à vida e à saúde no meio ambiente do trabalho, o devido processo legal, bem como o direito de acesso à tutela jurídica justa e efetiva no âmbito individual e coletivo.

Por fim, cabe destacar que a inclusão do art. 611-A na norma celetista permite a prevalência da convenção coletiva e do acordo coletivo de trabalho sobre a lei em diversos assuntos, em especial no caso de enquadramento do grau de insalubridade (XII), o que antes era possível apenas por meio da realização da perícia técnica (art. 195, CLT) e, ainda, permitiu a prorrogação da jornada de trabalho em ambientes insalubres, sem licença prévia das autoridades competentes do Ministério do Trabalho (XIII). Tais propostas também afrontam o direito fundamental dos trabalhadores ao meio ambiente de trabalho saudável e hígido (art. 7º, XXII, art. 225, *caput* c/c art. 200, VIII, CF), fragilizando as normas de proteção à saúde e segurança no trabalho o que aumentará o número de acidentes do trabalho e doenças ocupacionais nos próximos anos no Brasil.

2.3. Art. 855-A: Incidente de Desconsideração da Personalidade Jurídica

A pessoa jurídica possui personalidade jurídica própria, sendo titular de direitos e obrigações. Logo, não se confunde o patrimônio da pessoa jurídica com o patrimônio pessoal dos sócios, ou seja, *a princípio*

(47) No caso de perícia contábil realizada na fase de execução, Mauro Schiavi entende que a reclamada deve ser responsabilizada pelos honorários periciais, pois deu causa à perícia com o descumprimento dos direitos trabalhistas durante o contrato de trabalho, posição da qual se comunga (SCHIAVI, Mauro. *Manual de direito processual do trabalho. op. cit.*, p. 804-805).

(48) **OJ n. 98, SDI-II do TST**: Mandado de Segurança. Cabível para Atacar Exigência de Depósito Prévio de Honorários Periciais. É ilegal a exigência de depósito prévio para custeio dos honorários periciais, dada a incompatibilidade com o processo do trabalho, sendo cabível o mandado de segurança visando à realização da perícia, independentemente do depósito. **Art. 6º da Instrução Normativa n. 27/2005 do Tribunal Superior do Trabalho:** Os honorários periciais serão suportados pela parte sucumbente na pretensão objeto da perícia, salvo se beneficiária da justiça gratuita. Parágrafo único. Faculta-se ao juiz, em relação à perícia, exigir depósito prévio dos honorários, ressalvadas as lides decorrentes da relação de emprego.

os bens particulares dos sócios não responderiam pelas obrigações contraídas pela pessoa jurídica. Porém, como os sócios possuem responsabilidade patrimonial (arts. 789 e 790, I, CPC), em determinadas situações, seus bens podem ser executados para a satisfação de obrigações contraídas pela sociedade empresária ou simples (art. 982, CC).

A responsabilização do patrimônio pessoal dos sócios para saldar as obrigações contraídas pela pessoa jurídica é conhecida na doutrina e jurisprudência como ***teoria da desconsideração da personalidade jurídica*** (*disregard of legal entity* ou *disregard doctrine*), muito utilizada na fase de execução ou no cumprimento de sentença, assim definida[(49)]:

> De acordo com a teoria da desconsideração da personalidade jurídica, embora sejam distintas a pessoa jurídica e os seus sócios, e, portanto, os respectivos patrimônios, em algumas situações está autorizada a desconsideração desta distinção, para que os patrimônios dos sócios respondam pelas obrigações da pessoa jurídica.
>
> A desconsideração da personalidade jurídica implica *relativização da autonomia patrimonial da pessoa jurídica*. Com efeito, desconsiderada a autonomia patrimonial da pessoa jurídica, os seus sócios passam a responder pelas suas dívidas, observando-se que a desconsideração da personalidade jurídica não resulta na negativa definitiva da autonomia patrimonial da pessoa jurídica, mas no afastamento da sua eficácia em relação a determinada obrigação.

No ordenamento jurídico brasileiro, a desconsideração da personalidade jurídica está positivada no art. 28 do Código de Defesa do Consumidor (CDC), no art. 50 do Código Civil, no art. 4º da Lei n. 9.605/1998 (sanções no meio ambiente) e no art. 34 da Lei n. 12.529/2011 (sistema brasileiro de defesa da concorrência). A partir dos dispositivos legais, a doutrina estabeleceu duas teorias que fundamentam a aplicação da desconsideração da personalidade jurídica, conforme preleciona Cleber Lúcio de Almeida[(50)]:

> a) teoria subjetiva ou teoria maior da desconsideração da personalidade jurídica: a desconsideração da personalidade jurídica constitui medida excepcional e somente está autorizada na hipótese de fraude, abuso de direito ou confusão patrimonial (a empresa utiliza patrimônio do sócio para cumprir as suas obrigações e vice-versa);
>
> b) teoria objetiva ou teoria menor da desconsideração da personalidade jurídica: para a desconsideração da personalidade jurídica basta a constatação da inexistência de bens sociais suficientes para satisfazer a dívida da pessoa jurídica. Esta teoria foi adotada pela Lei n. 9.605/1998 e pelo Código de Defesa do Consumidor (art. 28, § 5º)[(51)].

À luz da *teoria objetiva ou teoria menor*, a desconsideração da personalidade jurídica[(52)] é promovida na *fase da execução trabalhista* com fundamento nos arts. 2º, 10 e 448 da CLT, bem como art. 28 do CDC, art. 50 do CC e art. 4º da Lei n. 9.605/1998 cuja aplicação é subsidiária no processo do trabalho (art. 769, CLT e art. 15, CPC). O patrimônio daqueles sócios que se beneficiaram dos serviços do exequente-trabalhador responderia para o pagamento dos créditos trabalhistas (natureza alimentar), independentemente de a empresa ter tido lucro ou não, pois os riscos do negócio ou da atividade econômica são suportados pelo empregador (art. 2º, CLT). Ademais, os sócios não necessitariam figurar no polo passivo da lide trabalhista na fase de conhecimento em conjunto com a pessoa jurídica para serem incluídos no título executivo, bastando terem se beneficiado do labor do exequente.

Portanto, antes da reforma trabalhista, na seara do processo do trabalho, o magistrado procedia à desconsideração da personalidade jurídica e penhorava os bens particulares dos sócios ao verificar que a pessoa jurídica não possuía bens suficientes para o pagamento integral dos créditos trabalhistas e demais encargos da execução, não necessitando de prova de fraude, abuso de direito

(49) ALMEIDA, Cleber Lúcio de. Incidente de desconsideração da personalidade jurídica. *In*: MIESSA, Elisson (Org.). *O novo Código de Processo Civil e seus reflexos no processo do trabalho*. Salvador: Jus Podivm, 2015. p. 283-284.

(50) ALMEIDA, Cleber Lúcio de. *Incidente de desconsideração da personalidade jurídica. op. cit.*, p. 284-285.

(51) Trata-se de princípio peculiar do Direito Processual do Trabalho. De acordo com Mauro Schiavi, "pela teoria subjetiva da desconsideração da personalidade jurídica, os bens do sócio podem ser atingidos quando: a) a pessoa jurídica não apresentar bens para pagamento das dívidas; b) atos forem praticados pelo sócio com abuso de poder, desvio de finalidade, confusão patrimonial, ou má-fé. [...] Atualmente, a moderna doutrina e a jurisprudência trabalhista encamparam a chamada teoria objetiva da desconsideração da personalidade jurídica que disciplina a possibilidade de execução dos bens do sócio, independentemente de os atos destes terem violado ou não o contrato, ou de haver abuso de poder. Basta a pessoa jurídica não possuir bens para ter início a execução aos bens do sócio" (SCHIAVI, Mauro. *Manual de direito processual do trabalho. op. cit.*, p. 1129-1130).

(52) LEITE, Carlos Henrique Bezerra. *Curso de direito processual do trabalho. op. cit.*, p. 120-121.

ou confusão patrimonial. Até a edição do novo Código de Processo Civil, não havia disciplina legal que regulamentasse o modo de se realizar a desconsideração da personalidade jurídica, logo, cada magistrado trabalhista adotava os procedimentos que entendesse mais pertinentes ao caso concreto, havendo severas críticas que se embasavam na violação dos princípios da segurança jurídica e do devido processo legal.

O novo Código de Processo Civil passou a regulamentar, nos arts. 133 a 137, os procedimentos para a realização do chamado *incidente de desconsideração da personalidade jurídica*, sendo cabível em todas as fases do processo de conhecimento, no cumprimento de sentença e na execução fundada em título executivo extrajudicial (art. 134, CPC). Entretanto, no *caput* do art. 133 ficou estabelecido que o incidente seria instaurado a pedido da parte ou do Ministério Público quando coubesse intervir no processo.

Entretanto, a necessidade de provocação da parte para a instauração do referido incidente, não atende aos princípios peculiares do processo do trabalho, em especial os princípios da proteção processual e da finalidade social do processo, pois os juízes trabalhistas sempre atuaram de ofício para a realização da desconsideração da personalidade jurídica, sobretudo na fase de execução a fim de buscar maior efetividade ao processo.

Nesse sentido, o Tribunal Superior do Trabalho – na *Instrução Normativa n. 39/2016*[53] – optou pela aplicação supletiva (art. 15, CPC) no Direito Processual do Trabalho do "incidente de desconsideração da personalidade jurídica regulado no Código de Processo Civil (arts. 133 a 137), assegurada também a iniciativa do juiz do trabalho na fase de execução (CLT, art. 878)" (art. 6º, IN 39/16), ou seja, ampliou-se a atuação do magistrado trabalhista, permitindo a **instauração de ofício do incidente**. Os §§ 1º e 2º do art. 6º dessa instrução normativa estabeleceram, ainda, o cabimento ou não de recurso da decisão interlocutória que acolheu ou rejeitou o incidente, bem como a suspensão do processo, sem prejuízo de concessão da tutela de urgência de natureza cautelar (art. 301, CPC), sendo tais institutos jurídicos compatíveis com o processo do trabalho.

Tal interpretação do Tribunal Superior do Trabalho se coaduna com os princípios constitucionais e peculiares do Direito Processual do Trabalho e busca a efetivação, na fase de execução do processo, dos direitos sociais trabalhistas que foram inadimplidos durante o contrato de trabalho. Portanto, o incidente de desconsideração da personalidade jurídica previsto no CPC é compatível com o processo do trabalho (art. 15, CPC; art. 769, CLT e art. 6º, IN n. 39/2016, TST) e permite a atuação mais ampla do magistrado trabalhista, inclusive de ofício.

Porém, a reforma trabalhista incluiu o art. 855-A na CLT com a seguinte redação:

> Art. 855-A. Aplica-se ao processo do trabalho o incidente de desconsideração da personalidade jurídica previsto nos arts. 133 a 137 da Lei n. 13.105, de 16 de março de 2015 – Código de Processo Civil.
>
> § 1º Da decisão interlocutória que acolher ou rejeitar o incidente:
>
> I – na fase de cognição, não cabe recurso de imediato, na forma do § 1º do art. 893 desta Consolidação;
>
> II – na fase de execução, cabe agravo de petição, independentemente de garantia do juízo;
>
> III – cabe agravo interno se proferida pelo relator em incidente instaurado originariamente no tribunal.
>
> § 2º A instauração do incidente suspenderá o processo, sem prejuízo de concessão da tutela de urgência de natureza cautelar de que trata o art. 301 da Lei n. 13.105, de 16 de março de 2015 (Código de Processo Civil).

Primeiramente, os §§ 1º e 2º do art. 855-A da CLT reproduziram literalmente os já citados §§ 1º e 2º do art. 6º da Instrução Normativa n. 39/2016 do TST. Logo, nestes pontos não haveria incompatibilidade com os princípios e preceitos do Direito Processual do Trabalho, sendo importante positivar na norma consolidada o entendimento firmado pelo TST sobre existência de recurso da decisão interlocutória que acolhe ou rejeita o incidente de desconsideração da personalidade jurídica, prevendo também a suspensão do processo sem prejuízo de concessão da tutela cautelar. Tal proposta neste particular atende à segurança jurídica, ao devido processo legal, bem como se coaduna aos princípios processuais da proteção e da efetividade social do processo trabalhista.

Porém, o *caput* do art. 855-A é silente a respeito da instauração de ofício pelo magistrado trabalhista do incidente de desconsideração da personalidade jurídica, mantendo a instauração no processo do trabalho na exata redação prevista no Código de Processo Civil, ou seja, **apenas mediante provocação da parte**. Visto que a aplicação de ofício, pelo magistrado trabalhista, deste incidente no processo do trabalho beneficiaria o exequente-trabalhador, o *caput* do art. 855-A representa significativo retrocesso social, inclusive contradizendo

(53) TST. **Resolução n. 203, de 15 de março de 2016**: edita a Instrução Normativa n. 39 que dispõe sobre as normas do Código de Processo Civil de 2015 aplicáveis e inaplicáveis ao processo do trabalho. Disponível em: www.tst.jus.br. Acesso em: 10 fev. 2017.

o art. 6º da Instrução Normativa n. 39/2016 do TST o qual é adotado na íntegra nos parágrafos do art. 855-A.

Desse modo, a atual redação do art. 855-A afronta os princípios peculiares do Direito Processual do Trabalho, em especial o da proteção processual, o da finalidade social do processo e o apenas ao pedido ou provocação do exequente/trabalhador, dificultando o pagamento dos créditos trabalhistas de natureza alimentar, contribuindo para a inefetividade social do processo do trabalho em prejuízo do trabalhador.

Finalmente, outro absurdo a mencionar é que os sócios retirantes da sociedade empresária somente serão responsabilizados pelas obrigações trabalhistas, de forma subsidiária, pelo período de até dois anos da averbação de sua saída no contrato social, ainda que tenham se beneficiado do labor do empregado que não recebeu monetariamente os direitos que lhe eram devidos durante a vigência do contrato de trabalho. Ademais, a responsabilização dos sócios retirantes somente poderá ser solidária se houver a comprovação de fraude na alteração societária (art. 10-A, CLT), chancelando mais uma vez o inadimplemento do empregador no cumprimento de suas obrigações trabalhistas perante seus empregados, algo lastimável!

2.4. Art. 878: Fim da Execução de Ofício no Processo do Trabalho como Regra Geral

O processo civil caminhou para a compreensão da execução como fase do procedimento, sobretudo dos títulos executivos judiciais, ao estabelecer o cumprimento de sentença nos arts. 513 e seguintes do Código de Processo Civil[54].

Antes da reforma trabalhista, o art. 878 da norma celetista também determinava que a execução seria iniciada de ofício pelo juiz sem a necessidade de provocação do credor, porém, a Lei n. 13.467/2017 alterou a redação desse artigo nos seguintes termos:

> Art. 878. **A execução será promovida pelas partes**, permitida a **execução de ofício** pelo juiz ou pelo Presidente do Tribunal **apenas nos casos em que as partes não estiverem representadas por advogado.**
>
> Parágrafo único. (Revogado).

O art. 878 da CLT passou a exigir que a execução trabalhista seja iniciada, <u>via de regra</u>, por provocação do exequente, sendo apenas de ofício quando as partes estiverem no exercício do *jus postulandi* (art. 791, CLT). Logo, o que era a regra passou a ser a exceção. Somente se manterá a execução de ofício <u>como regra</u> no caso das contribuições sociais relativas ao objeto da condenação prevista nas sentenças proferidas na Justiça do Trabalho e dos acordos por ela homologados (art. 876, parágrafo único, CLT), criando sistemas distintos na execução para o *exequente-trabalhador* e para a *exequente-Fazenda Pública* em detrimento daquele (a parte hipossuficiente) que terá o ônus de provocar o juízo para obter seus créditos trabalhistas.

A execução de ofício se justificava em razão de os créditos trabalhistas terem natureza alimentar, atendendo aos princípios da duração razoável do processo (art. 5º, LXXVIII, CF), da celeridade, da simplicidade, da proteção processual, da finalidade social do processo, da efetividade social e da indisponibilidade e permitindo que a entrega do bem da vida ao trabalhador hipossuficiente fosse realizada de modo mais célere e efetivo em atendimento ao art. 5º da Lei de Introdução às Normas do Direito Brasileiro (LINDB).

Novamente, a reforma trabalhista impôs retrocesso às garantias e instrumentos do Direito Processual do Trabalho, pois a execução de ofício pelo magistrado estava em conformidade com os princípios constitucionais e peculiares desse ramo jurídico, sobretudo o da efetividade social do processo. Tais preceitos buscam o pagamento efetivo dos créditos trabalhistas ao exequente, pois há um interesse público e social maior na concretização dos direitos trabalhistas a fim de pacificar os conflitos sociais, logo, transcende-se a vontade particular dos sujeitos do processo.

Portanto, retirar da execução trabalhista o impulso oficial, impondo, como regra geral, a necessidade de provocação do exequente, representa cerceamento ao trabalhador do pleno exercício do direito fundamental de acesso à tutela jurisdicional justa e efetiva (art. 5º, XXXV e LXXIV, CF), dificultando o pagamento dos direitos sociais laborais inadimplidos pelo empregador durante a prestação dos serviços.

2.5. Art. 879, § 7º: Atualização dos Créditos Trabalhistas pela Taxa Referencial (TR)

Na execução trabalhista, os juros de mora incidem sobre os valores arbitrados na condenação, já atualizados

(54) Segundo Mauro Schiavi, "no nosso sentir, diante dos novos rumos do processo civil ao abolir o processo de execução, e dos princípios constitucionais da duração razoável do processo e efetividade, consagrados pela EC n. 45/2004, pensamos que não há mais motivos ou argumentos para sustentar a autonomia da execução no processo do trabalho: a) simplicidade e celeridade do procedimento; b) a execução pode se iniciar de ofício (art. 878 da CLT); não há petição inicial na execução trabalhista por título executivo judicial; d) princípios constitucionais da duração razoável do processo e efetividade; e) acesso à justiça e efetividade da jurisdição trabalhista" (SCHIAVI, Mauro. *Manual de direito processual do trabalho. op. cit.*, p. 1099).

monetariamente, desde o ajuizamento da reclamação trabalhista (art. 883, CLT e Súmula n. 200, TST[(55)]), sendo calculados na base de 12% ao ano (art. 39, Lei n. 8.177/1991).

Por sua vez, a atualização monetária era calculada com base nas tabelas únicas para a atualização dos débitos trabalhistas publicadas no Diário Oficial, mas a reforma trabalhista alterou esta situação ao incluir o § 7º no art. 879 da CLT, *in verbis*:

> Art. 879...
>
> **§ 7º A atualização dos créditos decorrentes de condenação judicial será feita pela Taxa Referencial (TR), divulgada pelo Banco Central do Brasil, conforme a Lei n. 8.177, de 1º de março de 1991.**

A TR foi criada em 1991, sendo definida pelo Banco Central, mas, desde julho de 1999, passou a ser reduzida paulatinamente em função da redução da taxa SELIC a ela atrelada (Resolução n. 3.354/2006 do Conselho Monetário Nacional), ficando abaixo do índice de inflação. Logo, o uso da TR não permite atualizar adequadamente os débitos trabalhistas, consoante propõe o § 7º do art. 879 da CLT, que sofrerão corrosão inflacionária, violando o direito fundamental de propriedade (art. 5º, XXII, CF) dos trabalhadores.

O uso da TR como índice de correção monetária já está sendo questionado no caso do Fundo de Garantia por Tempo de Serviço (FGTS) em várias ações judiciais interpostas no Poder Judiciário brasileiro[(56)] tendo por fundamento os julgamentos proferidos pelo Supremo Tribunal Federal, em 2013, nas Ações Diretas de Inconstitucionalidade (ADI's) números 4.357, 4.372, 4.400 e 4.425 que entenderam ser impossível a utilização da Taxa Referencial (TR) como índice de correção de monetária, pois não seria capaz de espelhar o processo inflacionário brasileiro. Além disso, há pendente de julgamento no Supremo Tribunal Federal a ADI n. 5.090 que questiona especificamente a constitucionalidade do uso da taxa referencial para reajustar as contas vinculadas do FGTS.

Todas essas controvérsias demonstram o uso inadequado da TR como índice de atualização monetária, inclusive para os créditos trabalhistas, consoante determinou a Lei n. 13.467/2017, porque não repõe as perdas inflacionárias, podendo desencadear diversas ações judiciais questionando esta aplicação, semelhante ao caso do FGTS, contribuindo para a inefetividade social do processo do trabalho.

CONCLUSÃO

A Lei n. 13.467/2017, conhecida como reforma trabalhista – recém-aprovada pelo Congresso Nacional brasileiro e em *vacatio legis* de cento e vinte dias a partir de sua publicação –, alterou vários artigos da Consolidação das Leis do Trabalho, da Lei n. 6.019/1974, da Lei n. 8.036/1990 e da Lei n. 8.212/1991 sob o discurso da necessidade de adequação à nova realidade imposta pelo capitalismo às relações de trabalho: plantas empresariais mais enxutas, contratos de trabalho mais flexíveis, encargos trabalhistas menores para a rescisão contratual etc.

Muitos afirmaram, falaciosamente, que as normas trabalhistas eram obsoletas e deveriam ser modernizadas a fim de atender aos anseios da reestruturação empresarial capitalista impulsionada pela globalização econômica das últimas décadas. Nesse contexto, analisando o texto da Lei n. 13.467/2017, entende-se que as alterações legislativas realizadas não serão capazes de gerar novos empregos e, ainda, no âmbito do Direito Processual do Trabalho se inspiraram no princípio da *intervenção mínima do Poder Judiciário* (art. 8º, § 3º da CLT), objetivando a desconstrução dos direitos sociais trabalhistas conquistados pelo cidadão trabalhador nos últimos séculos.

Na seara processual, dentre as várias mudanças realizadas na norma consolidada, foram analisadas as alterações no art. 790, §§ 3º e 4º que delimitou os beneficiários da gratuidade dos atos processuais; o art. 790-B que tratou dos honorários periciais; o art. 855-A a respeito do incidente de desconsideração da personalidade jurídica; o art. 878 que disciplinou o fim da execução de ofício no processo do trabalho como regra geral e, por fim, o art. 879, § 7º que propôs a atualização dos créditos trabalhistas pela Taxa Referencial (TR). Tais mudanças foram compreendidas à luz dos princípios constitucionais e peculiares do processo do trabalho, bem como do

(55) **Súmula n. 200 do TST:** Juros de Mora. Incidência. Os juros de mora incidem sobre a importância da condenação já corrigida monetariamente.

(56) Tais ações estão sendo interpostas em face da Caixa Econômica Federal (Súmula n. 249, STJ) na Justiça Federal, requerendo que a conta vinculada do FGTS seja recalculada, a partir de janeiro de 1999, incidindo sobre os valores já depositados e levantados, bem como de depósitos futuros, substituindo a atualização da TR pelo INPC, IPCA-E, IPCA ou, ainda, outro índice que melhor reflita a inflação com o respectivo pagamento das parcelas vencidas e vincendas decorrentes do recálculo. Entretanto, no Superior Tribunal de Justiça, o Ministro Benedito Gonçalves, relator do REsp 1.381.683, determinou a suspensão de todas as ações que questionam a correção dos saldos do FGTS pela TR até que a Primeira Seção do STJ julgue o referido recurso como representativo da controvérsia, o que ainda não aconteceu até o presente momento.

direito fundamental do cidadão trabalhador de acesso à tutela jurisdicional justa e efetiva (art. 5º, XXXV e LXXIV, CF).

É de suma importância a compreensão dos princípios constitucionais e peculiares do Direito Processual do Trabalho e seu significado ante as alterações realizadas pela reforma trabalhista, pois é mais grave violar o princípio do que transgredir a regra. Os princípios jurídicos representam determinada concepção valorativa norteadora do direito, conferindo-lhe racionalidade, direção, unidade e harmonia. Eles alicerçam todo o sistema jurídico, suprimem omissões e imperfeições das regras positivadas, organizam e fundamentam o sistema.

A evidente desigualdade econômica do empregado em face do empregador, o desequilíbrio na produção das provas com reflexos na instrução probatória, a ausência de proteção contra a despedida arbitrária, o desemprego estrutural inerente às economias capitalistas etc. são situações que não podem ser secundárias, mas devem ser transpostas para o processo do trabalho que é o instrumento viabilizador da concretização dos direitos sociais trabalhistas descumpridos.

No intuito de minimizar as desigualdades fáticas entre os litigantes mais comuns da ação trabalhista (empregados e os empregadores), vislumbra-se a necessária aplicação dos princípios peculiares do Direito Processual do Trabalho, tais como: o da proteção processual, o da finalidade social do processo, o da busca da verdade real, o da indisponibilidade e, principalmente, o da efetividade social do processo. Os princípios incorporam valores éticos norteadores de todo o sistema normativo construído e positivado, eles se apresentam como pressuposto de existência do próprio direito enquanto sistema.

No tocante à gratuidade dos atos processuais, a lei incluiu o § 4º do art. 790 da CLT que exige a **comprovação da hipossuficiência do trabalhador**, ou seja, muito mais do que a simples declaração. No caso de pessoa natural, a hipossuficiência é presumida no art. 99, § 3º do CPC cuja aplicação era subsidiária no processo do trabalho (art. 15, CPC e art. 769, CLT). Esta alteração dificulta ao trabalhador o pleno exercício do seu direito fundamental de acesso à tutela jurisdicional justa (art. 5º, XXXV e LXXIV, CF) e a efetivação dos direitos sociais trabalhistas resguardados na Constituição, bem como viola o princípio da proteção processual.

Em relação aos honorários periciais, a alteração da parte final do *caput* do art. 790-B da CLT exigiu o pagamento dos honorários periciais da parte sucumbente na pretensão objeto da perícia **mesmo na condição de a parte ser beneficiária da gratuidade dos atos processuais**. Tal dispositivo viola frontalmente o princípio constitucional da inafastabilidade da prestação jurisdicional que também se transmuta no direito fundamental à tutela jurisdicional justa e efetiva do trabalhador.

O § 4º do art. 790-B da CLT autorizou a utilização de créditos de natureza alimentar obtidos pelo trabalhador na ação em curso ou noutro processo para o pagamento dos honorários periciais, chancelando o cerceamento de direito do empregado reclamante ao resguardo do meio ambiente do trabalho saudável e hígido. Este parágrafo é inconstitucional ao violar direitos fundamentais e constitucionais dos trabalhadores, em especial o direito à vida e à saúde no meio ambiente do trabalho, o devido processo legal e o direito de acesso à tutela jurídica justa e efetiva no âmbito individual ou coletivo.

O art. 855-A da CLT vincula, no processo do trabalho, a instauração do incidente de desconsideração da personalidade jurídica a pedido ou provocação do requerente, afastando a instauração de ofício pelo juiz, dificultando o pagamento dos créditos trabalhistas, de natureza alimentar, em prejuízo do trabalhador hipossuficiente e beneficiou apenas a reclamada que desrespeitou os direitos sociais laborais.

Por seu turno, o art. 878 da CLT passou a exigir que a execução trabalhista seja iniciada, *em regra*, por provocação do exequente, sendo de ofício quando as partes estiverem no exercício do *jus postulandi* (art. 791, CLT) e no caso das contribuições sociais oriundas das sentenças proferidas na Justiça do Trabalho e dos acordos por ela homologados (art. 876, parágrafo único, CLT). Criam-se, assim, procedimentos distintos para o exequente-trabalhador e para a exequente-Fazenda Pública em detrimento daquele que terá cerceado seu pleno exercício de acesso à tutela jurisdicional justa e efetiva.

Por fim, como a taxa referencial (TR) é índice inadequado para a atualização monetária dos créditos trabalhistas (§ 7º do art. 879 da CLT) porque não corrige as perdas inflacionárias, conforme entendimento do Supremo Tribunal Federal nas Ações Diretas de Inconstitucionalidade 4.357, 4.372, 4.400 e 4.425, violando os princípios peculiares do Direito Processual do Trabalho, em especial o da proteção processual, o da efetividade social e o da indisponibilidade e promovendo o retrocesso social no sistema processual de garantia de pagamento dos créditos trabalhistas.

Em suma, os dispositivos celetistas alterados pela Lei n. 13.467/2017 promovem o cerceamento do direito dos empregados reclamantes de exercer plenamente o direito constitucional de ação na qualidade de *direito público subjetivo de todo cidadão brasileiro*, principalmente quando se está em busca da efetivação de direitos laborais que foram reiteradamente descumpridos pelo empregador no transcorrer do contrato de trabalho. Ademais, as alterações analisadas desrespeitam explicitamente os princípios peculiares do Direito Processual do Trabalho, em especial, da proteção processual e da finalidade social do processo, comprometendo em seu conjunto a efetividade social do processo do trabalho e, consequentemente, a busca da justiça social.

Não se pode olvidar que a valorização do trabalho marca o anúncio dos princípios fundamentais da República Federativa do Brasil (art. 1º, IV, CF), consolidando-se no âmbito dos direitos fundamentais sociais dos trabalhadores (arts. 6º a 11, CF), estando consagrado como princípio da Ordem Econômica (art. 170, CF) e da Ordem Social (art. 193, CF), conferindo finalidade ao Estado brasileiro.

Nesse sentido, a reforma trabalhista aprovada pelo Congresso Nacional representa profundo retrocesso social ao Estado Democrático de Direito, desconstruindo direitos sociais fundamentais dos trabalhadores, colocando o país no caminho inverso ao que propõe a Constituição ao estabelecer que, dentre os objetivos do Estado brasileiro, está a construção de uma sociedade justa e solidária com a erradicação da pobreza, marginalização e redução das desigualdades sociais e regionais (art. 3º, I e III, CF).

Não houve a adequada discussão com a sociedade civil das propostas da reforma trabalhista, pois sua aprovação se realizou às pressas num *processo legislativo relâmpago* sem o aprofundamento dos debates acerca das alterações na legislação trabalhista. Os atuais contornos jurídicos da cidadania inaugurados pela Constituição (art. 1º, III e art. 5º, § 1º, CF) implicam na participação política mais direta e imediata dos cidadãos na vida em sociedade, muito além da condição de eleitor, inclusive atuando no controle das funções do Estado, no estabelecimento de suas diretrizes e limitando as atividades estatais ao respeito dos interesses da própria sociedade com vistas ao atingimento do bem comum.

A reforma trabalhista, da forma como foi efetuada, impediu as manifestações no espaço público (audiências e conselhos públicos, por exemplo) dos cidadãos diretamente interessados em tais mudanças, limitando o exercício de uma cidadania inclusiva e participativa resguardada pela Ordem Constitucional brasileira. A Lei n. 13.467/2017 tão somente acentuará as mazelas já presentes na sociedade, gerando subempregos incapazes de viabilizar a concretização do direito humano e fundamental ao trabalho digno apregoado, em nível mundial, nas convenções e declarações internacionais da Organização Internacional do Trabalho. Frise-se que o Brasil integra esta organização na condição de Estado-membro e, assim, havia se comprometido com seus preceitos e tratados internacionais.

Na atualidade, num jogo de interesses econômicos e de disputa de poder político, o Estado brasileiro liderado por um governo ilegítimo "rasga" os compromissos assumidos perante a OIT e a comunidade internacional, bem como "esfacela" a Constituição de 1988 para privilegiar unicamente os interesses do capital global com amparo numa classe política brasileira mergulhada em denúncias de corrupção, pagamentos de propina e desvios espúrios do dinheiro público. Realmente, vive-se em *tempos líquidos e incertos* e o futuro se mostra sombrio!

REFERÊNCIAS BIBLIOGRÁFICAS

ALMEIDA, Cleber Lúcio de. Incidente de desconsideração da personalidade jurídica. *In*: MIESSA, Elisson (Org.). *O novo Código de Processo Civil e seus reflexos no processo do trabalho*. Salvador: JusPodivm, 2015.

BAQUER, Lorenzo Martín-Retortillo e OTTO Y PARDO, Ignacio de. *Derechos fundamentales y Constitución*. Madrid: Editorial Civitas, 1988.

BAUMAN, Zygmunt. *Tiempos líquidos*: vivir en una época de incertitumbre, 1. reimpr., traducción de Carmen Corral. Buenos Aires: Tusquets Editores, 2009.

BOBBIO, Norberto. *Teoria geral da política*. São Paulo: Campus Elsevier, 2000.

BONAVIDES, Paulo. *Teoria constitucional da democracia participativa*. 3. ed. São Paulo: Malheiros, 2008.

BRAVERMAN, Harry. *Trabalho e capital monopolista*: a degradação do trabalho no século XX, tradução de Nathanael C. Caixeiro. 2. ed. Rio de Janeiro: Zahar Editores, 1980.

CANOTILHO, José Joaquim Gomes. *Direito constitucional e teoria da Constituição*. 6. ed. Coimbra: Livraria Almedina, 2002.

CARVALHO, José Murilo de. *Cidadania no Brasil*: o longo caminho. 3. ed. Rio de Janeiro: Civilização Brasileira, 2002.

CUNHA, Rodrigo Giostri da. *O processo do trabalho como instrumento de efetivação dos direitos sociais trabalhistas*: contribuições para o aprimoramento da prestação jurisdicional trabalhista. Dissertação de Mestrado, Faculdade de Direito, Universidade de São Paulo, São Paulo, 2008.

DELGADO, Gabriela Neves. A CLT aos 70 anos: rumo a um direito do Trabalho constitucionalizado. *Revista do TST*. Brasília, v. 79, n. 2, abr./jun. 2013. p. 268-294.

DELGADO, Mauricio Godinho e DELGADO, Gabriela Neves. Justiça do trabalho: 70 anos de justiça social. *Revista do TST*. Brasília, v. 77, n. 2, abr./jun. 2011. p. 103-117.

GAMBA, Juliane Caravieri Martins. As distinções entre a relação de trabalho e a relação de consumo no âmbito da nova competência material da Justiça do Trabalho. *Revista Semina de Ciências Sociais e Humanas*. v. 27, 2006. p. 149-168.

_____. Responsabilidade civil objetiva do empregador pelos danos à saúde do trabalhador: visão constitucional do meio ambiente do trabalho. *Revista de Direito Constitucional e Internacional*. São Paulo: Revista dos Tribunais, v. 18, 2010. p. 127-164.

GAMBA, Juliane Caravieri Martins e MONTAL, Zélia Maria Cardoso. Princípios constitucionais do direito do trabalho: relevância e aplicabilidade, rediscutindo paradigmas. *Revista Trabalhista da ANAMATRA*. São Paulo: LTr, v. 41, 2012. p. 62-79.

GARCIA, Maria. Mas, quais são os direitos fundamentais? *Revista de Direito Constitucional e Internacional*. Revista dos Tribunais, a. 10, n. 39, abr./jun. 2002, São Paulo, p. 115-123.

IBGE. *PNAD contínua*. Disponível em: <http://www.ibge.gov.br/home/>. Acesso: 26 maio 2017.

LEITE, Carlos Henrique Bezerra. *Curso de direito processual do trabalho*. 15. ed. São Paulo: Saraiva, 2017.

MARTÍNEZ, Gregorio Peces-Barba. *Derechos sociales y positivismo jurídico*: escritos de filosofía jurídica y política. Cuadernos Bartolome de Las Casas n. 11. Madrid: Dykinson, 1999.

MELLO, Celso Antônio Bandeira de. *Elementos de direito administrativo*. 2. ed., rev., ampl. e atual. 2. Tir. São Paulo: Revista dos Tribunais, 1991.

OLIVEIRA, Sebastião Geraldo de. *Indenizações por acidente do trabalho ou doença ocupacional*. São Paulo: LTr, 2007.

POCHMANN, Márcio. *O trabalho sob fogo cruzado*: exclusão, desemprego e precarização no final do século. São Paulo: Contexto, 1999.

ROMITA, Arion Sayão. *Direitos fundamentais nas relações de trabalho*. 2. ed. rev. e aum. São Paulo: LTr, 2007.

ROSS, Alf. *Direito e justiça*, tradução e notas de Edson Bini. São Paulo: Edipro, 2008.

SARLET, Ingo Wolfgang. *A eficácia dos direitos fundamentais*. 9. ed. rev. atual. e ampl. Porto Alegre: Livraria do Advogado, 2008.

_____. Os direitos fundamentais sociais na Constituição de 1988. *Revista Diálogo Jurídico*. a. I, v. I, n. 1, Salvador, abril de 2001. p. 01-46.

SCHIAVI, Mauro. *Manual de direito processual do trabalho*. 12. ed. de acordo com novo CPC. São Paulo: LTr, 2017.

TST. *Resolução n. 203, de 15 de março de 2016*: edita a Instrução Normativa n. 39 que dispõe sobre as normas do Código de Processo Civil de 2015 aplicáveis e inaplicáveis ao processo do trabalho. Disponível em: <www.tst.jus.br>. Acesso em: 10 fev. 2017.

Os Impactos da Lei n. 13.467/2017 sobre a Atividade Jurisprudencial do TST

Lígia Barros de Freitas

Doutora em Ciência Política pela Universidade Federal de São Carlos (UFSCar). Professora de Direito do Trabalho e Processo do Trabalho na Escola Paulista de Direito (EPD).

INTRODUÇÃO

A prevalência do modelo legislado sobre o negociado, nas relações de trabalho no Brasil, tem raízes históricas relacionadas ao reconhecimento dos direitos dos trabalhadores pelo Estado, o qual se deu conjuntamente à própria criação do Direito do Trabalho e da Justiça do Trabalho no país[(1)].

Embora essa realidade tenha sido vivenciada, entrou em pauta a possibilidade de que o negociado prevalecesse sobre o legislado por meio de negociações coletivas a partir dos anos 1990. Essa alteração ocorreu de fato com a recente aprovação da Lei n. 13.467/2017, que introduziu as reformas trabalhistas no ordenamento pátrio, sob o imperativo da autonomia da vontade coletiva e da segurança jurídica nas relações de trabalho.

As alterações introduzidas pela lei, que entrará em vigor 120 dias após sua publicação, não são pontuais, mas profundas e alterarão as bases essenciais do Direito do Trabalho brasileiro, além de afrontar seus princípios constitucionais.

A Lei n. 13.467/2017 desconsidera os princípios consagrados da proteção ao trabalho, da primazia da realidade e da irrenunciabilidade de direitos. Com as mudanças introduzidas, há um nítido esvaziamento das funções da Justiça do Trabalho na interpretação e no preenchimento de lacunas legais, especialmente no que diz respeito à função uniformizadora do Tribunal Superior do Trabalho (TST) e ao acesso à Justiça do Trabalho.

As alterações instituídas retiram direitos dos trabalhadores e fragilizam as instituições responsáveis pelas relações de trabalho e pela efetivação desses direitos. Segundo estudo realizado pelo Cesit[(2)], a reforma trabalhista recente atuou em três planos. No primeiro, desfigurou o Direito do Trabalho como protetor e promotor de avanços sociais, ao entender equivocamente a relação de trabalho como relação entre iguais e pôr em discussão a existência da própria Justiça do Trabalho, frente à mitigação do Direito do Trabalho, em um verdadeiro retrocesso ao século XIX. Nos demais planos, o ataque é mais direto à Justiça do Trabalho, por dificultar, de um lado, o acesso à Justiça e, de outro, ao restringir a atuação dos juízes e tribunais do trabalho.

As dificuldades de acesso à Justiça se concretizaram nas mudanças processuais trazidas pela Reforma Trabalhista. Em evidente afronta à Constituição Federal

(1) NORONHA, E. G. *Entre a lei e arbitrariedade*: mercado e relações de trabalho no Brasil. São Paulo: LTr, 2000.

(2) O estudo mencionado é o *Dossiê Reforma Trabalhista*, elaborado pelo Centro de Estudos Sindicais e de Economia do Trabalho do Instituto de Economia da Universidade Estadual de Campinas (Unicamp).

(art. 5º, LXXIV, CF/88), estipulou-se o pagamento de honorários periciais e de honorários sucumbenciais pelo trabalhador, ainda que beneficiário de Justiça gratuita (art. 790-B da Lei n. 13.467/2017). Os jurisdicionados da Justiça do Trabalho serão os únicos que não serão isentos de tais verbas, já que, nas outras Justiças, não há a compensação desses valores com eventuais créditos do postulante, como lhes é cediço.

As modificações trazidas ao art. 844 da CLT, § 2º e § 3º, atingem igualmente a disposição constitucional de acesso gratuito à Justiça (art. 5º, XXXVI da CF/88), ao determinar que o empregado deverá pagar as custas de um processo anteriormente arquivado pelo seu não comparecimento em audiência.

O art. 8º, § 3º, combinado com o art. 611-A, § 1º, traz outra limitação à atuação da Justiça do Trabalho e afronta a inafastabilidade da jurisdição, ao estipular que, no exame de convenção coletiva ou acordo coletivo de trabalho, a Justiça do Trabalho analisará exclusivamente a conformidade dos elementos essenciais do negócio jurídico e balizará sua atuação pelo princípio da intervenção mínima na autonomia da vontade coletiva. Em outras palavras, os juízes trabalhistas ficarão adstritos ao exame dos requisitos formais da realização das negociações coletivas e não poderão adentrar no que foi negociado, ainda que seja visivelmente prejudicial ao trabalhador.

O § 2º do art. 611-A, ademais, reforça a não interferência da Justiça do Trabalho na análise das cláusulas estipuladas, ao determinar que não ensejará sua nulidade, por não caracterizar um vício do negócio jurídico, mesmo sem expressa indicação de contrapartidas recíprocas em convenção coletiva ou acordo coletivo.

Nesse sentido, considerando que ambas as partes estão em igualdade jurídica, em conformidade com o acréscimo da alínea *f* no art. 652, na homologação dos acordos extrajudiciais pelo Judiciário Trabalhista, somente serão analisados os seus aspectos formais, mesmo se o empregado der quitação geral de seus direitos, ressaltando que a lei não exige a presença do sindicato obreiro para a realização de acordos extrajudiciais.

Reforçando os obstáculos de acesso à Justiça do Trabalho e de direito à ação especificamente, a lei prevê que deverão figurar os sindicatos subscritores das negociações coletivas como litisconsortes necessários, em ação individual ou coletiva, quando esta demanda a anulação de cláusulas desses instrumentos (art. 611-A, § 5º).

Por sua vez, a restrição à atuação dos juízes do trabalho e dos tribunais do trabalho, principalmente do TST, é traduzida no art. 8º, § 2º, que proíbe súmulas e enunciados de jurisprudências da Justiça do Trabalho de restringirem direitos legalmente previstos ou de criarem obrigações que não estejam previstas em lei. Com essa determinação, os Tribunais Regionais do Trabalho (TRTs) e o TST são impedidos de interpretarem as normas e de preencherem as lacunas da lei. Nesse caso, novamente, a Justiça do Trabalho é a única dentro do Poder Judiciário que não poderá exercer função jurisprudencial de forma ampla.

Atentando às restrições impostas à atuação jurisprudencial da Justiça do Trabalho, objetiva-se, no presente artigo, analisar a trajetória do TST na busca por reconhecimento e na defesa institucional e jurisprudencial, desde seu ingresso no Poder Judiciário até o momento atual. Conclui-se que a Lei n. 13.467/2013 concretizou o intento das elites empresariais brasileiras de desvalorizar o Direito e a Justiça do Trabalho, mitigando a proteção ao trabalhador e limitando a atuação judicial laboral por meio da afronta aos princípios constitucionais.

A partir disso, o texto organiza-se em três partes. Na primeira, serão analisadas as defesas constantes do TST para garantir sua existência; na segunda, o objetivo é analisar como a jurisprudência se tornou fonte primária do Direito na Justiça do Trabalho e, particularmente, no TST. E, por fim, serão tecidas as considerações finais.

1. A CONSTANTE LUTA PELA SOBREVIVÊNCIA DA JUSTIÇA DO TRABALHO E DO TST NO BRASIL

A Justiça do Trabalho e o TST são alvo de projetos de extinção desde sua origem. A atual Lei n. 13.467/2017 consiste em um ataque indireto centrado na competência dessa Justiça em decidir e uniformizar a sua jurisprudência, numa tentativa de esvaziar sua função dentro do Poder Judiciário e justificar sua eliminação a longo prazo. Os assaltos contra a Justiça do Trabalho, como se verá, refletem a disputa de modelos diferentes de sociedade e de institucionalização das relações capital/trabalho.[3]

A disputa se iniciou já durante o projeto da Justiça do Trabalho no país, com as célebres posições antagônicas de Oliveira Vianna e Waldemar Ferreira. A pedido do Ministro do Trabalho e atendendo ao disposto na Constituição Federal de 1934, Vianna apresentou um anteprojeto de Justiça do Trabalho que a caracterizava como uma Justiça Especial, com representantes paritários do empregador e do empregado e com poder normativo. A seu turno, em parecer contra o anteprojeto,

(3) MOREL, R. L. M.; PESSANHA, E. G. da F. A justiça do trabalho. *Tempo Social*. São Paulo, v. 19, n. 2, p. 87-109, nov. 2007.

Waldemar Ferreira criticou a especialização conferida à Justiça do Trabalho, bem como o seu poder normativo.

A divergência apontada demonstra a existência de dois projetos diferentes. Havia, de um lado, o projeto intervencionista e tutelar das relações trabalhistas, no qual salários e condições de trabalho deveriam ser regulados pela Justiça com a finalidade de proteger a parte economicamente mais fraca, concepção chamada por Morel e Pessanha(4) de consenso "antiliberal". Contrapunha-se a esse consenso, de outro, o projeto de visão civilista regido pelo contratualismo liberal, baseado em uma ficção jurídica da autonomia da vontade individual(5).

Mesmo após seu ingresso no Poder Judiciário, em 1946, a Justiça do Trabalho continuou a ser alvo de severas críticas, que ora desmereciam seus magistrados com o discurso de que as garantias da magistratura não deveriam ser estendidas a eles, ora desmoralizavam seu órgão de cúpula. Em 1953, o deputado Lúcio Bittencourt assinou o projeto de emenda constitucional para extinguir o TST, argumentando que o Supremo Tribunal Federal (STF) poderia se encarregar da uniformização da jurisprudência trabalhista.

A defesa à Justiça do Trabalho e ao TST partiu de dentro do próprio judiciário, com a confirmação das decisões proferidas pelo TST por parte do STF, que se manifestou pela extensão das garantias da magistratura em geral aos juízes trabalhistas, conforme interpretação da Constituição de 1946.

Nos anos seguintes, foram constantes os discursos que apontavam, na Revista do TST, a Justiça do Trabalho como precursora da humanização do direito e da socialização da Justiça pelos magistrados sempre atentos à realidade econômico-social para interpretar a lei e aplicá-la a casos concretos.(6)

Sob uma visão protecionista, o processo trabalhista foi instituído visando a ser mais informal desde seu início e manteve, até a Lei n. 13.467/2017, aspectos como a gratuidade das custas processuais e o não arbitramento de honorários advocatícios sucumbenciais, exceto quando o reclamante estivesse assistido por advogado do sindicato de sua categoria – execução iniciada de ofício.

Na arena da Assembleia Nacional Constituinte de 1987/1988 (ANC), o projeto de extinguir o TST veio à tona novamente. Em audiência pública, a Associação dos Advogados Trabalhistas (Abrat) propôs a extinção do TST por intermédio de seu presidente na época, Reginald Hintz Delmar Felker. O pedido foi justificado pela suposta inconveniência de se manter um órgão nacional para uniformizar a jurisprudência, dado que as condições de trabalho eram regionalizadas. A principal motivação dessa proposta, entretanto, não foi o posicionamento liberal da Abrat, mas sua intenção de fazer frente à posição conservadora do TST, em comparação com os TRTs, com a retirada de direitos concedidos pelos primeiros.

Em contrapartida, a defesa da função unificadora da jurisprudência do TST, em matéria trabalhista, adveio de dois ministros à época, o Ministro do Supremo Tribunal Federal Sidney Sanches e o Ministro da Justiça Paulo Bossard. Outra posição favorável partiu do constituinte Aloysio Chaves (PFL), que defendeu a aprovação de emenda para garantir a função do TST como unificador da jurisprudência dos TRTs na votação do segundo turno do Projeto de Constituição.

Embora tenha ressurgido a tese de extinção do TST na ANC, entre os constituintes não havia dúvida do seu papel uniformizador. Dessa forma, isso não foi uma questão polêmica durante os trabalhos desenvolvidos na Subcomissão e nas Comissões. Esse posicionamento se refletiu em todos os anteprojetos dos relatores e nos projetos aprovados em cada fase, por meio de dispositivos que reconheciam o TST como a Corte superior da Justiça do Trabalho e lhe atribuíam funções de uniformizador da jurisprudência, por seu importante papel para a pacificação social e segurança jurídica.

Na década de 1990, em consonância com os ideais liberalizantes da agenda do Governo Federal, foi pregada a precarização dos direitos do trabalho com o propósito de diminuir encargos trabalhistas para tornar a indústria brasileira mais competitiva em uma economia globalizada. Ganharam força discursos que defendiam a flexibilização das leis trabalhistas e que compunham uma ofensiva à Justiça do Trabalho.

Nesse contexto, em 1999, como resultado da Comissão Parlamentar de Inquérito no Senado, conhecida como CPI do Judiciário, o relatório final do senador Paulo Souto (PFL) descreveu a Justiça do Trabalho como lenta, conservadora(7) e com elevados gastos de

(4) *Id.*, 2006, p. 29-53.

(5) FORNAZIERI, L. L. Um projeto de Justiça do Trabalho no Brasil: o debate entre Oliveira Vianna e Waldemar Ferreira (1934-1938). In: *Anais do XXVII Simpósio Nacional de História (ANPUH)*. Natal: UFRN, 2003. p. 1 – 14.

(6) FREITAS, L. B. de. *A consolidação institucional do Tribunal Superior do Trabalho (TST) na longa Constituinte (1987-2004)*. 2012. 372p. Tese de Doutorado (Doutorado em Ciência Política). Departamento de Ciência Política, Universidade Federal de São Carlos, São Carlos, 2012.

(7) Mesmo contra todas as evidências e estatísticas, que apontavam que a Justiça do Trabalho era a que apresentava maior celeridade de julgamento.

corrupção e nepotismo. Portanto, propôs a sua extinção e, consequentemente, a incorporação do TST pelo STJ.

Desde então, a PEC 96/1992 avançou e veio a dar origem à Emenda Constitucional n. 45/2004. Essa emenda trouxe mudanças significativas no Poder Judiciário, com a apresentação pelo seu relator, o deputado Aloysio Nunes Ferreira (PSDB), do projeto no qual se propôs a extinção da Justiça do Trabalho, cuja competência seria transferida para a Justiça Federal.

Vencido esse primeiro momento, foi proposta a extinção do TST pelos deputados José Roberto Batochio (PDT) e Inaldo Leitão (PL) na mesma tramitação, contra o relatório apresentado pela nova relatora, a deputada Zulaiê Cobra, que fora amplamente apoiado pelos deputados do PT[(8)]. De acordo com Freitas[(9)], após uma grande defensiva do próprio TST, que acabou recebendo apoio do movimento sindical, esse ponto da Reforma do Poder Judiciário não foi aprovado.

Portanto, a proposta de extinção do TST esteve na agenda política durante a Reforma do Poder Judiciário em mais de um momento e partiu de dois grupos de atores: um, formado por membros com ideais liberais, que realizaram um ataque direto à Justiça do Trabalho; e outro, formado por partidos trabalhistas e pelo movimento sindical, com o propósito de garantir a prevalência das decisões mais protetivas ao trabalhador, proferidas pelos juízes do trabalho e pelos Tribunais Regionais do Trabalho, já que o TST reformava essas decisões.

Durante os governos trabalhistas (2003-2015), não houve proposta de extinção da Justiça do Trabalho ou do TST, contudo, o tema do negociado *versus* legislado esteve presente. A PL 5.483/2001, enviada pelo presidente Fernando Henrique Cardoso (1998-2002), instituía a prevalência do negociado sobre o legislado e foi arquivada no início do primeiro mandato do presidente Luís Inácio Lula da Silva. A tentativa de alterar a legislação trabalhista para prevalência do negociado voltou em pauta no governo de Dilma Rousseff (2011-2016), na tramitação da Medida Provisória 680/2015, que aprovou o Programa de Proteção ao Emprego (PPE). No entanto, representantes de entidades sindicais, do Judiciário e do Ministério Público fizeram críticas à proposta e colaboraram para retirá-la do texto final da MP.

A mais recente disputa em torno das atividades realizadas pela Justiça do Trabalho ocorreu na tramitação da Lei n. 13.467 de 13 de julho de 2017. Sua aprovação ocorreu apressadamente, sem discussão com a sociedade civil ou com os atores do mundo do trabalho, além disso, num momento político delicado, quando se questiona frente às denúncias de corrupção a legitimidade de muitos parlamentares e do próprio autor do projeto, o Presidente da República Michel Temer.

A princípio, fora proposto o PL n. 6.787 em 23 de dezembro de 2016, que se tornou o PLC 38/2017 no Senado Federal. O texto foi originalmente formulado pelo deputado Rogério Marinho, "[...] auxiliado por juristas e magistrados alinhados com uma visão 'empresarialista', economicista e não humanista do Direito do Trabalho (que, sabe-se, é francamente minoritária no âmbito do próprio Tribunal Superior do Trabalho)."[(10)].

Na casa revisora, o texto do projeto foi mantido *ipsis litteris* pelo relator, Senador Ricardo Ferraço, com aprovação na Comissão de Assuntos Econômicos. Após o relatório ter sido rejeitado pela Comissão de Assuntos Sociais, o Presidente da República comprometeu-se, em carta enviada aos senadores, mediante de vetos e Medida Provisória, a ajustar os artigos que tratassem dos pontos mais polêmicos: trabalho da gestante e da lactante em ambiente insalubre, serviço extraordinário da mulher, jornada 12 por 36, trabalho intermitente, representantes dos empregados e negociação do intervalo intrajornada. Seguindo a tramitação, o relatório foi aprovado na Comissão de Constituição e Justiça e no Plenário do Senado até receber sanção presidencial, sem nenhum veto, em 13 de julho de 2017.

O voto em separado do senador Paulo Paim, aprovado na Comissão de Assuntos Sociais[(11)] pelas normas do Regimento Interno do Senado Federal, passou a ser o parecer contrário ao Projeto de Lei da Câmara n. 38 de 2017. Segundo Paim "[...] na análise de um projeto tão relevante e tão ruinoso, poderíamos dizer, não podemos deixar de realizar uma digressão sobre o projeto de sociedade que plasmou a CLT e que se cristalizou na Constituição."[(12)].

Entre os atores do mundo do trabalho, apesar do curto período de tempo pelo qual tramitou o projeto,

(8) O PT, juntamente com a CUT, foi um dos atores promotores da campanha de extinção do TST, por entenderem que o órgão de cúpula era muito conservador. Ademais, modificaram as decisões favoráveis aos trabalhadores dadas pelos TRTs, como ocorreu na greve dos Petroleiros (1995).

(9) FREITAS, *op. cit.*

(10) ANPT *et al. Nota Técnica PCL 38/2017 – Reforma Trabalhista. Aspectos de Inconstitucionalidade e de Antijuridicidade*, 2017.

(11) A aprovação foi apertada, com 10 votos contra 9 na referida Comissão de Assuntos Sociais.

(12) BRASIL. Senado Federal. *Voto em Separado do Senador Paulo Paim, concluindo pela rejeição do Projeto de Lei da Câmara n. 38, de 2017*. Matéria constante da Pauta da 21ª Reunião da Comissão de Assuntos Sociais, agendada para o dia 13 jun. 2017. V. 4. Brasília, DF, 2017. fls. 1499-1544.

houve diferentes formas de manifestações contrárias à proposta governamental. Os sindicatos promoveram paralisações contra a reforma, inclusive com a organização de uma greve geral(13), e participaram de audiências públicas juntamente com pesquisadores, representantes do Ministério Público, membros do TST e o presidente da Associação Nacional dos Magistrados da Justiça do Trabalho (Anamatra).

Além disso, foram elaborados documentos contrários à reforma trabalhista assinados conjuntamente por diversas associações, como a Associação Nacional dos Procuradores do Trabalho (ANPT), a Associação Nacional dos Magistrados da Justiça do Trabalho (ANAMATRA), a Associação Nacional dos Membros do Ministério Público (CONAMP), a Associação dos Magistrados Brasileiros (AMB), a Associação dos Juízes Federais do Brasil (AJUFE), a Associação do Ministério Público do Distrito Federal e Territórios (AMPDFT), a Associação dos Magistrados do Distrito Federal e Territórios (AMAGIS-DF), a Associação Nacional do Ministério Público Militar (ANMPM) e entidades de classe de âmbito nacional, que congregaram mais de 40.000 juízes e membros do Ministério Público.

2. FONTE PRIMÁRIA DE DIREITO: A JURISPRUDÊNCIA NA JUSTIÇA DO TRABALHO

Foi recorrente a preocupação da Justiça do Trabalho em firmar sua jurisprudência como fonte de Direito do Trabalho, principalmente frente às lacunas da lei. Já eram emitidos prejulgados desde antes de seu ingresso no Poder Judiciário, os quais consistiam no posicionamento com poder vinculante do Conselho Nacional do Trabalho, órgão de cúpula da época.

Após a Justiça do Trabalho passar a fazer parte do Poder Judiciário, segundo Vilhena(14), os prejulgados sumulares ou jurisprudenciais advinham de teses consagradas e reiteradas do TST, sendo poucos aqueles que tinham função preventiva, de natureza interpretativa previamente da lei, que antecipasse uma eventual divergência entre os Tribunais Regionais. Os prejulgados mantiveram sua força vinculativa até 1977, quando o STF decidiu pela sua inconstitucionalidade frente à Constituição de 1946.

Na década de 1950, a preocupação centrava-se na organização dos julgados para facilitar sua divulgação e utilização, tanto que a revista oficial desse órgão, a Revista do TST, passou a organizar uma sessão somente de ementas a partir da publicação do ano de 1952. Em 1969, o TST começou a editar as súmulas de jurisprudência, as quais passaram a conviver juntamente com os prejulgados até 1982, quando eles foram convertidos em súmulas sem caráter vinculante(15).

A edição das súmulas foi provocada após a Constituição de 1967 ter tornado irrecorríveis as decisões do TST, exceto em matérias constitucionais, e depois de o Decreto-lei n. 229, de 28 de fevereiro de 1967, ter alterado dispositivos da CLT, introduzindo como pressuposto de admissibilidade do Recurso de Revista a desconformidade da decisão impugnada com a jurisprudência uniforme do TST, por meio do Enunciado 42 (hoje Súmula n. 333 do TST).

O Enunciado 42(16) criou requisito de admissibilidade não somente ao Recurso de Revista, mas também aos embargos para a Seção de Dissídio Individual, dispondo não cabê-los quando contrariassem decisões superadas por iterativa, notória e atual jurisprudência da Seção Especializada em Dissídios Individuais. Segundo Miessa(17), surgiram as orientações jurisprudenciais com o intuito de definir as decisões iterativa, notória e atual.

A importância da atividade jurisprudencial do TST foi destacada pelo então Desembargador do TRT da 3ª Região (MG) na época, Paulo Emílio Ribeiro Vilhena:

> Sob o influxo, talvez, da natureza e espécie dos processos que julga, os dissídios individuais e coletivos, sobretudo estes e, em consonância com sua missão de tribunal de cúpula, a de uniformizar ou, pelo menos de estabelecer diretrizes mínimas de segurança da jurisprudência trabalhista, a dinâmica do Tribunal Superior do Trabalho explica-se como portadora de um complexo instrumental judicante cuja coleta de preceito não se exaure nas leis, nos costumes, nos princípios gerais de direito nem na equidade (CLT, art. 8º)(18).

(13) A greve geral de 28 de abril de 2017, apesar de frutífera e com a paralisação de inúmeras categorias em todo o território nacional, foi apresentada pela grande mídia como irrelevante e composta por paralisações pontuais.

(14) VILHENA, P. E. R. Os prejulgados, as súmulas e o TST. *Revista de Informação Legislativa*, v. 14, n. 55, p. 83-100, jul./set. 1977.

(15) As súmulas mantiveram essa nomenclatura até 1985, quando passaram a ser intituladas como enunciados (Resolução n. 44/1985). Em 2005, por meio da Resolução n. 129/2005, voltaram a ser chamadas de súmulas.

(16) BRASIL. Tribunal Superior do Trabalho. *Enunciado n. 42*. Não ensejam recursos de revista ou de embargos decisões superadas por iterativa, notória e atual jurisprudência da Seção Especializada em Dissídios Individual.

(17) MIESSA, É. *A reforma trabalhista e o juiz como boca da lei. A tentativa de restringir o alcance das súmulas do TST e dos TRTs*. Jota. 21 maio 17.

(18) VILHENA, *op. cit.*, p. 87.

A jurisprudência e, particularmente, as súmulas do TST tiveram papel relevante na adequação da lei às mudanças dos fatos sociais. Nesse sentido, em 1984, o então Ministro do TST Carlos Coqueijo Torreão Costa e o Ministro do TST aposentado Antônio Lamarca ressaltaram a importância que a jurisprudência vinha assumindo na Justiça do Trabalho, bem como o papel das súmulas para a estabilidade jurídica, pois encerravam as discussões de interpretação da norma jurídica e se apresentavam como uma norma consuetudinária.

Em artigo publicado na Revista do TST, em 1986, o então Ministro do TST Marco Aurélio Mendes Faria Mello defendeu a uniformização da jurisprudência por meio de súmulas também nos Tribunais Regionais do Trabalho, a fim de diminuir os recursos, contribuir com a celeridade e economia processual, além de trazer maior segurança jurídica aos jurisdicionados[19].

Apesar do reconhecimento da função uniformizadora do TST, principalmente através das súmulas, houve a tentativa de mitigá-la durante a ANC de 1987/1988. No primeiro turno de votação do Projeto de Constituição apresentado pelo "Centrão", foi aprovada a emenda para limitar o papel do TST na normatização da jurisprudência. A emenda, que proveio da fusão dos destaques de Nelson Jobim e Jarbas Passarinho[20], limitou os recursos de competência do TST nas decisões dos TRTs e nos dissídios individuais, no caso de ofensa literal ao dispositivo constitucional ou lei federal. Na votação do segundo turno, após ampla pressão do próprio TST, do Conselho Federal da OAB e confederações, foi aprovada a competência recursal do TST, com a previsão de que a lei disporia sobre a competência do tribunal.

Em consonância com essa evolução, a alteração na sistemática recursal instituída pela Lei n. 13.015/2014 trouxe a valorização do papel uniformizador de jurisprudência do TST, estendendo-o também aos TRTs. As alterações na referida lei foram sugeridas pelo então Presidente do TST, João Orestes Dalazen[21]. Em sua tramitação, os contornos da lei foram sendo estabelecidos através de emendas. O objetivo dos parlamentares foi de alinhar a sistemática recursal trabalhista à sistemática recursal civil, cujo projeto de lei, que originou o Novo Código de Processo Civil (Lei n. 13.105/2015), já tramitava.

O sistema de precedentes do processo trabalhista trouxe a possibilidade de maior efetivação da uniformização da jurisprudência do TST e dos TRTs. Além de reforçar o papel das súmulas do TST na fundamentação de Recurso de Revista e Embargos, a Lei n. 13.015/2014 obrigou os TRTs a padronizarem seus processos por meio de incidente de uniformização de jurisprudência, inclusive, com a possibilidade de essa súmula formulada pelo TRT servir de base para o Recurso de Revista, quando contrariada pela decisão recorrida.

A Instrução Normativa 39/2016 do TST, em seu art. 7º, confirmou a aplicabilidade do art. 332 do Novo Código de Processo Civil no processo trabalhista, pelo princípio da subsidiariedade. Dessa forma, dentre outras hipóteses, o juiz pode julgar liminarmente improcedente um pedido que contrarie uma súmula do TST, bem como súmulas dos TRTs sobre direito local, convenção coletiva do trabalho, acordo coletivo do trabalho, sentença normativa ou regulamento empresarial de observância obrigatória em área territorial que não exceda à jurisdição do respectivo Tribunal.

Segundo o Ministro do TST Alexandre Agra Belmonte[22], a Lei n. 13.015/2014 instituiu mudanças nos recursos trabalhistas, deu novo enfoque à jurisprudência e a elevou para fonte primária de Direito. As reformas na sistemática recursal trabalhista e no Novo Código de Processo Civil vieram a reforçar sequencialmente a necessidade das súmulas e de outros enunciados como orientação jurisprudencial para maior segurança jurídica, celeridade processual, isonomia das decisões judiciais e razoável duração do processo.

Embora não tenha havido tempo suficiente para analisar se as mudanças propostas alcançaram os objetivos almejados, dado o curto período em que estão em vigor as modificações no sistema recursal, não há justificativa plausível para a última alteração instituída pela recente Lei da Reforma Trabalhista, que limita a função das súmulas e outros enunciados do TST e dos TRTs, determinando que não podem restringir direitos legalmente previstos, tampouco criar obrigações que não estejam previstas em lei.

Com isso, percebe-se que a reforma propôs uma limitação à função uniformizadora da jurisprudência do TST e, destarte, contrariou os propósitos da Constituição

(19) FREITAS, L. B. de. *A Política e o TST na constituição dos Direitos do Trabalho*. São Paulo: LTr, 2011.

(20) Na época, Nelson Jobim era filiado ao PMDB/RS e Jarbas Passarinho, ao PDS/PA.

(21) LIMA, F. A. A reclamação contra a aplicação das decisões em recursos repetitivos na Justiça do Trabalho. *Rev. TST*. Brasília, v. 80, n. 4, out/dez 2014.

(22) BELMONTE, A. A. As alterações da Lei n. 13.015/2014 no Sistema dos Recursos Trabalhistas e a jurisprudência como fonte criativa de direito. A Teoria dos Precedentes e a Nova Lei de Recursos Trabalhistas como Técnica de Flexibilização no Sistema do Civil Law. In: ______. *A nova lei de recursos trabalhistas. Lei n.13.015/2014*. São Paulo: LTr, 2015. p. 9-24.

Cidadã. A história do pensamento jurídico trabalhista firmado pela jurisprudência do TST foi importante para a normatização das relações de trabalho, principalmente, para uma adequação às mudanças da realidade.

Evidentemente, a reforma trabalhista consistiu em uma vitória das forças conservadoras, com a pretensão de desmonte da legislação trabalhista e esvaziamento da função do TST e dos TRTs para que, num futuro próximo, justifique-se a extinção da Justiça do Trabalho.

CONSIDERAÇÕES FINAIS

A trajetória da Justiça do Trabalho no Brasil aponta para a constante disputa entre os atores envolvidos na produção: capital e trabalho. Mesmo antes de ingressar no Poder Judiciário, a construção do modelo de Justiça laboral foi alvo de disputa em torno de projetos distintos de modelos de regulação das relações de trabalho. Um projeto intervencionista e protetivo das relações de trabalho, no qual o empregado é hipossuficiente, de um lado; e um projeto calcando na visão civilista, de igualdade entre as partes, de outro.

Após o seu ingresso no Poder Judiciário, a Justiça do Trabalho permaneceu na defensiva contra os ataques a suas funções, sendo alvo de projetos propostos principalmente para extinguir seu órgão de cúpula, o TST. A partir dos anos 1990, com as ideias liberalizantes, tanto a legislação do trabalho como a Justiça do Trabalho foram alvos permanentes de discursos que apontavam para o anacronismo da estrutura protetiva ao empregado.

Segundo Artur e Pessanha[(23)], o modelo que era legislado passou a ser híbrido, respondendo a apelos sociais, e se adaptou a contextos mais ou menos autoritários até ser finalmente constitucionalizado na Carta Cidadã de 1988. Segundo as autoras, o modelo não pode ser considerado "ilegítimo" nem "anacrônico", pois foi sendo alterado historicamente e legitimado pelos constituintes.

O último e bem-sucedido ataque se deu com a aprovação da Lei n. 13.467/2017, que restringiu o acesso à Justiça do Trabalho e esvaziou sua função jurisprudencial, principalmente o papel uniformizador do seu órgão de cúpula.

As restrições impostas à função sumular de entendimento uniforme, nos Tribunais e no TST, afronta os princípios constitucionais de independência funcional do magistrado e da divisão de Poderes, sendo este último protegido por cláusula pétrea (art. 60, § 4º da Constituição Federal). Demonstram visível ataque a essa Justiça especializada que passará a ser a única, dentro do Poder Judiciário, a apresentar limitações de acesso e de função uniformizadora da jurisprudência dos Tribunais, especialmente, do seu Tribunal Superior.

REFERÊNCIAS BIBLIOGRÁFICAS

ANPT *et al. Nota Técnica PCL 38/2017 – Reforma Trabalhista. Aspectos de Inconstitucionalidade e de Antijuridicidade*, 2017. Disponível em: <https://www.anamatra.org.br/files/Nota-tecnica-Conjunta-Reforma-Trabalhista---aspectos-de-constitucionalidade-e-antijuridicidade.pdf>. Acesso em: 30 jul. 2017.

ARTUR, Karen; PESSANHA, Elina G. Ameaças aos direitos e às instituições judiciais do trabalho no Brasil. In: *Jornadas de Economía Critica*. 10. 2017. Buenos Aires: Universidad Nacional de General Sarmiento.

BRASIL. Senado Federal. *Voto em Separado do Senador Paulo Paim, concluindo pela rejeição do Projeto de Lei da Câmara n. 38, de 2017*. Matéria constante da Pauta da 21ª Reunião da Comissão de Assuntos Sociais, agendada para o dia 13/06/2017. v. 4. Brasília, DF, 2017. fls. 1499-1544. Disponível em: <http://www25.senado.leg.br/web/atividade/materias/-/materia/129049>. Acesso em: 15 jul. 2017.

BRASIL. Tribunal Superior do Trabalho. *Enunciado n. 42*. Não ensejam recursos de revista ou de embargos decisões superadas por iterativa, notória e atual jurisprudência da Seção Especializada em Dissídios Individual. Disponível em: <http://www3.tst.jus.br/jurisprudencia/Sumulas_com_indice/Sumulas_Ind_301_350.html#SUM-333>. Acesso em: 22 jul. 2017.

BELMONTE, Alexandre A. As alterações da Lei n. 13.015/2014 no Sistema dos Recursos Trabalhistas e a jurisprudência como fonte criativa de direito. A Teoria dos Precedentes e a Nova Lei de Recursos Trabalhistas como Técnica de Flexibilização no Sistema do Civil Law. In: _____. *A nova lei de recursos trabalhistas*. Lei n.13.015/2014. São Paulo: LTr, 2015. p. 9-24.

FREITAS, Lígia Barros de. *A Política e o TST na constituição dos Direitos do Trabalho*. São Paulo: LTr, 2011.

_____. *A consolidação institucional do Tribunal Superior do Trabalho (TST) na longa Constituinte (1987-2004)*. 2012. 372p. Tese de Doutorado (Doutorado em Ciência Política). Departamento de Ciência Política, Universidade Federal de São Carlos, São Carlos, 2012.

FORNAZIERI, Lígia Lopes. Um projeto de Justiça do Trabalho no Brasil: o debate entre Oliveira Vianna e Waldemar Ferreira (1934-1938). In: Simpósio Nacional de História (ANPUH), 27. 2003, Natal. *Anais do XXVII Simpósio Nacional de História (ANPUH)*. Natal: UFRN, 2003. p. 1-14. Disponível em: <http://www.snh2013.anpuh.org/resources/anais/27/1371311117_ARQUIVO_LigiaFornazieri.pdf>. Acesso em: 19 jul. 2017.

(23) Segundo as autoras, o referido trabalho integra a pesquisa em andamento realizada para o Dossiê Reforma Trabalhista, do IE CESIT UNICAMP. ARTUR, K.; PESSANHA, E. G. Ameaças aos direitos e às instituições judiciais do trabalho no Brasil. In: *Jornadas de Economía Critica*, 10., 2017. Buenos Aires: Universidad Nacional de General Sarmiento.

LIMA, Firmino Alves. A reclamação contra a aplicação das decisões em recursos repetitivos na Justiça do Trabalho. *Rev. TST*, Brasília, v. 80, n. 4, out./dez. 2014.

MOREL, Regina Lucia M.; PESSANHA, Elina G. da Fonte. A Justiça do Trabalho. *Tempo Social*. São Paulo, v. 19, n. 2, p. 87-109, nov. 2007. Disponível em: <http://www.revistas.usp.br/ts/article/view/12548>. Acesso em: 13 jul. 2017.

______. Magistrados do Trabalho no Brasil: entre a tradição e a mudança. *Estudos Históricos*. Rio de Janeiro, n. 37, p. 29-53, jan./jun. 2006.

MIESSA, Élisson. *A reforma trabalhista e o juiz como boca da lei. A tentativa de restringir o alcance das súmulas do TST e dos TRTs*. Jota. 21 maio 17. Disponível em: <https://jota.info/artigos/a-reforma-trabalhista-e-o-juiz-como-boca-da-lei-21052017>. Acesso em: 21 jul. 2017.

NORONHA, Eduardo Garuti. *Entre a lei e arbitrariedade*: mercado e relações de trabalho no Brasil. São Paulo: LTr, 2000.

VILHENA, Paulo Emílio Ribeiro. Os prejulgados, as súmulas e o TST. *Revista de Informação Legislativa*. v. 14, n. 55, p. 83-100, jul./set. 1977.

A Prescrição Intercorrente no Processo do Trabalho

Marcel Lopes Machado

Juiz do Trabalho do TRT da 3ª Região, titular da 1ª Vara do Trabalho de Ituiutaba – MG, pós-graduado em Direito Material e Processual do Trabalho/UFU; pós-graduado em Filosofia do Direito e Direito Público/Faculdade Católica de Uberlândia-Dominis, professor do curso de pós-graduação em Direito Material e Processual do Trabalho/UFU.

INTRODUÇÃO

Pretende-se, por este estudo, fazer uma análise e interpretação acerca da compatibilidade e aplicação da prescrição intercorrente na execução trabalhista, a partir de uma compreensão entre o instituto no período anterior e posterior à novel alteração legislativa do Processo do Trabalho pela chamada reforma trabalhista, que acrescentou o art. 11-A à CLT(1), por meio da Lei n. 13.467/2017.

> "Encontra-se implícito, em outras palavras, o reconhecimento de que na **interpretação judiciária** do direito legislativo está ínsito certo grau de **criatividade**. O ponto, de resto, tornou-se explícito pelo próprio Barwick quando escreve que ainda "a melhor arte de redação das leis", e mesmo o uso da mais simples e precisa linguagem legislativa, sempre deixam, de qualquer modo, **lacunas que devem ser preenchidas pelo juiz** e sempre permitem ambiguidades e incertezas que, em última análise, devem ser resolvidas na via judiciária"(2).

1. NATUREZA JURÍDICA DA PRESCRIÇÃO

Sempre houve controvérsia na doutrina se o instituto da prescrição era de natureza material ou processual, ou seja, se a prescrição era causa extintiva do direito ou da ação(3), e, esta distinção e compreensão entre a natureza jurídica do instituto (se de direito material ou de direito processual) mostra-se relevante, porque relativa à ideia de sistema e completude do ordenamento jurídico do Direito Material e Processual do Trabalho, para, inclusive, análise da jurisprudência consolidada.

Mostra-se mais relevante ainda, porque o instituto da prescrição está disciplinado no art. 7º, XXIX da CR, norma de ordem pública, e que tem por finalidade social e objetivo (art. 5º da LINDB) "evitar a perenização de situações jurídicas suscetíveis de controvérsia, a fim de propiciar a segurança das relações jurídicas"(4).

Diante das disposições dos arts. 189 do CC/2002 e 487, II do CPC/2015, parece nítido que a prescrição é **instituto de direito material**, e não processual, já que, é fato jurídico extintivo da **pretensão** a que se refere o

(1) "Art. 11-A. Ocorre a prescrição intercorrente no processo do trabalho no prazo de dois anos.

§ 1º A fluência do prazo prescricional intercorrente inicia-se quando o exequente deixa de cumprir determinação judicial no curso da execução.

§ 2º A declaração da prescrição intercorrente pode ser requerida ou declarada de ofício em qualquer grau de jurisdição."

(2) CAPPELLETTI, Mauro. *Juízes Legisladores?* Tradução de Carlos Alberto de Oliveira. Porto Alegre: Sergio Antônio Fabris, 1993. p. 20-21.

(3) VENOSA, Sílvio de Salvo. *Direito Civil*: Parte Geral. 4. ed. São Paulo: Jurídico Atlas, v. 1, p. 623.

(4) SÜSSEKIND, Arnaldo. *Direito Constitucional do Trabalho*. 3. ed. São Paulo: Renovar, p. 321.

direito material, e não do direito de ação regularmente exercido, ainda que prescrita a pretensão, tanto, que se existente, é hipótese que impõe decisão de **resolução do mérito** da lide, e não, decisão de resolução processual da lide.

> Prescrição é, portanto, a perda de eficácia **da pretensão** não manifestada em juízo no prazo próprio. A prescrição constitui efeito da omissão do titular de uma pretensão no exercício durante o período de tempo definido pela ordem jurídica (prazo prescricional).
>
> (...) O Código Civil de 2002 adotou, no art. 189, uma nova postura, vez que, segundo ele, **a prescrição recai sobre a pretensão**. A prescrição não atinge o direito de ação, que é assegurado constitucionalmente sem qualquer limite temporal para o seu exercício. Note-se, inclusive, que a declaração de ocorrência de prescrição implica **resolução do mérito** da demanda, o que não ocorreria se a hipótese fosse de extinção do direito de ação (se o direito de ação fosse extinto, não seria possível provimento sobre mérito). A prescrição atinge o **direito material** na sua dimensão processual, isto é, na eficácia da pretensão à sua tutela jurisdicional" (ALMEIDA, Cleber Lúcio de. ***Direito Processual do Trabalho***. São Paulo: LTr, p. 280).

Neste sentido, posicionou-se o Tribunal Superior do Trabalho por meio de sua Subseção de Dissídios Individuais:

> RECURSO DE EMBARGOS. REGÊNCIA PELA LEI N. 11.496/2007. PRESCRIÇÃO. DECRETAÇÃO DE OFÍCIO. INAPLICABILIDADE DO Art. 219, § 5º, DO CPC NA ESFERA TRABALHISTA. **A prescrição é instituto de direito material**, cuja aplicação na esfera trabalhista está condicionada às condições estabelecidas no **art. 8º e parágrafo único da CLT**. A disposição contida no art. 219, § 5º, do CPC, ao determinar a decretação de ofício da prescrição, não se compatibiliza com os princípios que regem o **Direito do Trabalho**, notadamente o da proteção, que busca reequilibrar a disparidade de forças entre reclamante e reclamada. Precedentes desta Subseção. Recurso de embargos conhecido e desprovido. (TST – SBDI-1 – E RR 10900-71.2008.5.04.0019 – Relator Ministro: Luiz Philippe Vieira de Mello Filho – Data de Julgamento: 13.02.2014 – Data de Publicação: DEJT 21.02.2014).

Observa-se deste julgado da SBDI-1 que o Tribunal Superior do Trabalho posicionou-se explicitamente pela natureza jurídica de **direito material** do instituto da prescrição, e, como tal, sua interpretação para aplicação ao **Direito do Trabalho** a partir da norma do art. 8º da CLT (norma de direito material que versa sobre os métodos de integração e preenchimento das lacunas normativas) e dos princípios do Direito do Trabalho, e não, das normas de natureza processual (por exemplo, arts. 769 e 889 da CLT) e princípios do Direito Processual do Trabalho.

Portanto, a prescrição, instituto de direito material, e como tal, previsto nos arts. 7º, XXIX da CR e 11 da CLT, atualmente constitui, no âmbito processual, matéria de ordem pública e cognoscível de ofício pelo órgão judicante, art. 487, **II** do CPC/2015, diante dos princípios da **segurança jurídica** e da **razoável** tutela processual/constitucional tempestiva, art. 5º, LXXVIII da CR, garantias constitucionais e **inalienáveis** não só do exequente, mas de sua parte adversa/executado (a), que tem como objeto sociojurídico evitar a **perenidade/eternidade** das demandas, e, como tal, de inegável interesse do Poder Judiciário como mecanismo de uma administração **sã** da Justiça, arts. 139, II do CPC/2015 e 765 da CLT.

2. PERÍODO ANTERIOR À EDIÇÃO DA LEI N. 13.467/2017

Inicialmente a **prescrição intercorrente**, de incidência na fase processual da execução, não foi explicitamente prevista no art. 11 da CLT, que trata da norma geral de regência da prescrição no Direito e no Processo do Trabalho, no período anterior à edição da Lei n. 13.467/2017.

Todavia, o art. 889 da CLT, norma de direito processual específica da fase de execução que trata de métodos de integração e preenchimento das lacunas normativas, previu a hipótese de aplicação da Lei de Executivos Fiscais (Lei n. 6.830/1980) nos casos de trâmites e incidentes da execução trabalhista, naquilo em que **não** contravierem o Título X da CLT, que trata do Processo Judiciário do Trabalho.

E, de fato, o art. 40, § 4º da Lei n. 6.830/1980 (LEF) prevê a incidência e aplicação de ofício da prescrição intercorrente, após o transcurso do prazo de 01 ano do arquivamento provisório da execução, o que, em tese, seria de aplicação à execução trabalhista, como previsto no art. 889 da CLT.

Este entendimento, inclusive, de aplicação da prescrição intercorrente ao Processo do Trabalho, encontra-se firmado na **Súmula n.** 327 do Supremo Tribunal Federal.

Mas não obstante estas previsões, consolidou-se na jurisprudência trabalhista o entendimento (Súmulas

n. 114 do TST e 63 do TRT da 3ª Região) de que incidência da prescrição intercorrente **não é** aplicável à execução trabalhista, seja em razão dos princípios do Processo do Trabalho, seja, em razão da incompatibilidade do instituto da prescrição intercorrente com o princípio específico do impulso oficial consagrado no art. 878 da CLT.

Portanto, a partir deste entendimento jurisprudencial consolidado no âmbito do Poder Judiciário do Trabalho (Súmula n. 114 do TST e 63 do TRT da 3ª Região), que permitiu a eternização das demandas executivas trabalhistas, e criando uma **antinomia**(5) com as normas legais e Súmula n. 327 do STF, é que surge a Lei n. 13.467/2017, acrescentando o art. 11-A à CLT, e que **inova** na ordem jurídica trabalhista, criando a hipótese da **overruling** (superação dos entendimentos jurisprudenciais) na teoria geral dos precedentes do art. 489, § 1º, VI do CPC/2015.

3. A POSSIBILIDADE DE INTERPRETAÇÃO DA INCIDÊNCIA DA PRESCRIÇÃO INTERCORRENTE NA EXECUÇÃO TRABALHISTA NO PERÍODO ANTERIOR À EDIÇÃO DA LEI N. 13.467/2017

Como registrado no item anterior, consolidou-se no âmbito do Poder Judiciário do Trabalho a interpretação pela não aplicação da prescrição intercorrente nas execuções trabalhistas.

Não obstante no **novo** fato jurídico gerado pela edição do art. 11-A da CLT pela Lei n. 13.467/2017, com a nova tese de incidência da prescrição intercorrente na execução trabalhista, a caracterizar a superação jurídica (*overrruling*), art. 489, § 1º, VI do CPC/2015, do entendimento jurisprudencial anteriormente consolidado (Súmulas n. 114 do TST e 63 do TRT da 3ª Região), fato é que a nova lei veio a regular uma situação que já era possível de aplicação pelo próprio Poder Judiciário do Trabalho.

Isto porque, mesmo diante da previsão das Súmulas n. 114 do TST e 63 do TRT da 3ª Região, *data venia* dos respeitáveis entendimentos em contrário, a prescrição intercorrente na execução trabalhista já era de perfeita e possível **interpretação** e **aplicação** ao Processo do Trabalho, como já previsto na Súmula n. **327 do STF**, que se reveste, inclusive, do princípio da **hierarquia** e da **soberania** do órgão de cúpula do Poder Judiciário.

> Os principais criadores do direito (...) podem ser, e frequentemente são, **os juízes**, pois representam a voz final da autoridade. Toda vez que interpretam um contrato, uma relação real (...) ou as **garantias** do processo e da liberdade, emitem necessariamente no ordenamento jurídico partículas dum sistema de **filosofia social**. As decisões dos Tribunais sobre questões **econômicas e sociais** dependem da sua filosofia econômica e social, motivo pelo qual **o progresso pacífico** do nosso povo, no curso do século XX, dependerá, em larga medida, de que os **juízes** saibam fazer-se portadores duma moderna filosofia econômica e social, antes de que superada filosofia, por si mesma produto de condições econômicas superadas". (Da mensagem enviada pelo Presidente THEODORE ROOSEVELT ao Congresso Americano em 08 de dezembro de 1908 (43 Cong. Rec., Part I, p. 21))"(6).

Deve-se observar que a **previsão** da arguição de **prescrição** na fase de **execução** decorre de texto expresso de lei trabalhista, art. 884, § 1º da CLT, como matéria de defesa a **esta fase** processual, previsão esta que **não** se refere à prescrição da fase de conhecimento, já que a própria Súmula n. 153 do TST, a admite **exclusivamente**, até a fase recursal ordinária.

Ao transitar em julgado a decisão, é defeso a qualquer das partes modificá-la, inová-la ou alterá-la em liquidação e execução/cumprimento de sentença, art. 879, § 1º da CLT, diante da autoridade e da **eficácia preclusiva** (dedutível/deduzido) da coisa julgada material, arts. 503 e 508 do CPC/2015.

Assim, nesta interpretação **sistemática** da norma e da jurisprudência processual trabalhistas, arts. 879, § 1º da CLT e Súmula n. 153 do TST, **não** se admite, em execução/cumprimento de sentença, arguição de prescrição relativa à **fase de conhecimento**, interpretação e limites que se reveste, pois, a Súmula n. 114 do TST, ou seja, a hipótese de prescrição prevista no art. 884, § 1º da CLT

(5) Para que o ordenamento jurídico atinja a finalidade para a qual existe e se transforme num **todo estruturado**, que dê resposta a este objetivo, é necessário que seja um sistema. Para isto, suas normas devem dispor-se de forma que entre elas se estabeleçam relações **coerentes** e constantes.

Para se obter esta situação, as normas, que são as partes do sistema, **não podem contradizer-se**. Ou seja, entre elas não pode haver antinomias.

A coerência das normas entre si formam por sua vez um sistema no todo. E, se **há antinomias**, cumpre à **Ciência do Direito** removê-las, para que o sistema adquira sua **plenitude** de regrar, sem contradição, a conduta humana. In: SILVA, Antônio Álvares da. *Súmulas de Efeito Vinculante e Completude do Ordenamento Jurídico*. São Paulo: LTr, 2004. p. 44.

(6) CAPPELLETTI, Mauro. *Juízes Legisladores?* Tradução de Carlos Alberto de Oliveira. Porto Alegre: Sergio Antônio Fabris Editor, 1993.

não é a prescrição arguível na fase processual de conhecimento, ou seja, a prescrição bienal (extintiva da ação de conhecimento) ou a quinquenal (extintiva dos créditos) previstas nos arts. 7º, XXIX da CR e 11 da CLT.

Portanto, a **prescrição prevista** no art. 884, § 1º da CLT, como matéria de defesa em sede de **embargos à execução**, refere-se, **justamente**, à prescrição intercorrente **executiva**, eis que é a única possibilidade de apreciá-la **sem** ofensa/inovação/alteração/modificação da coisa julgada material (art. 879, § 1º da CLT e arts. 503 e 508 do CPC/2015).

Ora, se a própria norma processual trabalhista (art. 884, § 1º da CLT) prevê expressamente a hipótese de incidência da prescrição em sede de defesa de **execução**, tem-se, por perfeitamente interpretável que:

> (1) inicialmente, não há omissão nas normas de direito processual do trabalho sobre os trâmites e incidentes de sua execução;
>
> (2) mesmo que se entenda omissa a CLT (requisito de seu art. 889), pela ausência de expressa referência à palavra intercorrente na norma do art. 884, § 1º da CLT, fato é que;
>
> (3) a disposição especial do art. 40, § 4º da Lei n. 6.830/1980 **não** é incompatível e **não** atenta contra o Título X do Processo Judiciário do Trabalho, já que;
>
> (4) mesmo diante da norma processual do impulso oficial e do processamento de ofício da execução trabalhista (art. 878 da CLT);
>
> (5) a própria CLT também prevê a incidência da prescrição em sede de tramitação e incidente de sua execução (art. 884, § 1º da CLT).

Logo, mesmo que a execução trabalhista seja promovida de ofício, art. 878 da CLT, isto, por si só, **não afasta** a possibilidade da interpretação pela incidência de sua prescrição **executiva** extintiva, diante da **previsão expressa** do art. 884, § 1º da CLT, e, coerentemente, da Súmula n. **327** do **STF**, diante de interpretação lógica/sistemática e teleológica das normas de Processo do Trabalho, e, mais ainda, diante de sua atual previsão como matéria de **ordem pública**, art. 487, II do CPC/2015, no processo civil moderno.

Tanto, que a doutrina do professor Mauricio Godinho Delgado[7] admite em uma única hipótese (no seu ponto de vista), a aplicação da prescrição intercorrente:

> Contudo, há uma situação que torna viável, do ponto de vista jurídico, a decretação da prescrição na fase executória do processo do trabalho – situação que permite harmonizar, assim, os dois verbetes de súmula acima especificados (Súmula n. 327, STF e Súmula n. 114, TST). Trata-se de omissão reiterada do exequente no processo, em que ele abandona, de fato, a execução, por um prazo superior a dois anos, deixando de praticar, *por exclusiva omissão sua*, atos que tornem fisicamente possível a continuidade do processo. Nesse específico caso, arguida a prescrição, na forma do art. 884, § 1º, CLT, pode ela ser acatada pelo juiz executor, em face do art. 7º, XXIX, CF/1988, combinado com o referido preceito celetista (ressalvada a pronúncia de ofício, a teor da Lei n. 11.280/2006, se for o caso).

Como prescreve o art. 8º da CLT, norma que rege a análise da compatibilidade das normas externas de integração e aplicação do instituto de direito material da prescrição no Direito do Trabalho (TST – SBDI-1 – E **RR 10900-71.2008.5.04.0019** – Relator Ministro: Luiz Philippe Vieira de Mello Filho – Data de Julgamento: 13.02.2014 – Data de Publicação: DEJT 21.02.2014), **nenhum** interesse meramente individual ou particular se sobrepõe ao **interesse público** (e prescrição **é matéria** e norma de **ordem pública** no Direito do Trabalho, prevista em normas constitucional, art. 7º, XXIX da CR, e legais, arts. 11 e 884, § 1º da CLT) que deve pautar o Poder Judiciário, notadamente, para a estabilidade e segurança das relações jurídicas.

Para se afastar a incidência destas normas legais (que existem, estão vigentes, são válidas e eficazes) somente pode ser feito mediante declaração de sua inconstitucionalidade, observada, no âmbito dos Tribunais, a **cláusula de reserva de plenário (art. 97 da CR** e **Súmula Vinculante n. 10** do **STF**), hipótese **inexistente** até a presente data.

Assim, com as devidas vênias aos respeitáveis entendimentos divergentes, mesmo antes da edição do art. 11-A da CLT, pela Lei n. 13.467/2017, as Súmulas n. 114 do TST e 63 do TRT da 3ª Região, **não poderiam** se sobrepor às normas legais vigentes, válidas e eficazes dos arts. 884, § 1º e 889 da CLT e 40, § 4º da Lei n. 6.830/1980 e à Súmula n. 327 do STF.

Isto, seja em razão da norma constitucional (art. 7º, XXIX da CR) que prevê a incidência do instituto de direito material da prescrição no âmbito do Direito do Trabalho, seja em razão da integridade, vigência,

(7) In: *Curso de Direito do Trabalho*. 9. ed. São Paulo: LTr, 2010. p. 261.

validade e hierarquia do ordenamento jurídico, quanto às normas específicas que tratam da execução trabalhista (arts. 884, § 1º e 889 da CLT, e sua aplicação compatível com o art. 40, § 4º da Lei n. 6.830/1980), notadamente, em matéria tratada no âmbito processual como de **ordem pública**, arts. 487, II, 921, III, § 1º e § 4º e 924, III do CPC/2015, de aplicação subsidiária (omissão total e compatibilidade) e/ou supletiva (omissão parcial e completude) ao Processo do Trabalho, conforme arts. 769 da CLT e 15 do CPC/2015.

Deve-se, pois, na interpretação dos textos normativos, evitar de se materializar, ainda que involuntariamente, **o vício da interpretação retrospectiva**, já advertida pelo professor e hoje Ministro Luís Roberto Barroso[(8)]:

> Atente-se para a lição mais relevante: as normas legais têm de ser reinterpretadas em face da nova Constituição, não se lhes aplicando, automática e acriticamente, a jurisprudência forjada no regime anterior. Deve-se rejeitar uma das **patologias crônicas da hermenêutica constitucional brasileira**, que é a **interpretação retrospectiva**, pela qual **se procura interpretar o texto novo de maneira a que ele não inove nada**, mas, ao revés, fique tão parecido quanto possível com o antigo. Com argúcia e espírito, José Carlos Barbosa Moreira estigmatiza a equivocidade desta postura:
>
> Põe-se ênfase nas semelhanças, corre-se um véu sobre as diferenças e conclui-se que, à luz daquelas, e a despeito destas, a disciplina da matéria, afinal de contas, mudou pouco, se é que na verdade mudou. É um tipo de interpretação... em que o olhar do intérprete dirige-se antes ao passado que ao presente, e a imagem que lhe capta é menos a representação da realidade que uma sombra fantasmagórica.

CONCLUSÕES

Diante das premissas tratadas nos itens anteriores, tem-se perfeitamente possível a interpretação de que a **prescrição intercorrente** em sede de execução trabalhista já era prevista no âmbito das normas processuais específicas da execução trabalhista (art. 884, § 1º da CLT) a admitir sua aplicação, mesmo na hipótese de se considerar a omissão (art. 889 da CLT), para se admitir a aplicação do art. 40, § 4º da Lei n. 6.830/1980.

Todavia, o art. 11-A da CLT, inovação apresentada pela Lei n. 13.467/2017, com a finalidade social e objetivo (art. 5º da LINDB) de não mais deixar margens à eventual omissão da CLT, bem como, de superar (**overruling**, art. 489, § 1º, VI do CPC/2015) os entendimentos jurisprudenciais consolidados no âmbito do Poder Judiciário do Trabalho (Súmulas n. 114 do TST e 63 do TRT da 3ª Região), buscou pacificar definitivamente a controvérsia, adotando norma processual expressa pela aplicação do instituto da prescrição intercorrente na execução trabalhista, passível de declaração de ofício em qualquer tempo e grau de jurisdição, a exemplo das normas do CPC/2015.

E, ao adotar o instituto da prescrição intercorrente ao Processo do Trabalho, corretamente acertou ao fixá-la no prazo de 02 anos, contados a partir da omissão e inércia do (a) exequente no cumprimento de determinação judicial, já que o prazo prescricional da execução é o mesmo do prazo prescricional da ação de conhecimento (arts. 7º, XXIX da CR e 11 da CLT), conforme jurisprudência da Súmula n. 150 do Supremo Tribunal Federal.

Deve-se pontuar que omissão e inércia do exequente **não** podem ser confundidas e aplicadas na hipótese da ausência da prática de atos de execução pela inexistência de bens do (a) executado (a) ou de seu desaparecimento, já que se tratam de fatos jurídicos que **não** podem ser imputados à parte exequente.

Conclui-se, pois, que o Poder Legislativo buscou como objetivo o ponto de equilíbrio, convergência e identidade de tratamento com as normas processuais do Processo Civil Comum (arts. 921, III, § 1º e § 4º e 924, III do CPC/2015) e Especial do Processo Executivo Fiscal (art. 40, § 1º e § 4º da Lei n. 6.830/1980), e, portanto, a preservação da coerência, harmonia e completude do ordenamento.

> Ora, se a função do direito é o **equilíbrio**, a razão de ser do direito também é o **equilíbrio**, porque é isso que o direito melhor sabe proporcionar. Por conseguinte, a figura do juiz se agiganta, como a de quem devolve a **serenidade** e a **proporção** perdida das prestações obrigacionais, atividade fundamental à essência do exercício de qualquer direito. (...).
>
> O injusto não é de ser atingido pela interpretação jurídica. **A hermenêutica do direito não pode conduzir à injustiça**, não pode ser causa de desorientação, de perda de valores fundamentais para a sobrevivência do homem, da perda do estado de igualdade. Não há método jurídico que se preze, que possa conduzir o intérprete à injustiça. E para que se não corra este risco, é necessário obrigar o intérprete a enfrentar o

(8) In: *Interpretação e Aplicação da Constituição*. 6. ed. Saraiva: 2004. p. 70-71.

contexto, conhecer o pretexto e dizer o texto, antes de tudo, jungido ao **compromisso** de não fugir do roteiro **ético** que o valor científico de pensar o direito lhe impõe. E esse trabalho é muito mais difícil do que identificar o sentido da norma, porque, na verdade, ele é o **de busca** de solução **ética** e não se contenta com o simples dizer o direito, mas consiste em **expurgar** o que é **injusto** da solução dada. (...)"[(9)].

REFERÊNCIAS BIBLIOGRÁFICAS

ALMEIDA, Cleber Lúcio. *Direito Processual do Trabalho*. 6. ed. São Paulo: LTr, 2016.

BARROSO, Luís Roberto. *Interpretação e Aplicação da Constituição*. 6. ed. São Paulo: Saraiva, 2006.

CAPPELLETTI, Mauro. *Juízes Legisladores?* Tradução de Carlos Alberto de Oliveira. Porto Alegre: Sergio Antônio Fabris, 1993.

DELGADO, Maurício Godinho. *Curso de Direito do Trabalho*. 9. ed. São Paulo: LTr, 2010.

FUX, Luiz; NERY JR., Nelson; WAMBIER, Teresa Arruda Alvim. (Coord.) *Processo e Constituição*: Estudos em Homenagem ao Prof. José Carlos Barbosa Moreira. São Paulo: RT, 2006.

SILVA, Antônio Álvares da. *Súmulas de Efeito Vinculante e a Completude do Ordenamento Jurídico*. São Paulo: LTr, 2004.

SÜSSEKIND, Arnaldo. *Direito Constitucional do Trabalho*. 3. ed. Rio de Janeiro: Renovar, 2004.

VENOSA, Sílvio de Salvo. *Direito Civil: Parte Geral*. 4. ed. v. 1. São Paulo: Jurídico Atlas, 2004.

(9) ANDRADE NERY, Rosa Maria de. Responsabilidade da Doutrina e o Fenômeno da Criação do Direito pelos Juízes. In: FUX, Luiz; NERY JR., Nelson e WAMBIER, Teresa Arruda Alvim. (Coord.). *Processo e Constituição*: Estudos em Homenagem ao Prof. José Carlos Barbosa Moreira. São Paulo: RT, 2006. p. 423 e 428.

Reforma Trabalhista: a (In) Constitucionalidade dos §§ 2º e 3º do Art. 8º da CLT

Milene Torres Godinho Secomandi

Advogada. Secomandi Advocacia &Consultoria Jurídica. Vice-Presidente da OAB Mogi das Cruzes-SP. Coordenadora da Pós-Graduação em Processo Civil – ESA Mogi das Cruzes. Professora do Curso de Direito da Universidade Braz Cubas. Mestre em Direito das Relações do Trabalho (Direito Previdenciário). Especialista em Direito do Trabalho. Professora de Pós-Graduação Lato Sensu *e Curso Preparatório para Exame de Ordem-OAB. Membro do Conselho Fiscal do Instituto Terra de Projetos Comunitários – Mogi das Cruzes-SP.*

Simone Batista

Professora do Curso de Direito da Universidade Braz Cubas. Advogada. Mestranda em Políticas Públicas pela Universidade de Mogi das Cruzes. Especialista em Direito do Trabalho, Processo do Trabalho, Direito Civil e Processo Civil. Graduada em Direito pela Universidade de Mogi das Cruzes, UMC (1996). Atuou como professora de Direito em cursos preparatórios para exame da OAB, concursos públicos, prática trabalhista e Pós-Graduação lato sensu.

1. BREVE HISTÓRIA DO TRABALHO E DO DIREITO DO TRABALHO

Numa análise histórica constatamos que o trabalho humano esteve presente desde a mais remota época da sociedade humana, mas foi submetido a várias peculiaridades no curso da história.

O homem trabalhava para se alimentar e suprir as suas necessidades básicas em virtude do primitivismo de sua vida. Com o tempo, passou a fabricar armas de proteção para se defender de animais e de outros homens, fabricando armas e instrumentos de defesa e na medida em que começou a se reuir em comunidades maiores iniciou as pequenas e grandes conquistas.

Na escravidão o escravo era considerado uma *coisa* e foi explorado pelo homem no decorrer da Idade Antiga, com o seu apogeu no Império Romano e adentrou na Idade Média e se manteve por intermédio das grandes navegações realizadas pelos portugueses, holandeses, espanhóis e franceses.

Na Idade Média surge a servidão em que os senhores feudais possuíam completo direito e poder sobre os servos, trabalhadores sem condição livre porque os senhores feudais atribuíam obrigações e impuham pesados valores monetários para o uso da terra, até o seu declínio final (1492) em decorrência das grandes epidemias e a modificação dos sistema produtivo ensejando a fuga dos servos.

Surge nova modalidade de trabalho, as corporações de ofício. Segadas Vianna[(1)] ensina que:

> O homem que, até então, trabalhava em benefício exclusivo da terra, tirando com proveito próprio a alimentação, o vestuário, passara a exercer sua atividade, sua profissão em forma organizada, se bem que ainda **não gozando da inteira liberdade** (grifo nosso). É que o senhor da disciplina, não só profissional, mas também pessoal do trabalhador, surgia na figura do mestre.
>
> As corporações de ofício estabeleciam suas próprias leis profissionais e recebiam, por outro lado, privilégios concedidos pelos reis, desejosos de enfraquecer o poderio dos nobres senhores da terra, e pelo serviço que prestavam ao erário, como órgãos de arrecadação de certos impostos.

A *noite negra* da história da humanidade, ao longo do Estado Medieval (o cristianismo, as invasões bárbaras e o feudalismo), culminou no avanço das relações do cidadão com o Estado, época em que os barões exigiram do rei maior liberdade e limitação de seus poderes.

(1) *Instituições do Direito do Trabalho*. 14. ed. v. I, 1993. p. 31.

Em 1789, A Revolução Francesa é marco da Idade Moderna e, segundo Miguel Reale[(2)] espaço político e social propício ao surgimento do direito moderno.

Os contratualistas foram os operadores da passagem de um direito baseado no *status* para o direito baseado no indivíduo, numa sociedade civil sob a dominação da classe proprietária.[(3)]

Em 1789, as corporações de ofício foram extintas com a Revolução Francesa. Em 1791, a lei *le Chapelier* proibia as corporações de ofício consideradas incompatíveis com os ideais de liberdade do Estado burguês. Proibiu-se a associação de profissionais.

O aparecimento da máquina a vapor e a sua utilização para a produção em alta escala alterou o processo de produção. A Revolução Industrial marca o momento histórico do Direito do Trabalho no século XVIII. A invenção da máquina a vapor por Thomas Newcomen tinha por escopo criar um engenho que pudesse bombear água das minas de carvão inglesas.

Assim, na segunda metade do século XVIII James Watt aperfeiçoou esse invento, que foi utilizado pela indústria acelerando o processo industrial.

Os conceitos liberais de liberdade e igualdade no século XIX traduzem os desajustes e as misérias sociais intensificadas com a Revolução Industrial.

Délio Maranhão[(4)] sintetiza este período:

> A Revolução Industrial, com o surgimento das grandes empresas, das grandes concentrações de capital, trouxe ao cenário da História um novo personagem: o assalariado, cônscio de sua insignificância como indivíduo e de sua realidade social como classe. O direito do Código napoleônico – tradução, em termos jurídicos, do liberalismo econômico consagrado pelo triunfo da burguesia depois da Revolução Francesa – fundada na autonomia da vontade, na liberdade de contratar. 'Quem diz contratual, diz justo'. Ao *laissez-faire* no mundo econômico correspondia o *laissez-faire* no mundo jurídico.

A ilusória liberdade subjugou a classe operária que, protagonista da tragédia da fome e da miséria, é responsável pelo surgimento das classes: assalariada (proletária) e a capitalista com inspiração pelo ideal de Igualdade da Revolução Francesa.

A introdução e o aperfeiçoamento da máquina e a sua utilização como fonte de energia substituiu a força humana pela utilização da máquina e modificou o cenário do trabalho com o ingresso das crianças e mulheres na operação das máquinas.

O aparecimento do operário de fábrica agrava a miséria social gerada por problemas sociais e econômicos alimentados pelas aglomerações urbanas descontroladas e insalubres.

Evaristo de Moraes Filho[(5)] afirma que:

> O Direito do Trabalho é um produto típico do século XIX, pois apenas neste século é que surgiram as condições necessárias para seu aparecimento como ramo autônomo e com características próprias em relação à ciência jurídica.

Nesse clima de total descrédito, inclusive em Deus, em 1891, a Igreja Católica assume a sua posição de defensora dos pobres e oprimidos – leia-se classe trabalhadora do século XIX – e edita a Encíclica *Rerum Novarum*, marco inicial da Doutrina Social da Igreja em que o Papa Leão XIII destaca o homem com o rosto de Deus e clama pela reconciliação entre as classes sociais (capital/trabalho) e a preocupação com a propriedade privada.

Alertado por esse precioso documento histórico, o Estado liberal passou a intervir no setor econômico, procurando conjugar o perigo que o ameaçava[(6)].

A Primeira Guerra Mundial é o marco final da *contestação ao liberalismo* e, no plano internacional é reconhecida a necessidade da intervenção estatal para solucionar os conflitos gerados pela questão social.

A assinatura do Tratado de Versalhes assinala o fim da guerra e prevê a criação da OIT (Organização Internacional do Trabalho) em 1919, cujo escopo é a Justiça Social com a proteção ao trabalhador para melhorar suas condições social e econômica expedindo convenções e recomendações internacionais sobre direitos trabalhistas e previdenciários.

O reconhecimento dos direitos básicos do trabalhador passa a ser universal, assim como os meios próprios para velar esses direitos em caso de desrespeito.

(2) *Nova fase do direito moderno*. 2. ed. São Paulo: Saraiva, 1998. p. 74.

(3) LAFER, Celso. *A afirmação histórica dos direitos humanos*. São Paulo: Saraiva, 1999. p. 128.

(4) *Direito do Trabalho*. 10. ed. Rio de Janeiro: FGV, 1982. p. 14.

(5) *Introdução ao Direito do Trabalho*. 6. ed. São Paulo: LTr, 1993. p. 64.

(6) MALUF, Sahid. *Teoria Geral do Estado*. 5. ed. São Paulo: Sugestões Literárias, 1968. p. 148.

Em 1945, a Carta de São Francisco, instrumento jurídico que fundou a Organização das Nações Unidas (ONU) consagra a manutenção da paz e a segurança internacional como um de seus propósitos e a nova fase das relações jurídicas do Direito Internacional dos Direitos Humanos, em decorrência dos acordos de paz assinados na Segunda Guerra Mundial.

Em 1º de dezembro de 1948, a promulgação da Declaração Universal dos Direitos do Humanos aprovada pela Assembeia Geral da ONU contempla os direitos econômicos e culturais, e é abraçada por outros instrumentos internacionais no âmbito dos direitos humanos que adquirem o estágio de lei coercitiva (*jus cogens*).

2. HERMENÊUTICA DO DIREITO DO TRABALHO: INTERPRETAÇÃO, INTEGRAÇÃO E APLICAÇÃO

Hermenêutica[7] é um processo de interpretação do sentido e alcance da norma jurídica. Segundo Carlos Henrique Bezerra Leite:[8]

> Em outros termos, interpretar é descobrir o sentido e o alcance das expressões contidas nas disposições (enunciados) dos textos com força normativa. Para tanto, o intérprete deve utilizar métodos ou técnicas oferecidos pela ciência do direito, inspirando-se nos princípios e valores que integram dado ordenamento jurídico.

Os métodos ou técnicas interpretativas não são excludentes, mas complementares entre si. Dentre os tradicionais, destacam-se:

a) Gramatical ou literal – é a interpretação do texto normativo segundo regras gramaticais, linguísticas, literais;

b) Lógico – consiste na análise da norma segundo raciocínio lógico;

c) Histórico – busca as origens do processo legislativo, o contexto histórico e social em que a norma foi editada;

d) Teleológico – visa observar a finalidade social atribuída à norma jurídica dentro do contexto social, econômico e político;

e) Sistemático – é a interpretação da regra jurídica dentro do conjunto de normas em que está inserida, observando-se o capítulo, o título e a seção na qual está compreendida. A ideia é harmonizar as normas dentro do sistema. Assim, ocorrendo antinomia, o intérprete deverá resolvê-la por meio da aplicação de um dos critérios: hierárquico, cronológico ou especialidade.

Oportuno destacar que na interpretação e aplicação dos direitos fundamentais, notadamente do direito do trabalho, deve prevalecer o princípio da dignidade da pessoa humana[9]:

> Direitos fundamentais. Interpretação e aplicação. Os direitos fundamentais devem ser interpretados e aplicados de maneira a preservar a integridade sistêmica da Constituição, a estabilizar as relações sociais e, acima de tudo, a oferecer a devida tutela ao titular do direito fundamental. No direito do trabalho, deve prevalecer o princípio da dignidade da pessoa humana.

Ocorrem, todavia, casos em que o sistema jurídico apresenta lacunas – normativas, axiológicas ou ontológicas[10] – diante das quais será necessário recorrer à técnica da integração para colmatar, completar, suprir o vazio legislativo, pois a ausência de norma não exime o juiz do seu dever constitucional de julgar (CF/1988, art. 93, IX), porquanto vedado "non liquet".

Assim, à luz do art. 4º da LINDB[11]: "Quando a lei for omissa, o juiz decidirá o caso de acordo com a analogia, os costumes e os princípios gerais de direito".

Nessa toada, o art. 140 da Lei n. 13.105/2015, preconiza: "O juiz não se exime de decidir sob a alegação de lacuna ou obscuridade do ordenamento jurídico."

De par com isso, regra específica do Direito do Trabalho dispõe que a omissão legislativa será suprida por meio da jurisprudência, analogia, equidade e dos princípios e normas gerais de direito – notadamente de direito do trabalho –, dos usos e costumes e do direito comparado:

---

(7) Tércio Sampaio Ferraz Júnior afirma que "A ideia de que a língua dos deuses é inacessível aos homens é antiga. Moisés era capaz de falar com Deus, mas precisava de Aarão para se comunicar com o povo. Hermes, na mitologia grega, era um intermediário entre os deuses e os homens, de onde vem a palavra hermenêutica" (*Introdução ao Estudo do Direito*: técnica, decisão, dominação. 6. ed. 4ª reimpr. São Paulo: Atlas, 2012. p. 284).

(8) LEITE, Carlos Henrique Bezerra. *Curso de Direito do Trabalho*. 7. ed. São Paulo: Saraiva, 2016. p. 99.

(9) Enunciado n. 1, da 1ª Jornada de Direito Material e Processual da Justiça do Trabalho, promovida pela ANAMATRA – Associação Nacional dos Magistrados do Trabalho – e Tribunal Superior do Trabalho.

(10) As lacunas podem ser: normativas – quando há ausência de lei no caso específico; ontológicas – conquanto haja lei específica, esta está ultrapassada, envelhecida, não mais se coaduna com a atual realidade social, econômica e política vigente; axiológica – a norma existente, se aplicada, trará injustiça, porquanto os valores por ela concebidos já não se encontram em conformidade com o atual senso de justiça.

(11) Lei n. 12.376/2010.

> Art. 8º As autoridades administrativas e a Justiça do Trabalho, na falta de disposições legais ou contratuais, decidirão, conforme o caso, pela jurisprudência, por analogia, por equidade e outros princípios e normas gerais de direito, principalmente do direito do trabalho, e, ainda, de acordo com os usos e costumes, o direito comparado, mas sempre de maneira que nenhum interesse de classe ou particular prevaleça sobre o interesse público.
>
> Parágrafo primeiro – O direito comum será fonte subsidiária do direito do trabalho (redação dada pela Lei n. 13.467/2017)

Cabe frisar que o direito comum, conforme previsão contida no atual § 1º do art. 8º da CLT, será fonte subsidiária do direito do trabalho, isto é, fonte secundária, a ser utilizada se e após esgotados os meios de colmatação de lacunas previstos no *caput*, ante a autonomia científica do Direito do Trabalho.

Com efeito, em que pese a "Reforma Trabalhista", Lei n. 13.467/2015, ter suprimido a parte final do parágrafo único do art. 8º, da CLT (transformado em § 1º): "naquilo que não for incompatível com os princípios fundamentais deste", esta disposição não perdeu sua importância e deverá ser observada, visto que a integração de normas no sistema jurídico prima pela harmonização e compatibilidade das regras, prevalecendo a legislação especial e seus princípios específicos – no caso, do Direito do Trabalho – em detrimento da geral (comum), nos termos do art. 2º, § 2º, da LINDB e do *caput* do art. 8º, da CLT.

No que tange a aplicação da lei, o art. 5º da LINDB dispõe que: "Na aplicação da lei, o juiz atenderá aos fins sociais a que ela se dirige e às exigências do bem comum".

Nesse sentido, o art. 5º não estabelece simples regra de interpretação, e sim "um princípio de aplicação, que autoriza o decididor a aproveitar as nuanças do caso concreto em confronto com o texto legal: é a decisão que deve atender aos fins sociais e às exigências do bem comum."(12)

Dessa forma, aplicar a lei não significa tão somente lançar mão de um silogismo formal subsumindo a lei ao caso concreto, consideradas as regras de interpretação e integração da norma. Nas palavras de Silvio de Salvo Venosa(13), a aplicação do Direito envolve entre outros, fatores psíquicos, sociais, históricos, pedagógicos e econômicos:

> Afirmou-se com insistência que a sentença representa um silogismo, no qual a premissa maior está na lei, a menor, na descrição do fato e o corolário, na sentença. Trata-se apenas de uma verdade esquemática, que se mostra distante da realidade, na grande maioria das situações. O trabalho do julgador não se restringe, em absoluto, a uma operação de lógica formal tão singela, pois na aplicação do Direito ingressam fatores psíquicos, sociais, históricos, pedagógicos, econômicos, entre tantos outros. Imagine se o juiz poderia apenas ser um silogista, por exemplo, [...] na decretação de uma falência que envolve a perda de centenas de empregos. Só o mau juiz, aquele não vocacionado, apático, acomodado ou medíocre, poderá entender sua atividade, especialmente no ponto culminante da sentença, como silogística, próxima das ciências exatas. De nada adiantará toda técnica, certamente, "se o jurista não estiver iluminado, no íntimo de seu ser, pela vontade inabalável de ser justo" (Schnaid, 2004: 312).

3. (IN) CONSTITUCIONALIDADE DO § 2º DO ART. 8º, CLT

A Constituição Federal de 1988, promulgada no dia 5 de outubro, priorizou a cidadania, a dignidade da pessoa humana, o valor social do trabalho e da livre iniciativa, o pluralismo político, todos em sintonia com os direitos fundamentais dos trabalhadores, sem excluir outros direitos que visem à melhoria de sua condição social e que norteiam o Estado Democrático de Direito.

Os objetivos fundamentais da República Federativa do Brasil (art. 3º) da Constituição Federal de 1988: construir uma sociedade livre, justa e solidária; garantir o desenvolvimento nacional; erradicar a pobreza e a marginalização e reduzir as desigualdades sociais e regionais; promover o bem de todos sem preconceitos de origem, raça, sexo, cor, idade e quaisquer outras formas de discriminação no Estado Democrático brasileiro.

O art. 4º da Constituição elenca os princípios que devem nortear as relações internacionais; por amor ao debate, citamos o princípio da prevalência dos direitos humanos (inciso II).

A Emenda Constitucional n. 45, de 30.12.2004 incluiu os §§ 3º e 4º ao art. 5º e suscitou calorosos debates acerca do *status* dos tratados internacionais de direitos

(12) FERRAZ JÚNIOR, Tércio Sampaio. *Introdução ao Estudo do Direito*: técnica, decisão, dominação. 6. ed. 4ª reimpr. São Paulo: Atlas, 2012. p. 294.

(13) VENOSA, Silvio de Salvo. *Introdução ao estudo do direito: primeiras linhas*. 3. ed. São Paulo: Atlas, 2010. p. 151-152.

humanos pela Constituição Federal de 1988 prevalecendo o entendimento de que *as normas do direito internacional de direitos humanos têm natureza supralegal mas infraconstitucional*(14).

Vivemos momento delicado sob o manto da globalização da economia, e como é de todos sabido, nesse interim, a Lei n. 6.019, de 3 de janeiro de 1974, foi alterada pela Lei n. 13.429, de 31 de março de 2017, que dispõe sobre o trabalho temporário nas empresas urbanas.

A CLT (Consolidação das Leis do Trabalho) de 1943 contém normas individuais e coletivas do trabalho que regulam as relações individuais e coletivas de trabalho sob o manto da "Reforma Trabalhista".

Sob a alegação de que "os direitos dos trabalhadores estão sendo preservados", "estamos no século XXI", "Lei da Modernização Trabalhista" foi sancionada a Lei n. 13.467, de 13 de julho de 2017 e entrará em vigor após decorridos cento e vinte dias de sua publicação oficial em 14 de julho de 2017.

Por amor ao debate, a "Reforma Trabalhista alterou o § 2º do art. 8º da CLT, *in verbis*:

> Art. 8º (...)
>
> (...)
>
> **§ 2º Súmulas e outros enunciados de jurisprudência editados pelo Tribunal Superior do Trabalho e pelos Tribunais Regionais do Trabalho não poderão restringir direitos legalmente previstos nem criar obrigações que não estejam previstas em lei** (grifo nosso).

Na lição de Silvio de Salvo Venosa(15) o termo jurisprudência significava os sábios do Direito. Tinha como significado a própria Ciência do Direito, e ainda hoje a palavra pode ser empregada nesse sentido.

A palavra jurisprudência, de origem latina, *júris* e *prudentia*. Segundo Miguel Reale quando a palavra for grafada com maiúscula "Jurisprudência" refere-se à Ciência do Direito; se for com minúscula, diz respeito à reunião de decisões dos tribunais que interpretam o Direito vigente.

Lembremos a transição do Estado absolutista para o Estado de Direito e a preocupação com o individualismo e a clássica lição de Monstequieu de divisão de poderes e a divisão das atribuições do governo em legislativo, Executivo e Judiciário e o estabelecimento de limites para a ação do todo em relação ao indivíduo e a Revolução Francesa como marco para o Estado Moderno.

Não podemos esquecer que é da competência privativa do Presidente da República celebrar tratados, convenções e atos internacionais (nele incluídos tratados e convenções internacionais sobre direitos trabalhistas), sujeitos a referendo do Congresso Nacional (art. 84, VIII da CF/88) e da competência exclusiva do Congresso Nacional resolver definitivamente sobre tratados, acordos ou atos internacionais que acarretem encargos ou compromissos gravosos ao patrimônio nacional (Art. 49, I da CF/1988).

Mauricio Godinho Delgado(16) entende que as convenções e atos internacionais têm óbvia natureza de direitos humanos, nele incluídas as convenções da OIT ratificadas.

Portanto, entendemos que o § 2º do art. 8º da CLT acima mencionado é inconstitucional(17) por violação ao princípio da separação de poderes – Poder Judiciário – cuja função típica é julgar, bem como por ofensa às convenções internacionais de direitos humanos sobre direitos trabalhistas devidamente incorporados ao nosso sistema jurídico como fonte formal heterônoma.

4. (IN) CONSTITUCIONALIDADE DO § 3º, DO ART. 8º, CLT

Convenções e acordos coletivos de trabalho são fontes formais autônomas (de origem privada) do Direito do Trabalho que fazem parte do arcabouço de normas trabalhistas ao lado das fontes formais heterônomas (de origem estatal). A primeira consiste em negociações coletivas entre o sindicato da categoria profissional e econômica; a segunda, entre o sindicato profissional e uma ou mais empresas.(18)

(14) WEISS, Carlos. *Direitos Humanos Contemporâneos*. 2. ed. 2010. p. 44.

(15) *Introdução ao Estudo do Direito*. São Paulo: Atlas, 2004. p. 152.

(16) *Curso de Direito do Trabalho*. 15. ed. São Paulo: LTr, 2016. p. 159.

(17) Ingo Wofgang Sarlet *et all*. *Curso de Direito Constitucional*. São Paulo: Saraiva, 2017. p. 975.

(18) CLT, art. 611. Convenção Coletiva de Trabalho é o acordo de caráter normativo, pelo qual dois ou mais sindicatos representativos de categorias econômicas e profissionais estipulam condições de trabalho aplicáveis, no âmbito das respectivas representações, às relações individuais de trabalho. (Redação dada pelo Decreto-lei n. 229, de 28.02.1967).

§ 1º É facultado aos sindicatos representativos de categorias profissionais celebrar acordos coletivos com uma ou mais empresas da correspondente categoria econômica, que estipulem condições de trabalho, aplicáveis no âmbito da empresa ou das acordantes respectivas relações de trabalho. (Redação dada pelo Decreto-lei n. 229, de 28.02.1967).

A Constituição Cidadã de 1988 reconheceu validade constitucional às negociações coletivas por meio de convenções e acordos coletivos de trabalho (inciso XXVI, art. 7º)[(19)], cujo objetivo repousa na busca de melhores condições de trabalho que atendam aos princípios da dignidade humana e do valor social do trabalho – fundamentos da República Federativa do Brasil (art. 1º, III e IV, CF/1988).

Com efeito, a reforma trabalhista[(20)] inseriu o § 3º ao art. 8º da CLT, estabelecendo que "No exame de convenção coletiva ou acordo coletivo de trabalho, a Justiça do Trabalho analisará exclusivamente a conformidade dos elementos essenciais do negócio jurídico, respeitado o disposto no art. 104 da Lei n. 10.406, de 10 de janeiro de 2002 (Código Civil)[(21)] e balizará sua atuação pelo princípio da intervenção mínima na autonomia da vontade coletiva."

O § 3º restringe a atividade interpretativa do Judiciário, reduzindo-a ao aspecto meramente formal do art. 104, do CC, em verdadeiro retrocesso do Estado do Bem-Estar Social conquistado a duras penas pelos trabalhadores.

Oportuno destacar que não basta que a negociação coletiva esteja de acordo com o Direito Comum, isto é, presentes os elementos do negócio jurídico. É, pois, imprescindível que atenda ao princípio consitucional do não retrocesso, estabelecendo normas que elevem o patamar civilizatório dos trabalhadores[(22)], vez que nelas repousa seu fundamento de validade, sob pena de se fazer letra morta à Carta Republicana.

Nada obstante, a adequação formal do instrumento normativo é sim um ponto de partida para a análise da sua validade pelo operador do direito, mas não é o único. As normas justrabalhistas – mesmo as autônomas – carregam o axioma principiológico da efetivação dos direitos fundamentais, de elevação do patamar civilizatório do trabalhador. Devem, pois, traduzir compatibilidade material com o princípio da vedação ao retrocesso e da efetivação da dignidade humana.

Nesse sentido, Carlos Henrique Bezerra Leite pontua sobre o princípio do reconhecimento das convenções e acordos coletivos:[(23)]

> A Constituição Federal de 1988, ao proclamar que o Brasil é uma república e que tem por fundamento instituir um Estado Democrático de Direito, reconhece as convenções e acordos coletivos como instrumentos de ampliação do catálogo dos direitos fundamentais sociais dos trabalhadores (art. 7º, XXVI).
>
> Tais instrumentos normativos, portanto, devem ser celebrados nos estreitos limites do próprio texto constitucional, razão pela qual não podem, por exemplo, instituir piso salarial inferior ao salário mínimo ou estipular jornada de trabalho exaustiva. Vale dizer, o princípio do reconhecimento das convenções e acordos coletivos deve estar em sintonia com os demais princípios constitucionais, especialmente aquele previsto no *caput* do art. 7º da própria CF. Nesse sentido, o TST editou a OJ-SDC-30; *in verbis*:
>
> Estabilidade da gestante. Renúncia ou transação de Direitos Constituionais. Impossibilidade (republicada em decorrência de erro material – DEJT divulgado em 19, 20 e 21.09.2011). Nos termos do art. 10, II, "b", do ADCT, a proteção à maternidade foi erigida à hierarquia constitucional, pois retirou do âmbito do direito potestativo do empregador a possibilidade de despedir arbitrariamente a empregada em estado gravídico. Portanto, a teor do art. 9º da CLT, torna-se nula de pleno direito a cláusula que estabelece a possibilidade de renúncia ou transação, pela gestante, das garantias referentes à manutenção do emprego e salário.

Assim, reduzir a atividade de interpretação ao aspecto meramente formal é uma clara tentativa de esvaziar o sentido da Justiça do Trabalho, é limitar o papel do magistrado ao de um mero burocrata, retrocedendo a atividade jurisdicional à letra fria da lei, impedindo a sua humanização, adequação ao caso concreto e a análise de compatibilidade principiológica.

Frise-se que os princípios são vetores axiológicos que consubstanciam caminhos de valor. São o

(19) [...] XXVI – Reconhecimento das convenções e acordos coletivos de trabalho (Art. 7º, XXVI, CF/1988).

(20) Lei n. 13.467, de 13 de julho de 2017, que entrará em vigor após 120 dias de sua publicação oficial.

(21) Art. 104, CC. A validade do negócio jurídico requer: I – agente capaz; II – objeto lícito, possível, determinado ou determinável; III – forma prescrita ou não defesa em lei.

(22) Art. 7º, CF/88. São direitos dos trabalhadores urbanos e rurais além de outros que visem a melhoria de sua condição social.

(23) LEITE, Carlos Henrique Bezerra. *Curso de Direito do Trabalho*. 7. ed. São Paulo: Saraiva, 2016. p. 81.

mandamento nuclear de um sistema, a viga mestra, o pilar de assentamento do arcabouço jurídico[(24)].

A partir do neoconstitucionalismo o Direito passou a ser visto não apenas como um conjunto de regras, mas de regras e princípios. Aquelas trazem comandos objetivos e estas consubstanciam valores. Entre aquelas, havendo conflito, aplica-se a regra do "tudo ou nada", ou seja, a prevalência (a escolha) de uma afasta a outra. Já em relação aos princípios não há falar em antinomia, mas, sim, em colisão, ante a qual aplica-se a ponderação – a prevalência de um em face do outro apenas momentânea e especificamente no caso concreto analisado –, pois não há hierarquia entre os princípios, um não é mais importante do que o outro, vez que a presença de todos conformiza e dá completude ao sistema jurídico. Nas palavras de Sérgio Pinto Martins[(25)]:

> É o princípio o primeiro passo na elaboração das regras, pois dá sustentáculo a elas. O princípio é muito mais abrangente que uma simples regra; além de estabelecer certas limitações, fornece fundamentos que embasam uma ciência e visam à sua correta compreensão e interpretação. Violar um princípio é muito mais grave do que violar uma regra. A não observância de um princípio implica ofensa não apenas a específico dispositivo, mas a todo o sistema jurídico.

Nessa toada, as negociações coletivas são regidas pelos princípios da criatividade jurídica e da adequação setorial negociada, os quais visam compatibilizar as relações e efeitos entre as normas autônomas coletivas e heterônomas.

Mauricio Godinho Delgado[(26)] esclarece:

> O princípio da criatividade jurídica da negociação coletiva traduz a noção de que os processos negociais coletivos e seus instrumentos (contrato coletivo, acordo coletivo e conveção coletiva de trabalho) têm real poder e criar norma jurídica (com qualidades, prerrogativas e efeitos próprios a estas), em harmonia com a normatividade heterônoma estatal.

De acordo com DELGADO[(27)], o princípio da adequação setorial negociada consiste na harmonização das normas jurídicas decorrentes de negociação coletiva e as de origem estatal. Trata, pois, "das possibilidades e limites jurídicos da negociação coletiva", dispondo, ainda, acerca desse princípio:

> Embora ainda não universalizado na doutrina, deriva ele do critério geral interpretativo que se tem percebido na prática dos tribunais do país, quando enfrentando o dilema das relações entre normas trabalhistas negociadas e a normatividade heterônoma do Estado.
>
> [...] Em que medida as normas juscoletivas podem se contrapor às normas jusindividuais imperativas estatais existentes? Desse dilema é que trata o que denominamos princípio da adequação setorial negociada –, configurado, por essa razão, como o princípio de Direito Coletivo que mais de perto atua e influencia a dinâmica específica do Direito Individual do Trabalho.

Nesse sentido, a validade e extensão das normas autônomas decorrentes de negociação coletiva devem ser analisadas à luz do princípio da criatividade jurídica da negociação coletiva e do princípio da adequação setorial negociada para que – respeitados os limites objetivos –, produzam seus efeitos sobre as normas heterônomas de Direito do Trabalho.

Assim, não se afasta a possibilidade de prevalência das normas coletivas autônomas sobre as heterônomas, contanto que respeitados os critérios que a corroborem. Segundo Mauricio Godinho Delgado[(28)]:

> São dois esses critérios autorizativos: a) quando as normas autônomas juscoletivas implementam um padrão setorial de direitos superior ao padrão geral oriundo da legislação heterônoma aplicável; b) quando as normas autônomas juscoletivas transacionam setorialmente parcelas justrabalhistas de indisponibilidade apenas relativa (e não de indisponibilidade absoluta).

De par com isso, resta claro que a negociação coletiva não prevalecerá sobre o padrão heterônomo quando caracterizada pela renúncia de direitos (que diferentemente da transação – a qual se caracteriza pela cedência recíproca – compreende o desapossamento unilateral de

(24) "São os princípios as proposições básicas que fundamentam as ciências. Para o Direito, o princípio é seu fundamento, a base, a estrutura, o fundamento que irá informar e inspirar as normas jurídicas" (MARTINS, Sérgio Pinto. *Direito do Trabalho*. 31. ed. São Paulo: Atlas, 2015. p. 65).

(25) *Ibidem*, p. 66.

(26) *Curso de Direito do Trabalho*. 13. ed. São Paulo: LTr, 2014. p. 1385.

(27) *Ibidem*, p. 1387 e 1388.

(28) DELGADO, Mauricio Godinho. *op. cit.*, p. 1388.

direitos), bem como quando negociar direitos denominados por Mauricio Godinho Delgado de indisponibilidade absoluta:[29]

> Também não prevalece a adequação setorial negociada se concernente a direitos revestidos de indisponibilidade absoluta (e não indisponibilidade relativa), os quais não podem ser transacionados nem mesmo por negociação sindical coletiva. Tais parcelas são aquelas imantadas por uma tutela de interesse público, por constituírem um patamar civilizatório mínimo que a sociedade democrátia não concebe ver reduzido em qualquer segmento econômico-profissional, sob pena de se afrontarem a própria dignidade da pessoa humana e a valorização adequada deferível ao trabalho (arts. 1º, III e 170, *caput*, CF/1988). Expressam, ilustrativamente, essas parcelas de indisponibilidade absoluta a anotação de CTPS, o pagamento do salário mínimo, as normas de saúde e segurança no ambiente de trabalho.
>
> No caso brasileiro, esse patamar civilizatório mínimo está dado, essencialmente, por três grupos convergentes de normas trabalhistas heterônomas: as normas constitucionais em geral [...]; as normas de tratados e convenções internacionais vigorantes no plano interno brasileiro [...]; as normas legais infraconstitucionais que asseguram patamares de cidadania ao indivíduo que labora [...].

Nessa senda, a jurisprudência corrobora tal entendimento, como se observa do teor das Súmulas n. 437, II e 449, do Colendo TST, *in verbis:*

> Súmula n. 437 – INTERVALO INTRAJORNADA PARA REPOUSO E ALIMENTAÇÃO. APLICAÇÃO DO Art. 71 DA CLT (conversão das Orientações Jurisprudenciais n. 307, 342, 354, 380 e 381 da SBDI-1) – Res. 185/2012, DEJT divulgado em 25, 26 e 27.09.2012.
>
> [...]
>
> II – É inválida cláusula de acordo ou convenção coletiva de trabalho contemplando a supressão ou redução do intervalo intrajornada porque este constitui medida de higiene, saúde e segurança do trabalho, garantido por norma de ordem pública (art. 71 da CLT e art. 7º, XXII, da CF/1988), infenso à negociação coletiva.
>
> Súmula n. 449 do TST – MINUTOS QUE ANTECEDEM E SUCEDEM A JORNADA DE TRABALHO. LEI N. 10.243, DE 19.06.2001. NORMA COLETIVA. FLEXIBILIZAÇÃO. IMPOSSIBILIDADE. (conversão da Orientação Jurisprudencial n. 372 da SBDI-1) – Res. n. 194/2014, DEJT divulgado em 21, 22 e 23.05.2014.
>
> A partir da vigência da Lei n. 10.243, de 19.06.2001, que acrescentou o § 1º ao art. 58 da CLT, não mais prevalece cláusula prevista em convenção ou acordo coletivo que elastece o limite de 5 minutos que antecedem e sucedem a jornada de trabalho para fins de apuração das horas extras.

Com efeito, o "princípio da intervenção mínima na autonomia da vontade coletiva" introduzido pelo "novo" § 3º do art. 8º da CLT, não cuida de princípio específico do ramo juslaboral e com ele não se compatibiliza, ferindo, notadamente a independência científica alcançada pelo Direito do Trabalho.

Em verdade, a referida regra representa, sobretudo, um retorno ao revogado Código Civil de 1916, segundo o qual a autonomia da vontade – considerada a igualdade entre os contratantes do direito comum – prevalecia.

Hodiernamente vige o princípio da função social do contrato (CC, art. 421), da boa-fé objetiva (CC, arts. 113, 187 e 422) – ambos aplicáveis ao Direito do Trabalho por força do *caput* do art. 8º, da CLT – e da prevalência da pessoa humana sobre o patrimônio (do "ser" sobre o "ter"). Esta é a nova diretriz do Código Civil de 2002, pautado pelo constitucionalismo democrático que elevou a dignidade da pessoa humana ao centro do ordenamento jurídico, não mais tratando-a como objeto de direito, mas, sim, como sujeito de proteção.

Destarte, a ilação que se extrai é que a Lei n. 13.467/2017 ignora as lutas históricas do passado e as conquistas de um povo para obter condições mínimas de trabalho decente e humano. Restaura a ideia do trabalho como mercadoria e do juiz como mera boca que pronuncia as palavras da lei (*La bouche de la loi*) – um ser inanimado que tão somente aplica a letra fria da lei, sem interpretar ou valorar o texto legal – ideia preconizada por Montesquieu em "O Espírito das Leis"[30] e desde há muito, superada.

A Lei n. 13.467/2017, que diz modernizar as relações de trabalho, coloca mordaças no Judiciário com o claro propósito de restringir a função constitucional

(29) *Ibidem*, p. 1388-1389.

(30) MONTESQUIEU, Charles de Secondat, Baron de. *O Espírito das Leis*. São Paulo: Martins Fontes, 1996. p. 175.

interpretativa a aspectos "exclusivamente" formais da manifestação da vontade, ignorando por completo a análise dos princípios constitucionais da inafastabilidade da jurisdição[(31)], de garantia do patamar civilizatório mínimo e do não retrocesso social[(32)], diretrizes a que a criatividade da negociação coletiva e a adequação setorial negociada se submetem, sob pena de invalidade.

Por derradeiro, sob qualquer ângulo que se observe, a norma supra está eivada de inconstitucionalidade, porquanto agride de morte o princípio democrático republicano insculpido na Carta Constitucional, notadamente em seu ideal de construir uma sociedade livre, justa e solidária[(33)] na qual se almeja dar prevalência aos direitos humanos.[(34)]

CONCLUSÃO

Diante do exposto, as ideias aqui estudas não têm a intenção de aprofundar todo o conteúdo do controle de constitucionalidade, mas tão somente demostrar que a evolução histórica do trabalho humano é consolidada no conflito do capital *versus* trabalho e que as trasnsformações no mundo do trabalho não podem suprimir os direitos fundamentais do trabalhador.

Para tanto, as funções essenciais à Justiça, notadamente o advogado trabalhista, urgem saltar aos olhos para a incontitucionalidade dos §§ 2º e 3º ambos do art. 8º da CLT ("Reforma Trabalhista") ora por violar o princípio da separação de poderes e tolher a função típica do Poder Judiciário: julgar e por ofender as fontes formais heterônomas, Convenções internacionais de direitos humanos sobre direitos trabalhistas da OIT, ora por ferir o princípio democrático republicano insculpido na Carta Constitucional, a fim de que a inconstitucionalide seja alegada nos casos concretos como vedação ao retrocesso social da gananciosa e injusta "Reforma Trabalhista".

REFERÊNCIAS BIBLIOGRÁFICAS

BRASIL. *Constituição Federal*. Disponível em: <http://www.planalto.gov.br/ccivil_03/constituicao/constituicaocompilado.htm>. Acesso em: 01 jun. 2017.

_____. *Código Civil*. Disponível em: <http://www.planalto.gov.br/ccivil_03/_ato2015-2018/2015/lei/l13105.htm>. Acesso em: 01 jun. 2017.

_____. *Consolidação das Leis do Trabalho*. Disponível em: <http://www.planalto.gov.br/ccivil_03/decreto-lei/Del5452.htm>. Acesso em: 01 jun. 2017.

_____. *Lei n. 13.467/2017*. Disponível em: <http://www.planalto.gov.br/ccivil_03/_ato2015-2018/2017/lei/L13467.htm>. Acesso em: 01 jun. 2017.

_____. *LINDB*. Disponível em: <http://www.planalto.gov.br/ccivil_03/decreto-lei/Del4657compilado.htm>. Acesso em: 01 jun. 2017.

DELGADO, Mauricio Godinho. *Curso de Direito do Trabalho*. 13. ed. São Paulo: LTr, 2014.

_____. *Curso de Direito do Trabalho*. 15. ed. São Paulo: LTr, 2016. p. 159.

FERRAZ JÚNIOR, Tércio Sampaio. *Introdução ao Estudo do Direito*: técnica, decisão, dominação. 6. ed. 4ª reimpr. São Paulo: Atlas, 2012.

LAFER, Celso. *A afirmação histórica dos direitos humanos*. São Paulo: Saraiva, 1999.

LEITE, Carlos Henrique Bezerra. *Curso de Direito do Trabalho*. 7. ed. São Paulo: Saraiva, 2016.

MALUF, Sahid. *Teoria Geral do Estado*. 5. ed. São Paulo: Sugestões Literárias, 1968.

MARANHÃO, Délio. *Direito do Trabalho*. 10. ed. Rio de Janeiro: FGV, 1982.

MARTINS. Sérgio Pinto. *Direito do Trabalho*. 31. ed. São Paulo: Atlas, 2015.

MONTESQUIEU, Charles de Secondat, Baron de. *O Espírito das Leis*. São Paulo: Martins Fontes, 1996.

MORAES FILHO, Evaristo de. *Introdução ao Direito do Trabalho*. 6. ed. São Paulo: LTr, 1993.

REALE, Miguel. *Nova fase do direito moderno*. 2. ed. São Paulo: Saraiva, 1998, p. 74.

SARLET, Ingo Wofgang (et all). *Curso de Direito Constitucional*. São Paulo: Saraiva, 2017.

VENOSA, Silvio de Salvo. *Introdução ao estudo do direito*: primeiras linhas. 3. ed. São Paulo: Atlas, 2010.

_____. *Introdução ao Estudo do Direito*. São Paulo: Atlas, 2004.

VIANNA, Segadas. *Instituições do Direito do Trabalho*. 14. ed. v. I, 1993.

WEISS, Carlos. *Direitos Humanos Contemporâneos*. 2. ed. 2010.

(31) CF. Art. 5º, XXXV. A lei não excluirá da apreciação do Poder Judiciário lesão ou ameaça a direito.

(32) CF. Art. 7º, *caput*. São direitos dos trabalhadores urbanos e rurais, além de outros que visem à melhoria de sua condição social.

(33) CF. Art. 3º. Constituem objetivos fundamentais da República Federativa do Brasil: I – Construir uma sociedade livre, justa e solidária.

(34) CF. Art. 4º. A República Federativa do Brasil rege-se nas suas relações internacionais pelos seguintes princípios: [...] II – Prevalência dos direitos humanos.

Direito Sistêmico e Direito Processual do Trabalho: Aplicação das Leis Sistêmicas (Hellinger) na Resolução de Conflitos nas Lides Judiciais Trabalhistas

Shirlei Silmara de Freitas Mello

Doutora em Direito pela Universidade Federal de Minas Gerais – UFMG. Professora associada na Universidade Federal de Uberlândia. Pesquisadora visitante em estágio pós-doutoral na Universidade de Aalborg, Dinamarca, de fevereiro de 2014 a janeiro de 2015. E-mail: shirlei.mello@ufu.br

Alexandre Calixto de Almeida

Pós-graduado em Direito Público pelo Centro Universitário Leonardo Da Vinci. Bacharel em Direito pela Universidade Federal de Uberlândia (UFU). Advogado em Uberlândia/MG. E-mail: calixtodealmeida@yahoo.com.br

Um homem se humilha
Se castram seu sonho
Seu sonho é sua vida
E vida é trabalho
E sem o seu trabalho
Um homem não tem honra
E sem a sua honra
Se morre, se mata
Não dá pra ser feliz
Não dá pra ser feliz
(Gonzaguinha)

INTRODUÇÃO

A partir do significado e alcance das Constelações Familiares e Leis Sistêmicas aplicadas à resolução de conflitos, toma-se o Direito Processual do Trabalho, especialmente o § 3º do art. 8º da CLT, incluído pela Lei Federal n. 13.467/2017, como inovação legislativa prejudicial ao trabalhador, com impactos materiais e formais no mundo jurídico.

A paz no mundo começa com cada indivíduo. Se ainda é inviável dialogar entre quatro paredes, no ambiente familiar ou organizacional, como vislumbrar a harmonia das nações?

Segundo Hellinger[(1)],

> *Paz* significa que aquilo que estava em oposição se reencontra; que aquilo que antes se excluía, se reconhece mutuamente; que aquilo que antes se combatia, se feria, ou até mesmo se queria destruir, *faz luto em conjunto pelas vítimas de ambos os lados e pelo sofrimento que causaram um ao outro.*

(1) HELLINGER, Bert. *A paz começa na alma.* 2. ed. Belo Horizonte: Atman, 2016. Aba.

Nas constelações familiares, o trabalho de reconciliação começa na alma de cada indivíduo e na família. Se a reconciliação tiver êxito nesse âmbito, ela também se expandirá para grupos maiores.

Cada indivíduo tem uma história e, onde quer que atue pessoal ou profissionalmente, carrega consigo memória celular de acontecimentos que frequentemente não passam por sua percepção racional. Agir com consciência permite escolhas melhores. Honrar a família, de um jeito saudável, significa realizar os próprios projetos de vida. Quando caminhamos pelo amor que vê, distinto do amor cego, estamos livres para realizar coisas boas para nós e para a coletividade.

Anton "Suitbert" Hellinger, quem trouxe à lume as chamadas leis sistêmicas, nasceu na Alemanha em 1925, estudou Filosofia, Teologia e Pedagogia. Como sacerdote católico, viveu e trabalhou por 16 anos entre os Zulus, na África do Sul, dirigindo várias escolas de nível superior.[(2)]

"Constelações familiares" – *Familienstellen* ('o lugar da família/do familiar', traduzido para Constelações Familiares, no Brasil) é a denominação atribuída à abordagem fenomenológica terapêutica fundamentada nas descobertas do alemão Bert Hellinger. Esse método/técnica se baseia na designação de sujeitos (pessoas) neutros para representar membros do sistema (familiar, organizacional ou institucional) em questão, a fim de trabalhar um tema específico trazido por um integrante daquele sistema.[(3)]

De acordo com a *teoria dos campos mórficos*, de Rupert Sheldrake, as informações de um sistema se propagam entre seus membros no tempo e no espaço, de forma não verbal, de célula a célula, de modo que padrões de comportamento se repetem inconscientemente por meio das ações dos integrantes de um sistema. Desse modo, "as mentes de todos os indivíduos de uma espécie", incluindo a espécie humana, se encontram unidas e formam um "campo mental planetário", denominado por Sheldrake de *campo morfogenético*. Tal campo "afeta as mentes dos indivíduos" do mesmo modo que é afetado por essas mentes[(4)]. Nesse raciocínio, Simone Carvalho[(5)] conclui que "a ressonância mórfica, o princípio de memória coletiva, pode ser aplicada ao estudo da árvore genealógica. Cada família tem sua própria *memória coletiva* a que todos os membros estão conectados e têm acesso".

Sheldrake[(6)] sintetiza assim a teoria dos campos mórficos[(7)]:

1. São totalidades (entidades, unidades, todos) auto-organizativas.
2. Apresentam um aspecto tanto espacial quanto temporal, e organizam padrões espaço-temporais de atividade vibratória ou rítmica.
3. Atraem os sistemas sob a sua influência para a adoção de formas características e padrões de atividade, cujo vir-a-ser eles organizam e cuja integridade eles mantêm. Os fins ou metas para as quais os campos mórficos atraem os sistemas sob sua influência são chamados *atratores*. As vias pelas quais os sistemas normalmente alcançam esses *atratores* são chamadas *chreodes*.
4. Os campos mórficos se inter-relacionam e coordenam as unidades mórficas ou hólons que se encontram dentro deles, que por sua vez são totalidades organizadas pelos campos mórficos. Os campos mórficos contêm outros campos mórficos em uma hierarquia aninhada ou *holarquia*.

(2) BASSOI, Vera. *Quem é Bert Hellinger*. Postado em 2011. Disponível em: <http://www.consteladoressistemicos.com/publicacoes/84-quem-e-bert-hellinger-vera-bassoi>. Acesso em: 20 set. 2016.

(3) SCHUBERT, René. *Constelação sistêmica familiar e organizacional*: breve introdução. Postado em 2011. Disponível em: <https://psicologado.com/atuacao/psicologia-clinica/constelacao-sistemica-familiar-e-organizacional-breve-introducao>. Acesso em: 17 set. 2016

(4) CARVALHO, Simone. *A teoria dos campos mórficos explicando padrões familiares*. Disponível em: <http://physioquantum.com/emocoes-indigestas-e-as-doencas/>. Acesso em: 13 mar. 2017.

(5) *Idem*.

(6) SHELDRAKE, Rupert. *Ressonância mórfica e campos mórficos*: considerações introdutórias. 2015. Disponível em: <http://www.sheldrake.org/research/morphic-resonance/introduction>. Acesso em: 17 abr. 2015.

(7) 1. They are self-organizing wholes. 2. They have both a spatial and a temporal aspect, and organize spatio-temporal patterns of vibratory or rhythmic activity. 3. They attract the systems under their influence towards characteristic forms and patterns of activity, whose coming-into-being they organize and whose integrity they maintain. The ends or goals towards which morphic fields attract the systems under their influence are called attractors. The pathways by which systems usually reach these attractors are calledchreodes. 4. They interrelate and co-ordinate the morphic units or holons that lie within them, which in turn are wholes organized by morphic fields. Morphic fields contain other morphic fields within them in a nested hierarchy or holarchy. 5. They are structures of probability, and their organizing activity is probabilistic. 6. They contain a built-in memory given by self-resonance with a morphic unit's own past and by morphic resonance with all previous similar systems. This memory is cumulative. The more often particular patterns of activity are repeated, the more habitual they tend to become.

> 5. Eles são estruturas de probabilidade, e sua atividade organizativa é probabilística.
>
> 6. Eles contêm uma memória embutida (intrínseca) dada pela autorressonância com o próprio passado de uma unidade mórfica e por ressonância mórfica com todos os sistemas similares anteriores. *Esta memória é cumulativa.* Quanto mais vezes determinados padrões de atividade são repetidos, mais habituais eles tendem a se tornar. (g.n.)

Considerando que "tudo que existe está entrelaçado em um relacionamento sistêmico", é razoável afirmar que "dentro de um sistema, cada parte influencia o todo e o todo influencia cada parte"[8], existindo, portanto, uma economia do conjunto que, toda vez que violada, provoca movimentos de recomposição de seu equilíbrio. Exemplo disso é a assunção de atitudes que honram determinado membro da família por um membro mais jovem que, inconscientemente, passa a apresentar comportamentos cunhados por algum ancestral de quem nem tem conhecimento. Alguns acontecimentos no seio familiar, tanto generosos e altruístas quanto desonestos e ilegais, irradiam seus reflexos por gerações e gerações, criando dinâmicas que transcendem limites temporais e geográficos, operando atitudes de compensação em havendo desequilíbrio no sistema, caso tais processos psicoafetivos não sejam reconhecidos e trabalhados.

Nesse tocante, Jodorowski[9] constata que Anne Ancelin Schützenberger[10] estudou o assunto a fundo: "os duelos não realizados, as lágrimas não derramadas, as identificações inconscientes e as lealdades familiares invisíveis" se transmitem para os filhos e seus descendentes. O que não é enxergado, reconhecido e integrado se manifesta na forma de sofrimento. Quando os olhos não choram, o corpo chora. Dor acumulada se expressa em doença e conflitos, incluídos neste rol os conflitos judiciais e administrativos.

Isso posto, quando as informações do campo de ressonância mórfica[11] trazem à tona alguns emaranhamentos, quem trouxe a questão posta inicialmente pode enxergar as dinâmicas existentes naquele sistema e posicionar-se de modo diferente nas relações, a fim de realizar escolhas mais conscientes e, via de consequência, salutares.

Nessa linha, Gustav Arnold[12] sustenta que Anne Ancelin Schützenberger[13], em sua obra "A síndrome ancestral: psicoterapia transgeracional e laços ocultos na árvore genealógica", documenta muitos casos de sua própria prática em apoio ao argumento de que *os eventos passados não processados encontram maneiras de se manifestar em gerações subsequentes*. Mencionando o referencial teórico utilizado para o tratamento de caso clínico, Fontes e Gribel[14] afirmam que, assim como Anne Schützenberger, utilizaram "o conceito de lealdade invisível de Nagy como um dos principais pontos que guiarão o processo terapêutico, buscando articular *as interconexões entre as relações atuais vividas na família e as tramas históricas existentes na família de origem*".

Bert Hellinger[15] ensina que "uma das descobertas mais importantes da Constelação Familiar é o fato de que todos nós nos encontramos ligados aos destinos de

(8) BOCALLANDRO, Efraim R.; BOCALANDRO, Irene C. *Constelação e campo morfogenético*. Disponível em: <http://www.consteladoressistemicos.com/index.php/publicacoes/64-constelacao-e-campo-morfogenetico-efraim-r-bocallandro-e-irene-cardotti-bocalandro?tmpl=component&print=1&page=>. Acesso em: 10 abr. 2015.

(9) JODOROWSKI, Alejandro. *Aprender psicogenealogia*. Chile, 2015. 132 slides, color. Disponível em: <https://pt.slideshare.net/marenperez/alejandro--jodorowsky-psicogenealogia>. Acesso em: 30 mar. 2017.

(10) ROCHA, Tania. *Quem é Anne Ancelin Schützenberger*. 2016. Disponível em: <http://www.constelarflorianopolis.com/quem-e-anne-ancelin-schutzenberger/>. Acesso em: 30 mar. 2017.

(11) Cf SHELDRAKE, Rupert. *Ressonância mórfica e campos mórficos*: considerações introdutórias. 2015. Disponível em: <http://www.sheldrake.org/research/morphic-resonance/introduction>. Acesso em: 17 abr. 2015. ARANTES, José Tadeu. *Ressonância mórfica: a teoria do centésimo macaco*. Disponível em: <http://galileu.globo.com/edic/91/conhecimento1.htm> e <http://www.esalq.usp.br/lepse/imgs/conteudo_thumb/Resson-ncia-m-rfica.pdf>. Acesso em: 13 mar. 2017. CARVALHO, Simone. *A teoria dos campos mórficos explicando padrões familiares*. Disponível em: <http://physioquantum.com/emocoes-indigestas-e-as-doencas/>. Acesso em: 13 mar. 2017.

(12) ARNOLD, Gustav (http://www.phlu.ch/gustav-arnold). *Wemayhave no choice in havingtheeventsand traumas experiencedbyourancestorsvisiteduponus in ourownlifetime*: Eva Hoffman's "Lost in Translation". Disponível em: <http://www.inter-disciplinary.net/wp-content/uploads/2009/04/arnold-paper.pdf>. Acesso em: 29 mar. 2017. O texto referencia Ulsamer, Bertold. *The Healing Power of thePast*: A New Approach to Healing Family Wounds- The Systemic Therapy of Bert Hellinger. Nevada City, CA: Underwood Books, 2005.

(13) SCHÜTZENBERGER, Anne Ancelin. *The Ancestor Syndrome*: Transgenerational Psychotherapy and the Hidden Links in the Family Tree. Trans. Anne Trager. London, New York: Routledge, 1998.

(14) FONTES, Fatima; GRIBEL, Regina. *Resgatando a vida entre os vivos*: quando os vínculos afetivo-reparadores propiciam uma experiência emocional transformadora. Disponível em: <http://febrap.org.br/pdf/RESGATANDO_VIDA_ENTREOSVIVO.pdf>. Acesso em: 29 mar. 2017.

(15) HELLINGER, Bert. *Histórias de Amor*. 2. ed. Goiânia: Atman, 2011. p. 148-149.

nossas famílias das mais diversas maneiras. *Existe na família uma consciência comum e inconsciente, um profundo movimento na alma, que não permite que alguém seja excluído, rejeitado ou esquecido*". Quando algo assim ocorre, "mais tarde a pressão dessa consciência coletiva *escolhe* alguém para representar o excluído. A pessoa em questão se sente igual àquele que foi excluído". Em vez de o *escolhido* estar livre para viver a própria vida, será impelido a viver a vida de uma pessoa excluída, estando *emaranhado com um destino estranho*. "Muitas dificuldades em uma família, como, por exemplo, as que ocorrem entre pais e filhos, quando uma criança se comporta de modo estranho", ou desavenças entre consortes causadas por mudanças de atitudes bruscas, incontroláveis e inesperadas, rumando ao incompreensível, são sinais de emaranhamento. "Sendo assim, o amor é exigido a partir de uma nova forma. Esse tipo de emaranhamento pode vir à luz" por meio da constelação. *A solução é incluir o que esteve excluído e dar a este "um lugar na alma de cada um e na família*. Somente assim aqueles que antes se encontravam emaranhados estarão livres".

Em arremate: "É uma grande conquista da constelação familiar o fato de que *as dificuldades, para as quais não tínhamos qualquer compreensão até então*, de repente passem a fazer sentido e que, quando assumimos tal fato, encontramos uma boa solução para nós e para os outros".

Nessa linha[16],

> a hipótese sustentada é a de que "o inconsciente de cada indivíduo leva a marca, na sua estrutura e nos seus conteúdos, do inconsciente de um outro, e, mais precisamente, de mais de um outro" (Kaës, 1998, p. 14). Além disso e dessa forma, o material da vida psíquica é algo que se torna passível de ser transmitido, no interior de uma família, *entre* e *inter* gerações. Ainda de acordo com esse autor, o que se transmite seria preferencialmente aquilo que não se contém, "aquilo que não se retém, aquilo de que não se lembra: a falta, a doença, a vergonha, o recalcamento, os objetos perdidos, e ainda enlutados" (p. 9). O autor enfatiza a noção de algo que é transmitido de um espaço psíquico a outro, sem possibilidade de elaboração, denominando esse mecanismo de *transmissão psíquica transgeracional*.

As assim chamadas *leis sistêmicas*, que são as ordens do amor, sistematizadas e trazidas a lume por Bert Hellinger, são três:

a) *Hierarquia ou ordem*, que estabelece precedência e prevalência nos sistemas. Os membros que chegaram primeiro têm precedência, ao passo que os membros que compõem as relações atuais têm prevalência. Em uma relação de casal, por exemplo, os cônjuges anteriores devem ser vistos e respeitados no sistema, apesar de prevalecer o relacionamento atual.

b) *Pertencimento*, segundo a qual todos os membros de um sistema têm igual direito de integrá-lo. Nesse tópico, insere-se o termo *inclusão*, muito utilizado na abordagem sistêmica. Na família, o direito de pertencer é mais sólido e duradouro que nas organizações (empresas e Poder Público), uma vez que o início, a manutenção e a extinção do vínculo, nessas últimas, dependem do cumprimento de requisitos, por exemplo a necessidade de aprovação em concurso público para adentrar os quadros da Administração Pública.

c) *Equilíbrio entre dar e receber/tomar (compensação)*[17], que se refere à aplicação da razoabilidade/proporcionalidade na dosimetria das iniciativas dos membros dos sistemas familiares, organizacionais e institucionais. Dependendo da natureza do vinculo, a quantidade de atuações deve ser menor ou maior a fim de que haja *harmonia e paz no sistema*.

Ana Tarna Mendes e Gabriela Lima[18] ressaltam que *a consciência dos reflexos do sistema familiar em nossas atitudes é fator determinante no manejo de conflitos*: por meio das constelações sistêmicas, "uma pessoa que está envolvida em um conflito familiar é convidada a *olhar além do fato* que gerou o problema, e esse é o olhar que alguns" operadores do Direito (juízes, promotores de justiça, defensores públicos, advogados, conciliadores,

(16) GOMES, Isabel Cristina; ZANETTI, Sandra Aparecida S. *Transmissão psíquica transgeracional e construção de subjetividade*: relato de uma psicoterapia psicanalítica vincular. Disponível em: <http://www.scielo.br/scielo.php?script=sci_arttext&pid=S0103-65642009000100006>. Acesso em: 29 mar. 2017.

(17) Cf. vídeo extremamente elucidativo de Décio Fabio de Oliveira Júnior sobre *Dar e receber*(compensação). Disponível em: <https://www.youtube.com/watch?v=YGm_tpjRWpg&t=19s>.

(18) MENDES, Ana Tarna dos Santos; LIMA, Gabriela Nascimento. *Família, como base da sociedade, seria o nosso sistema mais importante? O que seria Sistema Familiar através do olhar sistêmico?* 2017. Disponível em: <http://emporiododireito.com.br/familia-como-base-da-sociedade-seria-o-nosso-sistema-mais-importante/>. Acesso em: 31 mar. 2017.

mediadores) "que estão a serviço da Justiça, passaram a ter". E prosseguem, afirmando que "já são 13 (treze) Tribunais do país a utilizarem a técnica, porque os operadores do direito citado acima perceberam que *antes do indivíduo existe o seu sistema familiar*", considerando que "as partes que compõem um litígio judicial não são apenas pessoas que ocupam uma posição processual (autor ou réu), são, *primeiramente, membros de um sistema familiar*".

Sobre a *aplicação das leis sistêmicas*, René Schubert[19] constata que "quando tais leis dinâmicas são desobedecidas, ignoradas ou rompidas", a resposta do sistema é sobrecarga e sofrimento, passíveis de incidir "mais sobre um membro específico do sistema, adoecendo-o ou conduzindo a um tipo de escolha, crença, postura e/ou comportamento". Na *reconfiguração sistêmica*, busca-se, "por meio de gestos, reposicionamentos e falas, alcançar a leveza e ordem, perdidas no sistema". Temas passíveis de serem abordados pela técnica descrita são: relacionamentos familiares (pai, mãe, marido/esposa, filhos, avós, tios); acontecimentos marcantes (adoções, perdas, doenças psiquiátricas, mortes precoces e/ou violentas, homicídios, suicídio, abortos, entre outros); relacionamento interpessoal (sexualidade, amantes, parceiros amorosos e sexuais, amigos, colegas); problemas de saúde (dores crônicas, obesidade, depressão, câncer, problemas cardíacos); dependências (físicas, químicas, psicológicas); conflitos profissionais com chefes, colegas, empresas; questões empresariais e administrativas (abertura de empresa; fracasso e sucesso; perda financeira; dificuldades na liderança; mudanças de carreira; recolocação profissional).

Do exposto, é razoável concluir que as *aplicações da reconfiguração sistêmica* se estendem por vários ambientes relacionais; vale dizer, onde quer que haja pessoas, animais e objetos interagindo, é possível aferir dinâmicas sistêmicas no intuito de reconfigurá-las.[20]

1. PROCESSO DO TRABALHO E A ALTERAÇÃO TRAZIDA À CONSOLIDAÇÃO DAS LEIS DO TRABALHO EM SEU ART. 8º, § 3º, PELA LEI FEDERAL N. 13.467, DE 13 DE JULHO DE 2017

As searas jurídico-processuais objetivam efetivar direitos daqueles que participam da via processual, levando-se em consideração a espécie de direito próprio objeto de cada ramo jurídico. Desse modo, o Direito Processual do Trabalho trata da instrumentalização, por meio do processo, de direitos de pessoas, físicas ou jurídicas, tendo como objeto relações surgidas, desenvolvidas e finalizadas que são qualificadas por normas de direito do trabalho, em seu aspecto objetivo.

No magistério de Larissa C. M. da Silva Scarabelim e Hamilton Luiz Scarabelim[21], "pode-se definir o Direito do Trabalho como o conjunto de princípios e regras jurídicas aplicáveis às relações individuais e coletivas que nascem entre os empregadores e os que trabalham sob sua direção e de ambos com o Estado." Observa-se, pois, que o objetivo principal do Direito do Trabalho é regular as relações de trabalho desenvolvidas entre pessoas, objetivando, ao final, o estabelecimento do maior grau de equilíbrio possível, como todo ramo jurídico almeja.

Na esteira desse mesmo propósito, o Direito Processual do Trabalho emerge com a finalidade também de alcançar equilíbrio, todavia, por meio de relação jurídico-processual desenvolvida entre as partes de uma relação material de trabalho, sob a presidência de uma ou mais autoridades judiciárias (juiz singular ou tribunal). Corroborando esse entendimento, encontra-se a definição de Sérgio Pinto Martins[22], o qual afirma que "Direito Processual do Trabalho é o conjunto de princípios, regras e instituições destinado a regular a atividade dos órgãos jurisdicionais na solução dos dissídios, individuais ou coletivos, entre trabalhadores e empregadores".

As normas justrabalhistas, sejam materiais ou processuais, concentram-se, em sua maior parte, na Consolidação das Leis do Trabalho – Decreto-lei n. 5.452, de 1º de maio de 1943, diploma que sofreu inúmeras modificações até a atualidade, entre elas as trazidas pela Lei Federal n. 13.467, de 13 de julho de 2017.

Apesar da relevância dos impactos jurídicos a serem gerados no meio social em razão das novas disposições da Lei Federal n. 13.467/2017, o presente trabalho, por sua natureza, concentra-se na modificação legislativa acarretada à CLT, art. 8º, § 3º pela lei federal aludida, cujo teor se expõe a seguir:

> § 3º No exame de convenção coletiva ou acordo coletivo de trabalho, a Justiça do Trabalho analisará

(19) SCHUBERT, René. *Constelação sistêmica familiar e organizacional*: breve introdução. 2011. Disponível em: <https://psicologado.com/atuacao/psicologia-clinica/constelacao-sistemica-familiar-e-organizacional-breve-introducao>. Acesso em: 17 set. 2016.

(20) Ver GUEDES, Olinda. *Além do aparente: um livro sobre constelações familiares*. Curitiba: Appris, 2015. GUEDES, Olinda. *O que traz quem levamos para a escola?* Pedagogia Sistêmica. Curitiba: Appris, 2012.

(21) SCARABELIM, Larissa C. M. da Silva; Hamilton Luiz. *Direito do Trabalho*. Campinas: Copola Livros, 2001. p. 26.

(22) MARTINS, Sérgio Pinto. *Direito Processual do Trabalho*. São Paulo: Atlas, 2004. p. 50.

exclusivamente a conformidade dos elementos essenciais do negócio jurídico, respeitado o disposto no art. 104 da Lei n. 10.406, de 10 de janeiro de 2002 (Código Civil), e balizará sua atuação pelo princípio da **intervenção mínima na autonomia da vontade coletiva**.

Considerando que a Constituição erige-se em diploma jurídico de mais alto grau na hierarquia das normas, representando base fundamental para todos os demais direitos e deveres que formam a ordem jurídica nacional, a Constituição da República de 1988 representa manifestação jurídico-formal das prescrições supremas destinadas a reger a vida social no Estado brasileiro. Dessarte, todo e qualquer direito, faculdade, dever, obrigação, ônus ou bônus insculpido no ordenamento pátrio deve guardar absoluta consonância com o texto constitucional, bem como com as normas implícitas da Carta Magna.

Nessa esteira, tem-se que em seu art. 6º, a Constituição Federal de 1988 estabelece o trabalho como um direito social, vale dizer, um direito fundamental que ultrapassa a dimensão meramente individual ou subjetiva do ser humano, estabelecendo uma proteção a todos que integram a sociedade brasileira quando participantes de uma relação regulada pelo Direito do Trabalho.

Toda a Constituição da República brasileira, assim como as demais normas de Direito do Trabalho, objetiva, em especial, propiciar a inafastável proteção ao trabalhador frente ao poder econômico do empregador. Nesse sentido, sábias são as palavras de José Augusto Rodriguez Pinto[(23)] ao explicar:

> Dos embates gerados pela Revolução Industrial nasceu a certeza de que, nas relações de trabalho subordinado, a igualdade jurídica preconizada pelo Direito Comum para os sujeitos das relações jurídicas se tornaria utópica em virtude da deformação que o poder econômico de um provocaria na manifestação da vontade do outro. Firmou-se, então o preceito fundamental que dá o traço mais vivo do Direito do Trabalho: é imperioso amparar-se com a proteção jurídica a debilidade econômica do empregado, na relação individual de emprego, a fim de restabelecer, em termos reais, a igualdade jurídica entre ele e o empregador.

Fica claro, portanto, ante uma análise histórica da humanidade a partir, especialmente, da Revolução Industrial, sobre o poder econômico exercido pelo empregador sobre o empregado que desequilibra a igualdade que poderia existir entre ambos, razão pela qual o Direito, em sua função de *pacificação social*, busca, por meio da proteção jurídica do trabalhador, harmonizar, ao máximo, a relação desenvolvida entre patrão e empregado nas mais diversas situações da vida cotidiana.

Nesse panorama, tanto a Carta Magna como a Consolidação das Leis do Trabalho, a legislação extravagante, além de outras normas jurídicas contidas em Acordos e Convenções Coletivas, devem buscar equilibrar a relação entre empregador e empregado, fornecendo a este último a proteção jurídica necessária como forma de diminuir os efeitos que sobre ele pesa o exercício do poder econômico do empregador.

Os instrumentos formais-jurídicos de negociação coletiva poderiam até mesmo restringir direitos dos trabalhadores, desde que se respeitasse a incolumidade de um conjunto dos direitos de inegável e absoluta importância ao trabalhador, os quais poderiam ser nominados como "patamar civilizatório mínimo". No magistério de Mauricio Godinho Delgado[(24)]:

> No caso brasileiro, esse patamar civilizatório mínimo está dado essencialmente, por três grupos de normas trabalhistas heterônomas: as normas constitucionais em geral (respeitadas, é claro, as ressalvas parciais expressamente feitas pela própria Constituição: art. 7º, VI, XIII e XIV, por exemplo); as normas de tratados e convenções internacionais vigorantes no plano interno brasileiro (referidas pelo art. 5º, § 2º, CF/1988, já expressando uma patamar civilizatório no próprio mundo ocidental em que se integra o Brasil); as normas legais infraconstitucionais que asseguram patamares de cidadania ao indivíduo que labora (preceitos relativos à saúde e segurança no trabalho, normas concernentes à base salarial mínimas, normas de identificação profissional, dispositivos antidiscriminatórios etc.).

Aclarando o conceito de "patamar civilizatório mínimo", encontram-se as explanações tecidas pela Des. Ana Catarina Cisneiros Barbosa de Araújo[(25)] nos seguintes termos:

---

(23) PINTO, José Augusto Rodriguez. *Curso de Direito Individual do Trabalho*. 2. ed. São Paulo: LTr, 1995. p. 73-74.

(24) DELGADO, Mauricio Godinho. *Curso de Direito do Trabalho*. 7. ed. São Paulo: LTr, 2008. p. 1403.

(25) BRASIL. Tribunal Regional do Trabalho da 6ª Região, 3ª Turma. Recurso Ordinário, autos n. 0000193-07.2014.5.06.0010, Relatora Des. Ana Catarina Cisneiros Barbosa de Araújo, sessão de julgamento realizada em 07/12/2015. Disponível em: <https://trt-6.jusbrasil. com.br/jurisprudencia/418821135/recurso-ordinario-ro-1930720145060010/inteiro-teor-418821144?ref =juris-tabs# >. Acesso em: 30 jul. 2017.

de acordo com o princípio da adequação setorial negociada, as regras autônomas juscoletivas podem prevalecer sobre o padrão geral heterônomo, mesmo que sejam restritivas dos direitos dos trabalhadores, desde que não transacionem setorialmente parcelas justrabalhistas de indisponibilidade absoluta. Embora, o critério definidor de quais sejam as parcelas de indisponibilidade absoluta seja vago, afirma-se que estão protegidos contra a negociação *in pejus* os direitos que correspondam a um" patamar civilizatório mínimo ", como a anotação da CTPS, o pagamento do salário mínimo, o repouso semanal remunerado, as normas de saúde e segurança do trabalho, dispositivos antidiscriminatórios, a liberdade de trabalho etc. Enquanto tal patamar civilizatório mínimo deveria ser preservado pela legislação heterônoma, os direitos que o excedem sujeitar-se-iam à negociação coletiva, que, justamente por isso, constituiria um valioso mecanismo de adequação das normas trabalhistas aos diferentes setores da economia e a diferenciadas conjunturas econômicas.

Para tanto, até o advento da Lei Federal n. 13.467, de 13 de julho de 2017, que incluiu no art. 8º da CLT o § 3º supratranscrito, todos os Acordos e Convenções Coletivas deveriam respeitar, no mínimo, os direitos que já fossem assegurados ao trabalhador pela Constituição Federal e legislação infraconstitucional, não sendo permitido, pelo princípio da autonomia da vontade, o estabelecimento de regras que prejudicassem o empregado nos direitos trabalhistas que já lhe fossem garantidos por lei, em afronta ao "patamar civilizatório mínimo", regulamentação que confirmava a efetivação do princípio da proteção ao trabalhador, tão caro ao Direito do Trabalho como ao Direito Processual do Trabalho.

2. O IMPACTO JURÍDICO MATERIAL E FORMAL DECORRENTE DA CRIAÇÃO DO § 3º NO ART. 8º DA CLT PELA LEI FEDERAL N. 13.467/2017

A Consolidação das Leis do Trabalho (CLT) utiliza a terminologia "contrato coletivo de trabalho" em seu art. 59, "convenção coletiva de trabalho" em seu art. 611 e, por fim, "acordo coletivo de trabalho" em seu art. 611,§ 1º. Ressalta-se que a CLT usava o termo "contrato coletivo de trabalho" até o advento do Decreto-lei n. 229/1968, o qual alterou aludida denominação para "convenção coletiva de trabalho"[26], expressão mais atualizada com a ordem constitucional vigente, apesar de o decreto-lei referido ser-lhe anterior, uma vez que a Carta Magna de 1988 em seu art. 7º, XIII, menciona "acordo e convenção coletiva de trabalho", prescrevendo:

> XIII – duração do trabalho normal não superior a oito horas diárias e quarenta e quatro semanais, facultada a compensação de horários e a redução da jornada, mediante acordo ou convenção coletiva de trabalho;

Extrai-se, do dispositivo acima trasladado, o caráter de excepcionalidade do elastecimento da jornada, prevalecendo como regra o limite de 08 (oito) horas diárias e 44 (quarenta e quatro) horas semanais para o exercício das atividades laborativas do trabalhador.

A limitação temporal de jornada foi instituída pelo Constituinte tendo em vista a preocupação, primordialmente, com a saúde do empregado. Muitos relatos históricos, principalmente quando da efervescência e difusão das ideias surgidas a partir da Revolução Industrial, demonstram que o ser humano já fora tratado praticamente como escravo pelo empregador, não restando quase nenhum direito nas relações de trabalho desenvolvidas com aquele. O quadro de direitos e garantias na seara trabalhista, tanto no Brasil como no mundo, deve-se às duras conquistas dos trabalhadores e ao amadurecimento progressivo da própria sociedade.

Numa visão imediatista, tem-se que a saúde do trabalhador é essencial para um bom desempenho e uma boa produtividade de sua parte. Aumentando-se o campo analítico da situação, tem-se que a *dignidade* do trabalhador, decorrente de sua condição de *ser humano*, deve estar em primeiro lugar em qualquer relação desenvolvida entre indivíduos, não coadunando com essa visão o aumento ilimitado de jornada. Esse crescente nas horas trabalhadas, sem qualquer justificativa plausível senão simplesmente o desejo de aumento da lucratividade, acaba por retirar do empregado sua condição de "humano", colocando-o na condição de "objeto", de "máquina", ocorrendo um fenômeno que poderíamos denominar de "desumanização nas relações de trabalho", situação que pode também ser observada no descumprimento de outros direitos trabalhistas já conquistados.

Desse modo, tem-se que a criação do § 3º no art. 8º da CLT por meio da Lei Federal n. 13.467/2017, representa um retrocesso jurídico e social, haja vista que a obediência a esse comando acaba por retirar do

(26) MACHADO JR., César P. S. *Direito do Trabalho*. São Paulo: LTr, 1999. p. 96.

trabalhador valiosa proteção jurídica que visava estabelecer uma relação de igualdade com o empregador, o qual detém significativo poder econômico capaz de direcionar a manifestação de vontade do empregado sem o amparo jurídico outrora outorgado.

A eleição de igualdade formal, como observado em momentos históricos pretéritos, tanto no Brasil como no estrangeiro, não é capaz de garantir uma isonomia real entre patrão e empregado; pelo contrário, acaba abrindo espaço para a efetivação da ditadura do poder econômico sobre a mão de obra operária, deixando de se atingir o fim último buscado por toda norma jurídica: *a pacificação social*.

O impacto jurídico-*formal* está diretamente ligado ao impacto jurídico-material explicitado, uma vez que o processo, como dito alhures, serve como instrumento de garantia de direitos trabalhistas da parte mais fragilizada na relação de trabalho: o trabalhador.

Com a significativa mudança na limitação temporal da jornada nos termos do § 3º do art. 8º da CLT em razão do advento da Lei Federal n. 13.467/2017, tem-se, por consequência, um esvaziamento do processo trabalhista brasileiro, pelo menos, quanto à defesa de direitos de qualquer trabalhador relativos à limitação temporal da jornada. Havendo permissão legal para uma flexibilização das horas trabalhadas sem obediência ao limite de 08 (oito) horas diárias e 44 (quarenta e quatro) horas semanais, uma vez que, apesar de preceito constitucional nesse sentido, os acordos e convenções coletivas poderão dispor, em homenagem ao princípio da autonomia da vontade, de modo diverso; o poder econômico do empregador provavelmente suplantará qualquer possibilidade teórica de manifestação livre de vontade do empregado na conformação do contrato de trabalho.

Mesmo ocorrendo desrespeito à limitação temporal de jornada anteriormente à edição da Lei Federal n. 13.467/2017, o trabalhador pode recorrer à Justiça do Trabalho, por meio do processo devido legalmente instituído, a fim de receber indenização correspondente pelas horas trabalhadas e não pagas. Diante da novidade legislativa acima citada, não poderá mais o empregado pleitear processualmente esses direitos se houver acordos e/ou convenções coletivas que apontem em sentido diverso, estabelecendo, por exemplo, como solução para o elastecimento da jornada, a implantação pela empresa de "banco de horas", os quais, em realidade, dificilmente funcionam corretamente em favor do trabalhador, o qual não possui poder suficiente para exigir de seu empregador o cumprimento das normas atinentes ao "banco de horas".

Nota-se, pois, que a limitação do Poder Judiciário de avaliar acordos e convenções coletivas quanto ao conteúdo de Direito do Trabalho trazida pelo § 3º do art. 8º da CLT, o qual excepcionou apenas a avaliação de regularidade dos elementos para a validade do negócio jurídico estabelecido pelo Código Civil Brasileiro (Lei Federal n. 10.406, de 10 de janeiro de 2002) em seu art. 104; acabou por impedir, diretamente, que o empregado possa se valer do processo trabalhista para receber indenização devida pelas horas trabalhadas e não pagas, facilitando a adoção de artifícios pelos empregadores que desejem burlar a legislação do trabalho.

3. APLICAÇÃO DAS LEIS SISTÊMICAS NA RESOLUÇÃO DE CONFLITOS NAS LIDES JUDICIAIS TRABALHISTAS

A aplicação do Direito nos dias atuais gira em torno da noção de CONFLITO. Os sujeitos processuais, em suas atuações, acabam nutrindo a discórdia, em vez de caminhar para a pacificação das contendas. O resultado são as disputas infinitas e doloridas que se arrastam perante os Poderes Públicos.

Discorrendo sobre o *conflito*, Carlos Vasconcelos[27] ensina que:

> O conflito é dissenso. Decorre de expectativas, valores e interesses contrariados. Embora seja contingência da condição humana e, portanto, algo natural, numa disputa conflituosa costuma-se tratar a outra parte como *adversária, infiel ou inimiga.* (...) *Esse estado emocional estimula as polaridades e dificulta a percepção do interesse comum.*"

Todavia, tem-se observado recentemente o surgimento de um nova metodologia terapêutica de solução de conflitos que pode ser utilizada em indistintas áreas, por exemplo, na jurídica. Capitaneado por Sami Storch[28], emerge e ganha força o movimento de

(27) VASCONCELOS, Carlos Eduardo de. *Mediação de conflitos e práticas restaurativas*. 5. ed. Rio de janeiro: GEN, 2017. p. 21.

(28) Sami Storch esteve em Uberlândia, participando de projeto de extensão cadastrado na PROEX/UFU, ministrando palestra vivencial aberta ao público e 2 *workshops*, em abril de 2015. É Juiz de Direito no Estado da Bahia, atualmente em exercício na Comarca de Valença. Graduado na Faculdade de Direito da USP, com Mestrado em Administração Pública e Governo (EAESP-FGV/SP) e Doutorando em Direito na PUC-SP, com tese em desenvolvimento sobre o tema "Direito Sistêmico: a resolução de conflitos por meio da abordagem sistêmica fenomenológica das constelações familiares". Participou de diversos cursos de formação e treinamentos em Constelações Sistêmicas Familiares e Organizacionais segundo Bert Hellinger. Desde

aplicação das leis sistêmicas ao Direito, denominado *Direito Sistêmico*: "a expressão 'direito sistêmico' (...) surgiu da análise do direito sob uma ótica baseada nas *ordens superiores que regem as relações humanas*, segundo a ciência das constelações familiares sistêmicas" desenvolvida pelo terapeuta e filósofo alemão Bert Hellinger. Sami[(29)]: esclarece que:

> Os conflitos entre grupos, pessoas ou internamente em cada indivíduo são provocados em geral por *causas mais profundas do que um mero desentendimento pontual, e os autos de um processo judicial dificilmente refletem essa realidade complexa*. Nesses casos, uma solução simplista imposta por uma lei ou por uma sentença judicial pode até trazer algum alívio momentâneo, uma trégua na relação conflituosa, mas às vezes não é capaz de solucionar verdadeiramente a questão, de trazer paz às pessoas.
>
> *O direito sistêmico se propõe a encontrar a verdadeira solução. Essa solução não poderá ser nunca para apenas uma das partes*. Ela sempre precisará *abranger todo o sistema envolvido no conflito*, porque na esfera judicial – e às vezes também fora dela – basta uma pessoa querer para que duas ou mais tenham que brigar. Se uma das partes não está bem, todos os que com ela se relacionam poderão sofrer as consequências disso.(...)
>
> A abordagem sistêmica do direito (...) propõe a aplicação prática da ciência jurídica com um viés terapêutico – desde a etapa de elaboração das leis até a sua aplicação nos casos concretos. A proposta, aqui, é utilizar as leis e o direito como mecanismo de tratamento das questões geradoras de conflito, visando à saúde do sistema "doente", como um todo.

Amilton Plácido da Rosa[(30)] compartilha impressões sobre o nascimento do Direito Sistêmico:

> *DVD 25*
>
> *Sami: – Eu trabalho como juiz e quero algum conselho de como utilizar as constelações em minha área.*[(31)]
>
> Bert: – "O juiz tem uma visão dupla, um olhar vai para a lei. Ele tem que seguir a lei. Mas ele tem uma certa margem. Quando a lei é aplicada de uma maneira totalmente exata, muitas vezes ela se torna desumana e, através das constelações familiares, podemos obter uma outra visão sobre vidas humanas e destinos.

Sobre o *Direito Sistêmico*, Amilton Plácido da Rosa[(32)], em entrevista à Carta Forense, esclarece:

> O Direito Sistêmico é, antes de tudo, *uma postura*. É uma nova forma de viver e de se fazer justiça, buscando o equilíbrio entre o dar e o receber, de modo a trazer paz para os envolvidos em um conflito.
>
> O Direito Sistêmico, em termos técnico-científicos, é um método sistêmico-fenomenológico de *solução de conflitos, com viés terapêutico*, que tem por escopo conciliar, profunda e definitivamente, as partes, em nível anímico, mediante o conhecimento e a compreensão das causas ocultas geradoras das desavenças, resultando daí paz e equilíbrio para os sistemas envolvidos.
>
> Ele tem como fundamento e origem a Constelação Familiar do psicoterapeuta, filósofo e pedagogo alemão Bert Hellinger, cuja base

2006, vem ministrando palestras e *workshops* de constelações familiares e obtendo altos índices de conciliações com a utilização dos princípios e técnicas das constelações sistêmicas para a resolução de conflitos no Poder Judiciário. Busca a aplicação prática, no exercício das atividades judicantes, dos conhecimentos e técnicas das constelações familiares, a fim de valer-se da força do cargo de juiz para auxiliar na busca de soluções que não apenas culminem na extinção do processo judicial, mas que realmente resolvam os conflitos, trazendo paz ao sistema. Fonte: <https://direitosistemico.wordpress.com/author/direitosistemico/>.

(29) STORCH, Sami. *O que é o Direito Sistêmico?* 2010. Disponível em: <https://direitosistemico.wordpress.com/2010/11/29/o-que-e-direito-sistemico/>. Acesso em: 31 mar. 2017.

(30) "Trata-se da resposta que Bert Hellinger deu a Sami Storch, em 2008, sobre a possibilidade de ele aplicar a Constelação Familiar no Judiciário. A pergunta de Sami e a resposta de Bert Hellinger encontram-se nos DVDs n. 25 e 26, de 31 DVDs que foram gravados para registrarem o 1º Treinamento Avançado em Constelações Familiares, promovidos com Bert por Décio Fábio de Oliveira Jr. e Wilma Oliveira, em Águas de Lindoia, SP, de 10 a 17.08.2008." Disponível em: <https://www.facebook.com/groups/direitosistemico/442948192748296/?comment_id=442954302747685&notif_t=group_comment_mention&notif_id=1499196489169822>. Acesso em: 5 jul. 2017.

(31) Por não ter ficado inteiramente satisfeito com a resposta recebida, Sami fez, na mesma oportunidade, a mesma indagação de outra forma, nos seguintes termos: *"O Senhor vê condição de eu, como juiz, aplicar as constelações diretamente com as pessoas?"*.

(32) ROSA, Amilton Plácido da. *Direito sistêmico e constelação familiar*. Disponível em: <http://www.cartaforense.com.br/conteudo/entrevistas/direito-sistemico-e-constelacao-familiar/16914>. Acesso em: 17 set. 2016.

científica-filosófica é a experimentação no campo da abordagem sistêmica-fenomenológica, por meio das *representações*, onde, para solucionar uma questão, observa-se como os princípios e leis sistêmicas (necessidade de pertencimento, de compensação e de hierarquia/ordem) atuaram e atuam no sistema das partes.

Ele é aplicado de três maneiras distintas: (i) tendo uma postura sistêmico-fenomenológica, (ii) realizando intervenções sistêmicas fenomenológicas, com frases de solução e exercícios e dinâmicas sistêmicas e (iii) aplicando as Constelações Familiares.

Nesse sentido, Fiorelli[(33)] se pronuncia: nas interações humanas, "cada ação, vista isoladamente, não basta para justificar o comportamento das pessoas".A aplicação da TGS – *Teoria Geral dos Sistemas* – na mediação e na conciliação, cujos objetos transbordam sentimentos decorrentes de relações humanas, em diversas situações, "mostra-se mandatória, sob pena de se chegar a soluções insatisfatórias ou, no mínimo, de menor qualidade em casos de maior complexidade, caracterizados pela riqueza do contexto no entorno da situação-foco". Prossegue, esclarecendo que "isso ocorre porque, quando se ampliam os limites de um sistema qualquer, elementos inexistentes na situação anterior passam a influenciar o todo, surgindo efeitos não previsíveis através da consideração apenas dos fatores presentes no estado anterior do sistema menor". Conclui que, desse modo, ratifica-se o conteúdo da TGS.

Sami Storch[(34)] conclui que:

> Além de contribuir para o aperfeiçoamento da Justiça, a prática também auxilia a melhorar a qualidade dos relacionamentos nas famílias – que, sabendo lidar melhor com os conflitos, podem viver mais em paz e assim proporcionar um ambiente familiar melhor para o crescimento e desenvolvimento dos filhos, com respeito e consideração à importância de cada um. Consequência natural disso é a melhora nos relacionamentos em geral e a redução dos conflitos na comunidade.

Em que áreas do Direito as técnicas de reconfiguração sistêmica podem ser aplicadas? Na esteira de Rosa[(35)], e em consonância com a premissa acima assentada – segundo a qual *onde quer que haja vínculos*, as leis sistêmicas podem ser aplicadas –, esta abordagem é utilizável, "com grande vantagem e sucesso, em *qualquer área do Direito*. E isso ocorre porque em todas as situações, independentemente da área jurídica envolvida, há uma causa sistêmica oculta que pode ser revelada por meio desta abordagem, com grande vantagem para a solução do problema". Evidencia-se que "ao mostrar com clareza as causas mais profundas dos conflitos, as constelações ajudam os participantes a romperem com o ciclo de repetição, superando o trauma, liberando as vítimas de hoje, para que não se tornem os agressores do amanhã, e incluindo os agressores", pois, caso contrário "o sistema não estará em paz e alguém irá resgatá-los".[(36)]

Wanda Lucia Silva[(37)] expõe sua experiência com a aplicação das leis sistêmicas em sua rotina na Justiça do Trabalho:

> Esse lugar de escuta profunda é chamado de metaposição, o lugar do terceiro desinteressado. A partir deste lugar, a escuta do juiz passa a ser livre, ou seja, ele realmente ouve o outro, a partir do sistema do outro, e não a partir de uma prévia concepção de certo e errado. Essa escuta do outro, a partir do sistema do outro, é o que se pode chamar de empatia. Enquanto houver pressa, pré-conceito ou pré-concepção do que é certo ou errado, do que deveria ser ou não ser, não haverá empatia. Na genuína tentativa de ajudar, alguns juízes desenvolvem uma escuta altruísta, buscando atenuar a dor do outro com conselhos, consolo ou contemporização. Mas isso não é empatia.

(33) FIORELLI, José Osmir. *Conciliação e mediação: a importância da visão sistêmica*. Disponível em: <http://genjuridico.com.br/2016/07/15/conciliacao-e-mediacao-a-importancia-da-visao-sistemica/>. Acesso em: 17 set. 2016.

(34) STORCH, Sami. Direito Sistêmico: primeiras experiências com constelações no Judiciário. *Revista Conexão Sistêmica n. 4 (Filosofia, Pensamento e Prática das Constelações Sistêmicas)*. São Paulo: Conexão Sistêmica, 2015. p. 54-60. As páginas referidas são p. 59-60.

(35) ROSA, Amilton Plácido da. *Direito sistêmico e constelação familiar*. Disponível em: <http://www.cartaforense.com.br/conteudo/entrevistas/direito-sistemico-e-constelacao-familiar/16914>. Acesso em: 17 set. 2016.

(36) ROSA, Amilton Plácido da. *Direito sistêmico e constelação familiar*. Disponível em: <http://www.cartaforense.com.br/conteudo/entrevistas/direito-sistemico-e-constelacao-familiar/16914>. Acesso em: 17 set. 2016.

(37) SILVA, Wanda Lucia Ramos da. O Trabalho do Juiz sob a Perspectiva Sistêmica. *Revista Eletrônica TRT18* – Goiânia, ano 15, 2015. p. 12-31. Disponível em: <http://www.trt18.jus.br/portal/ arquivos/2012/03/revista2015-digital-1.pdf>. Acesso em: 20 set. 2016. p. 30.

O trecho mencionado remete ao conteúdo posto em Ordens da Ajuda, de Hellinger(38), que pode ser assim sintetizado:

- Pressuposto: desistir de agir (agir sem intenção)
- Dar o que se tem, tomar o que se necessita
- Ajuda deve ser pedida e desejada para ser eficaz
- Posição de igualdade do ajudante (sem pena)
- Respeito sistêmico (reconhecimento da dignidade do indivíduo e da força de seu sistema)
- Amar (=enxergar, aceitar, incluir) a pessoa como ela é, sem julgar
- SEM JULGAMENTO
- SEM COMPAIXÃO
- SEM MEDO
- SEM INTENÇÃO
- SEM PENA

Nesse sentido, a imparcialidade do mediador descrita no Manual de Mediação do CNJ(39): "O mediador deve posicionar-se de modo equidistante em relação às partes".(40)

Nessa perspectiva, o Direito Sistêmico pode ser tranquilamente aplicado na resolução das lides judiciais trabalhistas, especialmente no momento atual no qual, segundo o foco processual-trabalhista do presente trabalho, foi aprovada pelo Legislador alteração de norma legal que permite aos acordos e convenções coletivas estipularem, de modo diverso do constitucional e legal, a limitação temporal da jornada do trabalhador.

Se antes do advento da Lei Federal n. 13.467/2017 os conflitos em lides trabalhistas se multiplicavam, buscando, dentre outros direitos, o reconhecimento de dívida do empregador relativa às horas trabalhadas pelo empregado que haviam sido pagas por ocasião da rescisão do contrato de trabalho, após a inovação legislativa citada, inconscientemente haverá um estímulo para o aumento dos processos perante a Justiça do Trabalho que solicitaram o reconhecimento e pagamento de citado direito ao empregado.

Nesse ponto, a aplicação do Direito Sistêmico aparece como mecanismo sobremaneira progressista e efetivo no caminho de solução de lides trabalhistas, uma vez que esse conjunto sistêmico não busca somente a contenção dos efeitos desastrosos de relações interpessoais degradadas em disputas, rancores e ódios, mas pretende tratar, de modo terapêutico, as causas que levaram ambas as partes a estarem na posição de reclamante e reclamado em demanda trabalhista.

Desse modo, a mediação e conciliação também se constituem em valiosos instrumentos destinados ao alcance da pacificação social almejada pelo direito, o que já partilhados por órgãos e entidades públicas, especialmente atinentes ao Poder Judiciário. Nessa esteira, o conteúdo externado no Manual de Mediação do Conselho Nacional de Justiça (CNJ), de 2016: um conflito revela "*um escopo muito mais amplo* do que simplesmente as questões juridicamente tuteladas" sobre as quais as partes estão discutindo em juízo. "Distingue-se, portanto, *aquilo que é trazido* pelas partes ao conhecimento do Poder Judiciário *daquilo que efetivamente é interesse* das partes." Desse entendimento surgem os conceitos de *lide processual*, que se resume na descrição do conflito nos termos postos na petição inicial e na contestação apresentadas em Juízo, e *lide sociológica*, cujos contornos se definem por todos os elementos inerentes ao conflito, que abrangem aspectos transpessoais e transgeracionais. "Somente a resolução integral do conflito (lide sociológica) conduz à *pacificação social;* não basta resolver a lide processual – (...) – *se os verdadeiros interesses que motivaram as partes a litigar não forem identificados e resolvidos*".(41)

Neste tocante atua a aplicação das leis sistêmicas, por meio das constelações familiares, tendo em vista que as lealdades invisíveis, os segredos de família e as palavras não ditas geram emaranhamentos e padrões de repetição que se manifestam de maneira inconsciente.

CONCLUSÃO

O Direito, como ciência viva, encontra-se em constantes mudanças, sempre buscando adaptar-se à realidade social por ele regida juridicamente. Nesse contexto,

(38) HELLINGER, Bert. Ordens da ajuda. 3. ed. Goiânia: Atman, 2013. Cf. MELLO, Shirlei Silmara de Freitas. *Ordens da Ajuda*: Resenha. 2015. 6 f. TCC (Curso livre) – Curso de Formação em Constelação Familiar, Espaço do Ser Terapias, Uberlândia, 2015. p. 6.

(39) BRASIL. CONSELHO NACIONAL DE JUSTIÇA. Azevedo, André Gomma de. (org.). *Manual de Mediação Judicial*. 6. ed. Brasília: CNJ, 2016. Disponível em: <http://www.cnj.jus.br/files/conteudo/ arquivo/2016/07/f247f5ce60df2774c59d6e2dddbfec54.pdf>. Acesso em: 19 set. 2016. p. 162.

(40) Ver também GOMES AMARAL, Marcia Terezinha. O direito de acesso à justiça e a mediação. Rio de Janeiro: Lúmen Juris, 2009. CALMON, Petrônio. *Fundamentos da mediação e da conciliação*. Rio de Janeiro: Forense, 2007.

(41) BRASIL. CONSELHO NACIONAL DE JUSTIÇA. Azevedo, André Gomma de. (org.). *Manual de Mediação Judicial*. 6. ed. Brasília: CNJ, 2016. Disponível em: <http://www.cnj.jus.br/files/conteudo/arquivo/2016/07/f247f5ce60df2774c59d6e2dddbfec54.pdf>. Acesso em: 19 set. 2016. p. 148.

à semelhança do próprio homem, o Direito não se contenta com a unicidade de solução para determinado problema, elegendo mais de um caminho na solução dos conflitos nascidos no seio social, especialmente os de natureza trabalhista, objeto do presente estudo.

Na busca de se alcançar a pacificação de conflitos, a mediação constitui-se em valioso mecanismo para se alcançar a verdadeira justiça, especialmente em litígios trabalhistas desenvolvidos em juízo. Isso porque uma justiça considerada eficaz não deve gerar em nenhuma das partes envolvidas no processo um sentimento de insatisfação, de perda, ainda que uma delas possa se dizer, ao fim do feito, "vencedora". Na maioria dos casos judicializados, notadamente nas demandas de maior duração, as expectativas, frustrações, desgastes, custos e tempo empreendido pelas partes nelas envolvidas, acabam originando nos sujeitos litigantes um sentimento de subvalorização e, até mesmo, de depreciação da via eleita como instrumento de solução do conflito instalado. Por mais que uma das partes tenha reconhecida judicialmente sua razão preponderando sobre os motivos da outra, ambas perdem muito ao longo do processo, especialmente vínculos.

A mediação, nos moldes jurídicos tradicionais, já representava um avanço do Direito no alcance de uma solução mais justa entre as partes envolvidas no processo, haja vista a possibilidade de as partes participarem com significativa notoriedade da decisão regente e solucionadora do conflito. Entretanto, após o advento das Leis Sistêmicas e da consequente influência destas na esfera jurídica, nascendo, a partir de então, o Direito Sistêmico; a mediação subsidiada por este último representou progresso ímpar na seara jurídica, principalmente pelo sentimento de satisfação, pacificação e efetiva solução gerado nos indivíduos participantes do processo judicial, *in casu*, trabalhista.

Mesmo que recente, o Direito Sistêmico, quando aplicado aos litígios judiciais, em nosso estudo com enfoque naqueles de natureza trabalhista, potencializa exponencialmente a qualidade e quantidade de soluções dadas aos casos judicializados, pois se dirige às dificuldades manifestadas pelos indivíduos considerados como partes integrantes (pertencentes) de vários sistemas, de maneira que um benefício trazido a um indivíduo representa, necessariamente, benefício a todo ou mais sistemas, bem como a outro número incontável de indivíduos. De mesmo modo, um processo judicial, trabalhista ou não, que não oferta uma solução satisfatória àquelas partes nele envolvidas, também representa a propagação de situações mal resolvidas a outros sistemas e, consequentemente, a outros indivíduos vinculados aos primeiros.

A Lei Federal n. 13.467/2017, ao criar o § 3º no art. 8º da Consolidação das Leis do Trabalho (CLT), trouxe nova possibilidade de conflito de direitos entre trabalhadores e empregadores. A mediação, nos moldes tradicionais, possivelmente não seria capaz de equilibrar as relações conflituosas advindas dessa inovação legislativa, desafio concretamente possível para a mediação fundamentada no Direito Sistêmico, haja vista a maior amplitude desta última na qualidade e quantidade de conflitos por ela solucionados.

A par do apresentado, conclui-se que o Direito Sistêmico, fundamentado na aplicação das Leis Sistêmicas na busca de resolução de conflitos jurídicos, notadamente de natureza trabalhista, exsurge como relevante instrumento de pacificação social por meio da consensualização; auxiliando, destarte, a ciência do Direito a alcançar o seu mais importante fim individual e social e considerando as causas geradoras de contendas, em vez de limitar-se a conter, de modo temporário, artificial e portanto ineficaz, os efeitos dolorosos dos conflitos.

REFERÊNCIAS BIBLIOGRÁFICAS

ARANTES, José Tadeu. *Ressonância mórfica: a teoria do centésimo macaco*. Disponível em: <http://galileu.globo.com/edic/91/conhecimento1.htm> e <http://www.esalq.usp.br/lepse/imgs/conteudo_thumb/Resson-ncia-m-rfica.pdf>. Acesso em: 13 mar. 2017.

ARNOLD, Gustav (http://www.phlu.ch/gustav-arnold). *We may have no choice in having the events and traumas experienced by our ancestors visited up on us in our own lifetime*: Eva Hoffman's "Lost in Translation". Disponível em: <http://www.inter-disciplinary.net/wp-content/uploads/2009/04/arnold-paper.pdf>. Acesso em: 29 mar. 2017.

BASSOI, Vera. *Quem é Bert Hellinger*. 2011. Disponível em: <http://www.consteladoressistemicos.com/publicacoes/84-quem-e-bert-hellinger-vera-bassoi>. Acesso em: 20 set. 2016.

BOCALLANDRO, Efraim R.; BOCALANDRO, Irene C. *Constelação e campo morfogenético*. Disponível em: <http://www.consteladoressistemicos.com/index.php/publicacoes/64-constelacao-e-campo-morfogenetico-efraim-r-bocallandro-e-irene-cardotti-bocalandro?tmpl=component&print=1&page=>. Acesso em: 10 abr. 2015.

BRASIL. CONSELHO NACIONAL DE JUSTIÇA. AZEVEDO, André Gomma de. (org.). *Manual de Mediação Judicial*. 6. ed. Brasília: CNJ, 2016. Disponível em: <http://www.cnj.jus.br/files/conteudo/arquivo/2016/07/f247f5ce60df2774c59d6e2dddbfec54.pdf>. Acesso em: 19 set. 2016.

BRASIL. Tribunal Regional do Trabalho da 6ª Região, 3ª Turma. Recurso Ordinário, autos n. 0000193-07.2014.5.06.0010, Relatora Des. Ana Catarina Cisneiros Barbosa de Araújo, sessão de julgamento realizada em 07/12/2015. Disponível em: <https://trt-6.jusbrasil.com.br/jurisprudencia/418821135/

recurso-ordinario-ro-1930720145060010/inteiro-teor--418821144?ref=juris-tabs# >. Acesso em: 30 jul. 2017.

CALMON, Petrônio. *Fundamentos da mediação e da conciliação*. Rio de Janeiro: Forense, 2007.

CARVALHO, Simone. *A teoria dos campos mórficos explicando padrões familiares*. Disponível em: <http://physioquantum.com/emocoes-indigestas-e-as-doencas/>. Acesso em: 13 mar. 2017.

DELGADO, Mauricio Godinho. *Curso de Direito do Trabalho*. 7. ed. São Paulo: LTr, 2008.

FIORELLI, José Osmir. *Conciliação e mediação: a importância da visão sistêmica*. Disponível em: <http://genjuridico.com.br/2016/07/15/conciliacao-e-mediacao-a-importancia-da-visao-sistemica/>. Acesso em: 17 set. 2016.

FONTES, Fatima; GRIBEL, Regina. *Resgatando a vida entre os vivos*: quando os vínculos afetivo-reparadores propiciam uma experiência emocional transformadora. Disponível em: <http://febrap.org.br/pdf/RESGATANDO_VIDA_ENTREOSVIVO.pdf>. Acesso em: 29 mar. 2017.

GOMES, Isabel Cristina; ZANETTI, Sandra Aparecida S. *Transmissão psíquica transgeracional e construção de subjetividade*: relato de uma psicoterapia psicanalítica vincular. Disponível em: <http://www.scielo.br/scielo.php?script=sci_arttext&pid=S0103-65642009000100006>. Acesso em: 29 mar. 2017.

GOMES AMARAL, Marcia Terezinha. *O direito de acesso à justiça e a mediação*. Rio de Janeiro: Lúmen Juris, 2009.

GUEDES, Olinda. *Além do aparente: um livro sobre constelações familiares*. Curitiba: Appris, 2015.

_____. *O que traz quem levamos para a escola*? Pedagogia Sistêmica. Curitiba: Appris, 2012.

HELLINGER, Bert. *A paz começa na alma*. 2. ed. Belo Horizonte: Atman, 2016.

_____. *Histórias de Amor*. 2. ed. Goiânia: Atman, 2011.

_____. *Ordens da ajuda*. 3. ed. Goiânia: Atman, 2013.

HELLINGER, Bert; STORCH, Sami. 1º Treinamento Avançado em Constelações Familiares. DVDs n. 25 e 26. Promoção: Décio Fábio de Oliveira Jr. e Wilma Oliveira. Águas de Lindoia/SP, de 10 a 17.8.2008. Disponível em: <https://www.facebook.com/groups/direitosistemico/442948192748296/?comment_id=442954302747685&notif_t=group_comment_mention&notif_id=1499196489169822>. Acesso em: 05 jul. 2017.

JODOROWSKI, Alejandro. *Aprender psicogenealogía*. Chile, 2015. 132 slides, color. Disponível em: <https://pt.slideshare.net/marenperez/alejandro-jodorowsky-psicogenealogia>. Acesso em: 30 mar. 2017.

MACHADO JR., César P. S. *Direito do Trabalho*. São Paulo: LTr, 1999.

MARTINS, Sérgio Pinto. *Direito Processual do Trabalho*. São Paulo: Atlas, 2004.

MELLO, Shirlei Silmara de Freitas. *Ordens da Ajuda*: Resenha. 2015. 6 f. TCC (Curso livre) – Curso de Formação em Constelação Familiar, Espaço do Ser Terapias, Uberlândia, 2015.

MENDES, Ana Tarna dos Santos; LIMA, Gabriela Nascimento. *Família, como base da sociedade, seria o nosso sistema mais importante? O que seria Sistema Familiar através do olhar sistêmico?* 2017. Disponível em: <http://emporiododireito.com.br/familia-como-base-da-sociedade-seria-o-nosso-sistema-mais--importante/>. Acesso em: 31 mar. 2017.

OLIVEIRA JÚNIOR, Décio Fabio. *Dar e receber (compensação)*. Vídeo disponível em: <https://www.youtube.com/watch?v=YGm_tpjRWpg&t=19s>.

PINTO, José Augusto Rodriguez. *Curso de Direito Individual do Trabalho*. 2. ed. São Paulo: LTr, 1995.

ROCHA, Tania. *Quem é Anne Ancelin Schützenberger*. 2016. Disponível em: <http://www.constelarflorianopolis.com/quem--e-anne-ancelin-schutzenberger/>. Acesso em: 30 mar. 2017.

ROSA, Amilton Plácido da. *Direito sistêmico e constelação familiar*. Disponível em: <http://www.cartaforense.com.br/conteudo/entrevistas/direito-sistemico-e-constelacao-familiar/16914>. Acesso em: 17 set. 2016.

SCARABELIM, Larissa C. M. da Silva; Hamilton Luiz. *Direito do Trabalho*. Campinas: Copola Livros, 2001.

SCHNEIDER, Jakob Robert. *A prática das constelações familiares*. Patos de Minas: Atman, 2007.

SCHUBERT, René. *Constelação sistêmica familiar e organizacional*: breve introdução. 2011. Disponível em: <https://psicologado.com/atuacao/psicologia-clinica/constelacao-sistemica-familiar-e-organizacional-breve-introducao>. Acesso em: 17 set. 2016.

SCHÜTZENBERGER, Anne Ancelin. *The Ancestor Syndrome*: Transgenerational Psychotherapy and the Hidden Links in the Family Tree. Trans. Anne Trager. London, New York: Routledge, 1998.

SHELDRAKE, Rupert. *Ressonância mórfica e campos mórficos: considerações introdutórias*. 2015. Disponível em: <http://www.sheldrake.org/research/morphic-resonance/introduction>. Acesso em: 17 abr. 2015.

SILVA, Wanda Lucia Ramos da. O Trabalho do Juiz sob a Perspectiva Sistêmica. *Revista Eletrônica TRT18*. Goiânia, ano 15, 2015b. p. 12-31. Disponível em: <http://www.trt18.jus.br/portal/arquivos/2012/03/revista2015-digital-1.pdf>. Acesso em: 20 set. 16.

STORCH, Sami. Direito Sistêmico: primeiras experiências com constelações no Judiciário. *Revista Conexão Sistêmica n. 4*: **Filosofia, Pensamento e Prática das Constelações Sistêmicas**. São Paulo: Conexão Sistêmica, 2015.

_____. *O que é o Direito Sistêmico?* 2010. Disponível em: <https://direitosistemico.wordpress.com/2010/11/29/o-que-e-direito-sistemico/>. Acesso em: 31 mar. 2017.

VASCONCELOS, Carlos Eduardo de. *Mediação de conflitos e práticas restaurativas*. 5. ed. Rio de Janeiro: GEN, 2017.

A Nova – e de Difícil Aplicação – Sanção Imposta à Testemunha pela Lei n. 13.467/2017 – Reforma Trabalhista

Tânia Mara Guimarães Pena

Doutora em Direito das Relações Sociais pela Pontifícia Universidade Católica de São Paulo (PUC/SP); Juíza do Trabalho em Minas Gerais desde out./2008; professora convidada em cursos de pós-graduação da PUC/MG e Unipam.

CONSIDERAÇÕES INICIAIS

A Lei n. 13.467 de 13 de julho de 2017 (conhecida como *Reforma Trabalhista*), introduziu e alterou vários artigos na Consolidação das Leis do Trabalho. Na seção que trata da responsabilidade por dano processual (seção IV A), estabelece no art. 793-D:

> Art. 793-D. Aplica-se a multa prevista no art. 793-C desta Consolidação à testemunha que intencionalmente alterar a verdade dos fatos ou omitir fatos essenciais ao julgamento da causa.
>
> Parágrafo único. A execução da multa prevista neste artigo dar-se-á nos mesmos autos.

Pela primeira vez, de forma expressa, o legislador infraconstitucional celetista estabeleceu a possibilidade de aplicação de multa à testemunha "que intencionalmente alterar a verdade dos fatos ou omitir fatos essenciais ao julgamento da causa." Referida lei, com *vacatio legis* de 120 dias, foi publicada em 14 de julho de 2017.

Atualmente, existe apenas a sanção penal para as testemunhas que cometem falso testemunho. Tal sanção, como se verifica no dia a dia das salas de audiência, não tem se mostrado eficiente para evitar depoimentos cada vez mais distanciados da realidade. Vivemos tempos de falta de princípios e crença na inimputabilidade. Olvidam, aqueles que comparecem em juízo e se afastam da verdade, que em casos tais a vítima não é apenas aquele diretamente prejudicado com a conduta, mas toda a sociedade, que intensamente reclama da falta de ética nas relações diárias, mas geralmente omite-se em adotar posições firmes e severas em face de quem se afasta das regras necessárias à construção de um mundo digno.

Em boa hora veio a norma contida no art. 793-D da CLT, porque é sabido que a possibilidade de arcar com pagamento em dinheiro costuma ser mais eficiente do que a de ser sancionado penalmente. Daí o adágio de todos conhecido de que *a parte mais sensível do corpo é o bolso*.

O art. 793-D da CLT, quando em vigor, conviverá de forma harmônica, mas destacada do art. 342 do Código Penal, que preconiza ser crime de falso testemunho "fazer afirmação falsa, ou negar ou calar a verdade como testemunha, perito, contador, tradutor ou intérprete em processo judicial, ou administrativo, inquérito policial, ou em juízo arbitral". A norma penal exige, para a caracterização do tipo penal, a qualidade de testemunha (*fazer afirmação falsa, ou negar ou calar a verdade como testemunha*), ou seja, que a pessoa tenha capacidade para depor[1], o que implica dizer que a sanção penal não

(1) Destaque-se aqui que o compromisso legal não integra o tipo penal do falso testemunho. Neste sentido, decisão do STF, citada por GUNTHER, Luiz Eduardo, no artigo *O falso testemunho e a Justiça do Trabalho: aspectos controvertidos e relevantes* que integra a obra coletiva Direito Penal do Trabalho: reflexões atuais, coordenada por Eduardo Milléo Baracat. Belo Horizonte: Fórum, 2010. p. 272.

alcança os informantes. Por outro lado, nada obstante o legislador trabalhista também tenha utilizado a nomenclatura *testemunha*, interpretação teleológica e sistemática permite concluir que todos os depoentes podem ser sancionados com multa, sejam eles testemunhas ou informantes. A localização topográfica do dispositivo na CLT (na seção que trata da responsabilidade por dano processual, logo após o artigo que estabelece multa para o litigante de má-fé(2)), indica que a intenção do legislador foi sancionar aquele que comparece em juízo e falta com a verdade, quando presta depoimento, repita-se, seja na qualidade de testemunha ou informante. Tal interpretação se mostra em consonância, também, com a previsão contida no art. 5º do CPC, no sentido de que "aquele que de qualquer forma participa do processo deve comportar-se de acordo com a boa-fé".

Mesmo antes da vigência do art. 793-D da CLT, alguns juízes, notadamente em primeira instância, já aplicam multa à testemunha, mas a decisão, em regra, não encontra respaldo nos Tribunais, ao principal fundamento de inexistência de norma legal que autorize a sanção. Decorrida a *vacatio legis*, esse fundamento não poderá mais ser utilizado, razão porque assume relevo a necessidade de estudos mais detalhados sobre depoimentos testemunhais, já que caberá ao juiz, no caso concreto, aferir se o depoente atuou de forma a atrair a sanção prevista no art. 793-D da CLT. E tal análise – que escapa ao campo meramente jurídico – não se mostrará fácil para os magistrados, acostumados a análises técnico-jurídicas, mas em regra não afeiçoados aos intricados aspectos psicológicos e da neurociência, necessários para melhor desvendar os meandros da memória humana. E tão mais árduo será para os juízes que atuam na esfera trabalhista, na qual a prova testemunhal é largamente utilizada, muitas vezes como elemento único e/ou decisivo para a formação de sua convicção.

Espera-se que esse novo dispositivo da CLT, juntamente com a previsão já contida no Código Penal(3), contribua para que testemunhas prestem depoimentos mais compromissados com a verdade. Contudo, indaga-se: o que é verdade? Como identificá-la? Como apurar no caso concreto se a testemunha fala a verdade? É possível saber se a alteração da verdade foi intencional? Em que medida o próprio juiz pode contaminar a prova testemunhal quando da sua coleta? Como funciona a memória humana? Por certo que os contornos estreitos deste artigo não permitem respostas para todos esses questionamentos. Pretende-se apenas chamar a atenção do leitor para o assunto, o que permitirá reflexão mais acurada e certamente melhores e mais completos estudos sobre o tema, de forma a auxiliar os atores sociais que atuam todos os dias na coleta da prova testemunhal.

1. A TESTEMUNHA COMO MEIO DE PROVA CONFORME A LEI N. 13.467/2007

Há notícias de que o surgimento da prova testemunhal ocorreu nos tempos remotos da proto-história (período da pré-história anterior à escrita), como forma de dar implemento e eficácia às primeiras relações jurídicas, no momento em que o homem deixava de fazer justiça por si próprio, subordinando-se ao imperativo de uma normalística geral(4).

Durante muitos séculos, em um mundo que ainda não contava com a escrita, a fala era o principal meio para transmissão de conhecimento e experiências. Dizia-se entre os hindus que "a palavra é santa, é a nossa própria alma, leva em si o nosso alento, nossa própria vida [...] tudo é obra da palavra – com palavras há de provar-se. A palavra é o próprio Deus falando por nosso intermédio"(5).

No Código de Hamurabi a verdade não era objeto de investigação; ela era *revelada*. Eram os juízos de Deus (ordálias).

No período do Império Romano a prova testemunhal ganhou impulso, mas com várias *recomendações*

"A formalidade do compromisso não mais integra o tipo do crime de falso testemunho, diversamente do que ocorria no primeiro Código Penal da República, Dec. 847, de 11.10.1890" (STF – HC – 69358-0-RS – 2a T., j. 23.03.1993 – Rel. Min. Paulo Brossard – DJU 09.12.2014, p. 34.082).

(2) Art. 793-C. De ofício ou a requerimento, o juízo condenará o litigante de má-fé a pagar multa, que deverá ser superior a 1% (um por cento) e inferior a 10% (dez por cento) do valor corrigido da causa, a indenizar a parte contrária pelos prejuízos que esta sofreu e a arcar com os honorários advocatícios e com todas as despesas que efetuou.

(3) Art. 342. Fazer afirmação falsa, ou negar ou calar a verdade como testemunha, perito, contador, tradutor ou intérprete em processo judicial, ou administrativo, inquérito policial, ou em juízo arbitral:

Pena – reclusão, de 2 (dois) a 4 (quatro) anos, e multa.

§ 1º As penas aumentam-se de um sexto a um terço, se o crime é praticado mediante suborno ou se cometido com o fim de obter prova destinada a produzir efeito em processo penal, ou em processo civil em que for parte entidade da administração pública direta ou indireta.

§ 2º O fato deixa de ser punível se, antes da sentença no processo em que ocorreu o ilícito, o agente se retrata ou declara a verdade.

(4) ALTAVILA, Jayme de. *A testemunha na História e no Direito*. 1. ed. São Paulo: Melhoramentos, 1967. p. 13.

(5) SANTOS, Moacir Amaral. *Tratado da prova judiciária no cível e no comercial*. São Paulo: Max Limonad, 1952. p. 43, t. III.

do legislador ao juiz, como, por exemplo, para que não fossem aceitas testemunhas *infames*, como prostitutas. Mas, com os bárbaros, as *ordálias* foram novamente prestigiadas, conforme exemplos a seguir, citados por Amaral Santos (1952, p. 25 e ss)[(6)].

Em casos de homicídio, a pessoa acusada tocava o umbigo ou as feridas do morto. Caso este sangrasse, esbravejasse ou espumasse, o juiz o condenava (hoje se sabe que em determinados estágios da decomposição o cadáver produz gases, cujos sons possivelmente eram interpretados como *esbravejamento*). Na prova das serpentes, quem morresse picado era o culpado – e no caso já estaria punido. Em outras ocasiões, pedia-se aos litigantes que abrissem os braços diante da cruz, enquanto era rezado o Evangelho, perdendo a causa quem os deixasse cair. Havia provas em que era preciso tomar bebidas amargas, sem fazer caretas; passar entre espinheiros em chamas, com roupa embebida em cera; retirar objetos da água fervente sem queimar as mãos ou mergulhar as mãos em água fria, sem se queimar.

Uma das mais curiosas situações colhidas das ordálias, referida por Foucault (1999, p. 60-62)[(7)], é a que se amarra a mão direita ao pé esquerdo do acusado, jogando-o ao rio. Caso se salvasse, era sinal de que nem mesmo o rio o queria, o que comprovaria sua culpa.

Com o passar do tempo o Direito Romano foi novamente assumindo sua importância, ainda que convivendo com o Canônico e as ordálias. Em que pesem as inúmeras diferenças em cada período da humanidade e suas também diversas legislações, a testemunha sempre teve o mesmo papel, qual seja depor sobre fatos de seu conhecimento. No Brasil, especificamente no processo do trabalho, o depoimento testemunhal é aceito para a prova de todos os fatos que não demandem prova técnica. Assume especial relevo nesta seara porque grande parte dos contratos de trabalho no Brasil ainda não é formalizada e, por isso, quando questionados em juízo, demandam prova exclusivamente oral.

Não é novidade a imprescindibilidade da coleta da prova testemunhal na grande maioria dos processos que tramita na Justiça do Trabalho. A diferença é que, antes da Lei n. 13.467/2017, havendo indícios da prática de falso testemunho, cabia ao juiz, em cumprimento ao art. 40 do CPP, oficiar ao Ministério Público Federal para apuração de eventual prática do crime tipificado no art. 342 do CP. Doravante, quando em vigor a *Reforma Trabalhista*, caberá ao juiz, além de expedir o ofício, analisar se no caso em julgamento a testemunha intencionalmente alterou a verdade dos fatos ou se omitiu sobre fatos essenciais ao julgamento e aplicar a multa prevista no art. 793-D da CLT. Necessário, então, que haja maior compreensão de todo o processo que vai, desde a apreensão do fato pela testemunha, sua fixação e até a reprodução, de molde que possa, tanto quanto possível, sancionar ou deixar de fazê-lo de forma justa e acertada.

2. APREENSÃO, FIXAÇÃO E REPRODUÇÃO DOS FATOS PELA TESTEMUNHA

É possível aferir se a testemunha está falando a verdade ou se omitindo em Juízo?

O processo que aprendemos nas faculdades não é aquele com que todos os dias nos deparamos. Pelo menos não inteiramente. É "vivo", complicado, permeado por questões não regulamentadas formalmente, mas não podem ser desconsideradas pelos operadores do direito. Várias delas atingem as testemunhas e contribuem – chegando a ser decisivas – para seu depoimento em juízo.

Conforme se verá ao longo deste artigo, uma testemunha jamais é um receptor passivo, porque a observação, apreensão e fixação dos fatos, assim como a sua reprodução, são influenciadas por seus valores, preconceitos, meio em que vive, emoções, experiências vividas – dentre vários outros fatores. Além disso, conforme sustenta Ostrower (2000)[(8)], o "ser humano é, por natureza, um ser criativo. No ato de perceber, ele tenta interpretar e, nesse interpretar, já começa a criar. Não existe um momento de compreensão que não seja, ao mesmo tempo, de criação.".

Viana (2008, p. 123-156)[(9)] afirma que "os fatos que uma pessoa percebe, fixa e reproduz é o conjunto de dados que ela própria elegeu, dentre muitos outros possíveis. De certo modo, ela reconstrói parte da história. Assim, até a realidade dos fenômenos físicos, quando transposta para o processo, torna-se uma verdade relativa." E continua o autor:

(6) *Ibid.*, p. 25 e ss, t. I.

(7) FOUCAULT, Michel. *A verdade e as formas jurídicas*. Rio de Janeiro: Nau/PUC Rio, 1999. p. 60-62.

(8) OSTROWER, Fayga. A construção do olhar. In: NOVAES, Adauto (org.). *O olhar*. São Paulo: Cia das Letras, 2000.

(9) VIANA, Márcio Túlio. Aspectos curiosos da prova testemunhal: sobre verdades, mentiras e enganos. *Rev. Trib. Reg. Trab. 3ª Reg.* Belo Horizonte, v. 48, n. 78, p. 123-156, jul./dez. 2008.

Ensina NEUBURGER:

> A doutrina [...] gira em torno [...] do dilema: se o falso consiste na divergência entre o que a testemunha declara e o que recorda (falso subjetivo) ou na divergência entre o que declara e o que constitui o verdadeiro estado das coisas (falso objetivo), como se em algum lugar estivesse depositado e pudesse ser consultado o "verdadeiro estado das coisas". E que a testemunha seja obrigada [...] a responder segundo a verdade não serve para resolver o dilema: quando acreditamos nela [...] estamos sempre diante de sua verdade e é a sua verdade que se torna uma verdade processual, a menos que, por acaso, outras diversas verdades, por algum aspecto mais "verdadeiras", não nos obriguem a rever as coisas [...]. Verdadeiro e falso não são duas categorias distintas, duas regiões diferentes e reconhecíveis da experiência humana: como certos metais, são difíceis de serem encontradas em estado puro.

A testemunha sofre influências em nível consciente e também inconsciente, o que pode resultar no esquecimento de certos detalhes e destaque/ênfase de outros. Além disso, há que se considerar, na valoração da prova, as *falsas memórias*, um fenômeno cujo efeito é fazer com que a pessoa se lembre de eventos que, na realidade, não ocorreram. As falsas memórias podem ser geradas de forma espontânea ou autossugeridas (estas, quando as pessoas passam a recordar fatos sugeridos/implantados como se tivessem realmente vivido)[(10)].

Na percepção dos fatos pelas testemunhas há variáveis objetivas (distância, claridade, etc.) e subjetivas (cultura, preconceitos, etc.) que influem nas informações registradas. Tomem-se os seguintes exemplos[(11)]: é fácil localizar se um som vem da direita ou da esquerda, mas não se vem de frente ou de trás; depois do pôr do sol e não existindo muita luz, é impossível perceber o vermelho; privilegiamos as linhas verticais em detrimento das horizontais; enxergamos como sendo menor um espaço vazio do que um espaço cheio; distâncias de até dez centímetros nos parecem maiores e as de dez a 100 centímetros, menores; sentimos os objetos mais próximos se moverem mais velozmente; um veículo barulhento nos parece mais rápido, dentre outras.

Nosso grau de atenção/observação para os fatos é aguçado de acordo com a relação que eles tenham com a nossa profissão/qualificação – o que também influencia, sobremaneira, na percepção e mesmo no momento da sua reprodução em juízo. Tome-se como exemplo a seguinte situação: uma decoradora e um *chef* de cozinha almoçam juntos em um restaurante. Muito provavelmente a decoradora atentará para a arrumação das mesas, a disposição dos móveis, o tipo de material utilizado nas paredes, etc. O *chef*, por seu turno, presume-se, estará mais atento aos ingredientes que compõem o prato, a combinação entre o prato servido e a bebida, ao aroma, ao frescor da comida, etc. A apreensão dos fatos, portanto, se mostrará diferente. Se chamados a reproduzir eventual fato ocorrido no restaurante, o relato será variável de acordo com o conteúdo apreendido – e não necessariamente algum estará mentindo ou omitindo.

Não se pode perder de vista, ainda, o poder da sugestão, que atua tanto sobre a percepção, quanto sobre a fixação e sua reprodução. Sugestão advinda de experiências anteriores (próprias ou não), da mídia, de conhecimentos prévios, das perguntas feitas pelos advogados e/ou juiz, dentre outros.

Sentimentos também são fatores a serem considerados na percepção dos fatos. Nos processos submetidos à Justiça do Trabalho, é comum que venham a juízo testemunhas que já foram dispensadas pela reclamada (como convidadas do autor), e outras que ainda estão laborando (apresentadas pela reclamada). Os fatos a serem relatados são aqueles que ocorreram ao tempo em que a testemunha, já dispensada, ainda trabalhava, o que faz com se identifique com a parte autora – como regra. Também o inverso ocorre, acontecendo de a testemunha apresentada pela ré depor em juízo com medo de perder o emprego. Não se afirma aqui que tais testemunhas necessariamente mentirão em juízo; apenas que na apreensão (e também na reprodução dos fatos), referidos sentimentos – de forma consciente ou não – podem influir de maneira, muitas vezes, decisiva.

Uma vez apreendidos os fatos, é necessário ter em mente que, com o passar do tempo, a lembrança se esvai. Comenta VIANA (2008, p. 142-143)[(12)]:

(10) Para quem desejar se aprofundar sobre o assunto: LOFTUS, Elisabeth F. Entrevista. *Psychology Today* (1996) *apud* STEIN, Lilian M. *et al*. Falsas memórias – fundamentos científicos e suas aplicações clínicas e jurídicas. Porto Alegre: ARTMED, 2010.

(11) Mencionados por VIANA, Márcio Túlio. Aspectos curiosos da prova testemunhal: sobre verdades, mentiras e enganos. *Rev. Trib. Reg. Trab. 3ª Reg.* Belo Horizonte, v. 48, n. 78, p. 123-156, jul./dez. 2008.

(12) VIANA, Márcio Túlio. Aspectos curiosos da prova testemunhal: sobre verdades, mentiras e enganos. *Rev. Trib. Reg. Trab. 3ª Reg.* Belo Horizonte, v. 48, n. 78, p. 123-156, jul./dez. 2008.

Experiências de STERN mostram uma perda de 0,33% a cada dia; as de BORST, 0,27%. Regra geral, passadas duas horas, a recordação de um fato se torna apenas aproximativa.

Mas se o único problema fosse a perda de dados – comenta um autor – os depoimentos seriam apenas mais curtos. E não é isso o que acontece. Na verdade, os claros de memória, somados aos vazios de percepção, são preenchidos pelo inconsciente – que acrescenta, suprime, funde ou modifica. Na medida em que o tempo passa, a cena se associa a outras: "a cada nova chamada, a imaginação se enriquece". Tal como o juiz, a testemunha (re)interpreta os fatos, e nesse processo também os (re)cria.

Depois de uma semana, a margem de erros sobe para cerca de 50%. E não só por ação do tempo, em si, mas pelas sucessivas influências recebidas – como, por exemplo, comentários da imprensa ou de amigos. A percepção se contamina. Em outras palavras, a memória não fica depositada no cérebro, como uma pasta no arquivo. Ela se mexe. Como ensina MIRA Y LÓPEZ, "A atividade intelectual, sob a pressão de tendências, desejos e exigências da vida, não cessa de exercitar-se, com frequência inconscientemente, sobre as recordações, de sorte que estas acabam por não ser o que eram em sua origem e se transformam em verdadeiras reconstruções do passado".

Imagine-se uma situação em que o autor ajuíze a ação um ano após o rompimento do contrato e sua audiência seja marcada para um prazo de 30 dias. Em Varas que adotam o fracionamento da audiência, somente na segunda audiência (se não houver adiamento por alguma razão) será colhida a prova testemunhal. Em muitas comarcas o intervalo entre as audiências tem sido de dois anos ou mais, o que significa que, quando o depoimento for colhido, já terão decorrido três anos dos fatos. Além do efeito do tempo para o esquecimento, o longo intervalo entre os fatos e as declarações das testemunhas é diretamente proporcional à possibilidade de influências externas na memória do depoente.

Na reprodução, várias situações podem ocorrer, como as testemunhas não entenderem a linguagem do juiz ou terem a sua resposta afetada pela forma do magistrado perguntar; sugestionar-se por causa das palavras utilizadas; ter o relato comprometido pela identificação natural com a parte que lhe trouxe em juízo.

Ao iniciar o depoimento o juízo colhe da testemunha o compromisso legal de dizer a verdade. Segundo demonstra a experiência, tal compromisso não é fator que inibe a pessoa de mentir em juízo. O nosso atual sistema enfatiza a sanção ("pode ser preso até 03 anos") e não o compromisso em si, de dizer a verdade. A ênfase no compromisso talvez surtisse melhores resultados quando da reprodução dos fatos pela testemunha em juízo, notadamente entre nós, tão desacreditados de sanções penais. Verifica-se no dia a dia que muitas testemunhas se mostram mais preocupadas com o risco de perderem o emprego (caso o seu depoimento não corresponda ao que dela o patrão espera), de ter a amizade comprometida (com o ex-colega de trabalho) ou em satisfazerem o desejo de se *vingarem* de situação injusta que entendam ter vivenciado ao tempo em que foram empregados – do que na prestação de serviço público e compromisso com a verdade.

Também na fase de reprodução, destaca Viana (2008, p. 151), circunstância que não se pode considerar no processo do trabalho, é de que:

> [...] a desigualdade real entre as partes, que marca a relação de emprego, não se limita ao plano do direito vivido: sobe as escadas do fórum, penetra na sala de audiências e interfere na produção da prova. Como certa vez fiz notar num texto muito singelo.
>
> [...] Por mais que o juiz, às vezes pareça simpático à causa do trabalhador, quem se identifica com ele é o empregador: ambos falam a mesma língua, vestem-se de forma semelhante, têm a chave para decodificar os símbolos. Palavras, roupas e posturas lembram ao empregado, a cada momento, um ambiente parecido com os teatros da cidade, a sala do antigo chefe, as lojas dos shopping centers, os hotéis com piscina aquecida – lugares de um outro mundo, cheio de mistérios e ameaças e que não foi feito para o seus pés[13].

Também as testemunhas podem ter a mesma sensação descrita acima e se sentirem tentadas a compensá-la quando do depoimento.

Esse breve relato demonstra quão difícil é perscrutar nos depoimentos testemunhais, *comprometidos* em uma ou mais fases (apreensão, registro/fixação, reprodução), qual ou quais testemunhas dizem a verdade em juízo (ou não se a omitem de forma eloquente).

(13) VIANA, Márcio Túlio. Aspectos curiosos da prova testemunhal: sobre verdades, mentiras e enganos. *Rev. Trib. Reg. Trab. 3ª Reg.* Belo Horizonte, v. 48, n. 78, p. 123-156, jul./dez. 2008.

3. O JUIZ NA COLETA DA PROVA TESTEMUNHAL

Já dissemos que também o juiz, na coleta da prova testemunhal, pode influir na conduta da testemunha. Dada à relevância da questão, ao assunto dedico mais algumas linhas.

Um bom observador na sala de audiência facilmente perceberá que:

> O juiz também "julga" a testemunha, tal como "julga" (critica) a própria lei, para em seguida decidir como aplicá-la. E também a testemunha, por sua vez, vai "julgando" o juiz: controla os seus olhares, anota os seus movimentos, tenta intuir o que ele pensa, avalia o seu risco. E então, como um eco, a atitude do juiz se reflete na testemunha; e ela modula a sua voz, altera a sua postura ou refaz a sua versão, a partir das reações que vai provocando – ou imagina estar provocando. Sabendo disso, o juiz deve aprender a exercitar um certo controle sobre si mesmo. Precisa "calibrar" as suas expressões(14).

Deve o magistrado, sempre, tentar não se conduzir pelas primeiras impressões sobre as testemunhas; compatibilizar a necessidade de instruir as várias audiências que acontecem todos os dias, com o cuidado exigido na coleta da prova – o que demanda tempo; utilizar linguagem compreensível à testemunha, que não permita mais de uma interpretação (exemplo: se pergunta sobre o horário de trabalho do reclamante, algumas testemunhas podem interpretar como horário contratual e outras como horário efetivamente laborado); evitar sugestionar a resposta ao realizar a inquirição; analisar de forma criteriosa as reações (a testemunha está suando porque está inibida ou porque está mentindo?). São apenas alguns exemplos ilustrativos sobre a enorme cautela que deve ter o magistrado.

Observa Prado (citando Jerome Frank)(15) que:

> [...] os fatos nunca são observados diretamente pelo juiz, que tem deles um conhecimento indireto, através dos depoimentos das testemunhas, da análise dos documentos, das opiniões dos peritos, etc. [...] o juiz, ao analisar um depoimento, deixa-se influir, inconscientemente, por fatores emocionais de simpatia, de antipatia, que se projetam sobre as testemunhas, os advogados e as partes. As experiências anteriores do julgador também podem acarretar reações inconscientes favoráveis ou desfavoráveis a respeito de mulheres ruivas ou morenas, de homens com barba, de italianos, ingleses, padres, médicos, de filiados a determinado partido político, por exemplo [...]

Colher os depoimentos da forma mais isenta possível é papel a que se deve dedicar o juiz dia após dia. Cuidar para que a testemunha não faça a leitura (pelas expressões faciais ou pelas perguntas a ela dirigidas) do juiz, "adaptando" sua fala ao longo do depoimento, demanda treino e conhecimentos que ultrapassam o campo jurídico para penetrar nas áreas de psicologia, neurociência e neurolinguística – dentre outras. Por certo que não é possível exigir-se do magistrado *expertise* nessas áreas, mas é desejável que tenha um mínimo de conhecimento, que lhe permita eficiência e isenção quando da tomada dos depoimentos(16) e convicção suficiente para aplicação da sanção em estudo, de forma correta e justa.

CONCLUSÃO

O legislador celetista estabeleceu no art. 793-D a possibilidade de aplicar multa às testemunhas que intencionalmente faltarem com a verdade ou ocultarem fatos essenciais ao julgamento da ação. Juntamente com a disposição contida no art. 342 do CP, que atribui ao Ministério Público a responsabilidade pela apuração de eventual prática de crime de falso testemunho, espera-se que a mudança no texto celetista resulte em um novo tempo, de maior responsabilidade ética das testemunhas nos depoimentos judiciais. Contudo, para que a mudança tenha a eficácia desejada, sancionando as testemunhas que consciente e deliberadamente pratiquem a conduta e omissão descritas, é necessário que os magistrados se qualifiquem em técnicas de interrogatório, calcadas em conhecimentos científicos sobre o funcionamento da memória. Dessa forma poderão obter depoimentos ricos em detalhes e com maior precisão, que permitam, além

(14) VIANA, Márcio Túlio. Aspectos curiosos da prova testemunhal: sobre verdades, mentiras e enganos. *Rev. Trib. Reg. Trab. 3ª Reg.* Belo Horizonte, v. 48, n. 78, p. 123-156, jul./dez. 2008.

(15) PRADO, Lídia Reis de Almeida. *O juiz e a emoção*: aspectos da lógica da decisão judicial. 2. ed. Campinas: Millennium, 2003. p. 19.

(16) A entrevista cognitiva, desenvolvida por Edward Geiselman e Ronald Fischer, baseada em conhecimentos da Psicologia Social e da Psicologia Cognitiva é composta de cinco etapas (construção do *rapport*, a recriação do contexto original, a narrativa livre, o questionamento e o fechamento), talvez seja uma técnica que permita maior probalidade de verossimilhança em relação à realidade dos fatos. O problema é que as pautas, sobrecarregadas, mostram-se como empecilhos para o custo temporal e complexidade do procedimento.

de melhor prestação jurisdicional, aquilatar se no caso sob sua apreciação a testemunha agiu de modo a atrair a sanção prevista do art. 793-D da CLT.

REFERÊNCIAS BIBLIOGRÁFICAS

ALTAVILA, Jayme de. *A testemunha na História e no Direito*. 1. ed. São Paulo: Melhoramentos, 1967.

FOUCAULT, Michel. *A verdade e as formas jurídicas*. Rio de Janeiro: Nau/PUC Rio, 1999.

GUNTHER, Luiz Eduardo. O falso testemunho e a Justiça do Trabalho: aspectos controvertidos e relevantes. In: BARACAT, Eduardo Milléo (Coord.). *Direito Penal do Trabalho*: reflexões atuais. Belo Horizonte: Fórum, 2010.

LOFTUS, Elisabeth F. Entrevista. *Psychology Today* (1996) *apud* STEIN, Lilian M. *et al*. Falsas Memórias – fundamentos científicos e suas aplicações clínicas e jurídicas. Porto Alegre: ARTMED, 2010.

OSTROWER, Fayga. A construção do olhar. In: NOVAES, Adauto (org.). *O olhar*. São Paulo: Cia das Letras, 2000.

PRADO, Lídia Reis de Almeida. *O juiz e a emoção*: aspectos da lógica da decisão judicial. 2. ed. Campinas: Millennium, 2003.

SANTOS, Moacir Amaral. *Tratado da prova judiciária no cível e no comercial*. São Paulo: Max Limonad, 1952, tt. I, III.

VIANA, Márcio Túlio. Aspectos curiosos da prova testemunhal: sobre verdades, mentiras e enganos. *Rev. Trib. Reg. Trab. 3ª Reg*. Belo Horizonte, v. 48, n. 78, p. 123-156, jul./dez. 2008.